Effiziente Steuersysteme und internationaler Steuerwettbewerb

Europäische Hochschulschriften

Publications Universitaires Européennes
European University Studies

Reihe V
Volks- und Betriebswirtschaft

Série V Series V
Sciences économiques, gestion d'entreprise
Economics and Management

Bd./Vol. 2939

PETER LANG
Frankfurt am Main · Berlin · Bern · Bruxelles · New York · Oxford · Wien

Monika Schenk

Effiziente Steuersysteme und internationaler Steuerwettbewerb

PETER LANG
Europäischer Verlag der Wissenschaften

Die Deutsche Bibliothek - CIP-Einheitsaufnahme

Schenk, Monika:

Effiziente Steuersysteme und internationaler Steuerwettbewerb / Monika Schenk. - Frankfurt am Main ; Berlin ; Bern ; Bruxelles ; New York ; Oxford ; Wien : Lang, 2002
(Europäische Hochschulschriften : Reihe 5, Volks- und Betriebswirtschaft ; Bd. 2939)
Zugl.: Erlangen-Nürnberg, Univ., Diss., 2002
ISBN 3-631-50108-0

Gedruckt mit Unterstützung der
Friedrich-Alexander-Universität
Erlangen-Nürnberg.

n2
ISSN 0531-7339
ISBN 3-631-50108-0

www.peterlang.de

Vorwort

Die vorliegende Studie entstand während meiner Zeit als wissenschaftliche Mitarbeiterin am Lehrstuhl für Volkswirtschaftslehre, insbesondere Finanzwissenschaft, der Friedrich–Alexander–Universität Erlangen–Nürnberg. Die Arbeit setzt einen Teil des Forschungsprogramms des Lehrstuhls fort, der verschiedene Aspekte der Effizienz öffentlicher Einnahmeerhebung zum Gegenstand hat. Sie beschäftigt sich im Rahmen der Frage nach der Effizienz von Steuersystemen mit den Auswirkungen des Steuerwettbewerbs.

In Anbetracht der kontroversen Debatte um das Pro und Contra von Steuerwettbewerb und Harmonisierung will die Arbeit dazu beitragen, diese Diskussion theoretisch zu fundieren. Dazu werden sowohl traditionelle neoklassische Ansätze zur Theorie der Optimalen Besteuerung als auch Modelle der Neuen Institutionellen Ökonomie zur Abbildung eines steuermaximierenden Leviathan herangezogen. Die Anforderungen einer effizienten Steuerpolitik in den jeweiligen Modellen stellen dabei eine wesentliche Grundlage für die Beurteilung des Steuerwettbewerbs dar. Im Verlauf der Arbeit zeigt sich, daß eine klare Antwort auf die Frage nach der Beurteilung des Steuerwettbewerbs nicht ohne weiteres möglich ist, sondern von den jeweiligen konkreten Annahmen und verwendeten Modellen abhängt.

Mein Dank gilt vornehmlich meinem verehrten akademischen Lehrer und Doktorvater Professor Dr. Karl-Dieter Grüske. Er hat die Untersuchung durch viele kritische Diskussionen und mit fachlichen Anregungen begleitet und so wesentlich zum Gelingen der Arbeit beigetragen. Danken möchte ich auch Professor Dr. Joachim Klaus für die Übernahme des Zweitgutachtens. Ebenso verpflichtet bin ich all meinen Kollegen und Doktoranden am Lehrstuhl, die durch zahlreiche Gespräche die Arbeit essentiell angeregt haben. In tiefer Schuld stehe ich insbesondere bei meinem ehemaligen Kollegen Dr. Udo Raab, der mich in kritisch–konstruktiven Diskussionen inspiriert und mich immer wieder von neuem ermutigt hat. Bettina Schmies, Dr. Silvia Simon, Jobst Leikeb und Frank Kupferschmidt haben Teile des Manuskripts gelesen und mit wertvollen Hinweisen versehen ebenso wie Dr.–Ing. Konrad Czotscher, der mir auch bei technischen Fragen immer zur Seite stand. Schließlich richtet sich mein Dank auch an meine Familie und meinen Lebensgefährten Udo Beck. Sie mußten mich in zahlreichen seelischen Tiefpunkten, die eine solche Arbeit mit sich bringt, ertragen und haben die Arbeit mit Verständnis und vielfältiger Unterstützung begleitet.

Nürnberg, im August 2002 Monika Schenk

Inhaltsverzeichnis

Einleitende Bemerkungen

Teil 1:
Inhaltliche und theoretische Grundlagen

1. Kapitel:
Ökonomische Integration und Mobilität der Ressourcen

Kapitel 2: Theoretischer Rahmen der Analyse

Teil 2:
Nationale Besteuerung in alternativen Staatstheorien

3. Kapitel:
Effiziente Besteuerung in der geschlossenen Volkswirtschaft

Teil 3:
Internationale Besteuerung und Steuerwettbewerb

5. Kapitel:
Effiziente internationale Kapitalbesteuerung

6. Kapitel: Theorie des Steuerwettbewerbs

7. Kapitel: Der Leviathan im Steuerwettbewerb

Resümee

Abkürzungsverzeichnis

Abb.	Abbildung
Bd.	Band
d.h.	das heißt
ESt	Einkommensteuer
H.	Heft
Hrsg.	Herausgeber
Jg.	Jahrgang
MRS	Grenzrate der Substitution
MRT	Grenzrate der Transformation
OIT	Optimal Income Taxation
OLG	Overlapping-Generations-Modelle
S.	Seite
SHS	Schanz–Haig–Simons
TOB	Theorie optimaler Besteuerung
u.a.	unter anderem
z.B.	zum Beispiel

Abbildungsverzeichnis

Tabellenverzeichnis

Symbolverzeichnis (Auszug)

C	Konsum
D	Fremdkapitalbestand
f	Produktionsfunktion
H	Hamiltonfunktion
i	Interne Verzinsung
I	Investitionen
K	Kapitaleinsatz
L	Arbeitseinsatz
M	Marktwert des Unternehmens
R	Bruttoausschüttungen des Unternehmens
R_n	Nettoausschüttungen des Unternehmens
P_K	effektiver Kapitalgüterpreis
Q	Beteiligungsfinanzierung
r	Marktzinssatz
S	Nettoneuverschuldung
t	Steuersatz (allgemein)
T	Gesamtsteueraufkommen
T_A	Aufkommen aus der Besteuerung ausgeschütteter Gewinne
T_E	Aufkommen aus der Besteuerung einbehaltener Gewinne
T_K	Aufkommen der Kapitalbestandsteuer
T_W	Aufkommen der Wertzuwachsteuer (Kursgewinnsteuer)
T_Z	Aufkommen der Zinseinkommensteuer
u	Nutzenfunktion des Haushalts
w	Lohnsatz
Y	Einkommen
α	Einkommensgrenznutzen
α_1	sofort abschreibbarer Anteil der Investitionsausgaben ($0 \leq \alpha_1 \leq 1$)

α_2	absetzbarer Anteil der kalkulatorischen Zinskosten ($\alpha_2 = 0$, $\alpha_2 = 1$)
α_3	nicht absetzbarer Anteil der effektiven Zinskosten ($\alpha_3 = 0$, $\alpha_3 = 1$)
δ	ökonomische Abschreibung
γ	Zeitpräferenzrate
Π	Bilanzgewinn
Θ_A	Steuerfaktor für ausgeschüttete Gewinne ($\Theta_A = 1 - \tau_A$)
Θ_E	Steuerfaktor für einbehaltene Gewinne ($\Theta_E = 1 - \tau_E$)
Θ_E^*	Steuerfaktor für effektive Belastung einbehaltener Gewinne
Θ_E^*	Steuerfaktor für direkt und indirekte Belastung einbehaltener Gewinne ($\Theta_E^* = \Theta_E \cdot \Theta_W$)
Θ_K	Steuerfaktor für Besteuerung des Kapitalstockes ($\Theta_K = 1 - \tau_K$)
Θ_W	Steuerfaktor für Kursgewinne ($\Theta_W = 1 - \tau_W$)
Θ_Z	Steuerfaktor für Zinsen ($\Theta_Z = \tau_Z$)
Θ_K	Steuerfaktor für Besteuerung des Kapitalstockes ($\Theta_K = 1 - \tau_K$)
Θ_W	Steuerfaktor für Kursgewinne ($\Theta_W = 1 - \tau_W$)
Θ_Z	Steuerfaktor für Zinsen ($\Theta_Z = \tau_Z$)
ρ	Nutzendiskontsatz
λ_D	Schattenpreis des Schuldenbestandes
λ_K	Schattenpreis des Kapitalstocks
μ	Schattenpreis einer Steuermark
σ	Fremdfinanzierungsanteil einer Grenzinvestition
τ	Steuersatz (allgemein)
τ_A	Steuersatz auf ausgeschüttete Gewinne
τ_E	Steuersatz auf einbehaltener Gewinne
τ_Z	Steuersatz auf Kursgewinne
τ_W	Steuersatz auf Zinsen
ω	Steuerkeil

If competition has its evils, it prevents greater evils.

John Stuart Mill

The existence of a state is essential for economic growth, the state, however, is the source of man–made economic decline.

Douglass C. North

Einleitende Bemerkungen

I. Problemstellung

Ökonomische Globalisierung heißt das Schlagwort für ein komplexes Phänomen, das sich einer vorschnellen Charakterisierung und Bewertung, aber auch einer präzisen Beschreibung verschließt. Vor dem Hintergrund umwälzender institutioneller Änderungen und technischer Neuerungen vor allem im Informations–, Kommunikations–, und Transportwesen ist in der zweiten Hälfte des letzten Jahrhunderts eine vorher nicht vorhandene ökonomische Integrationswirkung und Interdependenzverstärkung durch den Wettbewerb von Individuen und Unternehmen auf transnationalen Märkten zu beobachten. Kennzeichnend dafür ist eine historisch beispiellose Zunahme nicht nur des Weltwarenhandels, sondern auch der Mobilität von Dienstleistungen einschließlich von qualifiziertem Humankapital sowie vor allem des Finanzkapitals.[1]

Insbesondere die Öffnung nationaler Kapitalmärkte und der Übergang zu flexiblen Wechselkursen zu Beginn der siebziger Jahre machte fiskalpolitische Maßnahmen auf nationaler Ebene verstärkt auch im Ausland fühlbar. Dadurch wurde die nationalstaatliche Abgeschlossenheit souveräner Politikgestaltung und der Steuerpolitik im besonderen aufgebrochen. Die Steuerpolitik im Steuerstaat, dessen Entwicklung historisch mit der eines Territorialstaates einherging, war bis vor wenigen Jahrzehnten primär an nationalen wirtschaftlichen und sozialen Belangen ausgerichtet. Die Bedeutung der internationalen Dimension, die mit gewissen Einschränkungen immer auch vorhanden war, hielt sich gegenüber der Vormachtstellung souveräner nationalstaatlicher Politikgestaltung in Grenzen. In einer Welt zunehmender ökonomischer Integration können die Regierungen dagegen nicht mehr davon ausgehen, daß die Wirkungen ihrer fiskalpolitischen Maßnahmen nur auf den nationalen Bereich beschränkt bleiben. Sie müssen vielmehr damit rechnen, daß es in Folge spezifischer steuerpolitischer Regelungen zu einer Umlenkung internationaler Güter– und Faktorströme kommt und Verhaltensänderungen bei in– und ausländischen privaten Wirtschaftssubjekten ausgelöst werden.

---

1 Vgl. Windisch (1999), S. 127.

Ebenso sind Einflüsse auf die Politikergebnisse ausländischer Regierungen zu vermuten, die wiederum in Wechselwirkung zu nationalen politischen Entscheidungen stehen. Die Wohlfahrt eines Landes hängt damit nicht nur von den Maßnahmen heimischer politischer Entscheidungsträger ab, sondern wird auch vom wirtschaftspolitischen Verhalten anderer Staaten beeinflußt.

Grenzübergreifende Wirkungen von politischen Entscheidungen können von den Regierungen auch strategisch eingesetzt werden, indem sie durch den Einsatz geeigneter Maßnahmen knappe ökonomische Ressourcen ins Land locken und somit Wohlfahrtssteigerungen im Inland erzielen. Aufgrund der Knappheit geht dies jedoch nur zu Lasten mindestens eines anderen Landes. Hierdurch entsteht eine Wettbewerbssituation, in der die nationalen Regierungen untereinander um knappe, international mobile Güter und Faktoren konkurrieren.

Die Kapitalbesteuerung ist für dieses Phänomen ein gutes Beispiel. Das Erheben, Erhöhen oder Senken einer Kapitalsteuer (als Einkommensteuer auf Zinsen und Dividenden, Körperschaftsteuer, Gewerbekapitalsteuer usw.) hat zunächst Auswirkungen auf die Kapitalallokation und das Budget des Fiskus im steuererhebenden Land. Diese Wirkungen wurden historisch in Modellen geschlossener Volkswirtschaften analysiert. Dies ist verständlich, da früher die Kapitalmobilität eine weniger wichtige Rolle spielte. Sind dagegen wie in offenen Volkswirtschaften die Kapitalmärkte nicht völlig abgeschottet, so kommt es zu internationalen Effekten. Unterstellt man einen fixen Gesamtkapitalstock, so führen Änderungen im Kapitaleinsatz und –struktur des steuerändernden Landes[2] unmittelbar auch zu Umschichtungen in mindestens einem anderen Land. Ist das steuerändernde Land ein ökonomisch bedeutendes „großes" Land, das einen Einfluß auf die Preisbildung auf dem Weltkapitalmarkt ausübt, so lösen diese Preiseffekte auch Änderungen von Investitions– und Portfolioentscheidungen bei privaten Wirtschaftssubjekten im In– und Ausland aus. In der Folge kann sich dann das international aggregierte Volumen von Investition und Ersparnis ändern. Geändertes Investitions–, Finanzierungs– und Sparverhalten der privaten Wirtschaftsakteure beeinflußt jedoch wiederum die Zielgrößen der in– und ausländischen Regierungen. Dies betrifft einmal die Höhe und die Struktur des öffentlichen Budgets, aber auch die Bewertung der wirtschaftlichen und sozialen Situation des Landes durch die Regierung. Je nach Zielfunktion der Regierung kann diese unterschiedlich ausfallen. So kann man beispielsweise einen wohlmeinenden Diktator unterstellen, der die Wohlfahrt seiner Bürger im Nationalstaat anhand einer Wohlfahrtsfunktion bewertet, in der die Wohlfahrt von der Höhe des in diesem Land produktiv eingesetzten Kapitals abhängt. In diesem Ansatz würde die wohlfahrtsmaximierende Regierung versuchen, möglichst viel Kapital im eigenen Land anzusiedeln. Geht man nicht von einem wohlfahrtsmaximierenden Diktator aus, sondern von einem eigennützigen politischen Leviathan, der als Ziel die Maximierung seiner Einnahmen verfolgt, so wird auch diese Regierung das gleiche Bestreben nach einem hohen Kapitalstock wie der wohlwollende Diktator verfolgen. In dieser Staatstheorie ist mehr Kapital im Inland gleichbedeutend mit einer größeren Steuerbasis, aus der der Leviathan Einkommen für sich generieren kann. Da das Angebot an Kapital nicht beliebig vermehrbar ist, so konkurrieren die Regierungen – unabhängig von der unterstellten

2 Handelnde Einheit ist hier wie im folgenden nicht das Land, sondern der jeweilige fiskalpolitische Entscheidungsträger. Der Kürze halber soll jedoch an dieser üblichen, nicht exakten Formulierung festgehalten werden. Synonym wird beispielsweise auch Fiskus verwendet.

Staatstheorie – mit anderen Regierungen, die das gleiche Ziel verfolgen. Es entwickelt sich ein *Steuerwettbewerb* zwischen den Regierungen.

Die vorliegende Arbeit ist in das skizzierte Spannungsfeld einzuordnen und stellt eine systematische, theoretisch fundierte Analyse des internationalen Steuerwettbewerbs um mobiles Kapital dar. Für ein solches Unterfangen sprechen mehrere Gründe:

- Die wachsende Bedeutung der Fiskal– bzw. der Steuerpolitik im Wettbewerb um mobiles Kapital wird vielfach mit Sorge betrachtet. So wird befürchtet, daß der durch die Kapitalmobilität ausgelöste Wettbewerb der nationalen Steuerpolitiken in ein Gefangenendilemma führt. Der strategische Einsatz der Steuerinstrumente würde zu gezielten Steuersenkungen verleiten, um Kapital zu attrahieren. Um in der Konkurrenz der Standorte zu bestehen, sähen sich schließlich alle „Mitspieler" gezwungen, ihre Steuern auf Kapitaleinkommen zu senken.[3] Ein solcher strategischer Einsatz der Steuerpolitik bedeute aber nicht nur aus weltwirtschaftlicher, sondern auch aus nationaler Sicht Wohlfahrtseinbußen, da er zu Allokationsverzerrungen führe. Was bei isoliertem Vorgehen eines Landes vorteilhaft erscheint, erweise sich bei gleichem Verhalten aller Staaten als nachteilig: Die „Niedrigpreispolitik" habe sowohl für die Einnahmenseite wie für die Ausgabenseite aller Staaten Konsequenzen. Ein Verzicht auf die Kapitaleinkommensteuern erfordere, entweder andere Einnahmequellen stärker zu beanspruchen oder Staatsausgaben einzuschränken. Insgesamt wird also vermutet, daß eine strategische Steuerpolitik zu nationalen wie weltwirtschaftlichen Wohlfahrtsverlusten führt.[4]
- Damit stellt sich die Frage, ob angesichts einer immer engeren ökonomischen Integration die Steuerpolitik dem Optimierungskalkül der nationalen Regierungen überlassen bleiben oder ob eine internationale Abstimmung der Steuerpolitiken angestrebt werden sollte. Diese Fragestellung ist von aktueller politischer Relevanz, nicht nur für die Europäische Union, in der man diese Thematik für das Gebiet der Kapitaleinkommensbesteuerung seit Jahrzehnten ohne Ergebnis diskutiert. Eine wesentliche Grundlage für die Beantwortung der Frage „Wettbewerb oder Koordinierung" ist die fundierte Kenntnis der Anforderungen einer effizienten Steuerpolitik und der Effekte des Steuerwettbewerbs.
- Der Steuerwettbewerb wird in der Literatur sehr unterschiedlich bewertet. Die Spannbreite geht von effizienten Allokationsergebnissen, die keinerlei Korrekturen durch Politikkoordinierung oder –harmonisierung mehr bedürfen (so etwa bei Razin und Sadka (1991)), bis hin zu einem ruinösen Steuersenkungswettlauf, bei dem die Regierungen ihr Kapitalsteueraufkommen vollständig „wegkonkurrieren" (Schulze und Koch (1994)). Es besteht also ein dringlicher Klärungsbedarf über die genauen Auswirkungen des Kapitalsteuerwettbewerbs. Dabei hängen die Ergebnisse natürlich davon ab, unter welchen Bedingungen er stattfindet. Eine der wesentlichen Unterschiede beruht auf dem unterstellten Verhalten der steuerpolitischen Entscheidungsträger. Geht man nicht – wie in der traditionellen

---

3 Auf die Tendenz zu einer steuerlichen Entlastung des mobilen Faktors Kapital im Steuerwettbewerb weist beispielsweise P. Musgrave (1991), S. 285ff, hin.

4 Bei dieser Argumentation wird regelmäßig unterstellt, die Staatseinnahmen ohne Kapiteleinkommensteuern reichten nicht aus, um ein gewünschtes bzw. als allokativ optimal betrachtetes Niveau an öffentlichen Gütern zu finanzieren. Daher wird die Möglichkeit einer Wohlfahrtserhöhung durch eine sinkende Staatsausgabenquote von vorneherein ausgeschlossen.

Finanzwissenschaft üblich – von einem wohlfahrtsmaximierenden Diktator aus, sondern von einem eigennützigen politischen Leviathan, der Steueraufkommensmaximierung betreibt und bei dem das Wohl seiner Bürger nur von untergeordneter Bedeutung ist, so können sich in der Beurteilung der Folgen des Wettbewerbs entscheidende Änderungen ergeben.

Der Steuerwettbewerb stellt damit den eigentlichen Untersuchungsgegenstand der vorliegenden Arbeit dar. Die beiden angesprochenen Staatstheorien, bei denen einmal der wohlfahrtsmaximierende Diktator und das andere Mal der Leviathan im Mittelpunkt der Betrachtung stehen, sind hierbei von besonderem Interesse, da in den unterschiedlichen Sichtweisen der Steuerwettbewerb völlig konträr beurteilt wird. Aus wohlfahrtsökonomischer Sicht schränkt der Steuerwettbewerb den Staat in seinem finanziellen Spielraum ein und zwingt ihn, wohlfahrtsoptimale Steuerpolitiken aufzugeben, während die Vertreter der konstitutionellen Steuertheorie im Wettbewerb ein wirksames Mittel sehen, den Leviathan zu zähmen. Sehr häufig wird die These geäußert, daß im Steuerwettbewerb zwischen Staaten die Ergebnisse sogar *nur* von der Modellierung der Zielfunktionen der Regierungen abhänge. So beginnen Edwards und Keen (1996, S. 11) ihren Aufsatz folgendermaßen:

> „Whether one welcomes or regrets the downward pressure on tax rates that increasingly fierce international tax competition seems to be bringing depends on one's view of government (...): the view of government as a pure Leviathan (from which tax competition emerges as a useful constraint on policy–makers' exploitation of the citizenry), and the view of government as a benevolent maximiser of their citizens' welfare (from which tax competition emerges as a source of inefficiency calling for international coordination)."

II. Zielsetzung und Aufbau der Analyse

Im Anbetracht der kontroversen Debatte besteht das wesentliche Ziel der Arbeit in der theoretischen Fundierung der Diskussion um den Steuerwettbewerb. Folglich wird keine positive Analyse unternommen, in der die spieltheoretische Modellierung des Steuerwettbewerbs im Vordergrund steht. In der vorliegenden Arbeit konzentrieren wir uns statt dessen auf eine normative Analyse.

Hier stehen zwei Fragen im Mittelpunkt:

(1) Wie sollte eine effiziente Besteuerung ausgestaltet sein?

(2) Ist der Steuerwettbewerb effizient?

Die erste Frage nach den Anforderungen einer effizienten Steuerpolitik stellt eine wesentliche Grundlage für die Beurteilung des Steuerwettbewerbs in Frage 2 dar. Allerdings bedarf bei diesen Fragestellungen der Begriff der *Effizienz* einer näheren Erläuterung und Differenzierung. Dabei sind im Fortgang der Arbeit unterschiedliche Effizienzkonzepte zu entwickeln: So verändert sich der Referenzpunkt *einmal* je nachdem, welche staatliche Zielfunktion betrachtet wird. *Zweitens* ist auf internationaler Ebene zu beachten, ob Effizienz aus der Perspektive einer einzelnen Nation oder aus weltwirtschaftlicher Sicht analysiert wird.

Der erste Schritt der Analyse, der gleichzeitig den **1. Teil** der Arbeit umfaßt, dient der Einführung und der Vorbereitung. Hier werden die inhaltlichen und theoretischen Grundlagen der Analyse gelegt. Um die Relevanz der Thematik herauszustellen, werden im *1. Kapitel* die wirtschaftlichen Rahmenbedingungen für einen funktionierenden Steuerwettbewerb um mobile Ressourcen untersucht. Dabei wird hinterfragt, auf welche Triebkräfte die Entwicklungen im Rahmen der Globalisierung zurückzuführen sind und inwieweit Ressourcen in der Realität tatsächlich mobil sind.

Als theoretischer Rahmen werden im *2. Kapitel* sowohl normative als auch positive Aspekte der Thematik eingeführt. So wird die Modellwelt der vollkommenen Konkurrenz als Analyserahmen festgelegt und mögliche Referenzpunkte für Effizienz eines staatlichen Einnahmesystems charakterisiert. Da diese von den unterstellten Trägern der Finanzpolitik abhängen, werden die Staatstheorien typisiert und aus den Annahmen über das Verhalten der Entscheidungsträger die relevanten Effizienzmaße abgeleitet. Aus positiver Sicht werden die Wirkungen der Steuern und ihre wohlfahrtsrelevanten Folgen abgeleitet. Zudem wird eine erste Steuerwirkungsanalyse am Beispiel der Kapitalertragsbesteuerung präsentiert.

Aufbauend auf dieser Grundlegung wird im **2. Teil** unsere erste Frage nach einer effizienten Ausgestaltung der Besteuerung beantwortet, allerdings vorerst nur im Rahmen einer geschlossenen Volkswirtschaft. Hierzu werden im *3. Kapitel* aus den Erkenntnissen der Optimalsteuertheorie zur indirekten und direkten Besteuerung Empfehlungen für ein allokativ effizientes Einnahmensystem abgeleitet. Aufgrund der herausragenden Bedeutung bildet dabei die Kapitaleinkommensbesteuerung im Rahmen von Unternehmen einen besonderen Schwerpunkt. Die Ergebnisse der wohlfahrtsökonomischen Sicht werden dann im *4. Kapitel* auf den Ansatz des Leviathan übertragen und mit denen der konstitutionellen Steuertheorie verglichen. Dabei werden konstitutionelle Regeln zur Begrenzung des Aufkommensmaximierers diskutiert.

Schließlich übertragen wir im **3. Teil** der Arbeit unsere Frage nach einer effizienten Ausgestaltung der Besteuerung auf die internationale Ebene. Hierzu wird im *5. Kapitel* zunächst grundlegend dargestellt, wie sich die internationale Kapitalallokation vollzieht und welche internationalen Besteuerungsprinzipien im internationalen Kontext existieren. Auf dieser Basis wird nacheinander analysiert, welche Prinzipien auf weltwirtschaftlicher und nationaler Ebene Effizienz sichern. Zudem wird untersucht, wie ein Leviathan diese Prinzipien einsetzen würde, um seine Ziele zu verfolgen. Abschließend wird eine effiziente Unternehmensbesteuerung im internationalen Kontext diskutiert. Kapitel 3, 4 und 5 dienen damit der Antwort auf unsere erste Frage nach einer effizienten Ausgestaltung der Besteuerung.

Das 6. und 7. Kapitel beantworten die zweite Frage nach der Effizienz des Steuerwettbewerbs.

Im *6. Kapitel* wird zunächst der Ansatz von Tiebout als Grundmodell fiskalischen Wettbewerbs skizziert. Darauf aufbauend werden theoretische Ansätze zur Analyse des Steuerwettbewerbs um natürliche Personen und Kapital dargestellt. Dabei werden Annahmen und Gleichgewichtsresultate theoretischer Modelle der Einkommensbesteuerung natürlicher und juristischer Personen betrachtet und auf ihren Erklärungsgehalt hinsichtlich der Effizienzwirkungen überprüft. Zugleich werden die unterschiedlichen Mechanismen, die zu theoretischen Gleichgewichten führen, herausgestellt. Steuerwettbewerb im Bereich der indirekten Besteuerung wird ausgeklammert.[5] Das Kapitel schließt mit dem Versuch, auf Basis dieser Literaturübersicht eine Beurteilung des internationalen Steuerwettbewerbs um Kapital abzugeben.

Das *7. Kapitel* analysiert, in wieweit der fiskalische Wettbewerb der Staaten anstelle konstitutioneller Regelungen den Leviathan beschränken kann. Der zweite Teil des Kapitels diskutiert im Rahmen der Besteuerung von Unternehmen weitere Aspekte des Steuerwettbewerbs, die als wohlfahrtserhöhend eingestuft werden können.

Ein *Resümee* rundet diese Arbeit ab, indem es die Ergebnisse zusammenfaßt und mögliche Erweiterungen diskutiert.

Abbildung 1 gibt einen Überblick über den Aufbau der Arbeit.

---

5 Vgl. dazu Cnossen/ Shoup (1987), Keen (1989), Genser (1992), Haufler (1993, 1997) und Genser/ Haufler (1995).

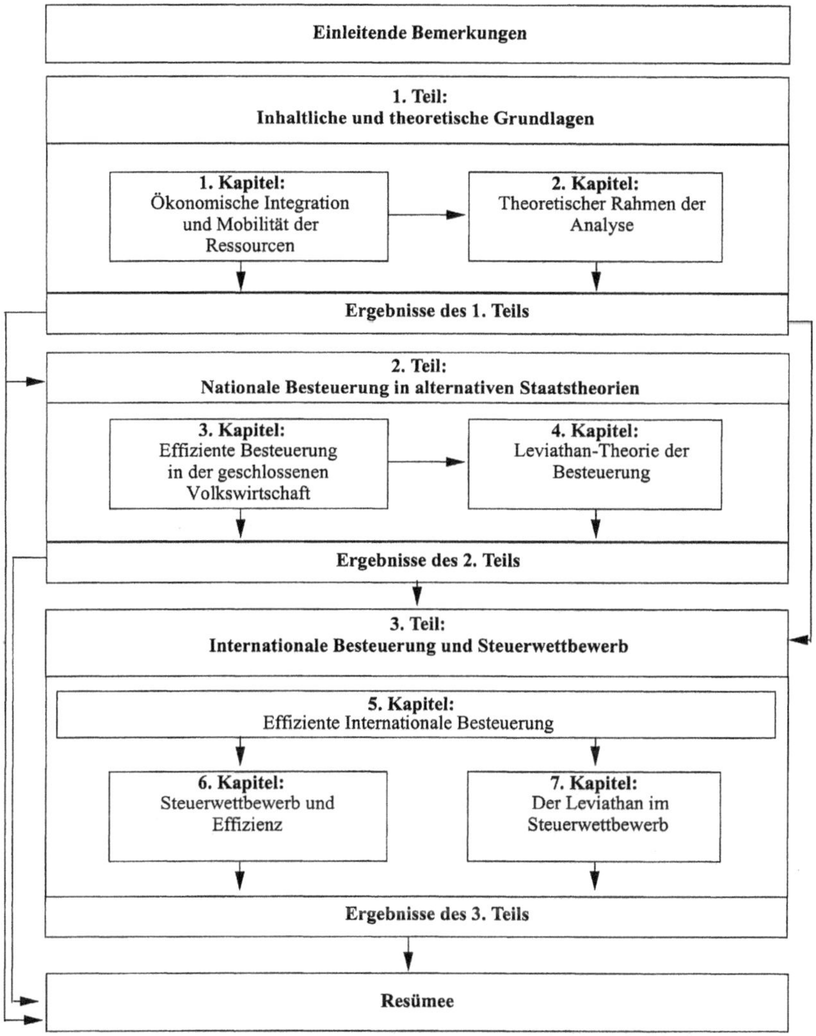

Abbildung 1: Aufbau der Analyse

Quelle: Eigene Darstellung.

Teil 1:
Inhaltliche und theoretische Grundlagen

1. Kapitel:
Ökonomische Integration und Mobilität der Ressourcen

I. Versuch einer Definition

„Alle reden von der Globalisierung. Was aber genau damit bezeichnet sein soll, scheint niemand richtig zu wissen.“[1] Steht dahinter nur die bekannte Internationalisierung der Wirtschaft in neuem Gewande oder stellt sie ein neues Phänomen dar?[2] Globalisierung ist ohne Zweifel ein „Modewort“[3], das sich als Gemeinplatz einer großen Beliebtheit erfreut. Je nach Sichtweise ist der Begriff auch unterschiedlich besetzt. In der populärwissenschaftlichen Literatur wird er eher negativ interpretiert. Beispielhaft sei hier das Buch „Die Globalisierungsfalle – Der Angriff auf Demokratie und Wohlstand“ (Martin und Schumann (1996)) genannt. Wie andere Veröffentlichungen löst es mit seiner Warnung vor dem globalen Wettstreit um Marktanteile, bei dem nur einzelne gewinnen können und die überwiegende Mehrheit verlieren wird, vielfältige Ängste aus.[4] Im Gegensatz hierzu bestehen Tendenzen, die Globalisierung als Chance zu sehen, als treibende Kraft, von der man sich erhofft, daß sie Verkrustungen in Staat und Wirtschaft aufbrechen kann.[5]

Der Begriff der Globalisierung wird vielfältig definiert, etwa als „the highest form of internationalised economic activity“,[6] als „zunehmende internationale Verflechtung der Güter– und Faktormärkte“[7] oder als „Verstärkung der weltwirtschaftlichen Integration durch zunehmende Faktormobilität“[8].

---

1 Schwarz (1998), S. 35.

2 Siehe hierzu ausführlich Weck–Hannemann (1998), S. 85ff. Plakativ formuliert Kohler–Koch (1996), S. 83, „Neuer Wein in alten Schläuchen?“

3 So Kirchgässner (1998), S. 29. Als weitere bildhafte Begriffe finden sich in der Literatur Globalisierung als politisch–alltagsweltliches Schlagwort (Enquete–Kommission (1998), S. VII), als Rätsel– und Drohwort (Beck (1998), S. 7) oder als politischer Kampfbegriff (Schwarz (1998), S. 37).

4 Als weitere Titel aus diesem Bereich seien genannt: „Der Terror der Ökonomie“ (Forrester (1997)), „Die 10 Globalisierungslügen: Alternativen zur Allmacht des Marktes“ (Boxberger/ Klimenta (1998)).

5 So etwa Giersch (1997).

6 Dent (1997), S. 1.

7 Knorr (1998), S. 238.

8 Klodt (1998), S. 9.

Solche allgemein gehaltenen Begriffsabgrenzungen und Definitionen sind meist Leerformeln ohne konkreten Inhalt. Möchte man Globalisierung verstehen, so muß man auf die Grundlagen wirtschaftlicher Beziehungen zurückgreifen. Ausgangspunkt menschlichen Handelns sind die Bedürfnisse, die sich in der Nachfrage der Individuen nach Gütern und Dienstleistungen niederschlagen. Güter und Dienstleistungen werden von Individuen und Unternehmen mit Hilfe der Produktionsfaktoren Arbeit, Boden und Kapital produziert. Güter, Dienstleistungen und Produktionsfaktoren werden auf den Märkten entsprechend dem ökonomischen Prinzip gewählt. Aus dem ökonomischen Prinzip läßt sich als Handlungsmaxime ableiten, jeweils die Alternative mit dem besten Nutzen–Kosten–Verhältnis auszuwählen. Dieses Grundmuster wirtschaftlichen Handelns ist allgemeingültig und nicht an Territorialgrenzen gebunden. Diese spielen nur insofern eine Rolle, als sie das Nutzen–Kosten–Kalkül der Individuen beeinflussen.

Auf höher aggregierter Ebene betrachtet, stellen wettbewerbliche Marktprozesse auf allen Absatz–, Beschaffungs– und Faktormärkten eine optimale Allokation knapper Ressourcen sicher. Nur sie bieten die Gewähr, daß bei einer gegebenen Faktorausstattung und Faktorqualität das maximal mögliche Volkseinkommen tatsächlich erreicht werden kann. Dabei ist die Herkunft der eingesetzten Produktionsfaktoren oder deren Nationalität völlig unerheblich. Ökonomisch unterscheiden sich die Bestimmungsgründe des Binnenhandels nicht von denen des Außenhandels, noch das Freihandels– vom Wettbewerbsprinzip. So ist aus volkswirtschaftlicher Sicht eine Unterscheidung zwischen binnen– und außenwirtschaftlichen Transaktionen, die politisch–administrativ üblich ist, nicht gerechtfertigt.

Die ökonomische Theorie beschäftigte sich lange Zeit ausschließlich mit dem Güteraustausch zwischen Nationen. Dies zeigt sich am hohen Stellenwert von Modellen, die – wie beispielsweise das Heckscher–Ohlin–Modell – die Außenhandelsstruktur zu erklären versuchen.[9] In der Realität umfassen außenwirtschaftliche Transaktionen indes nicht nur den traditionellen Handel mit Sachgütern, Dienstleistungen und Produktionsfaktoren, sondern auch Technologie– und Informationstransfers sowie Übertragungen von Ansprüchen, Finanzinstrumenten und Geld. Die wirtschaftliche Entwicklung ist über eine reine Internationalisierung, d.h. eine Handelsintensivierung und im Ergebnis eine Integration der Gütermärkte, hinaus fortgeschritten. Durch die Verdichtung aller grenzüberschreitenden Transaktionen und die Veränderungen der institutionellen Rahmenbedingungen, innerhalb derer sich diese Transaktionen abspielen, kommt es zu neuen Ausprägungen von internationalen Interdependenzen. Direktinvestitionen und multinationale Unternehmen gewannen in den letzten Jahrzehnten an Bedeutung. In jüngster Zeit wurden diese Entwicklungen ergänzt durch weitere vielfältige Formen von Integrationsstrategien wie internationale Subkontrakte, Lizenzverträge und strategische Allianzen.[10]

Zusammenfassend betrachtet verbirgt sich hinter der Globalisierung wirtschaftlicher Beziehungen– wie schon die Endsilbe deutlich macht – kein Zustand, sondern ein Prozeß, der gleichsam als Entwicklung vom Zustand der geschlossenen Volkswirtschaft über die offene

---

9 Das oben angesprochene durch die Globalisierung ausgelöste Bedrohungs–Szenario baut auf diesen klassischen Erklärungsansätzen des Außenhandels auf. Zur Analyse dieser Sichtweise siehe hierzu ausführlich Beyfuß/ Fuest/ Grömling u.a. (1997), S. 11ff oder Knorr (1998), S. 238ff.

10 Siehe Weck–Hannemann (1998), S. 85f.

Volkswirtschaft zum Zustand der integrierten Weltwirtschaft interpretiert werden kann. Neben die geografische Reichweite tritt eine hohe Intensität der ökonomischen Integration, die neben den Güter– und Faktormärkten zunehmend die Finanzmärkte und den Markt für Information einschließt.[11] Eine vollständig integrierte Weltwirtschaft als Endpunkt dieser Entwicklung sei dabei nach Helpman und Krugman (1985, S. 16) charakterisiert durch die völlig ungehinderte nationale und internationale Mobilität von Gütern und Produktionsfaktoren, die zu einem perfekten internationalen Ausgleich aller Güter– und Faktorpreise führt. Ausgelöst wird diese Integration durch den internationalen Warenhandel und durch Faktorwanderungen.[12] In dieser Arbeit wird deshalb der Begriff Globalisierung als eine Verstärkung der weltwirtschaftlichen Integration durch eine zunehmende internationale Faktormobilität verstanden.

II. Bestimmungsgründe der Globalisierung

Hinter dem Prozeß der Globalisierung stehen verschiedene Triebkräfte, die zum einen das Ergebnis von Politikgestaltung darstellen, zum anderen Teil von den Marktkräften bewirkt wurden. Als wesentliche Bestimmungsgründe der zunehmenden Globalisierung werden die Änderungen von *institutionellen Rahmenbedingungen*, wie z.B. der schrittweise Abbau von Güterhandelsbeschränkungen und die Tendenz zu Kapitalmarktliberalisierungen, sowie der *technische Fortschritt*, insbesondere im Transport– und Kommunikationswesen, angeführt. Beide Gründe führen im Ergebnis zu sinkenden Transaktionskosten für den Austausch von Gütern, Dienstleistungen und Produktionsfaktoren.[13] Sinkende Transaktionskosten für grenzüberschreitende Transaktionen führen zu Kostenverschiebungen von solchen Transaktionen in Relation zu rein binnenwirtschaftlichen Aktivitäten. Diese relativen Kostensenkungen können zugleich die Beschleunigung des Prozesses der Globalisierung erklären.[14]

Als *dritter* Faktor kann der strukturelle Wandel der Situation der Unternehmen in Betracht gezogen werden. Die Produktzyklen verkürzen sich immer weiter, während gleichzeitig die Kosten für Forschung und Entwicklung in vielen neuen Technologien gestiegen sind. Dies zwingt die Unternehmen zur Bildung strategischer Allianzen, um die entstehenden Kosten besser zu verteilen und resultiert in einer verstärkten Multinationalisierung im Unternehmenssektor.[15] Im folgenden werden die ersten beiden Faktoren fokussiert.[16] Der Wandel in der Unternehmenssphäre wird in einem eigenen Abschnitt (IV) näher beleuchtet.

---

11 Vgl. hierzu Weck–Hannemann (1998), S. 87f, oder auch Grüske (2000), S. 103.

12 Vgl. Klodt (1998), S. 8f.

13 Vgl. Hüther (1997), S. 194f.

14 Siehe hierzu Kirchner (1998), S. 109.

15 Vgl. Busch (1999), S. 21.

16 Dieser Abschnitt konzentriert sich auf die Beschreibung der Phänomene. Empirische Belege für diese Entwicklungen finden sich im folgenden Abschnitt III.

A. Änderung institutioneller Rahmenbedingungen

Die Änderungen der institutionellen Rahmenbedingungen stellen eine wesentliche Ursache, wenn nicht sogar den eigentlichen Auslöser des modernen Globalisierungsprozesses dar. Dieser Zusammenhang umschließt folgende Aspekte:[17]

- Vertragliche Vereinbarungen im Rahmen des GATT (General Agreement on Tariffs and Trade) bzw. der WTO (World Trade Organization).
- Verstärkte Partizipation der Entwicklungs– und Schwellenländer an der internationalen Arbeitsteilung sowie die außenwirtschaftliche Öffnung dieser Länder.
- Zusammenbruch des Ostblocks.

Im Zuge multilateraler Handelsliberalisierungsrunden im Rahmen des GATT und der 1995 neugegründeten Welthandelsorganisation WTO wurden seit 1948 sukzessive Importbeschränkungen gemildert oder beseitigt. Dabei folgte diese Entwicklung der Erkenntnis der realen Außenhandelstheorie, daß Spezialisierungen nach den komparativen Kostenvorteilen die Effizienz der Faktorallokation erhöhen. In der Europäischen Gemeinschaft wurde 1992 mit der Einführung des Binnenmarktes der freie Waren–, Dienstleistungs– und Kapitalverkehr verwirklicht sowie die Freizügigkeit für die Bürger umgesetzt. Kapitalverkehrskontrollen wurden auch in anderen Ländern abgeschafft, um eine weltweit bessere Kapitalallokation zu erreichen.

In weniger entwickelten Ländern hat ein grundlegender Umschwung in den Wirtschaftsordnungen stattgefunden, welches ein Engagement ausländischer Unternehmen begünstigt und eine Integration in den Weltmarkt bewirkt. Viele Entwicklungsländer haben sich von der noch in den 60er und 70er Jahren verfolgten Politik der Importsubstitution, Devisenbewirtschaftung und des Protektionismus abgewendet und ihre Märkte konsequent dem Wettbewerb geöffnet. Sie verfolgen nun eine exportorientierte Entwicklungsstrategie, deren Erfolge sich in steigenden Anteilen am Welthandel und der Weltproduktion niederschlagen.[18] Zurückzuführen ist die Einsicht in die Vorteilhaftigkeit außenwirtschaftlicher Öffnung und weltwirtschaftlicher Integration nicht zuletzt auf die zumeist zurückbleibende ökonomische Entwicklung, das Scheitern populistischer makroökonomischer Politiken, verbesserten Informationsmöglich-

---

17 Der Einfluß der ökonomischen und politischen Faktoren in der Aufzählung auf die institutionellen Rahmenbedingungen ökonomischen Handelns wird im folgenden erläutert.

18 Siehe Pies (1997), S. 6, für eine eindrucksvolle Aufbereitung der Daten. Allerdings ist es nicht sinnvoll, nur von „den“ Entwicklungsländern zu sprechen, da die ökonomischen Erfolge zwischen den Regionen stark divergieren So stieg zwischen 1987 und 1996 das reale Pro–Kopf–Einkommen in allen Entwicklungsländern um 3,5 %. Dabei betrug der Anstieg in Asien 6,1 %, in Afrika –0,3 % (IMF (1995), S. 97). Die Zahl für Afrika macht deutlich, daß niedrige bzw. sinkende Lebensstandards nicht eine Folge zunehmender weltwirtschaftlicher Verflechtung sind, sondern eher ein Zeichen mangelnder Integration in den Weltmarkt. Ökonomisch betrachtet ist Armut das Resultat von Beziehungslosigkeit. Vgl. hierzu Habisch/ Homann (1994). Trotzdem wird die Entwicklung von Gegnern der Globalisierung als Bedrohung betrachtet, was sich u. a. in populärwissenschaftlichen Veröffentlichungen wie Martin/ Schumann (1996) oder Forrester (1997) niederschlägt. Von den Skeptikern wird die Globalisierung für eine Vielzahl wirtschaftlicher und sozialer Probleme verantwortlich gemacht, die letztlich auf Fehler und Versäumnisse nationaler Wirtschaftspolitiken zurückzuführen sind. Für einen erschöpfenden Überblick über die Debatte in der ökonomischen Literatur siehe Caspers (1999).

keiten, den Druck der Weltbank und des IMF (International Monetary Fund) sowie das Vorbild einiger erfolgreicher Entwicklungsländer.[19]

Mit dem Niedergang der sozialistischen Staaten fiel auch die handelshemmende Abschottung des Eisernen Vorhangs. Die ehemals unter kommunistischer Herrschaft stehenden Staaten Mittel– und Osteuropas schlugen einen marktwirtschaftlichen Reformkurs ein, der mit einer außenwirtschaftlichen Öffnung einherging. Verstärkt wurde diese Entwicklung durch die rasche handelspolitische Einbindung der mittel– und osteuropäischen Länder seitens der EU (Europaabkommen).[20]

Die skizzierten politischen Veränderungen bewirken, daß sich die tarifären Handelshemmnisse verringern und nationale Märkte für international agierende Unternehmen geöffnet werden. Zugleich erhöht sich die Zahl der an der weltweiten Arbeitsteilung teilnehmenden Staaten. Das Ausmaß der weltwirtschaftlichen Integration hat sich daher spürbar verstärkt. Dies betrifft nicht nur die Güter–, sondern auch die Faktormärkte. Die Globalisierung führt folglich zu einem intensivierten Wettbewerb.

B. Technologische Innovationen

Die wichtigste Triebkraft der Globalisierung geht nach Klodt (1998, S. 10) von den modernen Informations– und Kommunikationstechnologien aus. Der technische Fortschritt in der Mikroelektronik mit immer neuen und differenzierteren Anwendungsmöglichkeiten in der Telekommunikation haben die Kosten der Informationsgewinnung und –bereitstellung maßgeblich verringert und so zu einem ständigen Rückgang der Transaktionskosten geführt. „Information ist gleichsam zum Rohstoff der Zukunft geworden"[21], der immer preiswerter und leichter verfügbar und daher immer intensiver genutzt wird. Das macht es für die Unternehmen leichter, hierarchische Produktionsstrukturen durch vernetzte zu ersetzen, und in der Folge mehr Transaktionen über den Markt und weniger innerhalb des Unternehmens abzuwickeln. Wertschöpfungsketten werden aufgebrochen und die einzelnen Kettenglieder zu leistungsfähigeren Konkurrenten oder an kostengünstigere Standorte verlagert. Unter dem Schlagwort des „global sourcing" bietet sich die Möglichkeit, den Bezug von Vorleistungen weltweit zu organisieren. Forschungs– und Entwicklungsaktivitäten, betriebsinterne Dienstleistungen und die eigentliche Produktion können ebenfalls grenzüberschreitend entkoppelt werden. Das Sachkapital wird mobiler, der Zusammenhang zwischen inländischen Ersparnissen und Anlageinvestitionen wird lockerer.[22] Beim Portfoliokapital ermöglicht die technologische Entwicklung weltumspannende Finanztransaktionen, die in Sekundenschnelle von nahezu jedem

---

19 Vgl. Lachmann (1994), Kapital 7.4. und Kapitel 8.

20 Vgl. hierzu Breuss (1997), S. 213.

21 Klodt (1998), S. 10. Grüske (2000), S. 103, spricht in diesem Zusammenhang sogar von Information als zusätzlichem Produktionsfaktor.

22 Vgl. Donges (1998), S. 3.

Punkt der Erde getätigt werden können. Zeitunterschiede verlieren an Bedeutung. Fast zu jeder Tageszeit ist weltweit eine Börse geöffnet, sei dies in New York, London oder Tokyo.[23]

Technische Innovationen im Transportwesen tragen natürlich auch dazu bei, die Transaktionskosten zu verringern. Sie ermöglichen es, in kürzerer Zeit und mit weniger Aufwand Distanzen zurückzulegen, so daß die Kosten der Raumüberwindung sinken und der Transport von Personen und Gütern erleichtert wird.

Als Ergebnis ist festzuhalten, daß die technologischen Fortschritte im Informations– und Kommunikationsbereich die Kosten der Raumüberwindung senken, Informationen über alternative Standorte und die dort herrschenden Standortfaktoren leichter zu gewinnen sind und das Maß an Unsicherheit unternehmerischer Entscheidungen zu verringern helfen.[24] Die Beschränkungen wirtschaftlicher Beziehungen durch räumliche oder zeitliche Distanzen verlieren durch den technischen Fortschritt an Bedeutung und eröffnen den Akteuren die Möglichkeit, die Reichweite ihrer Handlungen auszudehnen. Dies führt letztlich zu einer verstärkten Integration der Weltmärkte.

III. Erscheinungsformen der Globalisierung

Der Prozeß der Globalisierung ist empirisch nur schwer zu erfassen. Dennoch wird in zahlreichen Statistiken der Versuch unternommen, das Ausmaß der zunehmenden weltwirtschaftlichen Integration quantitativ zu beschreiben.[25] Die folgenden Ausführungen beleuchten die Entwicklungen, die mit der Globalisierung der Wirtschaft einhergehen. Dies sind einmal die Effekte auf den internationalen Handel, den Umfang der internationalen Kapitalbewegungen sowie die Mobilität der Faktoren Arbeit und technisches Wissen.

A. Internationaler Handel

Betrachtet man den Welthandel über einen längeren Zeitraum, so zeigt sich, daß in der Rückschau die Internationalisierung kein sonderlich neues Phänomen darstellt. Bereits in der zweiten Hälfte des 19. Jahrhunderts hatten die weltweiten Warenexporte (gemessen in Prozent des Welt–Bruttoinlandsprodukts) ein hohes Ausmaß erreicht.[26] Das erreichte Internationalisie-

---

23 Vgl. Hüther (1997), S. 196.

24 Vgl. Straubhaar (1996), S. 219ff.

25 Die in der Literatur und öffentlichen Diskussion verwandten Maßzahlen der Internationalisierung und Globalisierung sollen an dieser Stelle keiner gesonderten Analyse hinsichtlich ihrer Eignung als Indikatoren unterzogen werden. Zur Kritik existierender Kennzahlen siehe ausführlich Germann/ Raab/ Setzer (1999), S. 5ff. Dort werden auch „neue" Globalisierungsmaße wie der McKinsey–Globalisierungsindikator vorgestellt, die jedoch teilweise ebenfalls auf traditionelle Aspekte der Globalisierung zurückgreifen oder schwer operationalisierbar sind. Die Autoren entwickeln schließlich ein mehrdimensionales Kennzahlensystem, welches sich allerdings nur auf der Mikroebene als aussagefähig erweist.

26 Die weltweiten Warenexporte in Prozent des Welt–Bruttoinlandprodukts betrugen 5,1 im Jahr 1850, 9,8 im Jahr 1880, 11,9 im Jahre 1913, 7,1 im Jahr 1950, 11,7 im Jahr 1973 und 17,1 im Jahr 1993. Siehe Krugman (1995), S. 331.

rungsniveau wurde durch den Ersten und Zweiten Weltkrieg sowie durch den Protektionismus während der Zwischenperiode stark zurückgefahren. Danach entwickelte sich der Welthandel wieder rege, konnte das alte Niveau aber erst gegen Mitte der 70er Jahre erreichen und überschreiten. Bei dieser Entwicklung kann man daher eher von einem Aufholungsprozeß nach einer Phase der Desintegration sprechen.

Der Austausch von Gütern ist somit kein Phänomen der Neuzeit. Wirklich neue Dimensionen in der internationalen Arbeitsteilung, die auf die Globalisierung zurückgeführt werden, können allenfalls durch das erreichte Niveau, eine neue Struktur oder neue Teilnehmer am Welthandel entstanden sein.

Ein neuer Aspekt könnte daher sein, daß die internationale Arbeitsteilung stetig gestiegen ist und ein bisher nicht bekanntes Niveau erreicht hat. Betrachtet man die jährliche Wachstumsrate des Welthandelsvolumens, so zeigt sich, daß diese im Durchschnitt doppelt so hoch war wie die des Weltsozialprodukts. 1995 betrug das Weltsozialprodukt 26 Billionen US–$, das Welthandelsvolumen belief sich auf 6,1 Billionen US–$. Seit 1950 ist das nominale Welthandelsvolumen um das Sechzigfache gestiegen. Damit werden rund 23 %, d.h. knapp ein Viertel des Weltsozialprodukts über Ländergrenzen hinweg gehandelt.[27]

Das Ausmaß der internationalen Verflechtung eines Landes wird häufig über den Offenheitsgrad gemessen. Dieser setzt das Handelsvolumen (die Summe aus Exporten und Importen) in Relation zum Bruttoinlandsprodukt. Alternativ werden auch die Export– oder Importquoten verwendet. Betrachtet man beispielsweise die Exportquoten im Zeitablauf, so zeigt sich, daß die Industrieländer stärker an der internationalen Arbeitsteilung teilhaben, wobei sich das Niveau innerhalb der Länder beträchtlich unterscheidet. So ist die etwa die Exportquote der USA seit ca. 1987 ständig gestiegen, insgesamt liegt sie jedoch auf einem niedrigen Niveau von 8,8 % (1996), was mit der Größe des Landes zu erklären ist. Für Deutschland stieg der Anteil der Exporte am BIP von 16,5 % im Jahr 1970 auf ca. 25 % im Jahre 1995.[28]

Betrachtet man die langfristige Entwicklung, so ist es nicht das *Ausmaß* als vielmehr die *Struktur* des Welthandels, die neu am Globalisierungsphänomen ist. Traditionell wurden Rohstoffe gegen Fertigwaren getauscht. Heute wird der überwiegende Teil des Welthandels als intra–industrieller Handel zwischen hoch entwickelten Ländern abgewickelt, die ähnliche Produktgruppen tauschen und dabei wechselseitig Spezialisierungsvorteile realisieren.[29] Zugleich ist das Handelsmuster durch eine steigende Produktdifferenzierung gekennzeichnet, in deren Folge man in Japan BMW, in Frankreich Ford und in Deutschland Toyota und Peugeot fährt. Intra–industrieller Handel spiegelt sich in ähnlich verlaufenden Export– und Importquoten einer Branche wider.[30] Seit einigen Jahren nehmen auch (ehemalige) Entwicklungsländer an diesem intra–industriellen Handel teil. Trotz des rasanten Anstiegs des Anteils der Entwicklungsländer an den Weltexporten[31] darf man aufgrund des niedrigen Ausgangsniveaus die Bedeutung dieses Handels für die Industrieländer nicht überschätzen. So betrug in

27 Vgl. Koch (1997), S. 8.

28 Vgl. Freytag/ Meier/ Weiß (1998), S. 15ff.

29 Vgl. Pies (1997), S. 7.

30 Vgl. Wagner (1995), S. 4, und Siebert (1994), S. 104–106.

31 Siehe hierzu ausführlich Freytag/ Meier/ Weiß (1998), S. 15ff, oder IMF (1995), S. 45 und 119.

Deutschland der Anteil der Importe aus Südostasien im Jahr 1995 lediglich 2,2 %.[32] Die zu beobachtende Entwicklung stützt jedoch die These, daß es „neue Teilnehmer“ in der internationalen Arbeitsteilung gibt.

Auch das Zusammenspiel zwischen organisatorischer Integration und räumlicher Aufsplittung der Wertschöpfungskette des Produktionsprozesses läßt sich am Welthandel ablesen. Gegenwärtig wird etwa ein Drittel des Welthandelsvolumens nicht zwischen Unternehmen, sondern innerhalb multinationaler Unternehmen abgewickelt. D.h. die Internationalisierung von Handel und Produktion erfolgt zu einem großen Teil unternehmens*intern* und läßt die multinationalen Unternehmen zu den eigentlichen Hauptakteuren der Globalisierung werden.[33]

B. Internationale Kapitalbewegungen

Im Zuge der Globalisierung nimmt neben der Mobilität von Gütern und Dienstleistungen wegen der Liberalisierung des internationalen Kapitalverkehrs auch die Mobilität des Produktionsfaktors Kapital zu. Dies schlägt sich insbesondere in einer Expansion internationaler Direktinvestitionen sowie Portfolio– oder Finanzinvestitionen nieder. Die zunehmende Integration der Kapitalmärkte dient ebenso wie auf dem Gütermarkt einer stärkeren Spezialisierung und einer effizienteren Nutzung der vorhandenen Ressourcen. Zugleich ermöglicht sie, daß das Kapital in die weltweit produktivste Verwendung fließt und so die höchstmöglichen Renditen erwirtschaftet.

Der Transfer von Kapital in eine Volkswirtschaft bewirkt zugleich einen Kapazitäts– bzw. Potentialeffekt. Der Zufluß von Direkt– (und Finanz–) Investitionen läßt den Bestand an nutzbaren Produktionsfaktoren wachsen und steigert die Produktivität der nationalen, meist immobilen Produktionsfaktoren. Da das an einem Standort eingesetzte Kapital nicht gleichzeitig an anderen Orten investiert werden kann, kommt es zu einem Wettbewerb der immobilen Produktionsfaktoren an den verschiedenen Standorten (Nationen) um das mobile Kapital. Eine zunehmende Globalisierung im Wege steigender Mobilität des Kapitals, die sich in zunehmenden Direktinvestitionen manifestiert, bedeutet somit auch einen intensiveren Wettbewerb der Standorte.

Voraussetzung für die Funktionsfähigkeit des Wettbewerbs ist jedoch ein hoher Grad an Integration der Kapitalmärkte. Sind die Märkte weitgehend voneinander abgeschottet, fehlt die wesentliche Voraussetzung für die Interdependenz der Steuerpolitik. „Attraktive“ steuerliche Rahmenbedingungen würden zwar die Inländer dazu animieren, mehr zu sparen und damit das Kapitalangebot zu erhöhen. Aber die höhere Nettoverzinsung würde im extremen Fall völlig segmentierter Märkte nicht dazu führen, daß ausländisches Kapital zufließt. Eine strategische Steuerpolitik mit dem Ziel, internationales Kapital anzuziehen, ist folglich nur bei hinreichend offenen nationalen Märkten möglich.[34] Wie die weitere Analyse zeigen wird, besteht kein

---

32 Vgl. Pies (1997), S. 7.

33 Vgl. Pies (1997), S. 7. Diese Entwicklung läßt zugleich auf beträchtliche Rechtsunsicherheiten schließen, die offensichtlich durch die organisatorische Integration auf Firmenebene vermindert werden können. Zur besonderen Rolle multinationaler Unternehmen siehe auch Abschnitt IV dieses Kapitels.

34 Vgl. Dluhosch (1993), S. 6.

Zweifel, daß die nationalen Kapitalmärkte, insbesondere der Industrieländer, eng miteinander verflochten sind.[35]

Um das Ausmaß der tatsächlichen Kapitalmobilität zu analysieren, werden zunächst Direktinvestitionen und anschließend Portfolioinvestitionen untersucht. Diese Differenzierung empfiehlt sich, da sich auch die Implikationen einer verstärkten Kapitalmobilität für die nationalen Politiken unterscheiden. Eine stärkere Mobilität des Portfoliokapitals hat vor allem Konsequenzen für die nationale Stabilitätspolitik. Eine zunehmende Mobilität von Sachkapital hat Implikationen für eine breiter definierte Wirtschaftspolitik, so für die Allokationspolitik, für die Steuerpolitik und die Infrastrukturpolitik.

1. Direktinvestitionen

Empirisch ist der Kapitalverkehr weitaus schwieriger darzustellen als der Güterverkehr, da die Datenbasis dünner ist. Als Ausdruck der Globalisierung wird daher meist nur das Ausmaß oder der Zuwachs an Direktinvestitionen herangezogen. Unter Direktinvestitionen versteht man dabei Kapitalanlagen im Ausland, durch die neben dem Ertrags- und Renditemotiv eine durch eine entsprechend hohe Kapitalbeteiligung abgesicherte (Möglichkeit der) Einflußnahme auf die Geschäftstätigkeit eines Unternehmens erreicht werden soll. Hierzu zählen der Erwerb von Unternehmen oder Beteiligungen, die Errichtung von Produktionsstätten im Ausland oder die Gründung von Gemeinschaftsunternehmen im Ausland, sogenannten Joint Ventures.[36]

Beim *Niveau* der weltweiten Direktinvestitionen ist eine stetige Zunahme zu beobachten, insbesondere seit Mitte der 80er Jahre. Sie verdoppelten sich von rund 120 Mrd. US–$ p.a. (1984–1989) auf über 250 Mrd. US–$ p.a. (1990–1996) und erreichten 1996 eine Höhe von 350 Mrd. US–$ p.a.[37] Sie stiegen seit 1973 (25 Mrd.) um das Vierzehnfache und damit rascher als der internationale Handel, dessen Umfang im Zeitraum von 1973 (518 Mrd. US–$) bis 1996 (5314 Mrd. US–$) lediglich um das Zehnfache anstieg. 1997 nahmen die Direktinvestitionen trotz der Asienkrise um 19 % zu, sechsmal so viel wie der Welthandel und erreichten einen Wert von 424 Mrd. US–$.[38] Der Bestand an ausländischen Direktinvestitionen erhöhte sich auf 3,2 Billionen US–$ im Jahr 1996 (1987: 1 Billion; 1993: 2 Billionen US–$).[39]

Allerdings wird die Bedeutung der Direktinvestitionen für die Kapitalmarktintegration erst im Vergleich der Direktinvestitionen von Inländern im Ausland mit den gesamten von Inländern im In– und Ausland getätigten Investitionen offenbar. Das Verhältnis zeigt an, wie stark inländische Investoren das Ausland bei ihren Entscheidungen berücksichtigen und kann daher als Maß für Kapitalmobilität gelten. Freytag, Meyer und Weiss (1998) stellen für Deutschland,

---

35 Vgl. Freytag/ Meier/ Weiß (1998), S. 21f.

36 Siehe hierzu Koch (1998), S. 9. Zu den Beweggründen von Direktinvestitionen siehe beispielsweise Fischer (2000) oder Weichenrieder (1995), S. 5ff. Zu unterschiedlichen Formen Bargel (1993), S. 52ff.

37 Vgl. Koch (1998), S. 9.

38 Vgl. Köppen (1999), S. 78f.

39 Vgl. Koch (1997), S. 205.

Frankreich, Großbritannien und die USA seit Ende der achtziger Jahre eine stärkere Berücksichtigung ausländischer Standorte bei Investitionsentscheidungen fest. Insbesondere in den letzten Jahren hat sich der Anteil der Investitionen im Ausland gegenüber den 70er und frühen 80er Jahren fast verdoppelt. Gleichwohl liegt die absolute Höhe des Indikators für 1996 lediglich in Großbritannien über 10 %, in Deutschland liegt er mit ca. 5 % deutlich darunter.[40]

Betrachtet man die *Struktur* der Direktinvestitionen näher, so zeigt sich, daß die Industrieländer wie im internationalen Handel die dominierenden Akteure bei Beständen und Zuflüssen von Direktinvestitionen sind. 1997 kamen 85 % der Direktinvestitionen aus Industrieländern, 58 % der Direktinvestitionen gingen in Industrieländer. Gleichwohl ist ein deutlicher Trend zur Integration der Schwellen– und Reformländer in den internationalen Kapitalverkehr erkennbar. Ihr Anteil als Empfänger von Direktinvestitionen hat sich mehr als verdoppelt: Flossen 1997 37 % der weltweiten Direktinvestitionen in diese Länder, waren es 1990 nur 17 %. Dabei entfiel der Löwenanteil des Kapitaltransfers auf die sich dynamisch entwickelnden ostasiatischen Schwellenländer.[41]

Die Globalisierung geht auch mit einer weiter steigenden Unternehmenskonzentration einher. Drei Fünftel aller ausländischen Direktinvestitionen entfielen 1997 auf Unternehmenszusammenschlüsse. Diese grenzüberschreitenden „Mergers and Aquisitions“ erreichten im gleichen Jahr einen Wert von 256 Mrd. US–$.

Insgesamt lassen sich anhand der Daten die Charakteristika der Globalisierung, die im internationalen Handel entworfen wurden, auch hier nachweisen. Die Direktinvestitionen zwischen Industrieländern sind über die letzten Jahre stetig gewachsen. Gleichzeitig gewinnen als „neue Teilnehmer“ auch Entwicklungs– und Reformländer als Standorte für Direktinvestitionen mehr an Bedeutung.

2. *Portfolioinvestitionen*

Auf dem Weltdevisenmarkt dient indes nur ein vergleichsweise geringer Teil der Transaktionen der Finanzierung des internationalen Handels und der Direktinvestitionen. Der größte Teil entfällt auf Portfolio– oder Finanzinvestitionen, bei denen es sich im Gegensatz zu den Direktinvestitionen um Wertpapieranlagen handelt, die in höherem Maße spekulative Elemente aufweisen und eher kurzfristig gehalten werden. Hierzu zählen der Kauf und Verkauf von festverzinslichen Wertpapieren, Investmentzertifikaten oder Aktien, die aus Rendite– oder Spekulationsmotiven getätigt werden.[42]

Im Bereich der Finanzmärkte sind in den letzten 25 Jahren Veränderungen in atemberaubender Geschwindigkeit und in unerhörtem Ausmaß vor sich gegangen. Finanzmärkte spielen daher auch eine prominente Rolle bei der Beschreibung der durch Globalisierung ausgelösten Umbrüche. Die umfassende Liberalisierung in Verbindung mit Quantensprüngen in der Ent-

---

40 Freytag/ Meier/ Weiß (1998), S. 22–24.

41 Vgl. Köppen (1999), S. 79.

42 Diese Definition wird auch als Portfoliokapital im *engeren* Sinne bezeichnet. In einer *weiten* Interpretation von Finanztransaktionen sind damit sämtliche Bestandsgrößen gemeint, deren Veränderungen als Transaktionen in der Kapitalverkehrsbilanz erfaßt sind. Siehe hierzu Siebert 1998, S. 42.

wicklung der Computer– und Kommunikationstechnik sowie die Erfindung neuer Finanzderivate haben zu einer Explosion in den Volumina bestimmter Finanzinstrumente geführt.[43] Die elektronischen Kommunikationssysteme haben die Räumlichkeit im Finanzsektor aufgehoben, zwischen den Finanzplätzen findet ein intensiver Wettbewerb statt.

Besondere Bedeutung kommt den Arbitragegeschäften zu, bei denen geringe Zins– und Kursdifferenzen auf verschiedenen Finanzplätzen für die Mitnahme von Gewinnen genutzt werden. Neben Zinsarbitragegeschäften führen Währungsspekulationen auf den Devisenmärkten zum volumenmäßigen Anstieg der Finanztransaktionen.[44]

Täglich werden Finanztransaktionen mit einem Volumen von 1,5 Billionen US–$ (1997) getätigt. Das jährliche Welthandelsvolumen in Höhe von 5,3 Billionen US–$ (1996) wird auf den Finanzmärkten innerhalb von 4 Tagen umgesetzt. Die Steigerungsraten weisen mit jährlich 15 % das größte Wachstum aller Wirtschaftsindikatoren auf.[45] Dies bestätigt die hohe Mobilität von Portfolioinvestitionen.

3. *Implikationen für die Integration der Kapitalmärkte*

Betrachtet man die Implikationen der oben beschriebenen Entwicklungen für die Integration der Kapitalmärkte, ist zu berücksichtigen, daß es etwa bei den Finanztransaktionen viele Doppelzählungen sowie Gegenpositionen gibt (etwa beim Hedging).[46] Zudem kann sich Sachkapital nicht wie Portfoliokapital friktionslos an veränderte Rahmenbedingungen anpassen. Sachkapital ist, wenn einmal an einem Standort investiert, weitgehend immobil. Die Mobilität des Sachkapitals wird zu dem Zeitpunkt wirksam, zu dem man sich entscheidet, wo man investieren will. Dies gilt für Neuinvestitionen, die als Direktinvestitionen Ländergrenzen überschreiten können, aber trifft in der langen Frist auch für Ersatzinvestitionen zu.

Ob die Weltkapitalmärkte tatsächlich als integriert angesehen werden können, ist auch in der Literatur umstritten. Bewegt sich Geldkapital weltweit praktisch unbeschränkt auf der Suche nach der höchsten (risikobereinigten) Rendite, würde man erwarten, daß Maßnahmen inländischer Politik, welche die heimische Sparneigung erhöhen (z.B. steuerliche Anreize) oder senken (z.B. staatliche Rentenversicherung im Umlageverfahren), keinen Einfluß auf den Umfang der heimischen Investition haben. Heimische Investoren haben zu dem Zinssatz, der auf dem Weltmarkt bestimmt wird, Zugang zu einem praktisch unendlich elastischen Kapitalangebot. Für einige Verwirrung hat in diesem Zusammenhang die Untersuchung von Feldstein und Horioka (1980) gesorgt. Sie haben mit Hilfe einer Regressionsanalyse für 16 OECD Staaten für den Zeitraum von 1960 bis 1974 eine signifikant hohe positive Korrelation zwischen den nationalen Investitionsquoten und den Sparquoten nachgewiesen. Hohe „Ersparnis–Einbehaltungs“–Koeffizienten zeigten an, daß zusätzliche heimische Ersparnis – anstatt ren-

---

43 Vgl. Busch (1999), S. 32f. Siehe hier auch Daten zur Entwicklung der Märkte für ausgewählte Finanzderivate.

44 Vgl. Koch (1998), S. 104f. Die weltweiten Devisenmarktumsätze pro Tag sind zwischen 1985 und 1995 von 150 Mrd. US–$ auf 1260 Mrd. US–$ gestiegen, siehe hierzu Busch (1999), S. 34.

45 Vgl. Koch (1997), S. 7.

46 Vgl. Feldstein (1994), S. 12f.

ditemaximierend auf dem internationalen Kapitalmarkt angelegt zu werden – zu mehr als zwei Dritteln in die heimische Investition floß. Bei stark integrierten Kapitalmärkten ist allerdings nicht einzusehen, warum bei weitgehender Kapitalmobilität gerade dort so viel investiert wird, wo auch viel gespart wird. Hieraus wurde lange Zeit geschlossen, daß die Kapitalmobilität bestenfalls unvollkommen sei und bezeichnete dieses Ergebnis als *Feldstein–Horioka–Paradoxon* oder Puzzle.[47] Inzwischen gilt dieses Rätsel als gelöst. So besteht zwar auch heute noch ein enger Zusammenhang zwischen den nationalen Aggregaten Investition und Ersparnis,[48] allerdings kann man diese Korrelation auch unter der Annahme perfekter Kapitalmobilität mit Hilfe von demographischen und polit–ökonomischen Ansätzen erklären. Sie kann letztendlich aber nicht auf das Verhalten der Wirtschaftssubjekte auf den Kapitalmärkten, d.h. der Anleger und Investoren zurückgeführt werden.[49] Es ist also in der Realität durchaus von einer sehr hohen Kapitalmobilität auszugehen.[50]

Für die Frage nach dem Integrationsgrad der Kapitalmärkte ist es auch naheliegend, unmittelbar die reale Verzinsung inländischer und ausländischer Kapitalanlagen zu vergleichen. Schließlich müßte bei offenen Kapitalmärkten die Arbitrage in Richtung eines engen internationalen Realzinszusammenhangs wirken, da die Kapitalanleger daran interessiert sind, eine möglichst hohe reale Rendite zu erzielen. Die nationalen Nominalzinsen können sich hingegen, flexible Wechselkurse vorausgesetzt, auch bei offenen Kapitalmärkten unterschiedlich entwickeln. Grund hierfür sind vor allem Inflationsdifferenzen und –erwartungen. Internationale Vergleiche zwischen den realen Kapitalmarktrenditen zeigen allerdings, daß die Faktorpreisarbitrage durch die internationalen Kapitalmarktbewegungen nicht optimal funktionieren würde, da der Zinsverbund nicht so eng ist, wie es bei einem straffen Zinszusammenhang zu erwarten wäre.[51] De facto gibt es also immer noch regional segmentierte Märkte.

Allerdings gilt das Gesetz des gleichen Preises auch bei vollständig integrierten Märkten nur bei homogenen Gütern und Leistungen. Ein einheitlicher Preis ist bei in verschiedenen Währungen denominierten Aktiva, die sich neben dem Wechselkurs– und Bonitätsrisiko auch in der Steuerbelastung unterscheiden, nicht zu erwarten. Gerade die Steuerpolitik trägt dazu bei, daß die nationalen Kapitalanlagen im internationalen Vergleich heterogen erscheinen. Daher ist es nicht angebracht, die Interdependenz der nationalen Kapitalmärkte wegen empirisch ermittelter Zinsdifferenzen in Frage zu stellen. Folglich können Zinsdifferenzen auftreten und die Kapitalmärkte dennoh integriert sein.[52]

---

47 Der Schlüssel, um das Feldstein–Horioka–Paradoxon zu lösen, liegt nach Feldstein (1994) darin, daß die Eigentümer des Kapitals bzw. die Akteure, die für institutionelle Anleger handeln, eine heimatnahe Anlage bevorzugen würden. Dies begründe sich in einer Kombination aus Risikoaversion, Ignoranz und dem Wunsch, Umsichtigkeit in ihrem Investitionsverhalten zu zeigen.

48 So S. Sinn (1992b), S. 1163. Gegenüber den Ergebnissen von Feldstein/ Horioka (1980) hat sich der Zusammenhang zwischen nationalen Investitionsquoten und Sparquoten sogar etwas gelockert. Siehe hierzu auch Obstfeld (1995) und Feldstein (1994). Einen Überblick über die neuere empirische Literatur zum Feldstein–Horioka–Puzzle gibt Lapp (1996).

49 Vgl. Bayoumi (1990).

50 Vgl. hierzu Argimon/ Roldan (1994).

51 Siehe hierzu Obstfeld (1995) oder Dluhosch (1993), S 19f.

52 Hierauf weist Frankel (1992), S. 199ff, besonders nachdrücklich hin. Ursächlich für die Heterogenität und immer noch vorhandene Zinsdifferenzen sind zum Teil Marktzutrittsschranken zu nationalen Gütermärkten. Siehe hierzu ausführlich Ragnitz (1989), S. 252.

C. *Mobilität des Faktors Arbeit*

Neben dem Produktionsfaktor Kapital ist auch die Mobilität des Faktors Arbeit eine Erscheinungsform der Globalisierung. Die Migrationsentscheidung einzelner Individuen ist zwar in weiten Teilen Ergebnis eines rationalen ökonomischen Kalküls, aber ebenso oft spielen emotionale, soziologische, politische oder andere Faktoren die entscheidende Rolle für die endgültige Entscheidung, in ein anderes Land zu ziehen. So ist es empirisch außerordentlich schwer, den Einfluß der Globalisierung und der Senkung der Transaktionskosten zu isolieren. In der Realität bleibt die Migration abgesehen von Kriegs– und Krisenzeiten ein marginales Phänomen, die Entscheidung für eine grenz– und kulturraumüberschreitende Wanderung die Ausnahme. Die aktuelle Bedeutung des Migrationsphänomens kann daher nicht mit internationalen Kapitalbewegungen verglichen werden.

Die ökonomische Migrationsforschung zeigt, daß die Immobilität einen Wert an sich darstellt. Wer sich zur Wanderung entschließt, wird sich eher für einen attraktiven als einen weniger attraktiven Zielort entscheiden. Dies zeigt sich an Netzwerkwanderungen und an der Ballung einzelner Zuwanderungsgruppen an bestimmten Zielorten (Steueroasen). Netzwerke verringern Unsicherheit und senken Informations– und Transaktionskosten. Mit ihrer Hilfe kann kulturelles, sprachliches, gesellschaftliches, aber auch berufliches und firmenspezifisches Know–how an neuen Standorten genutzt werden.[53] Dornbusch (1994, S. 26) formuliert das Phänomen folgendermaßen „The more have come, the lower the entry cost for yet another one.“

Empirisch zeigt sich, daß etwa innerhalb der EU, in der praktisch unbegrenzte Freizügigkeit gilt und sogar Schulabschlüsse anerkannt werden, nur eine geringe Wanderung auftritt. Trotz teilweise immer noch stark divergierender Lebensstandards und Beschäftigungschancen entvölkern sich wirtschaftlich weniger entwickelte Regionen auch in der geografischen Nähe erfolgreicherer Regionen nicht allzu stark. Selbst zwischen sprachlich sehr ähnlichen Lebensräumen bleibt die innergemeinschaftliche Wanderung gering.[54] Im Durchschnitt kommen 3 bis 4 % der Erwerbspersonen in den Ländern der EU aus dem Ausland, wobei der Anteil aus dem nicht–europäischen Ausland als verschwindend gering einzustufen ist. Eine weltweite Mobilität ist allenfalls in engen Kreisen von Führungseliten zu konstatieren. Das häufig stilisierte Faktum, nach dem der Faktor Arbeit immobil ist, hat folglich weiterhin Gültigkeit.[55] Indes bedarf es nicht unbedingt der Wanderung des Faktors Arbeit, um eine zunehmende Integration der Arbeitsmärkte weltweit herbeizuführen. Dies zeigt sich etwa an einer tendenziellen Angleichung der Relationen der Entlohnung unterschiedlicher Arbeitsqualifikationen.[56]

---

53 Vgl. Straubhaar (1998), S. 259.

54 Vgl. Straubhaar (1998), S. 259f.

55 Vgl. Klodt (1998), S. 13f.

56 Vgl. zu den Einflußfaktoren der langfristigen Entwicklung der Relation der Entlohnung von niedrig– und hochqualifizierten Arbeitskräften Richardson (1995), S. 40f.

D. *Mobilität des Faktors technisches Wissen*

Am schwierigsten ist das Ausmaß der Mobilität des Produktionsfaktors technisches Wissen zu beurteilen, denn hier treten diffizile Meß– und Bewertungssysteme auf. *Einmal* wandert technisches Wissen in Form von Patenten, Lizenzen und anderen Formen von Blaupausenwissen über Grenzen hinweg. Der Wert dieser Wissensströme sollte eigentlich im Rahmen der Zahlungsbilanzstatistik in internationalen Patent– und Lizenzbilanzen seinen Niederschlag finden. Der Aussagegehalt dieser Statistiken ist jedoch mit Vorsicht zu genießen, da kaum unterschieden werden kann, ob die geleisteten Zahlungen dem Gegenwert des Wissenstransfers dienen oder versteckte Gewinntransfers innerhalb multinationaler Unternehmen darstellen.

Der *zweite* Weg des Wissenstransfers über den internationalen Handel läßt sich zumindest indirekt messen. Zeitreihen– und Querschnittsanalysen zu den Wachstumserfolgen verschiedener Länder zeigen, daß die Entwicklung der totalen Faktorproduktivität mit dem Import von Investitionsgütern stark positiv korreliert ist. Der Handel mit Konsumgütern spielt hier keine meßbare Rolle.[57]

Der *dritte* Kanal des Wissenstransfers stellt vermutlich zugleich die wichtigste Quelle dar: die Direktinvestitionen multinationaler Konzerne. Werden Fertigungskapazitäten eines Unternehmens ins Ausland verlagert, so wird dabei nicht nur Sachkapital transferiert, sondern auch technisches und organisatorisches Wissen. Über die Erscheinungsform der Direktinvestitionen wurde schon in einem früheren Abschnitt berichtet, über das Ausmaß oder den Wert des Technologietransfers, der in ihnen inkorporiert ist, kann jedoch nur spekuliert werden.[58] Hiermit ist die besondere Rolle von Unternehmen im Globalisierungsprozeß angesprochen, welche im nächsten Abschnitt eigens nochmals herausgearbeitet werden wird.

IV. Die Rolle der Internationalisierung von Unternehmen

Unternehmen (bzw. die in ihnen handelnden Individuen) fungieren als Träger des Globalisierungsprozesses und bilden das Bindeglied zwischen den Nationen. Sie erstellen Güter und Dienstleistungen im In– und Ausland und ex– bzw. importieren diese. Es sind die Unternehmen, die Produktionsfaktoren nachfragen und einsetzen und auf den internationalen Finanzmärkten aktiv sind und auf diese Weise das Finanzkapital in die produktivste Verwendung lenken. Im Globalisierungsprozeß richtet sich der Blick insbesondere auf sogenannte multinationale Unternehmen (MNU).[59]

Dabei wird der Internationalisierung von Produktionsprozessen in multinationalen Unternehmen besondere Bedeutung beigemessen. Dies umschreibt die länderübergreifende geographische Zerlegung des gesamten Leistungsprozesses solcher Unternehmen in weitgehend selbständig vollzogene Teilprozesse. Diese Dimension der Globalisierung ist vor allem an den

---

57 Vgl. Klodt (1998), S. 14. Zur empirischen Analyse siehe Maurer (1997).

58 Zum Einfluß multinationaler Unternehmen auf Entstehung und Verbreitung des technischen Fortschritts siehe Bargel (1993), S. 29ff.

59 Zur Begriffsdefinition siehe etwa Riedl (1999), S. 11. Der Impuls zur Bildung solcher Unternehmen wird nicht zuletzt auf die Globalisierung zurückgeführt.

Direktinvestitionen im Ausland abzulesen, aber auch der wachsende Anteil des sogenannten Intra–Firmen–Handels am Welthandel zeugt von dieser Einflußnahme. Wie bereits ausgeführt, bestimmt der interne Handel von multinationalen Unternehmen heute etwa ein Drittel des Welthandels mit Waren und Dienstleistungen. Im Jahr 1995 überschritt die Produktion multinationaler Unternehmen im Volumen den Welthandel und wurde so die beherrschende Form, ausländische Märkte zu bedienen. Rund 280.000 Auslandsgesellschaften von MNU produzierten 1995 geschätzte 7 Billionen US–$ Umsatz.[60]

International tätige Unternehmen können jedoch nicht nur Produktionsprozesse, sondern ganz allgemein einzelne Glieder in der Kette ihrer Leistungen und Transaktionen nach freier Wahl einzelnen Staaten zuordnen. Damit können Unternehmen des Produktions– und des Finanzsektors viele dieser Beziehungen zu einzelnen Staaten mit vertretbaren Transaktionskosten gegeneinander austauschen. Dies hat natürlich auch entscheidende Implikationen für die nationale Steuerpolitik. Denn spezielle zentrale Unternehmensfunktionen sind kaum standortgebunden, wie etwa die Finanzierung oder Koordination von MNU, aber bei der Standortwahl sehr steuersensitiv. Zudem ist es über firmeninterne Verrechnungspreise möglich, Gewinne aus Hochsteuerländern in Niedrigsteuerländer zu verschieben, um so die Steuerbelastung zu minimieren.[61]

V. Zwischenresümee

Die Analyse zeigt, daß die Globalisierung ein beträchtliches Ausmaß erreicht hat, und insbesondere die Güter– und Kapitalmärkte der Industrieländer stark integriert sind. Maßgeblich für die Interdependenz der Kapitalmärkte sind letztlich die Arbitragemöglichkeiten zwischen den nationalen Märkten. Diese haben mit dem Abbau administrativer Kapitalverkehrskontrollen deutlich zugenommen. Damit ist eine wesentliche Voraussetzung für den Steuerwettbewerb erfüllt. Die nationale Steuerpolitik kann nur in dem Maße ausländische Märkte berühren, wie die nationalen Märkte nicht voneinander segmentiert sind. Sind die Märkte isoliert, würden kaum internationale Kapitalbewegungen in Reaktion auf Änderungen von nationalen Steuerpolitiken entstehen. Entsprechend wäre der Anreiz für politische Entscheidungsträger gering, eine strategische Steuerpolitik zu betreiben, um ausländisches Kapital im Inland zu gewinnen. Ein Steuerwettbewerb wäre nicht möglich.

---

60 Vgl. UNCTAD (1997).

61 Vgl. Owens (1993), S. 27f. Auf diese steuerlichen Gestaltungsmöglichkeiten von MNU wird im 7. Kapitel eingegangen werden.

2. Kapitel: Theoretischer Rahmen der Analyse

In diesem vorbereitenden Kapitel wird die Grundlage für die wohlfahrtsökonomische Analyse von Steuern gelegt. Hierzu werden zunächst mögliche Ziele der Besteuerung geklärt (Abschnitt I) und die Wirkungen der Besteuerung untersucht (II). Dabei liegt das Hauptaugenmerk auf den allokativen Wirkungen der Besteuerung, insbesondere auf die Entscheidungen der Individuen. Um jedoch Wirkungen beurteilen zu können, bedarf es eines Referenzsystems. In der Theorie der paretianischen Wohlfahrtsökonomie wird zur Analyse als Standardansatz das Modell der vollständigen Konkurrenz herangezogen. In diesem Modellrahmen werden mit Hilfe des mikroökonomischen Instrumentariums Bedingungen für die Maximierung der gesellschaftlichen Wohlfahrt abgeleitet. Dabei läßt sich zeigen, daß eine gesamtgesellschaftlich optimale Allokation von Produktionsfaktoren und Gütern dann erreicht wird, wenn die Annahmen des Modells der vollkommenen Konkurrenz gelten (III).

Danach verknüpfen wir unsere Betrachtungen zu den Steuerwirkungen und zum Analyserahmen und untersuchen, wie die Entscheidungen von Individuen durch verschiedene Arten der Besteuerung beeinflußt werden bzw. welche wohlfahrtsrelevanten Folgen die Anpassungsaktivitäten der Individuen auslösen (IV). Am Beispiel der Kapitaleinkommensteuer werden dann die allokativen Wirkungen aus gesamtwirtschaftlicher Sicht aufgezeigt (V). Hierzu bedarf es eines Effizienzmaßes. In der Wohlfahrtsökonomie wird zur Bewertung von alternativen Zuständen, beispielsweise von Steuersystemen und/oder fiskalischen Maßnahmen, in der Regel das Pareto–Kriterium herangezogen. Diesem Kriterium liegt implizit die Annahme eines wohlwollenden, allwissenden Diktators zugrunde, der die Wohlfahrt der Bürger maximieren will. Wir stellen diesem jedoch ein ähnlich überspitztes Modell gegenüber, das Leviathan–Modell, und analysieren knapp die wesentlichen Charakteristika dieser polaren Modelle des Staates (VI). Ausführlich widmen wir uns dann dem Verhalten der beiden Entscheidungsträger in den folgenden Kapiteln 3 und 4. Zunächst aber Kapitel ist es unser Ziel, die relevanten Maßstäbe für die Effizienz der Einnahmeerhebung in den beiden Staatstheorien abzuleiten. Ein Zwischenresümee rundet dieses Kapitel ab (VII).

I. Einordnung der Besteuerung in den Zielkatalog des Staates

Im wirtschaftswissenschaftlichen Schrifttum wurden in den dreißiger Jahren Zielkataloge der Wirtschaftspolitik geschaffen, die später zu strukturierten, hierarchisch gegliederten Zielsystemen oder Zielpyramiden weiterentwickelt wurden.[1] Diese setzen wirtschafts– und finanzpolitische Ziele in Bezug zu übergeordneten staats– und gesellschaftspolitischen Zielen. An der Spitze stehen in der Regel Freiheit, Gerechtigkeit und Sicherheit als zentrale gesellschaftliche Grundwerte, die zu einem gesellschaftlichen Oberziel, der Mehrung des Gemeinwohls bzw. der Maximierung der *gesellschaftlichen* Wohlfahrt zusammengefaßt werden

---

1 Siehe hierzu beispielsweise das Schaubild in Recktenwald (1980), S. 12, oder die Zielpyramide in Tuchtfeldt (1988), S. 183.

können.[2] Die wirtschaftliche Entwicklung trägt zur Erreichung dieses Zieles bei, in dem sie die *ökonomische* Wohlfahrt maximiert. Diese stellt allerdings eine sehr unpräzise und interpretationsbedürftige Zielvorgabe für wirtschaftliches Handeln dar.

Aus dem Ziel der Wohlfahrtsförderung lassen sich wiederum umfassende Zielkataloge und Zielsysteme entwickeln. So leitet beispielsweise Klump (1989, S. 148) drei wirtschaftspolitische Oberziele ab: allokative Effizienz, konjunkturelle Stabilität und Verteilungsgerechtigkeit. Das *Allokationsziel*, das sich in verschiedene Unterziele aufspalten läßt, umfaßt insbesondere den effizienten Einsatz von Produktionsfaktoren zur Produktion von Gütern gemäß den Präferenzen der Bürger. Die *Verteilungsgerechtigkeit* stellt die Konkretisierung des gesellschaftlichen Oberziels im ökonomischen Bereich dar und betrifft die Forderung nach einer als gerecht empfundenen Aufteilung von wirtschaftlichen Entscheidungsbefugnissen, Gütern, Einkommen und Vermögen. Die *konjunkturelle Stabilität* läßt sich wiederum in den Unterzielen Vollbeschäftigung, Preisniveaustabilität und Zahlungsbilanzausgleich präzisieren.

Die genannten Oberziele können dann als der Finanzwirtschaft vorgegebene Ziele interpretiert werden, aus denen wiederum abgeleitete Ziele bestimmt werden können.[3] Diese besitzen keinen eigenen Zweck, sondern sie dienen vielmehr dazu, die vorgegebenen Ziele wirtschaftlich zu erreichen. Raab (1995, S. 57, siehe hierzu auch die untenstehende Abbildung 2) unterscheidet hierbei das *fiskalische Ziel*, d.h. die Finanzierung öffentlicher Güter und das *Ziel der Realisierung des ökonomischen Prinzips*. Unter letzteres subsumiert er die „staatsinterne Effizienz“ und die „Minimierung des Ressourcenverzehrs staatlicher Aktivitäten in Markt und Staat“. Diese Definition ist für unsere Vorgehensweise besonders geeignet, da die zweite Zielvorgabe auch die Forderung nach möglichst geringer Veränderung relativer Preise beinhaltet. Dieses Postulat ist auch gleichbedeutend mit der Minimierung der Zusatzlasten staatlichen Handelns, auf die wir später im Rahmen der Theorie der optimalen Besteuerung noch ausführlich eingehen werden.

Damit kommen wir nun zur Einordnung der Besteuerung in dieses Zielsystem. Die klassische Steuerfunktion ist die *fiskalische* Zielsetzung. Dem Staat sollen durch das Steueraufkommen ausreichende Mittel zur Verfügung gestellt werden, um seine Aufgaben zu erfüllen. Daneben kann der Staat aber auch über die besonderen Wirkungsmechanismen der Besteuerung in den Marktprozeß eingreifen, um vorgegebene finanzpolitische Ziele, insbesondere das Allokationsziel zu verfolgen.[4]

Eine besondere Rolle spielen die Steuern jedoch wie schon angedeutet im Zusammenhang mit dem abgeleiteten Ziel der Minimierung des Ressourcenverzehrs im Markt und im Staat, da von der Besteuerung eine Vielzahl von Nutzeneinbußen ausgehen können. Im folgenden geben wir einen knappen Überblick, welche grundlegenden Wirkungen von der Besteuerung ausgehen, bevor wir uns dann auf eine zentrale Wirkung konzentrieren, die für den weiteren Verlauf der Arbeit von herausragender Bedeutung ist, die Zusatzlast.

---

2 Siehe dazu und zum folgenden Klump (1989), S. 146ff.

3 Siehe hierzu die zusammenfassende Übersicht in Raab (1995), S. 57.

4 Diesen Fall, der auf die Beseitigung von externen Effekten abzielt, bleibt im folgenden ausgeblendet.

I. Der Finanzwirtschaft vorgegebene Ziele

A. Konjunkturziele	B. Wachstumsziele	C. Distributionsziele	D. Allokationsziele
1. Vollbeschäftigung	1. Global	1. Einkommensverteilung	1. Verbesserung der marktwirtschaftlichen Allokation
2. Preisniveaustabilität	2. Strukturell (sektoral/regional)	2. Vermögensverteilung	2. Art und Umfang öffentlicher Güter
3. Außenwirtschaftliches Gleichgewicht	3. Vermeiden von Umweltschäden		3. Struktur öffentlicher Güter

II. Abgeleitete Ziele der Finanzwirtschaft

A. Realisierung des ökonomischen Prinzips

1. Minimierung öffentlicher Transaktionskosten, etwa von:
   a. Substitutionsverlusten
   b. Zusatzlasten
   c. Folgekosten
   d. Erhebungskosten
   e. Opportunitätskosten falscher Politik
2. "Staatsinterne" Effizienz: Effiziente Organisation der öffentlichen Finanzwirtschaft
   a. bei der Zuordnung von Aufgaben, Ausgaben und Einnahmen auf Gebietskörperschaften
   b. innerhalb der einzelnen Träger der öffentlichen Finanzwirtschaft

B. Fiskalisches Ziel (Finanzierung öffentlicher Güter)

Abbildung 2: Zielsystem der öffentlichen Finanzwirtschaft

Quelle: Raab (1995), S. 57.

II. Wirkungen im Überblick

Die traditionelle Finanzwissenschaft untersucht die mikro– und makroökonomischen Wirkungen der Steuer auf Preise, Einkommen und Verteilung. Diese Systematik kann erweitert werden um zusätzliche Wohlfahrtsverluste[5] wie beispielsweise Zusatzlasten[6], Erhebungskosten[7] und Folgekosten[8]. In der herkömmlichen Literatur zu Steuerwirkungen geht man in der Regel

5 Zur neuen Analytik der Steuerwirkungen und einer erschöpfenden Darstellung zusätzlicher Wohlfahrtsverluste siehe Recktenwald (1984), S. 395, und Grüske (1991a).

6 Siehe hierzu die Ausführungen im nächsten Abschnitt.

7 Nach Raab (1995), S. 319, umfassen Erhebungskosten den Aufwand im politischen Bereich für Informationen, für die Einnahmenplanung, für Gesetzesentscheidungen, ferner den administrativen Aufwand der Finanzbehörde für die Abgabenerhebung sowie die Kosten deren Kontrolle und Durchsetzung.

8 Unter Folgekosten versteht Grüske (1991), S. 52, tangible und intangible Lasten, die aufgrund der Steuererhebung *zusätzlich* entstehen.

von unendlich schnellen Reaktionen der Individuen aus. In der Realität ist jedoch zu beobachten, daß durchaus langfristige Reaktionen auf die Besteuerung auftreten, da beispielsweise nicht jede Art von Kapital gleich mobil ist. Angekündigte oder bereits umgesetzte Steuerrechtsänderungen können im Ansatz von Raab (1995) folglich sowohl kurz– als auch langfristige Überwälzungsvorgänge sowie Einkommens– und Substitutionseffekte zur Folge haben.[9] Zusatzlasten und sogenannte Substitutionsverluste[10] entstehen dabei als Folge der kurzfristigen (primären) Substitutionsreaktionen bzw. Anpassungshandlungen der Individuen, aber auch aufgrund der langfristigen (sekundären) Einkommens– und Substitutionseffekte. Dabei liegt zwischen der kurzfristigen Reaktion der Individuen und deren aktiver Gestaltung der langfristigen Anpassungsprozesse ein Planungs–, Durchführungs– und Kontrollprozeß mit fortwährenden Rückkopplungsmechanismen, der sowohl den öffentlichen als auch den privaten Sektor betrifft. Dieser verursacht sowohl im Staat als auch bei den Individuen einen Ressourcenverzehr durch Informations– Koordinations– und Kontrollkosten.

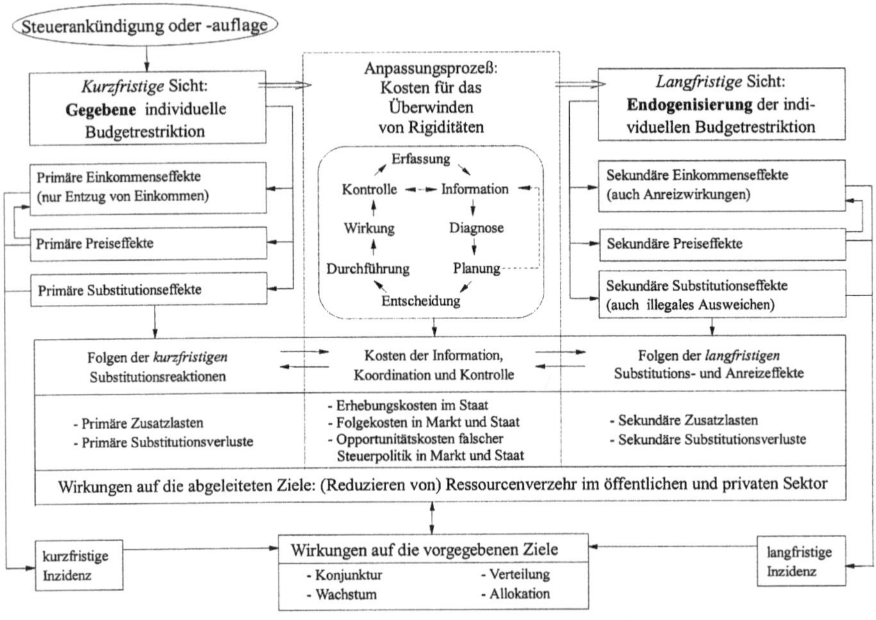

Abbildung 3: Steuerwirkungen in kurz– und langfristiger Sicht

Quelle: Raab (1995), S. 81.

---

9 Zu diesem Ansatz und im folgenden siehe die Übersicht über die Steuerwirkungen von Raab (1995), S. 80ff.

10 Unter Substitutionsverlusten versteht man Aufkommensverluste für den Staat, die aus den Anpassungsreaktionen der Individuen entstehen und im Vergleich mit einer hypothetischen Situation ohne diese Reaktionen gemessen werden. Zur kritischen Diskussion dieser begrifflichen Abgrenzung siehe Raab (1995), S. 67.

Insgesamt sind die beschriebenen Kostenkategorien grundsätzlich alle für die Erreichung des abgeleiteten Ziels der Minimierung der Ressourcenkosten im öffentlichen und privaten Sektor relevant. Gleichzeitig sind noch Wirkungen auf die vorgegebenen Ziele staatlicher Tätigkeit zu berücksichtigen. Durch den Ressourcenverzehr wird ein vorgegebenes Ziel unmittelbar tangiert, das Allokationsziel. Aber die kurz– und langfristig zu beobachtenden Anpassungsreaktionen, insbesondere die in der traditionellen Mikroökonomie betrachteten Reaktionen Substituieren, Überwälzen und Einholen, führen zu Veränderungen der makroökonomischen Größen wie Konsum, Sparen, Investieren. Dies hat damit auch Folgen für die vorgegebenen Ziele Wachstum, Konjunktur, aber auch Verteilung. In Abbildung 3 sind die skizzierten Reaktionen und Arten von Kosten mit ihrer Wirkung auf vorgegebene und abgeleitete Ziele des Staates im Überblick dargestellt.

III. Das Modell der vollkommenen Konkurrenz als Analyserahmen

Als Referenzsystem für unsere Analyse haben wir das Modell der vollständigen Konkurrenz gewählt, welches zugleich ein Bestandteil des komplexen Theoriegebäudes der paretianischen Wohlfahrtsökonomik ist. Diese versucht, mit Hilfe des mikroökonomischen Instrumentariums Bedingungen für die Maximierung der gesamtgesellschaftlichen Wohlfahrt abzuleiten. Diese Bedingungen können dann später als Bezugspunkt definiert werden, um die Auswirkungen eines Steuersystems beurteilen zu können, d.h. anhand dessen kann dann bestimmt werden, wann ein Steuersystem keine unerwünschten Allokationswirkungen hat. Dies ist schon deshalb keine einfache Aufgabe, da die Entscheidung nicht frei von normativen Aspekten ist. Meist orientiert man sich hier am „Paretianischen Werturteil". Nach der Ratio des *Pareto–Kriteriums* sind volkswirtschaftliche Güter und Ressourcen dann optimal alloziiert, wenn kein Individuum besser gestellt werden kann, ohne daß sich die Nutzenposition eines anderen verschlechtert.[11] Das Kriterium läßt sich schon aus einer der Grundannahmen der ökonomischen Theorie, der Orientierung am Eigennutz, ableiten. Denn in einer individualistischen Wirtschaftsordnung werden unersättliche Egoisten nur dann freiwillig in einen Tausch einwilligen, wenn ihnen dies nutzensteigernd erscheint.[12]

Mittels des gewählten Ansatzes läßt sich zeigen, daß eine gesamtgesellschaftlich optimale Allokation von Produktionsfaktoren und Gütern dann erreicht wird, wenn die Annahmen des Modells der vollständigen Konkurrenz gelten. Hingegen bleiben Verteilungsfragen sowohl im Modell der vollständigen Konkurrenz als auch im Rahmen der paretianischen Wohlfahrtsökonomik ungelöst. Dies beruht nicht zuletzt darauf, daß letztere von der Unmöglichkeit kardinaler Nutzenmessung bzw. interindividueller Nutzenvergleiche ausgeht.

Im folgenden wird nun das Modell der vollständigen Konkurrenz skizziert. Dabei gehen wir knapp auf die Annahmen des Modells ein und widmen uns dann der wohlfahrtsheoretischen Analyse von Tauschbeziehungen. Hier werden drei Marginalbedingungen dargestellt, die *notwendig* erfüllt sein müssen, damit ein gesamtgesellschaftliches Optimum erreicht wird.

---

11 Mit dem Pareto–Optimum als normatives Beurteilungskriterium werden wir uns in Abschnitt VI.B.1 des Kapitels auseinandersetzen.

12 Vgl. hierzu Neumann (1991), S. 161ff oder auch Fritsch/ Wein/ Ewers (2001), S. 31ff.

Diese sind rein technischer Natur und grundsätzlich unabhängig vom Mechanismus der Ressourcenallokation. Dabei zeigt sich, daß die Definition des ökonomischen Effizienzbegriffs mit der des Pareto–Optimums übereinstimmt beziehungsweise aus ihr abgeleitet wird.[13] Danach wird das Modell erweitert, in dem wir das Arbeitsangebot endogenisieren, intertemporale Entscheidungen zulassen und schließlich auch den Kapitalmarkt mit in die Analyse einbeziehen. Damit erhalten wir ein intertemporales Modell als Referenzrahmen sowie Bedingungen für die optimale Allokation von Ressourcen, die für die Charakterisierung und Beurteilung von Steuerwirkungen geeignet sind.

A. Das Modell der vollständigen Konkurrenz

Das Modell der vollständigen Konkurrenz ist durch eine Reihe extremer Annahmen gekennzeichnet.[14] Diese Annahmen dienen dazu, die in der Realität existierende Vielfalt auf wenige Parameter zu reduzieren. So wird etwa von einer gegebenen Menge an Produktionsfaktoren, konstanter Produktionstechnik, einer gegebenen Produktpalette (d.h. es wird von Verfahrens– und Produktinnovationen abstrahiert) sowie gegebenen Präferenzen ausgegangen. Beide Marktseiten sind atomistisch strukturiert, d.h. es gibt sehr viele Anbieter und Nachfrager mit einem jeweils verschwindend geringen Marktanteil. Der einzelne Anbieter kann folglich die insgesamt angebotene Menge und damit den Marktpreis nicht beeinflussen, er handelt lediglich als Mengenanpasser. Die auf einem Markt getauschten Güter sind homogen und die Marktteilnehmer sind vollständig über die Güter und Preise informiert, d.h. es liegt vollständige Markttransparenz vor. Die Produktionsfaktoren und Güter sind vollkommen mobil (ohne Mobilitätskosten) und beliebig teilbar. Dies impliziert zudem, daß keine wesentlichen Marktzu– oder –austrittskosten existieren. Entsprechend herrscht eine unendliche Reaktionsgeschwindigkeit, d.h. Anpassungsprozesse, wie sie beim Überblick über die Steuerwirkungen dargestellt wurden, verlaufen ohne jeglichen Zeitbedarf. So kann die bisher vorgenommene Unterscheidung zwischen kurz– und langfristigen Anpassungsreaktionen im weiteren Verlauf der Arbeit aufgehoben werden. Zudem existieren im Modell keine unfreiwilligen Austauschbeziehungen zwischen den Marktteilnehmern. Dies bedeutet, daß keine technologischen externen Effekte vorliegen: Keiner lastet einem anderen Individuum Kosten an, ohne es hierfür zu kompensieren, bzw. erzeugt einen Nutzen, ohne entsprechend entschädigt zu werden.

Die Annahme unendlicher Reaktionsgeschwindigkeit führt dazu, daß nur Gleichgewichtszustände betrachtet und verglichen werden können. Die Annahmen zum Produktionssektor implizieren, daß dynamische Phänomene wie technischer Fortschritt und Wirtschaftswachstum ausgeblendet bleiben, das Modell der vollständigen Konkurrenz ist daher als statische Theorie anzusehen.

---

13 Vgl. Boadway/ Wildasin (1984), S. 16.

14 Siehe hierzu beispielsweise Wellisch (2000a), S. 10f, Neumann (1991), S. 27ff, oder die illustrierende Abbildung in Fritsch/ Wein/ Ewers (2001), S. 35.

B. Die wohlfahrtsökonomischen Marginalbedingungen

Wir betrachten nun eine zweidimensionale Ökonomie, in der es zwei Individuen A und B, zwei private Güter x und y und die zwei Produktionsfaktoren Arbeit L und Kapital K gibt. In diesem Rahmen können die drei Marginal– bzw. Effizienzbedingungen folgendermaßen formuliert werden:[15]

Tauscheffizienz ist grundsätzlich erreicht, wenn die Grenzrate der Substitution zwischen den beiden Gütern für beide Individuen i, $i = A, B$ übereinstimmt.[16]

$$MRS^{A}_{x,y} = MRS^{B}_{x,y} \qquad \text{(1–II)}$$

Dabei wird im Rahmen einer Tauschwirtschaft zunächst der Produktionssektor vernachlässigt. Im vollkommenen Wettbewerb geht man von einer gegebenen Güterausstattung aus und maximiert den Nutzen $u^i\ (x^i, y^i)$ des Individuums i mit dem exogenen Budget $I^i = p_x x^i + p_y y^i$, wobei die Preise exogen gegeben sind. Aus der Ableitung des Haushaltsoptimums läßt sich dann die Bedingung für eine effiziente Güterallokation folgern. Das Haushaltsoptimum ist gekennzeichnet durch

$$MRS^{i}_{x,y} = \frac{p_x}{p_y} \qquad \text{(2–II)}$$

Da sich beide Individuen an das gleiche exogen gegebene Preisverhältnis anpassen, ist im vollkommenen Wettbewerb auch die Bedingung für eine effiziente Güterallokation erfüllt und dadurch Tauscheffizienz gesichert:

$$MRS^{A}_{x,y} = \frac{p_x}{p_y} = MRS^{B}_{x,y} \qquad \text{(3–II)}$$

Betrachten wir nun den Produktionssektor, so gehen wir statt von einer gegebenen Güterausstattung von einem festen Bestand an Produktionsfaktoren L und K aus. Die neoklassische Produktionsfunktion $f(K,L)$ ist durch positive, aber abnehmende Grenzproduktivitäten gekennzeichnet. Damit werden die Güter x und y produziert. Gleichbedeutend kann man auch von den Sektoren x und y sprechen. *Produktionseffizienz* wird definitionsgemäß erreicht, wenn die Grenzproduktivitätsverhältnisse zwischen Arbeit und Kapital in beiden Produktionsrichtungen (oder Sektoren) übereinstimmen.

$$\frac{f^x_L}{f^x_K} = \frac{f^y_L}{f^y_K} \qquad \text{(4–II)}$$

Da dieses Verhältnis jeweils der Grenzrate der technischen Substitution entspricht, gilt äquivalent:

$$\frac{f^x_L}{f^x_K} = MRTS^{x}_{LK} = MRTS^{y}_{LK} = \frac{f^y_L}{f^y_K} \qquad \text{(5–II)}$$

---

15 Für eine Darstellung des allgemeinen Gleichgewichts in einer stationären Wirtschaft siehe beispielsweise Neumann (1991), S. 159ff, oder Wellisch (2000a), S. 10ff.

16 Die Marginalbedingung könnte alternativ auch über Pareto–Optimalität formuliert werden.

Die Produktionsfaktoren sind folglich effizient auf die Produktion der Güter (oder die Sektoren) x und y verteilt, wenn die Grenzrate der technischen Substitution bei x und y identisch ist.

Im vollkommenen Wettbewerb löst ein gewinnmaximierendes Unternehmen folgendes Optimierungsproblem:

$$\max \ p_i f^i(L_i, K_i) - wL_i - rK_i \quad \text{mit } i = x, y. \tag{6–II}$$

Hierbei stellen der Lohn w und der Kapitalzins r die exogen gegebenen Faktorpreise für die Unternehmen dar, wobei jedes Unternehmen nur eines der beiden Güter produziert. Aufgrund der Bedingungen erster Ordnung wählt jedes Unternehmen seine Faktornachfrage nach dem Wertgrenzprodukt des Faktors. Ebenso erhalten wir, daß bei gewinnmaximierendem Verhalten das Faktorpreisverhältnis dem Grenzproduktivitätsverhältnis zwischen den beiden Faktoren entspricht.

$$\frac{f_L^x}{f_K^x} = \frac{w}{r} = \frac{f_L^y}{f_K^y} \tag{7–II}$$

Da das Grenzproduktivitätsverhältnis auch die Grenzrate der technischen Produktion angibt, erhalten wir schließlich:

$$\frac{f_L^x}{f_K^x} = MRTS_{LK}^x = \frac{w}{r} = MRTS_{LK}^y = \frac{f_L^y}{f_K^y} \tag{8–II}$$

Dies bedeutet, daß im vollkommenen Wettbewerb der Laissez–Faire–Ökonomie die *Bedingungen für eine effiziente Produktion* erfüllt sind.[17]

Globale Effizienz (oder auch simultane Tausch– und Produktionseffizienz und damit *allokative* Effizienz) ist gegeben, wenn die Grenzrate der Substitution beider Individuen mit der Grenzrate der Transformation in der Produktion übereinstimmt:

$$MRS_{xy}^A = MRS_{xy}^B = MRT_{xy}. \tag{9–II}$$

Hier stellt sich nun die Frage, ob der Preismechanismus in der Konkurrenzökonomie auch geeignet ist, die Bedingungen für globale Effizienz zu gewährleisten. Verhalten sich alle Marktteilnehmer als Preisnehmer und gelten für sie die gleichen Preise (wie im vollkommenen Wettbewerb), kann diese Frage bejaht werden. Aufgrund des gewinnmaximierenden Verhaltens der Unternehmen und den gleichen Faktorpreisen in beiden Sektoren folgt eine Angleichung der Wertgrenzprodukte für jeweils einen Faktor zwischen den Sektoren. So läßt sich für den Faktor Arbeit folgende Beziehung ableiten:

$$p_x F_L^x = w = p_y F_L^y. \tag{10–II}$$

Diese Gleichung ergibt durch Umformen

$$\frac{F_L^y}{F_L^x} = MRT_{xy} = \frac{p_x}{py}. \tag{11–II}$$

---

17 Die Bedingungen der Tauscheffizienz und der Produktionseffizienz lassen sich auch grafisch anhand von sogenannten Edgeworth–Boxen veranschaulichen. Siehe hierzu Fritsch/ Wein/ Ewers (2001), S. 37ff.

Das gewinnmaximierende Verhalten führt also zu einer Angleichung der Grenzrate der Transformation an das Preisverhältnis.

Das nutzenmaximierende Verhalten der Haushalte führt wie bereits gezeigt zu einer Angleichung der Grenzrate der Substitution unserer Individuen an das Preisverhältnis. Verknüpfen wir nun die obige Bedingung des Produktionsoptimums mit dem Haushaltsoptimum, so zeigt sich, daß bei vollkommenem Wettbewerb die Bedingungen für globale Effizienz erfüllt sind:

$$MRS_{xy}^{A} = MRS_{xy}^{B} = \frac{p_x}{p_y} = MRT_{xy}. \qquad (12\text{–II})$$

Das Gleichgewicht bzw. Marktoptimum unseres Modells kann also als Pareto–optimal und allokativ effizient bezeichnet werden. Die einzelnen Marginalbedingungen können uns im Laufe der Arbeit als Effizienzindikatoren zur Beurteilung von Steuersystemen dienen.[18]

Allerdings muß in diesem Zusammenhang berücksichtigt werden, daß der gewählte Ansatz vereinfachend davon ausgeht, daß die Nutzenfunktion des einzelnen Individuums nur durch die Gütermengen x und y bestimmt und im Produktionssektor der Produktionsfaktor Arbeit als konstant angesehen wird. Würde man das Arbeitsangebot endogenisieren, so würde in die Nutzenfunktion die Arbeitszeit (oder der Freizeitnutzen) des Individuums eingehen. Zugleich würde in die Budgetrestriktion ein dann nicht mehr exogen gegebenes Einkommen einfließen. Das Haushaltsoptimum erhielte dadurch eine andere Form. Diese Modellerweiterung wollen wir im nächsten Abschnitt bei intertemporalen Gleichgewichtsmodellen berücksichtigen.[19]

C. Einführung in die Theorie der intertemporalen Allokation

Wirtschaftssubjekte können periodenbezogene Entscheidungen treffen, d.h. sie können Einkommen sparen und investieren und dadurch Konsum auf spätere Perioden verschieben. Dabei könnte man annehmen, daß die Betrachtung *intertemporaler* Konsum– und Produktionsentscheidungen von Haushalten und Unternehmen keine neuen fundamentalen Einsichten bringen kann, da sich das allgemeine Gleichgewichtsmodell von Arrow und Debreu als vollständiges intertemporales Modell interpretieren läßt. Dabei werden Güter dann nicht nur nach ihren physischen Merkmalen unterschieden, sondern auch nach der Zeit und – will man Unsicherheit berücksichtigen – nach allen Zuständen, die die (unsichere) Welt annehmen kann. Diese Vermutung trifft zumindest teilweise zu: Zentrale Ergebnisse der dynamischen Besteue-

---

18 Die Erfüllung der Marginalbedingungen allein stellt keine *hinreichende* Voraussetzung für das Vorliegen eines Optimums dar. Ökonomisch bedeutet dies, daß man mit Hilfe der wohlfahrtsökonomischen Marginalbedingungen auch nur marginale Änderungen bewerten kann. Zur Ableitung eines Optimums bedarf es weiterer Kriterien. Solche hinreichende Bedingungen, die sicherstellen, daß ein globales Maximum erreicht wird, werden als Totalbedingungen bezeichnet, aber in der Regel – wie auch im Rahmen dieser Arbeit – außer acht gelassen. Siehe hierzu Fritsch/ Wein/ Ewers (2001), S. 36.

19 In der Modellbildung ist es jedoch aufgrund des Komplexitätsgrads von Totalmodellen ein durchaus gängiges Vorgehen, beispielsweise von einem exogen gegebenen Arbeitsangebot auszugehen. Eine andere Möglichkeit zur Reduzierung der Komplexität ist dabei die Untersuchung von einzelnen Entscheidungsbereiche im Rahmen einer Partialanalyse. Dieser Methode werden wir uns in den Abschnitten C und D dieses Kapitals zuwenden.

rungstheorie bezüglich der steuerlichen Belastung von Zinseinkommen oder Unternehmensgewinnen stellen letztlich Erweiterungen statischer Resultate dar. Es treten jedoch zahlreiche zusätzliche Probleme auf. So ist beispielsweise die Annahme vollständiger Märkte für kontingente Zukunftsgüter besonders kritisch zu sehen.[20] Auch die Bildung von Erwartungen und Probleme der Zeitkonsistenz von Politiken können sinnvollerweise nur in dynamischer Perspektive analysiert werden.[21] Es ist daher vorteilhaft, explizit intertemporale Modelle zu entwickeln.

Im nächsten Schritt wollen wir nun in einem einfachen Rahmen die Bedingung für intertemporale Effizienz ableiten. Dabei behilft man sich häufig mit einer sogenannten Robinson–Crusoe–Wirtschaft, in der es keine Märkte gibt und nur ein sehr kurzer Zeithorizont betrachtet wird. Wir wollen diesem Vorgehen folgen und zunächst eine einfache Bedingung für eine optimale intertemporale Allokation ableiten, die wir dann in einem zweiten Schritt erweitern, in dem wir einen perfekten Kapitalmarkt einführen.[22] Dieses Modell entspricht dann dem intertemporalen Gleichgewichtsmodell von Fisher und Hirshleifer.[23]

In dem gewählten Ansatz verfügt das Individuum Robinson–Crusoe[24] lediglich über einen Zeithorizont von zwei Perioden. Er besitzt einen historisch gegebenen Getreidebestand (den er bei seinem Schiffbruch retten konnte) bzw. einen Kapitalstock in der Höhe von Y und muß zu Beginn seines Entscheidungszeitraums festlegen, welchen Teil seines Kapitalstocks er in der ersten Periode konsumieren und welchen er aussäen bzw. investieren will. Entschließt er sich, in der ersten Periode Getreide in Höhe von C_I zu konsumieren, so beträgt die Aussaat bzw. Investition:

$$K = Y - C_I. \qquad (13\text{–II})$$

---

20 Vgl. Richter/ Wiegard (1993), S. 349f. So sieht es beispielsweise Myles (1995), S. 415ff, als überzogen an, die Interpretation des Arrow–Debreu–Modells so weit auszudehnen, daß man in einer einzigen Periode alle Güter für eine unendliche Zukunft handelt. Zudem erfolgt der Handel über Tausch, Geld spielt in diesem Rahmen keine Rolle. Dies ist eine Folge der Annahme, daß die Individuen die jeweiligen „Terms of Trade" zwischen Gütern kennen und jede Transaktion ohne Kosten und Hindernisse erfolgen kann. Hierzu siehe auch Mann (1987), S. 44f. Die Ausdehnung des statischen Gleichgewichtsmodells kann auch nicht die Möglichkeit erfassen, daß die Regierung eventuell in die intertemporale Allokation des Konsums eingreift, um eine gesellschaftlich erwünschte intertemporale Distribution zu erreichen. Vgl. hierzu Atkinson/ Stiglitz (1980), S. 443.

21 Dem Problem der Zeit(in)konsistenz werden wir uns ausführlicher im 4. Kapitel über den Leviathan widmen.

22 Zu diesem Vorgehen siehe beispielsweise Wellisch (2000), S. 33ff, Sinn (1985), S. 10ff, oder Buchholz/ Wiegard (1991), S. 12ff. Ein Kapitalmarkt ist *vollkommen*, wenn der Preis, zu dem ein Zahlungsstrom gehandelt wird, für jeden Marktteilnehmer identisch ist und niemand den Preis beeinflussen kann. Diese Aussagen über die am Kapitalmarkt entstehenden Preise lassen sich dabei aus den einen vollkommenen Markt charakterisierenden Bedingungen ableiten. *Vollständigkeit* bedeutet in diesem Zusammenhang, daß jeder beliebige Zahlungsstrom gehandelt werden kann. Vgl. Schmidt/ Terberger (1996), S. 89.

23 Die Theorie wurde von Fisher (1907, 1930) aufbauend auf Walras Gleichgewichtsmodell entwickelt. Hirshleifers (1958, 1970) Verdienst besteht nicht zuletzt darin, die Theorie wieder ins Blickfeld der Öffentlichkeit gerückt zu haben. Vgl. Sinn (1985), S. 10.

24 Robinson ist durchaus als repräsentatives Individuum zu verstehen. Nach Neumann (1994) läßt sich dieses Vorgehen dadurch rechtfertigen, daß sich am Kapitalmarkt, an dem Individuen mit unterschiedlichen Nutzenfunktionen aktiv sind, im Gleichgewicht eine einheitliche intertemporale Grenzrate der Substitution herausbilden kann. Siehe hierzu genauer Neumann (1994), S. 18, FN 4.

In der zweiten Periode kann er dann Getreide der Menge

$$C_2 = f(K) \tag{14–II}$$

konsumieren, wobei für die Produktionsfunktion $f(K)$ unterstellt wird, daß $f(0) = 0$, $\partial f / \partial K > 0$, $\partial^2 f / \partial^2 K < 0$ gilt. Robinson verfügt über eine neoklassische Nutzenfunktion (strikte Quasikonkavität, positive, aber abnehmende Grenznutzen bezüglich des Konsums)[25] und maximiert seinen Nutzen unter den Nebenbedingungen (1) und (2), den Budgetrestriktionen der beiden Perioden:

$$\max_{C_1} u(C_1, C_2) \quad \text{unter den Bedingungen} \quad (13\text{–II}), (14\text{–II}),\ 0 \leq C_1 \leq Y. \tag{15–II}$$

Als notwendige Bedingung für optimale Konsumströme und einen optimalen Investitionspfad ergibt sich (unter Annahme einer inneren Lösung)

$$\frac{\partial u / \partial C_1}{\partial u / \partial C_2} = \frac{\partial f}{\partial K}. \tag{16–II}$$

Die linke Hälfte der Gleichung kann auch als intertemporale Substitutionsrate im Konsum bezeichnet werden.

Aufgrund von $\frac{\partial u / \partial C_1}{\partial u / \partial C_2} = -\left.\frac{dC_2}{dC_1}\right|_u$ kann weiterhin abgeleitet werden, daß die absolute Grenzrate der Substitution von C_2 durch C_1 mit der Grenzrate der Transformation von C_1 in C_2 übereinstimmt. Zudem entspricht im intertemporalen Zusammenhang die Grenzrate der Transformation der Bruttogrenzproduktivität des Kapitals. Als eine mögliche Interpretation der *Bedingung für intertemporale Effizienz* erhalten wir folglich:

> „Die Verteilung der Ressourcen auf Konsum und Investitionen ist dann effizient, wenn die intertemporale Substitutionsrate im Konsum der Grenzproduktivität der Investitionen (des Kapitals) entspricht."[26]

Anstelle der Grenzrate der Substitution bevorzugt man jedoch in intertemporalen Modellen die subjektive Zeitpräferenzrate. Diese subjektive Zeitpräferenzrate γ gibt den Prozentsatz an, um den der Anstieg von C_2 den Wert Eins übersteigen muß, damit sie aus Sicht unseres Individuums eine Verminderung von C_1 um eine Einheit gerade kompensiert.

$$\gamma(C_1, C_2) \equiv -\left.\frac{dC_2}{dC_1}\right|_{u(C_1, C_2)} - 1 = \frac{\partial u / \partial C_1}{\partial u / \partial C_2} - 1. \tag{17–II}$$

Kombiniert man die Erkenntnisse aus den Gleichungen (16–II) und (17–II), so liegt das Haushaltsoptimum dort, wo die von der jeweiligen Konsumkombination abhängige Zeitpräferenzrate mit der Nettogrenzproduktivität des Kapitals übereinstimmt:

$$\gamma(C_1, C_2) = \frac{\partial f}{\partial K} - 1. \tag{18–II}$$

---

25 Die Annahme fallender Grenznutzen des Konsums und die Annahme der Quasikonkavität der Nutzenfunktion sind dabei voneinander unabhängig. Siehe Neumann (1991), S. 109f.

26 Wellisch (2000), S. 35.

Im nächsten Schritt, der zugleich die Frage beantwortet, ob eine Marktwirtschaft die Bedingung der intertemporalen Effizienz sichert, wird nun vollkommener Wettbewerb unterstellt, wobei dabei auch ein perfekter Kapitalmarkt angenommen wird.[27] Im Rahmen der Robinson–Crusoe–Ökonomie wird dies so interpretiert, daß es viele benachbarte Inseln gibt, auf denen Schiffbrüchige in ähnlicher Situation leben, aber über unterschiedliche Getreideanfangsbestände (Kapitalstöcke) und Präferenzen verfügen. Sie treten in intertemporale Tauschkontrakte ein, in dem sie Getreide zum Zinssatz r verleihen oder entleihen. Dieser Zinssatz gilt für alle Marktteilnehmer und ist aus ihrer Sicht exogen gegeben. Leiht sich Robinson nun einen Getreidebetrag D (> 0), so verändern sich seine bisherigen Konsummöglichkeiten (13–II) und (14–II) zu

$$K = Y - C_1 + D \text{ und} \tag{19–II}$$

$$C_2 = f(K) - (1 + r)D. \tag{20–II}$$

In diesem Zusammenhang lautet Robinsons Maximierungsproblem nun

$$\max_{C_1, D} u(C_1, C_2) \text{ unter den Bedingungen (19–II), (20–II), } C_1 \geq 0, C_2 \geq 0\,. \tag{21–II}$$

Die Optimalbedingungen lauten nun (unter der Annahme einer inneren Lösung)

$$\frac{\partial f}{\partial K} - 1 = r \text{ und} \tag{22–II}$$

$$\gamma(C_1, C_2) = r\,. \tag{23–II}$$

Im Optimum muß folglich sowohl die Grenzproduktivität des Kapitals als auch die Zeitpräferenzrate dem Marktzinssatz entsprechen. Damit ist auch erwiesen, daß unter den gegebenen Umständen die Produktionsentscheidung unabhängig von der Präferenzstruktur Robinsons und damit seiner Konsumplanung ist. Auch Individuen mit anderen Präferenzen würden dasselbe Investitionsniveau realisieren, wenn auch mit einem abweichenden Konsumplan. Die optimale Produktionsplanung erfolgt nur in Abhängigkeit vom gegebenen Preis r. Folglich kann man analytisch die Aktivitäten Robinsons in eine Unternehmer– und eine Haushaltsfunktion aufspalten und die Investitionsaktivitäten der Unternehmensebene und die Konsumaktivitäten der Haushaltsebene zuordnen.[28] Es gilt daher das nach Fisher (1930) benannte *Separationstheorem*.[29]

---

27 Die Annahmen über die Eigenschaften des Kapitalmarkts sind wesentlich für intertemporale Entscheidungen. In einer Welt mit perfektem Kapitalmarkt gibt es keine Liquiditätsprobleme. Jeder kann Kapital zu einem gegebenen Zins in beliebiger Höhe verleihen oder aufnehmen. Vgl. hierzu Atkinson/ Stiglitz (1980), S. 69.

28 Vgl. Sinn (1985), S. 14.

29 Vgl. Fisher (1930)[1965], S. 253–275. Eine anschauliche Darstellung der logischen Existenzbedingungen für die Trennbarkeit der Entscheidungen (bei angenommener Planungssicherheit) findet sich beispielsweise in Schneider (1995), S. 285–287, oder in Schmidt/ Terberger (1997), S. 111ff. Das Theorem impliziert allgemein, daß die optimalen Produktions– und Investitionsentscheidungen der Unternehmen und die Spar– und Konsumentscheidungen der Haushalte völlig separat vorgenommen werden können. Die Optimierung des (intertemporalen) Investitionsplans durch den Unternehmer bedeutet dabei stets eine Maximierung der (intertemporalen) privaten Konsummöglichkeiten.

Als weitere Implikation kann abgeleitet werden, daß die optimale Produktionsentscheidung eine Maximierung des Marktwerts *M* des Anfangsvermögens verlangt. Das Anfangsvermögen setzt sich zusammen aus dem Barwert der zukünftigen Erträge zuzüglich der Entnahmen für den Konsum der ersten Perioden und abzüglich des Schuldenbestandes:

$$M = \frac{f(K)}{1+r} + C_1 - D. \qquad (24\text{–II})$$

Das Anfangsvermögen kann jedoch auch als Summe aus dem Saatkapital *Y* und dem Kapitalwert ausgedrückt werden. Dieser entspricht dem Wert des Rechts, die durch *f(K)* ausgedrückten Produktionsmöglichkeiten zu nutzen, und mathematisch der Differenz zwischen dem Barwert der zukünftigen Erträge und dem eingesetzten Saatkapital *K*:

$$KW = \frac{f(K)}{1+r} - K. \qquad (25\text{–II})$$

Maximiert man den Ausdruck durch Ableiten der Bedingungen erster Ordnung und Nullsetzen, so erhält man wiederum die oben hergeleitete Optimumsbedingung

$$\frac{\partial f}{\partial K} - 1 = r. \qquad (26\text{–II})$$

Eine Optimierung des Kapitalwerts auf Unternehmensebene führt folglich automatisch zu einer optimalen Investitionsentscheidung.[30] Gleichzeitig drückt diese Bedingung aus, daß alle Realinvestitionen mit einem Kapitalwert größer Null durchzuführen sind.[31]

Die intertemporale Konsumoptimierung der Haushaltsebene wird von den realen Investitionsmöglichkeiten nur insofern berührt, als diese das maximal mögliche Vermögen M^* vorgeben. Auf dieser Grundlage wird der optimale Konsumplan gemäß der Optimalbedingung (23–II) nur von den Präferenzen bzw. der Zeitpräferenzrate und dem Marktzins bestimmt. Dabei bildet der einheitliche Marktzins („Kalkulationszinsfuß"), zu dem jeder Marktteilnehmer Kapital aufnehmen oder anlegen kann, das Bindeglied bzw. den Vermittler zwischen der Haushalts– und der Unternehmensebene.

In dem skizzierten Marktgleichgewicht sind alle Grenzraten der Transformation und alle Grenzraten der Substitution bezüglich der Konsumniveaus in beiden Perioden identisch und nehmen den Wert $(1 + r)$ an. Damit sind drei Bedingungen für eine Pareto–optimale intertemporale Allokation analog zum statischen Modell erfüllt:

- Die Grenzraten der Substitution zwischen den Haushalten stimmen überein (*Tauscheffizienz*).
- Die Grenzraten der Transformation zwischen einzelnen Produktionsstätten stimmen überein (*Produktionseffizienz*).
- Die Grenzraten der Transformation und Substitution stimmen paarweise überein (*globale intertemporale Effizienz*).[32]

---

30 Vgl. Buchholz/ Wiegard (1991), S. 18, Sinn (1985), S. 14f.

31 Für ein Unternehmen ist es also vorteilhaft, soviel zu investieren, bis bei der marginalen Investitionseinheit der Kapitalwert Null erreicht wird. Die Grenzinvestition bei optimaler Entscheidung hat also einen Kapitalwert von Null. Vgl. Wissel (1997), S. 25.

Diese elementare Darstellung des Fisherschen Modells bildet jedoch nur die optimale intertemporale *Kapital*allokation ab. Der Faktor Arbeit und seine Entlohnung wurden bei der Modellkonstruktion völlig ausgeblendet. Diese Vorgehensweise beruht darauf, daß hier der Augenmerk vor allem auf der Ableitung optimaler Investitionsentscheidungen liegt[33] und damit auf eine Analyse der gewinnbringenden Arbeitsnachfrage verzichtet wird.[34] In der Realität ist der Faktor Arbeit sowohl auf dem Unternehmenssektor als Teil der Produktionstechnologie, aber auch auf der Haushaltsebene im Rahmen der Arbeitsangebotsentscheidung relevant. Im folgenden wollen wir das Fisher–Modell daher um den Faktor Arbeit erweitern und untersuchen, welche Auswirkungen dies auf den Unternehmens– und Haushaltssektor hat.[35]

Die Produktionsfunktion lautet dann $f(K, L)$ mit $\partial f / \partial L > 0, \partial^2 f / \partial^2 L < 0$. Aus der Gewinnmaximierung folgt, daß ein Unternehmen seine Faktornachfrage so wählt, daß das Wertgrenzprodukt des Faktors dem gegebenem Faktorpreis w entspricht. Unter der Annahme eines Güterpreises von 1 Einheit läßt sich der optimale Arbeitseinsatz L^* bei gegebenem Kapitalstock K aus

$$\frac{\partial f / \partial L}{1+r} = w \tag{27–II}$$

ableiten. Hier werden die Erträge und Kosten wieder auf die Gegenwart abdiskontiert. Der maximale Kapitalwert ergibt sich dann aus:

$$\frac{\partial f / \partial K}{1+r} - K^* - wL^* . \tag{28–II}$$

Auf der Haushaltsebene ist die Arbeitszeit folglich auch in der Nutzenfunktion zu berücksichtigen, die dann zu $u(C_1, C_2, L)$ wird, wobei $\partial u / \partial L > 0$ gilt. Aus der Nutzenmaximierung läßt sich ableiten, daß sich das Arbeitsangebot bis zu dem Punkt lohnt, an dem gilt:

$$\frac{\partial u / \partial L}{\partial u / \partial C_1} = -w. \tag{29–II}$$

Tabelle 1 faßt die wesentlichen Gleichungen noch einmal im Überblick zusammen.

Gleichung (30–II) verkörpert die Bedingung für eine optimale intertemporale Kapitalallokation, wohingegen (31–II) die Optimalbedingung für die innerhalb einer Periode zu treffende Faktorallokationsentscheidung bzw. Konsum–Arbeit–Entscheidung darstellt.

---

32 Eine mögliche andere Darstellung mit Hilfe von Zeitpräferenzraten findet sich in Sinn (1984), S. 209.

33 Zum Zusammenhang zwischen dem intertemporalen Gleichgewichtsmodell von Fisher und der neoklassischen Investitionstheorie in der Tradition von Jorgenson siehe Feldhoff (1995), S. 17.

34 Wie wir bereits bei der Ableitung der Produktionseffizienz sahen, werden die Bedingungen für einen effizienten Arbeitseinsatz bei der Annahme vollkommenen Wettbewerbs erfüllt. Siehe hierzu Wellisch (2000), S. 37.

35 Vgl. hierzu auch die Ausführungen in Buchholz/ Wiegard (1991), S. 20f.

Tabelle 1
Optimale Allokation auf einzelwirtschaftlicher und gesamtwirtschaftlicher Ebene

	Haushaltsebene	Unternehmensebene
Einzelwirtschaftliche Entscheidungsregeln	$\gamma(C_1, C_2) = \frac{\partial u/\partial C_1}{\partial u/\partial C_2} - 1 = r$ $\frac{\partial u/\partial L}{\partial u/\partial C_1} = -w$	$\frac{\partial f}{\partial K} - 1 = r$ $\frac{\partial f/\partial L}{1+r} = w$
Gesamtwirtschaftliche Abstimmung	Koordination über Märkte $\gamma = \frac{\partial f}{\partial K} - 1$ (30–II) $\frac{\partial u/\partial L}{\partial u/\partial C_1} = -\frac{\partial f/\partial L}{\partial f/\partial K}$ (31–II)	

Quelle: Buchholz; Wiegard (1991), S. 21.

Hiermit haben wir eine neoklassischen Modellwelt mit vollkommenen Märkten entworfen, in der sich ohne staatliche Intervention eine Laissez–Faire–Allokation einstellt, die als Pareto–optimal und effizient beurteilt werden kann. Ganz allgemein formuliert verlangt dies die Gleichheit der Grenzraten der Substitution bei allen Konsumenten und Gleichheit der Grenzraten der Transformation bei allen Produzenten sowie zusätzlich Übereinstimmung der jeweiligen Grenzraten zwischen dem Haushalts– und dem Produktionssektor.[36] Damit wurde der Modellrahmen abgesteckt und die Bedingungen für eine optimale Allokation der Ressourcen abgeleitet, anhand derer nun die wohlfahrtsrelevanten Wirkungen von Steuern beurteilt werden können.

IV. Systematik individueller Anpassungsaktivitäten und ihre wohlfahrtsrelevanten Folgen

An dieser Stelle verknüpfen wir nun die positive Analyse der Besteuerung mit der entworfenen Modellwelt. Den zentralen Ansatzpunkt für unser Vorgehen bilden die Anpassungsaktivitäten der privaten Akteure bei der Einführung oder Erhöhung einer Steuer. Diese gilt es zunächst zu systematisieren und deren wohlfahrtsrelevante Folgen zu charakterisieren. Wir konzentrieren uns in diesem Zusammenhang auf die Wohlfahrtsverluste in Form von Zusatzlasten, da diese für die Allokationseffizienz der Besteuerung von besonderer Bedeutung

36 Vgl. Naust (1983), S. 4.

sind.[37] Substitutionsverluste sowie die Kosten der Information, Koordination und Kontrolle spielen in dem von uns gewählten Modellrahmen keine Rolle. Auch die Unterscheidung zwischen primärer und sekundärer Reaktionsphase der Besteuerung, die sich als Folge kurz– bzw. langfristiger Anpassungshandlungen der Individuen in Abschnitt II ergab, bleibt nun ohne Bedeutung.[38]

In der ökonomischen Theorie wird die *Zusatzlast* durch folgenden Zusammenhang charakterisiert: Durch die Steuererhebung wird der Zensit über die Zahllast hinaus zusätzlich belastet, sofern er gezwungen wird, seine optimale Konsum– und Produktionsstruktur entsprechend seinen Präferenzen zu ändern und sein ursprüngliches Pareto–Optimum zu verlassen. Dabei erleidet er eine Nutzeneinbuße, die über die Steuerzahllast hinausgeht.[39] Diese Zusatzlast tritt immer auf, wenn die Steuer nicht in Form einer Pauschale[40] erhoben wird. Sie stört ökonomische Entscheidungen und verzerrt eine effiziente Wahl. Dabei belastet diese Verzerrung lediglich den Steuerzahler und erbringt für den Fiskus keine Einnahmen. Fragt man nach den Ursachen für derartige Wohlfahrtsverluste, so gelangt man zu den Substitutionsreaktionen der privaten Akteure. Diese können in verschiedenen Entscheidungssituationen auftreten, die bereits im letzten Abschnitt charakterisiert wurden, wie etwa die Entscheidung zwischen Konsum und Sparen.

In diesem Abschnitt wird am Beispiel der Entscheidungsfelder der privaten Akteure aufgezeigt, in welcher Weise Steuern das Verhalten der Entscheidungsträger beeinflussen, ohne eine genauere Beurteilung über die Wünschbarkeit usw. einer bestimmten Steuer vorzunehmen. Im folgenden gehen wir wieder von einem privaten Sektor mit Haushalten und Unternehmen als eigenständigen Einheiten aus. Die Haushalte bieten Arbeit und Kapital an und treten als Nachfrager von Konsumgütern auf. Die Unternehmen fragen Faktoren nach und treffen Produktionsentscheidungen. Zudem gelten Preisniveaustabilität und sichere Erwartungen, die Präferenzen der Individuen sind konstant und werden auch durch die Besteuerung nicht beeinflußt.

Bei den Haushalten betrachten wir das Problem der optimalen Zeitallokation, d.h. ihr Zeitbudget soll bestmöglich zwischen Freizeit und Zeit zur Einkommenserzielung aufgeteilt werden. Hier charakterisieren wir die Arbeit–Freizeit–Entscheidung und mögliche Steueranreize näher. Das erzielte (Netto–)Einkommen kann dann konsumiert oder gespart werden (Konsum–Spar–Entscheidung). Schließlich müssen die Haushalte entscheiden, wie sie ihr Budget auf Konsumgüter aufteilen (Entscheidung zwischen Konsumgütern zum gegenwärtigen Zeit-

---

37 In der Staatstheorie des weisen Diktators ist die Wohlfahrtsmaximierung das Ziel der Staatstätigkeit. Auf dem Gebiet der Besteuerung impliziert dies die Minimierung der Zusatzlasten. Dieser Zusammenhang wird erst im folgenden 3. Kapitel genauer abgeleitet werden.

38 Im Modell des vollkommenen Wettbewerbs sind alle Akteure vollkommen informiert, und Anpassungen erfolgen mit unendlich schneller Reaktionsgeschwindkeit. Vgl. hierzu die Ausführungen in Abschnitt III.A in diesem Kapitel.

39 Vgl. zum Begriff etwa Grüske/ Recktenwald (1995), S. 726f, „Zusatzlast" oder Homburg (2000), S. 159ff. Zur Veranschaulichung siehe beispielsweise die grafische Herleitung in Musgrave/ Musgrave/ Kullmer (1993), S. 93ff, bzw. S. 103ff, oder die Darstellung in Raab (1995), S. 67ff. Zur Bestimmung der Höhe der Zusatzlast vgl. die Erkenntnisse bei Harberger (1974), S. 32ff, genauere Meßkonzepte finden sich in Auerbach (1985), S. 63ff.

40 Die Möglichkeiten der Besteuerung über Pauschsteuern werden im nächsten Kapitel fokussiert.

punkt). Bei den Unternehmen sind die Entscheidungen über die Finanzierung sowie über die Investition des Kapitals relevant; die Arbeitsnachfrage bleibt ausgeblendet.

Die einzelnen Entscheidungsfelder sind in hohem Maße interdependent, da sie über die Faktorentgelte und Güterpreise miteinander verbunden sind. Dies stellt ja die Grundlage der durch die Preisbildung bewirkten simultanen Plankoordination im intertemporalen Gleichgewicht dar. Um die Entscheidungen partialanalytisch untersuchen zu können, ist insbesondere wieder die Annahme eines vollkommenen und vollständigen Kapitalmarktes notwendig, um die Gültigkeit des Fisherschen Separationstheorems zu gewährleisten. So werden die Investitionsentscheidungen der Unternehmen von den anfänglichen Kapitalausstattungen und folglich den Finanzierungsentscheidungen sowie den zeitlichen Konsumpräferenzen der Haushalte unabhängig. Lediglich der einheitliche Marktzins, zu dem jeder Marktteilnehmer beliebig Kapital aufnehmen oder anlegen kann, vermittelt zwischen den Sektoren.

Im folgenden widmen wir uns den Entscheidungen auf Haushaltsebene. Dabei wird zunächst die Entscheidung zwischen zwei Konsumgütern (Abschnitt A) und dann die Arbeitsangebots– und die Sparentscheidung behandelt (Abschnitt B). Die Entscheidungsfelder von Unternehmen werden in Kapitel 3 im Abschnitt II.C fokussiert.

A. Die Entscheidung zwischen zwei Konsumgütern

Grundlage der Analyse ist eine Veränderung relativer Preise infolge einer verzerrenden Besteuerung. Hierzu kommt es immer dann, wenn der Staat mindestens ein Gut unbesteuert läßt. Ursächlich für den Wohlfahrtsverlust sind die Substitutionsreaktionen der Individuen, die zu einer Umschichtung von dem relativ verteuerten Gut hin zu dem unbesteuerten Gut führen. Dies soll anhand der folgenden Indifferenzkurvenbetrachtung in einem Zwei–Güter–Modell mit einer einseitigen Gütersteuer verdeutlicht werden (Abbildung 4). Dabei betrachten wir eine Ökonomie mit einem einzigen Konsumenten bzw. einem repräsentativen Haushalt.[41]

Gegeben seien zwei Konsumgüter X und Y mit konstantem Preisverhältnis p_x/p_y, das zugleich in absoluten Werten der Steigung der Budgetgeraden AB entspricht. Andere Güter seien ausgeklammert. Im Ausgangspunkt repräsentiert der Punkt C auf dem Nutzenniveau i_2 die für das Individuum optimale Güterkombination von X und Y. Wird dem Individuum nun eine Pauschalsteuer[42] auferlegt, verschiebt sich die Budgetbeschränkung des Konsumenten parallel nach innen von AB nach $A'''B'''$. Unter diesen Bedingungen stellt sich das Individuum am besten, wenn es bei C''' konsumiert, es erreicht dabei das Nutzenniveau i_1. Das Steueraufkommen ergibt sich aus der Strecke AA''' und entspricht der Einkommensminderung des Individuums. Ersetzt man die Pauschalsteuer durch eine einseitige aufkommensgleiche Steuer auf Gut X, so muß das neue Gleichgewicht auf $A'''B'''$ liegen. Dazu wird die Steuer auf Gut X

41 Vgl. hierzu ausführlich Blankart (1998), S. 209ff, oder Brown/ Jackson (1990), S. 337ff. Die Analyse setzt vollkommene Märkte und normale Präferenzen voraus. Zudem wird angenommen, daß sich die Ökonomie vor der Steuererhebung in einer Pareto–optimalen Situation befindet und keine Second–best–Probleme bestehen. Preisveränderungen beruhen nur auf Steueränderungen, nicht auf Inflation.

42 Unter einer Pauschalsteuer (lump sum tax) wird in der Regel eine Steuer bezeichnet, deren Höhe unabhängig vom Verhalten des Steuerzahlers ist. Vgl. Blankart (1998), S. 209f.

so lange erhöht, d.h. die Budgetgerade *AB* von Punkt *B* aus in Richtung Nullpunkt geschwenkt, bis ein Tangentialpunkt zwischen dieser und einer Indifferenzkurve erreicht ist, der gleichzeitig auf der Budgetgeraden $A'''B'''$ liegt. Punkt C'' stellt ein solches Gleichgewicht dar. Die relative Verteuerung von Gut *X* hat zu einer Substitutionsreaktion zugunsten des unbesteuerten, d.h. dem relativ verbilligten Gut *Y* geführt. C'' liegt jedoch auf einer niedrigeren Indifferenzkurve als C''', obwohl das gleiche Steueraufkommen realisiert wird. Dies zeigt, daß eine einseitige Besteuerung im Gegensatz zu einer Pauschalsteuer eine Überschußbelastung beinhaltet, d.h. die Wohlfahrt der Steuerzahler wird mehr als notwendig vermindert. Die Höhe dieser Nutzeneinbuße durch eine verzerrende Besteuerung ergibt sich aus der Differenz zwischen den Indifferenzkurven i_1 und i_0, bzw. aus $A'''A''$. Zudem zeigt diese Vorgehensweise, daß eine verzerrende Steuer nicht Pareto–optimal sein kann. Denn eine unverzerrende Steuer sichert bei gleichem Steueraufkommen ein höheres Nutzenniveau.

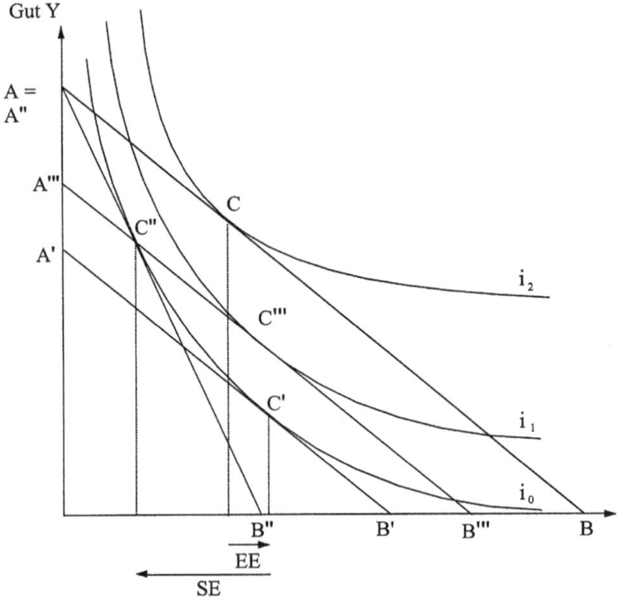

Abbildung 4: Allgemeine versus selektive Konsumsteuer

Quelle: Eigene Darstellung in Anlehnung an Blankart (1998), S. 210.

Wir können also für die Definition der Zusatzlast folgern:

> „Eine Steuer, die relative Preise verändert, erzeugt eine Zusatzlast in dem Sinne, daß eine unverzerrende (neutrale) Steuer eine höhere Wohlfahrt bei gleichem Steueraufkommen zuläßt.“[43]

---

43 Wellisch (2000b), S. 28.

Als Auslöser des Wohlfahrtsverlusts wurde der Substitutionseffekt identifiziert. Dieser wird durch die selektive Besteuerung einzelner Güter erzeugt, wenn die Individuen diese Güter durch andere nicht oder niedriger besteuerte Güter substituieren können, die auf dem Markt gehandelt werden.

Weitere Schlußfolgerungen im Hinblick auf die Untersuchung von allokativen Besteuerungswirkungen können gezogen werden, wenn die Budgetgerade AB als Produktionsmöglichkeitenkurve interpretiert wird. Dann kann man die Abbildung 4 auch als Darstellung einer Ökonomie mit vielen identischen Haushalten ansehen, in der lediglich zwei Güter produziert werden und die Marktpreise als fix gegeben sind.[44] Bei Besteuerung weichen dann die Produktionsmöglichkeiten von den Konsummöglichkeiten ab. $A'''B'''$ bzw. AB'' stellen die Konsummöglichkeiten dar, wenn der Staat eine nicht verzerrende Pauschbesteuerung bzw. eine aufkommensgleiche Verbrauchsteuer auf Gut X erhebt. Anhand der Bedingungen für einen Pareto–optimalen Zustand, die in Abschnitt III.B entwickelt wurden, können wir nun ableiten, daß spezielle Verbrauchssteuern im Vergleich zu Pauschalsteuern die Allokation verzerren. Zwar kommt es zu einer effizienten Aufteilung der beiden Konsumgüter auf alle Konsumenten, da für alle das gleiche Konsumentenpreisverhältnis gilt. Auch die Produktionseffizienz ist gegeben, sofern die Produktion unter den Bedingungen des vollkommenen Wettbewerbs erfolgt. Eine globale effiziente Allokation ist jedoch nur bei einer Übereinstimmung von Konsumenten– und Produzentenpreisverhältnis zu erwarten. Dies ist hier jedoch nicht gewährleistet: Nach Erhebung der Steuer fällt das Nettopreisverhältnis p_x/p_y, an das sich die Produzenten anpassen, und das Bruttopreisverhältnis $p_x(1+t_x)/p_y$, an das sich die Konsumenten anpassen, auseinander. Das Gleichgewicht in C'' ist folglich ineffizient, denn es gilt (mit t_x als Verbrauchsteuersatz):

$$\frac{p_x(1+t_x)}{p_y} = MRS_{xy} \neq MRT_{xy} = \frac{p_x}{p_y}. \tag{32–II}$$

Die unverzerrende Pauschalsteuer führt dagegen zu einer Pareto–effizienten Situation, da die Budgetgerade der Konsumenten die gleiche Steigung wie die Produktionsmöglichkeitenkurve hat. Somit entspricht in diesem Fall die Grenzrate der Substitution der Grenzrate der Transformation, d.h. $MRS_{xy} = MRT_{xy}$.

Als zentrales Ergebnis für unsere weiteren Überlegungen ist festzuhalten, daß der Substitutionseffekt ursächlich für das Entstehen der Zusatzlast ist. Dieser entsteht immer dann, wenn aufgrund einer partiellen Besteuerung Anreize zur Substitution von Gütern entstehen, die am Markt gehandelt werden. Eine optimale Allokation am Markt ist folglich nur dann gewährleistet, wenn der Koordinationsmechanismus des Marktes ungestört zur Anwendung kommen kann. Treibt jedoch die Besteuerung einen Keil zwischen Angebot und Nachfrage am Markt, so kommt es zu Ineffizienzen bzw. Wohlfahrtsverlusten in Form von Zusatzlasten.[45]

---

44 Zu den folgenden Ausführungen siehe Wellisch (2000b), S. 29f.

45 In einer Situation, in der externe Effekte vorliegen, so daß die sich im Markt bildenden relativen Preise nicht den gesamtwirtschaftlich gebotenen entsprechen, kann der Staat durchaus durch eine preiskorrigierende Steuer eine Wohlfahrtssteigerung herbeiführen. Hier sei etwa auf das Konzept der Pigou–Steuer verwiesen, mit dessen Hilfe bei Vorliegen externer Effekte eine Erhöhung der Wohlfahrt erreicht werden

Grundsätzlich ist indes die Partialanalyse aufgrund der sehr restriktiven Annahmen kritisch zu sehen. So werden – neben den bereits erwähnten Annahmen – etwa ein konstantes Arbeitsangebot, vollständige Steuerüberwälzung sowie Kreuzpreiselastizitäten von Null vorausgesetzt. Die Schlußfolgerungen dieser vereinfachten Analyse lassen sich daher nicht allgemein auf komplexere Anwendungsfälle übertragen.

B. Arbeitsangebot und Besteuerung

Das Arbeitseinkommen eines Individuums hängt bei gegebenen Lohnsätzen vom Arbeitsangebot ab. Da das Arbeitsangebot gleichbedeutend mit einem Verzicht auf Freizeit ist, stellt die Ableitung des Arbeitsangebots zugleich eine Entscheidung des Individuums über die Aufteilung seines Zeitbudgets zwischen Arbeit und Freizeit dar. Wird zudem angenommen, daß es Arbeitsleistungen anbietet, um mit dem Entgelt Konsumgüter zu kaufen, so stellt die Aufteilung des Zeitbudgets gemäß der neoklassischen Theorie eine Wahl zwischen Freizeit und Konsumgütern dar.[46] Das Individuum kann also seinen Nutzen beeinflussen, in dem er sein Zeitbudget entweder zur Einkommenserzielung verwendet, um dadurch Konsummöglichkeiten zu schaffen, oder in dem er Freizeit genießt.

Im letzten Abschnitt wurde als Entscheidungsregel für ein optimales Arbeitsangebotsentscheidung abgeleitet:

$$\frac{\partial u/\partial L}{\partial u/\partial C_1} = -w. \tag{33–II}$$

Formuliert man diese Bedingung für ein Nutzenmaximum um in eine Wahl zwischen Konsum und Freizeit, so lautet sie:

$$MRS_{f,c} \equiv \frac{\partial u/\partial f}{\partial u/\partial C_1} = w\,. \tag{34–II}$$

Im Optimum repräsentiert w die Opportunitätskosten einer zusätzlichen Einheit Freizeit. Wird nun das Arbeitseinkommen mit dem proportionalen Satz t_w besteuert, muß nun die Grenzrate der Substitution zwischen Freizeit und Konsum dem Nettolohnsatz $w\,(1 - t_w)$ entsprechen, d.h. die Opportunitätskosten der Freizeit sinken. Diese Besteuerung des Arbeitseinkommens, das zugleich dem heute möglichen Gütereinkommen entspricht, wirkt folglich wiederum wie eine selektive Güterbesteuerung, da der außermarktliche private Güterkonsum, die Freizeit,

---

kann. Siehe hierzu etwa Neumann (1991), S. 251f. Für weitere Instrumente zur Internalisierung von externen Effekten siehe Klaus (1994), S. 18ff. Durch die Annahme vollkommener Märkte wird jedoch die Existenz externer Effekte ausgeschlossen.

46 Bei einem exogen gegebenen Lohnsatz w kann man die Budgetrestriktion $C = w \cdot T - w \cdot F$ mit T als Zeitbudget und F als Freizeit ableiten. Dies bringt zum Ausdruck, daß das potentiell mögliche Arbeitseinkommen $w \cdot T$ je Einheit in Anspruch genommener Freizeit um den Faktor w abnimmt. Dies impliziert gleichzeitig, daß w den in Konsumguteinheiten ausgedrückten Reallohn repräsentiert. Vgl. Neumann (1991), S. 139. Vgl. Ableitung des Arbeitsangebots ebenfalls Neumann (1991), S. 138ff, sowie Atkinson/Stiglitz (1980), S. 31ff, die auch die Wirkungen der Besteuerung hierauf analysieren. Zum Einfluß einer Einkommensteuer auf das Arbeitsangebot siehe neuerdings auch Wellisch (2000b), S. 92ff.

unbesteuert bleibt. Arbeit bzw. Konsum wird folglich gegenüber dem Gut Freizeit diskriminiert.

In unserer Abbildung 4 ersetzt man hierzu das besteuerte Gut *X* durch Arbeitseinkommen und das unbesteuerte Gut *Y* durch Freizeit. In diesem Fall repräsentiert der Punkt *C* auf dem Nutzenniveau i_2 die für das Individuum optimale Kombination von Arbeitszeit und Freizeit. Die relative Verteuerung von Arbeit durch eine Einkommensteuer führt zu einer Substitution von Arbeit durch das relativ billiger gewordene Gut Freizeit und somit kommt es zu einer Zusatzlast. Der resultierende Gesamteffekt auf das Arbeitsangebot ist jedoch von der Einkommenselastizität der Nachfrage nach Arbeitseinkommen sowie der Substitutionselastizität zwischen Arbeitseinkommen und Freizeit abhängig. Das Arbeitsangebot kann sogar im Vergleich zu einer Situation ohne Steuer unverändert bleiben, wenn sich der Einkommens– und der Substitutionseffekt genau kompensieren. Trotzdem hat die Einkommensteuer eine verzerrende Wirkung. Die selektive Besteuerung beruht darauf, daß Freizeit als Gut nicht besteuerbar ist und eine kompensierende Besteuerung der Freizeit auf direktem Wege nicht möglich ist.[47] Die gleiche allokative Verzerrung ist damit auch für eine Konsumsteuer festzustellen, denn auch sie belastet nur den Konsum von Marktgütern, nicht aber den Genuß des Gutes Freizeit.

Vergleicht man die Einkommensteuer (oder auch die Konsumsteuer) mit einer aufkommensgleichen Pauschalsteuer, so kommt es hier in der Regel zu einer Änderung des Arbeitsangebots, da die Pauschalsteuer (unter der Annahme, daß Freizeit ein normales Gut ist) aufgrund ihres negativen Einkommenseffekts das Arbeitsangebot erhöht. Aufgrund des fehlenden entgegenwirkenden Substitutionseffekts wird das Arbeitsangebot im Fall einer Pauschalbesteuerung immer höher sein wie die einer aufkommensgleichen Einkommensteuer.[48]

Im Rahmen dieser einfachen Betrachtung ist die Arbeitsangebotsentscheidung sehr kritisch zu sehen. So gehen beispielsweise die Arbeitsbedingungen oder die Arbeitszufriedenheit nicht in die Nutzenfunktion ein. Auch die substitutive Modellierung von Arbeit und Freizeit ist angreifbar, da Komplementaritätsbeziehungen nicht berücksichtigt werden. Auch mögliche Nebenbedingungen der Arbeit–Freizeit–Wahl werden ignoriert. In der Realität ist beispielsweise häufig die Zahl der Arbeitsstunden festgeschrieben und nicht flexibel. Zudem wird nur die Entscheidung eines Individuums berücksichtigt: Die Arbeitsentscheidungen im Rahmen eines Haushalts unterliegen jedoch weiteren Einschränkungen. Auch Produktionsaktivitäten im Haushalt oder Konsumaktivitäten im Unternehmenssektor bleiben ausgeblendet.[49] Zudem wird im Rahmen der Partialanalyse auch die Verwendung der Staatseinnahmen vernachlässigt. Werden beispielsweise öffentliche Güter finanziert, so werden diese den Nutzen der Haushalte beeinflussen und auf diese Weise einen zusätzlichen Einfluß auf das Arbeitsangebot ausüben.[50]

---

47 Ansätze, diese Verzerrung durch eine indirekte Besteuerung zu vermeiden, werden wir im 3. Kapitel im Abschnitt zur optimalen Verbrauchsbesteuerung kennenlernen.

48 Vgl. hierzu Wellisch (2000b), S. 97.

49 Zur Kritik an einfachen Modellen sowie für eine Darstellung erweiterter Modelle der Arbeitsangebotsentscheidung siehe Atkinson/ Stiglitz (1980), S. 43ff. Zur Vernachlässigung problematischer Aspekte vgl. auch Wellisch (2000b), S. 106f.

50 Siehe hierzu ausführlich Wellisch (2000b), S. 95f.

Auch muß eine höhere Arbeitseinkommensteuer nicht zwangsläufig zu einem verminderten Arbeitsangebot führen. Die Haushalte können bei sinkendem Nettolohn[51] auch ihre Arbeitszeit erhöhen, um die Einkommenseinbuße auszugleichen. Dieser Effekt ist abhängig vom Charakter des Gutes Freizeit. So nimmt man an, daß Freizeit bei niedrigem Lohnniveau als inferior und bei höherem Lohnniveau als superior einzustufen ist.[52] Die Effekte der Besteuerung auf das Arbeitsangebot sind folglich nicht konkludent abzuleiten. Auch die Ergebnisse der empirischen Forschung ermöglichen keine allgemeinen Aussagen über die Wirkungen der Besteuerung auf das gesamtwirtschaftliche Arbeitsangebot.[53]

C. Intertemporale Entscheidungen: Sparen und Besteuerung

Bei der Wahl zwischen Konsum und Sparen entscheiden die Haushalte, ob sie ihr Einkommen sofort konsumieren oder sparen und so künftigen Konsum finanzieren.[54] Die Haushalte können in diesem Rahmen gegenwärtigen und künftigen Nutzen austauschen, wobei sich die Präferenzen hierfür in der Zeitpräferenzrate[55] niederschlagen. Als Prämie für den Konsumverzicht erhält das Individuum den Marktzinssatz. Im intertemporalen Gleichgewicht entspricht dann die Zeitpräferenzrate aller Haushalte dem Marktzinssatz.

In unserem Zwei–Zeitpunkte–Modell[56] soll dies noch einmal verdeutlicht werden: Als einzelwirtschaftliche Entscheidungsregel des Haushalts wurde abgeleitet:

$$\gamma(C_1, C_2) = \frac{\partial u/\partial C_1}{\partial u/\partial C_2} - 1 = r\,. \qquad \text{(35–II)}$$

Im folgenden wird vereinfacht von der Grenzrate der Substitution ausgegangen, also $\gamma(C_1, C_2) \equiv MRS_{1,2} - 1 = r$ und daraus $MRS_{1,2} = 1 + r$.

Wird nun beispielsweise eine *Einkommensteuer* erhoben, deren Bemessungsgrundlage auch Zinserträge einschließt, wird der Zukunftskonsum selektiv belastet. Die Wirkung der Zinsbe-

---

51 Wir gehen hier implizit davon aus, daß die Steuer auf das Arbeitseinkommen auch tatsächlich von den Arbeitnehmern zu tragen ist und nicht vollständig auf die Unternehmer oder Kapitaleigner überwälzt werden kann.

52 So konstruiert beispielsweise Neumann (1991), S. 141, eine in Abhängigkeit vom Lohnsatz zunächst zunehmende und dann wieder abnehmende Arbeitsangebotskurve.

53 Zu einem Überblick über empirische Studien siehe Blundell (1992) oder Atkinson/ Stiglitz (1980), S. 48ff, die zu dem Schluß kommen, daß die Standardanalyse der Arbeit–Freizeit–Entscheidung eigentlich auf drei Entscheidungsfelder ausgeweitet werden müßte.

54 Die Grundzüge des intertemporalen Nutzenkalküls finden sich beispielsweise in Neumann (1991), S. 145f, oder in Atkinson/ Stiglitz (1980), S. 62ff. Implizit gehen wir hier vom Lebenszyklus–Motiv des Sparens aus, d.h. die Individuen sparen, um das Zeitprofil von Einkommen und gewünschtem Konsum anzupassen.

55 Die Zeitpräferenzrate gibt die prozentuale Nutzenabnahme zwischen dem Konsum zweier Perioden wieder. Vgl. Buchholz/ Wiegard (1991), S. 15, und auch die Ausführungen zur Ableitung des intertemporalen Gleichgewichtsmodells in diesem Kapitel.

56 Zu Determinanten des Sparens und den Wirkungen verschiedener Steuern in einem Multiperiodenmodell siehe Boadway/ Wildasin (1996), S. 61ff.

steuerung hängt jedoch u.a. davon ab, wie der Marktzinssatz r auf die Besteuerung reagiert.[57] Bleibt er konstant, wie wir in der Partialanalyse grundsätzlich annehmen, so erhält der Haushalt bei einem Steuersatz t für seine Ersparnisse nur den Nettozins $(1-t) \cdot r$. Die optimale Entscheidungsregel für den Haushalt lautet dann:[58]

$$MRS_{1,2} = 1 + r(1-t). \qquad (36\text{–II})$$

Aus dieser Gleichung ist ersichtlich, daß die Zinsbesteuerung einen Keil zwischen die Grenzrate der Substitution, $MRS_{1,2}$, und die Grenzrate der Transformation, $MRT_{1,2}$, treibt. Während sich die intertemporale Konsumentscheidung am Nettozinsfaktor, $1 + r \cdot (1-t)$, ausrichtet, ist für den Produktionssektor weiterhin der Bruttozinsfaktor, $1 + r$, relevant. Folglich gilt hier $MRS_{1,2} < MRT_{1,2}$. Der zukünftige Konsum ist relativ teurer geworden. Als Ergebnis zeigt sich, daß durch den steuerinduzierten Keil eine effiziente intertemporale Allokation der Ressourcen verhindert wird.

Ausgehend von der zweiperiodigen Ökonomie, kann dieses Problem auf die Zwei–Güter – Welt der Abbildung 4 übertragen werden, wobei der Konsum heute auf der Abszisse und der Konsum in der Zukunft auf der Ordinate abgetragen wird. Im Nutzenmaximum vor einer Besteuerung, dem Punkt C, entspricht dann die Grenzrate der Substitution zwischen heutigem und zukünftigem Konsum, $MRS_{1,2}$, gerade dem Zinsfaktor, d.h. dem intertemporalen Preisverhältnis, $1 + r$, bzw. der Steigung der intertemporalen Budgetgeraden.

Bei Einführung einer Zinsbesteuerung verändert sich die Steigung der Budgetgerade zu $1 + r(1-t)$. Die Veränderung der relativen Preise zwischen Konsum heute und morgen verursacht (neben dem Einkommenseffekt) einen Substitutionseffekt und folglich eine Zusatzlast. Im Vergleich zu einer unverzerrenden Pauschalsteuer gleichen Aufkommens steigt durch die Zinsbesteuerung der Gegenwartswert des Lebenseinkommens sowie auch des Lebenskonsums. Der Substitutionseffekt führt zu einem Rückgang der Ersparnis zugunsten heutigen Konsums und wirkt damit dem Einkommenseffekt entgegen.[59] [60]

---

57 Durch die Besteuerung kann sich das Kapitalangebot verändern, so daß auch die Höhe des Kapitalmarktzinses beeinflußt werden kann. Soweit die Kapitalintensität kurzfristig gegeben ist, wird die Anpassung des Kapitalmarktzinses ein längerfristiger Prozeß sein. Vgl. hierzu Sinn (1985), S. 251ff, der die Inzidenz und die Anpassungsprozesse bei einer allgemeinen Kapitaleinkommensteuer beschreibt. Zu den Auswirkungen unterschiedlicher Elastizitäten von Kapitalangebot– und –nachfrage siehe auch Schwinger (1992), S. 75ff.

58 Vgl. z.B. Sandmo (1985), S. 271, oder Seidl (1985), S. 183. Die Gleichung ergibt sich als Bedingung erster Ordnung aus der Nutzenmaximierung des Haushalts unter Beachtung der intertemporalen Budgetrestriktion.

59 Vgl. Wellisch (2000b), S. 112f. Implizit gehen wir bei diesem Ergebnis von einem Zwei–Zeitpunkte–Modell aus, indem sich das repräsentative Individuum kein Kapital leihen kann, da er in der zweiten Periode über keine Einkommensquelle verfügt. So gibt es in der Modellwelt nur Kapital*anbieter*, bei denen die Verringerung des Nettozinses c.p. zu einer Verringerung des Einkommens führt und (unter der Annahme der Normalität des Konsums) der gegenwärtige Konsum reduziert wird. Bei einem Netto–Kapital*nachfrager* kommt es durch die Zinsbesteuerung zu einem Absinken der Kapitalkosten nach Steuern und damit zu einem positiven Vermögenseffekt. Folglich wirken Substitutions– und Einkommenseffekt in eine Richtung. Siehe hierzu Atkinson/ Stiglitz (1980), S. 66. Wird das Modell so erweitert, daß Individuen in allen Perioden Einkommen erwirtschaften und damit sowohl Kapital verleihen als auch leihen können, so erhält man eine geknickte Budgetgerade. Dabei liegen die Kapitalleiher rechts vom Knick: Sie bleiben von einer Zinsbesteuerung unberührt. Bei einer Zinsbesteuerung mit gleichzeitiger Abzugsfähigkeit von

Der Substitutionseffekt ist jedoch auch vom Charakter des Sparens abhängig. Für sogenannte Zweck– oder Restsparer mit eckigen Indifferenzkurven ist die Grenzrate der Substitution Null. Sofern es allerdings nur einige Individuen gibt, für die die Grenzrate der Substitution positiv ist, liegt der Substitutionseffekt vor und die beschriebenen Resultate kommen im Prinzip zum Zuge.[61] Wie stark der Substitutionseffekt tatsächlich ausfällt, ist eine andere Frage, die Sinn (1985, S. 223) (nach ausführlicher Diskussion von empirischen Studien[62]) folgendermaßen beantwortet: „Alles in allem hat es somit nicht den Anschein, daß die ... beschriebenen Auswirkungen des von der Zinssteuer bewirkten Substitutionseffektes unbedeutend sind."

Eine *allgemeine Konsumsteuer* und eine *proportionale Lohnsteuer* haben demgegenüber keine Wirkung auf die intertemporale Konsumentscheidung. Sie verzerren die Konsum–Spar–Entscheidung nicht, da sie den Konsum in der Gegenwart und in der Zukunft gleichmäßig belasten und so lediglich einen Einkommenseffekt auslösen. Graphisch wird dies durch eine parallele Verschiebung der Budgetgerade vor Steuern nach innen ausgedrückt.[63]

Betrachten wir nun nach dem kurzen Blick auf die wohlfahrtsrelevanten Wirkungen der Besteuerung auf das individuelle Sparverhalten die gesamtwirtschaftlichen Folgen einer nicht konsumoptimalen Besteuerung. Die gesamtwirtschaftliche Ersparnis setzt sich in einer geschlossenen Volkswirtschaft aus privaten und staatlichen Ersparnissen zusammen. Sie bestimmt die Höhe der gesamten Nettoinvestitionen, d.h. die Kapitalallokation, und beeinflußt so entscheidend das wirtschaftliche Wachstum. Eine allgemeine Einkommensteuer führt auch auf gesamtwirtschaftlicher Ebene zu einer Verzerrung der Sparentscheidung. Der Keil zwischen Zeitpräferenzrate und Marktzinssatz sorgt dafür, daß die Sparer nicht den vollen Lohn ihres Konsumverzichts erhalten und sich deshalb veranlaßt sehen, weniger Kapital zu bilden, als es nach Lage ihrer Präferenzen und im Hinblick auf die technologischen Investitionsmöglichkeiten optimal wäre. D.h. eine Zinsbesteuerung hemmt aufgrund der niedrigeren Nettorendite die Kapitalbildung und damit das Wirtschaftswachstum der Volkswirtschaft.[64] Daher wäre für eine Analyse der von der Besteuerung hervorgerufenen intertemporalen Allokationswirkungen ein Totalmodell angezeigt, welches das Zusammenwirken von Haushalts– und Unternehmensentscheidungen beschreibt. Denn die in der Partialanalyse außer Acht gelassene

---

Schuldzinsen nimmt der Preis für künftigen Konsum relativ ab. Der Knick in der Budgetgeraden wird vermieden. Der Fall der geknickten Budgetgeraden ist zudem vergleichbar mit dem Vorliegen einer Unvollkommenheit am Kapitalmarkt, nämlich wenn der Sollzinssatz den Habenzinssatz übersteigt. Vgl. hierzu Atkinson/ Stiglitz (1980), S. 81f.

60 Das Sparen wird natürlich auch vom Ausgabeverhalten des Staates beeinflußt. Um Verzerrungen von der Ausgabenseite ausschließen zu können, haben wir angenommen, daß die Steuereinnahmen wieder als Lump–Sum–Transfers an die Individuen zurückfließen. Hier muß zusätzlich beachtet werden, daß die Zinssteuer zum Zeitpunkt ihres Anfallens kompensiert wird. So führt eine Erhöhung der Zinssteuer, die morgen anfällt, aber schon zum heutigen Zeitpunkt kompensiert wird, zu einer Erhöhung der privaten Ersparnisse, obgleich eine Substitution zukünftigen Konsums durch gegenwärtigen Konsum hervorgerufen wird. Vgl. hierzu Sinn (1985), S. 221

61 Vgl. hierzu Sinn (1985), S. 222, oder Seidl (1985), S. 184f.

62 Zu empirischen Untersuchungen von Sparverhalten siehe auch Boadway/ Wildasin (1996), S. 71ff.

63 Zur Ableitung dieses Ergebnisses siehe beispielsweise Wellisch (2000b), S. 113ff.

64 Vgl. Sinn (1984a), S. 259.

mögliche Veränderung des Marktzinssatzes ist im intertemporalen Allokationsgeschehen von herausragender Bedeutung.[65]

Lockert man die restriktiven Annahmen vollkommener Kapitalmärkte und sicherer Erwartungen, so treten neben das Sparen als Möglichkeit der Konsumverschiebung beispielsweise Versicherungs- oder Prestigezwecke.[66] Durch diese zusätzlichen Einflüsse, die in der Analyse nicht berücksichtigt werden, wird den abgeleiteten Zusammenhängen ein großer Teil ihrer Aussagekraft genommen. Der Zusammenhang zwischen Besteuerung und Ersparnisbildung wird dadurch so schwer faßbar, daß auch empirische Studien kaum in der Lage sind, die Wirkungen der Besteuerung auf die private Ersparnis aussagekräftig abzuleiten.

In diesem Abschnitt wurden anhand der Entscheidungsfelder der privaten Akteure die Wirkungen verschiedener Steuern aufgezeigt. Besonderes Augenmerk lag dabei auf den Zusatzlasten der Besteuerung. Diese stellen im Rahmen der Theorie der Optimalen Besteuerung, die wir im 3. Kapitel intensiv diskutieren, das entscheidende Kriterium zur wohlfahrtsökonomischen Beurteilung einer Steuer dar. Im nächsten Schritt erfolgt ebenfalls eine Steuerwirkungsanalyse, nur wird im kommenden Abschnitt eine Kapitalertragssteuer fokussiert und die Analyse auf die Wirkungen auf den Kapitalmarkt beschränkt.

V. Die Steuerwirkungsanalyse am Beispiel der Kapitalertragsbesteuerung

In diesem Abschnitt beschäftigen wir uns detailliert mit der Frage, wie eine Kapitaleinkommensteuer wirkt und welche Wohlfahrtswirkungen mit dieser Art der Besteuerung verbunden sind. Diese Analyse bildet zugleich eine Grundlage für die Ableitung zielkonformer Steuersysteme in den Staatsstheorien. Daneben trägt der folgende Abschnitt dazu bei, die Kritik am Steuerwettbewerb verstehen zu können. Während im letzten Abschnitt in der Partialanalyse nur das Sparverhalten von einzelnen Haushalten berücksichtigt wurde, betrachten wir nun neben dem Kapitalangebot auch die Kapitalnachfrage der Unternehmen. Wir fokussieren folglich zur Analyse der Allokationswirkungen im gesamtwirtschaftlichen Zusammenhang den Kapitalmarkt einer geschlossenen Volkswirtschaft.

Die Kapitaleinkommensbesteuerung kann grundsätzlich drei Typen von Allokationsverzerrungen auslösen.[67] *Erstens* kann eine Abweichung zwischen der Grenzproduktivität des Kapitals und der Zeitpräferenzrate der Haushalte bewirkt werden. *Zweitens* kann sich durch eine Abweichung zwischen den Zeitpräferenzraten der Haushalte eine Verzerrung der intertemporalen Tauschkontrakte ergeben. *Drittens* kann es durch eine unterschiedliche Besteuerung

---

65 Vgl. Sinn (1985), S. 16. Zu den intertemporalen Steuerwirkungen aus gesamtwirtschaftlicher Sicht siehe auch die Diskussion in Kapitel 3, Abschnitt II, B.2, zu den Wachstumswirkungen insbesondere die Ausführungen in Kapitel 6, Abschnitt IV.G.

66 Zu möglichen weiteren Sparmotiven und ihrer modellhaften Darstellung siehe Atkinson/ Stiglitz (1980), S. 83ff. Einen Überblick über theoretische Modelle und Studien, die die komplexen Zusammenhänge zwischen den Sparmotiven und der Besteuerung berücksichtigen, bietet Kotlikoff (1984), oder auch aktueller, jedoch weniger theoretisch Boadway/ Wildasin (1994).

67 Vgl. hierzu Sinn (1985), S. 151.

verschiedener Arten von Kapitaleinkommen zu einer Abweichung zwischen den Grenzproduktivitäten verschiedener Anlageformen kommen. So kann beispielsweise durch eine differenzierende Besteuerung der Faktoren einzelner Firmengruppen eine suboptimale Aufteilung der gegebenen Produktionsfaktoren ausgelöst werden.[68]

Der *erste* Typ stand bisher im Vordergrund der Untersuchung, seiner Analyse wird auch dieser Abschnitt gewidmet. Die Verzerrungen des *zweiten* Typs untersuchen wir in den Abschnitten zur effizienten internationalen Besteuerung (Kapitel 5). Die Analyse des *dritten* Typs erfolgt im Rahmen des sogenannten Harberger–Problems (Harberger 1962). Dieser unterschied in einem Zwei–Sektoren–Modell zwischen Kapital– und Personengesellschaften und untersuchte dabei die differenzierende Wirkung der Körperschaftsteuer auf die Kapitalallokation. Diese Betrachtung der intersektoralen Kapitalstruktur läßt sich auch auf die internationale Kapitalallokation zwischen zwei Ländern übertragen, daher werden wir dieses Problem ebenfalls im Kapitel zur offenen Volkswirtschaft betrachten (Kapitel 5).

Aufgabe des folgenden Abschnitts ist es insbesondere, die Implikationen unterschiedlich hoher Elastizitäten des Kapitalangebots aufzuzeigen. Dies bedeutet, wir heben aus analytischen Gründen die Annahme der unendlich hohen Reaktionsgeschwindigkeit auf und unterscheiden zwischen verschiedenen Zeithorizonten. Schließlich wird das Konzept der Steuerkeile eingeführt, mit dessen Hilfe die Anreizeffekte der Kapitaleinkommensbesteuerung gemessen werden können. Wir beginnen im folgenden mit der Betrachtung der Wirkungen der Kapitaleinkommensbesteuerung in der kurzen Sicht und differenzieren zusätzlich noch nach verschiedenen Verwendungsmöglichkeiten der Steuereinnahmen aus der Kapitaleinkommensbesteuerung.

A. Kurzfristige Kapitalangebotskurve und Kapitaleinkommensteuer

In Abbildung 5 stellt die abnehmende Kurve das Grenzprodukt des Kapitals dar, das in konstanter Menge K verfügbar ist und eine Ertragsrate r_b erwirtschaftet. Die Fläche *0KBZ* repräsentiert das Inlandsprodukt der Volkswirtschaft, das im Falle der geschlossenen Volkswirtschaft mit dem Sozialprodukt übereinstimmt. Der Ertrag des Faktors Kapital ist dabei durch *0KBA* gegeben, die Fläche *ABZ* entspricht dem Einkommen von Boden und Arbeit.[69]

Wird nun eine Kapitaleinkommensteuer eingeführt, so hängt deren Wirkung nicht zuletzt von der Verwendung der Einnahmen ab. Der Staat kann allgemeine öffentliche (1) oder kapitalspezifische (2) Leistungen bereitstellen.[70] Nachfolgend werden diese beiden Fälle diskutiert.

---

68 Weitere Beispiele für Abweichungen von einer einheitlichen Kapitaleinkommensbesteuerung stellen Differenzierungen zwischen realisierten und unrealisierten Gewinnen, langfristigen Wertsteigerungen und Spekulationsgewinnen und wegen der Nicht–Abzugsfähigkeit von Dividenden von der Bemessungsgrundlage der Körperschaftsteuer die Eigen– und Fremdfinanzierung von Kapitalgesellschaften dar. Vgl. hierzu Koop (1993), S. 55, sowie die Ausführungen in Kapitel 3.

69 In diesem Modell wird zwischen Kapitalverzinsung und Residualgewinn getrennt. Letzterer wird folglich zum Einkommen der immobilen Faktoren geschlagen.

70 Zu einer solchermaßen differenzierenden Betrachtung siehe Gerken/ Märkt/ Schick (2000), S. 176ff.

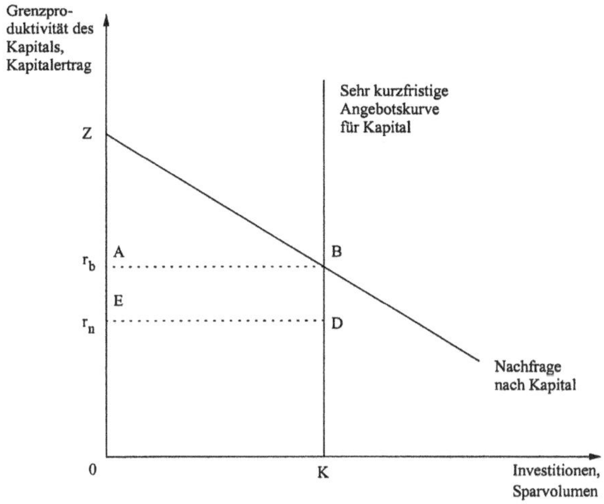

Abbildung 5: Kapitaleinkommensteuer in kurzer Frist

Quelle: Eigene Darstellung.

1. Kapitalertragsbesteuerung zur Finanzierung allgemeiner öffentlicher Leistungen

Bei den meisten Modellen wird davon ausgegangen, daß der Staat die Einkommen der Faktoren zur Finanzierung allgemeiner Tätigkeiten heranzieht. In der Regel nimmt man an, daß ein gegebenes Finanzierungsvolumen zu erzielen ist, das in Form von Pauschtransfers wieder ausgeschüttet wird.

Wird nun der Faktor Kapital besteuert, ist zwischen der Bruttoertragsrate r_b (vor Steuern) und der Nettoertragsrate r_n (nach Steuern) zu unterscheiden. Bei einer Steuer in Höhe von $r_b - r_n = AE$ (siehe nochmals Abbildung 5) wird ein Steueraufkommen erzielt, das durch die Fläche *EDBA* gekennzeichnet wird. Der Kapitaleinsatz wird nicht verändert, da er im Umfang *0K* in der kurzen Frist als konstant angenommen wird. Auch das Inlandsprodukt bleibt daher unverändert. Die Verteilung des Sozialprodukts auf die Faktoren und den Fiskus hängt von der Höhe des Kapitalertragssteuersatzes ab. Die Kapitaleinkommensteuer wird jedoch vom Kapital getragen.[71]

---

71 Mit solch einer Inzidenz ist nicht nur bei vollkommener Konkurrenz, sondern auch auf Märkten mit einem Monopolisten zu rechnen. Bei Oligopolen kann die Steuererhöhung evtl. auf die Konsumenten abgewälzt werden. Vgl. hierzu Stiglitz/ Schönfelder (1989), S. 537, FN 9.

2. *Äquivalenzbesteuerung zur Finanzierung kapitalspezifischer öffentlicher Leistungen*

Neben der eher konsumorientierten Bereitstellung öffentlicher Leistungen kann der Staat auch Leistungen anbieten, die die Produktivität des Faktors Kapital erhöhen. Dann wird es möglich, den Faktor zu einer am Äquivalenzprinzip orientierten Steuer heranzuziehen.

Dieser Fall wird anhand Abbildung 6 verdeutlicht. Die durch die öffentlichen Güter bewirkte Produktivitätssteigerung führt zu einer Rechtsverschiebung der Grenzproduktivitätsfunktion. Bei konstantem Produktionsfaktoreneinsatz steigt folglich das Inlandsprodukt von *0KBZ* auf *0KB*Z**, die Bruttoertragsrate auf r_b*. Zugleich kommt der Zuwachs des Inlandprodukts in einer Situation ohne Besteuerung allein dem Faktor Kapital zu gute. Erhebt der Staat nun für seine produktiven öffentlichen Güter Äquivalenzsteuern, verschlechtert sich die relative Einkommensposition des Kapitals. Kommt es zu einer Besteuerung in Höhe von $r_b^* - r_n = r_b^* - r_b = A^*A$, so schöpft der Fiskus den gesamten Einkommenszuwachs des Kapitals ab, während die Einkommensverteilung zwischen den Faktoren unverändert bleibt. Entscheidend in diesem Zusammenhang ist jedoch neben der Rechtsverschiebung der Grenzkostenkurve die Frage, in welcher Höhe die Äquivalenzabgabe erfolgen soll. Diese Frage wird uns im Rahmen der offenen Volkswirtschaft genauer beschäftigen.[72] Denn je nach Charakter des öffentlichen Gutes kann das beschriebene Ergebnis obsolet werden. So wird sich zeigen, daß bei öffentlichen Gütern, bei denen die Grenzkosten Null sind, aus allokativen Gründen kein Finanzierungsbeitrag des Faktors Kapital erfolgen sollte.

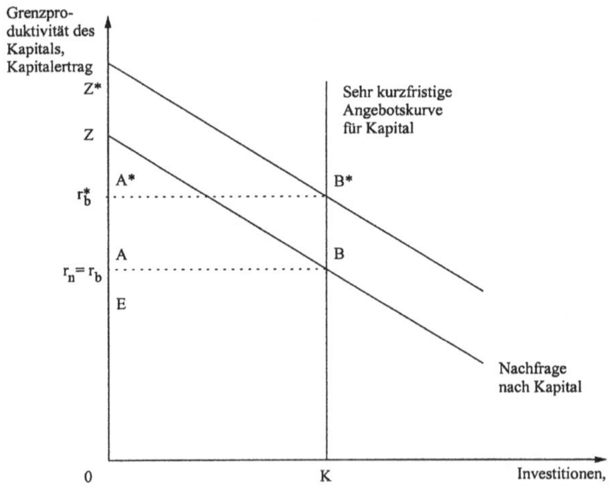

Abbildung 6: Kapitaleinkommenbesteuerung zur Finanzierung kapitalspezifischer öffentlicher Leistungen

Quelle: Eigene Darstellung.

---

72 Diese Diskussion findet sich in Kapitel 6, Abschnitt IV.E.

B. Langfristige Angebotskurve für Kapital

Auch in einer geschlossenen Volkswirtschaft kann ohne Zufluß oder Abfluß von Kapital die langfristige Kapitalangebotskurve nahezu horizontal verlaufen, wenn die Ersparnisse langfristig hochgradig elastisch auf die Ertragsrate des Kapitals reagieren. Ist die langfristige Kapitalangebotskurve horizontal, hat die Steuer die Wirkung, die Ertragsrate vor Steuern derart anzuheben, daß die Verzinsung nach Steuern unverändert bleibt (Abbildung 7). War vor der Besteuerung die Ertragsrate auf Kapital r_b, bewirkt die Steuer einen Anstieg derselben auf r_n, wobei $r_n \cdot (1 - t) = r_b$ oder $r_n = r_b /(1 - t)$. Bei elastischem Kapitalangebot wird die Steuer auf Kapitaleinkommen nicht vom Kapital getragen, sondern dieses wälzt die Steuerlast in Höhe von *ACB*A** auf die immobilen Faktoren ab. In Folge dieser Besteuerung schrumpft dann der Kapitalstock von *K* auf *K'*. Das Inlandsprodukt, das vor der Besteuerung *0KBZ* betrug, geht dadurch auf *0K'B*Z* zurück. Dies beruht nicht zuletzt darauf, daß die Kapitalbildung durch die Zinsbesteuerung gehemmt wird.

Damit wurden die Wirkungen der Kapitaleinkommensbesteuerung in der kurzen und der langen Frist skizziert. Die grafische Darstellung der Wirkungen in „mittlerer" Frist heben wir uns für den Abschnitt VI.B.1 auf. Anhand dieser Variante werden wir dort aufzeigen, wie die Wohlfahrtswirkungen der Verzerrungen der Kapitalallokation gemessen werden können.

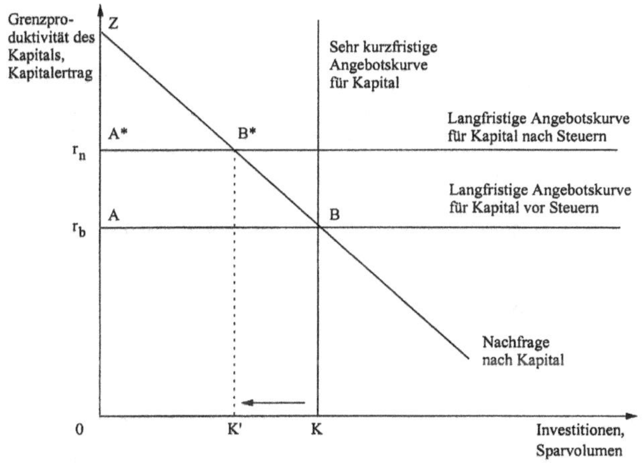

Abbildung 7: Kapitaleinkommensteuer und langfristige Kapitalangebotskurve

Quelle: Eigene Darstellung.

Insgesamt wurde der theoretische Rahmen der Analyse im Hinblick auf das Modell der vollkommenen Konkurrenz und die wohlfahrtsökonomischen Wirkungen der Besteuerung abgesteckt. Im nächsten Schritt ist es unser Ziel, zwei alternative Modellansätze des Verhaltens öffentlicher Entscheidungsträger, die den theoretischen Untersuchungen über Einnahmensysteme zugrunde liegen, zu skizzieren und gegenüberzustellen: das Modell des wohlmeinenden Diktators und das des eigennützigen Leviathan. Eine ausführlichere Analyse der beiden

Ansätzen behalten wir uns für die folgenden Kapitel 3 und 4 vor. Zuvor geht es darum, die beiden Modelle voneinander abzugrenzen und die jeweiligen Referenzmaße der normativ ausgerichteten Staatstheorien abzuleiten. Zugleich wird angedeutet, wie der Steuerwettbewerb von den beiden Ansätzen beurteilt wird.

VI. Alternative Zielfunktionen des Staates und mögliche Beurteilungskriterien zur Steuergestaltung

A. Wohlwollender Diktator und Leviathan als polare Modelle des Staates

In der traditionellen Wohlfahrtsökonomie steht die Maximierung der gesellschaftlichen Wohlfahrt im Vordergrund. Dabei stellt der Wettbewerb auf den Märkten sicher, daß die Konsumentenpreise die Produktionskosten widerspiegeln, und kein Anbieter mehr Gewinn macht als im Wettbewerb erforderlich ist. Dies ist zugleich die Welt der „unsichtbaren Hand" von Adam Smith. Sie leitet die Ressourcen zu ihrer bestmöglichen Verwendung, lenkt Arbeitskräfte in die produktivste Verwendung und bringt Güter zu den Konsumenten, die ihnen jeweils den höchsten Nutzen zuschreiben.

Märkte sind jedoch nicht immer bestreitbar, sie honorieren nicht immer alle Nutzen oder entschädigen für Kosten (im Falle von externen Effekten). Einige Güter zeichnen sich zudem durch Eigenschaften aus, die ein Angebot über den Markt schwierig oder sogar unmöglich machen. Solches Marktversagen begründet in der wohlfahrtsökonomischen Theorie den Eingriff des Staates. Die Rolle der Regierung besteht darin, wohlfahrtsoptimale Politiken einzusetzen, die das „Versagen der unsichtbaren Hand" korrigieren, und das Gemeinwohl zu maximieren. Dahinter steht die Vorstellung eines *wohlwollenden Diktators*, d.h. eines monolithischen, vollständig rationalen staatlichen Entscheiders, der sich unter Nebenbedingungen für die bestmögliche Politik für seine Untertanen entscheidet. Das Gemeinwohl wird dabei im allgemeinen unter Rücksicht auf die Paretianische Wohlfahrtsökonomik definiert.

In der „traditionellen Finanzwissenschaft", wie sie von Brennan und Buchanan (1980) definiert wird, werden finanzwissenschaftliche Zusammenhänge dabei ohne die Endogenisierung der politischen Entscheidungsfindung analysiert. Dabei wird die Frage außer acht gelassen, ob und wie Entscheidungen für wohlfahrtsoptimale Steuerpolitiken zustande kommen und wie sie in der Realität umgesetzt werden können. Die vollkommene Abstraktion von politischen Entscheidungsprozessen führt analytisch zu einem Idealstaat, an dem sich die Wirklichkeit messen läßt. Der Wissenschaftler übernimmt die Rolle eines Ratgebers, der empfiehlt, wie optimale Staatstätigkeit auszusehen habe.[73] Die Regierung wird annahmegemäß versuchen, dem von der Theorie beschriebenem Optimum möglichst nahe zu kommen.

Die „Neue Politische Ökonomie" versucht demgegenüber die enge Verflechtung zwischen Politik und Wirtschaft in Modellen polit–ökonomischer Interdependenz darzustellen.[74] Politi-

---

73 Vgl. Hohaus (1996), S. 49.

74 Für einen umfassenden Überblick über den politökonomischen Ansatz siehe etwa Mueller (1997).

ken werden dabei endogen bestimmt; mögliche Einflußgrößen sind Institutionen, die Ziele von Politikern oder anderen politischen Akteuren sowie die Kontrollfähigkeiten von Wählern und deren Anreize. Dieser Ansatz unterstellt zudem nicht, alle am Willensbildungsprozeß Beteiligten seien ausschließlich an der Maximierung der sozialen Wohlfahrt interessiert. Die positive Theorie der Public–Choice–Schule legt demgegenüber die von der in der Ökonomie übliche Annahme zugrunde, daß die Individuen hier wie bei marktlichen Interaktionen ihr Selbstinteresse verfolgen.[75]

Einen Extremfall innerhalb dieser Sichtweise stellt der Beitrag von Brennan und Buchanan (1980 [1988]) dar, die das Leviathan–Modell des Staates vorschlagen. Der Regierung als „*Leviathan*“ wird dabei unterstellt, daß sie das Budget und damit die Einnahmen des Staates maximieren will und das Wohl der Bürger ohne Zwänge von außen überhaupt nicht mehr berücksichtigt. Der Begriff des „Leviathan“ spielt dabei auf den englischen Philosophen Hobbes an, bei dem dieser Begriff als Symbol für den allmächtigen Staat steht, dessen absoluter Herrschergewalt sich das Individuum unterwirft und dadurch seine Freiheit aufgibt. Allerdings ist bei Hobbes der Leviathan positiv besetzt, da nur er in der Lage sei, den Zustand der kämpferischen Anarchie, des Kampfes eines jeden gegen jeden zu überwinden.[76]

Für die vorliegende Arbeit sind die gegensätzlichen Staatstheorien – wie schon angemerkt – aufgrund der konträren Beurteilung unseres eigentlichen Untersuchungsgegenstandes, dem Steuerwettbewerb, von zentraler Bedeutung. Während aus Sicht der traditionellen Finanzwissenschaft der Steuerwettbewerb den Staat dazu zwingt, wohlfahrtsoptimale Steuerpolitiken aufzugeben, sehen Brennan und Buchanan (1980 [1988]) im Wettbewerb ein wirksames Mittel, um den Leviathan zu zähmen.[77] Im Fortgang der Arbeit wird sich zeigen, daß die Ergebnisse des Steuerwettbewerbs in beiden Staatstheorien ineffizient sein können. Der scheinbar unüberbrückbare Konflikt zwischen den Vertretern der beiden Sichtweisen ist also lösbar.

Um zu einer möglichst umfassenden und gehaltvollen Beurteilung des Steuerwettbewerbs aus Sicht der beiden Staatstheorien zu gelangen, werden wir uns in den nächsten beiden Kapiteln ausführlicher mit der Frage auseinandersetzen, wie diese beiden Theorien zu charakterisieren sind. Dabei ist ebenfalls zu analysieren, wie eine Besteuerung wohlfahrtsoptimal, optimal im Sinne des Leviathan oder der Leviathan–Bürger zu implementieren ist. Um ein ökonomisch fundiertes Urteil ableiten zu können, bedarf es jedoch eines Referenzsystems und entsprechender Effizienzmaße. Als Referenzsystem haben wir bereits die vollkommene Konkurrenz gewählt. Die Auswahl von geeigneten Effizienzmaßstäben ist jedoch nicht ohne Probleme, da in der Literatur viele unterschiedliche Effizienzbegriffe definiert und operationalisiert wer-

---

75 Vgl. hierzu auch die Charakterisierung der unterschiedlichen Staatsfunktionen in Beckmann/ Lackner (1998), S. 1ff.

76 Vgl. Blankart (1994), S. 38f.

77 Diese unterschiedlichen Sichtweisen ziehen eine umfangreiche Literatur nach sich. Verfechter der traditionellen Sichtweise ist vor allem Sinn (1990, 1994, 1996). Zur Wirkungsgeschichte des Leviathan–Ansatzes siehe Brennan (1997). Befürworter des Wettbewerbs zwischen den Staaten, wenn auch aus einer evolutorischen Perspektive, sind u.a. Streit/ Kiwit (1999) und Wohlgemuth (1999).

den.[78] Naheliegend ist das bereits im Rahmen unseres Referenzsystems entwickelte Effizienzmaß für allokative Effizienz, das Pareto–Optimum. Dieses ist eng mit der Annahme des allwissenden, allein dem gesellschaftlichen Wohle verpflichteten Diktator verknüpft, so daß sich das Pareto–Kriterium als hinreichender Effizienzmaßstab für diese Staatstheorie anbietet. Das Modell des Leviathan bezieht sich auch auf allokative Effizienz: Indes richtet sich weder das Streben des Leviathan noch der in einem solchen Staat lebenden Bürger auf das Erreichen allokativer Effizienz bzw. des Pareto–Optimums. Zusatzlasten sind in gewisser Weise relevant, da sie zusätzlich zur Traglast der Besteuerung die Wohlfahrt der Bürger beeinträchtigen, doch die Bürger werden diese in Kauf nehmen, solange sie ihr eigentliches Ziel, die Einnahmemacht des Leviathan zu beschränken, erreichen können. Zur Beurteilung der Effizienz eines Steuersystems greifen wir daher im Modell des Leviathan–Staates auf das Konzept der sogenannten „konstitutionellen Effizienz" zurück.[79]

Im folgenden wird zuerst auf die allokative Effizienz und im zweiten Schritt auf die konstitutionelle Effizienz eingegangen.

B. Allokative Effizienz als Referenzmaßstab im Modell des wohlmeinenden Diktators

1. Das Konzept der Pareto–Optimalität als Effizienzkriterium

In einem marktwirtschaftlichen System ist der Pareto–optimale Zustand – wie bereits dargestellt – bei Annahme bestimmter Bedingungen erreichbar. Nach den beiden Hauptsätzen der Wohlfahrtsökonomie ist jedes (walrasianische) Marktgleichgewicht effizient (1. Hauptsatz) und das Pareto–Optimum läßt sich als allgemeines Konkurrenzgleichgewicht darstellen (2. Hauptsatz).[80] Voraussetzung für die Gültigkeit dieser Sätze ist, daß die „*invisible hand*", der Lenkungsmechanismus der Preise, ihre/seine Aufgabe erfüllen kann. Der Marktmechanismus sorgt in diesem Fall für die optimale Allokation der Ressourcen. Alle Grenzraten der Substitution und Transformation stimmen dann überein, kein Individuum kann durch eine Veränderung der Tausch– oder Produktionsprozesse besser gestellt werden. Im Ergebnis erhält man eine Kongruenz zwischen der idealen Laissez–Faire–Allokation und dem gewählten sozialökonomischen Optimum, dem Pareto–Kriterium. Eine effiziente Allokation ist folglich als Pareto–Optimum definiert: Liegt also eine effiziente Allokation vor, so ist es nicht möglich, eine Person besser zu stellen ohne gleichzeitig eine andere schlechter zu stellen. Daher kann man auch von einer Pareto–effizienten Ressourcenallokation sprechen. Zugleich impliziert diese Charakterisierung, daß wir das Allokationsergebnis einer (funktionierenden) Laissez–Faire–Ökonomie als normativen Maßstab für allokative Effizienz und damit für die

78 So unterscheidet beispielsweise Grüske (1985), S. 200, unter Einbeziehung von Inputs und Outputs staatlicher Leistungen in unterschiedlichen Bewertungsformen sieben Effizienzstufen. Raab (1995), S. 116ff, entwickelt drei verschiedene Referenzmaßstäbe für die Effizienz öffentlicher Einnahmesysteme.

79 Das Konzept der konstitutionellen Effizienz wird im folgenden Abschnitt C ausführlich erläutert.

80 Für eine allgemeine Darstellung der Hauptsätze der Wohlfahrtsökonomik siehe beispielsweise Boadway/ Bruce (1984), S. 64–102, Varian (1994), S. 326ff.

Beurteilung der von Steuersystemen bewirkten Allokationsveränderungen heranziehen können.[81]

Da das Modell des gutwilligen Diktators auf den Annahmen und der Vorgehensweise der paretianischen Wohlfahrtsökonomik beruht, können auftretende Wohlfahrtsverluste nur mit Hilfe der allokativen Effizienz erfaßt werden. So ist das Pareto–Kriterium als Effizienzmaß für diese Staatstheorie heranzuziehen. Dies gilt insbesondere für die Fälle, wenn die Bedingungen der vollständigen Konkurrenz verletzt sind, und der Diktator eingreifen muß, um allokative Effizienz z. B. durch die Bereitstellung öffentlichen Leistungen herzustellen. Indes wird das Pareto–Kriterium häufig kritisiert, da es prinzipiell keine Beurteilung von Verteilungspositionen und –veränderungen zuläßt. Dieser Vorbehalt ist jedoch für uns von geringer Bedeutung, da wir Verteilungsfragen explizit aus dieser Untersuchung ausgeklammert haben. Selbst wenn man diese Verteilungsproblematik außer Betracht läßt, sind weitere Einschränkungen in der Aussagekraft in Kauf zu nehmen, wenn man öffentliche Güter berücksichtigt. In Abhängigkeit von Umfang und Struktur des öffentlichen Angebots können sich unterschiedliche Transformationskurven ergeben. So beeinflußt das öffentliche Angebot in Form von Infrastruktur beispielsweise die relativen Preise im privaten Sektor beziehungsweise ermöglicht erst manches private Angebot. Auf der Haushaltsebene hat das öffentliche Angebot Einfluß auf das Einkommen und die Möglichkeiten zu seiner Erzielung und wirkt damit auch auf die Budgetrestriktion sowie indirekt auf die Grenzrate der Substitution. Auch die Höhe des optimalen öffentlichen Angebots an Gütern bereitet Probleme, will man die Präferenzen hierfür eruieren. Das „Free–Rider"–Problem und strategisches Verhalten lassen die tatsächliche Nachfrage über der allokativ effizienten Nachfrage liegen.[82] Daher gibt es in der Regel nicht *die* Pareto–optimale Allokation oder *die* Effizienz staatlicher Tätigkeit.[83] Aufgrund der Erkenntnis, daß im Modell der vollkommenen Konkurrenz ein Pareto–Optimum resultieren wird, kann das Pareto–Kriterium nichtsdestotrotz einen Bezugspunkt darstellen, als es erlaubt „zu ermitteln, in welchen Richtungen Verletzungen der Voraussetzungen des Wettbewerbsgleichgewichts zu Abweichungen vom *Pareto*–Optimum führen."[84]

Berücksichtigt man neben dem Angebot der öffentlichen Güter auch die andere Seite des Budgets, deren Finanzierung, so gelangt man schließlich zur Frage eines möglichen Einnahmesystems zur Finanzierung der öffentlichen Güter und den damit verbundenen Wohlfahrtsverlusten bzw. Transaktionskosten. An dieser Stelle ist zu überlegen, welche Kosten für das Konzept der allokativen Effizienz im Rahmen des Modells des weisen Diktators relevant sind, denn grundsätzlich spielen für allokative Effizienz neben den auftretenden Zusatzlasten

---

81 Die Tatsache, daß die Laissez–Faire–Ökonomie nur unter (stark) idealisierenden Annahmen zu einer Pareto–optimalen Allokation führen kann (vollkommene Märkte, rational handelnde Individuen, keine externen Effekte), soll dabei nicht bestritten werden. Diese Zweifel an der uneingeschränkten Funktionsfähigkeit beschränken jedoch nicht die Eignung dieses Systems als wohlfahrtsökonomisches Referenzsystem. Durch Besteuerung ausgelöste Allokationsstörungen lassen sich am besten an einem Bezugspunkt operationalisieren und messen, der für Fehlallokationen keinen Raum läßt. Ein derartiges Vorgehen ist daher aus didaktisch–analytischen Gründen zu rechtfertigen. Vgl. hierzu Jochum (1991), S. 8f.

82 Zum Free–Rider–Problem siehe beispielsweise Pfähler (1984), zu Möglichkeiten, die wahren Präferenzen für öffentliche Güter durch empirische Verfahren aufzudecken, siehe Pommerehne (1987).

83 Vgl. Raab (1995), S. 116ff.

84 Neumann (1991), S. 194.

weitere Kostenarten eine Rolle. In der Staatstheorie des gutwilligen Diktators sind aufgrund der Modellannahmen nur Zusatzlasten von zentraler Bedeutung.[85] Zur Bewertung eines Steuersystems wird vereinfacht untersucht, ob die Besteuerung Zusatzlasten induziert. Anders gekehrt, ist es für einen weisen Diktator, der die gesellschaftliche Wohlfahrt maximieren will, auf der Suche nach einem optimalen Einnahmesystem sinnvoll, Zusatzlasten zu minimieren.

2. Entscheidungsneutralität als Beurteilungsmaßstab

Im Rahmen des Modells des vollkommenen Wettbewerbs haben wir aus dem Pareto–Optimum weitere Effizienzkriterien wie beispielsweise intertemporale (Allokations–) Effizienz abgeleitet. Ein Steuersystem oder eine Steueränderung heißt dann *neutral* bezüglich eines Kriteriums, wenn dadurch keine Effekte induziert werden, die zu einer Verletzung der entsprechenden Effizienzbedingung führen. Diese Möglichkeit der Bewertung wird in vielen Studien herangezogen, die den Einfluß der Besteuerung auf bestimmte Entscheidungen untersuchen, d.h. nur eine Partialanalyse durchführen. Neben den Effizienzbedingungen werden in der Literatur auch eine Reihe von Neutralitätskriterien diskutiert. Diese sogenannten *Entscheidungsneutralitäten* werden als normative Kriterien zur Beurteilung von Modellergebnissen herangezogen. Sie sind modellexterne Werturteile eines außenstehenden Beobachters.[86] Eine Besteuerung heißt folglich entscheidungsneutral, wenn die Entscheidungen rational handelnder Individuen durch eine Besteuerung nicht beeinflußt werden. Dies bedeutet, die Individuen treffen trotz Besteuerung keine anderen Entscheidungen als in einer Situation ohne Steuern, d.h. es kommt zu keinen Ausweichreaktionen.[87]

Im Rahmen der vorliegenden Arbeit werden wir weitere Neutralitäten kennenlernen: etwa die Investitionsneutralität bei der Unternehmensbesteuerung und die Kapitalexport– und importneutralität im Rahmen der effizienten internationalen Besteuerung.[88]

Damit wurden das Pareto–Optimum und das Konzept der Entscheidungsneutralität als Referenzpunkte abgeleitet, die für die weitere Analyse jeweils festlegen, unter welchen Bedingungen Steuern zu keinen unerwünschten Wirkungen führen. Zugleich ermöglicht dieses Vorgehen, steuerinduzierte Abweichungen von diesen Kriterien festzustellen und zu analysieren. Sind solche Veränderungen anhand von Indikatoren meßbar, können Schlußfolgerungen über Wohlfahrtsverluste der Besteuerung gezogen werden. Im nächsten Abschnitt wird das Kon-

---

85 Zu den Arten öffentlicher Transaktionskosten und ihrer Relevanz aus Sicht der allokativen Effizienz siehe Raab (1995), S. 122ff.

86 Vgl. hierzu Wagener (1997), S. 83.

87 Vgl. Wagner/ Dirrigl (1980), S. 14. Dabei wird allerdings die Möglichkeit ausgeschlossen, Steuern zu hinterziehen. Nur die (legale) Steuerausweichung wird berücksichtigt. Zur Entscheidungsneutralität vgl. auch Jochum (1991), S. 139, oder die ausführlichere Diskussion des Konzepts in Kapitel 3.II.C.

88 Diese sind nicht unumstritten. Auf bestehende Kritik am Konzept der Neutralitäten wird an der entsprechende Stelle der Analyse eingegangen. So erfolgt eine differenzierte Analyse der beiden Bewertungsmaßstäbe, der allokativen Effizienz und der Entscheidungsneutralität, insbesondere bezüglich ihrer Anwendungsfelder und dem Zusammenhang zwischen beiden Konzepten in Kapitel 3. Die Kapitalflußneutralitäten werden wir im 5. Kapitel diskutieren. Für eine kritische Diskussion der Neutralitätskriterien siehe etwa Wagener (1997), S. 18.

zept der Steuerkeile eingeführt und beschrieben, wie es eingesetzt werden kann, um die Anreizeffekte einer Kapitaleinkommensbesteuerung zu messen.

3. *Das Konzept der Steuerkeile zur Messung von Steuerwirkungen*

In der Literatur werden sogenannte Steuerkeile („tax wedges") analysiert oder sogar berechnet, um die allokativen Wirkungen der Kapitaleinkommensbesteuerung auf die Kapitalakkumulation und damit die Wohlfahrtswirkungen als Abweichung vom Pareto–Optimum genauer identifizieren und messen zu können.[89] Den Begriff des Steuerkeils haben wir schon kennengelernt. So wurde in der partialanalytischen Betrachtung abgeleitet, daß eine Zinsbesteuerung auf Haushaltsebene einen „Keil" zwischen die Grenzrate der Substitution auf der Haushaltsebene und die Grenzrate der Transformation auf der Unternehmensebene treibt. Keile treiben folglich Größen, die in einer Laissez–Faire–Ökonomie gleich sind, auseinander.

Im folgenden wird ein allgemeines System der Kapitaleinkommensbesteuerung betrachtet, das sich aus einer persönlichen Besteuerung auf Haushaltsebene und einer Körperschaftsteuer im Unternehmenssektor zusammensetzt. Dabei wird sich zeigen, daß auch ohne eine Zinsbesteuerung eine Verzerrung entsteht, wenn beispielsweise eine Steuer auf (einbehaltene und ausgeschüttete) Gewinne erhoben wird.[90] Im Rahmen dieses Beispiels beruht das Konzept des Steuerkeils zunächst auf der Definition von drei Arten von Kapitalverzinsung: die notwendige Grenzproduktivität der Investition vor Steuern g, die Marktverzinsung r und die Nach–Steuer–Rendite von Ersparnissen s.[91]

Die Marktverzinsung r repräsentiert den Preis von Kapital auf dem Markt und vermittelt zwischen einem investierenden Unternehmen und einem geldgebenden Sparer. Diesen Preis entrichtet das Unternehmen an den Sparer, nachdem es bereits Unternehmensteuer (Körperschaftsteuer) gezahlt hat, aber bevor dieser seinen persönlichen Steuerpflichten nachgekommen ist. Die minimale Rendite, die ein Unternehmen erwirtschaften muß, um seine Steuern und die Marktverzinsung zahlen zu können, wird mit g bezeichnet. Das Verhältnis von g und r beruht sowohl auf makroökonomischen Variablen wie der Inflationsrate als auch den Steuerbestimmungen (z.B. Abschreibungsregeln, Abzugsfähigkeit von Fremdkapitalzinsen). Die Kapitalkostenfunktion faßt diese verschiedenen Determinanten zusammen:

$$C(r) = g. \qquad (37\text{–II})$$

Für den Sparer läßt sich die Beziehung zwischen der Marktverzinsung und der Rendite nach Steuern ebenfalls als Funktion ausdrücken:

$$D(r) = s. \qquad (38\text{–II})$$

Diese Relation wird regelmäßig durch die Inflation und die persönliche Besteuerung des Sparers beeinflußt.

89 Auerbach (1983) und Boadway (1985) geben einen umfassenden Überblick über die Literatur auf diesem Gebiet. Beispiele für die Berechnung von Steuerkeilen finden sich u.a. in King/ Fullerton (1984), Sinn (1985), Jochum (1991) oder Schiele (2000).

90 Vgl. Blankart (1998), S. 279.

91 Siehe zur folgenden Darstellung Bovenberg/ Andersson/ Aramaki u.a. (1990), S. 288ff.

Der Steuerkeil ω wird dann als die Differenz zwischen der notwendigen Verzinsung vor Steuern und der Nachsteuerrendite des Sparers definiert.

Die Abbildung 8 zeigt, wie der Steuerkeil ω das Kapitalmarktgleichgewicht in einer geschlossenen Volkswirtschaft beeinflußt. Hierbei gehen wir nun von mittleren Kapitalnachfrage– und –angebotselastizitäten aus.[92]

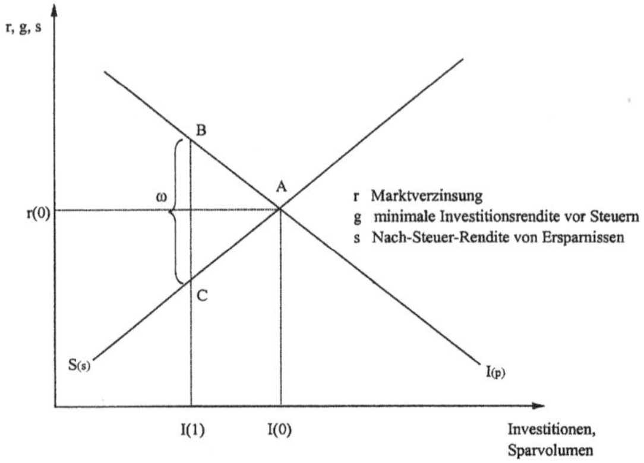

Abbildung 8: Steuerkeil und Wohlfahrtsverlust in der geschlossenen Volkswirtschaft

Quelle: Bovenberg; Andersson; Aramaki u.a. (1990), S. 289.

In einer Situation ohne Steuern (und annahmegemäß ohne Transaktionskosten), stimmen die Renditen vor und nach Steuern sowie die Marktverzinsung überein:

$$r = s = g. \tag{39–II}$$

Das Gleichgewicht befindet sich dann in Punkt A im Schnittpunkt der Investitions– und Sparkurve.

Steuern treiben einen Keil zwischen die Renditen vor und nach Steuern. Bei gegebenen Investitions– und Sparelastizitäten lassen sich nun aus dem Steuerkeil genug Informationen erschließen, um die Wirkungen der Kapitaleinkommensteuer auf Sparen und Investition abzuleiten. In der Abbildung ist der Steuerkeil durch die Strecke BC gegeben. In diesem Fall ist der Steuerkeil positiv und die notwendige Vorsteuerrendite von Investitionen übersteigt den Ertrag nach Steuern des Sparers.[93] Dieser Steuerkeil bewirkt zugleich einen Rückgang von Sparen und Investition $I(0)$ auf $I(1)$. Dabei beeinflußt ein gegebener Steuerkeil die aggregier-

---

92 Wie wir gesehen haben, ist die Elastizität des Kapitalangebots nicht zuletzt eine Frage des Zeithorizonts. So ist in der langen Sicht damit zu rechnen, daß die Ersparnisse hochgradig elastisch auf die Ertragsrate des Kapitals reagieren. Kurzfristig wird dagegen eine unelastische Angebotskurve angenommen. Der Fall „normaler Preiselastizität" ist eher als Spezialfall zu betrachten, so Stiglitz/ Schönfelder (1989), S. 538f.

93 Es gibt durchaus Fälle, in denen der Steuerkeil negativ ist. In diesem Fall werden marginale Investitionen durch den Fiskus subventioniert.

ten Größen um so stärker, je elastischer die Investitionen und die Ersparnisse reagieren, d.h. je flacher die Kurven verlaufen.[94]

Im nächsten Schritt werden die Wohlfahrtseffekte bestimmt. Auf der Haushaltsebene setzen die Individuen den Ertrag nach Steuern aus ihrer marginalen Ersparnis s gleich den Opportunitätskosten des Konsumverzichts, die zugleich die *gesellschaftlichen Kosten* der Finanzierung von Investitionen darstellen.[95] Auf der Unternehmensseite wird der notwendige Ertrag g mit der Vorsteuerrendite der Grenzinvestition gleichgesetzt. Letzterer beinhaltet dann sowohl den Ertrag, den der Sparer erhält, als auch die Steuereinnahmen des Fiskus. Folglich mißt g (in Abwesenheit von Externalitäten) den *gesellschaftlichen Nutzen*, den eine Grenzinvestition für eine Gesellschaft als Ganzes erwirtschaftet.[96] Der Steuerkeil mißt folglich den Unterschied zwischen dem gesellschaftlichen Nutzen g und den gesellschaftlichen Kosten s, die mit einer Grenzinvestition verbunden sind. In der Abbildung verringert der Steuerkeil die Kapitalakkumulation von $I(0)$ auf $I(1)$. Der gesellschaftliche Nutzen dieser verdrängten Einheiten (p) übersteigt deren gesellschaftlichen Kosten (s). Folglich reduziert der Steuerkeil die Wohlfahrt um das Dreieck ABC. Reagieren Investitionen und Ersparnis über die Zeit elastischer auf die Änderungen der Ertragsraten, so impliziert ein gegebener Steuerkeil größere Wohlfahrtsverluste.

Um die Wirkung der Kapitaleinkommensteuer auf die Marktverzinsung feststellen zu können, bedarf es einer Aufsplittung des Steuerkeils. Der erste Teil wird als der Steuerkeil der Körperschaftsteuer ω_c bezeichnet, der die Differenz zwischen Vorsteuer– und Marktrendite umfaßt:

$$\omega_c = g - r. \tag{40–II}$$

Der zweite Steuerkeil ω_g mißt den Effekt der persönlichen Einkommensteuer und umschreibt die Lücke zwischen der Marktverzinsung und der Rendite nach Steuer für den Sparer:

$$\omega_g = r - s. \tag{41–II}$$

In einer geschlossenen Volkswirtschaft beeinflußt die Unterscheidung zwischen persönlichen Einkommen– und Körperschaftsteuern weder die Kapitalakkumulation noch die Wohlfahrt, solange die Höhe des gesamten Steuerkeils fix bleibt. Dies liegt darin begründet, daß die nationale Identität von Investition und Ersparnis in jeder Periode erfüllt sein muß. Folglich ist es prinzipiell unerheblich, ob die Besteuerung des Kapitaleinkommens an den Investitionen oder an der Ersparnisbildung ansetzt.[97] Bei vollständiger Integration der Körperschaftsteuer (als Steuer auf den Investitionsertrag) und der persönlichen Einkommensteuer (auf den Aus-

---

94 Die Angebotselastizität ist langfristig oft wesentlich größer als kurzfristig. Dies ist jedoch in diesem Zusammenhang noch ohne Belang. Siehe zu den unterschiedlichen Angebotselastizitäten als kritische Größen der Inzidenz einer Kapitaleinkommensteuer Stiglitz/ Schönfelder (1990), S. 536ff.

95 Dies impliziert, daß die gesellschaftlichen Kosten des Konsumverzichts den privaten Kosten entsprechen. Dabei wird angenommen, daß die private Ersparnis keine Externalitäten hervorruft, was voraussetzt, daß die Regierung einen First–best–Wachstumspfad verwirklichen kann, indem sie Einkommen zwischen den Generationen mit Hilfe von Pauschbeträgen transferiert. Vgl. hierzu Bovenberg/ Andersson/ Aramaki u.a. (1990), S. 320, FN 5.

96 Dabei wird angenommen, daß der Fiskus nichtverzerrende Steuern erheben kann. Andernfalls würde der gesellschaftliche Wert einer marginalen Einheit des Steueraufkommens Eins übersteigen. Vgl. hierzu Bovenberg/ Andersson/ Aramaki u.a. (1990), S. 320, FN 6.

97 Vgl. hierzu ausführlich Giovannini (1990a).

schüttungsbetrag) sind beide Steuern unter Effizienzgesichtspunkten äquivalent. Die Zusammensetzung des Steuerkeils beeinflußt folglich nur die Höhe der Marktverzinsung.[98] Erst durch die Veränderung der Größe des Steuerkeils selbst verändern sich die Ersparnisse und Investitionen.

Im Fortgang der Arbeit werden wir das Konzept der Steuerkeile heranziehen, um die Unterschiede zwischen den Wirkungen der Kapitaleinkommensbesteuerung in geschlossenen und offenen Volkswirtschaften zu verdeutlichen (Kapitel 5). Schließlich dient es uns auch dazu zu erforschen, wie Steueranreize neben der nationalen auch die weltweite Wohlfahrt sowie die internationalen Kapitalströme beeinflussen.

C. Konstitutionelle Effizienz bei eigennützigen Regierungen

Das Modell des Leviathan kann auch auf das Konzept der allokativen Effizienz bezogen werden.[99] Dieses wohlfahrtstheoretische Effizienzkonzept erscheint in dieser Staatstheorie jedoch nicht geeignet, da weder die Leviathan–Regierung noch die Bürger das vorrangige Ziel verfolgen, die für sie relevanten Wohlfahrtsverluste der Besteuerung zu minimieren. Zusatzlasten spielen zwar insofern eine Rolle, als sie die Wohlfahrt der Bürger neben der Traglast beeinflussen. Die Bürger sind jedoch gerne bereit, diese Art von Wohlfahrtsverlust in Kauf zu nehmen, wenn sie dadurch die Einnahmemacht des Leviathan einschränken können. Die Bürger sind daher primär daran interessiert, auf der Verfassungsebene explizit mögliche steuerliche Bemessungsgrundlagen vor dem Zugriff des Leviathan zu schützen, um sich selbst in der postkonstitutionellen Phase Ausweichreaktionen in unbesteuerte Bereiche zu ermöglichen. Umgekehrt ist der Leviathan bestrebt, diese Möglichkeiten bei der Gestaltung seines Einnahmesystems weitgehend zu beschränken, um Substitutionsverluste, d.h. entgangenes Aufkommen durch Steuerausweichung, zu minimieren. Dabei kommt ihm zu gute, daß er vollständig über die Substitutionsmöglichkeiten seiner Steuerbürger informiert ist und auch illegale Ausweichung unterbinden kann. Insgesamt zeichnen sich in diesem Modell Substitutionsverluste und Zusatzlasten durch ein ambivalentes Verhältnis aus. Daraus ist leicht abzulesen, daß die allokative Effizienz als Kriterium zur Beurteilung der Effizienz des Einnahmesystems nicht ausreicht, sondern aufgrund der institutionellen Annahmen über den Träger der Einnahmepolitik ein weiterer Maßstab notwendig wird.

Daher führt Raab (1995, S. 127) den oben bereits erwähnten Begriff der konstitutionellen Effizienz ein. Demgemäß gelten nur Steuerregeln als „effizient (im Sinne konstitutioneller Effizienz) ..., die auf einer prä–konstitutionellen Ebene von rationalen, aber über ihre eigene post–konstitutionelle Position völlig unwissenden Individuen einstimmig gebilligt werden könnten."

Damit wird die Situation erfaßt, in der die verfassungsgebenden Individuen nicht wissen, ob sie einen wohlwollenden, gemeinwohlorientierten Träger der Finanzpolitik, oder aber einen eigennützigen Leviathan erwarten können. Bei der institutionellen Festlegung von Steuerregeln gilt daher das Primat der Beschränkung des Leviathan. Die Individuen werden ihm

---

98 Zur ausführlichen Erläuterung dieses Zusammenhangs siehe Koop (1993), S. 57.

99 Vgl. zu den folgenden Ausführungen Raab (1995), S. 125ff.

folglich keine umfassenden Bemessungsgrundlagen zugestehen und auch Regeln bezüglich zulässiger Steuertarife erlassen. Der optimalen Ausgestaltung solcher Verfassungsregeln wollen wir uns ausführlich im 4. Kapitel widmen.

VII. Zwischenresümee

Im Rahmen dieses Kapitels haben wir die theoretischen Grundlagen der Untersuchung gelegt. Insbesondere wurde ein Analyserahmen für eine Beurteilung von Steuern definiert. Unter den Annahmen der paretianischen Wohlfahrtsökonomik führt der Markt im Modell des vollkommenen Wettbewerbs zur bestmöglichen Verwendung der Ressourcen. Als Ergebnis entsteht eine effiziente, Pareto–optimale Allokation. In diesem Zustand kann die Wohlfahrt des Einzelnen nicht mehr verbessert werden, ohne die eines anderen zu verschlechtern. Daher kann der ungestörte Marktmechanismus als zentrales Referenzkriterium für die Steuerwirkungsanalyse herangezogen werden. Diese Situation wird zugleich als Laissez–Faire–Allokation bezeichnet.[100] Betrachtet man jedoch verschiedene Steuern, so ist festzustellen, daß alle – mit Ausnahme der erstbesten Pauschsteuern – die marktliche Allokation verzerren.

Zudem haben wir *zwei* verschiedene Staatstheorien mit normativem Charakter eingeführt, in deren Rahmen wir in den folgenden Kapiteln die Wirkungen der Besteuerung beurteilen werden. Der *weise Diktator* der wohlfahrtsökonomischen Theorie regiert mit dem Ziel der Maximierung der Wohlfahrt seiner Bürger. Als Bestandteil der Theorie der paretianischen Wohlfahrtsökonomik wird seine Politik regemäßig am Referenzmaßstab des Pareto–Kriteriums gemessen. Als Effizienzkonzept gilt für ihn die allokative Effizienz. Erhebt der allwissende Despot Steuern zur Finanzierung des Budgets, so können die Bürger der Besteuerung möglicherweise ausweichen. Dabei entsteht insbesondere ein Wohlfahrtsverlust in Form der sogenannten Zusatzlast, die aus den Anpassungshandlungen der Steuerpflichtigen resultiert. Die Zusatzlast hat zugleich eine zentrale Bedeutung im wohlfahrtsökonomischen Modell des weisen Diktators, da sie die allokative Effizienz beeinträchtigt. Weitere mögliche Kosten der Besteuerung sind in diesem Modell irrelevant. Zur Maximierung der Wohlfahrt wird daher der wohlmeinende Diktator versuchen, die Einnahmepolitik so zu gestalten, daß Zusatzlasten nicht auftreten oder zumindest minimiert werden. Dieser Zielsetzung werden wir das nächste Kapitel widmen.

Die Staatstheorie des Leviathan unterscheidet sich vom weisen Diktator dadurch, daß er der Wohlfahrt der Bürger keine Beachtung schenkt und eigennützig die Staatseinnahmen maximiert. Aus diesem Modell läßt sich ableiten, wie ein Staat seine Einnahmen maximieren kann und wie im Sinne der Bürger die Verfassung gestaltet sein sollte, um die Besteuerungsmacht der Regierung wirksam zu beschränken. Als Referenzmaßstab für die Ableitung der „optimalen Verfassung“ gilt dabei die Einstimmigkeit der verfassungsgebenden Bürger. Zur Beurteilung des Einnahmesystems beziehungsweise möglicher Verfassungsregeln haben wir die konstitutionelle Effizienz abgeleitet. Damit werden wir uns in Kapitel 4 ausführlich beschäftigen.

---

100 Der Begriff der Laissez–Faire–Situation beschreibt nicht den unbedingt staatsfreien Fall, sondern nur die Abwesenheit von Steuern.

Teil 2:
Nationale Besteuerung in alternativen Staatstheorien

Aufbauend auf der Grundlegung stellt sich uns im 2. Teil der Arbeit die Aufgabe, die erste Frage nach einer effizienten Ausgestaltung der Besteuerung zu beantworten. Ziel der folgenden Kapitel 3 und 4 ist es daher, für die Staatstheorien des wohlmeinenden Diktators und des Leviathan effiziente Steuersysteme zu charakterisieren. Einschränkend ist jedoch hinzuzufügen, daß sich in diesem Teil die Analyse nur auf den Rahmen einer geschlossenen Volkswirtschaft konzentriert. Die Frage nach einer effizienten Besteuerung auf internationaler Ebene wird im folgenden 3. Teil der Arbeit im 5. Kapitel beantwortet.

3. Kapitel:
Effiziente Besteuerung in der geschlossenen Volkswirtschaft

In diesem Kapitel stellt sich uns die Aufgabe, innerhalb des Modells des weisen Diktators Regeln zu erarbeiten, die im Sinn des Modellziels der Maximierung der gesellschaftlichen Wohlfahrt eine optimale Gestaltung von Einnahmesystemen ermöglichen. Damit legen wir die Grundlage, um später (in Kapitel 6) die Auswirkungen des Steuerwettbewerbs auf die optimale Steuerpolitik beurteilen zu können. Im folgenden Kapitel 4 ist dann zu prüfen, ob diese Regeln auch im Leviathanstaat sinnvoll sind oder ob aus Sicht der konstitutionellen Effizienz dort andere Richtsätze entwickelt werden müssen.

In Abschnitt I charakterisieren wir zunächst die Staatstheorie des wohlwollenden und allwissenden Diktators und die Theorie der optimalen Besteuerung. Abschnitt II widmet sich dann der Frage, wie effizienzsichernde Systeme der Verbrauchs– und Einkommensbesteuerung gestaltet sein sollten. Dabei werden wir uns auch ausführlich mit Fragen der Unternehmensbesteuerung auseinandersetzen.

I. Der wohlwollende und allwissende Diktator und die optimale Steuertheorie

Im Rahmen einer wohlfahrtsökonomischen Sichtweise zur Bestimmung eines effizienten Einnahmesystems ist die Theorie der optimalen Besteuerung (TOB) Grundlage unserer Analyse. Dieses Stichwort oder seine Synonyme Optimal Taxation oder Neue Finanztheorie stehen für die streng formalisierte Behandlung der traditionellen finanzwissenschaftlichen Frage, wie ein optimales Steuersystem ausgestaltet sein sollte, um den Wohlstand der Gesellschaftsmitglieder bei gegebener Ausgabenhöhe zu maximieren. Die Modelle der optimalen Besteuerung basieren auf den Annahmen der allgemeinen Gleichgewichts– und Wohlfahrtstheorie, die im letzten Kapitel dargestellt wurden. Hier gewährleistet der Marktmechanismus, daß eine effiziente Allokation und zugleich das Pareto–Optimum erreicht werden, wenn die Nutzen– und Produktionsfunktionen geeignete Eigenschaften besitzen. Folglich stellt das Pareto–Optimum auch in der TOB *das* Referenzmaß für eine effiziente Allokation dar. Als Akteure auf den Märkten werden in der TOB private Haushalte, Unternehmen und ein monolithisch strukturierter Staat mit einer uneigennützigen Entscheidungsinstanz unterstellt.[1]

Unter diesen idealen Bedingungen rechtfertigt das Ziel einer optimalen Allokation der Ressourcen in einer Volkswirtschaft keinen staatlichen Eingriff. Es existieren jedoch viele Arten von Marktversagen, die ein staatliches Güterangebot erforderlich machen.[2] Um ein solches Güterangebot bereitstellen zu können, bedarf der Staat steuerlicher Instrumente, um Ressourcen vom privaten in den öffentlichen Sektor zu transferieren. Das Erzielen von Einnahmen ist indes kein eigenständiges Ziel; sie sind nur die Vorbedingung für die Erfüllung der Allokationsaufgabe. Über die Höhe des optimalen Steueraufkommens bzw. des Ausgabenniveaus kann im Rahmen der TOB keine Aussage getroffen werden. Um die Optimierungsaufgabe erfüllen zu können, bedarf es folglich einer Fülle von Informationen. So muß etwa die optimale Höhe des Niveaus von öffentlichen Gütern und Dienstleistung bekannt sein. Bei gegebenen Preisen kann daraus auch die optimale Ausgabenhöhe bzw. das benötigte Steueraufkommen abgeleitet werden. Auch die Ziele und Normen der Besteuerung müssen festgelegt sein. Dabei kann das „optimale" Einnahmensystem allein nach dem Effizienzgesichtspunkt (Allokationszielsetzung) oder auch nach Gerechtigkeits– oder Verteilungskriterien (Distributionszielsetzung) konzipiert werden. Verteilungsfragen lassen sich durch die Annahme einer „Sozialen Wohlfahrtsfunktion" in die Analyse integrieren. Diese Informationen müssen dem allwissenden Diktator modellexogen zufließen.[3]

Der Diktator wird implizit als monolithische finanzpolitische Instanz definiert, die über die Präferenzen der Individuen und die Produktionstechnologie am Markt vollkommen informiert ist. Er handelt durchweg uneigennützig und strebt ein „vorgegebenes staatliches Güterziel bei einem höchstmöglichen Niveau an Bedürfnisbefriedigung"[4] an. Die ebenfalls vollkommen informierten Besteuerten handeln auf den modellierten Märkten nach dem rationalen Maximierungskalkül, d. h. sie versuchen der Besteuerung legal auszuweichen. Illegales Ausweichen oder Reaktionen auf politischer Ebene sind nicht möglich. Durch die Ausweichhandlungen entsteht den Individuen zusätzlich zur Zahllast der Steuer noch eine weitere Last, die sogenannte *Zusatzlast*.

Die Aufgabe der wohlfahrtsoptimalen Besteuerung besteht nun darin, ein effizienzsicherndes Steuersystem abzuleiten. Ein Steuersystem ist *effizient*, wenn allokative Verzerrungen privater Entscheidungen vermieden werden und somit keine Zusatzlast anfällt. Falls es aufgrund der Eigenart der realisierbaren Steuern nicht möglich ist, Verzerrungen vollständig zu vermeiden,

---

1 Zur formalen Darstellung der Modellgrundlagen siehe Rose/ Wiegard (1983), S. 19ff, oder Wellisch (2000b), S. 245ff.

2 Zur Theorie des Marktversagens siehe Blankart (1998), S. 54ff.

3 Auf die Verteilungsproblematik und die Schwierigkeiten, ein optimales öffentliches Angebot abzuleiten, haben wir bereits bei der Darstellung des Pareto–Optimums im letzten Kapitel hingewiesen. Auf den Konflikt zwischen Verteilung und Effizienz gehen wir nicht ausführlich ein; unsere Analyse konzentriert sich vorrangig auf den Aspekt der Effizienz.

4 Rose/ Wiegard (1981), S. 6.

so ist nach einem Steuersystem zu suchen, das so nah wie möglich an die effiziente und damit *erstbeste* Steuerstruktur heranreicht.[5] Dies führt uns dann zu einem *zweitbesten* Steuersystem. Vorrangiges Ziel der TOB ist es folglich, Möglichkeiten zur Minimierung der Zusatzlast unter Beachtung der *Aufkommensneutralität* aufzuzeigen.[6] Dabei wird angenommen, daß bei Erhebung eines gegebenen Steueraufkommens je nach gewähltem Steuersystem unterschiedliche Wohlfahrtseinbußen auftreten. Ausgehend von den Anreizwirkungen der Besteuerung auf die individuellen Entscheidungen, wie wir sie im letzten Kapitel in der partialanalytischen Betrachtung kennengelernt haben, wird auf die von Slutsky entwickelte Unterscheidung zwischen Einkommens– und Substitutionseffekt zurückgegriffen, in die sich durch Preisvariationen ausgelösten Verhaltensreaktionen zerlegen lassen. Eine wesentliche Einsicht der Optimalsteuertheorie besteht darin, daß die Wohlfahrtsverluste durch Besteuerung ausschließlich durch Substitutionseffekte ausgelöst werden. Auftretende Einkommenseffekte sind zwar für die Verteilung relevant, spielen aber unter Effizienzgesichtspunkten keine Rolle. Eine effiziente Steuerpolitik wird daher versuchen, Substitutionseffekte möglichst zu vermeiden. Ideal sind solche Bemessungsgrundlagen, bei denen keine Ausweichreaktionen möglich sind.[7] Als allokationsneutrale Steuern sind zum einen Kopf– oder Pauschalsteuern[8] denkbar und zum anderen eine Steuer auf Güter und Faktoren, die die Preisrelationen nicht beeinflußt[9] und

5 Vgl. hierzu Wellisch (2000b, S. 23f).

6 Wird neben dem Effizienzziel auch die Distribution berücksichtigt, so ist als weitere Nebenbedingung auch eine gerechte Einkommensverteilung zu berücksichtigen.

7 Vgl. Wiegard (1993), S. 504.

8 Unter Kopfsteuern werden solche Steuern verstanden, bei denen jeder Bürger ungeachtet irgendwelcher persönlicher oder sachlicher Merkmale einen festen und identischen Betrag zahlen muß. Pauschalsteuern werden häufig als Sonderform der Kopfsteuer betrachtet, bei der der Steuerbetrag nach Persönlichkeitsmerkmalen oder anderen Merkmalen differenziert wird. Vgl. hierzu etwa Reding/ Müller (1999), S. 212. Blankart (1998), S. 209f, unterscheidet zwischen den beiden Besteuerungsarten über die Ausweichmöglichkeiten. Danach ist eine Pauschalsteuer eine Steuer, deren Höhe unabhängig vom Verhalten des Steuerzahlers ist, so daß er ihr nicht ausweichen kann. Annäherungsweise liege dies auch bei einer Kopfsteuer vor, allerdings könne man sich dieser durch Auswanderung in einen anderen Staat entziehen. Hier sei noch angemerkt, daß die Begriffe allokationsneutral und entscheidungsneutral an dieser Stelle durchaus synonym verwendet werden, da wir hier implizit von einer partiellen Gleichgewichtsanalyse einzelner Entscheidungen ausgehen. Dem Problem der unterschiedlichen Definition von Neutralität werden wir uns später intensiv zuwenden.

9 Um dies zu ermöglichen, sind die Güter– und Faktorpreise um den gleichen Prozentsatz anzuheben. Dies entspricht dann einer Pauschalbesteuerung der Verwendung *aller* Ressourcen. Reding/ Müller (1999), S. 253, definieren hier die Neutralität der Besteuerung lediglich über eine unveränderte Preisrelation, während wir bisher die Substitution bzw. die Ausweichreaktion als entscheidendes Charakteristikum der Zusatzlast betrachteten. Je nach Definition von Neutralität kann man aber durchaus zu unterschiedlichen Ergebnissen kommen. So zeigt beispielsweise Homburg (2000), S. 327ff, daß bei einer Definition von Entscheidungsneutralität über die Preisrelation auch Pauschsteuern nicht neutral bzw. wünschenswert sein können, weil nach seiner Definition „selbst erstbeste Steuern die relativen Preise verändern“ (S. 327). Die vorsichtigere Definition über den Substitutionseffekt, wie sie beispielsweise auch Sinn (1985), S. 5, vornimmt („neutral ist eine Steuer genau dann, wenn sie keine direkten Substitutionseffekte auslöst“), vermeidet diese Probleme. Hier ist die Forderung der Entscheidungsneutralität gleichbedeutend mit der Anwendung von Pauschalsteuern. Mit dieser Problematik und ihren Auswirkungen wollen wir uns jedoch erst im Rahmen der Unternehmensbesteuerung (Kapitel 3.II.C) in der Diskussion Allokations– versus Entscheidungsneutralität genauer auseinandersetzen.

folglich keine Substitutionseffekte auslöst. Das Ergebnis, das durch eine nicht verzerrende Steuer erreicht werden kann, wird normalerweise *erstbest* oder auch *first–best* genannt.[10]

Die Optimalsteuertheorie verzichtet aus verteilungspolitischen Gründen sowie aufgrund von Informationsasymmetrien jedoch ausdrücklich auf Kopf– oder Pauschalsteuern.[11] So sind nur schwer Bemessungsgrundlagen zu finden, die keine Ausweichreaktionen zulassen. Potentiell in Frage kommende Bemessungsgrundlagen (beispielsweise natürliche Fähigkeiten) sind zudem nicht oder nur mit unverhältnismäßig hohem Aufwand beobachtbar. Folglich muß sich der Fiskus auf leicht erfaßbare Bemessungsgrundlagen wie Verbrauch oder Einkommen beschränken.

Bei diesen Steuerbasen treten indes Probleme der indirekten Kontrolle auf. Die Regierung würde gerne *direkt* den Konsum und das Arbeitsangebot kontrollieren, hat dazu jedoch keine Möglichkeiten. Folglich muß sie sich mit Instrumenten begnügen, mit denen sie das Verhalten der Individuen beeinflussen kann, d.h. sie versucht das Verhalten *indirekt* zu kontrollieren.[12] Da Konsum oder Arbeitsangebot von den Steuerpflichtigen beeinflußt werden können, bewirkt die Besteuerung Substitutionseffekte und damit Effizienzverluste. Das Ergebnis wird in diesem Fall wegen der Beschränkung des Lösungsraums als *second–best* bzw. zweitbest bezeichnet. Diese Restriktion macht die TOB zu einen Spezialfall der Theorie der Zweitbesten, da erstbeste Steuern, die nur einen Einkommenseffekt induzieren, ausgeklammert werden. Mit der TOB setzen wir uns im nächsten Abschnitt detailliert auseinander.

II. Die Theorie optimaler Besteuerung als Spezialfall der Theorie des Second–best

Die Verlagerung der normativen Theorie in den Bereich des Second–best ist dadurch charakterisiert, daß über die technologischen Restriktionen und die Gleichgewichtsbedingungen des Marktes hinaus institutionell und/oder politisch begründete und (vermeintlich) unabänderbare Nebenbedingungen existieren, die eine vollständige Realisierung der paretianischen Optimalbedingungen verhindern. Deshalb konzentrieren wir uns im folgenden auf die optimale Struktur verzerrender Steuern. Eine wesentliche Einsicht der Theorie des Zweitbesten besteht nun darin, daß wenn eine Optimalpolitik in einem oder (mehreren) Bereichen der Ökonomie nicht durchgeführt werden kann, es in der Regel sinnvoll ist, auch in anderen Sektoren der Ökonomie von den Bedingungen abzuweichen, die einen First–best–Zustand charakterisieren.[13]

Anders formuliert bedeutet dies, daß wenn in mehreren Märkten Ineffizienzen auftreten, die Vermeidung einer dieser Ineffizienzen die Situation möglicherweise nicht verbessert. An-

---

10 Ausführlich zu First–best–Lösungen als Referenzobjekte der TOB und ihren Problemen siehe Reding/ Müller (1999), S. 253ff.

11 Siehe hierzu ausführlich Wiegard (1993), S. 504. Zur Informationsproblematik als Grund zur Ablehnung der Erstbesten Besteuerung siehe auch Homburg (2000), S. 173f, und grundlegend Atkinson/ Stiglitz (1980), S. 357f.

12 Vgl. Atkinson/ Stiglitz (1980), S. 358.

13 Vgl. hierzu ausführlich Wiegard (1988).

schaulich heißt dies, daß es sinnlos ist, die Verzerrungen, die durch ein Steuersystem ausgelöst werden, einfach zu zählen. So wird gemäß der „Abzählregel" an manchen Stellen argumentiert, es sei besser, ausschließlich Arbeitseinkommen zu besteuern, weil eine Verzerrung besser sei als mehrere. Diese Folgerung würde jedoch nur gelten, wenn mit einer Steuer auf das Arbeitseinkommen *keine* Verzerrungen verbunden wären. Eine solche Besteuerung wirkt indes verzerrend und es kann nicht gefolgert werden, eine große Verzerrung sei besser als viele kleine. Im Gegenteil kann im Rahmen einer einfachen Analyse gezeigt werden, daß die Zusatzlast mit dem Quadrat des Steuersatzes wächst.[14] Dies legt vielmehr die Vermutung nahe, daß viele kleine Steuern besser seien als eine einzige große. Ein einfaches Abzählen von Verzerrungen führt daher zu einem Trugschluß.

Haben wir bisher die Pareto–effiziente Ressourcenallokation als Referenzmaß betrachtet, so zeigt sich nun, daß in der Realität die dafür erforderlichen Bedingungen nur selten erfüllt sind. Die Theorie des Zweitbesten befaßt sich folglich damit, wie Politik gestaltet sein sollte, wenn unvermeidbare Verzerrungen bestehen. So ist es möglicherweise nicht erstrebenswert, so viele Verzerrungen wie möglich zu beseitigen. Da sie sich auch gegenseitig kompensieren können, kann als Ergebnis wieder eine Laissez–Faire–Allokation erreicht werden, die als Pareto–optimal und allokativ effizient einzuschätzen ist. Sind also bestimmte Verzerrungen unvermeidbar, so kann es u. U. sinnvoll sein, an anderen Stellen gezielt kompensierende Verzerrungen einzubauen.[15] Um eine solche Kompensation dosierbar zu machen, müssen bestehende Verzerrungen ausfindig gemacht und in ihrer Wirkungsweise analysiert werden. Die Theorie der Zweitbestlösungen zeigt folglich, daß die Ergebnisse der erstbesten Welt nicht einfach übertragbar sind.[16]

In der Folge wird daher die Frage nach einem allokationsneutralen Steuersystem dahingehend modifiziert, daß man notwendigerweise verzerrende Verbrauch– und Einkommensteuersysteme abzuleiten versucht, die zu einer Minimierung der Zusatzlast im Sinne einer Second–best–Lösung führen.

Im folgenden werden wir zunächst Regeln für die optimale Struktur einer Verbrauchsbesteuerung und danach zur Einkommensbesteuerung ermitteln. Während die Optimal Commodity Taxation im wesentlichen darauf abzielt, das zweitbeste Allokationsoptimum zu finden, steht bei der Optimal Income Taxation das Verteilungsziel im Vordergrund. Allgemein wird dabei angenommen, daß vor der Einführung von Steuern eine Pareto–effiziente Verteilung vorliegt.

A. Second Best–Lösungen in der Verbrauchsbesteuerung

Die Second–best–Modelle bei den Verbrauchssteuern knüpfen überwiegend an der klassischen Arbeit von Ramsey (1927) an, in der Informationsasymmetrien eine herausragende

---

14 Hier sei auf die grundlegenden Erkenntnisse von Harberger (1974), S. 32ff, verwiesen. Er berechnet die Höhe der Zusatzlast für den Fall einer unendlich preiselastischen Angebotsfunktion. Dabei ergibt sich als Maß für die Zusatzlast $W = \frac{1}{2}\gamma P_0 Q_0 \tau^2$ mit γ als Preiselastizität der kompensierten Nachfrage, P_0 als Ausgangspreis, Q_0 als der Ausgangsmenge des Gutes sowie τ als Steuersatz.

15 Vgl. Feldhoff (1995), S. 106.

16 Vgl. hierzu Stiglitz/ Schönfelder (1989), S. 475f.

Rolle spielen. Die in der Theorie entwickelten Verbrauchsteuersysteme beinhalten immer einen unbesteuerten Sektor. Dies ermöglicht es, das Gut Freizeit, dessen Besteuerung sich äußerst schwierig gestaltet, als Bemessungsgrundlage auszuklammern. Im folgenden werden nun Regeln für die optimale Struktur eines Verbrauchsteuersystems entwickelt. Dabei wird die Existenz anderer Steuern vernachlässigt.

1. Allokationsoptimierung im Ein–Konsumenten–Modell

Die folgenden Überlegungen beziehen sich auf einen einzigen repräsentativen Konsumenten, so daß die soziale Wohlfahrtsfunktion sowie die Nutzenfunktion des Individuums identisch sind. Damit beschränken wir unsere Betrachtung zugleich auf Effizienzaspekte. Es wird die Hicksche kompensierte Nachfragefunktion[17] zugrunde gelegt. Dem Staat steht die Besteuerung von Gütern offen, nicht jedoch die der Freizeit. Der Steuerpolitiker verfolgt nun das Ziel, die Zusatzlast der Besteuerung zu minimieren. Dieses Problem kann gemäß Diamond und Mirrlees (1971) dadurch gelöst werden, die *indirekte* Nutzenfunktion[18] des repräsentativen Agenten unter der Steueraufkommensrestriktion T_0 des Staates durch geeignete Wahl der Steuersätze $t_1, \ldots, t_n$ zu maximieren. Als Kontrollvariable dienen dabei die Veränderung der Nachfragemengen des Haushalts und dessen Arbeitsangebot l (mit einem Lohnsatz von w).

Über das Maximum der Lagrange–Funktion [19]

$$L = v(p,y) + \mu\left(\sum_i t_i X_i - T_0\right) \tag{1–III}$$

mit $v(p, y)$ als indirekter Nutzenfunktion und X_i als Güternachfrage erhält man die Bedingungen erster Ordnung für jeden Steuersatz t_i. Die Ausgabefunktion y mit $y(p, u)$ leitet sich dabei aus der direkten Nutzenfunktion des Konsumenten ab und bezeichnet das Einkommen bzw. die Konsumausgaben des Konsumenten, die erforderlich sind, um bei gegebenen Preisen p das Nutzenniveau u zu erreichen. Die Bedingung 1. Ordnung lautet (für jedes t_i):

$$\frac{\partial L}{\partial p_k} = \frac{\partial v}{\partial p_k} + \mu X_k + \mu \sum_i t_i \left(\frac{\partial X_i}{\partial p_k}\right) = 0 \quad \text{für } k = 1,\ldots,n \tag{2–III}$$

Setzt man dann die Roysche Identität[20]

$$\frac{\partial v}{\partial p_k} = -\left(\frac{\partial v}{\partial (wl)}\right) X_k = -\alpha X_k \tag{3–III}$$

in Gleichung (2–III), ergibt sich

$$\mu\left[X_k + \sum_i t_i \left(\frac{\partial X_i}{\partial p_k}\right)\right] = \alpha X_k . \tag{4–III}$$

---

17 Siehe hierzu Neumann (1991), S. 130, oder Klaus/ Maußner (1997), S. 55f.

18 Zu indirekten Nutzenfunktionen siehe allgemein Klaus/ Maußner (1997), S. 51ff.

19 Zu den folgenden Ausführungen siehe ausführlich Atkinson/ Stiglitz (1980, S. 370ff), Reding/ Müller (1999), S. 258ff, oder auch Myles (1995), S. 102.

20 Zur Formel von Roy siehe Neumann (1991), S. 131.

Diese Gleichung kann umgeformt werden in:

$$\sum_i t_i \left(\frac{\partial X_i}{\partial p_k} \right) = X_k \frac{\alpha}{\mu} - X_k = -\left(1 - \frac{\alpha}{\mu} \right) X_k . \qquad (5\text{–III})$$

Im nächsten Schritt wird die Slutsky Gleichung i

$$\left(\frac{\partial X_i}{\partial p_k} \right) = S_{ik} - X_k \left(\frac{\partial X_i}{\partial wl} \right) \qquad (6\text{–III})$$

in die Gleichung (5–III) eingesetzt. Dadurch wird der Einkommenseffekt eliminiert. Da der Substitutionseffekt eindeutig ist, d.h. er hat bezüglich des relativ billiger werdenden Guts ein positives Vorzeichen, erhält man insgesamt eine Preiselastitzität der Nachfrage kleiner Null. Hieraus resultiert:

$$\sum_i t_i S_{ki} = -\left[1 - \sum_i t_i \left(\frac{\partial X_i}{\partial (wl)} \right) - \frac{\alpha}{\mu} \right] X_k . \qquad (7\text{–III})$$

Dabei gilt $S_{ik} = S_{ki}$, da die Slutsky–Gleichung bezüglich ihrer zweiten partiellen Ableitung nach der Konsumgüternachfrage symmetrisch ist. Ersetzt man den Term vor x_k durch Θ, so erhält man schließlich als Bedingung erster Ordnung die sogenannte *Ramsey–Regel*:

$$\sum_i t_i S_{ki} = -\Theta X_k \quad \text{für k} = 1,...,\text{n}. \qquad (8\text{–III})$$

Die optimale Steuerstruktur bestimmt diese Gleichung mittels der kompensierten Nachfrage nach den Konsumgütern S_{ki} und einem Proportionalitätsfaktor Θ.

Nach der Ramsey–Regel sind die Steuersätze im Optimum so zu bemessen, „daß eine relativ gleiche (marginale) Veränderung zu einer entgegengesetzten, relativ gleichen (marginalen) Veränderung der kompensierten Nachfrage nach allen Konsumgütern führen würde.“[21] Die Ramsey–Regel gibt dem wohlfahrtsmaximierenden Diktator nicht direkt die relative Höhe der einzelnen Steuersätze an, sondern beschreibt lediglich die Wirkung eines optimalen Steuersystems auf prozentuale Nachfrageänderungen. Mit Hilfe der Regel kann jedoch (in der Tendenz) beurteilt werden, ob ein gegebenes Steuersystem allokativ optimal ist.[22]

Aus der Ramsey–Regel wird als unmittelbare Konsequenz abgeleitet, daß solche Güter, deren Nachfrage nicht auf Preisänderungen reagiert, d.h. deren Nachfrage preisunelastisch ist, unter Effizienzgesichtspunkten mit hohen Steuersätzen zu belegen sind. Diese Aussage ist jedoch nur dann gerechtfertigt, wenn alle Kreuzpreiseffekte zwischen den besteuerten Gütern berücksichtigt werden.[23]

Betrachtet man die allgemeinen Implikationen, so sind Güter, die nicht auf Preisveränderungen reagieren, typischerweise lebensnotwendige Güter wie Lebensmittel oder Wohnung. Die Implementierung eines auf der Ramsey–Regel basierenden Steuersystems würde daher bedeuten, lebensnotwendige Güter am höchsten, Luxusgüter am niedrigsten zu besteuern.

---

21 Krause–Junk/ Oehsen (1982), S. 712.

22 Vgl. Mann (1987), S. 32.

23 Im einfachen Fall ohne Kreuzpreiseffekte wird dieses Problem geschickt umgangen. Dieser Grenzfall wird unten bei den Ausführungen zur Inverse–Elastizitäten–Regel behandelt werden.

Dies impliziert, daß Haushalte mit niedrigem Einkommen einen unverhältnismäßig größeren Anteil ihres Einkommens an Steuern zahlen müssen. Diese „Ungerechtigkeit“ spiegelt dabei lediglich die Annahme eines einzigen Konsumenten wider. Da der analytische Rahmen als Beschreibung der Realität ungeeignet ist und auch das Ergebnis aus verteilungspolitischen Erwägungen nicht tragbar erscheint, dient die Ramsey–Regel primär dazu, einen Rahmen und eine Methodik zu liefern, die einfach generalisiert werden kann.[24]

Überträgt man beispielsweise die Ramsey–Regel auf eine 3–Güter–Welt (2 Güter und das Gut Arbeit, die Staatseinnahmen seien nicht negativ), so läßt sich die *Corlett–Hague–Regel* ableiten.[25] Nach dieser Regel ist ein Gut freizeitkomplementär, freizeitneutral oder freizeitsubstitutional, je nachdem ob die jeweilige kompensierte Kreuzpreiselastizität ($\eta_{xi,p0}$) der Nachfrage bezüglich des Preises des Guts Freizeit kleiner, gleich oder größer Null ist.[26]

Vereinfacht formuliert fordert sie:[27]

$$\frac{t_2}{p_2} \Leftrightarrow \frac{t_1}{p_1} \quad \text{wenn } \eta_{x1,p0} \Leftrightarrow \eta_{x2,p0}. \tag{9–III}$$

Dies bedeutet, daß im allokativen Optimum das Gut mit der höheren kompensierten Kreuzpreiselastizität im Verhältnis zum Gut Freizeit schwächer besteuert wird als das mit einer geringeren kompensierten Kreuzpreiselastizität. Anders ausgedrückt: Ein zur Arbeit komplementäres (zur Freizeit substitutives) Gut ist folglich mit einem geringeren Satz zu besteuern als ein Gut, das in substitutiver Beziehung zum Faktor Arbeit steht. Dadurch soll ausgeglichen werden, daß der Freizeitkonsum nicht direkt beobachtbar ist und daher nicht besteuert werden kann, unter Effizienzgesichtspunkten aber besteuert werden sollte. Durch diese indirekte Besteuerung des Gutes Freizeit soll Arbeit relativ attraktiver werden, so daß über ein höheres Arbeitseinkommen ein höheres Nutzenniveau erreicht wird.

Die Inverse–Elastizitäten–Regel läßt sich wie oben bereits angedeutet, von der Ramsey–Regel unter der Bedingung ableiten, daß Kreuzpreiseffekte bei den besteuerbaren Gütern ausgeschlossen werden ($S_{ki} = 0$ für $i \neq k$).[28] Es gilt:

$$t_k S_{kk} = -\Theta x_k \text{ bzw.} \tag{9–III}$$

$$t_k \left(\frac{\partial x_k}{\partial p_k} \right) = -\Theta x_k \text{. Hieraus ergibt sich} \tag{10–III}$$

$$t_k = -\frac{\Theta x_k}{\left(\frac{\partial x_k}{\partial p_k} \right)}. \tag{11–III}$$

---

24 Vgl. Myles (1995), S. 106. So wird sie beispielsweise auch in der offenen Volkswirtschaft wieder angewendet. Siehe hierzu Mintz/ Tulkens (1996) und die Ausführungen in den Kapiteln 5 und 6.

25 Vgl. hierzu Atkinson/ Stiglitz (1980), S. 375f.

26 Vgl. Krause–Junk/ Oehsen (1982), S. 714.

27 Vgl. Reding/ Müller (1999), S. 263f.

28 Die kompensierte Nachfrage des *k*–ten Gutes reagiert folglich nur auf Preisänderungen dieses Gutes. Vgl. hierzu Kaiser (1990), S. 27.

Dividiert man nun durch p_k, so erhält man die *Inverse–Elastizitäten–Regel*:

$$\frac{t_k}{p_k} = \frac{t_k}{(1+t_k)} = -\Theta\left(\frac{x_k}{p_k}\right) \div \left(\frac{\delta x_k}{\delta p_k}\right) = -\left(\frac{\Theta}{\varepsilon_{kk}}\right). \tag{12–III}$$

Im Kern besagt diese Gleichung, daß der optimale Steuersatz für ein Konsumgut umgekehrt proportional zur kompensierten Preiselastizität der Nachfrage nach diesem Gut ε_{kk} sein sollte. Folglich ist ein Gut um so stärker zu besteuern, je weniger elastisch die kompensierte Nachfrage nach einem Konsumgut auf direkte Preisänderungen reagiert, d. h. je geringer die Anpassung des Konsumenten an die Preisveränderung ausfällt. Je weniger die Konsumentscheidung durch die Steuer beeinflußt wird, desto geringer ist auch der Substitutionseffekt als Ursache der Zusatzlast. Diese Erklärung kann als Grenzfall der allgemeineren Ramsey–Regel gesehen werden.

Als Botschaft dieser Regeln für die indirekte Besteuerung ergibt sich, daß als empirisch relevante Bestimmungsfaktoren einer effizienzorientierten Steuerpolitik die Substitutionseffekte bzw. die entsprechenden einkommenskompensierten Nachfrageelastizitäten von zentraler Bedeutung sind.

2. *Optimale Verbrauchsbesteuerung in Mehr–Personen–Modellen*

Berücksichtigt man neben der Effizienz auch Verteilungsgesichtspunkte, d.h. erweitert man die Wirtschaft auf viele, nicht identische Haushalte, werden zusätzlich zu den Substitutionseffekten noch die sozialen Grenznutzen des Einkommens als Determinanten relevant. So leitet Diamond (1975) eine erweiterte Ramsey–Regel ab, Feldstein (1972) eine Inverse–Elastizitäten–Regel für den Mehr–Personen–Fall.[29] Der Konflikt zwischen Effizienz– und Distributionsaspekten ist auf der theoretischen Ebene stark von den speziellen Annahmen über die Form der sozialen Wohlfahrtsfunktionen und der individuellen Nutzenfunktionen usw. abhängig. Nach Einschätzung von Rose und Wiegard (1993, S. 341) bleibt der Erkenntniswert dieser Erweiterung jedoch gering: „Was man damit anfangen kann oder soll, ist nicht so ganz klar.“

Eine allgemeine Einschränkung der empirischen Relevanz der „Elastizitätenmodelle“ (neben vielen anderen möglichen Kritikpunkten) ergibt sich nicht zuletzt aus der Tatsache, daß kaum verläßliche empirische Belege für die Größenordnung der Elastizitäten existieren.[30] So sind hierzu sehr restriktive Annahmen über Präferenzordnungen nötig, die aber implizit die optimale Steuerstruktur schon prädeterminieren. Folglich wird diese mehr durch die Annahmen als durch die Empirie bestimmt.[31]

---

29 Die Erweiterung zu einer Mehrpersonenökonomie erfolgte erstmalig durch Diamond/ Mirrlees (1971) und wurde dann von den genannten Autoren sowie auch Mirrlees (1975) und Atkinson/ Stiglitz (1976) weiterentwickelt. Siehe hierzu die Darstellungen in Atkinson/ Stiglitz (1980), S. 386ff, oder in Reding/ Müller (1999), S. 272ff.

30 Für Beispiele aus der umfangreichen Literatur siehe die Hinweise in Richter/ Wiegard (1993), S. 341, FN 11.

31 Vgl. zu dieser Kritik an der numerischen Berechnung optimaler indirekter Steuern Deaton (1981).

Eine entscheidende Erkenntnis ist jedoch der Erweiterung auf die Mehr–Personen–Ökonomie zu verdanken. In ihrem bahnbrechenden Aufsatz zeigen Diamond und Mirrlees (1971), daß unter Effizienz– und Verteilungsgesichtspunkten bei optimalen indirekten Steuern (unter bestimmten Annahmen) immer eine effiziente Produktionsstruktur gewählt werden sollte.

Das sogenannte *Produktionseffizienztheorem*[32] ist ein starker Satz, da er einer Grundaussage der Theorie des Zweitbesten widerspricht: Danach erfordert eine unvermeidbare Verzerrung in einem Bereich der Ökonomie ein Abweichen auch von nicht direkt betroffenen paretianischen Optimalbedingungen. Für die Steuerpolitik hat das Produktionseffizienztheorem eine fundamentale Bedeutung, da damit alle Steuern als ineffizient ausgeschlossen werden, die die Faktorallokation beeinträchtigen könnten. Dies sind beispielsweise Steuern auf Vor– oder Zwischenprodukte oder andere spezifische Unternehmenssteuern wie beispielsweise eine differenzierende steuerliche Behandlung von einzelnen Produktionsfaktoren wie in der Gewerbesteuer.

Die *Ratio* des Theorems beruht darauf, daß jedes Zweitbestoptimum produktionseffizient ist. Es kann durch keine Produktionssteuer verbessert werden, da es bereits produktionseffizient ist. Es wird durch jede Steuer verschlechtert, die Produktionseffizienz verhindert. Eine Manipulation der Produzentenpreise führt lediglich zu einem Sinken des aggregierten Outputs, während der Konsumentennutzen konstant bleibt.

Das Produktionseffizienztheorem wird im Rahmen der vorliegenden Arbeit noch zweimal herangezogen werden. Einmal spielt es eine entscheidende Rolle bei der Diskussion um Allokations– versus Entscheidungsneutralität (Abschnitt C.3 in diesem Kapitel). Zweitens wird es im Rahmen der effizienten internationalen Besteuerung im 5. Kapitel auf offene Volkswirtschaften übertragen und hierfür erweitert werden

B. Second–best–Lösungen in der Einkommenbesteuerung

Im folgenden wird nun die optimale Einkommensbesteuerung fokussiert. Dabei untersuchen wir zunächst in statischer Perspektive mögliche Tarife der Arbeitseinkommensbesteuerung (1). In einem zweiten Schritt werden intertemporale Allokationsentscheidungen integriert (2). In diesem Rahmen werden Überlegungen angestellt, ob Einkommen oder Konsum die geeignete Bemessungsgrundlage darstellt und anschließend die optimale Struktur einer Kapitaleinkommensteuer diskutiert.

1. Direkte Besteuerung in statischer Perspektive

In der Optimal Income Taxation (OIT) werden Effizienz– und Verteilungsgesichtspunkte gleichermaßen berücksichtigt. Allokative Aspekte rücken in Form potentieller negativer Anreize der Einkommensteuer auf die Konsum–Freizeit–Entscheidung oder die Ausbildungs–Einkommens–Entscheidung in das Blickfeld. Wie bei den indirekten Steuern kommt es über den Entzugseffekt von Ressourcen hinaus zu einem zusätzlichen Wohlfahrtsverlust, da

---

32 Siehe hierzu beispielhaft die Darstellung des Theorems in Homburg (2000), S. 188ff.

Substitutionseffekte auftreten. Die OIT richtet ihr Augenmerk dabei insbesondere auf die Substitution von qualitativer und quantitativer Arbeit durch Konsum. Dieser Rückgang des Arbeitsangebots soll als negativer Anreiz unter der Nebenbedingung minimiert werden, daß der Staat eine von ihm als gerecht betrachtete Distribution der verfügbaren Einkommen anstrebt. Hierbei ist eine gleichmäßigere Nettoeinkommensverteilung regelmäßig nur auf Kosten der ökonomischen Effizienz zu erreichen.[33] Ein Einkommensteuertarif, der diesen Trade–Off berücksichtigt, ist über ein Zwei–Stufen–Optimierungsmodell ableitbar. Dieses kann auch unter das „principal–contract–agent"–Problem der Wohlfahrtsökonomie subsumiert werden. Der Fiskus (principal) wählt einen Steuertarif (contract) zur Maximierung der sozialen Wohlfahrt, und der private Haushalt (agent) reagiert durch eine nutzenmaximale Anpassung seines Arbeitsangebots, seines Konsums und seiner Ersparnisse. Diese Reaktionen hat der Staat bei der Festlegung seines Steuersystems zu beachten.[34]

In der für die OIT grundlegenden Arbeit von Mirrlees (1971) wurde der erste systematische Versuch unternommen, eine optimale Einkommensteuer abzuleiten. Zwar können als Ergebnis keine konkreten Folgerungen über den genauen Verlauf der Steuertariffunktion gezogen werden, es lassen sich jedoch allgemeingültige Feststellungen über qualitative Eigenschaften eines optimalen nicht–linearen Einkommensteuertarifs ableiten. Insgesamt führen uns die folgenden Ausführungen zu der wesentlichen Einsicht (die im übrigen für die gesamte TOB gilt), daß es nicht auf die Ermittlung konkreter Zahlenangaben für einen Steuersatz ankommt, sondern mehr darauf, Einsichten über Bestimmungsfaktoren und Wirkungszusammenhänge zu gewinnen.[35]

a. Grundmodell einer optimalen nicht–linearen Einkommensteuer

Mirrlees (1971) geht davon aus, daß von den Haushalten neben der Freizeit nur noch ein einziges weiteres Konsumgut nachgefragt wird. Die Haushalte bieten Arbeit l an, fragen einen Konsum x in Höhe des Nettoeinkommens nach und weisen identische Nutzenfunktionen $u = u(x,l)$ auf. Obwohl das Modell stark abstrahiert, ist die formale Beweisführung dieser Struktur sehr aufwendig. Dies liegt daran, daß über alle zulässigen nicht–linearen Steuertariffunktionen zu optimieren ist. Trotz beträchtlichem Aufwand lassen sich lediglich die folgenden Eigenschaften eines optimalen nicht–linearen Einkommensteuertarifs ableiten:[36]

- Die Grenzsteuersätze liegen zwischen 0 und 100 Prozent.
- Der Grenzsteuersatz für den Pflichtigen mit dem höchsten Einkommen hat den Wert 0.
- Der Grenzsteuersatz für den Mindestverdiener hat ebenfalls den Wert 0, wenn das Arbeitsangebot dieses Individuums im Optimum positiv ist.

Der Verlauf des Grenzsatztarifs zwischen den bekannten Anfangs– und Endpunkten kann nicht näher eingegrenzt werden. Die zweite Aussage, daß der Grenzsteuersatz für den Pflichtigen mit dem höchsten Einkommen Null sein sollte (aber nur für diesen einen Steuerzahler!),

33 Vgl. Kaiser (1990), S. 56.

34 Vgl. hierzu und im folgenden Reding/ Müller (1999), S. 279f.

35 Vgl. Wiegard (1987), S. 122.

36 Der Beweis findet sich beispielsweise in Sadka (1976) oder Tuomala (1990).

hat die größte Aufmerksamkeit gefunden. Sie ist jedoch besonders einfach zu erläutern. Eine Senkung von Grenzsteuersätzen führt bei den Zensiten zu geringeren Substitutionseffekten und ist daher aus Effizienzgesichtspunkten immer positiv zu bewerten. Zugleich können niedrigere Grenzsteuersätze zu Einnahmenausfällen führen, zum Ausgleich müssen daher die durchschnittlichen Steuerbelastungen an anderen Stellen des Tarifs steigen, was mit einer Schlechterstellung der Betroffenen einhergeht. Hier zeigt sich wieder der Trade–Off, da Effizienzgewinne an der einen Stelle mit Umverteilungseffekten abzuwägen sind. Eine Senkung des Spitzengrenzsteuersatzes ist jedoch nicht mit einem Einnahmeverlust verbunden. Der Spitzenverdiener kann folglich besser gestellt werden, ohne andere Zensiten schlechter zu stellen.

Wenn die Erkenntnisse der formalen Analyse nur sehr spärlich ausfallen, liegen zwei alternative Vorgehensweisen nahe. Einmal können numerische Beispiels– oder Simulationsrechnungen angestellt oder das theoretische Modell vereinfacht werden. Beide Strategien wurden in der Literatur verfolgt und sollen im folgenden kurz skizziert werden. Bevor wir uns den numerischen Simulationsrechnungen[37] zuwenden, beschäftigen wir uns mit der Vereinfachung des theoretischen Modells auf eine lineare Einkommensteuer.

b. Grundmodell der optimalen linearen Einkommensteuer

Betrachtet wird der einfachste Fall einer progressiven linearen Einkommensteuer mit einem konstanten Grenzsteuersatz. Auch hier ist es Ziel aufzuzeigen, wie der trade–off zwischen Effizienz und Verteilung die Wahl der steuerlichen Parameter beeinflußt.[38]

Die betrachteten Haushalte weisen identische Nutzenfunktionen $u = u(x,l)$ aber unterschiedliche Fähigkeiten auf, was sich in der Dichtefunktion f der Bruttolöhne w_b widerspiegelt:

$$f = f(w_b). \tag{13–III}$$

Die Steuerfunktion des Staates $t(z) = z - x$ (mit dem Bruttoeinkommen $z = w_b l$ und x als Nettoeinkommen) wird nun so gewählt, daß die folgende soziale Wohlfahrtsfunktion maximiert wird:

$$\int_{\underline{w_b}}^{\overline{w_b}} W[u(x,l)]\, f(w_b)dw_b. \tag{14–III}$$

Hierbei beschreibt $\underline{w_b}$ das niedrigste und $\overline{w_b}$ das höchste Fähigkeitsniveau und es gilt $0 \leq \underline{w_b} \leq \overline{w_b} \leq \infty$. Zugleich ist die Budgetrestriktion des Staates zu beachten:

$$\int_{\underline{w_b}}^{\overline{w_b}} [t(w_b l)]\, f(w_b)dw_b = T_0. \tag{15–III}$$

---

37 Einen Überblick über Simulationsrechnungen zur Ermittlung optimaler Einkommensteuertarife siehe Reding/ Müller (1999), S. 288ff, und die Ausführungen im nächsten Abschnitt.

38 Die folgenden Ausführungen beruhen auf Reding/ Müller (1999), S. 284ff. Vgl. hierzu auch Atkinson/ Stiglitz (1980), S. 406ff, Rose/ Wiegard (1983), S. 69ff, sowie Kaiser (1990), S. 65ff.

Der Staat verfügt als Einnahmeinstrument über eine lineare Einkommensteuer in der Form $T(z) = t'z - g$ mit g als Freibetrag. Reduziert man die Bedingungen erster Ordnung aus der Maximierung der sozialen Wohlfahrtsfunktion, so erhält man nach einigen Umformungen:

$$\bar{b} = 1 \text{ und} \tag{16–III}$$

$$\frac{t'}{1-t'} = \frac{-cov(b,z)}{\int_{\underline{wb}}^{\overline{w_b}} \left[w_b^2 S_{ll}\right] dF} = \frac{-cov(b,z)}{\int_{\underline{w_b}}^{\overline{w_b}} z\varepsilon_{ll}\, dF} \tag{17–III}$$

wobei b als sozialer Grenznutzen des individuellen Einkommens definiert ist ($\bar{b}$ stellt den Mittelwert dar), S_{ll} kennzeichnet die Substitutionseffekte, d.h. die einkommenskompensierte Reaktion des Arbeitsangebots auf eine marginale Änderung des Nettolohnsatzes aufgrund der Besteuerung. $\varepsilon_{ll} = [w(1-t')/l]S_{ll}$ ist als kompensierte Angebotselastizität definiert.

Die erste Bedingung in Gleichung (16–III) steht für das Transferelement des Steuersystems und besagt, daß das Pauschalelement $\bar{b}$ derart ausgestaltet sein sollte, daß die soziale Nettogrenzbewertung einer Erhöhung der Transferzahlungen um eine Geldeinheit im Durchschnitt gerade den Kosten in derselben Höhe entspricht.

Die zweite Gleichung (17–III) beinhaltet die optimale Bedingung für den konstanten Grenzsteuersatz. Im Nenner auf der rechten Seite der Gleichung findet sich das gewichtete arithmetische Mittel der einkommenskompensierten Lohnelastizitäten, das wegen $\varepsilon_{ll} > 0$ positiv ist. Allgemein läßt sich daraus folgern, daß der optimale Grenzsteuersatz negativ mit den (gewichteten) einkommenskompensierten Lohnelastizitäten des Arbeitsangebots variiert.

Zur Minimierung der Zusatzlast müssen die Substitutionseffekte S_{ll} als Ursache der zusätzlichen Wohlfahrtsverluste und damit ε_{ll} möglichst gering sein. Der marginale Einkommensteuersatz ist folglich um so niedriger zu wählen, je höher der gewichtete Durchschnitt der einkommenskompensierten Lohnelastizitäten ist, bzw. je elastischer das durchschnittliche einkommenskompensierte Arbeitsangebot auf Steuersatzänderungen reagiert. Diese Äußerungen gelten jedoch nur unter der Annahme einer gegebenen Kovarianz zwischen dem sozialen Grenznutzen des individuellen Einkommens b und dem Bruttoeinkommen z. Der Nenner in Gleichung (17–III) repräsentiert folglich den Effizienzaspekt bei der Wahl des optimalen Grenzsteuersatzes.

Vergleicht man dieses Ergebnis mit dem bei der indirekten Besteuerung, so zeigt sich, daß auch hier Besteuerungsobjekte mit möglichst geringen Elastizitäten ideal sind. Bei der Verbrauchsbesteuerung war die Elastizität der Nachfrage für die Belastung entscheidend, bei der Besteuerung des Faktors Arbeit die Elastizität des Angebots.

Der Zähler auf der rechten Seite der Gleichung repräsentiert den Verteilungsaspekt, da der marginale Steuersatz ebenfalls davon abhängt, auf wieviel Prozent des Sozialprodukts der Staat zugunsten einer gleichmäßigeren Einkommensverteilung verzichten will. Diese Größe wird im Ausgangsmodell in der sozialen Wohlfahrtsfunktion durch die Ungleichheitsaversion des wohlmeinenden Diktators beeinflußt. Durch folgende Überlegungen läßt sich dieser Aspekt verdeutlichen: Ist die Verteilungssituation nach Ansicht des Staates schon vor der Besteuerung als gerecht anzusehen, weil beispielsweise die sozialen Grenznutzen des Einkommens b identisch sind, ist das Distributionsziel bereits erfüllt und es gilt $cov(b,g) = 0$ und folglich auch $t' = 0$. Wird jedoch die Verteilung im Ausgangszustand vom Staat als ungerecht beurteilt und will er daher eine andere Einkommensdistribution realisieren, dann ist die Kovarianz $cov(b,g)$ hoch und folglich auch t' groß. Somit wäre der Fiskus auch bereit, auf einen Teil des Sozialprodukts zu verzichten, wenn das folglich niedrigere Volkseinkommen dafür gerechter verteilt wäre.[39] Ceteris paribus hat ein höheres Maß an Ungleichheit bei der optimalen linearen Einkommensteuer einen höheren Grenzsteuersatz zur Folge.

Zusammenfassend läßt sich festhalten, daß der Zielkonflikt zwischen Effizienz und Verteilung veranschaulicht werden konnte. Eine höhere Gewichtung der Distributionszielsetzung in den Vorstellungen der Finanzpolitiker führt aufgrund einer höheren Progression tendenziell zu einem höheren marginalen Einkommensteuersatz. Daraus folgen jedoch aufgrund der auftretenden Substitutionseffekte zwischen Arbeit und Freizeit Effizienzverluste, die sich in einem niedrigeren Sozialprodukt niederschlagen.

Der optimale Steuersatz ist letzten Endes abhängig von

- der Ausgangsverteilung der Bruttolöhne (als Maß der Fähigkeiten der Individuen),
- der Höhe des zu erzielenden Steueraufkommens,
- der Höhe der einkommenskompensierenden Elastizität des Arbeitsangebots in Bezug auf den marginalen Nettolohn sowie
- der Ungleichheitsaversion des Steuerpolitikers.[40]

Definiert man diese Faktoren, so kann der optimale Einkommensteuertarif berechnet werden. Er ist jedoch stark von der jeweiligen Spezifikation abhängig, wie die folgenden Berechnungsbeispiele zeigen.[41]

Die erste Simulation wurde von Mirrlees (1971) selbst durchgeführt. Diese zeigt, daß ein linearer Tarif eine gute Approximation für den optimalen nicht–linearen Tarif darstellt. Dabei waren die berechneten Grenzsteuersätze eher niedrig. Bei einer realistischen Fähigkeitenverteilung und einem maximalen Steueraufkommen von 12 Prozent des Sozialprodukts ergab sich ein marginaler Spitzensteuersatz von nur 39 Prozent.[42] Auch bei der Anwendung einer Maximin–Wohlfahrtsfunktion von Atkinson (1973) wurden kaum über 50 Prozent erreicht. Beide Resultate hängen jedoch entscheidend von den Annahmen über die Substitutionselastizität zwischen Freizeit und Konsum ab. Mirrlees und Atkinson nahmen übereinstimmend einen Wert von 1 an (d.h. sie gingen von einer Cobb–Douglas–Funkion aus). Dagegen unterstellt Tuomala (1984) eine CES–Funktion mit einer Substitutionselastizität von 0,5. In diesem Modell fallen die Grenzsteuersätze mit zum Teil über 60 Prozent wesentlich höher aus, sie nehmen über weite Bereiche auch mit steigendem Einkommen ab, d.h. es ergibt sich in Bezug auf den marginalen Steuersatz ein regressiver Tarifverlauf. Das erste Ergebnis ist leicht ab-

---

39 Dazu auch Rose/ Wiegard (1983), S. 74.

40 Vgl. Kaiser (1990), S. 70. Für einen guten Überblick siehe auch Seidl (1983), S. 220ff.

41 Siehe insbesondere zur Umverteilungswirkung unterschiedlicher alternativer Wohlfahrtsfunktionen Mann (1987), S. 63ff. Die Abhängigkeit der Ergebnisse der OIT von den Parametern der sozialen Wohlfahrtsfunktionen bereitet ein gewisses Unbehagen. Nach Stiglitz (1987) bleiben jedoch die zentralen Schlußfolgerungen bestehen, wenn sich die Betrachtung auf Pareto–effiziente Steuerstrukturen beschränkt. Vgl. hierzu auch Richter/ Wiegard (1993), S. 346.

42 Für Einzelheiten siehe Mirrlees (1971), S. 202ff.

leitbar, da eine geringere Substitutionselastizität auch eine geringere kompensierte Lohnelastizität des Arbeitsangebots mit sich bringt. Das zweite Ergebnis widerspricht jedoch der gängigen Praxis mit progressiv verlaufenden Steuersätzen. Intuitiv läßt sich das erklären, wenn man davon ausgeht, daß die Besetzungsdichte der Fähigkeitenklassen mit steigendem Einkommen abnimmt. In diesen Tarifbereichen führen niedrigere Grenzsteuersätze zwar zu Effizienzgewinnen, aber nur zu geringen Aufkommensausfällen. Je geringer die Besetzungsdichte angenommen wird, desto größere Bedeutung erhalten Effizienz– gegenüber Verteilungsaspekten und führen so zu relativ geringeren Grenzsteuersätzen (bezüglich des Durchschnittssteuersatzes ist der optimale Einkommensteuersatz natürlich progressiv). Ist das Arbeitsangebot von Besserverdienenden jedoch als unelastisch anzunehmen, ist diese Schlußfolgerung zu relativieren.[43]

Für die optimale lineare Einkommensteuer liegen ebenfalls zahlreiche Simulationsrechnungen vor, die ganz ähnliche Ergebnisse hervorgebracht haben. Hier fällt der optimale Steuersatz um so höher aus,

- je größer die Streuung bei der Fähigkeitsverteilung ist,
- je geringer die Substitutionselastizität der Zensiten zwischen Konsum und Freizeit ausfällt,
- je höher das zu realisierende Steueraufkommen ist und
- je stärker die Ungleichheitsaversion des Steuerpolitikers ausgeprägt ist.[44]

So kommt Stern (1976) beispielsweise für Großbritannien bei einem Wert der Staatseinnahmen von 20 Prozent des Bruttosozialprodukts auf einen optimalen Spitzensteuersatz von 54 Prozent.

Vergleicht man die Ergebnisse der Berechnungen, die auf der Basis linearer und nicht–linearer Modelle erfolgen, so zeigt sich, daß diese nicht einfach übertragbar sind.[45] Letztlich folgern jedoch beide Ansatzrichtungen, daß hohe Grenzsteuersätze vorrangig nicht durch besonders ausgeprägte Ungleichheitsaversionen der Steuerpolitiker zu begründen sind, sondern durch niedrige Werte für die Substitutionselastizitäten. Den kompensierten Arbeitsangebotselastizitäten kommt daher eine herausragende Bedeutung zu.

2. *Intertemporale Besteuerung*

Bisher haben wir in unserer Analyse unterstellt, daß Einkommen und Konsumausgaben in jeder Periode übereinstimmen; damit waren diese zwei Größen beliebig austauschbar. Die Variable „Zeit" und folglich das Sparen für zukünftigen Konsum blieben ausgeklammert. Ein großer Teil der Literatur beschäftigt sich jedoch mit der angemessenen Besteuerung von Ersparnissen bzw. von Zinseinkommen. Dieses Problem steht auch im Mittelpunkt der Kontro-

---

43 Vgl. Richter/ Wiegard (1993), S. 345f.

44 Vgl. den Überblick bei Seidl (1983), S. 220ff, der die Arbeiten von Atkinson (1973), Feldstein (1973), Stern (1976) und Helpman/ Sadka (1978) auswertet.

45 Zu diesem Schluß gelangen Reding/ Müller (1999), S. 290, nach einem Vergleich der Arbeiten von Stern (1976) und Tuomala (1984).

verse, ob Einkommen oder Konsum die geeignetere Bemessungsgrundlage darstellt, und die sich vor allem mit den intertemporalen Effizienzaspekten auseinandersetzt. Dieser Frage werden wir den nächsten Abschnitt widmen, bevor wir uns ausführlich der optimalen Besteuerung von Kapitaleinkommen zuwenden.

a. Einkommen– versus Konsumsteuer

Das Problem der Wahl zwischen Einkommen und Konsum als adäquater Bemessungsgrundlage gehört zu den klassischen Fragen der Finanzwissenschaft. So propagierten bereits Fisher (1937) und Kaldor (1955) die Vorteilhaftigkeit einer Besteuerung der Konsumausgaben privater Haushalte gegenüber einer Besteuerung des Einkommens.[46] Die Überlegenheit einer allgemeinen Konsumsteuer verglichen mit einer allgemeinen Einkommensteuer wird häufig folgendermaßen begründet: „Da eine Besteuerung von Zinseinkommen nach dem Excess–Burden–Konzept das Sparen diskriminiert, scheint eine allgemeine Konsumsteuer allokative Vorteile gegenüber einer allgemeinen Einkommensteuer zu besitzen."[47] Diese Einschätzung wollen wir im folgenden anhand eines einfachen intertemporalen Gleichgewichtsmodells mit überlappenden Generationen näher betrachten. In diesem Modell lebt jede Generation zwei Perioden, wobei nur in der ersten Periode Arbeitseinkommen bezogen wird. In der zweiten Periode wird der Konsum aus den Zinseinkommen der im ersten Lebensabschnitt gebildeten Ersparnisse finanziert. Unter bestimmten Annahmen[48] ist in dem skizzierten Modell bei geeigneter Wahl der Steuersätze die Konsumsteuer im Hinblick auf die realen Wirkungen einer Einkommensteuer äquivalent. Dies zeigt sich bei Betrachtung der alternativen Budgetrestriktionen

$$(1+t_c)(C_1+\frac{1}{1+r}C_2)=wL \qquad \text{(18–III)}$$

für die persönliche allgemeine Ausgabensteuer bzw.

$$(C_1+\frac{1}{1+r}C_2)=(1-t_w)wL \qquad \text{(19–III)}$$

---

46 Eine historische Betrachtung der Diskussion zur Wahl der „richtigen" Steuerbemessungsgrundlage findet sich in Musgrave (1991). Dabei schreibt Musgrave Stuart Mill die erste ökonomische Begründung für den Konsum als Steuerbemessungsgrundlage zu (S. 40).

47 So Krause–Junk (1977), S. 341. Auch Schumpeter (1929/1930) [1985], S. 125, beschreibt die „Diskriminierung" des Sparens in der traditionellen Einkommensteuer mit besonderer Klarheit: "Was der Sparer von dem gesparten Einkommensteil hat, ist der Ertrag aus seiner Investition. Dieser Ertrag wird nun durch die herrschende Praxis zweimal geschmälert. Zuerst dadurch, daß die auf die Sparsumme entfallende Einkommensteuer den Ertrag kleiner macht als er sonst wäre und sodann dadurch, daß von diesem also durch die Einkommensteuer schon verringerten Betrag nochmals Einkommensteuer zu zahlen ist." Nach Musgrave (1991), S. 41, der die historische Entwicklung dieser These untersucht, geht das Argument der Diskriminierung mit der Begründung der daraus resultierenden Ineffizienz auf Pigou (1928) zurück.

48 Erbschaften, Schenkungen, ökonomische Gewinne etc. werden im Rahmen dieses Modells vernachlässigt. Auch Anfangsausstattungen werden nicht berücksichtigt, da auch in diesem Fall die Äquivalenz so nicht mehr gilt. Der Staat kann die Arbeits– und Zinseinkommen sowie den Konsum proportional besteuern sowie am Kapitalmarkt als Anbieter oder Nachfrager auftreten, d.h. die Staatsverschuldung ist variabel. Dieses Modell geht auf Atkinson/ Sandmo (1980) sowie King (1980) zurück. Für ein ähnlich einfaches Modell, in dem jedoch Erbschaften berücksichtigt werden, siehe Atkinson/ Stiglitz (1980), S. 69f.

für die Einkommensteuer.[49]

Diese stimmen für $t_w = t_c/(1+t_c)$ überein. Auch das Aufkommen für den Fiskus ist äquivalent, da die Gegenwartswerte beider Steuern gleich groß sind. Die unterschiedlich hohen Steueraufkommen in den jeweiligen Perioden werden über den Kapitalmarkt ausgeglichen.

Bei den Verzerrungen zeigen sich jedoch Unterschiede. Die umfassende Einkommensteuer, die sich auf Lohn– und Kapitaleinkommen erstreckt, verzerrt die Konsum–Freizeit–Wahl in der ersten Periode, aber auch die intertemporale Kapitalallokation. Diese doppelte Verzerrung wird häufig als Begründung einer „Doppelbelastung“[50] der Ersparnisse bzw. Zinsen herangezogen: Zunächst würden in der Lohneinkommensbesteuerung die sparfähigen Mittel gekürzt und später die aus dem versteuerten Einkommen fließenden Zinszahlungen nochmals besteuert. Der Ertrag aus dem gesparten Einkommensanteil werde so zweimal geschmälert, und der Sparer gegenüber dem Sofortkonsumenten diskriminiert.[51]

Bei der Ausgabensteuer kommt es demgegenüber lediglich zu Substitutionseffekten bei der Konsum–Freizeit–Entscheidung; die intertemporale Allokation wird nicht beeinträchtigt. Folglich tritt die bei der Einkommensteuer diagnostizierte „Doppelbelastung“ hier nicht auf. Hieraus kann jedoch nicht einfach gefolgert werden, die Konsumsteuer sei der Einkommensteuer unter Effizienzgesichtspunkten überlegen. Optimal ist eine Steuer nur, wenn keine Verzerrungen auftreten. Wenn eine ökonomische Entscheidung, in diesem Fall die Arbeitsangebotsentscheidung, von der Besteuerung beeinflußt wird, dann ist es nicht notwendigerweise so, daß das Steuersystem darauf abzielen sollte, andere Verzerrungen zu vermeiden. Denn die „Abzählregel“, zwei Verzerrungen sind schlechter als eine, ist wie schon erwähnt keineswegs richtig, da sich diese zwei Verzerrungen teilweise kompensieren können.[52] Um die Frage nach der vorzuziehenden Alternative zu lösen, kann man sich verdeutlichen, daß eine umfassende Einkommensteuer wie eine Konsumsteuer wirkt, die den gegenwärtigen Konsum mit einem niedrigeren Steuersatz belastet als den Gegenwartskonsum. Der Vergleich reduziert sich folglich auf die Fragestellung, ob eine Konsumsteuer mit zeitlich differenzierenden oder einheitlichen Sätzen vorzuziehen sei.

Dieses Problem läßt sich mit Hilfe unserer obigen Überlegungen zu den indirekten Steuern lösen. Das intertemporale Besteuerungsproblem weist eine große Ähnlichkeit mit der statischen Corlett–Hague–Regel auf. Folglich kann es auf die Drei–Güter–Welt des einfachen Modells übertragen werden, wobei Gegenwarts– und Zukunftskonsum die besteuerbaren Güter repräsentieren und die Freizeit unbesteuert bleibt. Auch die Ergebnisse gleichen sich. Eine einheitliche Konsumsteuer (äquivalent einer Freistellung der Zinseinkommen) ist wie im sta-

49 Vgl. hierzu und im folgenden Buchholz/ Wiegard (1991), S. 24ff. Eine andere Darstellung findet sich beispielsweise in Homburg (2000), S. 183ff.

50 Vgl. Rose (1997), S. 23. Eine Doppelbesteuerung im juristischen Sinne liegt nicht vor, da die Zinsen selbst formalrechtlich nur einmal, bei ihrem Anfall, besteuert werden. Zur Unterscheidung zwischen juristischer) Doppelbesteuerung und (ökonomischer) Doppelbelastung siehe Scheffler (1994), S. 14f.

51 Die Sichtweise der Doppelbelastung ist nicht unumstritten. Zur Kontroverse siehe beispielsweise Krause–Junk (1998a).

52 Das Abzählargument vernachlässigt die Theorie der Zweitbesten. Läßt man Zinseinkünfte steuerfrei, muß das Arbeitsaufkommen bei gegebenem Steueraufkommen stärker besteuert werden. Der Wegfall einer Verzerrung führt zu einer Zunahme der anderen Verzerrung. In der Welt zweitbester Besteuerung führt dies möglicherweise zu einer Effizienzverschlechterung. Siehe hierzu Homburg (2000), S. 184ff.

tischen Fall genau dann optimal, wenn die kompensierten Nachfrageelastizitäten bezüglich des Lohnsatzes für die in den zwei Perioden des Modellhorizonts konsumierten Güter gleich groß sind.[53] Sind die Nachfrageelastizitäten nicht gleich groß, so fordert die Regel, denjenigen Konsum höher zu besteuern, der stärker komplementär zur unbesteuerten Freizeit ist. Diese Beziehung ist jedoch a priori unklar. Häufig wird angenommen, daß der Konsum heute (während des Arbeitslebens) eine stärkere Freizeitkomplementarität aufweist, als der Konsum morgen (im Rentenalter).[54] Daher sollte der heutige Konsum stärker besteuert werden als der Konsum morgen. Dies entspricht einer Einkommensteuer, die den Lohn proportional besteuert und Zinseinkünfte subventioniert.[55] Dies ist jedoch bei der umfassenden Einkommensteuer, die wir betrachten, gerade umgekehrt: Sie führt zu einer höheren Besteuerung des Zukunftskonsums und ist folglich der Konsumsteuer unter Effizienzgesichtspunkten unterlegen. Folglich ist in dieser Perspektive die Konsumsteuer einer umfassenden Einkommensteuer vorzuziehen.

Erweitern wir unsere Effizienzbetrachtungen auf den Fall einer optimalen nicht–linearen Besteuerung des Einkommens, so sollte das Kapitaleinkommen völlig unbelastet bleiben, wenn die Nutzenfunktionen schwach separabel zwischen Freizeit (bzw. Arbeit) und Konsum sind. Allerdings zeigen empirische Untersuchungen, daß diese Annahme äußerst problematisch ist.[56]

Bezieht man in die bisherigen Überlegungen Gerechtigkeitserwägungen ein, so ist aus der gewählten Perspektive des Lebenseinkommens die Konsumbesteuerung gemäß dem Grundsatz der horizontalen Gerechtigkeit ebenfalls vorzuziehen. So werden zwei Individuen mit gleichem Arbeitseinkommmen aber mit unterschiedlichen Sparquoten im ersten Lebensabschnitt bei einer Einkommensbesteuerung unterschiedlich belastet: Das Individuum, das mehr spart, zahlt auch mehr Steuern. Eine einheitliche Konsumbesteuerung führt in diesem Fall dagegen zu einer gleichmäßigen Belastung der Zensiten, gemessen an den Gegenwartswerten der Steuerbelastung.

Die Wahl der unter Effizienzaspekten richtigen Steuerbemessungsgrundlage ist jedoch stark von den restriktiven Annahmen des Modells abhängig. Kann der Staat beispielsweise nicht beliebig auf das Instrument der Staatsverschuldung zugreifen, so ist eine Besteuerung von Zinserträgen auch bei gleichen kompensierten Nachfrageelastizitäten optimal.[57] In diesem Fall übernimmt nämlich die Zinsbesteuerung die der Staatsverschuldung zugedachte Funktion. Auch die Berücksichtigung von Unsicherheit bei den Kapitalerträgen oder die Annahme,

---

53 Als einziger Unterschied zum statischen Modell ist zu beachten, daß das Ergebnis im intertemporalen Kontext eine variable Staatsverschuldung voraussetzt, die die Höhe des privaten Kapitalstocks so beeinflußt, daß dessen Grenzprodukt mit der sozialen Diskontrate übereinstimmt. Vgl. hierzu und im folgenden Richter/ Wiegard (1993), S. 351f.

54 So beispielsweise Rose (1991), S. 25. Anderer Ansicht: Homburg (2000), S. 187. Die empirische Ermittlung der kompensierten Elastizitäten ist allerdings kaum möglich. Abwägend Sinn (1985), S. 227f.

55 Eine reine Freistellung der Zinseinkünfte ist hier nicht ausreichend.

56 Auch die Implementierung einer optimalen nicht–linearen Einkommensteuer ist wie bereits oben aufgezeigt kaum realisierbar. Vgl. hierzu Atkinson/ Stiglitz (1980), S. 442.

57 Vgl. Atkinson/ Sandmo (1980), S. 540ff.

daß Individuen in beiden Perioden Arbeitseinkommen beziehen, kann zu einer Modifikation der Ergebnisse führen.[58]

Eine entscheidende Modellerweiterung stellt die Berücksichtigung von Erbschaften dar. Dies begründet eine Nutzeninterdependenz aufeinanderfolgender Generationen. Bei einer solchen Modifikation treten allerdings eine Reihe von Problemen auf, die beispielsweise mit der Existenz von Randlösungen bezüglich des Vererbungsmotivs zusammenhängen. Auch wurden in einem solch modifizierten Rahmen beispielsweise keine Untersuchungen zur Kapitaleinkommensteuer unternommen.[59]

Daher wurde eine konkurrierende Modellansatzstrategie eingeschlagen, in der Individuen mit einem unendlichen Zeithorizont analysiert werden. Auf diese Weise kann die Nutzeninterdependenz zwischen den Generationen auch in das intertemporale Allokationsproblem integriert werden. Verteilungsprobleme zwischen den Generationen spielen auf diese Weise keine Rolle mehr. Dieser Typ von Gleichgewichtsansatz wurde beispielsweise von Sinn (1981, 1984a, 1985), aber auch von Chamley (1981, 1986) oder Judd (1985) angewandt. Hierbei wird aus einzelwirtschaftlichen intertemporalen Optimierungsansätzen der Individuen (Haushalten und Unternehmen) bei Abwesenheit von Steuern ein Wachstumsgleichgewicht bzw. ein neoklassischer Wachstumspfad produziert, den ein allwissender Zentralplaner bei Unterstellung der gegebenen Nutzenfunktionen als optimal im Sinne des Pareto–Kriteriums einstufen würde. Die sich hier ergebende Kongruenz zwischen Laissez–Faire–Allokation und dem sozialökonomischen Optimum ist ein hervorragendes Charakteristikum dieser Modelle. Zugleich impliziert dies, daß diese Laissez–Faire–Allokation eine Maßstabsfunktion für die Beurteilung der von Steuersystemen bewirkten Allokationsveränderungen übernehmen kann.

Eine Begründung für die Pareto–Optimalität beruht auf der Annahme, daß die Präferenzen der Haushalte die gleichen sind wie diejenigen, die einem wohlmeinenden Diktator bei der Herleitung des gesellschaftlich optimalen Wachstumspfades unterstellt werden. Bei den sogenannten Overlapping–Generations– (OLG–) Modellen wird das Akkumulationsverhalten der Haushalte zwar auch aus intertemporalen Optimierungsansätzen der Haushalte abgeleitet, doch sind gemäß Sinn (1985, S. 42) die angenommenen Präferenzstrukturen der Haushalte nicht mit der sozialen Wohlfahrtsfunktion des neoklassischen Wachstumsmodells vereinbar. Der entscheidende Punkt, in dem die Präferenzen auf Haushaltsebene in den OLG–Modellen von der sozialen Wohlfahrtsfunktion des neoklassischen Wachstumsmodells abweichen, liegt darin, wie zukünftige Generationen berücksichtigt werden. Während in der sozialen Wohlfahrtsfunktion zukünftige Generationen (mit abnehmenden Gewichten) berücksichtigt werden, fehlt dieser Aspekt in den Präferenzfunktionen der Haushalte völlig da kein Vererbungsmotiv unterstellt wird. Daher genügt das Laissez–Faire–Verhalten dieser Modelle nicht den Bedingungen des optimalen neoklassischen Wachstumspfades, d.h. bereits die Allokation ohne

58 Vgl. zur Berücksichtigung von Unsicherheit ausführlich Richter/ Wiegard (1993), S. 351f, und die dort zitierte Literatur. Zur Wahl der richtigen Bemessungsgrundlage siehe auch die Ausführungen in Kapitel 6, Abschnitt G.

59 Vgl. hierzu den Überblick über OLG–Modelle zur Kapitaleinkommensbesteuerung in Sinn (1985), S. 42.

Steuern ist suboptimal. Folglich können solche Modelle von vornherein nicht als Bezugsbasis zur Beurteilung von Allokationsveränderungen durch Besteuerung dienen.[60]

In den Ansätzen mit unendlich langen Zeithorizonten wird demgegenüber unterstellt, daß jede Generation am Glück ihrer Nachkommen interessiert ist und folglich die Nutzen *aller* Generationen miteinander verknüpft sind. Jede Entscheidung eines Haushalts in der Gegenwart berücksichtigt daher indirekt die Präferenzen aller zukünftigen Generationen.[61] Als überraschend robustes Ergebnis dieser Modellklasse zeigt sich, daß in langfristigen Wachstumsgleichgewichten auf eine Besteuerung von Kapitaleinkommen verzichtet werden sollte.[62] Dieses eindeutige Ergebnis ist wahrscheinlich eine Folge des Fehlens jeglicher intergenerativer Verteilungseffekte. So hat Gravelle (1991) berechnet, daß in OLG–Modellen wohl bis zu 90 Prozent der Wohlfahrtswirkungen auf diese Effekte zurückgeführt werden können. Bei der Berücksichtigung von Erbschaften treten dann die langfristigen Probleme einer optimalen Allokation zwischen den Generationen so in den Vordergrund, daß eine mögliche korrigierende Wirkung einer Kapitaleinkommensteuer auf die Verzerrung der Freizeit–Konsum–Wahl unbedeutend wird.

Auch wenn eine Konsumbesteuerung Effizienzvorteile zu besitzen *scheint*, ist die Frage nach einer optimalen Bemessungsgrundlage aufgrund theoretischer Überlegungen *nicht allgemein* zu beantworten. Zwar deuten auch numerische Simulationsrechnungen auf Effizienzgewinne bei einem Übergang von einer Einkommens– zu einer Konsumsteuer hin, jedoch sind diese Ergebnisse stark von den verwendeten Nutzenfunktionen und den verwendeten Parameter–Schätzungen abhängig. Beispielsweise bestimmt die Höhe der unterstellten Zinselastizität des Sparens entscheidend die Höhe der Kapitalbildung und folglich auch der Wohlfahrtsgewinne unter einer Konsumbesteuerung. Berechnungen für die Zinselastizität liegen allerdings im weiten Bereich zwischen 0,0 bis 3,0.[63] Eindeutige Aussagen können auf dieser empirisch unsicheren Basis kaum getroffen werden.

Weitere Überlegungen hierzu werden wir im 6. Kapitel anstellen, wenn wir uns nochmals mit dieser Fragestellung beschäftigen. Dabei gehen wir dann insbesondere auf die Wachstumswirkungen der Kapital– und Konsumbesteuerung ein und beschäftigen uns mit einer aus dieser Sicht optimalen Steuerstruktur.

---

60 Trotzdem werden in OLG–Modellansätzen diese Wohlfahrtsfunktion oder leicht abgewandelte Versionen ausdrücklich akzeptiert und als Bewertungsmaßstab für Allokationsergebnisse verwendet. Beispiele für solches Vorgehen finden sich z.B. in Atkinson/ Sandmo (1980), King (1980) und Rose/ Wiegard (1983). Vgl. hierzu Sinn (1985), S. 41ff.

61 Die unterschiedliche Berücksichtigung des Vererbungsmotivs in den Präferenzfunktionen der Haushalte hat natürlich auch eine meritorische Komponente, so daß neben Effizienzüberlegungen auch Werturteile in die Betrachtung einbezogen werden müßten. Sinn (1985), S. 43f, überläßt die Bewertung dieses Vorgehens dem Leser, stützt seine Argumentation der Ineffizienz der Laissez–Faire–Allokation von OLG–Modellen jedoch zusätzlich noch mit weiteren Problemen, die sich beispielsweise bei bestimmten Parameter–Konstellationen einstellen können. Auf die beiden unterschiedlichen Modellansätze werden wir im 6. Kapitel nochmals zurückkommen.

62 Vgl. ebenfalls Richter/ Wiegard (1993), S. 352, und die dort angegebenen Beispiele für diesen Modelltyp.

63 Hierzu siehe die in Richter/ Wiegard (1993), S. 353, und Sinn (1985), S. 222, zitierten Untersuchungen. Häufig implizieren schon die Annahmen eine Vermutung zugunsten von Konsum als geeigneter Bemessungsgrundlage. Dies kann eine CES–Nutzenfunktion sein oder auch die Maximierung der Lebenswohlfahrt eines einzigen Individuums. Siehe hierzu Atkinson/ Stiglitz (1980), S. 442, und nochmals Richter/ Wiegard (1993), S.353.

b. Optimale Besteuerung von Kapitaleinkommen

In der Theorie der optimalen Einkommensbesteuerung geht es neben der Höhe der einzelnen Steuersätze auch um die Kombination von Steuern auf verschiedene Einkommensarten, im wesentlichen Arbeits– und Kapitaleinkommen. Dabei ist eine allgemeine und ausschließliche Besteuerung von Kapitaleinkommen dann optimal, wenn das Kapitalangebot vollkommen unelastisch ist, der Kapitalstock also gegeben ist.[64] Hier tragen die Faktorbesitzer die Steuerlast, ohne daß durch Anpassungsreaktionen der Zensiten Verzerrungen entstünden. Ist das Kapitalangebot jedoch elastisch, d.h. ertragsabhängig, so tragen die Kapitaleigner die Steuerlast nur zu einem gewissen Teil, dessen Größe von der Zinselastizität und der Substitutionselastizität von Kapital und Arbeit im Produktionsprozeß beeinflußt wird. Zugleich geht mit steigenden Steuersatz der Anreiz zurück, durch Sparen Kapital zu bilden. In diesem Fall wird dann eine Kombination aus Arbeits– und Kapitaleinkommen optimal, wobei die jeweiligen Verzerrungen und die entsprechende Produktionstechnologie zu beachten sind.[65]

Die Überlegungen zu einer optimalen Einkommensteuer werden erleichtert, wenn man die Besteuerung von Arbeitseinkommen als gegeben betrachtet. Dann kann in einem Second–best–Kalkül eine optimale Kapitaleinkommensteuer abgeleitet werden. Besonders herausgestellt wird dabei – wie beispielsweise von Gordon (1986) – die Forderung, alle Arten von Kapitaleinkommen einheitlich zu besteuern, da andernfalls die Grenzproduktivitäten in unterschiedlich besteuerten Anlageformen divergieren, und so beispielsweise wie beim Harberger–Problem Verzerrungen in der Produktion auftreten.[66] Feldstein (1990) weist jedoch darauf hin, daß dies nur dann zu einem Second–best–Optimum führt, wenn alle Steuersätze für den Fiskus frei wählbar sind. Wenn eine Besteuerung jedoch wie im Fall kalkulatorischer Mieten für selbstgenutztes Wohneigentum aufgrund anderer staatlicher Zielsetzungen nicht erwünscht ist, so gilt diese Regel nicht.[67] Aber häufig ist eine einheitliche Besteuerung gar nicht möglich, weil beispielsweise wie bei Personengesellschaften eine scharfe Trennung zwischen Arbeits– und Kapitaleinkommen nicht möglich ist. Die optimale Kapitaleinkommensteuer verschiebt sich nach Feldstein dann in Richtung der Inverse–Elastizitäten–Regel für indirekte Steuern.[68] Allerdings argumentiert beispielsweise Summers (1987), daß die theore-

---

64 Diesen Fall haben wir in Kapitel 2 Abschnitt V behandelt. Dieser Fall ist jedoch nur in der kurzen Frist plausibel, in der längeren Frist ist immer mit einem elastischen Kapitalangebot zu rechnen.

65 Vgl. hierzu Koop (1993), S. 54f.

66 Abweichungen von einer einheitlichen Kapitalbesteuerung sind neben der Differenzierung zwischen Sektoren wie in Harberger (1962) beispielsweise auch bei realisierten und unrealisierten Gewinnen, langfristigen Wertsteigerungen und Spekulationsgewinnen und bei Nicht–Abzugsfähigkeit von Dividenden von der Körperschaftsbemessungsgrundlage zwischen der Eigen– und Fremdfinanzierung von Kapitalgesellschaften möglich. Eine einfache Darstellung des Harberger Modells findet sich etwa in Stiglitz/ Schönfelder (1989). Sinn (1985), S. 151ff, setzt sich mit dem Problem ausführlich und kritisch auseinander.

67 Zur fehlenden Besteuerung des impliziten Einkommens, daß durch die Eigennutzung von Wohneigentum entsteht siehe grundlegend Laidler (1969) und Aaron (1972). Aber auch wenn man annimmt, daß jede Art von Kapitaleinkommen ohne Nebenbedingungen besteuert werden kann, kommt Auerbach (1979) zu dem Ergebnis, daß verschiedene Kapitalanlagen unterschiedlich besteuert werden sollte: Erstens, wenn die Regierung nicht über das Instrumentarium verfügt, die Ökonomie auf das optimale Kapitalintensitätsniveau der Goldenen Wachstumsregel zu bringen, oder zweitens, wenn der Steuertarif auf Arbeitseinkommen nicht optimal gewählt ist.

68 Siehe hierzu ausführlich die Ausführungen in Feldstein (1990), S. 258ff.

tische Begründung für eine einheitliche Besteuerung durchaus plausibel ist, aber die Wohlfahrtseinbußen durch eine Abweichung von dieser Bestimmung im Vergleich zu den anderen von der Kapitaleinkommensbesteuerung induzierten Verzerrungen unbedeutend sind. Die geschätzten Wohlfahrtsverluste durch die Abweichung von einer einheitlichen Besteuerung in den USA reichen von ca. 0,1 v.H. (Auerbach, 1986) bis höchstens 0,3 v.H. (Fullerton und Henderson, 1989).

Diese Fragestellungen nach einer optimalen Struktur der Kapitaleinkommensbesteuerung sind jedoch am besten in einem Rahmen zu lösen, der verschiedene Systeme der Kapitaleinkommensbesteuerung berücksichtigt und in dem auch der Unternehmenssektor explizit modelliert wird. Dabei kann auch die Körperschaftsteuer als bedeutendste Ausprägung in die Überlegungen integriert werden. Dieser Aufgabe widmen wir uns im nächsten Abschnitt C.

c. Zwischenresümee

In der vorangegangenen Analyse beschäftigten wir uns mit effizienter Besteuerung im Rahmen des Modells des wohlmeinenden Diktators. Steuern gelten dabei als effizient, wenn sie relative Preise nicht verzerren und folglich keine Zusatzlasten auslösen. Es zeigte sich, daß nicht verzerrende Steuern aus distributiven Gründen abzulehnen und Zusatzlasten daher nicht ganz zu vermeiden sind; folglich können nur sogenannte Second–Best–Lösungen erreicht werden. Ziel der Ausführungen war es daher, ein gegebenes Steueraufkommen mit möglichst geringen Zusatzlasten zu erzielen. Hierzu wurden Regeln für optimale Verbrauch– und Einkommensteuern abgeleitet. Bei der Ableitung der Regeln für eine optimale indirekte Besteuerung zeigte sich, daß eine allgemeine Verbrauchsteuer einer selektiven Verbrauchsteuer bzw. breite Bemessungsgrundlagen grundsätzlich schmalen Bemessungsgrundlagen vorzuziehen sind. Zudem sollte ein effizienzsicherndes Verbrauchsteuersystem unelastisch nachgefragte Güter stärker belasten. Nach einer weiteren Regel ist dasjenige Konsumgut, das die höchste Kreuzpreiselastizität mit dem Gut Freizeit aufweist, am stärksten zu besteuern. Im Rahmen der Betrachtungen zu Second–Best–Lösungen in der Einkommensbesteuerung wurde versucht, optimale nicht–lineare und lineare Einkommensteuertarife abzuleiten. Dabei zeigte sich, daß keine Aussagen bezüglich des konkreten Verlaufs der optimalen Steuertariffunktionen möglich sind, sondern nur allgemeingültige Feststellungen über die wichtigsten qualitativen Eigenschaften. Darüber hinausgehende Erkenntnisse lassen sich nur durch numerische Simulationsrechnungen gewinnen, die stark von den Annahmen der einzelnen Studien abhängen. Abschließend wurde die Wahl zwischen den alternativen Bemessungsgrundlagen Einkommen oder Konsum ausführlich diskutiert. Auch hier ist die Frage aufgrund theoretischer Überlegungen nicht allgemein zu beantworten, da die Ergebnisse stark von den verwendeten Modellansätzen, insbesondere den Nutzenfunktionen und Parameter–Schätzungen abhängen. Insgesamt gesehen läßt ein Übergang von einer Einkommens– zu einer Konsumbesteuerung durchaus Effizienzgewinne erwarten.

C. *Intertemporale Besteuerung von Unternehmen*

In diesem Abschnitt verlagert sich unser Fokus auf die alleinige Besteuerung von Kapitaleinkommen.[69] Hat sich die bisherige Analyse auf die Optimalität einer Einkommensbesteuerung auf der Haushaltsebene bezogen, so ist in der Realität neben der Besteuerung auf Haushaltsebene auch eine gesonderte Besteuerung auf Unternehmensebene zu beobachten, die in allen entwickelten Volkswirtschaften verwirklicht wird. Unternehmen sind grundsätzlich Subjekt einer Vielzahl von Steuerinstrumenten mit unterschiedlichen Zielen. Die finanzwissenschaftliche Literatur konzentriert sich im wesentlichen auf die Körperschaftsteuer bzw. die Besteuerung von Zinserträgen und Gewinnen sowie die Auswirkungen von unterschiedlichen Abschreibungsmethoden und Abzugsmöglichkeiten von der Bemessungsgrundlage.

Der Charakter dieses Abschnitts unterscheidet sich damit von den vorhergehenden, in denen die Ableitung optimaler Steuerregeln im Vordergrund stand. Hier liegt der Fokus sowohl auf den Wirkungen der Besteuerung als auch auf der Optimierung. Gründe hierfür sind, daß Inputsteuern zwar in vielen Staaten angewendet werden und folglich auch die Wirkungen dieser Steuern bedeutend sind; wie die folgende Analyse jedoch detailliert zeigen wird, wären sie in einer Konkurrenzökonomie nicht notwendigerweise Teil eines optimalen Steuersystems.[70] Weiterhin ergeben sich bei der Besteuerung von Unternehmen neue Auslöser von Verzerrungen. Bisher haben wir im Rahmen der vollkommenen Konkurrenz lediglich bei der Besteuerung von Zinseinkommen eine intertemporale Verzerrung konstatiert. Betrachten wir die allokativen Wirkungen einer Steuer, die die Kapitaleinkommen eines eigenständigen Unternehmenssektors umfaßt, so kann etwa eine intertemporale Verzerrung auftreten, wenn (ausgeschüttete oder thesaurierte) Gewinne besteuert werden.[71]

Aus Sicht der Neoklassik ist sogar strittig, weshalb überhaupt eine gesonderte Unternehmensbesteuerung implementiert werden sollte. Ziel der folgenden Ausführungen ist folglich, die Wirkungen einer Unternehmensbesteuerung kennenzulernen. Auf dieser Grundlage kann schließlich die Frage beantwortet werden, wie eine Unternehmensbesteuerung in ein optimales oder rationales Steuersystem einzufügen ist.

---

69 Die Besteuerung der Arbeitseinkommen und damit die Arbeit–Freizeit–Entscheidung wird in den folgenden partialanalytischen Überlegungen zur Unternehmensbesteuerung (bzw. zu Investitionsentscheidungen) ausgeblendet. Eine simultane Berücksichtigung sämtlicher Entscheidungsmöglichkeiten der Individuen scheitert an dem entstehenden Komplexitätsgrad. Zur Begründung siehe auch Schiele (2000), S. 126. Grundsätzlich ist bei den folgenden Überlegungen eine Entscheidung vorauszusetzen, ob Kapitaleinkommen – sei es aus intertemporalem Kalkül (vgl. hierzu die Ausführungen in Abschnitt II.B.2.a in diesem Kapitel) oder verteilungspolitischer Absicht heraus – besteuert werden soll.

70 Vgl. Myles (1995), S. 321. Neben der Körperschaftsteuer ist die am weitesten verbreitete Inputsteuer diejenige auf den Faktor Arbeit. Herausragende Beispiele hierfür sind die Social Security Tax in den USA, die Zahlungen an die National Insurance in Großbritannien oder die Sozialversicherungsträger in Deutschland. Vgl. Atkinson/ Stiglitz (1980), S. 129. Auch für die allgemeine Kapitaleinkommensteuer haben wir bereits eine Reihe von Verzerrungen aufgezeigt, wie etwa die Verzerrung der intertemporalen Konsumentscheidungen, die auch bei einer Körperschaftsteuer auftreten kann.

71 Vgl. Blankart (1998), S. 279.

1. Die Körperschaftsteuer als eigenständige Unternehmensteuer

Nach Stiglitz und Schönfelder (1989, S. 534) mangelt es „bis heute (...) an guten Begründungen dafür, daß es neben der Einkommensteuer noch eine Körperschaftsteuer geben sollte." In einer einfachen Betrachtung, in der die Anteilseigner ein Unternehmen direkt kontrollieren, kann die Unternehmung eigentlich nicht als eine von ihnen getrennte (selbst steuerpflichtige) Einheit gesehen werden. Die Aufgabe des Unternehmens besteht lediglich darin, Einkommen zu erwirtschaften und dieses an seine Anteilseigner zu transferieren. Daher sollte die Steuerschuld allein den Eigner belasten. Ein schlüssiges Besteuerungssystem würde folglich eine umfassende Einkommensteuer für die Eigentümer beinhalten, die alle Einkommensquellen erfaßt und keine Notwendigkeit einer gesonderten Besteuerung der Unternehmung begründet. Die Transfers zwischen Unternehmen und ihren Anteilseignern und damit auch das Verhalten des Unternehmens werden dann allein durch die Struktur der Besteuerung auf der Haushaltsebene beeinflußt, insbesondere durch die Behandlung von Kapitaleinkommen.

Diese Argumentation, wie sie beispielsweise auch Kay und King (1990, S. 152f) vertreten, reflektiert die Sichtweise, daß die Unternehmung keine eigene Rechtspersönlichkeit besitzt, die ihr nicht vom Gesetz zugeschrieben wurde. Eine gesonderte Körperschaftsteuer kann in dieser (neoklassischen) Sichtweise lediglich als eine effiziente Methode der Steuererhebung begründet werden, d.h. als eine Quellensteuer. Dieses Argument ist jedoch nach Stiglitz und Schönfelder (1989, S. 535) nicht einleuchtend: Wenn es sich bei der Körperschaftsteuer lediglich um eine Quellensteuer handelt, sollten die Individuen, denen Einkommen aus einer Körperschaft zufließt, diese Steuer mit ihrer Einkommensteuer verrechnen können. Dies ist aber bei den traditionellen Systemen der Körperschaftsteuer nicht der Fall. Zudem stellt sich die Frage, warum ein derartiges Einkommen einer Quellenbesteuerung unterworfen werden sollte, während dies für Zinseinkommen nicht gilt.

Warum erheben die meisten Länder trotzdem eine eigenständige Körperschaftsteuer? Eine der wichtigsten Begründungen stellt auch hier die Rolle als Quellensteuer dar, die administrativ als zusätzliche Möglichkeit fungieren kann, bei Körperschaften Einkommensbestandteile zu besteuern, die auf der persönlichen Ebene schwierig zu besteuern sind, wie beispielsweise unrealisierte Kapitalgewinne[72], so daß letztendlich das gesamte Einkommen des Individuums der Steuer unterliegt.[73] Mintz (1996, S. 140) bezeichnet die Körperschaftsteuer in diesem Zusammenhang sogar als „backstop for the personal tax".

Eine weitere Erklärung beruht darauf, daß eine Körperschaft über gesetzliche und ökonomische Vergünstigungen verfügt und die Unternehmenssteuer dem Zweck dient, die Erträge aus *diesen* Vergünstigungen zu besteuern. Beispiele für diese Vergünstigungen stellen die beschränkte Haftung der Eigner einer Aktiengesellschaft im Falle eines Konkurses dar.[74]

---

72 Diese entstehen beispielsweise durch die Thesaurierung von Gewinnen, die die Hoffnung auf eine höhere Profitabilität in der Zukunft stärken. Die höhere Profitabilität oder allein die Aussicht darauf kann wiederum zu einer Steigerung des Marktwertes der Aktien führen. Für die Anteilseigner ist der Anstieg des Aktienkurses ein realisierbarer Kapitalgewinn (unabhängig davon, ob er tatsächlich realisiert wird oder nicht) und stellt folglich Einkommen dar. Siehe hierzu Brown/ Jackson (1990), S. 524.

73 Vgl. Mintz (1998), S. 7. Ausführlich zu dieser Rolle der Körperschaftsteuer siehe auch Mintz (1996), S. 140ff.

74 Vgl. Myles (1995), S. 43.

Auch die Möglichkeit der Inanspruchnahme von öffentlichen Gütern wie der Infrastruktur oder von allgemeinen Ressourcen wie die Ausbeutung von Bodenschätzen kann als Begründung einer eigenständigen Unternehmensbesteuerung herangezogen werden. Ersteres impliziert die Interpretation einer Steuer als Preis für die Inanspruchnahme öffentlicher Güter bzw. produktiven oder konsumtiven Inputs und damit eine Rolle als Äquivalenzsteuer.[75] Letzteres verweist auf die Rolle der Körperschaftsteuer als effiziente Methode zur Besteuerung von Renten, die bei den Eignern der nicht reproduzierbaren Produktionsfaktoren anfallen, so z. B. ökonomische Gewinne[76] bzw. Produzentenrenten oder Landrenten. Die Besteuerung von Renten, die eine höhere Entlohnung der Faktoren darstellen, als ökonomisch als Kompensation für ihren Gebrauch notwendig ist, ist grundsätzlich effizient, da dadurch keine Unternehmensentscheidungen verzerrt werden. Folglich ist hier eine Steuereinnahme ohne Verzerrung möglich. Dies ist jedoch – wie bereits weiter oben angedeutet – je nach der tatsächlichen Ausgestaltung der Steuer kritisch zu sehen, wie beispielsweise Caves (1982, S. 26) anmerkt: „But in real life the tax falls on profits in the popular sense – the sum of the opportunity costs of equity capital plus any rents or windfalls accruing to the suppliers of equity capital.“

Auf diesem Argument beruht auch die Möglichkeit der Besteuerung von Einkommen, die an Individuen im Ausland gezahlt werden. Insbesondere wenn diese Steuern durch den ausländischen Fiskus auf dortige Steuerschulden angerechnet werden, kann ein kapitalimportierendes Land einen Anteil an Steuern für sich gewinnen, die andernfalls dem Ausland zufließen würden. Auch hier kann also eine Steuer vereinnahmt werden, die keine allokativen Veränderungen im Inland mit sich bringt.[77]

Aus polit–ökonomischer Sicht mag der bedeutendste Grund für eine eigenständige Körperschaftsteuer in dem weitverbreiteten Glauben der Steuerzahler liegen, daß diese Steuer von den Unternehmen zu tragen ist, und damit relativ „schmerzlos“ ist.[78] Historisch gesehen, sind es vermutlich vor allem fiskalische Gründe, die zu einer Einführung der Körperschaftsteuer führten.[79]

Als letztes Argument sei erwähnt, daß die Wirkung einer Steuer schließlich darauf beruht, wie sie die Individuen in der Volkswirtschaft beeinflußt und die Richtigkeit der Besteuerung der Unternehmung aus Sicht eines politischen Entscheidungsträgers nicht zuletzt von der finalen Inzidenz der Steuer abhängt. Wenn eine Steuer Ziele erreichen kann, die andere Steuern nicht ermöglichen, dann gibt es eine Rechtfertigung für ihre Existenz. In gewisser Hinsicht führen einige der aufgezählten Argumente weg von der Hauptbegründung für die Einführung jeder Art von Besteuerung, der Erreichung bestimmter Ziele. Aber wie wir im Rahmen der Diskussion der Theorie der Zweitbesten gesehen haben, mag ein steuerpolitisches Instrument, das in

---

75 Siehe hierzu ausführlich Blankart (2000).

76 Unter den Bedingungen der Gewinnmaximierung sind Steuern auf Gewinne Lump–sum–Steuern, die keine Zusatzlast auslösen.

77 Vgl. Mintz (1998), S. 7. Dieser Frage wollen wir uns allerdings im Rahmen der effizienten Besteuerung in offenen Volkswirtschaften (Kapitel 5) ausführlicher zuwenden.

78 So Atkinson/ Stiglitz (1980), S. 131f.

79 Vgl. Blankart (1998), S. 268f.

einer erstbesten Welt keine Rolle spielt, durchaus in anderen Situationen seine Berechtigung finden.[80]

Bevor wir uns jedoch verschiedenen Körperschaftsteuersystemen und ihren Wirkungen zuwenden, ist es zunächst erforderlich, den Referenzpunkt der Steuerwirkungsanalyse festzulegen. Während wir bisher zu diesem Zweck die Allokationsneutralität in einer Laissez–Faire–Welt herangezogen haben, ist es bei der Analyse der Körperschaftsteuer auf der Unternehmensebene sinnvoll, im Rahmen einer Partialanalyse auf das Konzept der Entscheidungsneutralität zurückzugreifen. Dies ist im nächsten Abschnitt zu diskutieren. Danach werden die im Unternehmensbereich anfallenden Entscheidungen aus diesem Sichtwinkel näher analysiert.

2. *Referenzpunkt der Analyse: Allokationsneutralität versus Entscheidungsneutralität*

Um die Auswirkungen eines Steuersystems beurteilen zu können, ist allgemein ein Bezugspunkt zu definieren, anhand dessen bestimmt werden kann, wann ein Steuersystem keine unerwünschten Allokationswirkungen hat. In dem von uns gewählten neoklassischen Modellrahmen haben wir die Laissez–Faire–Allokation als pareto–optimal und effizient beurteilt. Ein Steuersystem ist demgemäß als *allokationsneutral* definiert, wenn es die Laissez–Faire–Allokation unberührt läßt.

Technisch kann dies grundsätzlich auf zwei verschiedenen Wegen erreicht werden (wobei auch hier Pausch– und Kopfsteuern im Sinne einer First–best–Besteuerung aus der Betrachtung ausgeschlossen bleiben).[81] Erstens dadurch, daß einzelne Entscheidungen von Individuen durch verzerrende Steuern zwar beeinflußt werden, sich aber über den Markt die Gleichgewichtspreise so anpassen, daß schließlich dieselbe Allokation wie in einer Situation ohne Steuern erreicht wird. Die Pareto–optimale Allokation ergibt sich hier in einem komplizierten Zusammenspiel sich gegenseitig *kompensierender Entscheidungsverzerrungen*, wie sie Inhalt der Theorie der Zweitbesten sind. Sind also bestimmte Verzerrungen (vermeintlich) unvermeidbar (wie bei einer Kapitalbesteuerung die Verzerrung der intertemporale Konsumentscheidung), so kann es also sinnvoll sein, gezielt kompensierende Verzerrungen einzubauen, um so bestehende Verzerrungen auszugleichen.[82] Dies ist jedoch nicht einfach dosierbar und durchzuführen.

Deshalb liegt das Augenmerk häufig – wie in der betriebswirtschaftlichen Steuerlehre – auf dem zweiten Ansatz, dem eines *entscheidungsneutralen Steuersystems*. Ein Steuersystem ist dabei entscheidungsneutral, wenn die Entscheidungen rational handelnder Wirtschaftssubjekte durch die Besteuerung nicht beeinflußt werden, folglich die Berücksichtigung von Steuern eine auch ohne Besteuerung getroffene Entscheidung nicht ändert. Daraus folgt auch, daß Steuerneutralität aus Sicht des Entscheidungsträgers betrachtet wird, bevor dieser seine Ent-

80 Vgl. Myles (1995), S. 234f.

81 Zu dieser Einteilung siehe Lammersen (1999), S. 9.

82 Vgl. Feldhoff (1995), S. 106.

scheidung trifft.[83] Diese Begriffsbestimmung zeigt auch schon einen wesentlichen Unterschied in der Vorgehensweise: Die betriebswirtschaftliche Steuerlehre betrachtet *einzelne* Entscheidungsbereiche im Rahmen von *Partial*modellen. Ein Steuersystem ist demnach neutral, wenn in allen Partialmodellen, die im Rahmen des gesamten Gleichgewichtsmodells von Bedeutung sind, Neutralität vorliegt.[84] Im Vordergrund der betriebswirtschaftlichen Überlegungen steht die Neutralität der Besteuerung als Ausgangspunkt oder „Nullpunkt" für eine theoretische Beurteilung von Steuerwirkungen. Eine finanzpolitische Wertung oder gar eine Forderung nach Steuerneutralität ist damit nicht ohne weiteres verbunden.[85]

Entscheidungsneutralität ist folglich nicht immer gleichbedeutend mit der von der Finanzwissenschaft geforderten Neutralität der Besteuerung. Diese beschränkt ihre Sichtweise weder auf Entscheidungen im Rahmen der Unternehmenstätigkeit, noch auf die Sichtweise eines unternehmerischen Planungsträgers in seinem Planungskalkül. Die „Steuerneutralität" wird hier aus der Perspektive eines beobachtenden Dritten betrachtetet, der die Steuerwirkungen im Unternehmenssektor oder im gesamten privatwirtschaftlichen Sektor *beurteilt*, was nicht ausschließt, daß in der Literatur teilweise auch aus der Position des Entscheidungsträgers argumentiert wird.

Aber auch im Rahmen der Finanzwissenschaft gibt es zum Begriff der Neutralität – wie bereits zu einem früheren Zeitpunkt angedeutet – unterschiedliche Auffassungen. Nach der herrschenden Meinung, der wir bisher folgten, werden Steuern als neutral bezeichnet, wenn sie keinen direkten Substitutionseffekt zur Folge haben. In diesem Fall ist nach Homburgs Meinung (Homburg 2000, S. 327, FN 267) „der Ruf nach Entscheidungsneutralität (...) gleichbedeutend mit der Forderung nach Pauschalbesteuerung, und die Steuertheorie wird langweilig." Er vertritt den Standpunkt, daß Neutralität über die Veränderung der relativen Preise bestimmt wird und selbst erstbeste (Pauschal–)Steuern die relativen Preise verändern. Dies soll im folgenden anhand zweier Beispiele verdeutlicht werden, die von Homburg (2000, S. 327ff) entwickelt wurden.

Zunächst betrachtet er eine Volkswirtschaft mit zwei Konsumgütern, deren Einkommenselastizitäten unterschiedlich seien. Erhebt der Staat eine (erstbeste) Pauschalsteuer, bei der jeder Bürger einen festen Betrag zu zahlen hat, geht gemäß Homburgs Argumentation die Nachfrage nach dem Gut mit der höheren Einkommenselastizität stärker zurück und der relative Preis dieses Guts sinkt im Regelfall. Die Pauschsteuer ist folglich nicht entscheidungsneutral.[86]

---

83 Siehe zu dieser Sichtweise Schneider (1992), S. 169f, Wagner/ Dirrigl (1980), S. 14, und Elschen/ Hüchtebrock (1983), S. 252, sowie auch Elschen (1991), S. 102. Hierbei kommt Schneider die Rolle zu, erstmals die grundlegende Bedeutung der Entscheidungsneutralität der Besteuerung für die betriebswirtschaftliche Steuerwirkungslehre konsequent herausgestrichen zu haben.

84 Vgl. Feldhoff (1995), S. 90.

85 Für Beispiele diese Art der Auseinandersetzung mit Steuerneutralität siehe die Literaturhinweise in Elschen/ Hüchtebrock (1983), S. 255, FN 4.

86 Hierbei ist zu beachten, daß Homburg (2000) Pauschalsteuern anders definiert. Zwar sind auch für ihn alle Pauschalsteuersysteme grundsätzlich erstbest, „weil Marktgleichgewichte (...) bei beliebigen Anfangsausstattungen stets pareto–optimal sind" (S. 170). Pauschalsteuern bewirken bei ihm jedoch Verhaltensveränderungen, die „wegen des mit der Steuer verbundenen Einkommensentzugs unvermeidlich" (S. 104) sind. Dadurch kommt es zu einer veränderten Güternachfrage, die bei Konsumgütern mit unterschiedlichen

Im zweiten Beispiel sei der Unterschied anhand eines Arbeitnehmers verdeutlicht, der sein auf 1 normiertes Zeitbudget optimal auf Arbeitszeit (ℓ Stunden) und Freizeit ($1 - \ell$ Stunden) aufteilt. Er maximiert mit c als Konsum die Cobb–Douglas–Nutzenfunktion $u(c, 1 - \ell)$ unter der Nebenbedingung seiner Budgetbeschränkung $c + T = (1 - \tau) \cdot w \cdot \ell$. Dabei stellt τ den Lohnsteuersatz und T eine Pauschalsteuer dar. Das erzielte Nettoarbeitseinkommen wird folglich für Konsumgüter und die Pauschalsteuer verausgabt. Aus dem Lagrange–Ansatz wird das nutzenmaximierende Arbeitsangebot abgeleitet:

$$\ell^* = \frac{(1-\tau)\cdot w + T}{2\cdot(1-\tau)\cdot w}. \tag{20–III}$$

Bei konstanter Arbeitsnachfrage (gegeben durch die Grenzproduktivität der Arbeit) liegt Entscheidungsneutralität im Sinne eines konstanten Lohns vor, wenn das Arbeitsangebot durch Steuern nicht verändert wird. Betrachten wir lediglich eine Lohnsteuer (d.h. $T = 0$), so ergibt sich aus obiger Gleichung das konstante Arbeitsangebot $\ell^* = 1/2$ und dementsprechend können wir die Lohnsteuer als entscheidungsneutral einstufen. Dies gilt nicht für die Pauschalsteuer, da sie das Arbeitsangebot verändert. Grundsätzlich wird die Pauschalsteuer aber im Gegensatz zur Lohnsteuer als erstbest betrachet. Folglich ist in diesem Beispiel die erstbeste Steuer nicht entscheidungsneutral und die entscheidungsneutrale Lohnsteuer nicht allokativ effizient. Das Ergebnis kann auch an der folgenden Abbildung 9 abgeleitet werden:

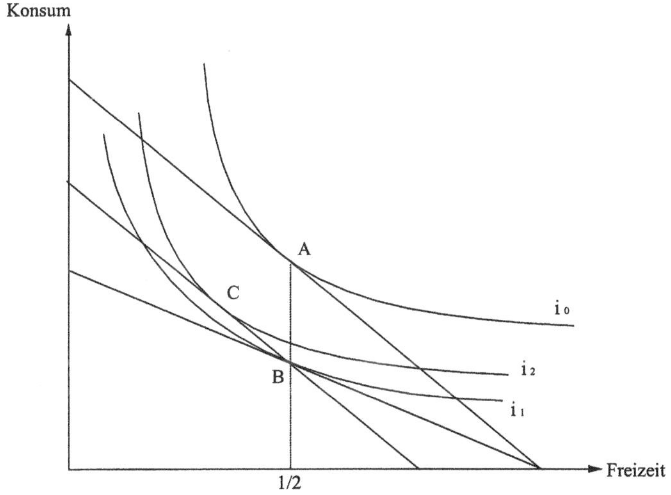

Abbildung 9: Spezielle Gütersteuer versus Pauschalsteuer

Quelle: Homburg (2000), S. 328.

Wenn wir zunächst von einer Welt ohne Steuern ausgehen, repräsentiert der Punkt A die für das Individuum optimale Kombination von Arbeits– und Freizeit. Bei der Lohnsteuer dreht

Preiselastizitäten dann zu einer Änderung der Preisrelationen führt. Verbunden mit der Definition von Neutralität über die Preisrelation sind Pauschsteuern folglich für ihn nicht neutral.

sich die Budgetgerade und der Arbeitnehmer wählt als neuen Optimalpunkt *B*, bei dem Arbeitszeit und Freizeit jedoch konstant bleiben. Um eine Pauschalsteuer mit dem gleichen Aufkommen zu generieren, wird die ursprüngliche Budgetgerade so lange nach links verschoben, bis sie durch den neuen Optimalpunkt *B* verläuft. Der Arbeitnehmer paßt sich an die veränderten Budgetbedingungen durch die Wahl des Optimalpunkts *C* an, wobei er durch eine Erhöhung seines Arbeitsangebots ein höheres Nutzenniveau erreicht als in Punkt *B*.[87]

Der diagnostizierte Widerspruch zwischen der Entscheidungsneutralität in der Steuerlehre und der allokativen Effizienz in der Finanzwissenschaft läßt sich gemäß Homburg (2000) mit Hilfe des *Produktionseffizienztheorems* von Diamond und Mirrlees (1971)[88] einfach auflösen. Dies fordert, daß Produktionsentscheidungen stets unverzerrt bleiben sollten, während eine Verzerrung von Entscheidungen im Konsumbereich durchaus optimal sein kann. Wird das Postulat der Entscheidungsneutralität auf die Produktionssphäre beschränkt, stimmt es mit der Forderung nach Produktionseffizienz in der Finanzwissenschaft überein. Dies bedeutet anders gewendet, daß es aus finanzwissenschaftlicher Sicht richtig ist, im Unternehmenssektor *entscheidungsneutral* zu besteuern. Würde man dieses Konzept auf die Analyse von Konsumentscheidungen übertragen, entstehen leicht Fehler, insbesondere bei der Verzerrung der intertemporalen Allokation. Dies liegt nicht zuletzt daran, daß es auf Haushaltsebene außer den unpraktikablen Pauschalsteuern keine entscheidungsneutralen Steuern gibt. Bei Konsumsteuern kommt es folglich nicht darauf an, Verzerrungen zu vermeiden, sondern im Sinne der Theorie des Zweitbesten optimal zu verzerren.[89]

Da in der Analyse weiterhin perfekte Märkte unterstellt werden, können Unternehmensentscheidungen problemlos getrennt untersucht werden. Dabei bedarf es im partialanalytischen Unternehmensmodell keiner besonderen Vorkehrungen, um Substitutionseffekte der Besteuerung zu isolieren und damit die allokativen Wirkungen einer Steuer bzw. ihre Neutralität festzustellen.[90] Im weiteren Fortgang der Untersuchung können wir uns daher allein auf den Unternehmenssektor konzentrieren und dabei das Kriterium der Entscheidungsneutralität zur Beurteilung von Effizienz heranziehen.

3. *Das Entscheidungsproblem des Unternehmens*

Nun wenden wir uns den untersuchungsrelevanten Entscheidungsbereichen in der Unternehmenssphäre zu. Unternehmen fragen Faktoren nach und treffen die Produktionsentscheidungen. Durch die Wahl der Faktoreinsatzmengen maximieren sie ihren Gewinn. Da wir uns

---

87 Die Konstanz des Arbeitsangebots, die sich in diesem Beispiel bei der Einführung einer Lohnsteuer ergibt, ist nicht zuletzt eine Folge der Formulierung des Modells und sollte unter dem Beispielcharakter gesehen werden. Generell führen beide Steuerarten zu einer Änderung des Arbeitsangebots, siehe hierzu beispielsweise Neumann (1991), S. 138ff. Das bedeutet, daß beide Steuerarten in der Regel nicht entscheidungsneutral sind. Das Erreichen eines höheren Nutzenniveaus bei der Pauschalsteuer sollte auch nicht mit einer Erhöhung des Arbeitsangebots begründet werden, sondern damit, daß die Pauschalbesteuerung eine Zusatzlast vermeidet. Die Lohnsteuer ist jedoch immer ineffizient.

88 Eine kritische Darstellung des Theorems findet sich beispielsweise in Atkinson/ Stiglitz (1989), S. 470–474, oder in Myles (1995), S. 127ff.

89 Vgl. hierzu Homburg (2000), S. 329.

90 Vgl. Sinn (1985), S. 5.

auf realwirtschaftlicher Ebene auf die Kapitalallokation und damit die Investitionsentscheidung beschränken wollen, verzichten wir auf eine Analyse der gewinnbringenden Arbeitsnachfrage.[91]

Im Rahmen des einfachen Zwei–Perioden–Modells im zweiten Kapitel wurde bereits die optimale intertemporale Kapitalallokationsentscheidung abgeleitet. In diesem Rahmen lassen sich jedoch nicht alle Phänomene abbilden, die in der weiteren Analyse von Bedeutung sind. Folglich wird die Untersuchung auf eine mehrperiodische Perspektive erweitert.

Im Rahmen der neoklassischen Investitionstheorie wird die Neutralität von Steuersystemen gewöhnlich unter Verwendung mehr oder weniger komplizierter Methoden diskutiert. Wir wollen uns jedoch zunächst einer „einfacheren" Vorgehensweise bedienen und die Investitionsneutralität im Rahmen eines entscheidungstheoretischen Investitionskalküls aus dem betriebswirtschaftlichen Schrifttum definieren. In diesem Rahmen kann auch das Konzept der Investitionsneutralität der Besteuerung als Ausgangspunkt einer Steuerwirkungsanalyse anschaulich gemacht werden. In einem zweiten Schritt wird dann die finanzwissenschaftliche Perspektive der Investitionsneutralität analysiert. Hierzu greifen wir auf das kontrolltheoretische Modell von Sinn (1985) zurück.[92] Dies hat den Vorteil, daß es Finanzierungs– und Investitionsentscheidungen simultan erfassen kann.

In der Analyse wird weiterhin von einem vollkommenen und vollständigen Kapitalmarkt sowie von vollständiger Information ausgegangen. Wie aufgezeigt impliziert dies, daß die Eigentümer zweifelsfrei darin übereinstimmen, daß die Unternehmen ihren Marktwert maximieren.[93] Zugleich bedeutet dies, daß kein Unternehmen in Konkurs gehen kann, da es sonst

---

91 Mit der partialanalytischen Sichtweise bleibt wie oben erwähnt auch die Arbeit–Freizeit–Entscheidung unberücksichtigt. Folglich nehmen wir ein exogen gegebenes Arbeitsangebot an. Die Modellstruktur ist so konzipiert, daß die Finanzierungsentscheidung – wie in der neoklassischen Theorie üblich – als nicht realwirtschaftlicher Entscheidungsbereich ebenfalls ausgeblendet bleibt: Unter der Annahme vollkommener und vollständiger Kapitalmärkte sowie sicherer Erwartungen spielt die Finanzierungsentscheidung keine Rolle. Dies ist zugleich die Basis des *Modigliani–Miller–Theorems,* das besagt, daß in einer Situation ohne Steuern alle Finanzierungswege eines Unternehmens (Beteiligungsfinanzierung, Selbstfinanzierung und Fremdfinanzierung) äquivalent sind, d.h. eine Änderung der Finanzierungsstruktur hält den Marktwert konstant. Zur Ableitung der Ergebnisse des Theorems von Modigliani/ Miller (1958) in einer Welt mit sicheren Erwartungen siehe beispielsweise die Ausführungen in Atkinson/ Stiglitz (1980), S. 132ff, Myles (1995), S. 248ff, oder Drukarczyk (1993), S. 131ff. Allgemein zum Begriff der Finanzierung und verschiedenen Finanzierungsarten siehe etwa Schneider (1992), S. 13ff.Die Annahme eines vollkommenen Kapitalmarktes impliziert auch, daß die Analyse von Finanzierungsschranken abstrahiert. Mögliche Finanzierungsrestriktionen bestehen z.B. im Verbot für Aktiengesellschaften, eigene Aktien zurückzukaufen, oder darin, daß die Bruttoausschüttungen den nach Abzug der Steuern auf einbehaltene Gewinne verbleibenden Bilanzgewinn nicht übersteigen dürfen. Zu den Schranken der Finanzplanung siehe ausführlich Sinn (1985), S. 74ff. Neben diesen institutionell begründeten Restriktionen können sich Schranken z. B. auch durch Informationsasymmetrien etc. ergeben, wenn der Vorrat an Eigen– oder Fremdkapital begrenzt ist. Siehe hierzu beispielsweise auch Homburg (2000), S. 341, oder Schwinger (1992), S. 290f. Zur Rolle von Informationsasymmetrien und Agencykosten siehe ebenfalls Schwinger (1992), S. 264ff.

92 Das dynamische neoklassische Gleichgewichtsmodell von Sinn (1985) bzw. seine überarbeitete, englische Fassung Sinn (1987) hat in der Literatur durchaus Verbreitung gefunden. So lehnen sich etwa die Studien von Hornbach (1987), Nachtkamp (1986) und Wenger (1990) an Sinns Vorgehensweise an.

93 Vgl. Myles (1995), S. 246. Vgl. zur Identität von Marktwert– und Kapitalwertmaximierung Neumann (1991), S. 94ff.

nicht betrieben würde. Weiterhin gehen wir im Modellrahmen von absoluter Steuerehrlichkeit ohne Steuerhinterziehung aus und schließen Steuerflucht aus.[94]

a. Modellierung der Investitionsentscheidung im betriebswirtschaftlichen Schrifttum

Wenn wir beurteilen wollen, ob oder wie Steuern die Entscheidungen der Unternehmen im Investitionsbereich beeinflussen, so muß zunächst ein Kriterium angegeben werden, an Hand dessen solche Investitionsentscheidungen getroffen werden. Im betriebswirtschaftlichen Schrifttum bedient man sich der Methoden der Investitionsrechnung, um die Vorteilhaftigkeit eines Investitionsprojekts zu beurteilen. Die Unternehmer richten sich nach den Finanzströmen, die mit der jeweiligen Entscheidung verbunden sind. Maßgebliche Größe ist der Kapitalwert K, der Gegenwartswert der zukünftigen Einnahmen und/oder Ausgaben bzw. der jeweiligen Zahlungsüberschüsse $R_{(u)}$, die sich im Zeitablauf u ergeben.[95] Für eine Investition mit dem Zeithorizont T und einer stetigen Verzinsung mit dem Kalkulationszinsfuß ρ ergibt sich der Kapitalwert

$$K = \int_0^T R_{(u)} e^{-\rho u} du. \tag{21–III}$$

Später anfallende Zahlungsüberschüsse sind durch die Diskontierung für einen Unternehmer weniger wert. Dies zeigt sich im mit dem Zeitfaktor u abnehmenden Term $e^{-\rho u}$. Der Diskontierungsfaktor ρ ermöglicht dabei einen Gegenwartsvergleich der Überschüsse verschiedener Perioden. Die Höhe des Kalkulationszinsfußes richtet sich nach den für den Unternehmer relevanten (Opportunitäts–)kosten. Diese können in der Rendite einer alternativen Anlage am Kapitalmarkt bestehen. Falls jedoch die Finanzierungskosten der Realinvestition, d.h. die aus einer notwendigen Kapitalaufnahme resultierenden Zinszahlungen, die Rendite der Finanzanlage übersteigen, so wird der Kalkulationszinsfuß durch die Finanzierungskosten bestimmt. Die alternative Anlage besteht dann darin, Finanzmittel am Kapitalmarkt nicht aufzunehmen bzw. aufgenommene Mittel zu tilgen. Der Kapitalwert ermöglicht dabei stets, die Vorteilhaftigkeit einer Realinvestition gegenüber der den Kalkulationszinsfuß bestimmenden alternativen Mittelverwendung zu beurteilen.[96] Bei dieser Vorgehensweise ist jedoch zu beachten, daß ein theoretisch richtiger Kalkulationszinsfuß nur unter der Annahme eines vollkommenen Kapitalmarkts abgeleitet werden kann. Nur dann ist gewährleistet, daß ein einheitlicher Zinssatz, der Marktzinssatz r, die Finanzierungskosten und die Alternativrenditen widerspiegelt.

---

94 Während die ersten Annahmen durchaus kontrovers gesehen werden, liegt bei der Annahme der Steuerehrlichkeit Einigkeit vor. Sie ist jedoch mit der Ratio ökonomischen Verhaltens unvereinbar. Vgl. hierzu Blankart (1998), S. 271.

95 Vgl. z.B. Neumann (1991), S. 89, Schwinger (1992), S. 22f, Schneider (1992), S. 77ff, Schmidt/ Terberger (1996), S. 126f.

96 Vgl. hierzu Lammersen (1999), S. 11f.

Gibt man diese Annahme auf, wird er zur endogenen Größe und kann zur Investitionsplanung nur geschätzt werden.[97]

Ein marginales Investitionsprojekt, bei dem der Unternehmer zwischen Investition und Finanzanlage indifferent ist, hat einen Kapitalwert in Höhe von Null. Die Annahme, daß der Kapitalwert auf Unternehmensebene maximiert werden soll, führt dazu, daß alle Realinvestitionen mit einem Kapitalwert von größer als Null durchzuführen sind.[98]

Der Kapitalwert ist im Fall einer Besteuerung zweifach zu modifizieren: Einmal sind die Zahlungsüberschüsse $R_{(u)}$ um die Steuerschuld $T_{(u)}$ zu kürzen. Falls auch die alternative Anlage auf dem Kapitalmarkt der Besteuerung unterliegt, so ist auch der Kalkulationszinssatz anzupassen: ρ_t mit $\rho_t = (1-\tau)\cdot\rho$. Der Kapitalwert nach Steuern ergibt sich dann aus:

$$K_t = \int_0^T \left[R_{(u)} - T_{(u)}\right] e^{-\rho_t u}\, du. \tag{22–III}$$

Von *Investitionsneutralität* spricht man dann, wenn sich die Investitionsplanung gegenüber einer Situation ohne Steuern nicht ändert. Sowohl der Umfang als auch die Rangordnung von Investitionsprojekten dürfen durch die Steuererhebung nicht beeinflußt werden.[99] Im folgenden wollen wir von der Rangfolgeinvarianz als wesentlichem Merkmal einer investitionsneutralen Besteuerung ausgehen. Die Bedingung der konstanten Rangfolge hat dabei zwei Ausprägungen: Einmal muß die Rangfolge der Kapitalwerte von Investitionsvorhaben in allen Fällen durch eine Besteuerung unverändert bleiben, d.h. es muß gelten: $K^A > K^B \Rightarrow K_t^A > K_t^B$ für alle Investitionen A und B. Zudem darf auch die Rangfolge der Anlagealternativen nicht verändert werden: $K = 0 \Rightarrow K_t = 0$ für alle Investitionen.

b. Neoklassische Perspektive des Investitionsproblems

Im Rahmen der neoklassischen Modellbildung werden die Bedingungen für eine Pareto–optimale Allokation des Faktors Kapital durch den Markt entwickelt. Die neoklassische Investitionstheorie wurde von Jorgenson (1963) entwickelt und später in ein inter–temporales Gleichgewichtsmodell in der Tradition von Fisher (1930) eingebettet. Die meisten Beiträge im Schrifttum sind dabei Partialanalysen.[100] In jüngster Zeit haben sich verstärkt kontroll-

---

97 Vgl. hierzu Schiele (2000), S 134, und die dort angegebene Literatur. Ausführlich zur Rolle des Kalkulationszinsfußes siehe auch Schmidt/ Terberger (1996), S .118ff.

98 Siehe zu diesen Zusammenhängen Schiele (2000), S. 130, der diese Zusammenhänge in einem Fisher–Modell darstellt.

99 Die Unterscheidung zwischen Niveauinvarianz und Rangfolgeinvarianz wird gemäß König (1997), S. 133, nicht von allen Autoren vorgenommen. Dabei bilden die niveauinvarianten eine echte Teilmenge der rangfolgeinvarianten Besteuerungssysteme. Manche Autoren erkennen nur die Niveauinvarianz, bei der der Kapitalwert vor und nach Steuern konstant bleibt, als Investitionsneutralität an. Vgl. hierzu auch Kaiser (1992), S. 99, und ebenda auch die ausführliche Ableitung der Investitionsneutralität mit Hilfe des Ansatzes der Marktwertmaximierung für ein Modell mit unendlich vielen Perioden mit diskreter Zeiteinteilung in Anhang C, S. 239ff.

100 Siehe hierzu beispielhaft Sinn (1985), S. 16, für einen Literaturüberblick zu Beiträgen, die sich das von Fisher und Hirshleifer (1970) konzipierte Modell zunutze machen, um den Einfluß der Besteuerung auf die unternehmerischen Investitionsentscheidungen zu analysieren.

theoretische Modelle durchgesetzt, um dynamische Optimierungsprobleme zu modellieren. Diese haben den Vorteil, daß sich mit ihrer Hilfe Investitions– und Finanzierungsprobleme *simultan* optimieren lassen, wenn diese Entscheidungen beispielsweise aufgrund eines nicht–finanzierungsneutralen Steuersystems nicht mehr getrennt voneinander analysiert werden können. Ihr Nachteil besteht in ihrem formal ungleich aufwendigeren Vorgehen.[101]

Die kontrolltheoretischen Überlegungen kommen im Rahmen eines partialanalytischen Standardmodells grundsätzlich zu den gleichen Ergebnissen wie „einfachere" Ansätze der neoklassischen Investitionstheorie. In diese Ansätze auf Basis des Fisher–Modells läßt sich jedoch das Phänomen der Kapitalakkumulation nicht vollständig integrieren. Dieses spielt indes für die Überlegungen zu den steuerlichen Auswirkungen auf das Investitionsverhalten – insbesondere bei den Abschreibungen – eine besondere Rolle und hat zugleich entscheidenden Einfluß auf das Wirtschaftswachstum. Für eine dynamische Steuerwirkungsanalyse ist daher eine Verbindung mit der neoklassischen Wachstumstheorie nötig, wie sie beispielsweise von Sinn (1985) im Rahmen eines Solowschen Wachstumsmodells entwickelt wurde. Aufgrund der breiteren Verwendbarkeit des Verfahrens wollen wir daher im folgenden die Ableitung der optimalen Investitionsentscheidung im Rahmen eines kontrolltheoretischen Modells darstellen, ohne die nachfolgend präsentierten Ergebnisse im Detail abzuleiten.[102]

Die Modellüberlegungen, die wiederum auf der Fisher–Separation aufbauen, beruhen auf den typischen neoklassischen Annahmen. Sie gehen dabei von zwei Gruppen von Akteuren aus, Unternehmen und Haushalten, die ihre Entscheidungen über Konsum und Investitionen aufgrund von intertemporalen Optimierungsansätzen optimieren und sich als Mengenanpasser verhalten. Die Unternehmen handeln im Interesse der Eigner und verfolgen die Zielsetzung, den Marktwert des Unternehmens zu maximieren. Dieses Vorgehen entspricht der Zielsetzung bei der Produktionsentscheidung, wie sie im 2. Kapitel im Zwei–Zeitpunkte–Modell abgeleitet wurde. Nur wird nun die Produktion nicht mehr vom Individuum selbst, sondern von einem Unternehmen durchgeführt, das ihm gehört. Das Unternehmen operiert unter der Regie einer linear–homogenen, strikt quasi–konkaven Produktionsfunktion $f(K,L)$. Das Kapitalgut K ist mit dem Konsumgut identisch, so daß durch einen Konsumverzicht in der Gegenwart direkt Produktionsmöglichkeiten für Konsumgüter in zukünftigen Perioden geschaffen werden können. Das Kapital– oder Konsumgut eines jeden Zeitpunkts fungiert als Numeraire, d.h. der Güterpreis wird gleich Eins gesetzt. Es werden kalkulatorische Abschreibungen vom Kapitalstock K zu einem festen Satz $\delta > 0$ vorgenommen. Dieser geometrisch–degressive Abschreibungsverlauf entspricht zugleich der Ertragswertabschreibung. Über den Kapitaleinsatz hinaus erfordert die Produktion auch noch den Einsatz von Arbeitskräften L zum Lohnsatz $w > 0$.

---

101 Vgl. Schiele (2000), S. 134.

102 Die optimale Investitionsplanung der Unternehmung im Rahmen eines einfacheren neoklassischen Modells findet sich beispielsweise in Neumann (1995), S. 94ff. Ausführliche Ableitungen im Rahmen von kontrolltheoretischen Ansätzen finden sich bei Sinn (1985), S. 21ff, Jochum (1991), S. 484ff, und nicht zuletzt in Schiele (2000), S. 134ff. In Feldhoff (1995), S. 4ff, findet sich eine sehr gute Darstellung der Entwicklung von der neoklassischen Investitionstheorie über die Einbettung dieser Theorie in ein intertemporales Gleichgewichtsmodell bis hin zum Wachstumsmodell von Sinn (1985). Die folgenden Erläuterungen beruhen auf dem Wachstumsmodell von Sinn (1985), S. 19ff, und auf den Ausführungen hierzu von Feldhoff (1995), S. 26ff.

Die mögliche Ausschüttung R des Unternehmens an seinen Eigner kann zu jedem Zeitpunkt folgendermaßen definiert werden:[103]

$$R = f(K,L) - \delta K - wL - I - rD + S_t. \qquad (23\text{–III})$$

mit D Fremdkapitalbestand des Unternehmens im Zeitpunkt t

S Nettoneuverschuldung des Unternehmens im Zeitpunkt t

I Nettoinvestition.

Das Unternehmen kann folglich seine Einkünfte aus dem Verkauf der Produktion $f(K,L)$ und der Nettoneuverschuldung S abzüglich der ökonomischen Abschreibungen auf Kapital ($\delta \cdot K$), den Ausgaben für Lohn ($w \cdot L$), für Nettoinvestitionen I[104] und für Zinszahlungen auf den Fremdkapitalbestand ($r \cdot D$) ausschütten.[105]

Um den Marktwert des Unternehmens zu maximieren, muß der Barwert dieser Ausschüttung zum Zeitpunkt 0 maximiert werden. Das Unternehmen kann seinen Marktwert über die Kontrollvariablen Arbeitseinsatz, Bruttoinvestitionen und Nettoverschuldung beeinflussen. Diese Aktionsparameter wirken dann mittelbar auf die Zustandsvariablen Kapitalstock und Schuldenbestand. Dabei gelten die folgenden Bewegungsgleichungen:[106]

$$\dot{K} = I \qquad (24\text{–III})$$

$$\dot{D} = S. \qquad (25\text{–III})$$

Zur Optimierung müssen noch die Anfangsbedingungen

$$K(0) = K_0 > 0 \qquad D(0) = D_0 < K_0 \qquad (26\text{–III})$$

und die Nichtnegativitätbedingungen

$$K \geq 0, \quad L \geq 0 \qquad (27\text{–III})$$

beachtet werden. Formal lautet dann das Optimierungsproblem, die Maximierung des Marktwert des Unternehmens zum Zeitpunkt t gleich Null:

$$M_0 = \int_0^\infty e^{-\int_0^t r(s)ds} R dt \rightarrow \underset{\{L,S,I\}}{max}{}^{107}. \qquad (28\text{–III})$$

---

103 Diese Gleichungen entsprechen den Gleichungen (1) und (2) in Sinn (1985). Die Variablen des Modells sind in der Regel zeitabhängig. Der Einfachheit halber verzichten wir jedoch im folgenden auf die Angabe des Zeitindex.

104 Die Nettoinvestitionen ergeben sich aus den Bruttoinvestitionen vermindert um die aufgrund der Abnutzung notwendigen Ersatzinvestitionen δK_t.

105 Unter den Bedingungen des vollständigen Kapitalmarkts ist die Differenzierung des Kapitals nach der Herkunft in Eigen– und Fremdkapital eigentlich sinnlos, da beide perfekt substituierbar sind. Wird jedoch eine Finanzierungsform steuerlich diskriminiert, wird sie von den unternehmerischen Entscheidungsträgern als suboptimal angesehen und nicht mehr gewählt. Folglich macht die Unterscheidung wieder Sinn, wenn wir in die Betrachtungen Steuern einbeziehen. Vgl. hierzu Feldhoff (1995), S. 10.

106 Es gilt durchgängig die Notation $\dot{X} \equiv \partial X / \partial t$, wobei t den Zeitindex bezeichnet.

107 Vergleicht man den Optimierungsansatz unseres Wachstumsmodells mit dem der neoklassischen Investitionstheorie, so zeigen sich kaum Unterschiede, da in beiden Fällen der Barwert der Ausschüttungen

Die notwendigen Bedingungen für die beschriebene Optimierung ergeben sich aus der Hamiltonfunktion und dem Maximumprinzip von Pontrjagin. Die in laufenden Werten angegebene Hamiltonfunktion lautet:

$$H = R + \lambda^K I + \lambda^D S \,. \tag{29–III}$$

Dabei bezeichnen die Lagrange–Multiplikatoren λ^K und λ^D die Schattenpreise des Kapitalstocks der Unternehmung und seines Fremdkapitalbestandes. Sie messen ausgehend vom optimalen Unternehmensplan die Marktwertänderungen, die entstehen, wenn die entsprechenden Bestände um eine Einheit erhöht werden. Über das Maximumprinzip lassen sich nun aus der Hamiltonfunktion notwendigen Bedingungen für die optimalen Unternehmensentscheidungen ableiten.[108] Dabei muß gelten:[109]

$$\partial H / \partial L = 0 \,. \tag{30–III}$$

Hieraus ergibt sich als Bedingung für den optimalen Arbeitseinsatz

$$f_L(K,L) = w \,. \tag{31–III}$$

Bei gegebenem K wird folglich der Arbeitseinsatz so gewählt, daß das Wertgrenzprodukt der Arbeit gleich dem Lohnsatz ist (Der Outputpreis wurde auf Eins normiert).

Die optimale Finanzierungspolitik läßt sich aus folgender hinreichender Bedingung ableiten:[110]

$$\partial H / \partial S = 0 \,. \tag{32–III}$$

Dies impliziert:

$$\lambda^D = -1 \text{ und damit } \dot{\lambda}^D = 0. \tag{33–III}$$

Setzt man diese Ergebnisse in die folgende Bedingung

$$\dot{\lambda}^D - r\lambda^D = -\partial H / \partial D \Rightarrow \dot{\lambda}^D - r\lambda^D = r \tag{34–III}$$

ein, so erhält man als notwendige Bedingung für eine optimale Verschuldung $r = r$. Der Marktwert der Unternehmung ist folglich von der Finanzierungspolitik des Unternehmens unabhängig. Dies spiegelt wieder, daß sowohl für Fremd– als auch Eigenkapital Finanzierungs– bzw. Opportunitätskosten in Höhe von r anfallen.

Zur Bestimmung der optimalen Investitionsplanung benötigen wir die notwendigen Bedingungen

---

maximiert wird. Im Wachstumsmodell wird jedoch die Definition der Ausschüttungen um die Schuldzinsen und die Nettoverschuldung erweitert. Dadurch können auch die steuerlichen Auswirkungen auf die Finanzierungsentscheidungen erfaßt werden. Vgl. hierzu Feldhoff (1995), S. 27.

108 Zur Technik dynamischer Optimierung siehe ausführlich Dorfman (1969), Intriligator (1971) oder etwa Feichtinger (1982), S. 175, sowie Barro/ Sala–i–Martin (1995), S. 498ff.

109 An dieser Stelle wird auf die Darstellung des vollständigen Gleichungssystems sowie der Transversalitätsbedingungen als weitere Anforderungen einer optimalen Unternehmenspolitik verzichtet. Siehe hierzu ausführlich Feldhoff (1995), S. 27f, oder Schiele (2000), S. 137f.

110 Hierbei wird angenommen, daß aufgrund des vollkommenen Kapitalmarkts keine Finanzierungsschranken vorliegen. Vgl. Sinn (1985), S. 24.

$$\partial H / \partial I = 0 = \lambda^K - 1 \text{ und} \tag{35–III}$$

$$\dot{\lambda}^K - r\lambda^K = -\partial H / \partial K = -[f_K(K,L) - \delta]. \tag{36–III}$$

Dies impliziert als Optimalitätskriterium

$$f_K(K,L) - \delta = r\ (= c). \tag{37–III}$$

Diese Bedingung entspricht der Bedingung (22–II) aus dem Zwei–Perioden–Modell des 2. Kapitels. Der Kapitaleinsatz ist optimal, wenn die Nettogrenzwertproduktivität des Kapitals mit dem Marktzinssatz übereinstimmt. Der Unterschied ist nur, daß die Abschreibungsrate im allgemeineren Modell dieses Kapitels nun beliebige Werte annehmen kann, während sie im Zwei–Perioden–Ansatz implizit mit 100 % angesetzt wurde. Die Nettogrenzwertproduktivität wird dabei häufig auch mit dem Begriff der *Kapitalkosten* (*c*) umschrieben. Die abgeleitete Bedingung charakterisiert ein als optimal erachtetes Allokationsergebnis einer wohlfunktionierenden Laissez–Faire–Ökonomie und kann folglich in der weiteren Analyse als Referenzpunkt für Investitionsneutralität dienen.

Formt man diese Gleichung um in

$$f_K(K,L) = r + \delta\ , \tag{38–III}$$

so erhält man eine neue Interpretation. Der Faktor Kapital wird so lange im Unternehmen eingesetzt, bis das Grenzprodukt des Faktors Kapital den *Kapitalnutzungskosten* entspricht. Diese setzen sich aus dem Marktzinssatz als Zinskosten und den Kosten der Abschreibung zusammen.[111] Diese Gleichung beschreibt nun die Bedingung für einen Pareto–optimalen Kapitaleinsatz im Unternehmen.

Für Studien, die der Analyse der Wirkungen von Unternehmensteuern auf die Allokation von Kapital gewidmet sind, ist diese Gleichung von besonderer Bedeutung. In der Theorie der Kapitaleinkommensbesteuerung stellt sie den Ausgangspunkt für eine Vielzahl von Studien dar, die die Wirkung der Steuern auf die Investitionstätigkeit untersuchen.[112]

Die Kapitalkosten lassen sich auch als die minimale Vorsteuerrendite interpretieren, die ein Investitionsvorhaben abwerfen muß, um profitabel zu sein. Die wissenschaftliche Kontroverse beruht dabei vor allem auf der Frage, wie die benötigte Rendite durch persönliche Einkommens– oder Körperschaftssteuern beeinflußt wird. Insbesondere ist strittig, inwieweit marginale Investitionsprojekte überhaupt von Steuern belastet werden. Sinn (1991) unterscheidet dabei drei verschiedene Sichtweisen, den „old view", den „new view" und „another view".[113] Nach dem „old view" belastet die gesamte Steuerlast marginale Investitionen und führt daher zu hohen Kapitalkosten, die weit über dem Marktzins liegen. Demgegenüber ist beim „new

---

111 Vgl. hierzu Schiele (2000), S. 139, und die dort angegebene Literatur. Die Optimalitätskriterien für den Kapitaleinsatz stimmen mit denen aus der neoklassischen Investitionstheorie abgeleiteten überein. Der Unterschied besteht darin, daß im Wachstumsmodell der Zinssatz nicht für alle Perioden ex ante als konstant angenommen wird. Vgl. hierzu Feldhoff (1995), S. 28. Die zusätzlich zu beachtenden Transversalitätsbedingungen als weitere Anforderungen einer optimalen Unternehmenspolitik sollen an dieser Stelle nicht dargestellt werden. Siehe Sinn (1985), S. 26.

112 Für einen Überblick siehe Pesmatzoglu (1996), S. 78f, Richter/ Wiegard (1993), S. 354ff, oder Sinn (1991).

113 Vgl. hierzu und im folgenden Sinn (1991), S. 25ff.

view" nur die Steuerlast auf einbehaltene Gewinne entscheidend. Es wird angenommen, die Doppelbesteuerung von Dividenden belaste hauptsächlich nur inframarginale Investitionsprojekte und habe folglich keine Auswirkungen auf die Kapitalkosten an der Grenze. Der „another view", dessen Tradition auch das in diesem Rahmen gewählte Modell folgt, stellt eine Weiterentwicklung der neuen Sichtweise durch Sinn (1985) dar und basiert auf der Annahme, daß Unternehmen ihre Kapitalkosten minimieren.

Der entscheidende Grund für die divergierenden Sichtweisen, wie Steuern die Kapitalkosten beeinflussen, liegt in den unterschiedlichen Annahmen über die Finanzierungspolitik der Unternehmen, die die Autoren treffen, teilweise ohne sie explizit zu nennen. Gerade die Vertreter der neuen Sichtweise haben die Bedeutung der Finanzierungspolitik betont und darauf hingewiesen, daß die Ausgabe neuer Anteile (Aktien), Fremdkapital und einbehaltene Gewinne als alternative Finanzierungsquellen berücksichtigt werden sollten. Je nachdem, welche Finanzierungsart angenommen wird, werden in der Literatur verschiedene Kapitalkostengleichungen formuliert.[114] Ebenso wichtig werden die verschiedenen Gewinnverwendungsmöglichkeiten eingeschätzt. Hier werden nicht nur Dividenden und Zinszahlungen berücksichtigt, sondern auch einbehaltene Gewinne und Aktienrückkäufe. Nur wenn eindeutig bestimmt ist, woher eine zusätzliche Geldeinheit für Investitionen stammt und wohin die zusätzlichen Einnahmen fließen, kann die Steuerbelastung einer marginalen Investition berechnet und damit geklärt werden, wie hoch die minimale Vorsteuerrendite sein muß, um diese Investition profitabel zu machen. Aufgrund der Unterscheidungen in drei mögliche Finanzierungsquellen und vier Gewinnverwendungsmöglichkeiten, ergeben sich theoretisch 12 verschiedene Formulierungen für die Kapitalkosten nach Steuern. Da Zinszahlungen als marginale Gewinnverwendung nur anfallen, wenn die marginale Finanzierung über Verschuldung erfolgt, reduziert sich die Zahl der Gleichungen auf 7.

Der Vorteil des gewählten Modells besteht darin, daß alle möglichen Finanzierungswege und Gewinnverwendungen berücksichtigt werden. Es besticht zudem durch eine sehr umfassende Formulierung, in der formal alle Varianten der Finanzierung und Gewinnverwendung simultan erfaßt werden können.

4. Steuern und das Entscheidungsproblem des Unternehmens

Nachdem wir den intertemporalen Allokationsprozeß auf der Unternehmensebene untersucht haben, wenden wir uns im nächsten Schritt der Analyse den Steuerwirkungen auf diesen Prozeß zu. Hierzu bedarf es zunächst eines Überblicks über mögliche Steuersysteme (Abschnitt a), bevor im nächsten Schritt das Optimierungsproblem des Unternehmens im Hinblick auf den Einfluß der Besteuerung modifiziert wird (b). Ausgehend von der in der formalen Analyse abgeleiteten Bedingung für eine optimale Kapitalallokation werden dann verschiedene Steuersysteme im Hinblick auf ihre Investitionsneutralität diskutiert (c). Abschließend werden Bedingungen abgeleitet, die sicherstellen, daß Steuersysteme nicht nur investitionsneutral, sondern auch intertemporal neutral wirken (d).

---

114 So wird etwa in Atkinson/ Stiglitz (1980), S. 142ff, King (1974), S 31ff, sowie in King (1977), S. 235ff, für jeden der möglichen Finanzierungswege ein eigenes Kalkulationskalkül aufgemacht.

a. Überblick über Steuersysteme

Ziel dieses ersten Abschnitts ist es, eine knappe Übersicht über die im Schrifttum diskutierten bzw. die in der Realität implementierten Besteuerungssysteme zu geben. Dazu konzentrieren wir uns auf eine inhaltliche Beschreibung, ohne bereits eine normative Wertung abzugeben. Hierbei sind zunächst verschiedene Gruppen von Körperschaftsteuersystemen zu unterscheiden, die die jeweilige Steuerbasis abweichend voneinander ermitteln. Im nächsten Schritt liegt unser Augenmerk dann auf den alternativen Systemen der Kapitaleinkommensbesteuerung, die sich durch unterschiedliche Grade der Integration von persönlicher Einkommensteuer und Körperschaftsteuer manifestieren.

i. Konzepte zur Besteuerung von unternehmerischer Tätigkeit auf der Unternehmensebene

Für die Besteuerung ist die Festlegung der Bemessungsgrundlage, an der die Steuer anknüpfen soll, von zentraler Bedeutung. Auf der Haushaltsebene haben wir als mögliche Anknüpfungspunkte der Besteuerung Einkommen und Konsum kennengelernt. Auf der Unternehmensebene stellt der Erfolg in einer Periode die Steuerbasis dar. Um die besteuerungsrelevante Bemessungsgrundlage festzustellen, kann man je nach Verfahren der periodischen Gewinnermittlung zwischen (1) Schanz–Haig–Simons– (SHS–) Systemen, (2) Cash–Flow– (CF–) Systemen und (3) Nettoertragsteuern unterscheiden. Bei der ersten Gruppe erfolgt die Gewinnermittlung auf Basis der Reinvermögenszugangstheorie. Dies impliziert insbesondere eine Ertragswertabschreibung[115], und es wird ein Schuldzinsenabzug implementiert.[116] Bei der zweiten Gruppe wird der Erfolg durch eine Gegenüberstellung der in einer Periode anfallenden Ein– und Auszahlungen ermittelt. Damit wird die in der Realität schwierig zu implementierende Ertragswertabschreibung umgangen, da auch die Anschaffungskosten von Anlagen sofort von der Bemessungsgrundlage abgezogen werden (Sofortabschreibung).[117] Für die dritte Gruppe ist es charakteristisch, daß die Finanzierungskosten des Kapitals von der Besteuerung ausgenommen werden, d.h. es wird nur der Nettoertrag besteuert.[118]

---

115 Eine präzise Erläuterung des Begriffs der Ertragswertabschreibung findet sich in Sinn (1985), S. 114ff. Als Synonym hierzu wird in dieser Arbeit auch „ökonomisch korrekte Abschreibung" gebraucht.

116 Zur Erläuterung und Charakterisierung der Einkommensermittlung im Rahmen eines SHS–Systems siehe etwa Sinn (1985), S. 48, oder Blankart (1998), S. 271ff.

117 Einen Überblick über verschiedene Cash–Flow–Systeme bietet etwa Bach (1999) oder von Oehsen (2000a). Der Unternehmenserfolg wird hierbei stromorientiert aus den in einer Periode anfallenden Ein– und Auszahlungen ermittelt. Je nachdem, welche Zahlungen zur Ermittlung der Steuerbasis herangezogen werden, können unterschiedliche Varianten unterschieden werden: Bei der R–CF–Steuer werden nur realwirtschaftliche Zahlungsströme berücksichtigt, wohingegen bei der R+F–CF–Steuer zusätzlich auch finanzwirtschaftliche Zahlungsströme einbezogen werden. Eine S–CF–Steuer knüpft an den Zahlungen zwischen Unternehmen und Anteilseigner an. Vgl. hierzu auch Wagner/ Schwinger (1991), S. 501ff.

118 Ein Beispiel für eine solche Besteuerung ist die zinsbereinigte Gewinnsteuer. Diese wurde erstmals von Boadway/ Bruce (1979) konzipiert und in Deutschland insbesondere von der Heidelberger Forschungsgruppe für die „konsumorientierte Neuordnung des Steuersystems" (KNS) verfolgt. Siehe hierzu Rose (1991a), oder auch die Darstellung in Lammersen (1999) oder knapp in von Oehsen (2000).

ii. Kapitaleinkommensteuersysteme

Neben dem Konzept der Ermittlung des Unternehmenserfolgs ist für die Wirkung der Besteuerung auch die Abstimmung mit der Besteuerung auf der Haushaltsebene entscheidend. Dabei kennzeichnet SHS–Systeme eine mehr oder weniger weitgehende Integration der Körperschaftsteuer in die persönliche Einkommensteuer, da beide Steuern auf den gleichen Grundlagen der Einkommensermittlung aufbauen. So zählen Gewinne und Zinszahlungen der Unternehmen auch zum Kapitaleinkommen der Haushalte. Demgegenüber sind die CF–Besteuerung und die Nettogewinnsteuer nicht auf eine Integration in die traditionelle Einkommensteuer hin angelegt. Sie gehen im Prinzip „neben" der Einkommensteuer auf der Haushaltsebene einher. Häufig wird angenommen, daß statt der persönlichen Einkommensteuer eine persönliche Konsumsteuer erhoben wird.[119] Im folgenden genügt es daher, die unterschiedliche Integration der Körperschaftsteuer auf der Haushaltesebene für SHS–Systeme zu untersuchen.

Grundsätzlich sind zwei Varianten denkbar, die sich darin unterscheiden, ob Unternehmen als selbständige Steuersubjekte betrachtet werden oder nicht: eine Teilhabersteuer oder eine sogenannte Betriebssteuer.[120]

Zentrale Annahme des Konzepts der *Teilhabersteuer* ist es, daß nur natürliche Personen Steuersubjekte sein können. Die Besteuerung erfolgt immer auf der Ebene der Haushalte nach dem Gesamteinkommen. Auf der Ebene des Unternehmens wird lediglich die Bemessungsgrundlage ermittelt und diese dann mit der Einkommensteuer des Eigentümers bzw. Teilhabers belastet. Bei einer Teilhabersteuer wird folglich die Körperschaftsteuer vollständig in die persönliche Einkommensteuer integriert. Da wir in diesem Abschnitt annehmen, daß die Unternehmung als Institution selbständig steuerpflichtig ist, bleibt diese Variante ausgeblendet.

Unterstellt man dagegen, daß eine Unternehmung Steuersubjekt sein kann, so spricht man von einer *Betriebssteuer*. In diesem Fall werden verschiedene alternative Systeme der Kapitaleinkommensbesteuerung unterschieden, die sich durch abweichende Grade der Integration von persönlicher Einkommensteuer und Körperschaftsteuer manifestieren. Die in der Praxis realisierten Systeme der Kapitaleinkommensbesteuerung lassen sich im wesentlichen auf drei Typen zurückführen: (1) das klassische System, (2) Systeme mit Teilanrechnungsverfahren bzw. mit gespaltenem Körperschaftsteuersatz und (3) das Vollanrechnungssystem. Die folgende Abbildung veranschaulicht diese Grundtypen, indem sie ordinale Größenstrukturen der zu den Steuersätzen gehörenden Steuerfaktoren darstellt. Die Steuerfaktoren definieren sich allgemein als $\Theta_i \equiv 1 - \tau_i, i = Z, A, E, W$. τ_i bezeichnet dabei den jeweiligen Steuersatz auf Zinseinkommen (τ_Z), ausgeschüttete Gewinne (τ_A), einbehaltene Gewinne (τ_E) und Wertzuwächse (τ_W).[121] Der in der Abbildung 10 dargestellte Steuerfaktor mißt den kombinierten Effekt der direkten und indirekten Belastung der einbehaltenen Gewinne: $\Theta_E^* = \Theta_E \cdot \Theta_W$.

---

119 Vgl. Blankart (1998), S. 272.

120 Zum Folgenden siehe Schiele (2000), S. 52f.

121 Nichtproportionale Steuersätze bleiben unberücksichtigt.

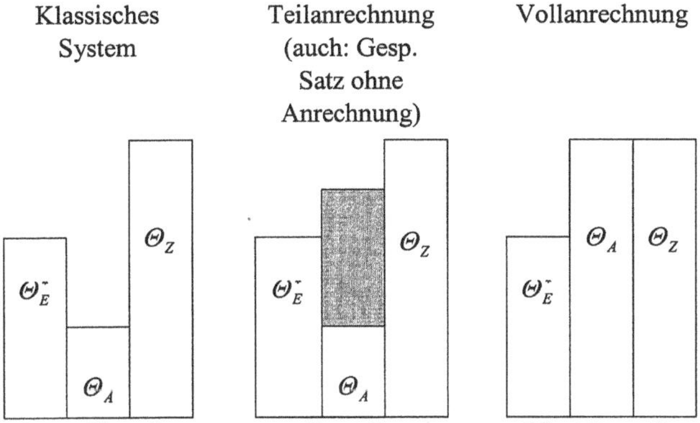

Klassisches System: $\Theta_A < \Theta_E^* \le \Theta_Z$, $\Theta_A = \Theta_E \cdot \Theta_Z$

Teilanrechnung: $\Theta_A \le \Theta_Z$, $\Theta_E^* \le \Theta_Z$, $\Theta_A \geq\leq \Theta_E^*$

Vollanrechnung: $\Theta_E^* \le \Theta_A = \Theta_Z$

Abbildung 10: Systeme der Kapitaleinkommensbesteuerung[122]

Quelle: Eigene Darstellung in Anlehnung an Sinn (1985), S. 54.

Im *klassischen System* werden die gesamten Gewinne, ob einbehalten oder ausgeschüttet, mit einem einheitlichen Steuersatz erfaßt. Die ausgeschütteten Gewinne werden dann im Haushalt des Anteilseigners noch einmal von der veranlagten Einkommensteuer belastet, der auch die Zinserträge unterliegen. Der effektive Steuerfaktor für eine ausgeschüttete Geldeinheit bemißt sich folglich aus $\Theta_A = \Theta_E \cdot \Theta_Z$. Wegen der Doppelbelastung unterschreitet dieser Faktor sowohl den Faktor auf einbehaltene Gewinne als auch jenen für Zinseinkommen.

Zum zweiten Typ gehört das *Teilanrechungsverfahren*, bei dem der gesamte Unternehmensgewinn zunächst mit der vollen Körperschaftsteuer belastet wird. Die ausgeschütteten Gewinne werden nochmals von der Einkommensteuer erfaßt. Der Steuerpflichtige kann jedoch bei der Berechnung der veranlagten Einkommensteuer einen Teil der schon bezahlten Körperschaftsteuer von seiner eigenen Steuerschuld abziehen. Beim System mit gespaltenem Satz wird der ausgeschüttete Gewinn gleich von Anfang an mit einem reduzierten Steuersatz belastet. Beide Systeme sind von ihrer Wirkung her fast gleich, da bei beiden Verfahren die Ausschüttungen mit einem reduzierten Körperschaftsteuersatz belastet werden.

Insgesamt haben beide Systeme wie die klassischen Systeme die Eigenschaft, daß auf der Haushaltsebene die gesamte Grenzsteuerbelastung der ausgeschütteten Gewinne größer ist als jene der Zinseinkommen, so daß $\Theta_A < \Theta_Z$. Die Grenzsteuerbelastung der ausgeschütteten Gewinne liegt jedoch nicht notwendigerweise über dem Grenzsteuersatz der einbehaltenen Gewinne. Dies hängt bei gegebenen Körperschaftsteuersatz ganz von der Einkommensposition des Anteilseigners im Rahmen der veranlagten Einkommensteuer ab.

122 In der zeichnerischen Darstellung wird angenommen, daß die Gesamtbelastung der einbehaltenen Gewinne die mittlere persönliche Grenzsteuerbelastung der Aktionäre übersteigt. Die Veranschaulichung ist im Sinne ordinaler Größenbeziehungen zwischen den Steuerfaktoren zu interpretieren.

Beim *Vollanrechungsverfahren* handelt es sich um ein System, bei dem die Dividenden bei den Unternehmen zunächst steuerlich belastet werden. Im Rahmen der persönlichen Einkommensteuer werden diese jedoch voll angerechnet, so daß die Ausschüttungen letztlich nur von der persönlichen Einkommensteuer des Anteilseigners belastet sind. Dies impliziert die folgende Gleichung: $\Theta_A = \Theta_Z$.

Alle Körperschaftsteuersysteme sind auch mit Wertzuwachssteuern kombinierbar, wie sie die Reinvermögenszugangstheorie impliziert. Dies bedeutet, daß nicht nur die ausgeschütteten Gewinne einer Doppelbelastung unterliegen können, sondern auch die einbehaltenen Gewinne. Dabei sind die Grenzsteuerbelastungen der Wertzuwächse in der Realität meist niedriger als diejenigen der Zinseinkünfte, d.h. es gilt $\Theta_W > \Theta_A$. Dies liegt nicht zuletzt daran, daß – wie wir im nächsten Abschnitt ausführlicher erläutern werden – der betrachtete Wertzuwachssteuersatz unter dem gesetzlich bestimmten Satz für realisierte Wertzuwächse liegt. Für das klassische System mit $\Theta_A = \Theta_E \cdot \Theta_Z$ bedeutet dies, daß der kombinierte Steuerfaktor für einbehaltene Gewinne, $\Theta_E^* = \Theta_E \cdot \Theta_W$, strikt über dem Steuerfaktor für ausgeschüttete Gewinne liegt, d.h. $\Theta_E^* > \Theta_A$. Für das Teilanrechungssystem kann dagegen wegen der Abhängigkeit von Θ_A vom jeweilig anzuwendenden persönlichen Steuersatz keine Aussage getroffen werden.

b. Das Entscheidungsproblem des Unternehmens unter dem Einfluß der Besteuerung

Nach dem Überblick über die Steuersysteme wenden wir uns nun der Rolle der Besteuerung im Unternehmenskalkül zu. Hierzu greifen wir auf das oben in Abschnitt 3.b formulierte Unternehmensmodell zurück. Dabei bleiben auch die grundlegenden Annahmen der Modellbildung gültig. Um das Optimierungsproblem der Unternehmung unter Berücksichtigung der Besteuerung abzuleiten, müssen als Ausgangspunkt einige Erweiterungen des Modells umgesetzt werden. So sind etwa die verschiedenen Anknüpfungspunkte der Besteuerung zu klären und die definitorischen Beziehungen zwischen den verschiedenen Größen herzustellen. Dabei wird formal ein so allgemeines Steuersystem abgeleitet, daß alle oben beschriebenen Steuersysteme abzubilden vermag.

i. Ausgangspunkte der erweiterten Modellstruktur

α. Anknüpfungspunkte der Ertragsbesteuerung

Als Anknüpfungspunkt der Besteuerung auf Ebene einer körperschaftlich organisierten Unternehmung dient in der Analyse der Gewinn. Dabei sei der Bilanzgewinn folgendermaßen definiert:

$$\Pi_t = f(K_t, L_t) - \delta \cdot K_t - w_t \cdot L_t - r_t \cdot D_t . \qquad (39\text{–III})$$

Der Bilanzgewinn setzt sich folglich zusammen aus den Bruttoerlösen *f(K,L)* abzüglich der ökonomischen Abschreibung δ auf den Kapitalstock *K*, den Lohnzahlungen $w \cdot L$, und den Zinszahlungen auf den Fremdkapitalbestand *D* zum Marktzinssatz *r*. Regelmäßig werden einbehaltene und ausgeschüttete Gewinne unterschiedlich besteuert. Werden einbehaltene Gewinne mit einem Steuersatz τ_E besteuert, so ergibt sich das Aufkommen bei einer Ausschüttung in Höhe von R als

$$T_E = \tau_E \cdot (\Pi - R). \tag{40–III}$$

Die ausgeschütteten Gewinne R können bei den Haushalten oder bei den Unternehmen besteuert werden. Mit τ_A als Steuersatz auf ausgeschüttete Gewinne beträgt das Aufkommen

$$T_A = \tau_A \cdot R. \tag{41–III}$$

Zudem ist eine Steuer als Wertzuwachssteuer auf realisierte und nichtrealisierte Wertzuwächse von Unternehmensanteilen denkbar. Ziel einer solchen Besteuerung ist eine Teilabschöpfung von Aktienkursgewinnen. Mit der Besteuerung von Kursgewinnen, die auf eine Gewinnthesaurierung zurückzuführen sind, können dann indirekt einbehaltene Unternehmensgewinne besteuert werden. Eine Wertzuwachssteuer ist analytisch sehr schwer explizit zu modellieren, da in der Praxis meist nur realisierte Wertzuwächse bei der Veräußerung von Anteilen besteuert werden. Zudem gibt es häufig bestimmte Spekulationsfristen, bei deren Überschreitung die Steuer ganz entfällt.[123] Im folgenden nehmen wir an, daß ein Steuersatz τ_W ableitbar ist, der die erst zum Realisationszeitpunkt anfallende Steuer in eine vom Realisationszeitpunkt unabhängige Besteuerung transformiert.[124] Der Steuersatz τ_W bezieht sich folglich auf realisierte und nichtrealisierte Wertzuwächse. Bemessungsgrundlage ist die Steigerung des Marktwerts der Unternehmensanteile abzüglich des laufenden Volumens der Beteiligungsfinanzierung des Unternehmens Q. Das Aufkommen T_W aus der Wertzuwachssteuer beträgt demgemäß

$$T_W = \tau_W \cdot (\dot{M} - Q). \tag{42–III}$$

Aus Sicht eines Unternehmens ist zusätzlich bedeutsam, wie Anlagen außerhalb des Unternehmens steuerlich behandelt werden. Zinsen unterliegen in der Regel auf Haushaltsebene der persönlichen Einkommensteuer. Im folgenden nehmen wir daher an, daß Haushalte Zinssteuern auf ihre Erträge aus Industrieobligationen einen Steuersatz in Höhe von τ_Z zahlen. Das Aufkommen daraus hat den Umfang

$$T_Z = \tau_Z \cdot r \cdot D. \tag{43–III}$$

Der Vermögens– und Kapitalbestand einer Ökonomie kann auch durch Bestandsteuern belastet werden. Mit τ_K, $\tau_K \geq 0$ wird das Aufkommen durch

$$T_K = \tau_K \cdot K \tag{44–III}$$

definiert.

---

123 Vgl. Sinn (1985), S. 50.

β. Die Möglichkeit der beschleunigten steuerlichen Abschreibung und alternative Annahmen zur Absetzbarkeit von Zinskosten und Abschreibungen

Bei der Berechnung des Bilanzgewinns haben wir bisher unterstellt, daß die Abschreibung des Kapitalstocks nach seinem wirklichen Wertverlust vorgenommen wird. Dies ist gleichbedeutend mit einer Ertragswertabschreibung. In der Realität entsprechen jedoch die Vorschriften des Steuerrechts bei der Ermittlung und Bewertung der steuerlichen Abschreibung nicht immer den ökonomisch korrekten Wertansätzen, da die Ertragswertabschreibung große praktische Probleme mit sich bringt, die auf unvollständiger Information beruhen. Daher wurden Steuersysteme entwickelt, bei denen man das Abschreibungsproblem umgehen kann und möglicherweise auch Investitionsneutralität erreichen kann. Insbesondere sind hier die Möglichkeiten der beschleunigten steuerlichen Abschreibung zu berücksichtigen. Zudem gibt es alternative Annahmen bezüglich der Absetzbarkeit von Zinskosten von der Steuerbemessungsgrundlage.[125]

Um eine *beschleunigte Abschreibung* im Modell zu integrieren, wird unterstellt, ein gewisser Anteil α_I einer Investitionsausgabe darf sofort abgeschrieben werden. Der verbleibende Teil $(1-\alpha_I)$ wird so abgeschrieben, daß die steuerliche mit der ökonomischen Abschreibung des Restwertes übereinstimmt. Das gesamte steuerliche Abschreibungsvolumen setzt sich somit aus den Sofortabschreibungen in Höhe von $\alpha_I \cdot (I + \delta K)$ und den ökonomischen Abschreibungen auf die Altbestände in Höhe von von $(1-\alpha_I) \cdot (I + \delta K)$ zusammen:

$$\alpha_I \cdot (I + \delta K) + (1-\alpha_I) \cdot (I + \delta K) = \alpha_I I + \delta K. \qquad (45\text{–III})$$

Entsprechend lautet dann die Steuerformel für das Aufkommen aus der Belastung der einbehaltenen Gewinne

$$T_E = \tau_E \left[f(K,L) - \delta K - \alpha_1 I - rD - wL - R \right]. \qquad (46\text{–III})$$

Bei den alternativen Annahmen zur *Absetzbarkeit von Zinskosten* ist es denkbar, daß Schuldzinsen gar nicht oder nur zum Teil von der Bemessungsgrundlage abziehbar sind. Mit α_3 soll der variable Anteil der bei den Unternehmen nicht absetzbaren Schuldzinsen bezeichnet werden, der alternativ die Werte Null und Eins annehmen kann. Andererseits ist es möglich, daß nicht nur die Zinsen auf das Fremdkapital abzugsfähig sind, sondern daneben auch ein Anteil α_2 der kalkulatorischen Zinskosten rK, d.h. der Zinskosten von Fremd– und Eigenkapital. Dabei kann auch α_2 Werte von Null und Eins annehmen. Die Steuerfunktion für die einbehaltenen Gewinne wird dann zu

$$T_E = \tau_E \left[f(K,L) - \delta K - \alpha_1 I - (1-\alpha_3) rD - \alpha_2 rK - wL - R \right]. \qquad (47\text{–III})$$

Diese Gleichung enthält eine Vielzahl verschiedener Annahmenkonstellationen, wobei natürlich nicht alle Parameterkombinationsmöglichkeiten relevant sind. Die nachstehende Tabelle 2 enthält Klassen von Modellvarianten, die für die späteren Betrachtungen von Steuersystemen relevant sind.

---

[125] Im folgenden werden wir diese Varianten vorstellen, auch wenn sie auf den ersten Blick nicht Teil eines Steuersystems eines weisen Diktators zu sein scheinen, da in diesem Ansatz die Akteure über vollkommene Information verfügen und eine ökonomisch korrekte Abschreibung nach dem Ertragswertverfahren kein Problem darstellt. Im weiteren Fortgang der Arbeit wird dann untersucht werden, mit welchen der vorgestellten Parameterkonstellationen ein effizientes Steuersystem erreicht werden kann.

Tabelle 2
Parameterkombinationen für die Absetzbarkeit von Zinskosten und mögliche Abschreibungsregeln

Steuerliche Absetzbarkeit von		
Zinskosten	Abschreibungen	Erläuterung
$\alpha_2 = \alpha_3 = 0$	$0 \leq \alpha_1 \leq 1$	Die effektiven, nicht aber die kalkulatorischen Zinskosten sind absetzbar. Die Abschreibungs-regeln sind beliebig.
$\alpha_2 = \alpha_3 = 1$	$\alpha_1 = 0$	Es dürfcn dic kalkulatorischen, aber nicht die effektiven Zinskosten abgesetzt werden. Es erfolgt eine Ertragswert-abschreibung.
$\alpha_2 = 0; \alpha_3 = 1$	$\alpha_1 = 1$	Zinskosten dürfen nicht abgesetzt werden. Es wird eine Sofort-abschreibung vorgenommen.

Quelle: Eigene Darstellung nach Buchholz; Wiegard (1993), S. 32.

γ. Definitorische Beziehungen zwischen Bilanzgewinn, Ertragssteuern und Nettoausschüttungen

Im nächsten Schritt werden einige definitorische Beziehungen geklärt, die wir später für die Ableitung der optimalen Unternehmenspolitik benötigen. Zugleich wird dabei deutlich, wie die einzelnen Steuerarten die Höhe der dem Anteilseigner zufließenden Nettoausschüttungen beeinflussen.[126]

Die möglichen Ausschüttungen werden vom Bilanzgewinn abgeleitet. Im Falle von ökonomisch korrekten (Ertragswert–) Abschreibungen unterscheidet sich der Bilanzgewinn mit und ohne Steuern nur durch die Steuern auf den Kapitalbestand.

Bei einer beschleunigten Abschreibung ist zu beachten, daß der Bilanzgewinn je nach Ausgestaltung der Abschreibungsvorschriften kleiner ausfällt. Durch die beschleunigte Abschreibung kommt es zu einer stillen Reserve durch eine laufende Nettosteuerersparnis. Dies wird im folgenden dadurch berücksichtigt, daß netto Steuerrückstellungen in der Höhe ($\tau_E \, \alpha_I \, I$) gebildet werden müssen bzw. die Ersparnis gewinnmindernd zu berücksichtigen ist. Der Bilanzgewinn lautet folglich:

$$\Pi = f(K,L) - \delta \cdot K - wL - rD - T_K - \tau_E \alpha_1 I . \qquad \text{(48–III)}$$

126 Zu den folgenden Ausführungen siehe Sinn (1985), S. 66f.

Im nächsten Schritt werden die Bruttoausschüttungen betrachtet. Diese können mit Hilfe der folgenden Budgetgleichung ermittelt werden:

$$\Pi + S + Q = R + I(1 - \alpha_1 \tau_E) + T_E . \tag{49–III}$$

Die Zuflüsse setzen sich aus dem Bilanzgewinn Π, der Nettoneuverschuldung S und der Beteiligungsfinanzierung Q zusammen. Diese müssen die Abflüsse aus Gewinnausschüttungen R, dem Teil der Nettoinvestitionen, der nicht aus der Steuerrückstellung finanziert werden kann $[I(1-\alpha_1\tau_E)]$, und die Steuer auf einbehaltene Gewinne T_E decken. Die Bruttoausschüttung ergibt sich dann aus:

$$R = \Pi + S + Q - I(1 - \alpha_1 \tau_E) - T_E . \tag{50–III}$$

Die Nettoausschüttung R_n läßt sich unmittelbar ermitteln, wenn man diese Gleichung mit dem Steuerfaktor $\Theta_A \equiv 1 - \tau_A$ multipliziert:

$$R_n = R - T_A = \Theta_A R . \tag{51–III}$$

Hieraus läßt sich durch eine Reihe einfacher Umformungen und für $\Theta_E \equiv 1 - \tau_E$ folgender Ausdruck für die Nettoausschüttung gewinnen:

$$R_n = \Theta_A[f(K,L) - \delta K - wL - rD] + \frac{\Theta_A}{\Theta_E}(S + Q - I) + \tau_E \frac{\Theta_A}{\Theta_E}[\alpha_1 I + \alpha_2 rK - \alpha_3 rD] - \Theta_A \tau_K K$$

(52–III)

ii. *Zum Optimierungsproblem des Unternehmens*

Auf der Grundlage der abgeleiteten Zusammenhänge können wir nun das Optimierungsproblem des Unternehmens in einer Welt mit Steuern entwickeln. Hierzu ist zunächst die Zielfunktion zu präzisieren, bevor dann die formalen Bedingungen einer optimalen Investitions– und Finanzplanung abgeleitet werden. Auf diese Weise erhalten wir schließlich die Marginalbedingung für einen optimalen Kapitaleinsatz unter Berücksichtigung von Steuern.

α. Die Zielfunktion in einer Welt mit Steuern

Auch in einer Situation mit Steuern strebt eine Unternehmung nach der Maximierung des Marktwerts M. Die Marktwertfunktion ist vor diesem Hintergrund jedoch zu modifizieren. Um den Marktwert abzuleiten, ziehen wir die folgende Arbitragegleichung heran:

$$M \cdot r \cdot \Theta_Z = (\dot{M} - Q) \cdot \Theta_W + R_n . \tag{53–III}$$

Diese Gleichung beschreibt die Anforderung, der die Entwicklung des Marktwertes genügen muß, damit ein Gleichgewicht zwischen einer Vermögensanlage in Aktien und einer Alternativanlage auf dem Kapitalmarkt vorliegt. Damit die Kapitalanleger zwischen beiden Anlagealternativen indifferent sind, muß der laufende Nettoertrag aus den Aktien die Nettozinserträge $M \cdot r \cdot \Theta_Z$ (linke Seite der Gleichung) aus einer alternativen Anlage auf dem Kapitalmarkt gerade aufwiegen. Diese dienen damit als Opportunitätserträge. Der Nettoertrag aus den Aktien wird durch die rechte Seite verkörpert und besteht aus zwei Komponenten. Dem

Investor fließen erstens die periodischen (Netto–) Dividendenausschüttungen R_n zu, zweitens sind die nach Abzug der Wertzuwachssteuer verbleibende Einkommen aus der Unternehmenswertsteigerung zu berücksichtigen. Nimmt man einen für alle Perioden konstanten Zinssatz r an, erhält man den Marktwert des Unternehmens zum Zeitpunkt t_0 durch die Integration von (53–III) über die Zeit t bei einem unendlichen Planungshorizont aus:[127]

$$M = \int_{t_0}^{\infty} \left[\frac{R_n}{\Theta_W} - Q \right] \cdot e^{\frac{\Theta_Z}{\Theta_W} \cdot r \cdot (t - t_0)} dt . \qquad (54\text{–III})$$

β. Der formale Lösungsansatz der Kontrolltheorie

Auf der Basis dieser Vorüberlegungen läßt sich die Struktur des Optimierungsproblems der Firma einfach darstellen. Das Unternehmen strebt danach, den in Gleichung (54–III) abgeleiteten Marktwert durch eine optimale Wahl der finanzierungs– und investitionspolitischen Maßnahmen zu maximieren. Hierzu müssen die Variablen Arbeit, Nettoneuverschuldung, Beteiligungsfinanzierung und Nettoinvestition optimal eingesetzt werden. Das Optimierungsproblem lautet dementsprechend:

$$\max_{\{L,S,Q,I\}} M = \int_{t_0}^{\infty} \left[\frac{R_n}{\Theta_W} - Q \right] \cdot e^{\frac{\Theta_Z}{\Theta_W} \cdot r \cdot (t - t_0)} dt . \qquad (55\text{–III})$$

Die Zustandsvariablen des Optimierungsproblems sind der Kapital– (K) und der Schuldenbestand D. Hierzu sind die schon bekannten Bewegungsgleichungen $\dot{K} = I$ und $\dot{D} = S$ zu berücksichtigen. Ebenfalls wie im Modell ohne Steuern gelten die Anfangsbedingung $K(0) = K_0 > 0$ und die Nichtnegativitätsbedingungen bezüglich des Arbeits– und Kapitaleinsatzes. Lediglich für den anfänglichen Schuldenbestand wird in einer neuen Bedingung unterstellt, daß $D(0) = D_0 < P_K K_0$, wobei P_K ($0 < P_K \leq 1$) ein Parameter ist, der so gewählt wird, daß bei $D_0 = P_K K_0$ der Marktwert des Unternehmens gerade den Wert Null annimmt.[128] Die nichtdiskontierte Hamiltonfunktion für das beschriebene kontrolltheoretische Problem lautet ähnlich wie in (29–III)

$$H = \frac{R_n}{\Theta_W} - Q + \lambda_K \cdot I + \lambda_D \cdot S , \qquad (56\text{–III})$$

wobei λ_K und λ_D die Schattenpreise des Kapitalstocks bzw. des Schuldenbestandes darstellen. Dabei ergeben sich die Nettoausschüttungen R_n aus der Gleichung (52–III).

Die notwendigen Bedingungen eines intertemporalen Optimums der Investitions– und Finanzierungspolitik ergeben sich analog zu Abschnitt 3.b aus dem folgenden Gleichungssystem:

$$\partial H / \partial I = 0 \qquad (57\text{–III})$$

$$\partial H / \partial Q = 0 \qquad (58\text{–III})$$

---

127 Zu einer vergleichbaren Vorgehensweise zur Ableitung der Zielfunktion siehe etwa King (1974), S. 22, King (1977), S. 90, Sinn (1993), S. 22, sowie Schiele (2000), S. 274.

128 Zur genaueren Interpretation dieses Parameters als effektiver Kapitalgüterpreis siehe Sinn (1985), S. 139.

$$\partial H / \partial S = 0 \tag{59–III}$$

$$\dot{\lambda}_K - \lambda_K \frac{\Theta_Z}{\Theta_W} \cdot r = -\frac{\partial H}{\partial K} \tag{60–III}$$

$$\dot{\lambda}_D - \lambda_D \frac{\Theta_Z}{\Theta_W} \cdot r = -\frac{\partial H}{\partial D} \tag{61–III}$$

$$\frac{\partial H}{\partial \lambda_K} = \dot{K} \tag{62–III}$$

$$\frac{\partial H}{\partial \lambda_D} = \dot{D} \tag{63–III}$$

Weitere Bedingungen sind die Transversalitätsbedingungen für die Zustandsvariablen K und D, auf deren Darstellung wir jedoch verzichten.[129]

Im nächsten Schritt wird der Einfluß der Unternehmensbesteuerung auf Investitionsentscheidungen analysiert. Dabei ist in der Realität kaum möglich, den Kapitalbildungsprozeß und seine Veränderungen durch Steuersysteme zu verstehen, ohne explizit zu berücksichtigen, wie die Besteuerung in die Finanzplanung der Unternehmen eingreift. Ohne Steuern sind alle Finanzierungswege für ein Unternehmen äqivalent, d.h. eine Änderung der Finanzierungsstruktur läßt den Marktwert unberührt. Steuern lassen klare Präferenzen für bestimmte Finanzierungswege entstehen. Zusätzlich werden regelmäßig die Schranken der Finanzplanung verändert. Da wir weiterhin von vollkommenen Kapitalmärkten ohne institutionelle Beschränkungen der Finanzierung ausgehen, spielt die Finanzplanung im Rahmen dieser Arbeit für die realwirtschaftliche Investitionsentscheidung keine größere Rolle. Wir gehen vielmehr davon aus, daß das betrachtete repräsentative Unternehmen seine Finanzplanung unter dem Einfluß der Besteuerung optimiert und eine solche Struktur wählt, die den Marktwert des Eigenkapitals maximiert.[130] Wird die Finanz– und Investitionsplanung auf der Unternehmensebene simultan optimiert, kann aus den obigen Bedingungen die Marginalbedingung des optimalen Kapitaleinsatzes unter dem Einfluß der Besteuerung entwickelt werden. Diese Ableitung wird hier nicht explizit nachvollzogen.[131] Die Bedingung lautet:

---

129 Zu den Transversalitätsbedingungen siehe Sinn (1985), S. 69. Zusätzlich wurde in der Darstellung auch die Bedingung des optimalen Arbeitseinsatzes ($\partial H/\partial L = 0$) vernachlässigt. Diese unterscheidet sich nicht von der im Modell ohne Steuern und ergibt auch hier $w = f_L$.

130 Wie sich zeigen wird, ist es auf diese Weise möglich, daß die steuerliche Diskriminierung einzelner Finanzierungsformen dann nicht auf die realwirtschaftliche Tätigkeit durchschlägt und allokationsrelevante Verzerrungen vermieden werden.

131 Die ausführliche Ableitung findet sich in Sinn (1985), S. 100ff. Buchholz/ Wiegard (1993), S. 33ff, leiten die Beziehung anschaulich anhand einer Arbitrageüberlegung zu Erträgen und Erlösen einer Grenzinvestition ab. Dabei verzichten sie jedoch wie diese Arbeit auf die explizite Berücksichtigung von Finanzierungsschranken im Steuerrecht. Daher folgen wir weitgehend der Darstellung der Marginalbedingung in Buchholz/ Wiegard (1993), berücksichtigen aber zusätzlich noch die Besteuerung des Wertzuwachses. Der wesentliche Unterschied in der Vorgehensweise zu Sinn (1985) liegt vor allem im Parameter σ. Dieser kennzeichnet bei Sinn als σ^* den maximalen marginalen Verschuldungsgrad, der sich aus der Finanzplanung bei eng begrenzten Optimierungsspielräumen ergibt. Zur Ableitung siehe das Kapitel zur optimalen Finanzplanung unter Finanzierungsschranken (Kapitel IV) bei Sinn (1985), S. 72ff.

$$r = \frac{f_K - \delta - \tau_K}{\frac{\Theta_Z(1-\sigma-\alpha_1\tau_E)}{\max(\Theta_A, \Theta_E^*)} + \frac{\sigma}{\Theta_E}\left[1-\tau_E\left(1-\alpha_3+\frac{\alpha_2}{\sigma}\right)\right]}. \tag{64–III}$$

Als neue Parameter finden sich in dieser Gleichung die Parameter σ und Θ_E^*. Der Ausdruck σ kennzeichnet dabei den Anteil, mit dem eine zusätzliche Investition fremdfinanziert wird. Diese Größe verdeutlicht letztlich den Einfluß der Finanzplanung. Θ_E^* bezeichnet den kombinierten Effekt aus einer direkten und indirekten Belastung der einbehaltenen Gewinne und ist als $\Theta_E^* \equiv \Theta_E \cdot \Theta_W$ definiert.

Der Ausdruck im Nenner der Gleichung kann als Preis P_K für den Erwerb einer (zusätzlichen) Kapitaleinheit interpretiert werden. In einer Welt ohne Steuern und ohne besondere steuerrechtlichen Vorschriften für die Bildung von Abschreibungen oder den Abzug von Schuldzinsen (d.h. $\alpha_1 = \alpha_2 = \alpha_3 = 0$) entspricht P_K Eins. In einer solchen Situation entspricht definitionsgemäß der Preis des Kapitalguts dem (auf Eins normierten) Preis des Konsumguts. Folglich gibt der Nenner den Einfluß der Finanzierung (durch die Größe σ), der Steuersätze und der steuerlichen Abzugsmöglichkeiten auf die Kapitalkosten an.[132]

Die Gleichung erscheint auf ersten Blick kompliziert. Ihr wesentlicher Vorteil besteht allerdings darin, daß sie für eine große Vielfalt von Parameterkonstellationen gilt. Damit kann eine große Zahl verschiedener Steuersysteme abgedeckt werden, die durch verschiedenen Annahmen über die relative Größe der Steuersätze, die Absetzbarkeit von Schuldzinsen und kalkulatorischen Zinskosten sowie über die Großzügigkeit der steuerrechtlichen Abschreibungsregeln gekennzeichnet sind. Zusätzlich berücksichtigt sie explizit die jeweils optimale Finanzierung des Unternehmens, ohne für jeden Finanzierungsweg ein eigenes Investitionskalkül zu erfordern.[133]

c. Investitionsneutralität der Besteuerung

Ziel dieses Abschnitts ist es, Bedingungen zu suchen, für die sich die obige Gleichung (64–III) auf die Bedingung des optimalen Kapitaleinsatzes in einer Laissez–Faire–Welt reduziert: $r = f_K - \delta$. Eine Steuer, oder ein Steuersystem, für das diese Eigenschaft erhalten bleibt, ist als *investitionsneutral* zu betrachten, da es die Investitionsplanung eines Unternehmens nicht beeinflußt. Im folgenden untersuchen wir hierzu eine Reihe von Vorschlägen auf ihre Eigenschaften: eine Reingewinnsteuer, eine allgemeine Kapitaleinkommensteuer und eine CF–Steuer.

i. Körperschaftsteuer als Reingewinnsteuer

Die Analyse der Reingewinnsteuer bietet sich an, da man in der statischen Steuerwirkungslehre davon ausgeht, daß von einer Besteuerung des Reingewinns keine Verzerrungen ausge-

---

132 Zu diesen Überlegungen siehe Buchholz/ Wiegard (1993), S. 37.

133 Die Formulierung der Bedingung ermöglicht auch die Berücksichtigung von Mischfinanzierungen, wenn in der Realität Finanzierungsschranken vorliegen. Zur Würdigung siehe Sinn (1985), S. 102.

hen. Maximiert ein Unternehmen in einer solchen Situation seinen Nettogewinn, maximiert es zugleich seinen Bruttogewinn. Im folgenden zeigen wir, daß dieses Ergebnis auch bei einem intertemporalen Unternehmenskalkül gilt.

Hierzu wird angenommen, daß eine einheitliche Steuer auf einbehaltene und ausgeschüttete Gewinne erhoben wird ($\tau_A = \tau_E > 0$), aber keine Steuern auf Zinseinkommen, Kursgewinne oder Kapitalbestand ($\tau_Z = \tau_W = \tau_K = 0$) und daß eine ökonomisch korrekte Abschreibung erfolgt ($\alpha_1 = 0$). Bei den Zinskosten seien nur die kalkulatorischen Zinskosten von der Bemessungsgrundlage absetzbar. Dies impliziert $\alpha_2 = \alpha_3 = 1$.

Die Marginalbedingung (64–III) wird folglich zu:

$$r = \frac{f_K - \delta}{\frac{1-\sigma}{\Theta_E} + \frac{\sigma}{\Theta_E}\left(1 - \frac{\tau_E}{\sigma}\right)} = f_K - \delta . \qquad (65\text{–III})$$

Die Reingewinnsteuer ist in dieser Variante demgemäß investitionsneutral. Dabei ist dieses Resultat völlig unabhängig von der Finanzierungspolitik, da sich σ herauskürzt. Dies beruht darauf, daß alle Finanzierungswege äquivalent sind und keine Finanzierungsschranken vorliegen.

ii. *Einheitliche Kapitaleinkommensteuer*

Zum gleichen Ergebnis kommt man auch, wenn man eine einheitliche Besteuerung aller Kapitaleinkünfte annimmt. Bei dieser auf Johansson (1961) und Samuelson (1964) zurückgehenden Steuer nimmt man an, daß sämtliche Kapitaleinkünfte einer einheitlichen Grenzsteuerbelastung unterliegen und Ertragswertabschreibungen vorgenommen werden. Dies impliziert $\Theta_E = \Theta_A = \Theta_Z < 1$, $\Theta_W = 1$ (d.h. $\tau_W = 0$) und $\alpha_1 = \alpha_2 = \alpha_3 = \tau_K = 0$.[134] Setzt man dies in (64–III) ein, so erhält man wiederum die vertraute Laissez–Faire–Bedingung:

$$r = \frac{f_K - \delta}{\frac{\Theta_Z(1-\sigma)}{\max(\Theta_A, \Theta_E^*)} + \frac{\sigma}{\Theta_E}(1-\tau_E)} = f_K - \delta . \qquad (66\text{–III})$$

Eine allgemeine gleichmäßige Besteuerung der Kapitaleinkünfte verbunden mit einer ökonomisch korrekten Abschreibung ist folglich investitionsneutral. Wie bei der analysierten Reingewinnsteuer ist das Ergebnis auch hier vom Finanzierungsparameter σ unabhängig.

---

134 Die Bedingung $\Theta_E = \Theta_A = \Theta_Z$ bzw. entsprechend $\tau_E = \tau_A = \tau_Z$ stimmt mit der Forderung nach Finanzierungsneutralität der Besteuerung überein. Diese beruht bei Johansson (1961) und Samuelson (1964) letztendlich darauf, daß in ihren Studien die Finanzplanung einer Firma nicht endogen bestimmt wird, sondern sich nach starren Regeln richtet, wie dies in den Modellen des „old view" regelmäßig der Fall ist. Dort wird häufig von einer exogen gegebenen Eigenfinanzierung ausgegangen. Wird in einer solchen Situation dieser Finanzierungsweg steuerlich diskriminiert, so ist eine Investitionsneutralität nicht zu erwarten. Für einen Überblick über die Modelle des „old view" siehe Sinn (1991). Wie in den folgenden Ausführungen verdeutlicht wird, ist Finanzierungsneutralität jedoch unter der Annahme einer simultanen Optimierung von Finanz– und Investitionsplanung bei vollkommenen Kapitalmärkten und sicheren Erwartungen als Voraussetzung für Investitionsneutralität obsolet.

Damit wurden zwei Arten von Steuern als investitionsneutral klassifiziert. Eine Gewinnsteuer bei Absetzbarkeit der *kalkulatorischen* Zinskosten und eine allgemeine Kapitaleinkommensteuer bei Absetzbarkeit der *effektiven* Zinskosten. An dieser Stelle ist es nicht nötig, noch weitere Steuern zu analysieren, denn es können viel allgemeinere Neutralitätsaussagen getroffen werden. Liegen folgende Annahmen vor:

(a) Bei der Gewinnermittlung wird eine Ertragswertabschreibung der Grenzinvestition vorgenommen,

(b) nur die effektiven Zinskosten können steuerlich abgesetzt werden und es wird

(c) keine Steuer auf den Kapitalbestand erhoben,[135]

dann sind all jene durch die Parameter τ_A, τ_E, τ_Z und τ_W definierten Systeme der Kapitaleinkommensbesteuerung investitionsneutral, für die eine Lösung des Optimierungsproblems der Firma existiert. Äquivalent bedeutet dies, daß unter diesen Annahmen alle Kapitaleinkommensteuersysteme investitionsneutral sind, „bei denen die Grenzsteuerbelastung der Zinseinkünfte des repräsentativen Anteilseigners nicht über der direkten und indirekten Grenzsteuerbelastung der einbehaltenen Gewinne ($\Theta_Z \geq \Theta_W \cdot \Theta_E$) und nicht über der Grenzsteuerbelastung der ausgeschütteten Gewinne liegt ($\Theta_Z \geq \Theta_A$).“[136]

Diese Ungleichungen erfüllen alle in OECD–Ländern implementierten Systeme der Kapitaleinkommensbesteuerung.[137] Zur Beurteilung eines Kapitalsteuersystems darf jedoch die Abschreibungsproblematik nicht vernachlässigt werden. Grundsätzlich kann jedoch gefolgert werden, daß bei einer ökonomisch korrekten Abschreibung, d.h. wenn diese Länder die Regeln der SHS–Besteuerung durchsetzen, eine Investitionsneutralität zu erwarten ist.

Diese Bedingungen zeigen zugleich, daß die *ordinale Größenstruktur der Steuerfaktoren irrelevant* ist. Im Modell wurde angenommen, daß das Unternehmen die Investitions– und Finanzierungsplanung simultan optimiert und eine Politikkombination sucht, die den Marktwert maximiert. Dies bedeutet, daß eine Firma unter den Finanzierungsalternativen endogen diejenige auswählen wird, die jeweils am günstigsten ist. Daher schlägt die unterschiedliche Behandlung einzelner Finanzierungsformen nicht auf die realwirtschaftliche Ebene der Investitionsplanung durch, und allokationsrelevante Verzerrungen werden vermieden.[138] Gemäß Sinn (1985), S. 159, sind steuerinduzierte „Veränderungen in der Finanzierungsstruktur der Unternehmen rein monetäre Phänomene ..., die aus allokativer Sicht ... erst in zweiter Linie von Bedeutung sind.“ Das Irrelevanztheorem von Modigliani und Miller (1958) gilt folglich auch bei steuerbedingten Verzerrungen der Finanzierungsstruktur. Dementsprechend erhält

---

135 Diese Bedingungen entsprechen den Regeln von Schanz, Haig und Simons. Vgl. hierzu Sinn (1985), S. 119.

136 Sinn (1985), S. 118.

137 Zu den drei unterschiedlichen Systemtypen der Kapitaleinkommensbesteuerung (klassisches System, Teilanrechnungsverfahren und Vollanrechnungsverfahren) siehe die Ausführungen im Abschnitt 4.a weiter oben oder Sinn (1985), S. 52ff, der auch die einzelnen Verfahren den OECD–Ländern zuordnet.

138 Vgl. dazu auch Sinn (1985), S. 159. Dieses Ergebnis stellt zugleich eine Verallgemeinerung des von Johansson (1961) und Samuelson (1964) erzielten Neutralitätsergebnisses dar. Vgl. hierzu Sinn (1984b), S. 557. Es ist allerdings zu beachten, daß Verzerrungen der Finanzierungsstruktur nur vor dem Hintergrund einer neoklassischen Modellwelt als irrelevant behandelt werden können. Berücksichtigt man Agency–Probleme, können durchaus Effizienzeinbußen auftreten, vgl. hierzu etwa Wenger (1989), S. 223ff.

man unter den oben genannten Bedingungen auch bei der Berücksichtigung von Steuern wieder die Laissez–Faire–Marginalbedingung für einen optimalen Kapitaleinsatz. So ist es bei dieser Vorgehensweise auch nicht notwendig, Finanzierungsneutralität bzw. eine einheitliche Besteuerung auf Kapitaleinkünfte vorauszusetzen.[139]

iii. CF–Steuer als Steuer ohne Ertragswertabschreibung

Alle bisher betrachteten Steuersysteme verlangen eine strikte Anwendung des SHS–Konzeptes der Kapitaleinkommensbesteuerung, d.h. sie setzen voraus, daß eine Ertragswertabschreibung durchgeführt wird und die Schuldzinsen abgezogen werden können. In der Realität ist die Ertragswertabschreibung – wie bereits angedeutet – jedoch schwierig zu implementieren. Daher wurde als weitere Möglichkeit eine CF–Steuer vorgestellt, die durch Sofortabschreibung und dem Verbot der Absetzung von Schuldzinsen charakterisiert wird. In diesem System werden folglich die laufenden, nicht finanzierungsbedingten Zahlungsüberschüsse aus einem Investitionsprojekt der Besteuerung unterworfen.[140] Um zu prüfen, ob auch dieses System investitionsneutral ist, wenden wir wiederum unsere Gleichung (64–III) an. Da bei dieser Variante keine Zinseinkommensteuer und keine Steuer auf den Kapitalbestand erhoben wird, setzen wir $\tau_K = 0$ und $\Theta_Z = 1$. Weiterhin zeichnet sich die Gewinnsteuer durch $\Theta_A = \Theta_E^* < 1, \Theta_W = 1$ aus. Wegen der Nichtabsetzbarkeit der Zinskosten gilt $\alpha_2 = 0$ und $\alpha_3 = 1$ sowie aufgrund der Sofortabschreibung $\alpha_1 = 1$. Dies Parameterkonstellation entspricht der letzten Zeile in Tabelle 2. Eingesetzt in (64–III) ergibt sich dann:

$$r = \frac{f_K - \delta}{\frac{1-\sigma-\tau_E}{\Theta_E} + \frac{\sigma}{\Theta_E}} = f_K - \delta . \qquad (67\text{–III})$$

Die Gleichung reduziert sich auf die Laissez–Faire–Marginalbedingung, d.h. das Steuersystem ist investitionsneutral. Ökonomisch betrachtet ist eine Besteuerung der laufenden Zahlungsüberschüsse immer investitionsneutral, da sich ein Investitionsprojekt immer dann lohnt, wenn es auch ohne Besteuerung durchgeführt worden wäre.

Als Ergebnis der Steuerwirkungsanalyse im partialanalytischen Unternehmensmodell erhalten wir damit verschiedene Parameterkonstallationen, denen ein Steuersystem genügen muß, damit ein effizienter Kapitaleinsatz in einer repräsentativen Unternehmung gewährleistet ist. Im nächsten Schritt werden wir die partialanalytische Sicht und damit die Unternehmensebene verlassen und untersuchen, unter welchen Bedingungen Steuersysteme intertemporal neutral sind.

---

139 Diese Forderung wird jedoch auch heute noch vertreten u.a. von Wagner (1995), S. 744, oder Schwinger (1992). S. 263ff.

140 Diese Beschreibung kennzeichnet die sogenannte Brown–Steuer (Brown 1948), da die Bemessungsgrundlage nur aus den realwirtschaftlichen Zahlungsüberschüssen besteht. Eine Erweiterung der Besteuerung auf Nettozahlungsüberschüsse aus Finanztransaktionen, wie sie vom Meade Committee (1978) als sogenannte R + F–Steuer vorgeschlagen wurde, führt hinsichtlich der Investitionsneutralität zum gleichen Ergebnis. Zum Nachweis siehe Sinn (1985), S. 128f.

d. Intertemporale Neutralität auf gesamtwirtschaftlicher Ebene

Das Kriterium der Investitionsneutralität sagt nichts darüber aus, ob ein Steuersystem auch intertemporal neutral ist. Zur Bestimmung eines intertemporal neutralen Steuersystems ist eine Abstimmung zwischen Unternehmens– und Haushaltsebene erforderlich. Die entscheidende Größe ist hierbei die Besteuerung der Zinseinkommen auf Haushaltsebene. Wie bereits ausführlich dargelegt, führt eine Zinsbesteuerung immer zu einer Verzerrung der intertemporalen Allokation, da sie einen Keil zwischen die subjektive Zeitpräferenzrate und die Grenzproduktivität des Kapitals treibt. Mit der Abweichung zwischen diesen beiden Größen wird eine zentrale Bedingung des intertemporalen Optimums der Ressourcenallokation verletzt. Folglich ist zu vermuten, daß grundsätzlich alle Kapitaleinkommensteuersysteme ausscheiden, die eine Zinsbesteuerung auf Haushaltsebene vorsehen. Hierzu gehört nicht zuletzt das System von Schanz–Haig–Simons.

Wie im folgenden zu zeigen sein wird, stimmt das Konzept der intertemporalen Neutralität mit dem Konzept der Investitionsneutralität für $\Theta_Z = 1$ überein, so daß grundsätzlich die bisher betrachteten Systeme ohne Zinbesteuerung auch intertemporal neutral sind. Es gibt jedoch die Möglichkeit, auch bei der Existenz von Zinseinkommensteuern intertemporale Besteuerungsneutralität zu erreichen.

Um die Möglichkeiten und Ausgestaltungsformen intertemporal neutraler Steuersysteme abzuleiten, greifen wir wieder auf die Gleichung (64–III) zurück. An dieser Stelle wollen wir jedoch auch die Integration von persönlicher Besteuerung und Steuern auf Unternehmensebene in der Marginalbedingung berücksichtigen. Der Einfachheit halber beschränken wir uns jedoch auf das klassische und das Vollanrechungssystem und abstrahieren von Wertzuwachssteuern, d.h. wir setzen $\Theta_W = 1$.[141]

Im klassischen System gilt ohne Wertzuwachssteuer $\Theta_A = \Theta_E$. Da die Ausschüttungen auf der Haushaltsebene der Zinsbesteuerung unterliegen, ist der *effektive* Steuerfaktor $\Theta_A^* = \Theta_Z \cdot \Theta_A$. Im Vollanrechnungssystem wird die Steuer auf ausgeschüttete Gewinne im Rahmen der Zinsbesteuerung angerechnet. Der effektive Ausschüttungssteuersatz stimmt damit mit dem Zinssteuersatz überein, also gilt $\Theta_A^* = \Theta_Z$. Zugleich ist zu berücksichtigen, daß in diesem System einbehaltene Gewinne meist mit einem höheren Satz belastet werden, so daß von $\Theta_E < \Theta_Z$ auszugehen ist.

Wählt das Unternehmen unter diesen Annahmen wieder denjenigen Finanzierungsweg, der den Marktwert bzw. den Grenzertrag maximiert, wird die bekannte Marginalbedingung zu

$$r = \frac{f_K - \delta}{\dfrac{\Theta_Z(1-\sigma-\alpha_1\tau_E)}{\max(\Theta_A^*,\Theta_E)} + \dfrac{\sigma}{\Theta_E}\left[1-\tau_E\left(1-\alpha_3+\dfrac{\alpha_2}{\sigma}\right)\right]}. \qquad (68\text{–III})$$

Im 2. Kapitel hatten wir als Bedingung für die optimale intertemporale Allokation abgeleitet, daß die Zeitpräferenzrate des repräsentativen Individuums mit der Nettogrenzproduktivität übereinstimmen muß. Als Vermittler zwischen der Unternehmenssphäre und der Haus-

---

141 Zu diesem Vorgehen siehe Buchholz/ Wiegard (1993), S. 32ff.

haltssphäre dient dabei der Marktzins r. Die Laissez–Faire–Gleichung lautet dementsprechend:[142]

$$\gamma = r = f_K - \delta . \tag{69–III}$$

Übertragen auf den Modellrahmen bedeutet dies:

$$\frac{\gamma}{\Theta_Z} = r = \frac{f_K - \delta}{\dfrac{\Theta_Z(1-\sigma-\alpha_1\tau_E)}{\max(\Theta_A^*, \Theta_E)} + \dfrac{\sigma}{\Theta_E}\left[1-\tau_E\left(1-\alpha_3+\dfrac{\alpha_2}{\sigma}\right)\right]} . \tag{70–III}$$

Wie oben erwähnt kann der Ausdruck im Nenner der rechten Seite der Gleichung als Preis P_K für den Erwerb einer (zusätzlichen) Kapitaleinheit interpretiert werden. Vergleicht man nun die obige Gleichung (70–III) mit der Laissez–Faire–Gleichung (37–III), so wird unmittelbar klar, daß eine intertemporale Besteuerungsneutralität vorliegt, wenn die Bedingung $\Theta_Z = P_K$ gültig ist. Gleichzeitig ist zu konstatieren, daß im Falle von $P_K = 1$ auf der Unternehmensebene Investitionsneutralität vorliegt. Bleiben Zinseinkünfte unbesteuert, d.h. $\Theta_Z = 1$, stimmen beide Konzepte überein. Daraus kann gefolgert werden, daß diejenigen Steuersysteme, die wir bereits als investitionsneutral identifiziert haben, und die zugleich bei den Haushalten auf eine Besteuerung von Zinseinkommen verzichten, auch als intertemporal neutral zu qualifizieren sind. Offen bleibt die Frage, ob es auch Steuersysteme mit Zinsbesteuerung gibt, die intertemporal neutral wirken.

Diese Aufgabe läßt sich formal lösen. Hierzu sind solche Kombinationen von Steuersätzen und steuerlichen Parametern zu finden, die der Gleichung (70–III) genügen. Anders ausgedrückt muß gelten:

$$\Theta_Z = \frac{\Theta_Z(1-\sigma-\alpha_1\tau_E)}{\max(\Theta_A^*, \Theta_E)} + \frac{\sigma}{\Theta_E}\left[1-\tau_E\left(1-\alpha_3+\frac{\alpha_2}{\sigma}\right)\right]. \tag{71–III}$$

Grundsätzlich kann man nun auf Basis dieser Bedingung alle möglichen Besteuerungsparameter betrachten, wobei einer, z.B. α_2, dann endogen zu bestimmen ist. So können didaktisch anschaulich eine Reihe von Steuersystemen abgeleitet werden. Wie sich zeigen wird, erhält man jedoch unter der Annahme der Nichtbesteuerung von Zinseinkünften die gleichen Steuersysteme, die bereits im vorigen Abschnitt vorgestellt wurden. Interessant ist diese Vorgehensweise insbesondere für den Fall einer Zinsbesteuerung. Tabelle 3 faßt die Ergebnisse dieser Überlegungen zusammen.

Sieht man zunächst von einer Zinsbesteuerung ab, so erhält man die Steuersysteme I bis IV. Verzichtet man auf eine Besteuerung der einbehaltenen Gewinne, müssen die ausgeschütteten Gewinne notwendig besteuert werden, um überhaupt ein Aufkommen zu erzielen. In diesem Fall ergibt Gleichung (71–III), daß aufgrund dieser Annahmen schon intertemporale Besteuerungsneutralität gewährleistet wird, egal wie die steuerlichen α–Parameter bestimmt werden. Dieses System (IV) entspricht dem Vorschlag einer sogenannten S–Steuer des Meade Committees (1978).

142 Genaugenommen hatten wir im 2. Kapitel eine Abschreibung in Höhe von 100 % angenommen, so daß dort noch von $\delta = 1$ ausgegangen wurde.

Besteuert man einbehaltene und ausgeschüttete Gewinne, so erhält man die Systeme I bis III. Hier wird davon ausgegangen, daß beide Gewinnverwendungen gleich besteuert werden. Die jeweiligen Systeme unterscheiden sich lediglich im Hinblick auf die steuerlichen Parameter. Setzt man an der Absetzbarkeit der Fremdkapitalzinsen an, so sind die Fälle $\alpha_3 = 1$ und $\alpha_3 = 0$ abzugrenzen. Im ersten Fall zeigt sich, daß Gleichung (71–III) zu der Bedingung $\alpha_1 + \alpha_2 = 1$ führt. Hieraus lassen sich die R–Steuer (I), die zinsbereinigte Gewinnsteuer (III) und ein System ableiten, das Ertragswertabschreibung vorsieht und in dem die kalkulatorischen Zinskosten abgesetzt werden dürfen.[143] Auch hier zeigt sich, daß die Finanzierung (σ) aufgrund der flexiblen Finanzplanung keine Rolle spielt. Für den Fall $\alpha_3 = 0$ läßt sich unter der Annahme flexibler Finanzplanung kein intuitiv schlüssiges besteuerungsneutrales System ableiten.[144]

Tabelle 3
Intertemporal neutrale Systeme der Kapitaleinkommensbesteuerung

	Steuersätze			α–Parameter			
	Annahmen an			Annahmen an		Folgerung	
	τ_Z	τ_E	τ_A	α_3	α_1	α_2	Vorschlag von...
I					$\alpha_1 = 1 \Rightarrow$	$\alpha_2 = 0$	Brown (1948), Kay und King (1978) (R–Steuer)
II		τ_E =	$\tau_A > 0$	$\alpha_3 = 1$	$\alpha_1 = 0 \Rightarrow$	$\alpha_2 = 1$	Mill (1865), Oberhauser (1963) u.a.
III	$\tau_Z = 0$				$\alpha_1 \in (0, 1) \Rightarrow$	$\alpha_2 = 1 - \alpha_1$	Wenger (1983), Boadway und Bruce (1979)
IV		$\tau_E = 0$	$\tau_A > 0$	Irrelevant			Meade–Komitee (1978) (S–Steuer)
V	τ_Z =	$\tau_E > 0$	$\tau_A^* > \tau_Z$	$\alpha_3 = 0$	$\alpha_1 = 1 \Rightarrow$	$\alpha_2 = 0$	Sinn (1985, 1987) (Misch–System)

Quelle: Eigene Darstellung in Anlehnung an Buchholz; Wiegard (1993), S. 39.[145]

Abschließend ist der Fall zu behandeln, in dem nicht darauf verzichtet werden soll, Zinseinkünfte zu besteuern. Dabei sollen einbehaltene Gewinne mit dem gleichen Satz wie ausgeschüttete Gewinne besteuert werden. Der effektive Steuersatz auf ausgeschüttete Gewinne

143 Dieses System entspricht somit dem in der zweiten Zeile in Tabelle 2 charakterisierten.

144 Buchholz/ Wiegard (1993) stellen für $\alpha_3 = 0$ das von Stiglitz (1973) vorgeschlagene System dar. Darauf wird in der vorliegenden Arbeit verzichtet, da Stiglitz (1973) nicht von einer flexiblen Finanzplanung ausgeht, sondern von einer exogen gegebenen (steuerlich diskriminierten) Fremdfinanzierung. Zur Kritik an Stiglitz Ansatz siehe Sinn (1985), S. 121ff.

145 Es wird auf das System aus Stiglitz (1973) verzichtet, da es nicht von einer völlig flexiblen Finanzplanung ausgeht, sondern exogen von (steuerlich diskriminierter) Fremdfinanzierung ausgeht. Siehe zur Kritik an Stiglitz Ansatz Sinn (1985), S. 121ff.

unterliegt keinen Beschränkungen. Unter der Annahme absetzbarer Fremdkapitalzinsen und Sofortabschreibung wird ein intertemporal neutrales Steuersystem dann verwirklicht, wenn $\alpha_2 = 0$, d.h. wenn es nicht möglich ist, kalkulatorische Zinskosten von der Bemessungsgrundlage abzuziehen. Mit dieser Konstellation wird das Mischsystem von Sinn (1985, 1987) beschrieben (Steuersystem IV in Tabelle 3). Die ökonomische Rationalität eines Systems mit Zinsbesteuerung scheint auf den ersten Blick befremdend, da durch eine Zinsbesteuerung ein Keil zwischen die Zeitpräferenzrate und den Marktzins getrieben wird, was tendenziell den Anreiz zur Ersparnisbildung verringert. Da Sinn aber eine Sofortabschreibung und Schuldzinsenabzug zuläßt, werden Investitionsprojekte rentabel, deren Bruttoertrag kleiner als der Marktzins ist. Folglich steigt die Kapitalnachfrage bis zu dem Punkt, an dem die Grenzproduktivität des Kapitals mit dem Nettozins übereinstimmt. Gilt dann $\tau_Z = \tau_A$, passen sich die Grenzproduktivität und die Grenzrate der Substitution an den selben Nettozins an, so daß die Bedingung für eine intertemporale neutrale Allokation erfüllt wird.[146] Letztlich wird die Allokationsneutralität erreicht, weil zwei verzerrende Wirkungen – die Zinsbesteuerung und der Schuldzinsenabzug – so ausgewählt werden, daß sie einander die Waage halten. Damit wird auf Erkenntnisse der Second–Best Theorie zurückgegriffen. Eine (scheinbar) nicht vermeidbare Verzerrung wird durch eine geeignete, bewußt herbeigeführte zusätzliche Allokationsstörung im Unternehmensbereich neutralisiert.

Als Fazit unserer Ausführungen zu Kapitaleinkommensteuersystemen können wir damit festhalten, daß dem weisen Diktator fünf Steuersysteme zur Verfügung stehen, die aus gesamtwirtschaftlicher Sicht intertemporal neutral sind und auf Unternehmensebene auch Investitionsneutralität sichern. Ein wesentliches Kriterium für die Entscheidung des Diktators besteht nicht zuletzt darin, welches Steuersystem ein ausreichendes Steueraufkommen sichert.[147] Ein weiterer grundsätzlicher Unterschied zeigt sich in der Steuersystematik. Während die Systeme I bis IV bei der persönlichen Besteuerung eine Konsumbesteuerung vorsehen, wird im Sinnschen Mischsystem auch auf der Haushaltsebene eine Einkommensbesteuerung implementiert. Hier hat der Diktator die grundlegende Entscheidung zu treffen, ob er eine Zinsbesteuerung implementieren will, oder nicht. Die Entscheidung hierfür kann einmal aus distributiven Erwägungen heraus getroffen werden, die jedoch in dem gewählten Rahmen ausgeblendet wurden. Zweitens kann sie sich auf Effizienzüberlegungen stützen, wie wir sie bei der Frage nach der optimalen Bemessungsgrundlage auf Haushaltsebene in Abschnitt B.2.a in diesem Kapitel anstellten. Aus dem gewählten Modellrahmen heraus kann sie jedoch nicht beantwortet werden, da wir in der partialanalytischen Betrachtung die Arbeit–Freizeit–Entscheidung bzw. das Arbeitsangebot als gegeben betrachten. Auf diese Weise ist eine Aussage zur globalen Effizienz eines Kapitaleinkommensteuersystems nicht möglich. Auch Erwägungen zu Praktikabilitätsaspekten, wie sie häufig in der Literatur angestellt werden, und die etwa zu einer Ablehnung der Ertragswertabschreibung (Steuersystem II) in der Literatur herangezogen werden, spielen bei einer Entscheidung im Modell des weisen Diktators keine Rolle. Es wird vollkommene Information unterstellt, und von Transaktionskosten bei der Erhebung und Verwaltung von Steuern wird ebenfalls abstrahiert. Letztlich wäre es dem wohlmeinenden Planer möglich, alle fünf Steuersysteme zu implementieren.

---

146 Zur Veranschaulichung siehe etwa die Abbildung 13.2 in Blankart (1998), S. 281.

147 Dieses Kriterium soll im Rahmen der Arbeit nicht weiter verfolgt werden. Eine ausführliche Darstellung dieser Problematik findet sich in Buchholz/ Wiegard (1993), S. 40ff.

III. Zwischenergebnis

Die Analyse des vorliegenden Kapitels diente der Ableitung optimaler Steuerstrukturen im Rahmen des Modells des wohlmeinenden Diktators. Die Grundlage der Untersuchung bildet dabei die Zielsetzung der Maximierung der Wohlfahrt der Bürger. Muß der wohlmeinende Diktator ein gegebenes Niveau an Staatseinnahmen erzielen, so müßte der Planer als Erstbest–Lösung auf ein System von Lump–sum–Steuern zurückgreifen. Dies wurde jedoch aus distributiven Gründen verworfen. Damit wird der Diktator auf Zweitbest–Lösungen verwiesen. In diesem Rahmen zielt die Steuerpolitik auf eine Minimierung der Zusatzlasten der Besteuerung. Die Struktur des Steuersystems richtet sich dann nach den steuerlichen Instrumenten, die ihm zur Verfügung stehen. Im Rahmen dieses Kapitels wurden Regeln für Verbrauch– und Einkommensteuern abgeleitet. Bei der Einkommensbesteuerung setzte sich das Kapitel mit optimalen Tarifen der Arbeitsbesteuerung sowie explizit mit der Diskussion über die alternativen Bemessungsgrundlagen Einkommen oder Konsum auseinander. Ausführlich wurde die Einbettung einer Unternehmensbesteuerung in ein rationales Steuersystem erörtert. Für die entsprechenden Regeln und detaillierten Ergebnisse wird auf die obigen Abschnitte verwiesen. Einen knappen Überblick vermittelt auch das Zwischenresümee in Abschnitt II.B.2.c dieses Kapitels.

Damit wurde die Struktur eines effizienzsichernden Steuersystems, wie es aus der Theorie optimaler Besteuerung resultiert, ausführlich dargelegt. Die fundierte Kenntnis der Anforderungen einer effizienten Besteuerung stellt zugleich eine wesentliche Grundlage für eine Beurteilung des Steuerwettbewerbs im 3. Teil der Arbeit dar. Insbesondere die im Rahmen der Theorie der Zweitbesten angestellten Überlegungen zur Wahl einer optimalen Bemessungsgrundlage werden dort eine wesentliche Rolle spielen.

Im folgenden Kapitel 4 zur Leviathan–Theorie der Besteuerung werden nun die Erkenntnisse der TOB kritisch hinterfragt. Insbesondere wird untersucht, ob die abgeleiteten Regeln für eine optimale indirekte und direkte Besteuerung auch im Leviathan–Staat sinnvoll sind, oder dort andere Richtsätze zu entwickeln sind.

4. Kapitel: Leviathan–Theorie der Besteuerung

Der wohlmeinende Diktator verfolgt das Ziel, die Wohlfahrt der Individuen zu maximieren. Die Intervention der Regierung zur Finanzierung der öffentlichen Güter führt jedoch zur Verzerrung der optimalen Allokation der Ressourcen. Daraus resultiert das Ziel der optimalen Steuertheorie unter einem solchen Staatsregime, die allokativen Verzerrungen der Besteuerung zu minimieren.

Die Determinanten der Verzerrungen und die Regeln der optimalen Besteuerung (normative Theorie) haben wir bereits ausführlich gewürdigt. In der positiven Theorie des Staates stehen dagegen nicht die allokativen bzw. *ökonomischen* Verzerrungen im Vordergrund, sondern das Verhalten der politischen Akteure, insbesondere der Politiker, die ihre eigenen Ziele verfolgen. Diese Ziele können beispielsweise darin bestehen, Ideologien zu verwirklichen, soziales Ansehen zu gewinnen oder sich materiell zu bereichern. Die daraus resultierenden Abweichungen der Regierungspolitik von den Präferenzen der Individuen können in Abgrenzung zu den durch die Besteuerung bedingten ökonomischen Verzerrungen auch als *politische* Verzerrungen bezeichnet werden.[148] Sie treten vor allem in Diktaturen, aber auch Demokratien auf. Um ihren Handlungsspielraum zu maximieren, versuchen die politischen Entscheidungsträger insbesondere, die Individuen durch hohe Steuern auszubeuten. Auf diese Weise führt das Verhalten der Politiker zu Verzerrungen in der wohlfahrtsmaximierenden optimalen Allokation der Ressourcen. Der Umfang des entstehenden Wohlfahrtsverlusts hängt dabei von den politischen Institutionen ab, die die Wahrnehmung der Individuen beeinflussen sowie deren Möglichkeiten und Anreizen, sich politisch zu engagieren oder sich der Regierung zu entziehen. Die politischen Verzerrungen sind dabei um so geringer, je größer der Wettbewerb im politischen System ist, d.h. je demokratischer es ist.[149]

Im Rahmen dieser Arbeit wird eine Extremposition gewählt, die die Analyse vereinfacht: der Leviathan–Ansatz. Die wesentlichen Charakteristika dieser Staatstheorie haben wir bereits skizziert (Kapitel 2.VI.A). Im folgenden Abschnitt I werden wir die Theorie ausführlicher vorstellen. In Abschnitt II beleuchten wir den Zusammenhang zwischen ökonomischen und politischen Verzerrungen näher. Insbesondere werden wir uns damit beschäftigen, welche Regeln der Besteuerung optimal sind, um das primäre Ziel des Leviathan, die Aufkommensmaximierung zu erreichen. In Abschnitt III konzentrieren wir uns schließlich auf die Frage, welche in der Verfassung zu verankernden Regeln der Besteuerung aus Sicht der konstitutionellen Effizienz zur Beschränkung des Leviathan geeignet sind.

---

148 Siehe hierzu Frey/ Eichenberger (1996), S. 337ff, oder Mussler/ Wohlgemuth (1995), S. 14ff.

149 Siehe hierzu beispielsweise die Analyse von Hettich/ Winer (1993) oder speziell zur Rolle direktdemokratischer Elemente im politischen System Frey/ Eichenberger (1996) sowie Kirchgässner (2000). Allgemein zur Rolle von „Exit“ und „Voice“ als bedeutenden Mechanismus, Politiker zur Verfolgung der Interessen der Bürger zu bewegen, siehe Hirshman (1970). Eine ähnliche Wirkung auf die politischen Verzerrungen wird auch dem Steuerwettbewerb zugeschrieben. Diesen werden wir jedoch erst im 3. Teil der Arbeit untersuchen, wenn die Analyse auf offene Volkswirtschaften erweitert wird.

I. Das Leviathan–Modell

Der Leviathan–Ansatz der Besteuerung steht in der Tradition der Constitutional Economics[150]. Als Antipoden des wohlmeinenden Diktators der orthodoxen Wohlfahrtstheorie haben Brennan und Buchanan (1980 [1988])[151] als Erneuerer dieses Ansatzes einen eigennützigen, aber auch monolithisch strukturierten Staat vorgeschlagen, das heißt auch hier wird von einem individuellen Entscheider ausgegangen. Der Leviathan maximiert folglich nicht eine soziale Wohlfahrtsfunktion, sondern strebt danach, die Rente aus der Regierungstätigkeit zu maximieren. Mit Hilfe von gängigen vereinfachenden Annahmen über die Nutzenfunktionen der Politiker kann das Erreichen dieses Maximums durch eine Maximierung des Steueraufkommens erreicht werden, d.h. im einfachsten Modell wird unterstellt, daß der Staat die Einnahmen aus allen Steuerquellen maximiert, die ihm verfassungsgemäß zur Verfügung stehen.[152]

Diese Zielformulierung bedeutet nicht, der Staat „wolle den Bürgern Böses“[153]. Das Wohlergehen ist ihm nur gleichgültig, solange er nicht durch die Nebenbedingungen seines Optimierungskalküls dazu gebracht wird, darauf Rücksicht zu nehmen. Diese Nebenbedingungen sind durch sehr weitgehende Annahmen geprägt. Implizit liegt dem Modell beispielsweise keine Wiederwahlrestriktion zugrunde. Der Leviathan wird in seinem Verhalten nicht dadurch eingeschränkt, daß er sich regelmäßig Wahlen stellen muß, um an der Macht zu bleiben.

Neben der Ressourcenrestriktion der betrachteten Volkswirtschaft spielt insbesondere die Finanzverfassung als konstitutionelle Nebenbedingung eine zentrale Rolle zur Beschränkung des Leviathan. Gleichzeitig ist die Entwicklung von Leitlinien für die Gestaltung der Finanzverfassung zur Zähmung des Leviathan das eigentliche Ziel der Modellbildung.

In der konstitutionellen Sicht dieses Ansatzes wird daher analysiert, wie die Verfassung gestaltet werden sollte, um den Leviathan wirksam zu begrenzen und die Präferenzen der Steuerzahler so weit wie möglich zur Geltung kommen zu lassen. Brennan und Buchanan nehmen dabei an, die Steuerregeln als institutioneller Rahmen des Leviathan würden in der vorkonstitutionellen Phase unter dem Rawlsschen „Schleier der Ungewißheit“[154] (oder in einer Situation mit beschränkten Informationen über die eigene zukünftige ökonomische Po-

---

150 Der Forschungszweig der Constitutional Economics oder der Konstitutionellen Ökonomik betrachtet, wie die verfassungsmäßigen Rahmenbedingungen eines Gemeinwesens die Handlungsmöglichkeiten ihrer Mitglieder einschränken. Analysiert wird der Einfluß unterschiedlicher Verfassungsstrukturen auf das Verhalten der Individuen. Die deutsche Ordnungspolitik wird als Vorläufer dieses Ansatzes eingeordnet. Vgl. Richter/ Bindseil (1995), S. 134. Einen Überblick über diese Forschungsrichtung bietet Buchanan (1987).

151 Für einen Überblick zur Rezeption des Ansatzes siehe Brennan (1997). Die philosophischen Wurzeln liegen in Schriften des achtzehnten und neunzehnten Jahrhunderts zur angemessenen Struktur einer repräsentativen Regierung. Bei dem englischen Philosophen Hobbes steht der Begriff des Leviathan als Symbol für den allmächtigen Staat, dessen absoluter Herrschergewalt sich das Individuum zu unterwerfen hat. Siehe hierzu Blankart (1998), S. 38f.

152 Vgl. Brennan/ Buchanan (1988 [1980]), S. 33.

153 Beckmann/ Lackner (1998), S. 2.

154 Hierunter ist ein prä–konstitutioneller Unsicherheitszustand der Individuen zu verstehen, in dem sie auf Basis der Wicksellschen Einstimmigkeitsregel über Verfassungsregeln entscheiden. Ausführlich zum Konzept der konstitutionalistischen Steuertheorie siehe Martensen (1995), S. 53ff.

sition) von den Bürgern einstimmig festgelegt. Im Rahmen der von den Bürgern beschlossenen Verfassung hat der Leviathan uneingeschränkte Macht.

Dabei ist es notwendig festzustellen, daß das Leviathan–Modell nicht darauf abzielt, der Regierung in der Verfassung keinerlei Besteuerungsgewalt zu übertragen. Der rationale Leviathan wird einige öffentliche Güter bereitstellen, da er selbst einige öffentliche Güter benötigt, die dann auch den Bürgern zur Verfügung stehen. Zudem dient das Angebot gewisser öffentlicher Güter und Institutionen (wie der Schutz von Eigentumsrechten, Vertragsfreiheit etc.) auch dazu, überhaupt einen Marktmechanismus und damit die Basis für eine Besteuerung zu ermöglichen. Daher ist es durchaus im Interesse der Bürger, der Regierung eine gewisse Besteuerungsgewalt zuzuweisen.[155]

Den Steuerzahlern sind in der post–konstitutionellen Phase in der Regel annahmegemäß die Optionen der Steuerhinterziehung, der Abwanderung in die Schattenwirtschaft und der Steuerflucht verwehrt. Neben der Alternative der Steuerzahlung und einem Ausgleich der Belastung durch einen erhöhten Einsatz von Arbeit, Kapital oder technischem Fortschritt (Steuereinholung) verbleiben den Zensiten nur die legalen Möglichkeiten zur Steuerausweichung als Reaktion auf eine Steuer.

Die Regierung verfügt wie im Modell des wohlmeinenden Diktators über vollkommene Information. Die Kosten der Besteuerung sind im Leviathan–Modell nur sehr eingeschränkt von Interesse. So spielen etwa Verwaltungskosten der Besteuerung keine Rolle, da der Leviathan sich nicht vorrangig um das Niveau der öffentlichen Güter kümmert, das bei gegebenem Steueraufkommen finanziert werden könnte. Nur die Substitutionsverluste bzw. ungünstigen Anreizeffekte der Besteuerung auf das Niveau der besteuerungsfähigen wirtschaftlichen Aktivitäten sind von Bedeutung, da diese die maximal mögliche Höhe der Steuereinnahmen bestimmen. Das Verhältnis zwischen proportionalen Steuersätzen[156] auf eine bestimmte Bemessungsgrundlage (wie beispielsweise Arbeitseinkommen) und dem Steueraufkommen wird in diesem Zusammenhang durch die sogenannte Laffer–Kurve beschrieben. Die Form der Kurve wird dabei von den Möglichkeiten der Steuerzahler zur Steuervermeidung durch ökonomische Verhaltensanpassung bis hin zur Verweigerung jeglicher besteuerbarer Aktivitäten bestimmt. Dabei wird angenommen, daß die Anpassungen des Zensiten an diese Steuer unabhängig von anderen Steuern in der Volkswirtschaft erfolgen.[157]

Die Modellstruktur des Leviathan ist annähernd identisch mit dem Modell des weisen Diktators in der Optimalsteuertheorie. Lediglich in der Zielfunktion ist die Wohlfahrtsmaximierung durch die Maximierung der Rente aus der Regierungstätigkeit bzw. Einnahmemaximierung zu substituieren. Dabei sind es drei Überlegungen,[158] die eine Analogie zwischen dem steuerlichen Verhalten eines Leviathan im nachkonstitutionellen Prozeß und dem eines wohlmeinenden Diktators belegen sollen.

Erstens ist dies die Interpretation von Excess Burden als Steueraufkommensverluste für den Staat. Da diese die Zielerreichung des Leviathan beeinträchtigen, ist er bestrebt, den Excess

155 Vgl. Brennan (1997), S. 100f.

156 Der Leviathan sei im Rahmen dieser Arbeit auf proportionale Tarife beschränkt.

157 Zu Laffer–Kurven siehe die Darstellung in Grüske (1991).

158 Zu den folgenden Überlegungen siehe ausführlich Beckmann/ Lackner (1998), S. 4ff.

Burden zur Erreichung eines maximalen Steueraufkommens zu minimieren. Indem er Verzerrungen vermeidet, kann er Zusatzlasten in Steuereinnahmen umwandeln. Diese Analogie gilt jedoch nur für ungewichtete Excess Burden in reinen Effizienzbetrachtungen. Unter Verteilungsgesichtspunkten stehen für den Diktator die (verteilungs)gewichteten Steuerlasten (Zahllast plus Zusatzlast) im Vordergrund, während der Leviathan nur ungewichtete Excess Burden als Aufkommensverluste betrachtet. In diesem Fall sind dann unterschiedliche Steuerstrukturen zu erwarten.

Zweitens kann die Steuerhoheit über ein bestimmtes Gut wie eine Monopolstellung auf einem Gütermarkt interpretiert werden. Beide Monopole werden identisch definiert: Beide Monopolisten werden jeden verfügbaren Spielraum ausnutzen, um ihre eigenen Ziele zu verwirklichen. In diesem Sinne ist der Leviathan–Ansatz das Modell einer Regierung als rational handelnden Monopolisten.[159]

Drittens muß das Aufkommensmaximum eindeutig sein. Existieren mehrere Lösungen, die das maximale Stueraufkommen erbringen, besteht keine Übereinstimmung zwischen der Leviathan–Lösung und der Steuerpolitik des benevolenten Diktators. Bei Mehrdeutigkeit ist der Leviathan zwischen verschiedenen Lösungen indifferent. Dagegen wird der wohlmeinende Diktator (wenn man ihn exogen zu einem maximalen Budget zwingt) immer diejenige Lösung präferieren, die die geringsten Zusatzlasten aufweist. Eine Übereinstimmung der beiden Lösungen wäre zufällig.[160]

Aus der analogen Struktur des Modells lassen sich bei den Besteuerungsregeln für den Leviathan die gleichen Ergebnisse wie im wohlfahrtsökonomischen Modell erwarten.[161] Jedoch tritt im Leviathan–Modell der Effizienzgedanke im Sinne des Pareto–Kriteriums, d.h. die allokative Effizienz, gegenüber dem Ziel der Minimierung der Besteuerungsmacht, d.h. der konstitutionellen Effizienz, in den Hintergrund. Üblicherweise stellt gerade die Entwicklung von geeigneten Verfassungsregeln zur Zähmung des Leviathan den Zweck der Übung dar. Im Rahmen des Modells sind folglich zwei Fragen relevant: Welche Regeln sind für den *Leviathan* optimal, um das Ziel der Aufkommensmaximierung zu erreichen? Welche konstitutionellen Regeln sind aus Sicht der *Steuerbürger* ideal, um ihre Interessen zu schützen, aber gleichzeitig dem Staat zu ermöglichen, die von ihnen gewünschten Leistungen zu finanzieren?

---

159 Vgl. Brennan (1997), S. 100, Brennan/ Buchanan (1980 [1980]), S. 53. Begründet wird dies damit, daß der Leviathan durch eine geeignete Wahl der Steuersätze wie ein Angebotsmonopolist bei Preisstrategie jeden beliebigen Marktpreis unterhalb des Prohibitivpreises und des Bruttopreises realisieren könne, bei dem die Kosten der Anbieter nicht mehr gedeckt werden. Verfügt der Staat über mehrere Steuerinstrumente auf verschiedene Güter, so kann man ihn analog als Mehrproduktmonopolisten modellieren. Die traditionelle Sicht, daß die Besteuerungshoheit ein Monopolrecht begründe, gilt jedoch nur eingeschränkt für den Standardfall eines einfachen Angebotsmonopolisten (mit konstanten Skalenerträgen). Werden steigende Grenzkosten zugelassen, so ist der Steuerstaat vielmehr als Zwischenhändler zu interpretieren, der das zu besteuernde Gut auf einem monopsonistischen Beschaffungsmarkt von den Anbietern erwirbt und auf einem monopolistischen Absatzmarkt wieder an die Konsumenten verkauft. Dann nämlich muß der Leviathan anders als der einfache Monopolist nicht nur die Nachfrage–, sondern zusätzlich auch die Angebotsreaktionen berücksichtigen. Siehe hierzu ausführlich Beckmann/ Lackner (1998), 7ff. Zur Veranschaulichung der monopolistischen Aufkommensmaximierung beispielsweise Blankart (1998), S. 221f.

160 Vgl. Beckmann/ Lackner (1998), S. 9f.

161 Den mathematischen Nachweis führt beispielsweise Mann (1987), S. 80ff.

II. Aufkommensmaximierung des Leviathan

Um die erste Frage nach der Aufkommensmaximierung zu beantworten, kann aufgrund der Modellanalogie auf die Analyse der Besteuerungsregeln im Rahmen der Theorie der optimalen Besteuerung zurückgegriffen werden. Wegen der unterschiedlichen Zielformulierung darf man im Leviathan–Modell jedoch nicht vergleichen, wie hoch die Zusatzlasten von alternativen Steuern mit identischem Aufkommen sind, sondern muß jeweils das potentielle Maximalaufkommen aus jeder Steuerquelle analysieren.

Wie sich zeigen wird, werden im Leviathan–Ansatz die Regeln des weisen Diktators, die mit dem Ziel abgeleitet wurden, die Zusatzlasten zu minimieren, zu Regeln der Einnahmemaximierung. Dies ergibt sich nicht zuletzt aus der einfachen Überlegung zum Zusammenhang von Steuerausweichung und Zusatzlast: Je einfacher Individuen ein besteuertes Objekt substituieren können, desto höher ist c.p. die Zusatzlast und desto geringer das maximal mögliche Aufkommen.[162] Brennan und Buchanan (1980 [1988], S. 85) beschreiben die Analogie folgendermaßen:

> „Werden die Ergebnisse im Rahmen unseres Modells uminterpretiert, so liefert die sogenannte „Optimalsteuertheorie" ein spezifisches System von Handlungsanweisungen, nach denen der Staat seine Steuergewalt in der effektivsten Weise ausnutzen kann. Die Analyse ergibt genau jene Steuer–/ Preisregel, die einem Monopolisten zu einer perfekten Diskriminierung zwischen Märkten anleitet. In diesem Zusammenhang sind die Optimalsteuerregeln *exakt* die Regeln der Aufkommens– bzw. Gewinnmaximierung."

Entsprechend stellen Kopfsteuern für den Leviathan wie für den weisen Diktator eine *erstbeste* Lösung dar. Zielgerecht müßten diese im Leviathan–Ansatz in maximaler Höhe erhoben werden. Da diese abstrakte Pauschalsteuer keinen Verhaltenseinfluß ausübt und die Individuen zudem aufgrund der restriktiven Modellannahmen nicht mit illegaler Substitution oder auf politischer Ebene reagieren können, kann sich der Leviathan theoretisch alle Erträge aus ökonomischen Aktivitäten aneignen.[163] Da dies jedoch jeglichen Realitätsbezugs entbehrt, wird im folgenden unterstellt, daß die Möglichkeit der Pauschbesteuerung bereits in der Verfassung ausgeschlossen wurde.[164]

Um Aussagen zu den *Zweitbesten Steuerregeln* treffen zu können, stellen wir zunächst die Implikationen des Ziels der Aufkommensmaximierung anhand einer *speziellen Verbrauchssteuer* dar. Hierbei wird angenommen, der Staat könne ausschließlich ein Gut X besteuern. Das Gut werde unter den Bedingungen vollkommenen Wettbewerbs von mehreren Unternehmen zu den Grenzkosten GK produziert und angeboten. Wie bereits angesprochen, begründet die Gewährung der Steuerhoheit in traditioneller Sicht ein Monopolrecht. Der Staat wird als gewinnmaximierender Monopolist bei gegebener Nachfrage N_X den Mengensteuersatz t_X so festsetzen, daß die Grenzkosten gleich dem Grenzerlös des Marktes (GE_X) sind. Der

---

162 Vgl. hierzu und im folgenden Raab (1995), S. 176.

163 Vgl. hierzu Brennan/ Buchanan (1988 [1980]), S. 45.

164 Wie sich im nächsten Abschnitt II zeigen wird, wird eine verfassungsgebende Versammlung, die einen Leviathan erwartet, eine solche Art der Besteuerung auf jeden Fall ausschließen.

Leviathan schöpft wie in Abbildung 11 dargestellt eine Monopolrente bzw. ein Maximalaufkommen in Höhe von $t_X \cdot X\,(X = \overline{OX})$ ab.

Geht man umgekehrt wie in der Theorie optimaler Besteuerung von einem gegebenen Finanzbedarf in Höhe von $t_X \cdot X$ aus, so verursacht dieser eine Überschußbelastung in Höhe von *CFE*. Könnte statt des Gutes *X* ein anderes Gut *Z* mit einer breiteren Besteuerungsbasis besteuert werden, ließe sich die Zusatzlast bei gleichem Steueraufkommen verringern. Ein wohlwollender Diktator wird daher eine breitfundierte Bemessungsgrundlage vorziehen.[165]

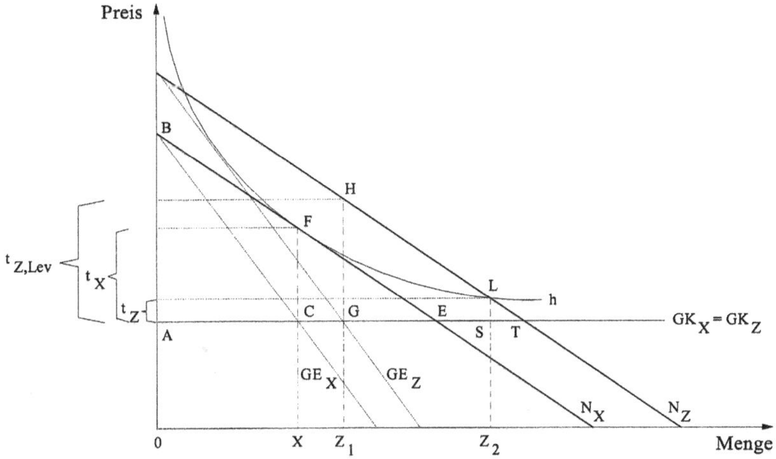

Abbildung 11: Mengensteuer bei Leviathan und weisem Diktator im Vergleich

Quelle: Brennan; Buchanan (1980 [1988]), S. 75. Darstellung nach Raab (1995), S. 128.

Hierfür bündeln wir die Gütereinheiten von *Z* so, daß die Grenzkosten der Produktion gleich hoch wie bei Gut *X* sind ($GK_X = GK_Z$). Die Nachfragekurve N_Z verlaufe oberhalb von N_X (bei jedem Preis c.p. eine höhere Nachfragemenge, d.h. breitere Bemessungsgrundlage). Um zu zeigen, daß das bisher erhobene Steueraufkommen mit einer geringeren Zusatzlast erzielt werden kann, wird eine gleichseitige Hyperbel *h* zwischen Ordinate und der Grenzkostenkurve *GK* konstruiert, die durch den Punkt *F* verläuft und die Nachfragekurve N_Z im Punkt *L* schneidet. Aus der Definition der gleichseitigen Hyperbel kann nun der Steuersatz abgeleitet werden, der den gleichen Steuerertrag wie t_X auf Gut *X* erbringt: $LS = t_Z$. Die Zusatzlast entspricht dem Dreieck *SLT* und fällt somit kleiner aus als bei der entsprechenden Besteuerung von *X*.

Im Leviathan–Staat wirkt sich jedoch eine Verbreiterung der Bemessungsgrundlage nicht wohlfahrtsverbessernd aus, da der Leviathan auch die breitere Besteuerungsbasis bis zum

165 Die breitere Besteuerungsbasis drückt hier aus, daß ein Gut mit größerem Absatz als Bemessungsgrundlage herangezogen wird. Äquivalent könnte eine breitere Besteuerungsbasis auch dadurch gebildet werden, daß beide Güter, *X* und *Z*, besteuert werden. Vgl. hierzu Blankart (1998), S. 221.

Steuerertragsmaximum ausschöpfen wird, d.h. er wird den Steuersatz $t_{Z,Lev}$ festlegen. Mit dem höheren Steueraufkommen $t_{Z,Lev}Z_l$ entsteht dann auch eine höhere Überschußbelastung, das Dreieck *GHT*. Diese nimmt der Leviathan jedoch in Kauf, da er so höhere Einnahmen realisieren kann.

Die Verbreiterung einer Besteuerungsbasis erhöht die Monopolmacht der Regierung und führt letztendlich zum Anwachsen der Steuereinnahmen. Das gerade abgeleitete Credo der TOB, breite Bemessungsgrundlagen wohlfahrtsökonomisch weniger breiten vorzuziehen, wird im Leviathan–Staat zu einer Erleichterung der Aufkommensmaximierung. Auch wenn ein Teil der höheren Einnahmen für öffentliche Güter verwendet wird, wäre dies nicht ausreichend, um (in der konstitutionellen Phase) die Zustimmung der Bürger zu erhalten.[166]

Betrachtet man nach der Besteuerung einzelner Güter die Besteuerungsregeln des weisen Diktators im *Mehrgüterfall*, so sind auch diese im Leviathan–Staat geeignet, das Steueraufkommen zu maximieren. Der Leviathan wird die gleiche Steuersatzstruktur wählen wie ein wohlfahrtsmaximierender Politiker, der die Effizienz unter Beachtung einer Budgetrestriktion maximiert. Unter gewissen Annahmen werden beide die *Ramsey*– bzw. die *Inverse–Elastizitäten*–Regel anwenden und bei preisunelastischen Gütern die höchsten Steuersätze erheben, bei preiselastischen Gütern werden die Steuersätze niedriger ausfallen.[167] Auch die *Corlett–Hague*–Regel ist für den Leviathan eine Möglichkeit, seine Monopolstellung auszuweiten. Bei Besteuerung aller marktgängigen Güter können die Individuen nur auf Freizeit ausweichen. Dieses „Schlupfloch" wird ihnen jedoch bei Anwendung der *Corlett–Hague*–Regel erschwert. Somit gewährleisten die Regeln der wohlfahrtsökonomisch orientierten Besteuerungslehre, die in der Theorie optimaler Besteuerung für minimale Zusatzlasten bürgen, im Leviathan–Staat die Maximierung des Steueraufkommens.[168]

Um dies genauer zu illustrieren, wenden wir uns dem Modell optimaler Güterbesteuerung zu, wie es von Ramsey formuliert und im letzten Kapitel vorgestellt wurde. In diesem Rahmen betrachten wir eine Volkswirtschaft mit identischen Individuen und vollkommenen Märkten sowie einer Produktionstechnologie mit konstanten Skalenerträgen. Vom Staat wird dabei die Erhebung eines gegebenen Budgets gefordert. Neben der unbesteuerten Freizeit gehen wir von *N* Konsumgütern aus, deren Preise gegeben und auf Eins normiert sind. Der Lohnsatz ist ebenfalls gegeben, wobei das Einkommen aus Arbeit die einzige Einkommensquelle der Haushalte darstellt.[169]

---

166 Zur näheren Diskussion der Verbindung von Einnahmen– und Ausgabenseite des Budgets im Leviathan–Ansatz siehe Brennan (1997), S. 100f.

167 Die Inverse–Elastizitäten–Regel gilt für jedes *gegebene* Steueraufkommen, also auch für das *maximal* mögliche. Siehe hierzu Richter/ Wiegard (1994), S. 264f. Zur Aufkommensmaximierung im Ramsey–Modell siehe auch Beckmann/ Lackner (1998), S. 10ff. Ein formaler Nachweis findet sich bei Mann (1987), S. 79ff.

168 Zum kritischen Vergleich des Verhaltens des Leviathan mit dem des weisen Diktators siehe auch Mann (1987).

169 Siehe hierzu auch die Ausführungen in Beckmann/ Lackner (1998), S. 10ff. Zur Ramsey–Regeln für die optimale Gütersteuerstruktur im Leviathan–Staat siehe auch Martensen (1995), S. 95ff, oder Mann (1987), S 77ff.

Der Leviathan strebt in diesem Rahmen danach, das Aufkommen aus allen Quellen, die ihm zu Verfügung stehen, zu maximieren. Hier kann er bei jedem der n Konsumgüter eine spezifische Steuer erheben. Das Steueraufkommen errechnet sich dann aus:

$$T_0 = \sum_i t_i X_i \tag{1–IV}$$

Aus den Reaktionen der Haushalte, die durch die Marshallschen Nachfragefunktionen X_i in Abhängigkeit von den Konsumentenpreisen $p_i = 1 + t_i$ beschrieben werden, ergeben sich die Grenzen für die Maximierung des Leviathan. Die Maximierung von (1–IV) führt zu:

$$X_k + \sum t_i \frac{\partial X_i}{\partial p_k} \overset{!}{=} 0 \quad \text{für } k = 1,\ldots,n. \tag{2–IV}$$

Für den nächsten Schritt benötigen wir die Slutsky–Zerlegung der unkompensierten Nachfrageänderung nach dem Gut i bei einer Änderung des Preises von k in eine kompensierte Nachfrageänderung (Kreuzpreiseffekt) S_{ik} und einen Einkommenseffekt:

$$\frac{\partial X_i}{\partial p_k} = S_{ik} - X_k \frac{\partial X_i}{\partial Y} \tag{3–IV}$$

Setzt man dies in (2–IV) ein, so können wir diese Gleichung umformen zu:

$$\sum_i t_i S_{ik} = -X_k \left(1 - \sum_i t_i \frac{\partial X_i}{\partial Y}\right) \quad \text{für } k = 1,\ldots,n. \tag{4–IV}$$

Vergleichen wir dies nun mit der Gleichung (7–III) aus dem 3. Kapitel

$$\sum_i t_i S_{ki} = -\left[1 - \sum_i t_i \left(\frac{\partial X_i}{\partial (wl)}\right) - \frac{\alpha}{\mu}\right] X_k .^{170} \tag{5–IV}$$

Die Struktur der beiden Lösungen ist sehr ähnlich, nur der Term (α / μ), der Quotient aus dem Einkommensgrenznutzen α und dem Schattenpreis einer Steuermark μ, ist lediglich in der Gleichung der Ramsey–Regel des weisen Diktators enthalten. Dieser ist für alle Steuern $k = 1, \ldots, n$ gleich. Zwingt man nun den weisen Diktator, das Maximalbudget zu erheben, so geht im Aufkommensmaximum der Schattenpreis einer Steuermark gegen unendlich, so daß der Term (α / μ) gegen Null konvergiert. Dadurch gehen die Gleichungen ineinander über.

Das Merkmal der Ramsey–Lösung, sämtliche Steuern gemäß der kompensierten Nachfrageeffekte zu besteuern, bleibt auch im Leviathan–Modell erhalten. Wird der gutwillige Diktator dazu gebracht, wie der Leviathan ein Aufkommensmaximum zu erzielen, so greift er zu denselben Steuersätzen wie der Leviathan. Somit können wir zeigen, daß beide Regierungen die gleichen Steuerstrukturen anwenden.

Bei der Besteuerung von *Lohneinkommen* gelten grundsätzlich die gleichen Interdependenzen wie in der Optimalsteuertheorie. Der optimale wie der aufkommensmaximale Steuersatz ist von den zulässigen Tariftypen, den Arbeitsangebotselastizitäten und (bei Berücksichtigung von Verteilungsaspekten) von der Ungleichheitsaversion des Leviathan abhängig. Prinzipiell

---

170 Hierbei gilt: $S_{ki} = S_{ik}$. Siehe hierzu ausführlich die Ableitung der Ramsey–Regel in Kapitel 3, Abschnitt II.A.1.

sichert eine regressive Tarifstruktur bei einer möglichst umfassenden Besteuerungsbasis ein Steueraufkommensmaximum.[171]

Bei der Besteuerung von *Kapitaleinkommen* wird aus Sicht der Besteuerten die Erfordernis der Beschränkung des Leviathan besonders plausibel: Hier besteht eine Äquivalenz zwischen einer Steuer auf das Einkommen aus Vermögen und einer Steuer auf den Kapitalwert des Vermögensobjekts.[172] Ein Leviathan mit einem kurzen Zeithorizont könnte sich folglich den Kapitalstock innerhalb von nur einer Periode aneignen, wenn er das gesamte akkumulierte Kapital konfisziert (falls dies nicht explizit ausgeschlossen ist). Der Steuerzahler kann sich nicht wie bei einer Einkommensteuer durch Verhaltensanpassungen bei Freizeit–Arbeits–Entscheidungen der gegenwärtigen Besteuerung entziehen. Eine gegenwärtige Steuer auf das Kapital erlaubt keine vergleichbar wirksame Anpassung, weil das Kapital als Bemessungsgrundlage bereits existiert und durch vergangene Entscheidungen über die Akkumulation von Ersparnissen bestimmt wird. Folglich hat jede Kapitalsteuer prinzipiell einen Ex–post–Charakter.[173]

Als Ergebnis der Diskussion zur Aufkommensmaximierung läßt sich festhalten, daß aufgrund der fast analogen Modellstruktur die wohlfahrtsmaximierenden Besteuerungsregeln mit den Zielen des Leviathan konform gehen, weil die Regeln der Optimalsteuertheorie für ihn aufkommensmaximierend wirken. Die zitierte Behauptung von Brennan und Buchanan, der Leviathan befolge die Regeln der Optimalsteuertheorie, trifft also durchaus zu. Leviathan und gutwilliger Diktator verwirklichen folglich ähnliche Strukturen des Steuersystems.[174]

Aus allokativer Sicht stimmen dagegen die Wirkungen nicht überein. Da wir nur die Einnahmenseite, aber nicht die Ausgabenseite des Budgets betrachten, wird das maximale Aufkommen über dem optimalen liegen. Durch diese Trennung können keine Entscheidungen über die Wünschbarkeit eines Anstiegs des Staatsausgabenniveaus getroffen werden. Der Leviathan kann zudem durch die Diskriminierung bei den Steuerpreisen Renten realisieren, die als Wohlfahrtsverluste und nicht nur als reine Transfers an den Leviathan anzusehen sind, wenn diese Nutzenverteilung nicht den Präferenzen der Individuen entspricht. Wegen der Monopolrenten entstünde zudem ein Anreiz zum Rent–Seeking, d.h. zur unproduktiven Ver-

---

171 Vgl. Raab (1995), S. 176. Zur Begründung der regressiven Tarifstruktur siehe detailliert Brennan/ Buchanan (1988 [1980]), S. 49ff. Die Problematik der Tarifstruktur bei Lohneinkommen wird im Abschnitt III.C.2 dieses Kapitels bei der Frage geeigneter Beschränkungen für den Leviathan behandelt.

172 Eine Steuer des einen Typs kann gemäß der traditionellen finanzwissenschaftlichen Literatur einfach in eine Steuer des anderen Typs umgewandelt werden. So entspricht eine einprozentige Steuer auf den Kapitalwert eines Vermögensobjekts mit einem Jahresertrag von zehn Prozent einer zehnprozentigen Steuer auf das laufende Einkommen aus derselben Anlage. Durch eine Erweiterung derselben Logik kann nach Ricardo auch gezeigt werden, daß die öffentliche Verschuldung jeder der beiden Steuern entspricht. Allerdings darf nicht vernachlässigt werden, daß diese Äquivalenz von der Annahme eines gegebenen Einnahmenbedarfs abhängt. Zur Kritik des Theorems von Ricardo siehe Brennan/ Buchanan (1980a).

173 Würde das Individuum frühzeitig von der Kapitalsteuer erfahren, könnte es allerdings entsparen. Vgl. hierzu Brennan/ Buchanan (1988 [1980]), S. 107ff.

174 Beckmann/ Lackner (1998), S. 12ff, zeigen für ein einfaches Modell mit zwei Gütern (Konsumgut und Faktor) sowie einer lineraren Produktionstechnologie, daß der Leviathan auch das Produktionstheorem von Diamond und Mirrlees berücksichtigt. Das Budgetmaximum geht mit Produktionseffizienz einher.

wendung von knappen Ressourcen.[175] Nicht zuletzt übersteigen auch die Zusatzlasten durch die überhöhten Steuern die Zusatzlasten im System des wohlmeinenden Diktators.

Insgesamt läßt sich das Interesse der Individuen einfach rechtfertigen, in der konstitutionellen Phase geeignete Beschränkungen zu entwickeln, um sich vor der Ausbeutung durch den Leviathan zu schützen. Aber auch aus normativer Sicht, d.h. um Zusatzlasten zu verringern, sind solche Schranken der Besteuerungsmacht berechtigt. Wie die vorangegangene Analyse zeigt, sind die wohlfahrtsökonomischen Besteuerungsregeln als Verfassungsregeln im Leviathan–Staat vollkommen ungeeignet.

III. Konstitutionelle Regeln für den Leviathan–Staat

Im folgenden wenden wir uns der zweiten Frage zu, die sich genau mit diesen gewünschten Beschränkungen beschäftigt. Sie lautete: Welche konstitutionellen Regeln sind aus Sicht der *Steuerbürger* ideal, um ihre Interessen zu schützen, gleichzeitig aber dem Staat zu ermöglichen, die von ihnen gewünschten Leistungen zu finanzieren? Die normativen Steuersystemvorschläge der Verfassungstheoretiker, insbesondere Brennan und Buchanan, werden auf Basis des gedanklichen Experiments des Rawlschen „Schleier der Ungewißheit" abgeleitet. Hieraus resultiert ein im Extremfall auf unbestimmte Zeit gültiger Verfassungsvertrag,[176] der eine Leviathan–Regierung mit „The Power to Tax"[177] ausstattet, ihr aber möglichst effektive Beschränkungen auferlegt. Damit sollen die aus dem antizipierten Verhalten des Leviathan resultierenden politischen Verzerrungen vermieden werden.[178]

Brennan und Buchanan vertreten die Meinung, die Macht des Leviathan müsse von der Einnahmenseite her begrenzt werden, insbesondere sollten die Bemessungsgrundlagen und die zulässigen Tarife beschränkt werden.[179] So stellt sich unmittelbar die Frage, welche Steuerbasen und Tarife ausgewählt werden sollten. In der konstitutionellen Sicht wird dies vor allem vom notwendig erachteten Finanzbedarf des Staates abhängen. Im folgenden wird zunächst betrachtet, wie bei einer Leviathan–Regierung das notwendige Steuervolumen zu bestimmen ist. Anschließend wenden wir uns der Entwicklung geeigneter Beschränkungen bei Verbrauchs– und direkten Steuern zu. Diese werden wir jeweils kritisch mit den Regeln der Optimalsteuertheorie vergleichen. Pauschalsteuern wurden aus den Überlegungen bereits ausgeschlossen, da durch sie eine offene Konfiskation aller potentiellen wirtschaftlichen Werte möglich wird. Sie können der Analyse daher in der konstitutionellen Perspektive nicht als Referenzsteuer dienen.

---

175 Vgl. Raab (1995), S. 177.

176 Diese Vorstellung entstammt der Idee des „contrat social" von Rousseau aus dem Zeitalter der Aufklärung. Siehe hierzu Bund (1984), S. 14ff. In der Tat sieht auch Buchanan hier die Quellen seines Ansatzes, siehe hierzu Buchanan (1977), S. 147f.

177 So der Titel von Brennan/ Buchanan (1980).

178 „From one perspective it can be seen as a variant of the modern theory of the principal–agent relationship. The people of the constitutional assembly are the principals, and politicians or bureaucrats are the agents. The contract between them should be set up in such a way that the agents are motivated to act in the interests of the principal." Sandmo (1990), S. 61.

179 Brennan/ Buchanan (1988 [1980]), S. 45.

A. Bestimmung des Finanzbedarfs im Leviathan–Staat

Der Finanzbedarf und die Zahl der freizugebenden Steuern wird in der konstitutionellen Phase bestimmt. Die verfassungsgebende Versammlung wird aus den Grenzkosten und der Summe der individuellen Grenznutzen aller Bürger ein optimales Angebot öffentlicher Güter ableiten und daraus den Finanzbedarf ermitteln.[180] Dabei werden die monetären Grenzkosten aus den physischen Grenzkosten GK^{ph} und einer Schwundquote errechnet, die die Bürger aufgrund der Ineffizienz der Verwaltung und der Regierung einkalkulieren. Diese betrage aus Vereinfachungsgründen S % der zu entrichtenden Steuern.[181] Um ein bestimmtes Volumen an öffentlichen Gütern zu erhalten, muß das Steuervolumen daher um den Faktor $1/(1-S)$ über den Grenzkosten der physischen Produktion liegen. So erhalten wir als Traglast der Bürger monetäre Grenzkosten in Höhe von $1/(1-S)GK^{ph}$. Zusätzlich entstehen noch reale Kosten aus der Überschußbelastung. Die Zusatzlasten sind dabei jeweils halb so groß wie die Steuereinnahmen. Dies erkennt man aus der Abbildung 11 im letzten Abschnitt. Da die Grenzerlöskurve die horizontale Entfernung zwischen Ordinate und Nachfragekurve halbiert, gilt $\overline{OX} = \overline{AC} = \overline{CE}$. Die Zusatzlast Z unter der Nachfragekurve ist folglich halb so groß wie der Steuerertrag des Leviathan. Es gilt:

$$Z = \frac{T}{2} = \frac{t_X X}{2} = \frac{\overline{FC} \cdot \overline{CE}}{2}. \qquad (6\text{–IV})$$

Die Gesamtkosten errechnen sich also aus $(3/2)(1/1-S)GK^{ph}$. Diese Grenzkosten sind zur Ableitung des optimalen Angebots an öffentlichen Gütern G^* den aufsummierten marginalen Zahlungsbereitschaften der Individuen gegenüberzustellen. Die Bedingung für die Ermittlung von G* lautet folglich:

$$\sum MZB = \frac{3}{2} \cdot \frac{1}{1-S} GK^{ph}. \qquad (7\text{–IV})$$

Wie Abbildung 12 zeigt, werden die Bürger dem Leviathan diejenigen Bemessungsgrundlagen zugestehen, die gerade das erforderliche Steueraufkommen $OABG^*$ zur Finanzierung von G^* ermöglichen. Genügt etwa Gut X aus Abbildung 12 dieser Bedingung, d.h. entspricht das Steueraufkommen $t_X \cdot X$ dem monetären Äquivalent der Fläche $0ABG^*$ in Abbildung 12, dann wäre es aus Sicht der Individuen nicht rational, die Steuerbasis weiter auszudehnen. Dies würde die Leviathan–Regierung nur dazu verleiten, zusätzliche Steuereinnahmen zu verwirklichen und weitere Ausgaben zu tätigen.

Damit wurde aufgezeigt, wie auf der Verfassungsebene der Finanzbedarf und damit die Zahl der freizugebenden Steuern aus dem optimalen Angebot öffentlicher Güter bestimmt wird. In den nächsten Schritten ist nun zu untersuchen, welche Regeln bei der Besteuerung von Gütern (Abschnitt B) und bei der direkten Besteuerung (C) geeignet sind, um den Leviathan wirksam zu beschränken.

---

180 Der Staat wird auch als Einnahmenmaximierer immer öffentliche Güter bereitstellen, weil diese die Produktivität der Wirtschaftssubjekte steigern und so die Steuereinnahmen tendenziell erhöht. Vgl. Pelda (1999), S. 19.

181 Nach Blankart (1998), S. 224, handelt es sich dabei um „die minimale Schwundquote, die zustande kommt, wenn der Regierung jene Steuerbasis zugestanden wird, die gerade ausreicht, um die gewünschte Menge an öffentlichen Gütern herzustellen."

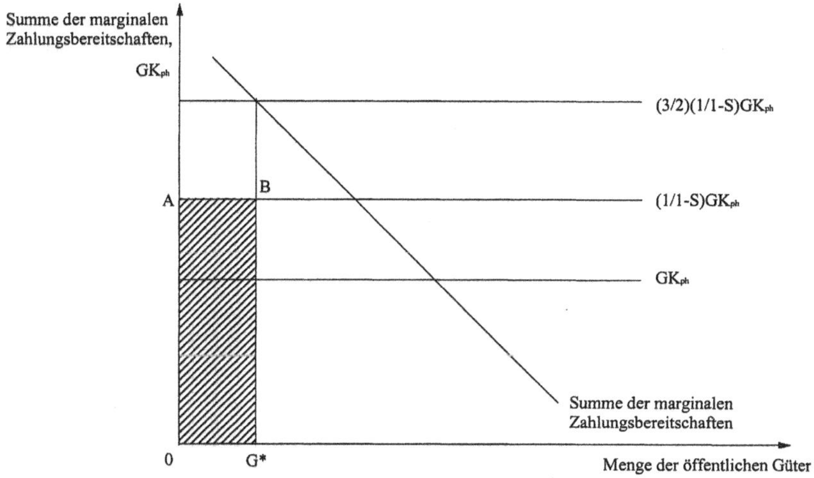

Abbildung 12: Die Bestimmung des notwendigen Steueraufkommens im Leviathan–Staat

Quelle: Eigene Darstellung nach Blankart (1998), S. 225.

B. Konstitutionelle Regeln bei der Güterbesteuerung

Im Rahmen der Überlegungen zur Güterbesteuerung wird im folgenden zunächst ermittelt, welche Güter in der Konstitution zur Besteuerung freigegeben werden sollten. In weiteren Schritten ist dann zu erkunden, ob es sinnvoll ist, einheitliche Steuersätze festzuschreiben, oder ob der Leviathan die Möglichkeit der Diskriminierung erhalten sollte.

1. Wahl der Bemessungsgrundlage bei der Güterbesteuerung

Um eine Auswahl der zu besteuernden Güter treffen zu können, sei noch einmal das Beispiel der alternativen Besteuerung der beiden Güter *X* und *Z* betrachtet, die unterschiedlich große Bemessungsgrundlagen repräsentieren. Der weise Diktator würde sich bei gegebenem Steueraufkommen für die Besteuerung der breiteren Bemessungsgrundlage entscheiden, da hier die Zusatzlast und damit auch die gesamte Traglast für die Bürger geringer ausfällt. Da der Leviathan bei jeder Steuer das Maximalaufkommen realisiert, würde sich die verfassungsgebende Versammlung der Bürger im Leviathan–Staat im Gegensatz dazu für die weniger breite Bemessungsgrundlage entscheiden, da sie ein geringeres Maximalaufkommen erbringt. Zudem entspricht das Verhältnis der Zusatzlasten dem Verhältnis ihrer Maximalaufkommen.[182]

---

182 Bei einer aufkommensmaximalen Steuer ist die Zusatzlast unter der Annahme horizontaler Grenzkostenkurven und linearer Nachfragekurven halb so groß wie das Maximalaufkommen. Zugleich bedeutet dies,

Je breiter die Bemessungsgrundlage ausfällt, desto größer wird auch die Belastung für die Bürger. Das Maximalaufkommen selbst wird so zu einem hinreichenden Indikator für die Mehrbelastung.

Zugleich hängt die Entscheidung zwischen Steuern mit breiten und engen Bemessungsgrundlagen von dem gewünschten Ausmaß der Bereitstellung von öffentlichen Gütern ab. Als Zusammenhang zwischen den Kosten und der Nachfrage nach öffentlichen Gütern wurde abgeleitet:

$$\sum MZB(G^*) = \frac{3}{2} \cdot \frac{1}{1-S} GK^{ph}(G^*). \qquad \text{(8–IV)}$$

Bei der Auswahl steuerlicher Instrumente wird folglich eine Bemessungsgrundlage gesucht, die bei Ausbeutung bis zu ihrem Maximalaufkommen genau die Steuereinnahmen erbringt, die zum Angebot von G^* erforderlich sind. Wenn also zwei Steuern auf die Güter X und Z mit unterschiedlicher Besteuerungsbasis beide das benötigte Volumen als Maximalaufkommen erzielen, so werden die Bürger in der Verfassung das Gut mit der geringeren Bemessungsgrundlage festschreiben.[183]

Erbringen dagegen beide Steuern das gleiche Maximalaufkommen, für das zugleich die obige Bedingung für die marginale Zahlungsbereitschaft zur Bereitstellung von G^* erfüllt ist, jedoch die aggregierten Nachfragekurven unterschiedliche Steigungen aufweisen, wären die Bürger indifferent. Erbringen die aufkommensmaximalen Steuersätze zweier Bemessungsgrundlagen identische Einnahmen, so ist folglich auch die ausgelöste Zusatzlast und die Gesamtlast aus beiden gleich groß. Unter dem Aspekt der Mehrbelastung kann es keine Präferenz für eine der Steuern geben.[184]

Bei zwei Bemessungsgrundlagen, die *vor* der Besteuerung gleich groß sind, bei denen aber unterschiedliche Nachfrageelastiziäten vorliegen, würden die Leviathan–Bürger die Besteuerung anhand des Kriteriums der Nachfrageelastizität festsetzen. Je höher die Preiselastizität der Nachfrage, desto geringer ist das mögliche Maximalaufkommen. Die Gesamtlast ist daher bei der Entscheidung für die Besteuerung preiselastischerer Güter geringer. Dies steht im diametralen Gegensatz zum Modell des weisen Diktators. Er würde sich für das preisunelastische Gut entscheiden, da hier die Zusatzlast in direkter Beziehung zur Elastizität steht.[185]

Dabei ist es grundsätzlich gleichgültig, welche Güter der Regierung zur Besteuerung freigegeben werden. Da wie gerade beschrieben jede Steuerquelle unter der Annahme horizontaler Grenzkostenkurven und linearer Nachfragekurven eine Zusatzlast verursacht, die halb so groß ist wie der Steuerertrag, lassen sich Steuern, die den gleichen Gesamtertrag bringen, beliebig kombinieren. In jedem Fall wird der gleiche Wohlfahrtseffekt entstehen, egal ob dem Leviathan viele „kleine" Steuern oder wenige „große" Steuern zugestanden werden.

Bei der Wahl der Bemessungsgrundlagen für die Güterbesteuerung läßt sich schließlich als Ergebnis festhalten: Eine umfassende Bemessungsgrundlage ist nicht wie im Modell des wei-

---

daß das Verhältnis der Zusatzlasten bei alternativen Steuern dem Verhältnis ihres Maximalaufkommens entspricht. Vgl. Brennan/ Buchanan (1988 [1980]), S. 77.

183 Vgl. Raab (1995), S. 179.

184 Vgl. Brennan/ Buchanan (1988 [1980]), S. 77f.

185 Vgl. Brennan/ Buchanan (1988 [1980]), S. 78f.

sen Diktators eindeutig wünschenswert. Übersteigt das aus einer Besteuerungsbasis erzielbare Maximalaufkommen den erwünschten Finanzierungsbedarf, so ist sie sogar eindeutig unerwünscht. Zudem variiert die Zusatzlast direkt und linear mit dem Maximalaufkommen.

2. *Einheitliche Steuersätze für Güter*

Nehmen wir nun an, daß das Aufkommen aus der maximalen Besteuerung eines Gutes (in unserem Beispiel von *X* oder *Z*) nicht ausreicht, um das erwünschte Angebot an öffentlichen Gütern zu finanzieren. Hier stellt sich nun die Frage, wie die Befugnis des Leviathan zur Besteuerung von *X* und *Z* gestaltet werden sollte, um das erforderliche Aufkommen zu erzielen.[186] Hier bieten sich wie in der Optimalsteuertheorie zwei mögliche Steuerstrukturen an, eine differenzierende oder eine einheitliche Besteuerung. Der Leviathan würde sich, wie aus Abbildung 11 leicht zu erkennen, für die differenzierenden Steuersätze, t_X und $T_{Z;Lev}$ entscheiden. In dieser Strategie der perfekten Diskriminierung stimmt er mit dem wohlmeinenden Diktator überein.

Wird der Leviathan jedoch gezwungen, einen einheitlichen Steuersatz für beide Güter festzusetzen, so würde er diesen so festlegen, daß die nachgefragte Menge durch den Schnittpunkt der aggregierten Grenzerlöskurve und der Grenzkostenkurve bestimmt wird.[187] Die Gesamtmenge für die beiden Güter bleibt bei den einheitlichen und den differenzierten Steuersätzen gleich, der einheitliche Steuersatz liegt zwischen den jeweils aufkommensmaximierenden t_X und $T_{Z;Lev}$. Der Leviathan kann sich jedoch nur eine geringere Monopolrente aneignen.[188] Folglich würde die verfassungsgebende Versammlung eine einheitliche Besteuerung von Gütern festschreiben.

3. *Einheitliche Steuersätze für Personen*

Eine andere Form der Diskriminierung läßt sich betrachten, wenn wir zulassen, daß die Individuen unterschiedliche Präferenzen bzw. marginale Zahlungsbereitschaften bezüglich eines besteuerten Gutes aufweisen. Der Diktator würde einen geringeren Wohlfahrtsverlust erzielen, wenn er die Steuerstruktur in geeigneter Weise diskriminierend gestaltet, um ein gegebenes Aufkommen zu erreichen. Der Leviathan nutzt die Möglichkeit der Diskriminierung zur Aufkommensmaximierung, in dem er sich alle Konsumentenrenten aneignet. Das Verbot der Diskriminierung kann also auch in diesem Fall als Grenze für die Fähigkeit des Leviathan zur Einnahmenerzielung begründet werden. Diese Möglichkeit der Differenzierung nach Perso-

---

186 X und Z seien zwei Güter, die weder in komplementärer noch in substitutiver Beziehung zueinander stehen, so daß auch keine Preisinterdependenzen zwischen den beiden bestehen.

187 Wir können die Nachfragekurven der beiden Güter einfach horizontal aggregieren, da die Mengeneinheiten auf den Gegenwert einer Geldeinheit normiert sind. Vgl. Brennan/ Buchanan (1988 [1980]), S. 83.

188 Der Leviathan verhält sich also entsprechend der Analogie zwischen der Besteuerungsgewalt und dem Monopol als Preisdiskriminierer auf getrennten Segmenten eines Marktes. Die Beschränkung auf einheitliche Steuersätze verhindert das Ausbeuten dieses monopolistischen Spielraums. Vgl. hierzu Brennan/ Buchanan (1988 [1980]), S. 85. Zur Preisdifferenzierung eines Monopolisten siehe beispielsweise Neumann (1991), S. 44ff.

nen ist jedoch unrealistisch, da die Überwachungskosten für den Leviathan prohibitiv hoch sein würden: Tendenziell wird in der Praxis die Person mit dem niedrigsten Steuersatz zum Einkäufer für alle anderen. Diese Möglichkeit ist daher wenig relevant, zeigt aber deutlich die direkte Analogie zwischen dem Monopolstaat und dem Monopolunternehmen der traditionellen Preistheorie. Die institutionellen Probleme einer effektiven Diskriminierung treten in beiden Fällen gleichermaßen auf.[189]

4. Diskriminierung durch die Tarifstruktur

Läßt man für die Zwecke der Analyse diese praktischen Schwierigkeiten außer acht und betrachtet eine *vollkommene Diskriminierung,* die sowohl nach Personen als auch nach Mengen erfolgen kann, so sieht sich jedes Individuum in dem einfachen Gemeinwesen mit zwei Personen einem eigenen regressiven Steuertarif gegenüber, der seiner Grenzbewertung folgt. Hierbei ergibt sich ein überraschendes Ergebnis: Da das Aufkommen in diesem Fall ohne jede Mehrbelastung erzielt wird, könnte die Zulassung von Diskriminierung durch den Steuertarif sogar wünschbar sein. Durch den Wechsel von einem einheitlichen proportionalen Steuersatz zum perfekt diskriminierenden System mit regressiven Steuersätzen würde sich in dem von uns angenommenen linearen Fall das von jeder Person erhobene Aufkommen (und damit auch das Gesamtaufkommen) verdoppeln. Dies führt zu einer Erhöhung des Angebots an öffentlichen Gütern. Ohne Zusatzlasten sinken jedoch auch die zu tragenden Grenzkosten des öffentlichen Angebots G^* auf $[1/(1-S)]GK^{ph}$. Um nun zu ermitteln, welche Lösung die Individuen präferieren, ist zu untersuchen, wie hoch sie die zusätzlichen Einheiten der öffentlichen Güter bewerten. In der Tat kann gezeigt werden, daß sie die vollkommen diskriminierende Variante bevorzugen, wenn die Punktelastizität der Nachfrage in G^* größer als *3/2* ist.[190]

Die Ergebnisse der letzten Überlegungen stehen in auffallendem Gegensatz zu den anderen Formen der Diskriminierung. Erfolgt lediglich eine Diskriminierung zwischen Individuen oder Gütern, dann steht die Mehrbelastung in direkter Beziehung zum maximalen Aufkommen und der Vergleich alternativer Steuerbemessungsgrundlagen reduziert sich auf den Vergleich von Maximalaufkommen. Ist aber eine Diskriminierung zwischen Mengeneinheiten möglich, müssen auch unterschiedliche Zusatzlasten in der Analyse berücksichtigt werden. Zudem zeigt sich hier ein entscheidender Unterschied zur Preistheorie: Da die Individuen immer für einen Anteil ihrer Steuern als Gegenleistung öffentliche Güter erhalten, könnten sie bereit sein, den Wechsel vom einfachen zum perfekt diskriminierenden Monopol zu akzeptieren. Eine verfassunggebende Versammlung könnte dann die Erhöhung des ursprünglich „angemessenen" Aufkommens aus einer proportionalen Güterbesteuerung durch den Wechsel zur regressiven Tarifstruktur billigen.[191]

Um die Diskussion abzurunden, soll abschließend noch kurz der Fall diskutiert werden, in dem die Individuen gleich behandelt werden, aber eine regressive Tarifstruktur zulässig ist. Konzeptionell könnte dies der Fall sein, wenn in der Verfassung eine *Gleichbehandlung von*

---

189 Siehe hierzu detailliert Brennan/ Buchanan (1988 [1980]), S. 86f.

190 So Brennan/ Buchanan (1988 [1980]), S. 89ff.

191 Vgl. Brennan/ Buchanan (1988 [1980]), S. 95f.

Individuen festgeschrieben ist, aber eine *Steuersatzdiskriminierung zwischen Gütereinheiten* möglich ist. Welche Tarifstruktur erbringt hier ein maximales Aufkommen? Verwenden wir wieder unser einfaches Zwei–Personen–Modell mit einem Gut *X* und den Nachfragekurven D_I und D_{II} für die Individuen und betrachten Abbildung 13. Bei einem vollkommen diskriminierenden Tarif, der auf D_{II} basiert, bemißt sich das erzielt Aufkommen als Fläche zwischen D_{II} und der Grenzkostenkurve. Hierbei wird jedoch Person *I* aus dem Markt gedrängt. Dagegen würde ein Tarif, der nur entlang von D_I diskriminiert, auch für Individuum *II* gelten. Das dabei erzielte Aufkommen ergibt sich aus der Fläche zwischen der neuen Kurve R_I und *MC*, da R_I so konstruiert ist, daß der vertikale Abstand zwischen R_I und *MC* bei jeder Ausbringungsmenge doppelt so groß ist, wie der vertikale Abstand zwischen D_I und *MC*.

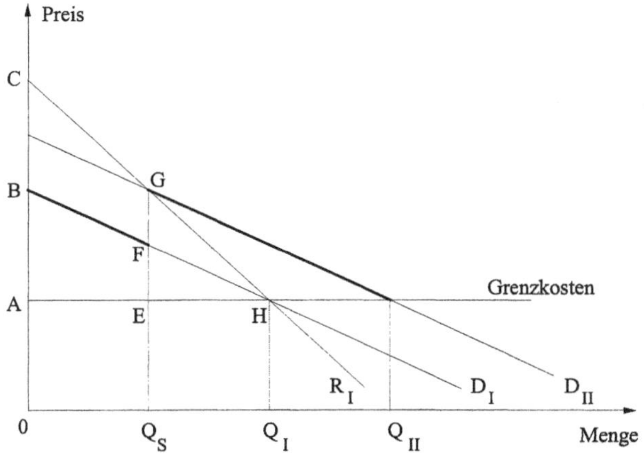

Abbildung 13: Diskriminierung des Leviathan zwischen Gütermengen

Quelle: Brennan; Buchanan (1980 [1988]), S. 96. Darstellung nach Raab (1995), S. 181.

Der Leviathan wird jedoch erkennen, daß sich ein maximales Aufkommen nicht mit einem Tarif erzielen läßt, der sich nur auf eine der beiden Nachfragekurven stützt. Vielmehr wird er einen abschnittsweise regressiven Tarif mit einem unstetigen Sprung anwenden, wie ihn die fett gezeichnete Linie in Abbildung 13 zeigt. Bis zur Menge Q_S, bei der sich R_I und D_{II} schneiden, wird durch eine Preissetzung gemäß D_I ein höheres Aufkommen erreicht. Rechts von diesem Punkt wird ein Aufkommensgewinn erzielt, wenn der Wechsel auf eine diskriminierende Besteuerung entlang von D_{II} erfolgt.

Die Mehrbelastung ist auch hier geringer als in den Fällen, in denen eine Diskriminierung zwischen Mengen für Individuen nicht zulässig ist. Die Zusatzlast für Person *I* bemißt sich hier durch die Fläche *FEH* und beträgt damit weniger als die Hälfte des Maximalaufkommens. Auf Individuum *II* entfällt gar kein Wohlfahrtsverlust, da es unter dieser Steuerstruktur dieselbe Menge kauft wie in der Marktlösung ohne Steuer. Im konstitutionellen Kalkül gelten daher die gleichen Schlußfolgerungen wie bei dem oben untersuchten Fall des vollkommen diskriminierenden Regressionstarifs: Die verfassungsgebende Versammlung bevorzugt bei gleichem Maximalaufkommen eine geeignet konstruierte regressive Tarifstruktur gegenüber einem einheitlichen proportionalen Tarif, da ersterer mit geringeren Wohlfahrtsverlusten verbunden ist.

C. Beschränkungen bei direkten Steuern

Im diesem Abschnitt ist zu klären, welche Bemessungsgrundlagen und welche Tarifstrukturen einem Leviathan im Fall einer direkten Besteuerung zugestanden werden sollen. Im ersten Schritt befassen wir uns mit der Frage, welche Steuerbasen geeignet sind (1), bevor dann die Tarifstruktur einer Lohneinkommensteuer (2) und die Frage nach Einkommen– oder Ausgabensteuer im Rahmen intertemporaler Aspekte zu klären ist (3).

1. Umfassende oder beschränkte Bemessungsgrundlagen

Zu Beginn unserer Überlegungen beschränken wir die Analyse auf ein einzelnes Individuum. Ihm stehen für seine konstitutionelle Entscheidung nur zwei mögliche Arten von Steuerbemessungsgrundlagen zur Verfügung: Eine Alternative sei vollständig umfassend, die andere sei beschränkt. Hierbei ist jedoch noch nicht wesentlich, was die nichtumfassende Besteuerungsbasis genau beinhaltet und ob die Steuer als Einkommens– oder Ausgabensteuer erhoben werden soll. Im Rahmen des einfachen Modells sei Arbeit der einzige Produktionsfaktor. Die umfassende Bemessungsgrundlage beinhalte das gesamte potentielle Einkommen des Individuums, d.h. neben dem monetären Einkommen auch die Freizeit und andere nicht–monetäre Einkommensbestandteile.[192] Die beschränkte Bemessungsgrundlage umfasse das monetäre Einkommen. In dieser Situation ist zu erwarten, daß der potentielle Steuerbürger nicht die umfassende Bemessungsgrundlage wählt, wenn er postkonstitutionell mit einem eigennützigen Verhalten der Regierung rechnet.

Das Kalkül des Individuums läßt sich anhand Abbildung 14 veranschaulichen.[193] Die Indifferenzkurven beschreiben die Präferenzen zwischen wirtschaftlichen Aktivitäten zur Erzielung von monetärem Einkommen Y und der Freizeitaktivität L, wobei diese Präferenzen die bekannten Eigenschaften besitzen sollen.[194] Die Austauschbeziehung zwischen L und Y wird durch die Produktivität der einkommenserzielenden Tätigkeit bestimmt. In der Situation ohne Steuern liegt das Gleichgewicht in E auf i_0.

Erhält nun der Staat die Möglichkeit, die vollständig umfassende Steuerbemessungsgrundlage zu besteuern, steht ihm abgesehen vom Existenzminimum potentiell das gesamte Einkommensäquivalent $0Y_a$ als Steuerbasis zur Verfügung. Der aufkommensmaximierende Leviathan kann folglich eine Steuer erheben, die die maximalen potentiellen Einkünfte des Individuums enteignet (soweit sie das Subsistenzniveau übersteigen). Das Individuum wird sich entspre-

---

192 Genauer gesagt handelt es sich bei den nicht–monetären Einkommensbestandteilen nach Brennan/ Buchanan (1988 [1980]), S. 50, um „das zurechenbare monetäre Äquivalent der vom Individuum erbrachten nichtmarktlichen Produktion an bewerteten Endprodukten einschließlich der Freizeit".

193 Vgl. für die folgenden Ausführungen Brennan/ Buchanan (1988 [1980]), S. 49ff.

194 Aufgrund des „Schleiers der Unwissenheit" kann das Individuum zwar seine genaue Präferenzstruktur in der nachkonstitutionellen Phase nicht voraussagen, an dieser Stelle ist jedoch lediglich von Bedeutung, daß die Präferenzen „übliche" Eigenschaften haben. Vgl. Brennan/ Buchanan (1988 [1980]), FN 9, S. 269.

chend in der konstitutionellen Phase *nicht* für eine *umfassende* Steuerbemessungsgrundlage entscheiden, wenn er einen aufkommens-

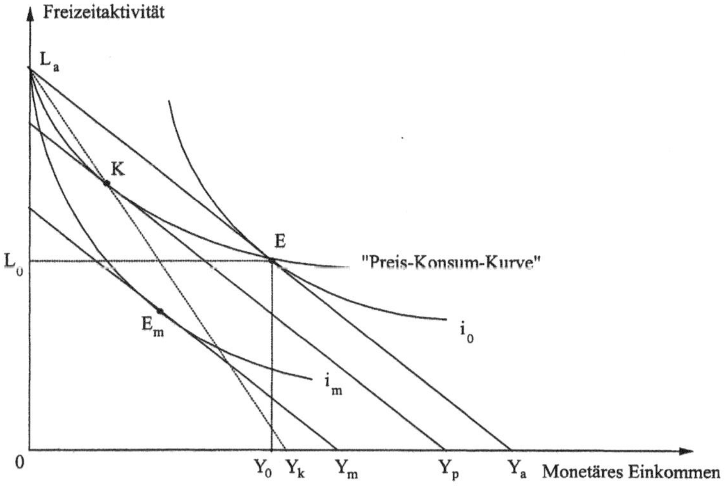

Abbildung 14: Umfassende oder beschränkte Bemessungsgrundlage?

Quelle: Eigene Darstellung nach Brennan; Buchanan (1980 [1988]), S. 51.

maximierenden Staat prognostiziert. Beschränkt das Individuum den Leviathan auf die Bemessungsgrundlage monetäres Einkommen, so erzielt dieser ein Maximalaufkommen in Höhe von Y_mY_a. Würde der Staat eine höhere Steuer erheben, würde sich das Individuum besserstellen, wenn es ganz darauf verzichtet, Einkommen zu erzielen, und die Position L_a realisiert. Das Maximalaufkommen Y_mY_a kann der Staat jedoch nur mit Hilfe einer ideal strukturierten regressiven Steuer verwirklichen, bei der der Steuersatz für jedes Niveau von Y der Steigung von i_m entspricht. Dies impliziert eine Bewegung entlang von i_m bis zum Gleichgewicht E_m, in dem das Maximalaufkommen realisiert wird. In E_m behält das Individuum eine kleine Rente, so daß er diese Situation gegenüber L_a präferiert. Aufgrund dieser Erkenntnis wird der Staatsbürger zusätzlich einen *Verzicht* auf einen *regressiven* Tarif in der Verfassung festschreiben.

2. *Tarifstruktur in der Besteuerung von Lohneinkommen*

Wird der Staat auf einen proportionalen Tarif beschränkt, so befinden sich die potentiellen Gleichgewichte des Staates auf der „Preis–Konsum–Kurve“ des Individuums für unterschiedliche „Preise“ von Y, welche in der Abbildung 15 durch L_aKE beschrieben wird. Das aufkommensmaximale Gleichgewicht befindet sich dabei in K, wo eine Parallele zu L_aY_a die Preis–Konsum–Kurve tangiert. Das erzielte Aufkommen beträgt Y_pY_a, der proportionale Steuersatz ist durch $Y_kY_a/0Y_a$ gegeben.

Genauere Einsichten erhalten wir, wenn wir diesen Fall nochmals im Monopolmodell betrachten, das das korrespondierende partielle Gleichgewicht widerspiegelt. Hier kann dann auch die Frage beantwortet werden, ob ein proportionaler oder sogar ein progressiver Tarif besser zur Beschränkung des Leviathan geeignet wäre.

In der Abbildung 15 stellt die Kurve *DD* die Nachfrage des Individuums nach der Aktivität dar, mit der es Einkommen erzielt. Im Falle einer proportionalen Steuer wird das Aufkommensmaximum durch den Schnittpunkt der Grenzerlöskurve *GE* und den als konstant angenommenen (normierten) Grenzkosten *GK* bestimmt. Im Gleichgewicht ergibt sich ein monetäres Einkommen in Höhe von *Y* und ein Steuersatz in Höhe von $t^* = BC$. Hierbei ist ein Verlust an Konsumentenrente in Höhe von *ABC* zu verzeichnen.

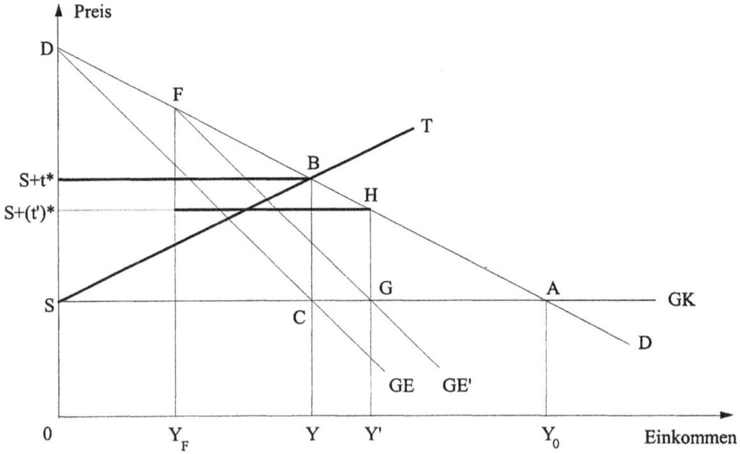

Abbildung 15: Proportionaler oder progressiver Lohneinkommensteuertarif?

Quelle: Brennan; Buchanan (1980 [1988]), S. 53. Darstellung nach Raab (1995), S. 184.

Im Vergleich dazu betrachten wir nun zwei verschiedene progressive Tarife. Im einfachsten progressiven Tarif werden nur zwei Grenzsteuersätze betrachtet, bei denen der erste Null beträgt. Bei einem solchen indirekt progressiven Tarif wird das Einkommen bis Y_F vollkommen von der Steuer befreit (Freibetrag) und die übersteigenden Einkünfte proportional besteuert. In diesem Fall wird aus dem Schnittpunkt der neuen Grenzerlöskurve *GE'* mit *GK* ein verringerter aufkommensmaximimierender Steuersatz $(t')^*$ abgeleitet. Auch die Zusatzlast sinkt von *ABC* auf *AHG*. Da auch das Maximalaufkommen von $Y \cdot t^*$ auf $(Y'-Y_F) \cdot (t')^*$ fällt, ist die indirekt progressive Besteuerung für den Leviathan uninteressant. Die selbe Schlußfolgerung gilt auch für den Fall eines linear–progressiven Tarifs, der in der Abbildung durch *ST* veranschaulicht wird. Hier entsteht zwar das selbe Gleichgewichtseinkommen *Y* und die selbe Zusatzlast wie im Fall einer proportionalen Steuer; Auch der Grenzsteuersatz t^* entspricht dem aufkommensmaximalen Proportionalsatz, das maximale Gesamtaufkommen beträgt mit *SBC* jedoch nur die Hälfte.

Erwartet ein Individuum in der nachkonstitutionellen Phase einen Leviathan, so führt das konstitutionelle Entscheidungskalkül des Individuums folglich immer zu Regelungen, die das Aufkommenspotential begrenzen. Dazu gehören die Begrenzung des Umfangs von Steuerbemessungsgrundlagen und zusätzlich Beschränkungen von zulässigen Tarifstrukturen, insbesondere das Verbot regressiver Tarife. Dabei sind die aus dem Ein–Personen–Kalkül abgeleiteten Ergebnisse auch in der Mehr–Personen–Betrachtung gültig.[195]

3. Intertemporale Aspekte der Leviathan–Besteuerung

Bisher wurden nur einperiodische Modelle betrachtet, in denen die intertemporalen Entscheidungsprobleme bei der Leviathanbesteuerung keine Rolle spielten. Im folgenden wollen wir uns nun Problemen zuwenden, die in mehrperiodischen Modellen entstehen, wenn Ankündigungseffekte zu beachten sind. Hierzu gehen wir im nächsten Abschnitt spieltheoretisch differenzierter auf die Entscheidungsfindung und Erwartungsbildung von Fiskus und Steuerzahlern ein. Die Auswirkungen einer zeitinkonsistenten Politik einer Leviathan–Regierung werden wir dann im darauf folgenden Abschnitt im Rahmen eines Zwei–Perioden–Modells betrachten. Hierbei ist die Frage zu beantworten, ob der Staat die Macht haben soll, ex post Steuersätze z.B. auf in der gerade abgeschlossenen Periode angefallene Einkommen zu erheben. Den letzten Abschnitt widmen wir schließlich der Frage, ob eine Einkommen– oder Ausgabensteuer aus konstitutioneller Sicht geeigneter ist, den einnahmenmaximierenden Staat zu beschränken.

a. Das Zeitinkonsistenzproblem

Bislang haben wir implizit unterstellt, daß die wohlwollende oder eigennützige Regierung am Beginn ihres unendlichen Planungshorizonts eine optimale Besteuerungsregel wählt und die Steuerzahler ihr Verhalten den geltenden Steuermaßnahmen optimal anpassen. Die Rolle des Fiskus entsprach in diesem Zusammenhang der eines Stackelberg–Führers.[196] Zudem wurde unterstellt, daß die angekündigte Politik auch in späteren Perioden unbeirrt verfolgt wird. Die jeweilige Staatsmacht wird sie nicht zu einem späteren Zeitpunkt reoptimieren, sondern sie wird die spezifische Steuerstruktur in die Tat umsetzen, von der sie am Anfang ihres Zeithorizonts annahm, daß diese optimal sei. Die Ramsey–Regel ist ein Beispiel für diese Art von Entscheidungsfindung. Diese Version eines Spiels, das zwischen der Regierungsmacht und dem privaten Sektor ausgetragen wird, wird auch als „open loop policy game“ bezeichnet. Die Definition ergibt sich fast automatisch: Die Regierung löst das Entscheidungsproblem eines offenen Regelkreises ohne Rückkoppelung, während die privaten Akteure das Spiel nur passiv spielen: wenn sie ihre eigenen Entscheidungen treffen, nehmen sie die steuerpolitische Regel der Regierung als gegeben hin.[197]

---

195 Vgl. ausführlich zum Nachweis der Übertragbarkeit der Ergebnisse Brennan/ Buchanan (1988 [1980]), S. 56ff.

196 Als Stackelberg–Führer wird in der Spieltheorie derjenige Spieler bezeichnet, der sich zum ersten Zug bindend verpflichten kann. Siehe hierzu ausführlich Holler/ Illing (2000), S. 19.

197 Vgl. hierzu detailliert Batina/ Ihori (2000), S. 69f, und auch deren 6. Kapitel.

Auf der anderen Seite kann es aber aus verschiedenen Gründen notwendig oder auch sinnvoll sein, von der ursprünglich angekündigten optimalen Steuerregel abzuweichen. Möglicherweise ändern sich die individuellen Präferenzen im Zeitablauf oder in einer Demokratie kommt eine neue Regierung an die Macht, die nicht an die politischen Versprechen ihrer Vorgängerregierung gebunden ist und andere Vorstellungen über die relative Bedeutung einzelner Zielkategorien hat. Möglicherweise kann es für den finanzpolitischen Entscheidungsträger selbst dann vorteilhaft sein, von seiner ursprünglichen Politikregel abzuweichen, wenn seine Zielfunktion stabil ist und auch mit derjenigen der privaten Akteure (scheinbar) übereinstimmt. Die alte, ursprüngliche Regel nennt man dann zeitinkonsistent.[198]

Ein berühmtes Beispiel hierfür ist das sogenannte „Capital Levy"–Problem. Zu Beginn ihres Zeithorizonts ist es für eine Regierung optimal zu versprechen, Kapital würde nur mit einem niedrigen Satz besteuert, wenn Sparen zinselastisch ist, da so die Individuen über einen Anreiz verfügen zu sparen und zu investieren. Dies entspricht einer einfachen Anwendung der Ramsey–Regel. Falls die Regierung in der Zukunft ihre Politik reoptimieren darf, wird sie wieder die Ramsey–Regel anwenden. In dieser Situation wird die Regel vorschlagen, fixe Faktoren wie den in früheren Perioden gebildeten Kapitalstock mit einem hohen Satz zu besteuern, denn eine Besteuerung dieser Vermögensgröße bzw. der Zinseinkünfte würde keine Substitutionseffekte auslösen und entspräche somit einer lump–sum–Steuer. Dieses Vorgehen verletzt jedoch allgemein die „open loop"–Politik–Regel, da diese zu einem Zeitpunkt ausgewählt wurde, in dem das Angebot an Kapital elastisch auf Steuern reagierte und nicht fix war. Hier kommen nun die Erwartungen der Steuerzahler zum Tragen. Die rationalen Haushalte werden sich durch die Politiker nicht täuschen lassen – jedenfalls nicht wiederholt. Wenn die privaten Akteure antizipieren, daß die Politik der Regierung inkonsistent sein wird, weil ein Anreiz zur Politikänderung besteht oder weil die Regierung schon in der Vergangenheit ihr Wort gebrochen hat, werden sie dies in ihren Planungen von vorne herein berücksichtigen und möglicherweise weniger sparen, als optimal wäre.[199] Anders formuliert: Sie werden nur zeitkonsistente Politiken für glaubwürdig halten. Der fiskalpolitische Entscheidungsträger wird sich entsprechend von vornherein nur für solche Politiken entscheiden.

Die Begründung für den Anreiz der Regierung, ihre Versprechen zu brechen, liegt in der Struktur des Spiels. Das Problem entsteht dadurch, daß die Regierung ein *dynamisches* Entscheidungsproblem zu lösen hat und im Spiel die Rolle eines Stackelberg–Führers übernimmt. Dieses Problem wurde in der Literatur zur optimalen Besteuerung in dynamischer Sicht jedoch meist ignoriert. Die „open loop policy rule" ist indes im allgemeinen als zeitinkonsistent anzusehen, denn die Regierung hat typischerweise *immer* einen Anreiz, von der Regel abzuweichen. Dadurch wird dann auch die Berechnung der Wohlfahrtsverluste für ein Steuersystem inkonsistent.[200]

---

198 Siehe hierzu Richter/ Wiegard (1993), S. 358f.

199 Vgl. Batina/ Ihori (2000), S. 142.

200 Will man eine „Lebens–Zusatzlast" berechnen, wird beispielsweise die Mehrbelastung für eine allgemeine Einkommensteuer größer ausfallen, wenn man die Berechnung *vor* der Sparentscheidung anstellt als danach (und dabei die Sparhöhe von der Steuerbelastung abhängt). Zudem wird die Berechnung der Mehrbelastung einer allgemeinen Einkommensteuer zu einem beliebigen Zeitpunkt auf dem Zeitstrahl zu einem geringeren Ergebnis kommen als die Kalkulation einer „Lebens–Zusatzlast", da einige Sparentscheidungen zu diesem spezifischen Zeitpunkt schon fest vorgegeben sind. Siehe hierzu Batina/ Ihori (2000), S. 143.

Eine Möglichkeit, die dynamische Entscheidungssituation zu modellieren, besteht darin, dem Spiel eine dynamische bzw. sequentielle Struktur zu geben.[201] Dabei lösen Regierung und Steuerzahlen in jeder Periode ein Entscheidungsproblem, nicht nur am Beginn des Zeithorizonts. Dies nennt man das „closed loop policy game". Die Regierung wählt ihre Politik auf optimale Weise, wobei sie in ihrem Kalkül die Verhaltensreaktionen der Steuerzahler und deren bereits in der Vergangenheit getroffene Entscheidungen mit berücksichtigt. Diese Spielform ist zeitkonsistent, da die Akteure sich in einem sequentiellen Sinne rational verhalten. In jeder Spielperiode lösen die Spieler ein Entscheidungsproblem und jeder weiß vom anderen, welches Problem er zu lösen hat. Die Regierung kann durchaus eine bestimmte zukünftige Politik versprechen, wenn jedoch dieses Versprechen nicht mit dem Entscheidungsproblem konsistent ist, von dem die privaten Akteure glauben, daß die Regierung es in Zukunft lösen wird, werden die Steuerzahler der Ankündigung keinen Glauben schenken. Die Lösung des Spiels wird dabei nicht nur als zeitkonsistent bezeichnet, sie entspricht auch einem teilspielperfekten Nash–Gleichgewicht.[202]

Im Rahmen dieser Arbeit wurde das Problem bisher bewußt vernachlässigt, da im Modell des wohlmeinenden Diktators mit langfristigem Planungshorizont keine Möglichkeit vorliegt, die rationalen und vollständig informierten Haushalte zu verunsichern. Die Individuen würden bewußte Täuschungen des Diktators zur Erhöhung der gesellschaftlichen Wohlfahrt durchschauen, zeitinkonsistente Besteuerung in ihrem Verhalten berücksichtigen und damit wirkungslos machen. Selbst wenn bei einer einmal geglückten Täuschung Wohlfahrtsgewinne realisiert werden könnten, würde bei einem unendlichen Planungshorizont langfristig die Wohlfahrt beeinträchtigt, da das maximal erreichbare Nutzenniveau abnimmt, wenn zusätzliche Restriktionen zu beachten sind.[203]

Von besonderer Bedeutung ist das Problem jedoch in Modellen mit endlichem Zeithorizont. Immer dann, wenn es eine letzte Periode gibt, ist zu erwarten (und zu befürchten), daß von der „open loop"–Politik abgewichen wird. Denn anders als im Fall mit langfristigem Zeithorizont stehen den kurzfristigen Gewinnen aus der geglückten Täuschung keine Wohlfahrtsverluste in allen folgenden Perioden gegenüber.

---

201 In dieser Spielsituation machen die Akteure im Verlauf eines Spiels mehrere Züge, wobei sie die vorausgegangene Züge ihrer Mitspieler beobachten können. Die einzelnen Züge werden dann in Abhängigkeit von den vorausgehenden Aktionen der Mitspieler geplant. Solche langfristigen Spielsituationen bezeichnet man auch als „wiederholte Spiele", auch wenn das langfristige Spiel gerade nicht als die Abfolge eines kurzfristigen Spiels zu verstehen ist, sondern als eigene Spielsituation mit eventuell ganz anderen Ergebnissen. So wird beispielsweise in einem Dyopolspiel über mehrere Perioden hinweg für die Spieler ein Anreiz bestehen, zu kooperieren. Die Konkurrenten verzichten auf kurzfristige Gewinne, um die langfristigen Vorteile aus der Bildung eines Kartells realisieren zu können. Vgl. hierzu ausführlich Holler/ Illing (2000), S. 12f und 20f.

202 Vgl. Batina/ Ihori (2000), S. 144, oder Richter/ Wiegard (1993), S. 360. Zu den technischen Details siehe etwa den Überblick bei Blackburn (1987).

203 Vgl. ausführlicher Richter/ Wiegard (1993), S. 360, und Raab (1995), S. 186f, FN 110. Man könnte ja einfach auf die Idee kommen, den Individuen vorzuschlagen, sich doch schlicht täuschen zu lassen, denn nach einer gelungenen Täuschung ist ihr Nutzenniveau höher als vorher (das wird im nächsten Abschnitt genauer abgeleitet). Dieses Vorgehen gilt jedoch für langfristig planende, rationale Haushalte gerade nicht, da sie bei ihrer Optimierung die Absichten des finanzpolitischen Entscheiders durchschauen und von den Steuersätzen der Täuschungspolitik ausgehen. Dadurch wäre ihr Nutzenniveau von vornherein niedriger. Vgl Richter/ Wiegard (1993), S. 363.

Für den Leviathan bietet eine zeitinkonsistente Politik die Möglichkeit, durch nicht angekündigte, konfiskatorische Steuern seine Einnahmen zu erhöhen. Im folgenden werden wir analysieren, wie sich dies bei endlichem und unendlichen Zeithorizont auswirkt.

b. Ein einfaches intertemporales Modell

Hierzu betrachten wir zunächst ein Zwei–Perioden–Modell, in dem der Leviathan in beiden Perioden aktiv sein kann. Wir unterstellen ein repräsentatives Individuum, das nur in der ersten Periode Arbeitseinkommen erzielt und in der zweiten Periode seine Ersparnisse und Zinserträge konsumiert.[204]

Die Möglichkeiten der innerperiodischen Verhaltensanpassung können in Abbildung 16 abgelesen werden. Die möglichen Kombinationen von Gegenwarts– und Zukunftskonsum liegen in einer Situation ohne Besteuerung auf der Budgetgeraden *AB*. *0A* stellt den maximal möglichen Gegenwartskonsum dar, dem der maximal mögliche Zukunftskonsum *0B* entspricht. Dabei ist *0B* in dem Maße größer als *0A,* wie der Zinssatz auf die Ersparnis positiv ist. Der Zinssatz ist durch *A"B/0A"* gegeben, wobei gilt *0A* = *0A"*. In dieser Situation würde der Bürger seinen Konsum intertemporal so aufteilen, daß die Gleichgewichtsposition in *L* erreicht wird, die einem Gegenwartskonsum in Höhe von *0J* und einen Zukunftskonsum von *0K* entspricht.

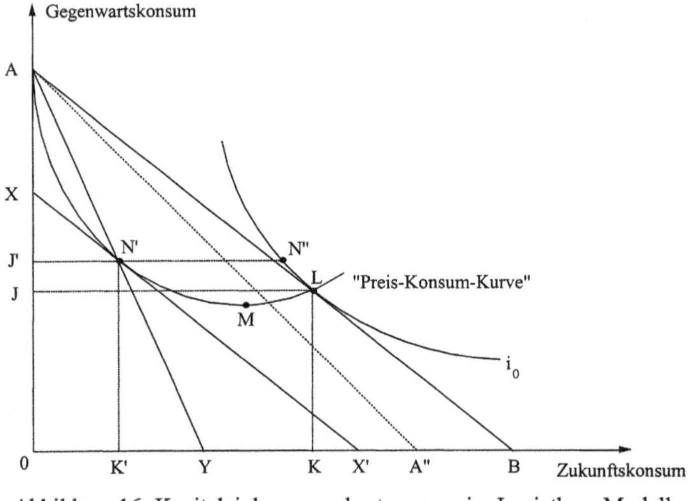

Abbildung 16: Kapitaleinkommensbesteuerung im Leviathan–Modell

Quelle: Brennan; Buchanan (1980 [1988]), S. 111. Darstellung nach Raab (1995), S. 185.

204 Hierbei sei angenommen, daß das Individuum auch ohne Arbeits– und Zinseinkünfte existieren kann, da beispielsweise das Existenzminimum durch staatliche Unterstützungszahlungen gesichert wird. Auf diese Weise können auch Ecklösungen realisiert werden. Vgl. ausführlich zum dargestellten Model Brennan/ Buchanan (1988 [1980]), S. 110ff.

Wird nun eine Kapitalsteuer eingeführt, so kann dies durch eine Drehung der Budgetgeraden in Punkt *A* graphisch dargestellt werden. Die neuen Optimalpunkte liegen – je nach Höhe der Besteuerung – entlang der „Preis–Konsum–Kurve" *AN'ML*. Die Wirkungen dieser Besteuerung hängen davon ab, inwieweit der Steuerzahler diese bei seiner Konsum–Spar–Entscheidung vorwegnimmt. Betrachten wir zunächst den Fall vollkommener Unwissenheit und nehmen folglich an, daß der Steuerzahler seine Konsum–Spar–Entscheidung ohne jede Rücksicht auf eine Steuereinführung trifft. Hierbei wird er sich wie in der Situation ohne Steuer für die Gleichgewichtsposition *L* entscheiden. Ohne expliziten Beschränkungen wird es sich für den Leviathan immer lohnen, sich in der zweiten Periode das gesamte Kapital durch eine konfiskatorische Kapitalsteuer anzueignen. Er kann sich sogar noch besser stellen, wenn er in Periode 1 einen Steuersatz ankündigt, mit dem er den Steuerzahler veranlaßt, sich zum Minimum der „Preis–Konsum–Kurve" *AN'ML*, d.h. zu Punkt *M*, zu bewegen. Dann würde der Steuerzahler sogar noch mehr sparen als in der Situation ohne Steuer und die Ersparnisse, die der Aufkommensmaximierer sich in der zweiten Periode aneignen kann, wären noch höher.[205]

Nimmt man realistischerweise an, daß der Steuerzahler dieses Verhalten des Leviathan antizipiert, so wird der Bürger sein gesamtes Einkommen in Periode 1 konsumieren und nichts sparen. Das Aufkommen sinkt auf Null und Punkt *A* stellt das höchstmögliche Nutzenniveau für den Bürger dar. Spieltheoretisch befinden sich der Leviathan und der Steuerzahler in einem Gefangenendilemma. Beide könnten sich besser stellen, wenn sie eine relevante, verbindliche Übereinkunft erzielen würden, d.h. eine Kollusionslösung zustande käme. So wäre es für die Beteiligten vorteilhaft, wenn der Staat sich an eine in Periode 1 ausgesprochene Vorankündigung halten würde und seine Politikentscheidungen nicht im nachhinein ändert, wenn die Konsum–Spar–Entscheidung schon getroffen wurde. Aus diesem Grund ist es für den Leviathan rational, sich selbst zu binden, auch wenn keine verfassungsmäßigen Restriktionen vorliegen. Im konstitutionellen Kalkül ist es für den Bürger aus seiner Sicht ebenfalls sinnvoll, eine Verfassungsregel zu implementieren, die den Leviathan an seine angekündigte Politik bindet. Dann würde der Leviathan in dem von uns betrachteten Modell seinen aufkommensmaximierenden Kapitalsteuersatz so wählen, daß das Steuerzahlergleichgewicht in *N'* erzeugt wird, in dem eine Parallele *XX'* zu *AB* die „Preis–Konsum–Kurve" tangiert.

Die gleiche Analyse könnte nun auch auf die (Lohn–)Einkommensteuer angewandt werden, wenn wir unsere Abbildung so uminterpretieren, daß sich das optimierende Kalkül des Steuerzahlers auf die Wahl zwischen Freizeit und einkommenserzeugender Aktivitäten bezieht. Wie die Überlegungen zur Beschränkung der Bemessungsgrundlagen bei direkten Steuern zeigen (Punkt 1 im aktuellen Abschnitt, insbesondere der in Abbildung 14 veranschaulichte Zusammenhang), gibt es einen bestimmten aufkommensmaximierenden Steuersatz, der den Steuerzahler bei der modellimmanenten Vorankündigung in die Lage versetzt, optimal auf die Steuer zu reagieren. Im Mehrperiodenfall stellt sich nun die Frage, ob der Staat die Macht haben soll, Steuern auf das in einer gerade abgeschlossenen Periode verdiente Einkommen zu erheben. Wie bei der Kapitalsteuer ist es auch hier für beide Seiten von Vorteil, wenn der Leviathan mit einem unendlichen Zeithorizont an die vorher angekündigte Politik gebunden

---

205 Falls die „Preis–Konsum–Kurve" ihr Minimum erst rechts von L erreichen würde, d.h. rechts von der Gleichgewichtsposition ohne Besteuerung, würde der Leviathan die Kapitalbildung in Periode 1 sogar noch subventionieren. Vgl. hierzu Brennan/ Buchanan (1988 [1980]), S. 112.

ist, da die Individuen in den Folgeperioden ihre Zeit vollständig für Freizeit verwenden würden. Daher wird eine explizite konstitutionelle Beschränkung, die auf eine Ankündigung mit Durchsetzbarkeit abzielt, von beiden Parteien präferiert werden.[206]

Unterstellt man dagegen, daß der Steuerzahler erwartet, daß ein echter einnahmenmaximierender Leviathan nur in einzelnen Perioden vorhanden ist („probabilistischer Leviathan"), so ist eine Verfassungsregel für den Leviathan nicht mehr wünschenswert. Vielmehr werden die Steuerzahler in allen Perioden bei ihrer Entscheidungslösung den Erwartungswert für den Steuersatz zugrunde legen. Da der Leviathan in diesem Fall eindeutig die Möglichkeit der ex–post–Ankündigung vorziehen würde, wird der Besteuerte eine Verfassungsvorschrift präferieren, nach der die Steuersätze vor seiner Verhaltensanpassung angekündigt werden müssen.

Die Vorteile der Vorankündigung sind für den Steuerzahler im Fall der Kapitalsteuer weniger ausgeprägt als bei der Lohneinkommensteuer. Bei einer strikt gegenwärtigen Lohneinkommensteuer kann das Individuum durch Verhaltensanpassungen bei seiner Freizeit–Arbeit–Entscheidung reagieren. Eine entsprechende Steuer auf das Kapital läßt eine sofortige Anpassung jedoch nicht zu, da es als Bestandsgröße bereits existiert. Der Umfang der Bemessungsgrundlage wird von vergangenen Entscheidungen bestimmt, ein Ausweichen ist nur bezüglich der Neubildung von Kapital möglich.[207]

c. Einkommen– oder Konsumsteuer

Im Rahmen der intertemporalen Betrachtung wollen wir nun auch analysieren, ob der Leviathan eine Ausgaben–, Lohneinkommen–, eine allgemeine Einkommensteuer oder aber eine Einkommensteuer zuzüglich einer Kapitalsteuer bevorzugt. Hierzu ziehen wir wiederum das restriktive Zwei–Perioden–Modell heran und nehmen an, daß alle Tarife proportional und im voraus angekündigt sein sollen. Das repräsentative Individuum erzielt nur in der ersten Periode Arbeitseinkommen und maximiert seinen Nutzen über die zwei Betrachtungsperioden[208].

Im Falle einer aufkommensmaximalen Besteuerung des Lohneinkommens verbleibt dem Individuum von seinem Arbeitseinkommen in Höhe von $0A$ in Abbildung 17 maximal $0A' = 0Q$ für gegenwärtigen Konsum. Der maximale Zukunftskonsum $0B'$ übersteigt den Betrag $0A'$ (bzw. $0Q$) um QB' im Ausmaß der positiven Zinserträge. Die „Preis–Konsum–Kurve" beinhaltet alle Optimalpunkte eines Individuums in Abhängigkeit vom relativen Preisverhältnis zwischen Konsum heute und morgen nach einer Besteuerung.

Bei unserer Diskussion der verschiedenen Steuerarten unterscheiden wir nun zwischen (1) einer Steuer allein auf das Arbeitseinkommen, (2) einer Steuer allein auf den Konsum, (3) einer Steuer auf Arbeits– und Zinseinkommen sowie (4) einer getrennten Steuer auf Arbeits–

206 Dies gilt abgesehen von Situationen, in denen der Steuerzahler konsequent getäuscht werden kann. Siehe hierzu auch die ausführliche Diskussion zum Problem konfiskatorischer Abgaben in mehrperiodischen, aber endlichen Spielen in Brennan/ Buchanan (1980 [1988]), S. 113f.

207 Vgl. hierzu und zur Diskussion des „probabilistischen Leviathan" Brennan/ Buchanan (1980 [1988]), S. 114ff.

208 Vgl. hierzu und im folgenden Brennan/ Buchanan (1988 [1980]), S. 117ff. Die Darstellung an dieser Stelle beruht teilweise auch auf den Ausführungen in Raab (1995), S. 188ff.

und Kapitaleinkünfte. Steuer (1) und (2) verzichten beide auf eine Zinsbesteuerung und lassen damit das Preisverhältnis zwischen Zukunfts– und Gegenwartskonsum unberührt. Hier stellt *A'B'* als geometrischer Ort der gegenwärtigen und zukünftigen Konsummöglichkeiten die relevante Nebenbedingung dar und das Individuum maximiert seinen Nutzen im Schnittpunkt *E* der „Preis–Konsum–Kurve" mit *A'B'*. Die Steuer auf Arbeitseinkommen erbringt ihr Aufkommen *A'A* in der ersten Periode. Das aggregierte Aufkommen aus der Ausgabensteuer auf den Konsum *0P* in Periode 1 und *0F* in Periode 2 erbringt den gleichen Gegenwartswert.

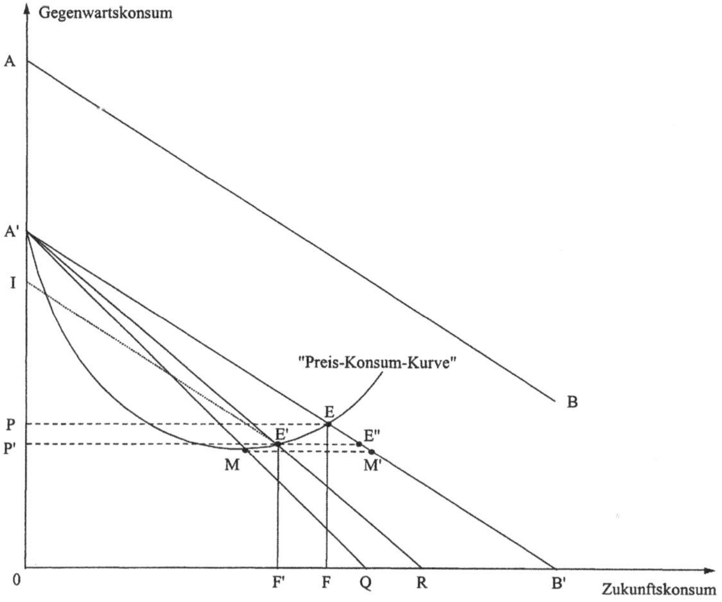

Abbildung 17: Besteuerung von Arbeit und Kapital im Leviathan–Modell

Quelle: Brennan; Buchanan (1980 [1988]), S. 119. Darstellung nach Raab (1995), S. 188.

Betrachten wir nun Steuer (3) auf das „Gesamteinkommen", die mit dem Steuersatz *A'A/0A = RB'/QB'* auf das Arbeitseinkommen in Periode 1 und das Zinseinkommen in Periode 2 erhoben wird. Hier wird *A'R* wegen der verzerrenden Zinsbesteuerung zur relevanten Nebenbedingung und die Steuer führt zu einem Gleichgewicht in *E'*, wobei das Individuum einen Gegenwartskonsum von *P'* und einen Zukunftskonsum von *F'* realisiert. Der Staat erhält als Aufkommen außer dem Betrag *A'A* in Periode 1 den Betrag *F'F* in Periode 2.

Grundsätzlich liegt es im Interesse des Leviathan, den Einkommensteuersatz in der zweiten Periode zu erhöhen. Ohne weitere konstitutionelle Beschränkungen ist es dem Leviathan möglich, für die erste Periode einen Steuersatz von beispielsweise 50 % und einen Steuersatz auf Zinseinkommen von 100 % in Periode 2 anzukündigen. Dann nimmt er wie bisher in Periode 1 ein Aufkommen in Höhe von *A'A* ein, kann jedoch in der zweiten Periode ein Aufkommen *MM'* erzielen, wenn der Steuerzahler sein Verhalten anpaßt und ein Gleichgewicht in *M* erreicht, in dem die Zinserträge null betragen. Nur wenn in der Verfassung eine Vorschrift festgehalten ist, die eine intertemporale Einheitlichkeit der Steuersätze fordert, ist diese Möglichkeit ausgeschlossen. Die intertemporale Einheitlichkeit der Steuersätze begrenzt damit das Einnahmepotential des Leviathan (mit Ausnahme des Spezialfalls, in dem die Steuersätze auf beide Einkommensarten gleich sind).[209]

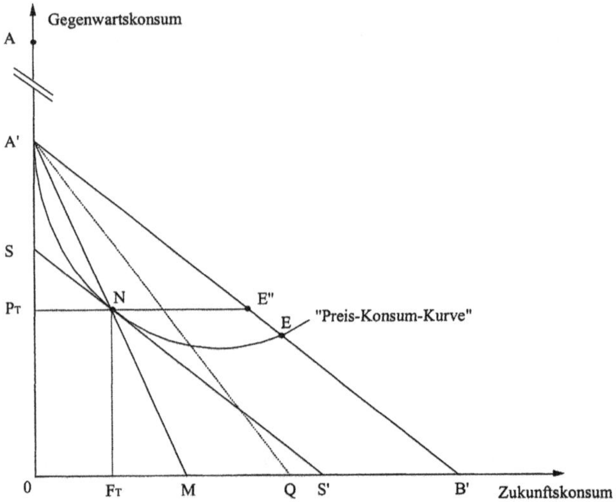

Abbildung 18: Getrennte Besteuerung von Arbeit und Kapital im Leviathan–Modell

Quelle: Eigene Darstellung nach Brennan; Buchanan (1980 [1988]), S. 122.

Als Alternative 4 wollen wir nun analysieren, welche Effekte sich ergeben, wenn der Leviathan Arbeits– und Kapitaleinkünfte getrennt voneinander, d.h. mit unterschiedlichen Steuersätzen, erheben kann. Dabei sei angenommen, daß die Arbeits–Freizeit–Entscheidung vom Gegenwartswert des Einkommenstroms über die Zeit abhängt. Daraus folgt, daß die Ankündigung einer Kapitalsteuer keinen Einfluß auf den aufkommensmaximierenden Steuersatz für Arbeitseinkünfte in Periode 1 hat. Folglich ist es für den Leviathan von Vorteil, in der ersten Periode den aufkommensmaximalen Einkommensteuersatz zu implementieren und dann die aufkommensmaximierende Kapitalsteuer zu wählen. In Abbildung 18 wird durch die Einkommensteuer der maximale Konsum in der Gegenwart auf *0A'* gesenkt, die „Preis–Konsum–Kurve“ als Ort möglicher Gleichgewichte wird durch *A'NE* beschrieben. Das

209 Raab (1995, S. 189) stellt diese Notwendigkeit der Einheitlichkeit der Besteuerung jedoch in Frage, da er von einem *plötzlichen* Erhöhen der Kapitaleinkommensteuer zu Beginn von Periode 2 ausgeht. Dann würde insbesondere in einer Mehr–Personen–Ökonomie langfristig ein Rückzug auf *A'* erfolgen und folglich nicht mehr gespart werden. Brennan/ Buchanan (1980 [1988]) gehen jedoch von einer Ankündigung zu Beginn der Periode 1 aus. Letztlich beruht das unterschiedliche Ergebnis auf dem betrachteten zeitlichen Planungshorizont. Wie wir im Abschnitt zur Zeitinkonsistenz analysierten, hat der Leviathan immer in der letzten Periode des Zeithorizonts einen Anreiz zur Abweichung, da danach keine Lerneffekte bei den Individuen auftreten können. Von besonderer Relevanz ist eine Verfassungsvorschrift zur Einheitlichkeit der Steuersätze sicher beim probabilistischen Leviathan, denn hier hat sie in jedem Fall eine Schutzfunktion.

maximal mögliche Aufkommen aus der Kapitalsteuer und/oder der Besteuerung von Zinseinkünften wird in *N* erreicht. Hier tangiert eine Parallele *SS'* zur ursprünglichen Budgetgerade die Preis–Konsum–Kurve. Das Steueraufkommen setzt sich in der ersten Periode aus der Einkommensteuer in Höhe von *A'A* und in der zweiten Periode aus Kapital– und Einkommensteuer in Höhe von *S'B'* zusammen. Hierbei entspricht *S'B'* einen Gegenwartswert von *A'S*. Dieses Aufkommen kann in Periode 2 lediglich durch eine Kapitalsteuer ohne Einkommensteuer auf Zinseinkünfte erhoben werden. Bei einer alternativen Kombination der aufkommensmaximierenden Kapitalsteuer mit einer Steuer auf Zinseinkommen genügt ein eindeutig geringerer Steuersatz als bei einer ausschließlichen Kapitalbesteuerung.[210]

Faßt man die Überlegungen zusammen, so wird ein Leviathan diejenige Steuermaßnahme wählen, die den Gegenwartswert seiner Steuereinnahmen maximiert. Betrachtet man den unten in Tabelle 4 zusammengefaßten Steuervergleich, so stellt die beste Regelung für eine Leviathan–Regierung die Möglichkeit dar, eine Einkommensteuer und eine Kapitalsteuer getrennt voneinander zu erheben. Ist eine Kapitalsteuererhebung ausgeschlossen, so wird er die umfassende Einkommensteuer auf Lohn– und Zinseinkommen gegenüber den anderen Steuern präferieren. Umgekehrt werden die Individuen diese Formen der Besteuerung auf konstitutioneller Ebene ausschließen. Gegenüber den beiden anderen Alternativen wären Leviathan und Steuerbürger indifferent, da diese jeweils das gleiche Aufkommen in Gegenwartswerten erbringen.

Eine andere Bewertung der Alternativen als anhand des Gegenwartswertes könnte sich jedoch aus einer Präferenz des Leviathan oder der Individuen für eine bestimmte zeitliche Verteilung der Einnahmen oder für den daraus folgenden Verlauf des Konsums öffentlicher Güter und Leistungen ergeben, da der Leviathan annahmegemäß immer einen Anteil von $(1 - S)$ seiner Einnahmen für öffentliche Leistungen ausgibt.[211] Treffen wir die Annahme, daß der Leviathan die in einer Periode erzielten Annahmen auch verbrauchen muß,[212] so dominiert aus Sicht des Leviathan die Möglichkeit einer Einkommensteuer in Verbindung mit einer Kapitalsteuer die Alternative mit einer einfachen Einkommensbesteuerung von Arbeits– und Zinseinkünften. Alternative (1) scheidet von vornherein aus, da in der zweiten Periode kein Konsum öffentlicher Güter möglich ist.

---

210 Ein Steuersatz von *MB/QB* auf das Zinseinkommen würde das Aufkommenspotential der Kapitalsteuer vollkommen beseitigen. Die Grafik zeigt, daß dieser Steuersatz deutlich über 100 % liegen würde, so daß diese Besteuerung unrealistisch ist. Die Individuen können dann ihre Kapitaleinlagen durch Kassenhaltung ersetzen. Möglich wird eine solche Besteuerung der Kapitalbesteuerung jedoch bei Inflation. Ausführlich hierzu Brennan/ Buchanan (1988 [1980]), S. 123.

211 Macht der Leviathan seine Strategie der Einnahmenbeschaffung auch vom zeitlichen Anfall der Steuereinnahmen abhängig, so bedeutet dies letztlich, daß er eine Zeitpräferenzrate besitzt, in der sich der Wunsch äußert, seinen Konsum intertemporal anders zu verteilen, als in dem Zinssatz zum Ausdruck kommt, der zur Berechnung des Gegenwartswerts herangezogen wird. Auf die Zeitpräferenz des Leviathan wollen wir in diesem Rahmen nicht weiter eingehen. Siehe hierzu detailliert Brennan/ Buchanan (1988 [1980]), S. 123ff.

212 Diese restriktive Bedingung, die eine intertemporale Verteilung des Konsums des Leviathan beispielsweise durch Kreditvergabe oder Horten von Einnahmen ausschließt, ist grundsätzlich nicht realitätsfern. Die Übertragbarkeit von Mitteln ist in vielen Behörden bis heute kaum oder nur in eingeschränktem Umfang möglich.

Tabelle 4:
Steueraufkommen und Konsum öffentlicher und privater Güter

Steuer–institution	ESt nur auf Arbeit	Ausgabensteuer	ESt auf Arbeit und Zins	ESt plus Kapitalsteuer*
Einnahmen Periode 1	A'A	0P	A'A	A'A
Einnahmen Periode 2	—	0F	E'E	B'S'
Gegenwartswert	A'A	A'A	AI	AS
Private Güter Periode 1	0P	0P	0P'	$0P_T$
Öffentl. Güter Periode 1	(1 – S)(A'A)	(1 – S)(0P)	(1 – S)A'A	(1 – S)(A'A)
Private Güter Periode 2	0F	0F	0F'	$0F_T$
Öffentl. Güter Periode 2	—	(1 – S)0F	(1 – S)(E'E'')	(1 – S)(B'S')

* Die Streckenangaben beziehen sich grundsätzlich auf Abb. 17. Die Werte in der letzten Spalte beruhen zwar auf Abb. 18, gleiche Streckenbezeichnung sind aber zur Abb. 17 äquivalent.

Quelle: Nach Brennan; Buchanan (1988 [1980]), S. 124 und 129. Eigene Darstellung in Anlehnung an Raab (1995), S. 190.

Eine relevante Alternative für die Erwägungen des Leviathan stellt die Ausgabensteuer dar. Im Vergleich zu einer Einkommensbesteuerung spornt die Konsumbesteuerung das Individuum an, in Periode 1 mehr zu sparen und folglich in Periode 2 mehr zu konsumieren. Entspricht dies den intertemporalen Präferenzen des Leviathan, so wird dieser möglicherweise die Ausgabensteuer bevorzugen, auch wenn er die Kombination aus Einkommen– und Kapitalsteuer realisieren kann.

Aus Sicht des Steuerzahlers zeigt sich, daß nur bei der Konsumausgabensteuer die öffentlichen Leistungen im gleichen Verhältnis auf die beiden Perioden verteilt sind, wie es die Individuen bei ihren privaten Ausgaben als optimal befinden. Würde das intertemporale Muster des privaten Konsums dem für öffentliche Güter entsprechen, so würde die Ausgabenbesteuerung generell bevorzugt. Die auffallende Einnahmenstruktur, die mit der Einkommen– und Arbeitseinkommensteuer verbunden ist, wird allerdings nicht zuletzt durch die restriktiven Annahmen unseres Zwei–Perioden–Modells bedingt. Eine zeitlich gleichmäßigere Verteilung wird auch bewirkt, wenn wir die Analyse auf viele Perioden und viele Individuen ausdehnen.[213]

---

213 Gleichwohl scheinen sich in dem Ausmaß, in dem die intertemporale Struktur des aggregierten Einkommens von dem des Konsums abweicht, einige Vorteile für eine Besteuerung auf Konsumbasis zu ergeben. Vgl. hierzu und zur vorangegangenen Diskussion Brennan/ Buchanan (1988 [1980]), S. 125ff.

Betrachten wir es als wahrscheinlich, daß ein Leviathan die letzte Periode seiner Existenz kennt und nicht an die Vorankündigung der Steuersätze zu Beginn des Betrachtungszeitraums gebunden ist, so behält das zweiperiodige Modell seine Gültigkeit. Aus konstitutioneller Sicht könnte eine Steuer auf Arbeitseinkünfte ebenfalls nur im Fall eines Zeithorizonts von zwei Perioden bevorzugt werden, wenn zugleich die öffentlichen Leistungen dauerhaft sind, d.h. in beiden Perioden Nutzen bringen. Aufgrund dieser sehr restriktiven Annahmen ist eine konstitutionelle Entscheidung zugunsten einer Konsumsteuer und gegen jede Form von Einkommensbesteuerung wahrscheinlich.[214]

IV. Schlußfolgerungen

Die Ausführungen in diesem Kapitel haben gezeigt, welche Unterschiede in den normativen Implikationen für die Besteuerung zwischen dem Modell des weisen Diktators und dem Modell des Staates als einnahmenmaximierenden Leviathan bestehen. Die Veränderungen in der zentralen Annahme des staatlichen Verhaltens bewirken, daß die aus Sicht der Wohlfahrtsökonomie optimalen Besteuerungsregeln zu Regeln der Aufkommensmaximierung werden. Die Regierungen in beiden Staatstheorien verwirklichen somit ähnliche Steuerstrukturen. Gleichzeitig werden die allokativ effizienten Regeln im Leviathan–Staat irrelevant und müssen aus Sicht der konstitutionellen Effizienz durch Regeln ersetzt werden, die die Steuerbürger vor dem eigennützigen Fiskus schützen. Die Individuen sind folglich bereit, auf allokative Vorteile zu verzichten, um den Leviathan zu beschränken. Wie unsere Analyse zeigte, ist eine effektive Beschränkung einnahmenmaximierender Leviathan–Regierungen durch den institutionellen Rahmen der Verfassung realisierbar. Unter der Annahme, daß ein bestimmter Anteil der Staatseinnahmen für öffentliche Güter und Leistungen ausgegeben wird, die auch von den Individuen (und dem Leviathan) gewünscht werden, gibt es eine hierfür geeignete Auswahl von Steuerbemessungsgrundlagen und Steuertarifen.

Als Ergebnis haben wir folgende Regeln abgeleitet:

- Ausschluß von Pauschsteuern,
- Gebot der Allgemeinheit bei indirekten und direkten Steuern,
- Verbot von regressiven Tarifen bei direkter Besteuerung,
- Verbot der Kapitalbesteuerung[215].

Diese Regeln werden auch dann implementiert werden, wenn das Verhalten der Regierung zum Zeitpunkt, in dem die Verfassung entworfen wird, nur eine denkbare Möglichkeit ist bzw. der Leviathan erwartungsgemäß nur in einzelnen Perioden auftritt. Im nächsten Teil der Arbeit wird sich in den Ausführungen zum Leviathan im Steuerwettbewerb (Kapitel 7) zei-

---

214 Vgl. hierzu Raab (1995), S. 191.

215 Auf die Ableitung von prozeduralen Regeln haben wir in diesem Rahmen verzichtet. Solche Regeln erweitern zwar grundsätzlich die Möglichkeiten zur Beschränkung des Leviathan, würden jedoch keine weiteren Erkenntnisse zum Ergebnis dieses Kapitels beitragen. Überlegungen zur Anwendung des Äquivalenzprinzips als mögliche Schranke im Leviathan–Staat wie sie beispielsweise Raab (1995), S. 192ff, im Rahmen einer föderalen Staatsordnung anstellt, werden wir im Rahmen des 7. Kapitels behandeln.

gen, daß in einer offenen Volkswirtschaft mit mobilen Steuerbasen neue mögliche Beschränkungen an die Stelle konstitutioneller Regeln treten können.

Zusammenfassend betrachtet konnten wir im vorliegenden 2. Teil der ersten Frage zur Ausgestaltung effizienter Steuersysteme im Rahmen der beiden normativen Steuertheorien nachgehen. In diesem Zusammenhang haben wir jeweils Regeln abgeleitet, gemäß denen Einnahmesysteme gestaltet sein müssen, um allokative bzw. konstitutionelle Effizienz zu erreichen. Dabei gingen wir allerdings von geschlossenen Volkswirtschaften aus. Im folgenden 3. Teil der Arbeit übertragen wir nun die Frage nach einer effizienten Besteuerung auf die internationale Ebene und erweitern somit die Analyse auf offene Volkswirtschaften. Zugleich dienen die in diesem Teil gewonnenen Erkenntnisse als Grundlage für die Beurteilung des Steuerwettbewerbs im nächsten Teil.

Teil 3:
Internationale Besteuerung und Steuerwettbewerb

In Teil 2 wurden im Rahmen der normativen Staatstheorien des wohlmeinenden Diktators und des eigennützigen Leviathans Regeln abgeleitet, gemäß denen Einnahmesysteme gestaltet werden müssen, um allokative bzw. konstitutionelle Effizienz zu erreichen. In diesem Teil stellt sich nun die Frage nach einer effizienten Ausgestaltung der Besteuerung auf die internationale Ebene. Hierzu wird im folgenden *5. Kapitel* untersucht, welche internationalen Besteuerungsprinzipien auf weltwirtschaftlicher und nationaler Ebene Effizienz sichern. Darauf aufbauend wird analysiert, welche Besteuerungsprinzipien der Leviathan bevorzugen wird und wie sich seine Wahl auf die Effizienz auswirkt. Abschließend wird die im 3. Kapitel ausführlich vorgestellte effiziente Unternehmensbesteuerung unter den veränderten Rahmenbedingungen des internationalen Kontextes diskutiert.

Der Frage nach der Effizienz des Steuerwettbewerbs dienen die Kapitel 6 und 7. Dabei beschäftigten wir uns zunächst mit der neoklassischen Theorie des Steuerwettbewerbs und diskutieren die Ergebnisse auch unter Rückgriff auf die in Teil 2 abgeleiteten Erkenntnisse der Theorie optimaler Besteuerung (*Kapitel 6*). Im *7. Kapitel* wird zunächst analysiert, in wieweit der fiskalische Wettbewerb der Staaten anstelle konstitutioneller Regelungen den Leviathan beschränken kann. Im zweiten Teil des Kapitels werden im Rahmen der Besteuerung von Unternehmen weitere Aspekte des Steuerwettbewerbs diskutiert, die als wohlfahrtserhöhend eingestuft werden können.

5. Kapitel:
Effiziente Internationale Kapitalbesteuerung

Wie bereits im einführenden Kapitel belegt, kann die Wirtschaftsgeschichte der letzten beiden Jahrhunderte – trotz Rückschlägen – als Prozeß zunehmender internationaler Verflechtung charakterisiert werden. Die zunehmende Integration der Weltmärkte hat für die Wirtschafts– und Finanzpolitik schwerwiegende Konsequenzen. Den Wirtschaftssubjekten stehen bei ihren Entscheidungen (welche Güter zu konsumieren, wieviel und wo zu arbeiten bzw. zu investieren) eine stetig wachsende Alternativenmenge mit entsprechenden Ausweichmöglichkeiten zu Verfügung. Folglich trifft auch die Politik im Vergleich zu einer geschlossenen Volkswirtschaft auf weitaus sensiblere Reaktionen der privaten Akteure.

Die immer vielfältigeren „exit options" der Wirtschaftssubjekte bedingen, daß die Länder als Anbieter staatlicher Leistungen austauschbar werden und auf steuerlichen Gebiet die Macht des Monopols schwindet. Dies erfordert von den politischen Entscheidungsträgern eine genauere Dosierung ihrer steuerlichen Maßnahmen, die zugleich die (Ausweich–)Reaktionen der privaten Wirtschaftsakteure antizipiert. Zum anderen entsteht eine Interdependenz zwischen Nationalstaaten, da die Wirkung ihrer wirtschaftspolitischen Maßnahmen nicht nur auf den nationalen Bereich beschränkt bleibt. So ist als Folge von Politikmaßnahmen eine Umlenkung von internationalen Güter- und Faktorströmen möglich und auch eine Verhaltensänderung nicht nur von inländischen, sondern auch von ausländischen privaten Wirtschaftssubjekten. Ebenso ist mit Einflüssen auf die Politikergebnisse ausländischer Regierungen zu rechnen. Die Wohlfahrt eines Landes hängt damit nicht nur von den eigenen politischen Entscheidungen ab, sondern wird auch vom Verhalten ausländischer Regierungen beeinflußt. Diese grenzüberschreitenden Effekte eigener steuerpolitischer Maßnahmen können auch strategisch eingesetzt werden, um begehrte Ressourcen ins eigene Land zu locken und dadurch Wohlfahrtssteigerungen zu erzielen. In einer Welt knapper Ressourcen geht dies in der Regel zu Lasten anderer Länder, so daß dadurch eine Wettbewerbssituation entstehen kann, in der Nationen um knappe, international mobile Güter und Faktoren konkurrieren. Das Gebiet der Kapitalbesteuerung ist hierfür ein prominentes Beispiel, auf das wir uns im folgenden konzentrieren.

In einem ersten Schritt ist zu klären, zu welchen Unterschieden der Wechsel zwischen den idealtypischen Perspektiven der geschlossenen und offenen Volkswirtschaft führen kann. Auf dieser Basis kann letztendlich auch festgestellt werden, welche wohlfahrtsökonomischen Folgen auf die Besteuerung in einem globalen Umfeld und welche auf den Steuerwettbewerb zurückzuführen sind. So lastet die Literatur dem Steuerwettbewerb neben positiven vor allem negative Effekte an. Beispielsweise wird er als Ursache für eine „verzerrte" Kapitalallokation angesehen. Wie die nachfolgenden Ausführungen zeigen werden, kann aufgrund eines bestimmten Allokationsergebnisses jedoch nicht unbedingt kausal auf die Wirkung des Steuerwettbewerbs geschlossenen werden. Für das Auftreten bestimmter Kapitalallokationen ist in der Regel die bloße Existenz einer Besteuerung hinreichend. Auf welche Weise die politischen Entscheidungsträger ihre Steuersätze gesetzt haben, ist dabei unerheblich. Die Aussagen dieses Kapitels gelten daher unabhängig von einem möglicherweise stattfindenden steuerpolitischen Wettbewerb. Auf den Steuerwettbewerb um Kapital gehen wir dann im Anschluß an dieses Kapitel ausführlich ein.

Die Mobilität des Faktors Kapital führt grundsätzlich zu allokativen Problemen, die man in geschlossenen Volkswirtschaften oder autarken Regionen, wie sie bisher beschrieben wurden, nicht findet. Dabei ist die Frage nach einer effizienten Allokation des Kapitals unmittelbar eine Frage nach der effizienten räumlichen Allokation. Dieses wesentliche Problem soll im ersten Abschnitt (I) betrachtet werden. Dazu wollen wir zunächst betrachten, wie sich die Kapitalallokation in offenen Volkswirtschaften vollzieht. Dabei zeigt sich, daß durch den internationalen Kapitalverkehr zusätzliche Anpassungen der Kapitalanleger ermöglicht werden, da im Gegensatz zur geschlossenen Volkswirtschaft in einer einzelnen Volkswirtschaft keine nationale Identität zwischen Sparen und Investieren bestehen muß. Aus weltwirtschaftlicher Sicht zeigt sich, daß Kapital dann effizient auf die einzelnen Staaten oder Regionen verteilt ist, wenn die Produktion durch eine Reallokation der Ressource nicht mehr ausgedehnt werden kann.

Die Balance zwischen Sparen und Investieren und damit auch die internationalen Kapitalflüsse werden dabei nicht zuletzt von den nationalen und internationalen Steuerregeln bestimmt. Diese bilden den rechtlichen und institutionellen Rahmen des internationalen Kapitalverkehrs. Daher wird den internationalen Besteuerungsprinzipien und den Verfahren der grenzüberschreitenden Besteuerung ein eigener Abschnitt gewidmet (II).

Um die Wirkungen dieser Vorschriften abbilden zu können, bedarf es noch eines Referenzpunktes für unsere Analyse. Hierzu gehen wir zunächst von einer Welt ohne Steuern aus und entwerfen zur Analyse der weltwirtschaftlichen Effizienz ein Zwei–Länder–Modell, aus dem wir verschiedene Kriterien für Allokationseffizienz ableiten werden. Danach nehmen wir an, daß jeder Staat Kapitalsteuern zur Finanzierung eines exogenen Budgets erheben muß und analysieren die auftretenden Ineffizienzen (III).

Anschließend wechseln wir die Betrachtungsebene und setzen uns nach der internationalen die nationale Effizienz als Ziel, d.h. es geht um die Frage, welche Besteuerungsformen bei mobilem Kapital aus Sicht einer einzelnen Volkswirtschaft zweitbest sind (IV). Dabei gehen wir davon aus, daß die Regierungen ihre Steuerpolitik unter der Annahme bestimmen, daß diese in anderen Ländern zu keiner Änderung der Steuerpolitik führt. Nur dann wählen die Länder ihr Steuersystem so, daß das Sozialprodukt der inländischen Individuen maximiert wird[216]. Mögliche negative Rückwirkungen auf andere Länder bleiben hierbei unberücksichtigt. Abschließend ist dann festzustellen, ob auch dezentrale Entscheidungen zu einer effizienten internationalen Allokation führen.

Nachdem die Optimalitätsanforderungen an Kapitalsteuersysteme in offenen Volkswirtschaften abgeleitet wurden, bilden wir im fünften Abschnitt (V) das Verhalten des Leviathan in einer Welt mit mobilen Kapital ab. Dazu entwickeln wir auch hier ein Grundmodell um zu zeigen, welche Besteuerungsprinzipien unser Einnahmenmaximierer bevorzugen wird und wie sich seine Wahl auf die Effizienz auswirkt. In diese Betrachtung werden auch die Reaktionen anderer Länder mit einbezogen werden, da der Leviathan eine Verschlechterung der Wohlfahrt sowohl der eigenen Bürger als auch der Wirtschaftssubjekte anderer Staaten bewußt einkalkuliert, um seine eigenen Ziele zu verfolgen.

I. Internationale Kapitalallokation

Im folgenden werden wir zunächst untersuchen, wie es zu internationalen Kapitalbewegungen kommt. Hier unterscheidet die Literatur zwischen dem Fall einer sogenannten kleinen offenen Volkswirtschaft, die den Weltmarktzins nicht beeinflussen kann, sowie dem Zwei–Länder–Fall mit fixem Bestand an Kapital, in dem sich der Zins durch die Interaktion der Beteiligten bestimmt. In beiden Fällen werden vollkommene Kapitalmärkte unterstellt.

A. Kleine offene Volkswirtschaft (Partialanalyse)

Wir gehen zunächst von einer kleinen offenen Volkswirtschaft aus, für die das Zinsniveau am Weltmarkt ein Datum darstellt.[217] In der Abbildung 19 verkörpert der Zinssatz r^* das exogene Weltmarktniveau. Zu diesem Zinssatz sind die Individuen in diesem Land bereit, Kapital in

---

216 So Koop (1993), S. 57.

217 Zu den folgenden Ausführungen siehe Bovenberg/ Andersson/ Aramaki (1990), S. 291ff.

Höhe von $S(0)$ anzubieten und Investitionen im Umfang von $I(0)$ nachzufragen. In einer Situation ohne Steuern gilt dabei die gleiche Bedingung, die wir schon im Fall einer geschlossenen Volkswirtschaft abgeleitet haben: Die Vor–Steuer–Rendite für Investitionen und der Kapitalertrag nach Steuern von Spareinlagen stimmen mit dem Marktzins überein, nur daß in diesem Fall der Marktzins am Weltmarkt bestimmt wird. In der geschlossenen Volkswirtschaft wurde das Gleichgewicht $S = I$ in Punkt A durch entsprechende Zinsreaktionen erreicht. Nun liegt das Zinsniveau vergleichsweise niedriger, so daß der Umfang der Investitionen das Kapitalangebot um die Strecke $S(0)I(0)$ übersteigt. In dieser Größenordnung kommt es zu einem Kapitalimport. Aufgrund der Möglichkeit von Kapitalflüssen kommt es also zu keinem Ausgleich des heimischen Kapitalangebots und –nachfrage. Die Volkswirtschaft verfügt über ein Leistungsbilanzdefizit in Höhe des notwendigen Kapitalimports.[218]

Diese Erkenntnis hat für die Analyse der Kapitaleinkommensbesteuerung eine besondere Bedeutung. Während es in der geschlossenen Volkswirtschaft prinzipiell unerheblich ist, ob die Besteuerung der Kapitaleinkommen an den Investitionen oder an der Ersparnisbildung ansetzt, führt die Aufhebung der nationalen Identität beider Aggregate dazu, daß es einen Unterschied macht, ob Investitionen oder Ersparnisse besteuert werden.[219] Dies werden wir in diesem Kapitel im Abschnitt III.C noch genauer analysieren.

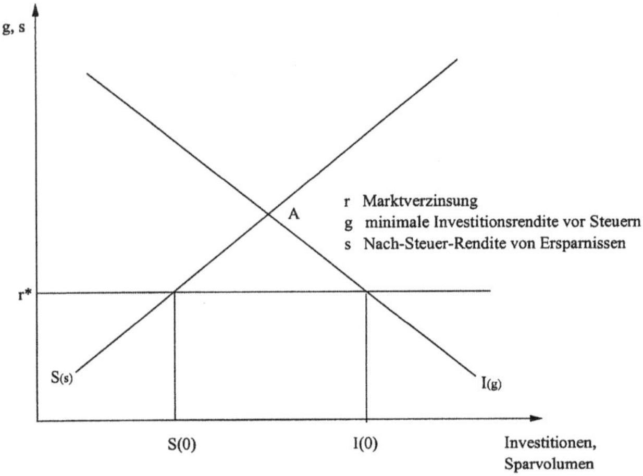

Abbildung 19: Internationale Kapitalbewegungen am Beispiel einer kleinen offenen Volkswirtschaft

Quelle: Eigene Darstellung in Anlehnung an Bovenberg; Andersson; Aramaki u.a. (1990), S. 292.

---

218 Langfristig kann sich dieses Defizit jedoch verringern, wenn sich die Investitions– und Sparkurven in Reaktion auf die Akkumulation von Kapital und Vermögen verschieben. Vgl. hierzu Bovenberg/ Andersson/ Aramaki (1990), S. 320, FN 8.

219 Vgl. hierzu Koop (1993), S. 57.

B. Zwei–Länder–Fall (Totalanalyse)

Wählt man eine weltwirtschaftliche Perspektive, geht man häufig vereinfachend von einer Welt mit zwei Staaten aus, da die Ergebnisse meist auf den Fall beliebig vieler Staaten übertragen werden können. Möglich ist beispielsweise auch eine Interpretation des Modells in Richtung eines großen Landes, dem viele kleine Länder gegenüberstehen.[220]

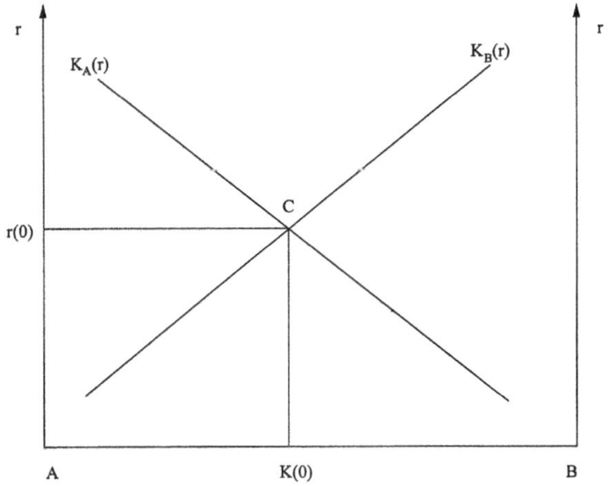

Abbildung 20: Die internationale Allokation des Kapitals im Zwei–Länder–Fall

Quelle: Eigene Darstellung in Anlehnung an Bovenberg; Andersson; Aramaki (1990), S. 293.

Zur grafischen Veranschaulichung der effizienten Allokation der Weltersparnisse bzw. –investitionen ziehen wir Abbildung 20 heran. Hierbei entspricht die Strecke *AB*, d.h. die Länge der Abszisse, dem exogen vorgegebenen Weltkapitalstock. Die Kurven repräsentieren die marginalen Kapitalproduktivitäten der Länder *A* und *B*, wobei die Kurve von *A* von der linken Achse ($K_A(r)$) und die von *B* von der rechten Achse aus gemessen wird ($K_B(r)$). In Autarkie weichen die Grenzproduktivitäten des Kapitals in den betrachteten Ländern in der Regel voneinander ab. Bei vollkommener Kapitalmobilität wird jedoch so lange Kapital in das Land mit der höheren Grenzproduktivität transferiert, bis im Gleichgewicht die Grenzproduktivitäten ausgeglichen sind und dem Weltmarktzinssatz entsprechen. Da in einer Welt ohne Steuern und Externalitäten die Kurven der Grenzproduktivitäten mit den Kapitalnachfragekurven zusammenfallen, repräsentiert der Schnittpunkt der beiden Geraden das Gleichgewicht des Weltkapitalmarkts mit einem Zinssatz in Höhe von $r(0)$. Hierbei wird der Weltkapitalstock im Verhältnis von $AK(0)$ zu $K(0)B$ optimal auf beide Länder aufgeteilt. Diese Lösung, In der Grafik Punkt *C*, ist zugleich pareto–optimal, da durch eine Reallokation

220 Die Beschränkung auf den Zwei–Länder–Fall vereinfacht die Ableitung der Bedingungen einer effizienten Kapitalallokation sowie ihre grafische Veranschaulichung. Die Bedingungen sind auch einfach auf den Fall vieler Länder zu übertragen. Bei der Anwendung steuerlicher Instrumente ergeben sich jedoch wesentliche Unterschiede, da im Zwei–Länder–Fall ein einzelnes Land aufgrund seiner Marktmacht das Zinsniveau am Weltmarkt beeinflussen kann, eine kleine Region im vollkommenen Wettbewerb mit vielen Regionen jedoch nicht.

keine Erhöhung des Weltoutputs mehr erreicht werden kann. Damit kann diese Situation auch als Referenzpunkt für spätere Überlegungen dienen.

Diese Überlegung gilt folglich gleichermaßen für Kapitalangebot und –nachfrage. Die Suche nach der besten Verzinsung für die Ersparnis lenkt das Kapitalangebot in die produktivste bzw. ertragreichste Anlage. Dabei sind die Anlagemöglichkeiten bzw. die Kapitalflüsse durchaus heterogen. Wie im ersten Kapitel dargestellt, lassen sich die grenzüberschreitenden Kapitalbewegungen in Direktinvestitionen und Portfolioinvestitionen einteilen. Dabei bezeichnet der Begriff der Direktinvestition in Abgrenzung zu einer Portfolioinvestition ein Auslandsengagement, bei dem der Investor maßgebliche Einfluß– und Kontrollmöglichkeiten erlangt.[221] Portfolioinvestitionen dienen dagegen vorrangig den Kapitalanlageinteressen. Will sich ein Investor zwischen einer Investition in ein Unternehmen und einer Kapitalmarktanlage entscheiden, so dient die Rendite eines internationalen Portfolioengagements – wie in der geschlossenen Volkswirtschaft die Anlage auf dem inländischen Kapitalmarkt – als Referenzpunkt seiner Analyse.

Häufig wird in diesem Zusammenhang auch einfach zwischen Finanz– und Realkapital unterschieden, wobei einer der entscheidenden Unterschiede zwischen beiden Größen die Mobilität des Faktors darstellt. Da wir jedoch von einem vollkommenen Kapitalmarkt mit unendlich hoher Mobilität ausgehen, spielt diese Unterscheidung im Rahmen dieser Arbeit keine Rolle. Auch in der Theorie des Steuerwettbewerbs wird meist ein unendlich mobiles, aber auch homogenes Kapital unterstellt, so daß wir im folgenden auch nicht zwischen Portfolio– und Direktinvestitionen unterscheiden werden.[222]

Die Kapitalallokation wird indes wesentlich von den Regelungen der internationalen Besteuerung bestimmt, die wir bisher noch nicht berücksichtigt haben. Sie stellen jedoch die entscheidenden Rahmenbedingungen dar, innerhalb denen eine optimale Steuerpolitik bestimmt werden kann. Im folgenden sollen daher grundlegende Prinzipien der internationalen Besteuerung, die bei internationalen Kapitalverflechtungen von Bedeutung sind, vorgestellt werden.

II. Grundlegende Prinzipien der internationalen Besteuerung

A. Systematik der Kapitalbesteuerung

Nach den allgemeinen Regeln des Völkerrechts darf jeder Staat eine Steuerpflicht begründen, wenn hierfür persönliche oder sachliche Anknüpfungspunkte bestehen. Bei der **persönlichen Steuerpflicht** sind drei verschiedene Besteuerungsformen gebräuchlich:[223]

---

221 Siehe ausführlich zu Begriff, Beweggründen und quantitativer Bedeutung Weichenrieder (1995), S. 4ff.

222 Direktinvestitionen haben in der Realität auch eine Funktion als Träger speziellen technischen oder organisatorischen Wissens und stellen daher keine perfekten Substitute dar. Dies bleibt im folgenden unberücksichtigt. Zur Theorie der Direktinvestitionen siehe beispielsweise Fischer (2000), S. 125ff, und zur Interaktion zwischen Besteuerung und Direktinvestitionen Weichenrieder (1995).

223 Die folgende Analyse bezieht sich nur auf direkte Steuern, da der Kapitalverkehr im Zentrum unserer Betrachtung steht. Die Probleme, welche bei indirekten Steuern im grenzüberschreitenden Warenverkehr auftreten, werden ausführlich bei Homburg (2000), S. 289ff, oder in Genser/ Haufler (1995) dargestellt. Zu

- *Wohnsitz(land)prinzip* (residence principle): Eine Person ist in dem Staat steuerpflichtig, in dem sie einen Wohnsitz oder ihren gewöhnlichen Aufenthalt hat. Dabei gilt dieses Prinzip auch für juristische Personen, bei denen es in der Regel auf den Sitz ankommt.
- *Nationalitätsprinzip* (nationality principle): Eine natürliche Person ist in dem Staat steuerpflichtig, dessen Staatsangehörigkeit sie besitzt.
- *Quellen(land)prinzip* (source principle): Eine Person hat in dem Staat ihr Einkommen zu versteuern, aus dem ihr Einkommen stammt, wobei dieses Prinzip sowohl für natürliche als auch juristische Personen Anwendung finden kann.

In den meisten Staaten liegt dem Steuerrecht sowohl das Wohnsitz – als auch das Quellenprinzip zugrunde. Das Nationalitätsprinzip wird vor allem bei diplomatischem Personal angewendet und als Sonderfall im folgenden nicht berücksichtigt.

Zur Abgrenzung der **sachlichen Steuerpflicht** kommen zwei verschiedene Prinzipien in Betracht:

- *Welteinkommensprinzip* (world–wide principle): Der Steuerpflichtige wird im Falle einer persönlichen Steuerpflicht nach seinem Welteinkommen veranlagt. Bei anderen direkten Steuern könnte man den Begriff in Weltvermögensprinzip oder Welterbanfallsprinzip ummünzen.
- *Territorialprinzip* (territoriality principle): Sofern persönliche Steuerpflicht besteht, unterliegt der Steuerpflichtige nur mit dem Einkommen der Veranlagung, das er auf dem Territorium des jeweiligen Staates erwirtschaftet hat. Dies läßt sich auch auf andere direkte Steuern übertragen.[224]

Ein und dieselbe ökonomische Aktivität kann je nach Anwendung der Prinzipien unter die Steuerhoheit unterschiedlicher Steuerautoritäten fallen. So kann ein Individuum, das in einem Land X ansässig ist, im Land Y Zinseinkünfte erwirtschaften, die sowohl im Quellenland X als auch im Quellenland Y der Besteuerung unterliegen. Ein Nebeneinander unterschiedlicher Prinzipien wirkt daher kollisionsbegründend, d.h. es kommt zu einer Doppelbesteuerung[225]

---

möglichen Interdependenzen zwischen den Allokationswirkungen der steuerlichen Behandlung des internationalen Warenaustauschs, insbesondere der Mehrwertsteuer und des Kapitalverkehrs siehe Sinn (1985), S. 166ff. In der Realität wird in der Regel das Bestimmungslandprinzip angewendet, bei dem sich die Steuerbelastung von Gütern nach den Regeln des Verbrauchslandes richtet. Dies impliziert eine neutrale Wirkung bezüglich des Warenverkehrs und beeinflußt daher auch nicht die Bewertung anderer steuerlicher Maßnahmen. Daher wollen wir im folgenden die Anwendung des Bestimmungslandprinzips annehmen. Zu den folgenden Ausführungen siehe Homburg (2000), S. 243ff, Scheffler (1994), S. 16f, und zu weiteren Prinzipien der internationalen Besteuerung Kluge (1992), S. 12f.

224 In der Literatur werden die Begriffe Quellen– und Territorialprinzip oftmals synonym verwendet. Dies verkennt die wichtige Unterscheidung zwischen persönlicher und sachlicher internationaler Steuerpflicht und führt nach Homburg (2000), S. 244f, zu zahlreichen logischen Fehlschlüssen.

225 Eine Doppelbesteuerung im ökonomischen Sinne liegt bereits dann vor, wenn derselbe Steuerpflichtige und dasselbe Steuergut gleichzeitig durch gleiche oder vergleichbare Steuern verschiedener Staaten belastet wird. Im Gegensatz zur juristischen Auffassung wird die Identität des Steuerpflichtigen dabei nicht vorausgesetzt. Eine ökonomische Doppelbesteuerung entsteht schon, wenn dies auf der Ebene unterschiedlicher Steuersubjekte geschieht. Dies ist möglich, wenn beispielsweise bei einer Dividendenzahlung eine Gesellschaft im Ausland durch eine Körperschaftsteuer und ein daran Beteiligter im Inland durch seine persönliche Einkommensteuer nochmals getroffen wird. Vgl. dazu Scheffler (1994), S. 15. Bei der internationalen Besteuerung wird der Terminus „Doppelbesteuerung“ ausschließlich dann gebraucht, wenn

bei grenzüberschreitenden Sachverhalten. Im gewählten Beispiel wird die grenzüberschreitende Kapitalanlage doppelt belastet.

Eine Kollision kann grundsätzlich nur vermieden werden, wenn alle Staaten bei der persönlichen Steuerpflicht das selbe Prinzip anwenden würden. Dann würde eine Doppelbesteuerung nur noch in Ausnahmefällen auftreten wie beispielsweise bei mehrfacher Staatsbürgerschaft oder mehreren Wohnsitzen.

B. *Verfahren der Grenzüberschreitenden Besteuerung*

Tatsächlich werden Quellen– und Wohnsitzbesteuerung häufig parallel angewandt und eine Doppelbesteuerung grenzüberschreitender Einkünfte ist damit von vornherein angelegt. Es gibt jedoch verschiedene **kollisionsauflösende Maßnahmen**, mit denen die in der ersten Stufe angelegte Doppelbesteuerung auf einer zweiten Stufe nachträglich beseitigt werden kann.[226]

- *Anrechnungsmethode* (credit method): Im Wohnsitzstaat werden bereits im Quellenstaat bezahlte Steuern auf die Steuerschuld angerechnet.[227]
- *Freistellungsmethode* (exemption method): Diese Methode ist dadurch gekennzeichnet, daß ein Land auf sein Besteuerungsrecht verzichtet. Der Wohnsitzstaat stellt im Ausland erwirtschaftete Einkünfte oder der Quellenstaat das im Inland erzielte Einkommen frei. Diese Verfahren verwirklichen damit jeweils ein Grundprinzip der internationalen Besteuerung: Territorial– oder Welteinkommensprinzip.
- *Abzugsmethode* (tax deduction):[228] Im Quellenstaat bereits gezahlte Steuern dürfen im Wohnsitzstaat von der Bemessungsgrundlage abgezogen werden.[229]

Letztendlich führen diese Methoden zu einer Besteuerung entweder im Quellen– oder im Wohnsitzstaat. Die Anrechnungsmethode wird in Wohnsitzstaaten angewendet, die nach dem Welteinkommensprinzip besteuern. Dies bedeutet, daß alle Einkünfte nach den Verhältnissen im Wohnsitzstaat besteuert werden und etwaige zusätzlich im Ausland anfallende Steuern auf

---

Einkommen sowohl im Quellen– als auch im Wohnsitzland in voller Höhe und ohne Rücksicht auf Herkunft oder Verbleib der Besteuerung unterworfen wird. Vgl. hierzu Wagener (1997), S. 76.

226 Weitere Möglichkeiten wären die Pauschalierung, d.h. eine pauschale Besteuerung von im Ausland erwirtschafteter Einkommen oder der Erlaß einer Besteuerung. Auf diese „ad hoc–Maßnahmen" (Homburg (2000), S. 246) soll jedoch nicht weiter eingegangen werden.

227 Die Anrechnung ist allerdings in der Regel nach oben auf die Höhe der inländischen Steuerschuld begrenzt, so daß es zu keiner Rückerstattung bereits geleisteter Steuerzahlungen (und somit zu einem Steuertransfer ins Kapitalimportland) kommt. Siehe hierzu Wagener (1997), S. 76, und Scheffler (1994), S. 20. Dieses Verfahren ist im internationalen Bereich am weitesten verbreitet und wird von nahezu allen OECD–Staaten angewendet.

228 Diese Methode wird auch als „f.t.a.d." bezeichnet (full taxation after deduction). Siehe beispielsweise Mintz/ Tulkens (1996), S. 383, oder auch ausführlich Scheffler (1994), S. 33f.

229 Dieses Verfahren findet sich im internationalen Steuerrecht nur als Wahlrecht, so im deutschen Einkommensteuerrecht in § 34c Abs. 2 EstG. In der Literatur wird diese Methode intensiv diskutiert (so z.B. in Mintz/ Tulkens (1996) oder in Alworth (1988)), da sie unter bestimmten Annahmen gewährleistet, daß die Gewinnmaximierung der Kapitalanleger mit der Sozialproduktmaximierung im Wohnsitzland zusammenfällt. Für dieses Ergebnis siehe Feldstein/ Hartmann (1979), S. 617.

die inländische Steuer (voll oder nur teilweise) angerechnet werden. Während die Anrechnung in der Praxis nur im Wohnsitzstaat vorgenommen wird, kann die Freistellung wie beschrieben im Wohnsitzstaat oder im Quellenstaat erfolgen. Besteuert der Wohnsitzstaat auf der Basis des Territorialprinzips, kommt es zu einer sogenannten *verdeckten* Freistellung, da nach diesem Prinzip im Ausland erwirtschaftete Einkünfte nicht steuerbar sind. Auch eine Freistellung kann unbeschränkt oder unter Progressionsvorbehalt erfolgen.[230]

Tabelle 5
Kollisionsauflösende Methoden

Methode	Persönliche Steuerpflicht	Sachliche Steuerpflicht
Anrechnung	(Wohnsitzprinzip)	(Welteinkommensprinzip)
Freistellung im Wohnsitzstaat	Quellenprinzip	Territorialprinzip
Freistellung im Quellenstaat	Wohnsitzprinzip	Welteinkommensprinzip

Quelle: Eigene Darstellung nach Homburg (2000), S. 249.

Tabelle 5 faßt die Beziehungen zwischen den kollisionsauflösenden und den Prinzipien der internationalen Besteuerung zusammen. Die Klammern signalisieren, daß die Anrechnungsmethode die Prinzipien nur dann in reiner Form verwirklicht, wenn im Wohnsitzstaat eine volle Anrechnung der im Quellenstaat gezahlten Steuer erfolgt. Dann leistet der Steuerzahler im Wohnsitzstaat auf sein Welteinkommen dieselbe Steuer wie bei ausschließlich inländischer Einkommenserzielung. Nur hinsichtlich der Verteilung der Steueraufkommen besteht natürlich ein Unterschied zwischen den Methoden: Bei der Anrechnungsmethode kann der Quellenstaat das Aufkommen ganz oder zum Teil vereinnahmen, während bei der Freistellung im Quellenstaat nur im Wohnsitzstaat ein Aufkommen anfällt.

III. Weltwirtschaftliche Effizienz

Der Effizienzbegriff hat im internationalen Kontext zwei unterschiedliche Bedeutungen, je nachdem ob man ihn auf das Inland bzw. eine einzelne Nation oder auf die Weltwirtschaft bezieht. In beiden Fällen geht man implizit von wohlmeinenden Diktatoren aus, die den weltwirtschaftlichen bzw. den jeweiligen nationalen Wohlstand maximieren wollen. Zunächst wenden wir uns der internationalen Perspektive zu. In diesem Rahmen kann die Zielsetzung weltwirtschaftlicher Effizienz von einer Weltregierung oder auch von Staaten in einem kooperativen Ansatz angestrebt werden.[231]

---

230 Ausführlich zu den verschiedenen Methoden Homburg (2000), S. 246ff, Scheffler (1994), S. 19ff, und Rose, G. (1995), S. 24ff.

231 Die Unterscheidung spielt in diesem Rahmen keine Rolle, da wir nicht näher auf die Probleme internationaler Kooperationen eingehen werden. Hier sei nur kurz auf den Begriff der Kooperation in diesem Zu-

In diesem Abschnitt der Arbeit ist zu klären, welche Formen der Besteuerung aus weltwirtschaftlicher Sicht zweitbest sind. Wir setzen damit voraus, daß auch auf internationaler Ebene erstbeste Steuersysteme nicht erreichbar und Verzerrungen unvermeidbar sind. Hierzu abstrahieren wir zunächst von Steuern, um das sich unter diesen Bedingungen einstellende Weltmarktgleichgewicht bzw. die resultierende Kapitalallokation als Referenzpunkt für die Effizienz der Besteuerung heranziehen zu können. Hierbei ist von Vorteil, daß die Ergebnisse, die in Kapitel 2 aus allgemeinen Gleichgewichtsmodellen hergeleitet wurden, auch auf die internationale Ebene übertragbar sind. Aus der gewählten Perspektive kann insbesondere analysiert werden, wie die Prinzipien der internationalen Besteuerung auf die internationale Kapitalallokation bzw. –struktur wirken.

A. Das Grundmodell

Wir betrachten eine Welt mit zwei Staaten, wobei die Ergebnisse auf den Fall beliebig vieler Staaten übertragen werden können. Im Inland wird der Output $f(K)$[232] von immobilen Faktoren und dem mobilen Faktor K produziert. Analog wird im Ausland das Realeinkommen $f^*(K^*)$ produziert, wenn dort der Kapitalbestand K^* investiert wird. Die Produktionsfunktionen sollen zur Vereinfachung übereinstimmen.[233] Die jeweiligen Inländer besitzen die Kapitalbestände S und S^*. Im Marktgleichgewicht gilt $r = r^*$, d.h. die Zinsen sind international angeglichen. Weiterhin entspreche die Grenzrate der Substitution zwischen Gegenwarts– und Zukunftskonsum dem aus der Marktverzinsung hervorgehenden Faktor $(1 + r)$, r der Grenzproduktivität des inländischen Kapitals und schließlich $(1 + r)$ der Grenzrate der Transformation zwischen Gegenwarts– und Zukunftskonsum. Diese Eigenschaften gelten im In– wie im Ausland, so daß im Marktgleichgewicht folgende Effizienzkriterien erfüllt sind:[234]

- Die Grenzraten der Substitution in– und ausländischer Konsumenten stimmen überein (*Konsumeffizienz*).
- Die Grenzraten der Transformation in– und ausländischer Unternehmen stimmen überein (*Produktionseffizienz*).
- Die Grenzraten der Substitution und der Transformation stimmen im In– und Ausland paarweise überein (*intertemporale Effizienz*).

Konsumeffizienz impliziert, daß sich die Konsumenten durch direkte Tauschvorgänge nicht besser stellen können, da sie bereits auf einem Punkt entlang der Kontraktkurve der Edgeworth–Box operieren. *Produktionseffizienz* bedeutet im internationalen Zusammenhang, daß das Weltsozialprodukt $f(K) + f(K^*)$ durch eine Reallokation des Kapitalstocks zwischen den Ländern nicht erhöht werden kann. Die *intertemporale Effizienz* stellt sicher, daß durch eine

sammenhang eingegangen. Dieser „umfaßt die Wahl eines gemeinsamen Steuersystems, die Harmonisierung von Steuersätzen sowie etwaige zwischenstaatliche Transfers." Homburg (2000a), S. 14.

232 Auch hier gehen wir (zunächst) von einer Nettoproduktionsfunktion aus, d.h. Abschreibungen sind bereits berücksichtigt.

233 Sind die Produktionsfunktionen aufgrund von länder– und investorenspezifischen Produktionsbedingungen verschieden, so ergeben sich andere Resultate. Vgl. hierzu ausführlich Mintz/ Tulkens (1996).

234 Siehe hierzu und im folgenden Homburg (2000a), S. 12ff.

zeitliche Veränderung der Konsumpläne keine Nutzenerhöhung für die Konsumenten zu erreichen ist. Das Marktergebnis ist folglich als pareto–optimal oder erstbest einzustufen.

B. Steuerpolitische Instrumente

Im folgenden wollen wir nun untersuchen, wie die Einführung von Kapitaleinkommensteuern auf die Effizienzbedingungen wirken. Dabei sei angenommen, daß jeder Staat ein exogenes Budget in Höhe von g bzw. g^* finanzieren muß. Um eine effiziente Besteuerung zu gewährleisten werden beide Staaten ökonomische Reingewinne und Renten voll besteuern, wobei das hierbei erzielte Aufkommen jedoch nicht ausreicht, um das exogene Budget zu finanzieren.[235] Folglich werden Kapitaleinkommensteuern notwendig. Dabei ziehen wir zwei Arten von Steuern in Betracht: Kapitaleinkommensteuern und Quellensteuern.

Bei der Erhebung einer *Kapitaleinkommensteuer* im In– und Ausland mit dem Satz τ bzw. τ^* sinkt die Rendite der inländischen Sparer von r auf $(1-\tau)\cdot r$ und analog bei den ausländischen Sparern auf $(1-\tau^*)\cdot r$.

Bei der Erhebung einer *Quellensteuer* bei den Unternehmen im Inland mit dem Satz t pro Kapitaleinheit[236] steigen die Kapitalkosten aus Sicht inländischer Unternehmer von r auf $r+t$, soweit die Renditeforderungen der Sparer weiterhin r betragen. Im Ausland steigen die Kapitalkosten analog bei einer Quellensteuer in Höhe von t^* auf $r+t^*$.

Die Einführung dieser vier Steuern (mit den Steuersätzen τ und t im Inland und τ^* und t^* im Ausland) hat folgende Wirkungen. Wenn die Steuersätze der Kapitaleinkommensteuern ($\tau \neq \tau^*$) differieren,[237] werden sich *erstens* in der Folge die Grenzraten der Substitution zwischen Gegenwarts– und Zukunftskonsum in Inland und Ausland unterscheiden. Wenn nun die Konsumenten die Grenzraten der Substitution an unterschiedliche Nettozinsfaktoren anpassen, kommt es zu einer *Konsumineffizienz.* Dies ist gleichbedeutend mit einer ineffizienten Allokation der Weltersparnis. Geht man davon aus, daß der Weltoutput gegeben ist und der Umfang der Weltersparnis bzw. –investition sowie deren internationale Verteilung bereits bestimmt sind, kann die man die Konsummöglichkeiten in der Gegenwart und in der Zukunft durch eine Edgeworth–Box beschreiben, wie dies in Abbildung 21 illustriert wird.[238] Die eingezeichneten Indifferenzkurven beschreiben die Präferenzen eines repräsentativen Haushalts

---

[235] Diese Annahme wird nicht zuletzt deswegen notwendig, da sie allen Formen des Produktionseffizienztheorems unterliegt. So besteht eine notwendige Bedingung für die Gültigkeit des Produktionseffizienztheorems darin, daß alle Güter (einschließlich Arbeit) sowie alle Gewinne und Renten steuerpflichtig sind. Aufgrund des Finanzbedarfs der Regierung können diese Gewinne und Renten wie jetzt angenommen sogar völlig wegbesteuert werden. Vgl. Frenkel/ Razin/ Sadka (1991), S. 100. Für Literaturhinweise für den Fall von unbesteuerten Reingewinnen siehe Homburg (2000a), S. 12, FN 6.

[236] Die vereinfachte Erhebung der Quellensteuer als Mengensteuer statt als Wertsteuer ist in der Literatur weit verbreitet. Bei vollständiger Konkurrenz, die wir unterstellen, sind beide Steuerarten in ihrer Wirkung identisch. Siehe hierzu Myles (1996).

[237] Darunter sind jeweils unterschiedliche *effektive* Steuersätze zu verstehen.

[238] Dies dient hier als gedankliches Konstrukt, das wir in der Folge noch häufiger heranziehen werden. Denn in der Realität kann nicht davon ausgegangen werden, daß das weltwirtschaftliche Spar– bzw. Investitionsvolumen invariant auf steuerpolitische Änderungen reagiert.

im Ausland bzw. im Inland.[239] Das Optimalkalkül im Fall einer unterschiedlichen Kapitaleinkommensbesteuerung führt zu einer Situation wie sie durch Punkt *D* beschrieben wird: hier sind die Steigungen der Budgetgeraden, die Grenzraten der Substitution verschieden. Durch Tausch bzw. durch eine gegengleiche Verschiebung von Gegenwarts– und Zukunftskonsum könnten die beiden Konsumenten ihre Lage verbessern und auf eine höhere Indifferenzkurve gelangen (und beispielsweise Punkt *C* erreichen, einem Punkt auf der Kontraktkurve, in dem die Grenzraten der Substitution der Konsumenten übereinstimmen). Diese Übereinstimmung ist jedoch nicht erreichbar, da die Inländer sich an den Zinsfaktor $1 + r - \tau$ anpassen, die Ausländer an $1 + r - \tau^*$, d.h. sie verharren in Punkt *D*.

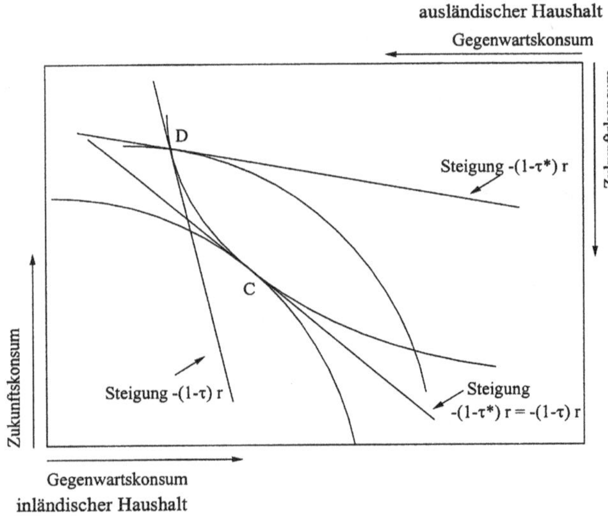

Abbildung 21: Optimaler intertemporaler Tausch

Quelle: Eigene Darstellung in Anlehnung an Weichenrieder (1995), S. 16.[240]

Als *zweite* Folge fallen bei unterschiedlichen *Quellensteuersätzen* die Grenzraten der Transformation zwischen Gegenwarts– und Zukunftskonsum auseinander. Weil sich die Grenzproduktivitäten des Kapitals im In– und Ausland an differierende Kapitalkosten anpassen, entsteht eine *Produktionsineffizienz*. Stimmen die Grenzproduktivitäten nicht überein, $f'(K) \neq f'(K^*)$, kann das Weltsozialprodukt durch Verschiebung von Kapitaleinheiten in das Land mit einem höherem Grenzertrag des Kapitals gesteigert werden. Die Kapitalverteilung zwischen dem In– und dem Ausland ist folglich nicht optimal, das Welteinkommen nicht maximiert.[241]

---

239 Vgl. zum folgenden Frenkel/ Razin/ Sadka (1991), S. 31.

240 Eine ähnliche Darstellung findet sich etwa in Frenkel/ Razin/ Sadka (1991), S. 30.

241 Die grafische Veranschaulichung dieser Art von Ineffizienz werden wir im nächsten Abschnitt (C) vornehmen.

Drittens sind auch die Grenzraten der Substitution und der Transformation innerhalb der Staaten nicht mehr im Einklang. Diese Folge, die *intertemporale Ineffizienz*, beruht jedoch nicht auf international differierenden Steuersätzen, sondern tritt auch (wie wir bereits im 3. Kapitel gesehen haben) in geschlossenen Volkswirtschaften als Folge einer Kapitaleinkommensbesteuerung auf.

Die besonderen Probleme der Kapitalbesteuerung in offenen Volkswirtschaften liegen folglich in den beiden erstgenannten Ineffizienzen, der *Konsumineffizienz* und der *Produktionsineffizienz*. Im nächsten Schritt werden wir betrachten, welche allokationstheoretischen Wirkungen die Anwendung der Besteuerungsformen Wohnsitzprinzip bzw. Quellenprinzip auf die skizzierten räumlichen Ineffizienzen haben.[242]

Wenden beide Staaten das *Wohnsitzprinzip* an, unterstellen wir, daß Kapitaleinkünfte ausschließlich in dem Land mit einer Kapitaleinkommensteuer belastet werden, in dem der Sparer seinen Wohnsitz hat. Wir gehen daher von Kapitalanlegern aus, die sich jeweils zwischen einer in– und ausländischen Anlage zu entscheiden haben. Der im Inland steuerpflichtige Investor mit einem Steuersatz von τ erhält im Inland für seine Anlage Nettozinsen in Höhe von $(1-\tau)\cdot r$ und im Ausland $(1-\tau)\cdot r^*$. Der Inländer ist folglich zwischen den Alternativen indifferent, wenn gilt

$$(1-\tau)\cdot r = (1-\tau)\cdot r^* \Leftrightarrow r = r^*. \qquad (1\text{–V})$$

Analog sind die Anleger im Ausland mit dem Steuersatz τ^* mit Nettozinsen von $(1-\tau^*)\cdot r$ und $(1-\tau^*)\cdot r^*$ konfrontiert. Die Arbitrageüberlegungen stellt sich wie folgt dar:

$$(1-\tau^*)\cdot r = (1-\tau^*)\cdot r^* \Leftrightarrow r = r^*. \qquad (2\text{–V})$$

Das Wohnsitzprinzip führt also zur weltweiten Angleichung der Bruttozinsen, während sich die Nettozinsen im allgemeinen unterscheiden.[243] Letzteres zieht eine Konsumineffizienz bzw. ineffiziente Allokation der Weltersparnis zwischen beiden Ländern nach sich, während durch die Übereinstimmung der Bruttozinsen die Forderung nach Produktionseffizienz erfüllt wird. Diese Art der Besteuerung wird zugleich als *kapitalexportneutral* bezeichnet, da die Investoren indifferent bezüglich der Entscheidung sind, in welchem Land eine Investition vorgenommen wird. Investitionserträge sind unter dem Wohnsitzprinzip unabhängig vom Ort der Entstehung beim Investor gleich zu versteuern.[244]

---

242 Siehe zu den folgenden Ausführungen beispielsweise Sinn (1985), S. 170f, Tanzi (1995), S. 74ff, Frenkel/ Razin / Sadka (1991), S. 24ff, und Schiele (2000), S. 371f.

243 Dies impliziert, daß im Fall einer perfekten Kapitalmobilität keine internationalen Zinssatzunterschiede auftreten können. Abweichungen zwischen den Zinssätzen sind trotzdem möglich, wenn nicht–stationäre Wechselkurserwartungen vorliegen. Da wir im vorliegenden Modellrahmen von inflationären oder strukturellen Preisänderungen abstrahieren und perfekt funktionierende Konkurrenzmärkte unterstellen, können Wechselkursänderungen nicht auftreten. Folglich wird angenommen, daß auch die erwarteten Wechselkurse konstant sind. Vgl. hierzu Sinn (1985), S. 170.

244 Zur Kapitalexportneutralität siehe auch Koop (1993), S. 18, Alworth (1988), S. 31, oder auch Scheffler (1994), S. 27ff, der deutlich macht, daß Kapitalexportneutralität bei der Anrechnungsmethode erreicht wird. Eine kritische Diskussion des Konzeptes findet sich in Abschnitt E dieses Kapitels. Grundsätzlich ist es allerdings nicht das Wohnsitz–, sondern das Welteinkommensprinzip, das Kapitalexportneutralität sichert. Hinsichtlich der Angleichung der Bruttozinsen spielt es keine Rolle, welcher Staat auf das Welteinkommen zugreift. Vgl. hierzu ausführlich Homburg (2000), S. 279f. In der Literatur wird jedoch regelmäßig nur zwischen dem Wohnsitz– und dem Quellenprinzip differenziert. Homburg (2000a), S. 13,

Unter der Methode des *Quellenprinzips* werden In– und Ausländer im jeweiligen Quellenstaat gleich behandelt. Beide Gruppen erhalten bei der Anlage im Inland die Nettozinsen $(r - t)$ und im Ausland $(r^* - t^*)$. Die Arbitragebeziehung lautet folgendermaßen:

$$(r - t) = (r^* - t^*) \tag{3–V}$$

Das Gleichgewicht ist folglich durch eine weltweite Übereinstimmung der Nettozinsen charakterisiert, während die Bruttozinsen durchaus unterschiedlich sein können. Aufgrund der Identität der Nettorenditen gleichen sich auch die Grenzraten der intertemporalen Substitution an, so daß die Quellenbesteuerung aus allokationstheoretischer Sicht mit Konsumeffizienz bzw. einer effizienten Allokation der Weltersparnis einhergeht.[245] Zugleich ist die Quellenbesteuerung *kapitalimportneutral*, da alle Erträge, die in einem Land erwirtschaftet werden, denselben Besteuerungsregeln unterworfen sind. Anders formuliert liegt Kapitalimportneutralität in einem Land vor, wenn die Entscheidung, mit welchem Kapital in einem Unternehmen eine Grenzinvestition finanziert werden soll, nicht durch die Besteuerung beeinflußt werden soll, d.h. die Steuer diskriminiert nicht zwischen aus– und inländischen Investoren.[246] Wenn aber die Nettoverzinsung und die Grenzraten der Substitution gleich hoch sind, dann kann bei unterschiedlicher Steuerbelastung der Kapitalerträge im In– und Ausland die Bruttorendite aus der jeweiligen Grenzinvestition nicht identisch sein.

Man kann festhalten, daß das Wohnsitzprinzip Effizienzvorteile hinsichtlich der Allokation des Faktors Kapital über die Länder hat. Das Quellenprinzip dagegen führt zu einer effizienten intertemporalen Konsumwahl. Gleichzeitig können beide Effizienzkriterien bzw. Kapitalflußneutralitäten nur dann erreicht werden, wenn die im In– und Ausland implementierten Steuersätze gleich hoch sind. Dann ist die Wahl des Besteuerungsprinzips nur im Hinblick auf die Verteilung des Steueraufkommens zwischen den Ländern interessant. Sind die Steuersätze nicht harmonisiert, muß regelmäßig entweder auf eine effiziente Kapitalallokation oder eine pareto–optimale Konsumstruktur verzichtet werden.[247]

Dies führt uns letztendlich zur Frage, welches Steuersystem vorzuziehen ist. Hiermit werden wir uns im Abschnitt D beschäftigen. Vorweg wird jedoch analog zu unserem Vorgehen im Modell der geschlossenen Volkswirtschaft im folgenden Abschnitt die Wirkungen bzw. Ineffizienzen der Kapitalbesteuerung anhand des Konzeptes der Steuerkeile noch einmal verdeutlicht. Dabei können zudem die unterschiedlichen Wirkungen der beiden Besteuerungsprinzipien besser herausgearbeitet werden.

---

löst diesen Widerspruch, indem er das Wohnsitzprinzip diskutiert, es jedoch als Besteuerung des Welteinkommens der Inländer definiert.

245 Vgl. Smekal/ Sendlhofer (1995), S. 156f.

246 Vgl. Sato/ Bird (1975), S. 408. Mit dem Konzept der Kapitalimportneutralität eng verknüpft ist die in den USA existierende Vorstellung, die mit „levelling the playing field" umschrieben wird. Dahinter steht, daß keinem Unternehmen Vor- oder Nachteile aufgrund seines Firmensitzes oder der Nationalität seiner Eigenkapitalgeber erwachsen sollen. Eine Diskussion dieser Ansicht findet sich in Summers (1987).

247 Zu den Voraussetzungen, die bei einer Quellenbesteuerung ein Erfüllen beider Neutralitätsanforderungen ermöglichen, siehe Schiele (2000), S. 372, FN 55 und den dortigen Literaturhinweis.

C. *Steuerkeile zur Messung der Ineffizienzen der Kapitaleinkommensbesteuerung: Effiziente Besteuerung des mobilen Faktors Kapital*

1. *Kleine offene Volkswirtschaft*

Hierzu greifen wir auf das Modell einer kleinen offenen Volkswirtschaft aus dem ersten Abschnitt dieses Kapitels zurück. Dabei hatten wir anhand der Abbildung 19 festgestellt, daß im Unterschied zu einer geschlossenen Volkswirtschaft, wo Sparen und Investitionen durch den Schnittpunkt der beiden Kurven bestimmt werden, sich ein divergierendes Kapitalangebot in Höhe von $S(0)$ und eine Kapitalnachfrage in Höhe von $I(0)$ ergibt. Nun soll die Einführung einer Kapitaleinkommensteuer, die aus einer Körperschaft- und einer persönlichen Einkommensteuer besteht, betrachtet werden. Für die geschlossene Volkswirtschaft wurde abgeleitet, daß beide Aggregate gleichermaßen beeinflußt werden und es unerheblich ist, ob die Besteuerung an der Ersparnis oder den Investitionen ansetzt. In einer offenen Volkswirtschaft beeinflußt jedoch der Steuerkeil der Körperschaftsteuer wegen der Aufhebung der Identität beider Größen lediglich die Investitionen und der Steuerkeil der Einkommensteuer allein das Kapitalangebot bzw. die Ersparnisse.[248]

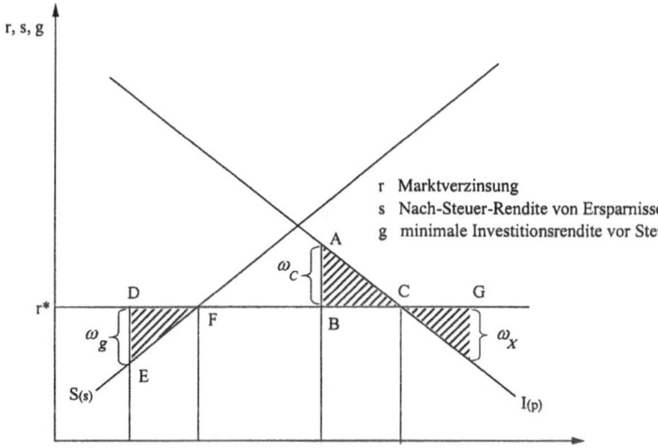

Abbildung 22: Steuerkeile und Wohlfahrtsverluste am Beispiel der kleinen offenen Volkswirtschaft

Quelle: Eigene Darstellung in Anlehnung an Bovenberg; Andersson; Aramaki u.a. (1990), S. 292.

248 Diese Sichtweise entspricht dem Ansatz des „old view" der Kapitalnutzungskosten, der in Kapitel 3 Abschnitt II.C.4 angesprochen wurde. Dieser ist in der Literatur durchaus noch verbreitet, wie beispielsweise in Dluhosch (1993), S. 43ff, zum Ausdruck kommt. Für unsere Zwecke ist er an dieser Stelle insbesondere geeignet, da durch die analytische Trennung zwischen den Steuerwirkungen auf das Kapitalangebot und die Kapitalnachfrage die jeweilig resultierenden Steuerkeile einfach veranschaulicht werden können.

So reduziert in Abbildung 22 der Steuerkeil *AB* der Körperschaftsteuer die Investitionsnachfrage von *I*(0) auf *I*(1). Um diese Größenordnung sinkt c.p. dann auch das Leistungsbilanzdefizit (bzw. der notwendige Kapitalimport). Vergleicht man die Größe des Steuerkeils mit dem der geschlossenen Volkswirtschaft, so kommt nun die veränderte Elastizität des Kapitalangebots ins Spiel. Der exogene Weltmarktzins r^* impliziert zugleich ein weltweit unendlich elastisches Kapitalangebot, so daß im Vergleich zu einer „normal elastischen" Kapitalangebotskurve die Reaktion der Kapitalnachfrage bzw. der Steuerkeil der Körperschaftssteuer größer ausfällt.[249] In der geschlossenen Volkswirtschaft würde die Wirkung der Einführung einer Körperschaftsteuer durch die Abnahme des Marktzinssatzes abgefedert werden. Formal kann der Steuerkeil wie im Fall einer geschlossenen Volkswirtschaft als Differenz zwischen Vorsteuerrendite und dem Weltmarktzins umschrieben werden:

$$\omega_c = g - r^*. \qquad (4\text{–V})$$

Der Steuerkeil der persönlichen Einkommensteuer führt zu einem Rückgang des Kapitalangebots auf *S*(1) und erhöht dadurch c.p. das Leistungsbilanzdefizit in der Größenordnung *S*(0)*S*(1). Auch hier kann gefolgert werden, daß die Wirkung des Steuerkeils um so größer ausfällt, je offener die Volkswirtschaft ist. Formal wird die Kluft zwischen dem Weltmarktzinsniveau und der Rendite nach Steuern folgendermaßen erfaßt:

$$\omega_g = r^* - s. \qquad (5\text{–V})$$

Betrachtet man nun die Konsequenzen für die nationale Wohlfahrt, so ergeben sich hier im Vergleich zur geschlossenen Volkswirtschaft bedeutende Unterschiede. In der offenen Volkswirtschaft entspricht unter der Annahme einer Wohnsitzbesteuerung der persönlichen Einkommen und einer Quellenbesteuerung der Unternehmen der Weltmarktzins den Finanzierungskosten der Grenzinvestition, während die Rendite vor Steuern den Nutzen verkörpert, die mit der marginalen Investitionseinheit verknüpft ist. Die Steuerkeile *AB* bzw. entsprechend *DE* messen dann die jeweiligen Klüfte zwischen den nationalen Nutzen und Kosten, die mit einer marginalen Investition bzw. Spareinheit verbunden sind. Dabei ist zu konstatieren, daß die Steuerkeile zu einer Verdrängung von Investitionen und einem Rückgang des Kapitalangebots führen und dadurch Wohlfahrtsverluste in Höhe von *ABC* und *DEF* verursacht werden. Die Verluste fallen im Vergleich zur geschlossenen Volkswirtschaft größer aus, da – wie oben bereits festgestellt – die Wirkungen der Steuerkeile bei größerer Elastizität der Bemessungsgrundlagen effektvoller sind.[250]

---

249 Im Falle einer offenen Volkswirtschaft müßte man bei vollkommener Kapitalmobilität eigentlich immer von einer vollkommen elastischen Kapitalangebotskurve ausgehen. Die Annahme einer „normal" elastischen Kapitalangebotskurve dient hier vor allen analytischen Zwecken bzw. der Verdeutlichung der Steuerwirkungen.

250 Die Wohlfahrtsverluste in einer geschlossenen und einer offenen Volkswirtschaft würden nur dann übereinstimmen, wenn die Steuerkeile in einer geschlossenen Volkswirtschaft den Marktzinssatz nicht beeinflussen würden. Ansonsten sind die Wohlfahrtsverluste in offenen Ökonomien grundsätzlich größer. Vgl. hierzu Bovenberg/ Andersson/ Aramaki u.a. (1990), S. 320, FN 10, oder auch die Ausführungen in Tanzi (1995), S. 11ff.

2. *Allokation eines fixen Kapitalstocks im Zwei–Länder–Fall*

Betrachten wir im nächsten Schritt anstelle einer kleinen offenen Volkswirtschaft die Perspektive der Weltwirtschaft bzw. ein Zwei–Länder–Modell. Auch in dieser Perspektive sind durch die Separation von Ersparnis und Investitionen in einer Welt offener Volkswirtschaften mit unterschiedlich hohen Kapitaleinkommensteuern zwei Steuerkeile zu verzeichnen: (1) international unterschiedliche Zeitpräferenzraten bzw. Zinssätze nach Steuern führen zu einer ineffizienten Allokation der Weltersparnisse und (2) internationale Differenzen bei den Grenzproduktivitäten des Kapitals bzw. der Verzinsung vor Steuern führt zu einer ineffizienten Allokation von Investitionen zwischen den Staaten.[251] Den letzteren Fall werden wir nun näher betrachten.

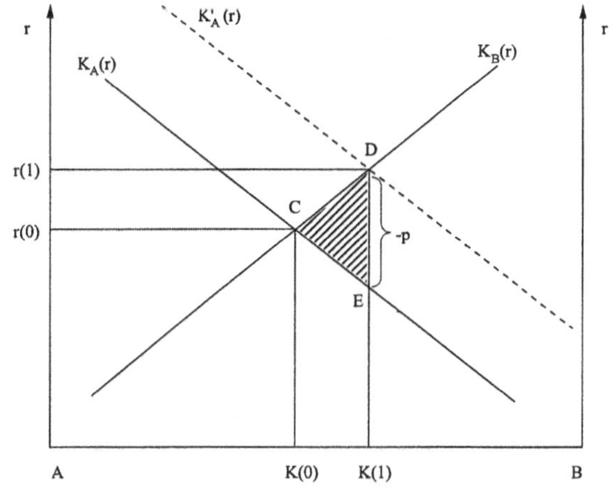

Abbildung 23: Steuerkeil der Körperschaftsteuer und die internationale Allokation des Kapitalstocks

Quelle: Eigene Darstellung in Anlehnung an Bovenberg; Andersson; Aramaki (1990), S. 293.

Zur grafischen Veranschaulichung der ineffizienten Kapitalallokation bei international unterschiedlicher Unternehmensbesteuerung bzw. unterschiedlichen Investitionsanreizen ziehen wir die schon bekannte Abbildung 23 heran. Ausgangspunkt der Analyse ist das Gleichgewicht des Weltkapitalmarkts in Punkt *C* mit dem Zinssatz in Höhe von *r*(0) und einer Pareto–optimalen Aufteilung des fest vorgegebenen Weltkapitalstocks zwischen Land *A* und *B*, die durch *K*(0) charakterisiert wird. Die Annahme des fixen Kapitalstocks hat hier besondere Bedeutung: auf diese Weise wird die Analyse auf die internationale Kapitalallokation fokussiert.[252]

---

251 Vgl. hierzu Frenkel/ Razin/ Sadka (1991), S. 27f.

252 Wenn Sparen in Hinblick auf den Zinsertrag nach Steuern elastisch ist, so beeinflußt die Kapitaleinkommensbesteuerung auch den Weltkapitalstock und folglich auch die intertemporale Effizienz. Unter Ausschluß von Externalitäten können Steuerkeile die Kluft zwischen den gesellschaftlichen Nutzen einer Grenzinvestition und den gesellschaftlichen Kosten der Finanzierung durch die Grenzeinheit des Sparens

Der Einfachheit halber sei angenommen, daß Land *A* anstelle einer positiven Kapitaleinkommensteuer einen Investitionsanreiz einführt, der analytisch einer negativen Kapitaleinkommensteuer entspricht.[253] Dies führt in unserem Beispiel zu einem negativen Steuerkeil in Höhe von *DE* und bewirkt eine Rechtsverschiebung der Kapitalnachfragekurve $K_A(r)$von Land *A* bis zu Kurve $K'_A(r)$. In der Folge erhöht sich der Weltmarktzins von $r(0)$ auf $r(1)$ und es kommt zu einer Reallokation des Kapitalstocks in Höhe von $K(1)K(0)$ von Land *B* in Land *A*. Dabei entsteht ein Wohlfahrtsverlust in Form eines Weltoutputverlusts in Höhe von *CDE*, da hier nun gleiche Nach–Steuer–Renditen in den Ländern unterschiedlichen Renditen vor Steuern entsprechen.

Der gleiche Effekt würde auch bei unterschiedlich hohen Steuersätzen in beiden Staaten unter dem *Quellenprinzip* erzielt werden. Die Wohlfahrt bzw. der Weltoutput könnte erhöht werden, wenn Kapital von Ländern mit geringeren Grenzproduktivitäten vor Steuern (hier Land *A*) in solche mit höheren Renditen verlagert würde (Land *B*). Die Situation ist somit nicht pareto–optimal. Unter dem *Wohnsitzprinzip* würde bei jeder Besteuerungshöhe $r(0) = r(1)$ gelten und damit in Punkt *C* die Weltproduktion für den gegebenen Kapitalstock maximiert werden.[254] Die Kapitalaufteilung in diesem Punkt entspricht damit auch den Bedingungen der Kapitalexportneutralität.

Insgesamt haben die Ausführungen gezeigt, daß das Wohnsitzprinzip Effizienzvorteile hinsichtlich der Allokation des Faktors Kapital über die Länder hat. Nach dieser statischen Sichtweise ist die internationale Kapitalallokation nach dem (reinen) Quellenprinzip nur dann effizient, wenn die steuerliche Belastung überall gleich hoch ist. Folgt man dieser Sichtweise, müßten alle steuerlich relevanten Tatbestände harmonisiert werden, wollte man am Quellenprinzip festhalten und dennoch eine Annäherung der inländischen Bruttorendite an die ausländische erreichen. Dies beträfe nicht nur – wie häufig angenommen – die Steuersätze, sondern auch die Bemessungsgrundlagen.[255] Das Quellenprinzip sichert allerdings immer eine effiziente intertemporale Konsumwahl. Beide Effizienzkriterien sind jedoch nicht miteinander vereinbar, solange die Steuersätze der Länder voneinander abweichen. Daher wollen wir uns im nächsten Abschnitt fragen, welches Steuersystem bzw. welche der Ineffizienzen vorzuziehen ist.

D. Die internationale Besteuerung als Zweitbestproblem

Die Frage nach einem optimalen internationalen Steuersystem ist gleichbedeutend mit der Frage, welches Steuersystem *international zweitbest* ist. Ein Steuersystem heißt zweitbest

---

messen. Dementsprechend liefern sie Informationen darüber, wie marginale Veränderungen im Weltkapitalstock die globale Wohlfahrt beeinflussen. Vgl. hierzu Bovenberg/ Andersson/ Aramaki u.a. (1990), S. 320, FN11.

253 Vgl. hierzu die Ausführungen in Bovenberg/ Andersson/ Aramaki u.a. (1990), S. 294. Eine ähnliche Darstellung mit der einseitigen Einführung einer Quellensteuer auf Kapital siehe Wellisch (1995), S. 41f.

254 Vgl. hierzu Frenkel/ Razin/ Sadka (1991), S. 29. Dabei wird von einer gegebenen Versorgung mit lokalen öffentlichen Gütern ausgegangen. Auf die Rolle von öffentlichen Gütern, insbesondere im Rahmen des Steuerwettbewerbs, werden wir im 6. Kapitel, Abschnitt IV.E, ausführlicher eingehen.

255 Vgl. hierzu Dluhosch (1993), S. 40f.

(analog zu einer geschlossenen Volkswirtschaft definiert), wenn es die Summe der entstehenden Verzerrungen (weltweit) minimiert. Im Rahmen der von uns gewählten Perspektive kann die Zielsetzung weltwirtschaftlicher Effizienz von einer Weltregierung oder auch von Staaten in einem kooperativen Ansatz angestrebt werden.[256]

In der bisherigen Darstellung hatten wir festgestellt, daß eine Besteuerung nach dem Quellenprinzip mit Produktionsineffizienz und die Anwendung des Wohnsitzprinzips mit Konsumineffizienz verbunden ist. Welche der beiden Ineffizienzen ist aus allokativer Sicht zu akzeptieren? Im Fall der geschlossenen Volkswirtschaft haben wir dieses Problem mit Hilfe des *Produktionseffizienztheorems* von Diamond und Mirrlees gelöst,[257] auf das in der Literatur auch an dieser Stelle verwiesen wird.[258] Im internationalen Kontext ist es jedoch in seiner ursprünglichen Fassung nicht anwendbar, da es sich auf ein Modell bezieht, in dem ein gegebenes Steueraufkommen mit Hilfe *sachlich* differenzierter Steuersätze (d.h. nach Gütern) erhoben wird, während sich die einzelnen Steuerpflichtigen denselben Steuersätzen gegenüber sehen (folglich kann annahmegemäß auch keine Konsumineffizienz auftreten). Im internationalen Vergleich sind die persönlichen Steuersätze regelmäßig verschieden, so daß nun auch *persönlich* differenzierte Steuersätze zu berücksichtigen sind.

Das Produktionseffizienztheorem läßt sich gleichwohl auf den Fall persönlich differenzierter Steuersätze verallgemeinern.[259] Im Resultat zeigt sich, daß das Wohnsitzprinzip dem Quellenprinzip aus allokativer Sicht vorzuziehen ist:[260]

Internationales Produktionseffizienztheorem: Jedes international zweitbeste Steuersystem, bei dem Quellensteuern nicht angerechnet werden, genügt der Bedingung $t = t^*$.

In dem von uns betrachteten Modell gilt sogar der umgekehrte Fall, daß jedes Steuersystem, in dem $t = t^*$ gilt, stets zweitbest ist. Insbesondere trifft dies für das reine Wohnsitzprinzip mit $t = t^* = 0$ zu. Die Aussage des Theorems bleibt auch in einem erweiterten Modell, in dem verschiedene Güter oder ein endogenes Arbeitskräfteangebot berücksichtigt werden, gültig. Die Zweitbest–Eigenschaft verlangt jedoch darüber hinaus, daß die speziellen Gütersteuern gemäß der Ramsey–Formel erhoben werden. Letztendlich bedeutet dies, daß ein internationales Steuersystem, das auf Basis des Wohnsitzprinzips gestaltet wird, stets zweitbest ist. Diese Eigenschaft besteht dabei unabhängig von der Höhe der Kapitaleinkommensteuern τ und τ^*. Ein Steuersystem, das auf dem Quellenprinzip beruht, ist im Gegensatz dazu nur bei harmonisierten Steuersätzen t und t^* zweitbest.

Unterschiedliche Quellensteuersätze sind wiederum mit dem Kriterium der Produktionseffizienz vereinbar, wenn Quellensteuern auf die Kapitaleinkommensteuer angerechnet werden. Denn beim Wohnsitzprinzip ist es durchaus möglich (wie bereits aufgezeigt), im Ausland gezahlte Quellensteuern auf die heimische Steuerschuld auf Kapitaleinkommen anzurechnen.

---

256 Die Unterscheidung spielt in diesem Rahmen keine Rolle, da wir nicht näher auf die Probleme internationaler Kooperationen eingehen werden. Hier sei nur kurz auf den Begriff der Kooperation in diesem Zusammenhang eingegangen. Dieser „umfaßt die Wahl eines gemeinsamen Steuersystems, die Harmonisierung von Steuersätzen sowie etwaige zwischenstaatliche Transfers.“ Homburg (2000a), S. 14.

257 Seihe hierzu die Ausführungen in Kapitel 3, Abschnitt II.C.3.

258 So etwa Frenkel/ Razin/ Sadka (1991), S. 100.

259 Der Beweis findet sich in Homburg (1999), aber auch in Razin/ Sadka (1991) und Dixit (1985).

260 Vgl. zu den folgenden Ausführungen Homburg (2000a), S. 14ff.

Ökonomisch wirkt diese Anrechnung wie die Anwendung eines reinen Wohnsitzprinzips in Verbindung mit einem zwischenstaatlichen Transfer. Durch die Anrechnung wird Steueraufkommen vom Quellen– zum Wohnsitzstaat transferiert, ohne die Kapitalallokation zu beeinflussen, d.h. hier kommt es zu einem rein fiskalischen Effekt.

Letztendlich bildet das internationale Produktionseffizienztheorem die Voraussetzung für die Maximierung des Welteinkommens. Jede Kapitalallokation, die diese Maximierung nicht erfüllt, kann zum Nutzen des In– und Auslands geändert werden. Die vorangegangene Analyse hat gezeigt, daß nicht harmonisierte Quellensteuern eine Maximierung des Welteinkommens verhindern. Kapitaleinkommensteuern, die nach dem Wohnsitzprinzip erhoben werden, sind dagegen mit dem Ziel weltwirtschaftlicher Effizienz vereinbar.

Die Maximierung des Welteinkommens stellt zugleich die Zielsetzung dar, die eine Weltregierung (oder Staaten in einem kooperativen Ansatz) verfolgt, wenn sie weltwirtschaftliche Effizienz anstrebt. Das Weltsozialprodukt wird durch eine *produktionseffiziente* Kapitalallokation maximiert. Aufbauend auf unser Grundmodell lautet die Zielfunktion (bei gegebenem Weltkapitalbestand):

$$\max_{\{K,K^*\}} f(K) + f^*(K^*) \quad \text{mit } K + K^* = S + S^*. \tag{6–V}$$

Die inneren Lösungen dieser Optimierungsaufgabe genügen der Bedingung für *internationale Allokationseffizienz*:[261]

$$f'(K) = f'(K^*). \tag{7–V}$$

Eine Allokation heißt folglich international effizient, wenn die Grenzproduktivitäten des Faktors Kapital in beiden Staaten gleich sind. Diese Bedingung stellt sicher, daß durch eine Reallokation des Kapitalstocks keine Outputsteigerung mehr realisiert werden kann. Folglich ist sie als Indikator für ein optimales Steuersystem geeignet.[262]

E. *Zur Kapitalexportneutralität und Kapitalimportneutralität*

Die im letzten Abschnitt abgeleitete effizienztheoretische Überlegenheit des Wohnsitzprinzips gegenüber dem Quellenprinzip wird in der Literatur nicht durchgängig anerkannt. So äußert Sinn (1985, S. 171): „Welchem der beiden rivalisierenden Prinzipien aus wohlfahrtstheoretischer Sicht der Vorzug gebührt, läßt sich a priori kaum sagen.“ Er sieht die Gleichheit der Nettozinssätze beim Quellenprinzip und die daraus folgende Gleichheit der Zeitpräferenzraten als eine wichtige Bedingung für ein intertemporales Optimum. Die intertemporale Ineffizienz ist jedoch bei einer Kapitaleinkommensbesteuerung stets unvermeidbar. Das Wohnsitzprinzip

---

261 Notwendig und hinreichend dafür, daß eine Kapitalallokation $(\overline{K},\overline{K}^*)$ für einen *beliebigen* Weltkapitalstock $S(\rho)$ eine innere Lösung des Optimierungsproblems der Weltoutputmaximierung $\max_{K,K^*} \{f(K)+f^*(K^*) | K+K^*=S(\rho)\}$ darstellt, ist: $f'(\overline{K}) = f'^*(\overline{K}^*)$. Vgl. Wagener (1997), S. 85, FN 191. Hierzu auch im Rahmen des Steuerwettbewerbs Wildasin (1989), S. 194f. Der Begriff der internationalen Allokationseffizienz wird in diesem Zusammenhang synonym zum Begriff der Produktionseffizienz verwendet.

262 Vgl. Wagener (1997), S. 85.

ist nach Sinn (1985, S. 172) „eher mit den Bedingungen für einen effizienten internationalen Kapitaleinsatz vereinbar. Die Verhältnisse sind aber keineswegs offenkundig, denn die unter diesem Prinzip zu erwartetende Gleichheit der Bruttomarktzinssätze sagt für sich genommen kaum etwas darüber aus, ob auch die Kapitalgrenzproduktivitäten einander entsprechen." Sinn macht dafür nicht zuletzt das „Durcheinander" der existierenden Regeln zur Gewinnbesteuerung verantwortlich, das mit einer effizienten Kapitalallokation zwischen den Ländern kaum vereinbar sei. Leztendlich pflichtet er dann doch der Forderung nach dem Wohnsitzprinzip und der Durchsetzung der Kapitalexportneutralität bei.[263]

Mit den Begriffen der Kapitalexport– und –importneutralität wird in der Literatur häufig operiert.[264] Wie bereits erörtert bedeutet neutral in diesem Zusammenhang, daß Auslandsinvestitionen durch die Besteuerung weder behindert noch gefördert werden. Der Bezugspunkt ist bei beiden Konzepten unterschiedlich: *Kapitalexportneutralität* zielt auf die Gleichbehandlung von Kapitalerträgen im Staat des Kapitaleigners ab. Bisher haben wir das Konzept als Synonym zur Produktionseffizienz dargestellt, die sich unter dem Wohnsitzprinzip einstellt. *Kapitalimportneutralität* bedeutet dagegen, daß die inländische Steuerbelastung für im Inland anfallende Kapitalerträge eines ausländischen Investors in gleicher Weise besteuert wie die Kapitalerträge eines inländischen Investors. Dieser Begriff wurde synonym zu Konsumeffizienz verwendet und stellt sich demgemäß bei Anwendung des Quellenprinzips ein.

In einem Teil der Literatur[265] wird die Bedeutung der Kapitalimportneutralität hervorgehobenen, da die Besteuerung nach dem Wohnsitzprinzip den Wettbewerb verzerre, während kapitalimportneutrale Besteuerung als wettbewerbsneutral bezeichnet wird. Nach dieser Argumentation, die häufig auf einzelwirtschaftliche Interessen von Unternehmen zurückzuführen ist, können Investoren aus Hochsteuerländern kaum mit Investoren aus Niedrigsteuerländern konkurrieren, d.h. durch die Besteuerung werden wettbewerbsverzerrende Effekte zwischen inländischen und ausländischen Unternehmen an demselben Standort ausgelöst.[266] Ursächlich für diesen Fehlschluß ist jedoch das Vernachlässigen der Opportunitätskosten der Investo-

---

263 Vgl. Sinn (1985), S. 174f. Auch wenn für die Besteuerung von Einkommen aus Portfolioinvestitionen das Wohnsitzprinzip gilt, kann eine Verzerrung der Kapitalallokation aufgrund von steuerlichen Regelungen in der Unternehmenssphäre durchaus eintreten. Entsprechen beispielsweise die steuerlichen Abschreibungen nicht den ökonomischen, sondern sind höher, wirken sie wie eine Subvention auf den Kapitaleinsatz. Steuerliche Abschreibungsvergünstigungen können folglich die Kapitalallokation am Wohnsitz des Investors verzerren. Für eine formale Ableitung dieses Effekts siehe Sinn (1990), S. 497f, beziehungsweise die Ausführungen in Abschnitt VI dieses Kapitels. Das Wohnsitzprinzip alleine ist folglich keine hinreichende Bedingung für eine effiziente Allokation des Kapitals. Es kann nur unterschiedlich hohe Steuersätze, aber keine unterschiedlichen nationalen steuerpolitischen Maßnahmen verhindern. Die Herstellung von Kapitalexportneutralität setzt folglich nicht nur voraus, daß die Steuersätze für in– und ausländische Investitionen übereinstimmen, sondern auch die Bemessungsgrundlagen.

264 Die Unterscheidung zwischen Kapitalimport– und Kapitalexportneutralität geht auf Musgrave (1960), S. 84ff, zurück.

265 Vgl. statt vieler Schäfer (1996), S. 30, Gandenberger (1985), S. 9, Jacobs (1995), S. 22, und Lehner (1998), S. 166.

266 Die Gleichsetzung des Konzepts der Kapitalimportneutralität mit Wettbewerbsneutralität ist auf geschlossene Wirtschaftsräume ausgerichtet und wird der mit der Globalisierung verbundenen Internationalisierung der Produktion nicht gerecht. Wenn Unternehmen verschiedener Standorte miteinander konkurrieren, haben unterschiedliche Steuersysteme Einfluß auf den Wettbewerb. Daher muß ein kapitalimportneutrales inländisches Steuersystem nicht wettbewerbsneutral sein. Der Versuch, die beiden Begriffe miteinander in Verbindung zu bringen, führt folglich in die Irre. Vgl. hierzu Gerken/ Märkt/ Schick (2000), S. 64f.

ren.[267] Grundsätzlich hat die Chancengleichheit von Auslandstöchtern von Unternehmen aus Hochsteuerländern mit den dortigen Mitbewerbern nichts mit der Besteuerung des repatriierten Gewinns zu tun, der wirtschaftlich der Mutter zuzurechnen ist. Die geforderte Freistellung für Auslandseinkünfte führt jedoch zu einer Minderung des im Inland verfügbaren Kapitalbestands und damit zugleich zu Produktionsineffizienz.[268]

Vor allem neoklassische Autoren[269] vertreten dagegen die Auffassung, daß die Kapitalexportneutralität vorzuziehen sei, da sie zu einer effizienten Allokation des Kapitals inländischer Faktorinhaber führe. Auf dieser Basis spielen Steueraspekte im Kapitalimportland keine Rolle, die Investoren werden ihr Kapital besteuerungsunabhängig in die produktivste Verwendung lenken. Erkennt man folglich die Gültigkeit des internationalen Produktionseffizienztheorems an, so ist nach Homburg (2000a, S. 19) eine theoretische Abwägung zwischen den Konzepten unnötig, da auch aus rein effizienztheoretischer Ratio heraus entschieden werden kann: Bei nicht harmonisierten Steuersystemen garantiere nur die Kapitalexportneutralität die weltwirtschaftliche Zweitbesteffizienz.

Allerdings ist zu berücksichtigen, ob nicht eine Entkoppelung von staatlicher Bereitstellung öffentlicher Güter im Quellenstaat und Steuerzahlung zu einer ineffizienten Bereitstellung öffentlicher Güter führt. Bei kapitalexportneutraler Besteuerung sind Verzerrungen bei der Allokation zwischen öffentlichen und privaten Gütern zu erwarten. Daher lassen sich aus neoklassischer Sicht durchaus beide Konzepte vertreten. Wenn etwa die Ertragsmöglichkeiten vom Angebot an öffentlichen Gütern abhängen und dieses wiederum durch die Steuereinnahmen bestimmt wird, kann eine optimale Allokation im Sinne globaler Effizienz bei der Aufteilung zwischen öffentlichen und privaten Gütern nur durch das Konzept der Kapitalimportneutralität erzielt werden. Nur dann ist für den Investor ein Zusammenhang zwischen dem Nutzen aus öffentlichen Leistungen und den anfallenden Kosten gegeben.[270] Anders formuliert bedeutet dies: Werden Steuern auf Kapitaleinkommen zu reinen Äquivalenzabgaben, welche die Produktivität der Investitionen in strikter Relation zu den Steuersätzen erhöhen, so verschwindet möglicherweise der beschriebene Vorzug des Wohnsitzprinzips und das Quellenlandprinzip könnte im Hinblick auf ein größtmögliches weltweites Sozialprodukt adäquat sein.[271] Führt eine höhere Besteuerung zu einer höheren Produktivität von Investitionen, so wird bei Anwendung des Wohnsitzprinzips ein Investor aus einem Niedrigsteuerland, der in einem Hochsteuerland mit guter Infrastruktur investiert, implizit subventioniert. Umgekehrt würde die Investition eines Bürgers eines Hochsteuerlandes in einem Niedrigsteuerland

---

267 Ein Beispiel, das den Argumentationsfehler illustriert, findet sich in Homburg (2000a), S. 18.

268 Vgl. Windisch (1999), S. 158. So gibt es nach Alworth (1988), S. 31, keinerlei wohlfahrtstheoretische Rechtfertigung für die Anwendung des Konzepts der Kapitalimportneutralität. Allerdings ist diese Argumentation über die Anwendung der Freistellungsmethode stark von der Voraussetzung unbeschränkter internationaler Kapitalmobilität abhängig. Sie ist übertragbar, wenn man gemäß dem Feldstein–Horioka–Paradox von einem segmentierten internationalen Kapitalmarkt ausgeht. Siehe hierzu Feldstein (1994), S. 23. Danach kann es im Hinblick auf nationale Wohlstandsmehrung durchaus sinnvoll sein, die Freistellungsregel anzuwenden. Siehe hierzu Windisch (1999), S. 158.

269 Statt vieler Richman (1963), S. 125ff. Siehe hierzu auch den sehr ausführlichen Literaturüberblick mit weiteren Hinweisen in Gandenberger (1985), S. 4ff.

270 Eine graphische Darstellung der Äquivalenzbesteuerung zur Finanzierung kapitalspezifischer Güter findet sich im 1. Kapitel, Abschnitt V.A.

271 Vgl. insbesondere Gandenberger (1985), aber auch Richman (1963), S. 7.

bestraft. Dies würde tendenziell dazu führen, daß zu wenige Investitionen in Niedrigsteuerländern und zu viele Investitionen in Hochsteuerländern getätigt werden.[272] Wenn jedoch inländisches und importiertes Kapital öffentliche Leistungen in gleichem Maß in Anspruch nehmen, so scheint kein Grund dafür zu bestehen, sie unterschiedlich zu besteuern. Diese Sichtweise verkennt aber, daß das importierte Kapital gleichzeitig auch in seinem Herkunftsland öffentliche Leistungen, wie etwa den Schutz durch die Rechtsordnung in Anspruch nimmt.[273] Daher kann aus einer globalen Sicht eine kapitalimportneutrale Besteuerung nur unzureichend mit dem Äquivalenzprinzip begründet werden.

Auch das Konzept der Kapitalexportneutralität ist nicht nur umstritten, sondern wird auch als mehrdeutig kritisiert. Denn nach Wagener (1997, S. 86) hängt „die genaue Interpretation der Definition (...) entscheidend davon ab, welche Wirtschaftssubjekte mit dem Begriff „Investor" gemeint sind: Unternehmen oder Haushalte." Sie erlangt erst Bedeutung, wenn im Gegensatz zur einfachen Robinson–Crusoe–Welt Kapitalanbieter und –nachfrager auseinanderfallen und unterschiedliche Optimierungskalküle haben. So liegt für ein (multinationales) Unternehmen Kapitalexportneutralität vor, wenn die letzte eingesetzte Kapitaleinheit im In– und Ausland denselben Grenzertrag im Hinblick auf die Maximierung der Eigenkapitalrendite bzw. dieselbe Dividende (vor persönlichen Steuern der Aktionäre) erwirtschaftet.[274] Für einen Haushalt ist Kapitalexportneutralität jedoch gleichbedeutend mit der Indifferenz zwischen einer Anlage in Land *A* und *B*. Diese Bedingungen sind jedoch (wie einfach gezeigt werden kann) nicht äquivalent und das Konzept der Kapitalexportneutralität nicht allgemein anwendbar.[275].

Eine weitere Meinung in der Literatur geht auf Horst (1980) zurück, der darlegt, bei der Abwägung zwischen der Kapitalexportneutralität und Kapitalimportneutralität käme es auf die Elastizitäten von Investition und Ersparnis an. Dieser Gedankengang hat weite Verbreitung gefunden, aber durch diese Überlegung wird die Entscheidung zwischen den beiden Kriterien auf empirische Fragestellungen reduziert, die durchaus strittig sind.[276]

Insgesamt zeigen die Ausführungen, daß es schwierig ist, die Neutralitätskonzepte als Bewertungsmaßstab für eine effiziente Besteuerung zu verwenden, da sie umstritten und mehrdeutig sind. Sie können daher keine geeigneten Kriterien zur Beurteilung allokativer Effizienz sein. Daher sollte man sie besser losgelöst von den zugrundeliegenden Besteue-

---

272 Vgl. Weichenrieder (1995), S. 19.

273 Vgl. P.B. Musgrave (1969), S. 116. Auf die Problematik von öffentlich bereitgestellten Leistungen werden wir im nächsten Kapitel ausführlich eingehen.

274 Gibt es allerdings nur persönliche Steuern und keine Finanzierungsrestriktionen für die Unternehmen, folgt daraus ein internationaler Ausgleich der Grenzproduktivitäten des Kapitals und damit Produktionseffizienz. Siehe hierzu z.B. Koop (1993), S. 18. Andernfalls entsprechen sich Kapitalexportneutralität und Allokationseffizienz (potentiell) nicht.

275 Siehe zur Herleitung der Bedingungen ausführlich Wagener (1997), S. 86f. Auch Gandenberger (1985), S. 2ff, zeigt auf, daß Kapitalexport– und –importneutralität nicht notwendigerweise auf eine Neutralität im Sinne der Nicht–Störung von Marginalbedingungen des Pareto–Optimums hinauslaufen muß. Er versteht die beiden Konzepte als steuerliche Gleichbehandlung auf dem Boden des jeweiligen Landes.

276 Eine Auseinandersetzung mit dieser Überlegung findet sich beispielsweise in Tanzi (1995), S. 77. Dabei zeigt sich auch, daß bei den Einschätzungen zur Höhe der relevanten Elastizitäten durchaus unterschiedliche Meinungen existieren. Die Gültigkeit der Aussage Horsts wird jedoch auch aus formaler Sicht angezweifelt. So urteilen Grubert/ Mutti (1995), S. 441, FN 13: „The validity of this claim is unclear because Horst does not introduce a government revenue constraint in his analysis."

rungsprinzipien, dem Wohnsitz– und dem Quellenprinzip, betrachten. Letztlich entscheidend bleibt jedoch, ob ein Steuersystem die Kriterien der Allokationseffizienz verwirklicht. So haben wir im letzten Abschnitt das Wohnsitzprinzip als Garant für die Durchsetzung der internationalen Allokations– bzw. Produktionseffizienz „abgeleitet" und letztere als geeigneten Indikator für ein optimales Steuersystem identifiziert. Das heißt eben noch nicht, daß die Besteuerung an sich wohlfahrtsökonomisch unbedenklich ist. Daß eine Besteuerung nach dem Wohnsitzprinzip die relative Vorteilhaftigkeit in– und ausländischer Anlagen zunächst nicht verschiebt, darf nicht den Blick dafür verstellen, daß für die (weltwirtschaftliche und nationale) Wohlfahrt auch die Auswirkungen der Kapitaleinkommensbesteuerung auf die Ersparnis und Kapitalbildung und letztlich auch die Bruttoverzinsung, mit der Kapitalnachfrager rechnen müssen, bedeutsam sind. Diese Wohlfahrtsverluste aus einer suboptimalen intertemporalen Allokation von Ressourcen, nämlich eine verringerte Ersparnis, die in beiden Fällen, sowohl bei einer Besteuerung an der Quelle als auch bei einer Besteuerung am Wohnsitz auftreten können, werden in dieser Diskussion vernachlässigt. Dies beruht allerdings häufig auf der Annahme, daß die private Ersparnis zinsunelastisch ist und der weltwirtschaftliche Kapitalstock eine gegebene Größe ist. Dies ist jedoch mehr als fragwürdig. Es spricht einiges dafür, daß die Auswirkungen einer Besteuerung von Kapitaleinkommen keinesfalls vernachlässigt werden dürfen.

IV. International effiziente Besteuerung aus nationaler Sicht

In diesem Kapitel haben wir bisher stets die internationale Perspektive in den Vordergrund gestellt. Unsere zentrale Aufgabenstellung lautete, welche Besteuerung ein wohlmeinender Diktator bzw. kooperierende Staaten unter dem Primat der Maximierung der weltweiten gesellschaftlichen Wohlfahrt implementieren sollte(n). Nun wollen wir die Betrachtungsebene wechseln und nach der internationalen die nationale Effizienz als Ziel setzen, d.h. es geht um die Frage, welche Steuern aus Sicht des Inlands zweitbest sind. Kooperation zwischen den Staaten wird per Annahme ausgeschlossen. Die Staaten konkurrieren nun um das mobile Kapital mit dem Ziel, die gesellschaftliche Wohlfahrt zu maximieren. Dabei bilden wir das Verhalten kleiner Regionen ab, die sich im vollkommenen Wettbewerb befinden. Dies ist als Ausgangssituation sinnvoll, da in diesem Rahmen strategische Überlegungen keine Rolle spielen. Im vorangegangenen Abschnitt wurde geklärt, welches Steuersystem aus weltwirtschaftlicher Sicht effizienzsichernd ist. In diesem Kapital ist nun zu untersuchen, ob auch dezentrale steuerpolitische Entscheidungen eine effiziente Allokation gewährleisten.

Die Mobilität des Kapitals führt dazu, daß in einem einzelnen Land das Inlandseinkommen und das Inländereinkommen auseinanderfallen. Das *Inlandseinkommen* setzt sich dabei aus der Gesamtheit der im Inland erwirtschafteten Einkommen zusammen. Inländer sind alle Personen, die im Inland ihren Wohnsitz oder ständigen Aufenthalt haben. Das von ihnen erzielte Einkommen nennt man *Inländereinkommen*. Die Differenz zwischen den beiden Größen besteht folglich in dem Umfang, in welchem inländische Kapitaleigner Kapitalerträge im Ausland respektive ausländische Kapitaleigner Kapitalerträge im Inland erwirtschaften. Weltweit ist die Summe aller Inlandseinkommen mit der Summe der Inländereinkommen identisch. Quantitativ mag auf der nationalen Ebene kein großer Unterschied zwischen den beiden Einkommensmaßen bestehen, die ökonomischen Wirkungen einer Besteuerung differieren jedoch stark, so daß sie im folgenden getrennt erörtert werden sollen.[277] In den nachstehenden Ausführungen wird deutlich, daß ein Ansatz am Inlandseinkommen einer Körperschaftsteuer bzw. einer Quellensteuer auf Kapitalerträgen ähnelt, während das Konzept des Inländereinkommens einer Anknüpfung der Besteuerung an den Kapitaleinkünften der privaten Haushalte und damit der Ersparnis entspricht.[278]

A. Die Besteuerung des Inlandseinkommens

In der Analyse wird das bisher betrachtete Zwei–Länder–Modell dadurch ersetzt, daß man das Inland und das Ausland (bzw. Land A und B) durch je n untereinander identische Staaten ersetzt. Damit liegt der Fall eines „kleinen offenen Landes" vor, das nicht in der Lage ist, den Zinssatz am Weltmarkt zu beeinflussen.

Als Ausgangspunkt wählen wir also eine kleine offene Volkswirtschaft, deren Output von einem mobilen Faktor Kapital und zahlreichen immobilen Faktoren (Grund und Boden sowie Arbeitskraft) erzeugt wird.[279] Der Output, der mit dem im Inland eingesetzten Kapitalstock erzeugt werden kann, beträgt höchstens $f(K)$[280] und es gilt $f(0) = 0$ sowie $f'' < 0$, d.h. es werden abnehmende Grenzerträge des Kapitals unterstellt, die zunächst positiv sind, bei sinkendem Kapitalstock unbeschränkt wachsen und bei sehr großen Kapitalbeständen negativ werden. Wir nehmen zudem an, daß sich das gesamte Kapital in ausländischer Hand befindet und zum Weltmarktzins $r^* > 0$ zu verzinsen ist. Im Zustand ohne Steuern entsteht auf diese Weise das *Inlandseinkommen* $f(K)$ und das *Inländereinkommen* $f(K) - r^* \cdot K$, das an die immobilen Faktoren ausgeschüttet wird. Letzteres umfaßt neben Arbeitseinkommen auch Grundrenten und Reingewinne.

Die Kapitalnachfrage der Unternehmen ergibt sich mit r als inländischem Bruttozins aus

$$\max_t Y = f(K) - r \cdot K. \qquad (8\text{–V})$$

Im Gewinnmaximum gilt folglich $f'(K) = r$ und die Grenzproduktivität des Kapitals entspricht dem heimischen Bruttozins.

Kann nun das Inland seinen Wohlstand durch eine nicht anrechenbare Quellensteuer auf das Kapitaleinkommen, das die Ausländer im Inland erzielen, erhöhen?

Im Modell bedeutet eine Quellenbesteuerung eine Steuer t pro Kapitaleinheit. An der Gewinnmaximierungsbedingung $f'(K) = r$ ändert sich nichts, da die Unternehmen weiterhin pro Kapitaleinheit den Betrag r aufwenden müssen. Die Besteuerung des Kapitals führt jedoch zu einer Erhöhung der Kapitalkosten und damit des Inlandszinses auf $r = r^* + t$,[281] da die aus-

---

277 Völkerrechtlich ist es zulässig, beide Größen zu besteuern, da jeder Staat Einkommen besteuern kann, wenn persönliche oder sachliche Anknüpfungspunkte bestehen.

278 Zu dieser Einteilung siehe beispielsweise Huber (1997), S. 4ff.

279 Vgl. zu den folgenden Ausführungen Homburg (2000), S. 266ff.

280 Zur Vereinfachung wird hiermit die Nettoproduktionsfunktion bezeichnet.

281 Ob ein derartiger Anstieg durch die Besteuerung ausgelöst wird, hängt letztendlich davon ab, wie die Grenzinvestitionsentscheidung beeinflußt wird. Hier spielen die Gestaltung der Abschreibungsregelungen und die Finanzierungsentscheidungen eine wichtige Rolle. So kann es auch zu ungewöhnlichen Wirkungen

ländischen Investoren keine Reduzierung der Rendite unter das Weltmarktzinsniveau akzeptieren. Die Grenzproduktivität des Kapitals steigt folglich wegen der Identität $f'(K) = r$ auf $f'(K) = r^* + t$. Die Reaktion des Inlandskapitals erhält man durch die implizite Differentiation dieser Gleichung:

$$\frac{dK}{dt} = \frac{1}{f''(K)} < 0. \qquad (9\text{–V})$$

Der Kapitalbestand vermindert sich also durch die Quellenbesteuerung, auch das Inländereinkommen sinkt auf den Betrag $f(K) - r \cdot K$. Dem steht ein Steueraufkommen in Höhe von $t \cdot K$ gegenüber, das den Inländern zur Verfügung steht. Um zu überprüfen, ob eine Quellenbesteuerung effizient ist, muß daher der „Saldo" der beiden Teilwirkungen bestimmt werden.

Hierzu betrachten wir die Zielfunktion unseres wohlmeinenden Diktators, der im Rahmen des Modells das Inländereinkommen $f(K) - r^* \cdot K$ maximiert. Dabei besteht das Inländereinkommen aus dem Renteneinkommen $f(K) - r \cdot K$ und dem Steuereinkommen $t \cdot K$. Die Differentiation des Einkommens Y nach dem Steuerbetrag ergibt unter Berücksichtigung der Tatsache, daß der Kapitalbestand eine Funktion des Steuerbetrags ist:

$$\frac{dY}{dt} = \left[f'(k) - r^*\right] \cdot \frac{dK}{dt} = \frac{t}{f''(K)}. \qquad (10\text{–V})$$

Aufgrund von $f'' < 0$ ist diese Ableitung für positive Steuersätze negativ und für negatives t positiv. Folglich ist $t = 0$, d.h. der Verzicht auf die Quellenbesteuerung ist global optimal.

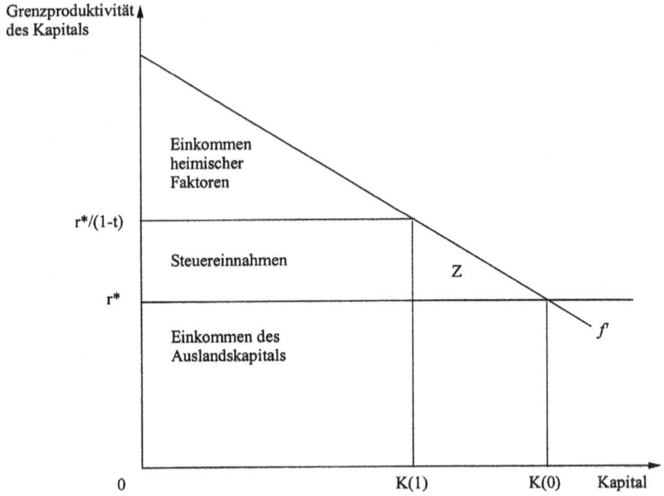

Abbildung 24: Die optimale Besteuerung von einfließendem Portfoliokapital

Quelle: Vgl. Weichenrieder (1995), S. 21

kommen wie z.B. dem sogenannten Steuerparadoxon. Dies bezeichnet eine verstärkte Investitionstätigkeit durch höhere Körperschaftssteuersätze. Siehe hierzu Huber (1997), S. 5, FN5, oder auch Sinn (1985), S. 131ff. Zu den Wirkungen von Steuern auf die Kapitalkosten siehe auch die Ausführungen in Kapitel 3, Abschnitt II.C.7.

Abbildung 24 illustriert die Zusammenhänge der optimalen Quellensteuerpolitik. Die Kurve f' gibt die Kapitalnachfrage in Abhängigkeit von den Kapitalkosten wieder, d.h. sie entspricht der Grenzproduktivität des Kapitals. Das gesamte Inlandsprodukt wird durch die Fläche unter der Kurve repräsentiert. Ohne Quellenbesteuerung beträgt der Kapitalstock im Inland $K(0)$, das Inlandsprodukt entspricht folglich der Fläche unter der f'–Kurve zwischen den Stellen 0 und $K(0)$. Von diesem Gesamteinkommen fließt den Ausländern eine Faktorentlohnung zu, die dem Produkt aus Zins r^*, und dem Umfang des eingesetzten Kapitals entspricht. Der Rest des Sozialprodukts fällt den Inländern in Form von Steuereinnahmen und Faktoreinkommen der heimischen Faktoren zu. Der Umfang dieser Einkommen entspricht der Fläche zwischen der Grenzproduktivitätskurve f' und der Zinsgeraden r^*. Offensichtlich wird diese Fläche gerade dann maximiert, wenn gilt: $f' = r^*$. Dies ist dann der Fall wenn das Einkommen der ausländischen Investoren nicht belastet wird. Besteuert das Inland das Einkommen dennoch mit einer Quellensteuer, so muß die Grenzproduktivität des Kapitals auf $r^*/(1-t)$ steigen, damit der ausländische Investor eine Rendite von r^* erzielen kann und bereit ist, seine Ersparnisse zur Verfügung zu stellen. Der Umfang des eingesetzten Kapitals sinkt auf $K(1)$. Das Inlandsprodukt, das den Inländern in Form von Steuereinnahmen und Einkommen der heimischen Faktoren zufällt, nimmt in Höhe von Z ab. Diese Form der Besteuerung ist ineffizient: Der wohlmeinende Diktator kann die gleichen Steuereinnahmen erzielen, wenn er immobile Faktoren besteuert und dabei den Wohlfahrtsverlust Z, die Zusatzlast der Quellensteuer vermeidet.

Die steuerpolitische Schlußfolgerung für eine effiziente Politik ist eindeutig: Unter den Bedingungen eines internationalen Weltkapitalmarkts mit mobilem Kapital ist es für das Inland optimal, auf eine diskriminierende Besteuerung der ausländischen Kapitalerträge zu verzichten.[282] Nur Steuern auf immobile Faktoren können dauerhaft zur Staatsfinanzierung herangezogen werden. Dieses zentrale Ergebnis wurde im Rahmen der Theorie des Steuerwettbewerbs vielfach bewiesen, so z.B. schon in MacDougall (1960), Richman (1963) oder P. B. Musgrave (1969) und wurde auch in den unterschiedlichsten Ansätzen wie jenen von Razin und Sadka (1991) und Eggert (1998) bestätigt.[283] Dabei ist es erheblich robuster, als die einfache Darstellung ahnen läßt. So gilt es auch bei endogenem Arbeitsangebot und im symmetrischen Fall für große Länder.[284]

Ursächlich für das Ergebnis ist folgender Sachverhalt: Wird im Inland kein Kapital investiert, beträgt das Inlandseinkommen $f(0) = 0$. Auch das Inländereinkommen „verschwindet" in diesem Fall. Durch den Zustrom von ausländischem Kapital wird ein positives *Renteneinkommen* $f(K) - r^* \cdot K$ erzeugt. Die optimale Politik besteht nun darin, dieses Renteneinkom-

---

282 Dieses Ergebnis geht auf Gordon (1986) zurück, der dieses als erster präzise theoretisch abgeleitet hat. Die illustrierende Abbildung (vgl. Abbildung 23) findet sich in dieser Form erstmals bei MacDougall (1960). Genaugenommen sollte eine benevolente Regierung (unter der Voraussetzung, daß andere, weniger elastische Bemessungsgrundlagen zur Verfügung stehen) auf eine nicht–äquivalente Besteuerung verzichten, vgl. etwa Giovannini (1990), S. 7. Außerdem werden Staatsausgaben nicht in der Argumentation berücksichtigt. Dies werden wir zu einem späteren Zeitpunkt im Rahmen der Diskussion des Steuerwettbewerbs in Kapitel 6, Abschnitt IV, aufgreifen. Die Richtigkeit der Aussage hängt natürlich auch davon ab, welches Besteuerungsverfahren das Kapitalexportland anwendet. Sie gilt grundsätzlich bei Anwendung des Quellenprinzips und dem Abzugsverfahren.

283 Vgl. hierzu Sinn (1994), S. 172.

284 Vgl. Homburg (2000a), S. 21.

men der Inländer zu maximieren. Dies ist der Fall, wenn auf eine Quellenbesteuerung verzichtet wird. Folglich sollte das ins Ausland fließende Kapitaleinkommen unbesteuert bleiben, keinesfalls aber subventioniert werden. Dieses Ergebnis bleibt auch bestehen, wenn man annimmt, daß auch das Renteneinkommen ins Ausland abfließt. Dann allerdings sollte das Inland dieses Renteneinkommen mit einer Steuer belegen, weil sie keine Verzerrung auslöst und die Inländer nicht belastet.[285]

Aus Sicht der TOB verkörpert dieses Resultat auch eine Anwendung des Produktionseffizienztheorems von Diamond und Mirrlees (1971). Demnach ist es in einem Kapitalimportstaat, dem neben einer Quellensteuer auf Kapital nur Steuern zur Verfügung stehen, welche Konsumentscheidungen verzerren, aus Sicht der Konsumenten optimal, diese Verzerrungen zu akzeptieren und auf eine Quellensteuer zu verzichten. Kapitalimporte sind als Zwischenprodukte zu interpretieren und diese sollten nach dem (nationalen) Produktionseffizienztheorem nicht besteuert werden.

Vergleicht man an dieser Stelle das nationale mit dem internationalen Produktionseffizienztheorem, das wir im Abschnitt zur weltwirtschaftlichen Effizienz abgeleitet haben, so verlangt die nationale Ausprägung nicht *gleiche* Quellensteuersätze, sondern Steuersätze gleich *Null*. Unabhängig vom Verhalten anderer Staaten gebietet das *nationale* Produktionseffizienztheorem in diesem Zusammenhang dem Kapitalimportstaat, auf die Quellenbesteuerung zu verzichten. Im Falle einer Anrechnung ausländischer Kapitalerträge im Kapitalexportstaat ist diese Aussage allerdings ungültig, denn dann wird eine Quellensteuer in Höhe des etwaigen Anrechnungsbetrages optimal.[286] Dies wollen wir im folgenden betrachten.[287]

Dabei sei angenommen, daß alle ausländischen Staaten nach dem Welteinkommensprinzip besteuern und eine Anrechnung der im Inland entrichteten Steuer bis zum Höchstbetrag t^{max} ermöglichen. Der Ertrag einer Auslandsinvestition im Inland setzt sich somit zusammen aus $r - t + \min \{t, t^{max}\}$. Die inländische Steuer ist folglich für den Investor nur dann von Bedeutung, wenn sie den Anrechnungshöchstbetrag übersteigt. Der ausländische Kapitaleigner strebt aufgrund des Welteinkommensprinzips eine Maximierung seines Bruttoertrags an, die unter Berücksichtigung der Steuer mit einer Maximierung der Nettoverzinsung gleichzusetzen ist. Im Marktgleichgewicht stimmt der Ertrag im Inland mit dem Weltmarktzins überein:

Teilanrechnung: $r - t + \min \{t, t^{max}\} = r^*$.

Für die optimale Steuerpolitik im Inland hat dies folgende Konsequenzen: Ohne Quellenbesteuerung gilt wie im vorangegangenen Modell wieder $r = r^*$ und damit wird auch hier ein optimaler Kapitalbestand erreicht. Wird eine Quellensteuer erhoben, gilt die Identität weiter, bis die Quellensteuer den Höchstbetrag t^{max} erreicht hat. Da der Inlandszins in diesem Bereich nicht verändert wird, kann das Inland ein Steueraufkommen realisieren, ohne daß sich der Kapitalstock im Inland verändert. Das Inland kann einen sogenannten „*free lunch*" genießen. Die Quellensteuer belastet nur das Ausland, da es seinen Investoren Ersatz für die gezahlte Steuer leistet und damit die inländischen Steuereinnahmen finanziert. Folglich ist es für den

---

285 Homburg (2000), S. 270, illustriert dies mit dem Beispiel eines arabischen Wüstenstaates, in dem ein ausländisches Unternehmen Erdöl fördert.

286 Vgl. Homburg (2000a), S. 21.

287 Vgl. zu den folgenden Ausführungen Homburg (2000) S. 270ff.

wohlmeinenden Diktator optimal, das im Inland investierte Kapital mit einer Quellensteuer zu belegen, die dem Höchstbetrag der Anrechnung in den ausländischen Staaten entspricht, d.h. $t = t^{max}$ ist optimal. Eine solche Quellenbesteuerung ist nicht nur erstbest, sondern vielmehr vorteilhafter als eine Kopfsteuer, da sie im Inland keine Einkommenseffekte auslöst.[288]

Jeder Steuerbetrag $t < t^{max}$ ist gleichzusetzen mit einem Verzicht auf Steuereinnahmen, das ohne Konsequenzen erzielt werden kann. Ein Steuerbetrag $t > t^{max}$ führt hingegen zu einem Rückgang des Kapitalstocks und ist folglich ineffizient.

Für den Kapitalexportstaat ist es hingegen ineffizient, eine Vollanrechnung zu gewähren, da es in diesem Fall für das Inland optimal wäre, den Steuerbetrag auf $t = +\infty$ zu erhöhen und damit ein „maximales" Steueraufkommen zu generieren. Dies hätte für die ausländischen Staaten wiederum „katastrophale" Folgen.[289]

In diesem Abschnitt zeigten sich drei wesentliche Ergebnisse: Erstens sollte das Inland auf eine Quellenbesteuerung des im Inland investierten Kapitals verzichten. Zweitens ist es vorteilhaft, wenn das Ausland eine Quellensteuer anrechnet, eine solche bis zum Anrechnungshöchstbetrag zu erheben. Drittens sollten Renteneinkommen, die Ausländer im Inland erzielen, immer besteuert werden. Das Inland kann auf diese Weise ein Aufkommen erreichen, ohne daß ein Substitutionseffekt oder für die Inländer ein Einkommenseffekt zu verzeichnen wäre.

Die erste Erkenntnis wird häufig in der Literatur herangezogen, um die unerwünschten Wirkungen des Steuerwettbewerbs zu belegen.[290] Allerdings ist noch zu berücksichtigen, daß zusätzlich die alternative Möglichkeit existiert, das *Inländer*kapital zu besteuern.[291] Dieser Variante betrachten wir im nächsten Abschnitt ausführlich.

B. Besteuerung des Inländereinkommens

Wir wollen nun die Annahme aufheben, daß sich der Kapitalstock in ausländischer Hand befindet. Damit stellt sich die Frage nach der effizienten Besteuerung des *Inländerkapitals*. Zur nationalen Wohlstandsmaximierung wird der weise Diktator nun eine Steuerpolitik anstreben, die die Summe aus dem Inlandseinkommen und der Verzinsung des von Inländern

---

288 Dieses Verhalten kann auch als Steuer–Export bezeichnet werden, das zu einer „negativen" fiskalischen Externalität führt. Diese bewirkt im Ausland eine niedrigere Wohlfahrt, die der nationale Diktator nicht berücksichtigt, wenn er die aus seiner Sicht optimale Steuerpolitik wählt. Vgl. hierzu Mintz (1998), S. 9, und die dort angegebenen Hinweise auf Literatur zu Steuerexporten. Dieser Thematik werden wir uns auch im nächsten Kapitel im Rahmen des Tiebout–Ansatzes zuwenden.

289 Eine Vollanrechnung kann im Rahmen dieses Modells fogllich nur dann effizient sein, wenn eine Vereinbarung existiert, die das Besteuerungsrecht des Kapitalimportlandes nach oben begrenzt. Eine weitere Möglichkeit stellt ein Clearingsystem dar, durch das der Quellenstaat zu einer Steuererstattung an den Wohnsitzstaat verpflichtet wird. Zudem ist für die Vorteilhaftigkeit der Erhebung einer anrechenbaren Quellensteuer erforderlich, daß die ausländischen Anleger steuerehrlich sind. Siehe hierzu Homburg (2000), S. 272, und die dort angegebene Literatur.

290 So beispielsweise Zodrow/ Mieszkowski (1986).

291 Ähnlich die Argumentation von Huber (1997), S. 5, der auf die alternative Möglichkeit der Besteuerung von Ersparnissen hinweist.

ins Ausland exportierten Kapitals maximiert. Im folgenden soll das im Inland investierte Kapital weiter mit K bezeichnet werden. Das Inländerkapital, das durch die Ersparnis der Inländer akkumuliert wurde, soll durch S gekennzeichnet sein. Wie bereits abgeleitet, sind diese beiden Größen in einer geschlossenen Volkswirtschaft identisch, während sie in einer offenen Volkswirtschaft im Grenzfall völlig entkoppelt sind. Die Divergenz der beiden Größen wird durch entsprechende Kapitalex– oder –importe ausgeglichen, die in unserer idealen Modellwelt ohne Steuern im Weltkapitalmarktgleichgewicht zu einer Angleichung der Zinsen führt.

Nun wollen wir einen Kapitalexportstaat betrachten. Dabei sollen die Rahmenbedingungen unserer Überlegungen (kleine offene Volkswirtschaft und Eigenschaften der Produktionsfunktion) dem letzen Abschnitt entsprechen. Nun stellt sich die Frage, welche Wirkung eine Besteuerung der Kapitaleinkommen der Inländer hat. Dabei gehen wir zunächst davon aus, daß die Kapitaleigner steuerehrlich sind.

Die Gewinnmaximierungsbedingung der Unternehmen im Kapitalexportstaat lautet ähnlich wie vorigen Abschnitt $r^* = f^{*\prime}(K^*)$, wobei r^* den Bruttozins des Kapitalexportstaats darstellt. Wir bezeichnen dabei im folgenden die Größen mit einem Stern (*), die sich auf den Kapitalexportstaat beziehen. Bei einer Erhebung einer Quellensteuer im Kapitalimportstaat erhalten die Inländer den Ertrag $(r - t) \cdot (S^* – K^*)$. Das Optimierungsproblem des Kapitalexportstaates lautet dann (ohne Erhebung einer eigenen Steuer):

$$\max_{\{K^*\}} \ Y^* = f^*(K^*) + (r - t) \cdot (S^* - K^*). \qquad (11–V)$$

Leitet man die Zielfunktion nach K^* ab, so ergibt sich die Effizienzbedingung

$$r^* = r - t. \qquad (12–V)$$

Das effiziente Kapitalexportvolumen ergibt sich folglich im Gleichgewicht durch die Übereinstimmung von inländischem Bruttozins und ausländischen Nettozins. Dies läßt sich folgendermaßen interpretieren: eine Investition im Inland verzinst sich mit r^*, ohne Rücksicht auf eine Besteuerung, da diese dem Inländereinkommen zuzurechnen ist. Die Verzinsung einer exportierten Kapitaleinheit beläuft sich auf $r - t$, da die Quellensteuer dem Kapitalimportland zusteht. Im Marktgleichgewicht bzw. dem Optimum stimmen die Grenzerträge der beiden Kapitalanlagen überein.

Mit dieser Effizienzbedingung können wir nun ableiten, welche Besteuerungsmethode von Auslandseinkünften für den weisen Diktator eines Kapitalexportstaats optimal ist. Im Marktgleichgewicht müssen die *Netto*renditen von Inlands– und Auslandinvestitionen übereinstimmen. Andernfalls ergeben sich noch Arbitragemöglichkeiten für die Kapitalanleger. Welche Folgerungen sich hieraus für die Bruttozinsen ergeben, wollen wie in einem nächsten Schritt ableiten.

Dazu sei angenommen, daß der Kapitalexportstaat von den Inländern eine *Wertsteuer* mit dem Satz τ^* auf das Kapitaleinkommen erhebt, d.h. die Nettoverzinsung der inländischen Kapitalanlage beträgt $r^*(1 - \tau^*)$.[292] Die inländische Besteuerung der ausländischen Kapitaleinkünfte ist dann so zu gestalten, daß sowohl die inländische als auch die ausländische Nettoverzinsung übereinstimmen und zugleich die notwendige Bedingung $r^* = r - t$ für die Maximierung

---

292 Zum folgenden siehe ausführlich Windisch (1999), S. 155f.

der nationalen Wohlfahrt erfüllt ist. Dies ist gegeben, wenn die Nettoverzinsung der ausländischen Kapitalanlagen eines Inländers $(r - t) \cdot (1 - \tau)$ beträgt.[293]

Betrachtet man diesen Ausdruck näher, erfordert dies, daß der Kapitalexportstaat dem inländischen Kapitalanleger ermöglicht, die ausländische Quellensteuer t von der ausländischen Bemessungsgrundlage r abzuziehen, bevor sie der inländischen Kapitaleinkommensteuer τ unterworfen wird. Die Methode des *Steuerabzugs* führt folglich zu einem effizienten Marktgleichgewicht.

Eine *Anrechnung* oder *Freistellung* der Quellensteuer durch den Kapitalexportstaat führt zu einem anderen Ergebnis: im Falle einer (vollen) Anrechnung der Steuerzahlungen im Ausland beläuft sich die Nettoverzinsung der ausländischen Investition auf $r\,(1 - \tau^*)$ und ist damit um den Faktor $t\,(1 - \tau^*)$ höher als bei der effizienten Abzugsmethode. Ermöglicht der Kapitalexportstaat die Freistellung der ausländischen Kapitaleinkünfte, dann beträgt die Nettoverzinsung der ausländischen Anlagen $(r - t)$ und ist damit um $\tau^*\,(1 - t)$ höher als bei der Variante des Steuerabzugs. Aus beiden Methoden resultiert folglich eine Verzerrung der internationalen Kapitalallokation zugunsten des Auslands, da sie jeweils zu einem Kapitalexport führen, auch wenn die Nettoverzinsung bereits unter den Wert sinkt, der bei einer Investition im Inland erwirtschaftet werden könnte. In der Folge erleidet das Inland eine Wohlfahrtseinbuße durch einen ineffizient geringen Kapitalbestand.

Ein Wohlfahrtsverlust tritt auch in dem Fall auf, daß der Kapitalexportstaat die Quellensteuern des Auslands bei der Besteuerung der Inländereinkünfte nicht berücksichtigt, d.h. es zu einer *Doppelbesteuerung* kommt. Die heimischen Anleger müssen folglich die Kapitaleinkommensteuer $(\tau^* \cdot r)$ und die ausländische Quellensteuer t bei der Berechnung ihrer Nettorendite berücksichtigen, so daß diese dann $(1 - \tau^*) \cdot r - t$ beträgt. Im Gleichgewicht beträgt der Inlandszins $r - t/(1 - \tau^*)$ und liegt damit unter dem von uns bestimmten effizienten Wert von $r - t$. Durch die Doppelbesteuerung wird folglich zuwenig Kapital exportiert, der im Inland vorhandene Kapitalbestand ist ineffizient hoch. Die folgende Tabelle 6 faßt die alternativen Politiken nochmals zusammen.

Fassen wir unsere bisherigen Betrachtungen auf nationalstaatlicher Ebene noch einmal zusammen. Im vorangegangenen Abschnitt wurde aufgezeigt, daß es für den weisen Diktator eines Kapitalimportstaates in der Regel optimal ist, keine Quellensteuer auf die Erträge des ausländischen Kapitals zu erheben. Nur im Falle einer Anrechnung der Steuer durch den Kapitalexportstaat wird diese Steuererhebung effizient. Die Überlegungen im letzten Abschnitt haben jedoch gezeigt, daß genau diese Anrechnung aus Sicht des Kapitalexportlandes nicht optimal ist, zumindest nicht als einseitige Maßnahme. Eine effiziente Situation kann im Rahmen dieser Betrachtung erreicht werden, wenn die Kapitalexportstaaten einen Steuerabzug vorsehen und kapitalimportierende Staaten keine Steuer erheben. In dieser Konstellation wird dann das Welteinkommensprinzip und das Wohnsitzprinzip[294] verwirklicht, und es

---

293 Dies ist einfach nachzuweisen: Setzt man die in- und ausländischen Nettoverzinsung gleich $r^*(1 - \tau^*) = (r - t) \cdot (1 - \tau)$ und formt diese um, so erhält man $r^* = r - t$, die notwendige Bedingung für die Maximierung des nationalen Wohlstands.

294 Eine ausführliche Ableitung des Ergebnisses, daß unter den Bedingungen internationaler Kapitalmobilität die Anwendung des Wohnsitzlandprinzips zu einer effizienten Besteuerung des Kapitals führt, findet sich in Bucovetsky/ Wilson (1991).

kommt zu keinen Kollisionen und damit auch keiner Doppelbesteuerung. Die Bruttozinsen sind zudem weltweit die gleichen. Diese Situation stellt zugleich ein Nash–Gleichgewicht dar: kein Staat kann bei optimalem Verhalten der anderen Staaten das Inländereinkommen durch einen Politikwechsel steigern.[295]

Tabelle 6
Alternative Politiken des Kapitalexportstaates bei Quellenbesteuerung im Kapitalimportstaat

Methode im Kapitalexportstaat	Nettoverzinsung bei Investition im Inland	Nettoverzinsung bei Investition im Ausland
Steuerabzug	$(1-\tau^*) \cdot r^*$	$(1-\tau^*) \cdot (r-t)$
Vollanrechnung	$(1-\tau^*) \cdot r^*$	$(1-\tau^*) \cdot r$
Freistellung	$(1-\tau^*) \cdot r^*$	$r-t$
Doppelbesteuerung	$(1-\tau^*) \cdot r^*$	$(1-\tau^*) \cdot r-t$

Quelle: Eigene Darstellung in Anlehnung an Homburg (2000), S. 275.

Allerdings treten in der Realität Probleme mit der *Steuerehrlichkeit* auf, die wir bei unseren bisherigen Überlegungen unterstellten. Gerade bei *individuellen privaten Kapitalanlegern* ist es äußerst schwierig, Auslandseinkommen zu beobachten. Allerdings ist diese Problematik nur im Fall des Welteinkommensprinzips relevant, da beim Territorialprinzip nur im Inland erwirtschaftete Einkommen besteuert werden.

Nehmen wir an, Inland und Ausland verwirklichen die als effizient abgeleiteten Prinzipien Welteinkommens– und Wohnsitzprinzip. Dabei sei das Inländerkapital in beiden Staaten positiv und die Kapitalanleger haben die Möglichkeit, im Ausland erzielte Kapitaleinkünfte zu verschweigen. Wenn dies gelingt, vergleicht der Investor vor seiner Anlageentscheidung den inländischen Nettozins mit dem ausländischen Bruttozins. Folglich lautet die Arbitragebedingung für den Steuerhinterzieher $r-t=r^*$. Die inländische Bruttoverzinsung ist also größer als die ausländische. Dies gilt umgekehrt analog auch für den ausländischen Investor, hier lautet die Arbitragebedingung $r^*-t^*=r$. Die beiden Bedingungen sind jedoch bei positiven Steuersätzen wechselseitig unvereinbar. Als Ergebnis investieren alle unehrlichen Kapitalanleger im Marktgleichgewicht im jeweiligen Ausland, d.h. es kommt es zu einer Substitution inländischer durch ausländische Anlagen. Das Ausland zieht die „Klientel" der nicht steuerehrlichen Anleger an und bewirkt einen tendenziellen Ausgleich der Bruttozinsen. In der Folge hat die Inländerbesteuerung und die Steuerunehrlichkeit keinen Einfluß auf die Kapitalallokation zwischen den Staaten bzw. die Höhe des im Inland investierten Kapitals, jedoch sind die Steuereinnahmen durch die Hinterziehung in den betroffenen Staaten geringer. Das Ausmaß der Betroffenheit wird dabei von der Höhe des Steuerdruckes bestimmt.[296]

---

295 Vgl. Homburg (2000), S. 276.

296 Kommt es im Grenzfall vollkommener Mobilität der Anlagen von privaten Anlegern zur skizzierten vollständigen Verlagerung der inländischen Portfolios ins Ausland, verbleibt dem Inland nur die Möglichkeit, inländische Kapitalerträge allgemein zu besteuern, was wiederum auf eine ineffiziente Quellenbesteuerung hinausliefe. In der Realität sind jedoch private Anlagen aufgrund von Transaktionskosten nur beschränkt mobil, insbesondere jedoch die von Kleinanlegern. Dies macht eine Besteuerung aus distributiven Gründen

Auch sind Steuerausfälle möglich, wenn die Inländer unter dem Wohnsitzprinzip dem Steuerdruck ausweichen, indem sie den Wohnsitz wechseln. Allerdings hat auch der Wohnsitzwechsel nur fiskalische Wirkungen bei der Verteilung der Steueraufkommen und läßt die Kapitalallokation unberührt. Dies werden wir im Rahmen des Tiebout–Ansatzes in Kapital 6 diskutieren.

Insgesamt zeigt sich, daß bei der Maximierung der nationalen Wohlfahrt eine Besteuerung des *Inländer*kapitals nach dem Welteinkommensprinzip grundsätzlich effizient ist. Dieses Ergebnis unterscheidet sich wesentlich von dem des letzten Abschnitts (A), bei dem wir unter der gleichen Zielsetzung als Resultat ableiteten, daß der wohlmeinende Diktator eines Kapitalimportlandes auf eine Besteuerung des *Inlands*kapitals verzichten sollte. Auch mögliche Hinterziehung und Steuerflucht sind wie beschrieben kein Grund, auf eine Besteuerung von Kapitaleinkommen zu verzichten.[297]

Allerdings darf der Anreiz, Kapitalerträge nach dem Welteinkommensprinzip zu besteuern, nicht dahingehend fehlinterpretiert werden, daß umfassende Steuersysteme, bei denen auch Kapitalerträge der Besteuerung unterliegen, jenen, die Kapitalerträge von der Besteuerung freistellen, allgemein wohlfahrtsökonomisch überlegen sind. Die Ausführungen zum optimalen Besteuerungsprinzip zeigen eigentlich nur, daß aus Sicht eines kleinen Landes eine steuerliche Diskriminierung der Erträge nach ihrer Herkunft gesamtwirtschaftlich nachteilig ist. Die allgemeinen Folgen der Besteuerung für die Kapitalbildung werden hingegen nicht berücksichtigt.[298]

Auch die Argumente der Theorie der optimalen Besteuerung scheinen für einen Ansatz der Besteuerung am Inländerkapital zu sprechen. Im Rahmen der Ramsey–Regel ist es allgemein gesamtwirtschaftlich effizient, auf möglichst unelastische Steuerbemessungsgrundlagen zurückzugreifen, da diese mit einem geringeren Excess burden verbunden sind als Steuerquellen, die eine elastische Reaktion hervorrufen. Beim Wohnsitzprinzip in Verbindung mit dem Welteinkommensprinzip reagiert das inländische Sparkapital auf steuerlich bedingte Änderungen in der Nettoverzinsung im Ausland infolge einer Senkung der dortigen Kapitaleinkommensteuer weniger elastisch als bei einer Besteuerung, die ausschließlich nach dem Quellen(– bzw. Territorial)prinzip erfolgt. Denn bei einer reinen Quellenbesteuerung können die Anleger der Steuer ausweichen, wenn Alternativen bestehen, die bei gleicher Bruttoverzinsung geringer besteuert werden – nicht so bei einer Besteuerung nach dem Wohnsitz– bzw.

---

unerwünscht. Siehe hierzu Huber (1997), S. 6. Einen aktuellen Überblick über die Literatur zur Schattenwirtschaft und Steuerhinterziehung bieten Andreoni/ Erard/ Feinstein (1998) und Schneider/ Enste (2000).

297 Später macht es jedoch keinen Unterschied, ob das Inlandprodukt oder das Inländerprodukt als Ausdruck der gesellschaftlichen Wohlfahrt herangezogen werden soll. Wie wir sehen werden, sind die Auswirkungen des Steuerwettbewerbs auf beide Größen gleich, so daß insoweit keine Entscheidung getroffen werden muß. Siehe Gerken/ Märkt/ Schick (2000), S. 179.

298 Diesen Aspekt werden wir in Kapitel 6 bei der Beurteilung der Folgen des Steuerwettbewerbs nochmals einer Prüfung unterziehen. Zwar wird wie in Frenkel/ Razin/ Sadka (1991), S. 206, die Besteuerung nach dem Wohnsitzprinzip mit der Theorie der optimalen Besteuerung begründet. Dieses Urteil beruht jedoch darauf, daß eine Kapitalbesteuerung „optimal" ist, wenn sie die Kapitalallokation nicht verzerrt. Intertemporale Verzerrungen und Wachstumseffekte werden hierbei nicht berücksichtigt.

Welteinkommensprinzip. Dieses reduziert die intratemporale Elastizität der Kapitalanbieter künstlich.[299]

Betrachten wir in der Zusammenschau nun die weltwirtschaftliche Perspektive und die nationalstaatliche Ebene. Bei ersterer sichert die Anwendung des Wohnsitz– bzw. Welteinkommensprinzips Produktionseffizienz und damit die internationale Allokationseffizienz. Auf internationaler Ebene spielt es unter dem Gesichtspunkt der Angleichung der Bruttozinsen keine Rolle, welcher Staat auf das Welteinkommen zugreift.[300] In diesem Abschnitt hat sich gezeigt, daß die Anwendung des Welteinkommensprinzips auch auf der Ebene des Einzelstaates effizient ist. Damit besteht hier eine Harmonie zwischen nationalen und internationalen Effizienzzielen. Das Territorialprinzip (bzw. das Quellenprinzip) läuft demgegenüber beiden Anliegen entgegen.

V. Effiziente internationale Besteuerung im Leviathanstaat?

Im letzten Abschnitt haben wir betrachtet, wie und in welchem Ausmaß unterschiedliche Formen der Kapitalbesteuerung verzerrend wirken und haben Optimalitätsanforderungen an ein internationales Kapitalsteuersystem abgeleitet. Es zeigte sich, daß ein optimales internationales System direkter Besteuerung überwiegend auf dem Welteinkommensprinzip beruhen sollte. Dies wäre dann die Grundlage für eine nationalstaatliche und auch weltwirtschaftlich zweitbeste Einkommensbesteuerung.

Im folgenden wollen wir nun betrachten, wie die bisherigen normativen Ergebnisse sich verändern, wenn wir davon ausgehen, daß die internationale Staatengemeinschaft sich in ihrem Handeln nicht von den Oberzielen gerechter und effizienter Besteuerung leiten läßt, sondern wie der Leviathan die Einnahmenmaximierung anstrebt. Hierzu wollen wir zunächst ein Modell mit vielen kleinen Staaten bzw. zwei unterschiedlichen Staatengruppen entwerfen. In diesem Rahmen soll dann untersucht werden, wie sich Kapitalexport– bzw. –importstaaten als Leviathane zielkonform verhalten werden. Als Ergebnis erhalten wir dann, welche Besteuerungsprinzipien Einnahmenmaximierer bevorzugen werden und wie sich das auf die Effizienz auswirkt. Eine detaillierte Analyse des Verhaltens des Leviathan in einer offenen Volkswirtschaft werden wir in Kapitel 7 vornehmen.[301]

---

299 Vgl. hierzu Dluhosch (1993), S. 59f. In der Regel unterscheiden die Quellen in der Literatur – wie auch Dluhosch (1993) – nur zwischen dem Quellen– und Wohnsitzprinzip. Wie die Analyse dieses Abschnitts zeigt, sind jedoch die für die Effizienz entscheidenden Konzepte das Territorial– und das Welteinkommensprinzip.

300 Dies kann nach Homburg (2000), S. 279, der Wohnsitzstaat, einer der Quellenstaaten oder ein unbeteiligter dritter Staat sein.

301 Die Untersuchung des Verhaltens des Leviathan in einer offenen Volkswirtschaft wird häufig mit der Analyse des Wettbewerbs um mobile Faktoren verknüpft und läßt sich daher nur schwierig von der Darstellung des Leviathan im Steuerwettbewerb trennen. An dieser Stelle werden wir uns daher darauf beschränken, die Implikationen der Besteuerungsprinzipien aus Sicht des Einnahmenmaximierers betrachten. Weitergehende Überlegungen beispielsweise hinsichtlich konstitutioneller Effizienz werden wir im 7. Kapitel anstellen.

A. Grundmodell

Wir betrachten nun eine Welt mit vielen kleinen Staaten, welche die Weltmarktpreise nicht beeinflussen können. Die Staaten verteilen sich auf zwei Gruppen:

- Kapitalimportstaaten (Quellenstaaten) zeichnen sich dadurch aus, daß die Inländer über keinen Kapitalbestand verfügen. Sie können mit dem Kapitalbestand K den Output $f(K)$ produzieren und fragen Kapital nach, bis $f'(K) = r$ gilt (r als Bruttozins).
- Kapitalexportstaaten (Wohnsitzstaaten) können mit dem Kapitalbestand K^* den Output $f(K^*)$ erzeugen, ihre Kapitalnachfrage ist durch $f^{*\prime}(K^*) = r^*$ gekennzeichnet. Die Inländer verfügen hier über den Kapitalbestand S^*.

Die Annahme der Identität beider Staatengruppen dient der Vereinfachung bzw. der Einsparung von Indizes. Die Staaten verfügen im Modell über die folgenden steuerlichen Instrumente:

- Alle Staaten erheben eine Wertsteuer (τ bzw. τ^*) auf sämtliche Inländereinkommen (Arbeitseinkommen, Reingewinne, Grundrenten und Kapitaleinkommen).
- Quellenstaaten erheben zusätzlich eine Mengensteuer t auf Inlandskapital in Auslandsbesitz.
- Wohnsitzstaaten können ausländische Steuern anrechnen, einen Steuerabzug hierfür gewähren, im Ausland erzielte Einkommen steuerfrei stellen oder eine Doppelbesteuerung zulassen.

In jedem Staat werden alle Einkommensarten gleich besteuert, mögliche inländische Abzugssteuern werden auf die Steuerschuld der Inländer angerechnet. Zudem nehmen wir an, daß die Individuen steuerehrlich sind und im Ausland erzielte Einkommen besteuert werden können.

Im letzten Abschnitt wurde abgeleitet, welches Steuersystem sich durchsetzt, wenn jeder Staat aus seiner Perspektive effizient besteuert bzw. die Summe aus (privaten) Inländereinkommen und Steueraufkommen maximiert. Auch wenn es nicht explizit so beschrieben wurde, ergab sich das einzelwirtschaftlich zweitbeste Gleichgewicht als Ergebnis eines dreistufigen Spiels, das kurz skizziert sei.[302]

- Auf der dritten Stufe treffen die Kapitalbesitzer ihre Anlageentscheidungen gemäß der höchsten Nachsteuerrendite. Diese Tatsache ist den Staaten jedoch bei ihren steuerpolitischen Entscheidungen bekannt.
- Zweitens erheben Kapitalimportstaaten eine Quellensteuer, wenn Kapitalexportstaaten diese bei ihrer Steuererhebung anrechnen. Ansonsten ist es für sie optimal, auf Quellenbesteuerung zu verzichten.
- Da Kapitalexportstaaten dies voraussehen können, ist es für sie optimal, keine Anrechnung zu gewähren. Sie würden sonst Steueraufkommen „verschenken".

Insgesamt ergibt sich eine Besteuerung des Welteinkommens im jeweiligen Wohnsitzstaat. Dagegen würde eine Besteuerung auf der Grundlage des Territorialprinzips und des Quellen-

---

302 Hierbei wird gemäß der Vorgehensweise der Backwards Induction „rückwärts gedacht". Vgl. Holler/ Illing (2000), S. 23.

prinzips zu keinem Gleichgewicht führen, sondern zu einem Steuerwettbewerb, der letztlich zur Steuerfreiheit von Kapitaleinkommen führt.

Im folgenden wollen wir nun betrachten, welche Ergebnisse zu erwarten sind, wenn das Kapitalimport– oder –exportland sich nicht als Wohlstandsmaximierer, sondern als Einnahmenmaximierer verhält.

B. Der Kapitalimportstaat als Leviathan

Im Kapitalimportstaat setzen sich die Steuereinnahmen aus einer Einkommensteuer mit dem Satz τ und einer Quellensteuer t auf das Inlandskapital zusammen. Das Optimierungsproblem des Leviathan lautet dann (mit T als Steueraufkommen):

$$\max_{\{t\}} T = \tau\,(f(K) - r \cdot K) + t \cdot K \quad \text{mit } f'(K) = r = r^* + t. \tag{13–V}$$

Der Leviathan muß also als Nebenbedingung berücksichtigen, daß das Auslandskapital eine Verzinsung in Höhe von $r^* + t$ verlangt, um eine Rendite von r^* zu erreichen. Berücksichtigt man dies in der Zielfunktion, so erhält diese die Form

$$\max_{\{t\}} T = \tau \cdot (f(K) - (r^* + t) \cdot K) + t \cdot K. \tag{14–V}$$

Der erste Summand stellt die Einnahmen aus der Einkommensteuer dar. Diese sinken mit steigender Quellensteuer, da der Schuldzinsenabzug zu einer geringeren Bemessungsgrundlage führt. Verstärkt wird dies noch dadurch, daß die Bruttoverzinsung des ausländischen Kapitals um so höher sein muß, je höher der Fiskus das Inlandskapital besteuert. Der zweite Summand entspricht den Einnahmen aus der Quellensteuer. Die Bedingung erster Ordnung lautet:

$$\frac{dT}{dt} = \tau \cdot (f'(K) - (r^* + t)) \cdot \frac{dK}{dt} - \tau \cdot K + K + t \cdot \frac{dK}{dt} = (1-\tau) \cdot K + \frac{t}{f''(K)} \overset{!}{=} 0.$$

(15–V)

Der erste Summand fällt wegen $f'(K) = r^* + t$ weg. Für dK/dt setzen wir $1/f''(K)$ gemäß Gleichung (9–V) ein. Löst man nun nach dem Quellensteuersatz t auf, ergibt sich für $\tau > 0$:

$$t = (\tau - 1) \cdot K \cdot f''(K) > 0. \tag{16–V}$$

Für den Leviathan ist also im Gegensatz zu effizienzorientierten Besteuerung ein positiver Quellensteuersatz optimal. Dieser liegt um so niedriger, je stärker der Leviathan die Einkommen der Inländer besteuern kann: $dt / d\tau = K \cdot f''(K) < 0$. Die Höhe des Quellensteuersatzes wird folglich erst in einem Schritt nach dem Einkommensteuersatz bestimmt. Vermag der Leviathan, die Inländereinkommen vollständig abzuschöpfen, so *verzichtet* der Leviathan auf eine Quellenbesteuerung, da aus $\tau = 1$ folgt $t = 0$.

Für den realistischen Fall, daß er die Einkommen der Inländer nur teilweise besteuern kann, wählt der Leviathan also einen Quellensteuersatz, der über dem effizienten Satz liegt. Der damit verbundene Wohlfahrtsverlust für die Inländer ist ihm jedoch gleichgültig, da er nicht das Inländereinkommen, sondern die Steuereinnahmen maximiert.

Mit diesem Ansatz kann nicht die Höhe der Einkommensteuer erklärt werden. Der Leviathan wird jedoch den Einkommensteuersatz bis zu der Höhe treiben, in der er einen Steuerprotest oder eine Revolte gerade noch vermeiden kann. Entsprechend dessen Höhe wird er dann die Quellensteuer wählen: eine hohe Quellenbesteuerung bei niedrigem Einkommensteuersatz und umgekehrt eine niedrige Quellenbesteuerung bei hoher Einkommensbesteuerung.

C. Der Kapitalexportstaat als Leviathan

Um uns der Thematik von Kapitalexportstaaten als Leviathane zu nähern, wollen wir zunächst überlegen, wie sich ein effizienzorientierter Kapitalexportstaat verhalten sollte, wenn sich die Kapitalimportstaaten als Leviathane verhalten.

Diese Überlegungen haben wir schon früher in diesem Kapitel angestellt. Für den Wohnsitzstaat ist es in diesem Fall optimal, den Abzug der im Kapitalimportstaat erhobenen Quellensteuer zu erlauben (Abzugsmethode). Dies ermöglicht, daß inländischer Bruttozins sowie ausländischer Nettozins übereinstimmen und das Inländereinkommen maximiert wird. Die Anrechnungsmethode, bei der die Quellensteuer des Auslands von der Steuerschuld im Inland abgezogen werden darf, hatten wir dagegen als zu großzügig eingestuft.

In einem nächsten Schritt wollen wir nun annehmen, daß sich auch Wohnsitzstaaten als Einnahmenmaximierer verhalten und die inländischen Kapitalbesitzer dem Steuerdruck durch Wegzug in andere Staaten potentiell ausweichen können. Dies bedeutet für den Leviathan, daß mit der Abwanderung auch die Steuer auf das Kapitaleinkommen verloren geht. Um dies zu verhindern, kann der Leviathan im Wohnsitzstaat entweder die allgemeine Einkommensteuer verringern oder den Weg der einseitigen Anrechnung von im Ausland gezahlten Quellensteuern wählen. Dabei wird die Anrechnung aus seiner Sicht meist günstiger sein, da sie nur bei Kapitalanlagen im Ausland zu verringerten Einnahmen führt, während eine allgemeine Steuersenkung auch Inlandsinvestitionen entlastet. Dies soll an dieser Stelle anhand eines Beispiels verdeutlicht werden:

Im Ausland werde eine 30%ige Steuer auf das Einkommen der Inländer sowie eine 10%ige Quellensteuer erhoben. Abstrahiert man von Mobilitätskosten, so kann der Wohnsitzstaat eine maximale Einkommensteuer von 20% erheben, sofern er ausländische Quellensteuern nicht steuerermäßigend berücksichtigt. Rechnet er diese jedoch einseitig an, so kann er den allgemeinen Steuersatz auf 30% anheben, ohne eine Abwanderung befürchten zu müssen. Auf diese Weise kann er bei den Inländereinkommen höhere Steuereinnahmen erzielen und sich zugleich bei den Auslandseinkommen ein konstantes Aufkommen in Höhe von 20% sichern.

Eine Anrechnung birgt jedoch wiederum die Gefahr in sich, daß das Ausland die Quellensteuer erhöht, um Aufkommen ohne negative Folgen für sich selbst zu realisieren und dabei das Steueraufkommen des Wohnsitzstaates auszuhöhlen. Kapitalimportstaaten können ihrerseits „Kampfmittel" einsetzen, um mobile Kapitalbesitzer zum Wohnsitzwechsel zu bringen. Die internationale Besteuerung kann letztlich als Kampf der Leviathane dargestellt werden, die je nach ihrer Ausgangsposition unterschiedliche Instrumente einsetzen, um ihr Steueraufkommen zu mehren. So kann sich eine Position als hart und umfassend zugreifendes Hochsteuerland entwickeln, der Leviathan kann jedoch auch als lockende Steueroase auftreten. Als

Endziel ist wohl eine umfassende Harmonisierung der Kapitalbesteuerung zu erwarten, die jeden Wettbewerb ausschließt und ein hohes Steueraufkommen für alle sichert.

Hier zeigt sich erstmals eindringlich, daß im Steuerwettbewerb nicht nur das Verhalten der Wirtschaftssubjekte berücksichtigt werden muß, sondern auch das Verhalten bzw. mögliche Reaktionen anderer Regierungen. Bezieht man die Möglichkeiten strategischer Interaktionsmöglichkeiten anderer Fisci mit ein, so werden die bisher binnenorientierten Optimalitätsüberlegungen durch strategisches Kalkül überlagert. Auf diese Weise kann es dann zu anderen fiskalischen Entscheidungen kommen als ohne deren Berücksichtigung. Die Perspektive der vorliegenden Arbeit liegt jedoch nicht in der fiskalischen Interaktion, dem fiskalischen Wettbewerb, sondern auf der Effizienz, der optimalen Allokation der Ressourcen und der optimalen Besteuerung. Eine wesentliche Verbindung zwischen der Literatur zur Optimalen Besteuerung und der zum Steuerwettbewerb aus spieltheoretischer Sicht läßt sich jedoch ziehen: Steuerwettbewerb, wie er in diesem Kapitel und in diesem Abschnitt kurz charakterisiert wurde, bedeutet für jede der beteiligten Regierungen die Suche nach einem optimalen Steuersystem in einer Second–Best–Welt, in der jedoch noch zusätzlich strategische Interaktionsmöglichkeiten zwischen den Regierungen bestehen.[303]

VI. Zwischenresümee

In diesem Kapitel wurden bisher grundlegende Prinzipien der internationalen Einkommensbesteuerung vorgestellt und ihre Effizienzeigenschaften untersucht. Als entscheidende Kriterien wurden Konsum– und Produktionseffizienz herangezogen. In der Analyse zeigte sich, daß nicht beide Bedingungen zugleich erfüllt werden können. Mit Hilfe des internationalen Produktionseffizienztheorems wurde abgeleitet, daß Produktionseffizienz aus allokativer Sicht vorzuziehen ist, da diese die Voraussetzung für die Maximierung des Welteinkommens bildet. Auf diese Weise konnte für das Modell des benevolenten Diktators gefolgert werden, daß das Welteinkommens– bzw. das Wohnsitzprinzip auf weltwirtschaftlicher *und* nationaler Ebene eine effiziente internationale Besteuerung sichern. Hier konnte eine Kongruenz zwischen den Zielen auf beiden Ebenen festgestellt werden. Auf eine Besteuerung des Kapitals an der Quelle soll aus allokativer Sicht verzichtet werden. Für den Leviathan ist es demgegenüber optimal, einen positiven Quellensteuersatz zu erheben, dessen Höhe indes von der Möglichkeit abhängt, die Einkommen der Inländer zu besteuern. Vermag er die gesamten Einkommen der Inländer abzuschöpfen, verzichtet er ebenso wie der wohlmeinende Diktator auf eine Quellenbesteuerung.

Bisher konzentrierten sich die Ausführungen auf die Rolle adäquater internationaler Besteuerungsprinzipien und Regelungen nationaler oder weltweiter Effizienz. Die Einkommensbesteuerung setzte dabei jeweils an der Haushaltsebene an. Im folgenden betrachten wir analog zu unserem Vorgehen im 3. Kapitel Steuersysteme, die auch Kapitaleinkommen eines eigenständigen Unternehmenssektors umfassen. Im Blickpunkt stehen dabei insbesondere die Wirkungen der schon bekannten Steuersysteme auf die internationale Kapitalallokation.

---

303 Siehe hierzu Wagener (1997), S. 20f. Diese Arbeit gibt zudem einen umfassenden Überblick über die spieltheoretische Analyse des internationalen Kapitalsteuerwettbewerbs. Ähnlich Janeba (1995).

VII. Besteuerung von Unternehmen im internationalen Kontext

In diesem Abschnitt liegt das Augenmerk auf den Besonderheiten der Unternehmensbesteuerung in global verflochtenen Kapitalmärkten. Wie im 3. Kapitel liegt dabei der Fokus der Betrachtung auf den realwirtschaftlichen Wirkungen der Besteuerung. Insbesondere wenden wir uns der Frage der internationalen Investitionsneutralität zu, d.h. wir streben Aussagen darüber an, ob die Steuergesetzgebung eines Landes in der Unternehmenssphäre die Kapitalallokation im Vergleich mit anderen Ländern behindert bzw. wann sie neutral wirkt. Der Portfolioaspekt der Besteuerung, d.h. der Umstand, daß internationale Kapitalströme via Beteiligungsfinanzierung, Fremdfinanzierung und Selbstfinanzierung zustande kommen können und diese Finanzierungswege unterschiedlichen Belastungen unterworfen sein können, bleibt aus den gleichen Gründen wie im 3. Kapitel ausgeklammert. In den Mittelpunkt rücken erneut verschiedene Steuersysteme. Hier ist insbesondere die Rolle der Kapitalbestandsbesteuerung und der Abschreibungsregeln zu betrachten, die für die Lenkung der internationalen Kapitalströme von großer Bedeutung ist.

Im ersten Abschnitt A werden nochmals die zur Wahl stehenden Besteuerungsprinzipien betrachtet. Hier stellen wir lediglich einige Besonderheiten heraus, die sich bei einer grenzüberschreitenden Besteuerung von Unternehmen ergeben. In Abschnitt B wird das formale Modell des 3. Kapitels auf ein Zwei–Länder–Modell erweitert. Auf dieser Grundlage wird eine formale Bedingung zum Einfluß der Besteuerung auf die internationale Kapitalstruktur abgeleitet. Abschnitt C untersucht die Allokationswirkungen, die von bereits vorgestellten Steuersystemen ausgehen. In den abschließenden Abschnitten D und E wird dann untersucht, wie sich die Ergebnisse verändern, wenn der Kapitalbestand besteuert wird bzw. unterschiedliche Abschreibungsregeln angewendet werden.

A. Internationale Besteuerungsprinzipien

Die beiden Grundprinzipien der internationalen Besteuerung des Kapitalverkehrs,[304] das Quellen– und das Wohnsitzprinzip wurden in diesem Kapitel bereits ausführlich diskutiert. Die dabei vorgebrachten Argumente gelten auch hier: Das Quellenprinzip sichert wegen der Gleichheit der Nettozinssätze ein intertemporales Optimum beim Tausch von Kreditkontrakten zwischen Haushalten. Das Wohnsitzland kann dieses Optimum nicht gewährleisten, ist jedoch eher mit den Bedingungen für einen effizienten internationalen Kapitaleinsatz vereinbar und damit für den Unternehmenssektor von vorrangiger Bedeutung. Dabei sind die Verhältnisse keineswegs eindeutig, denn eine Übereinstimmung der Bruttozinssätze, die unter dem Wohnsitzprinzip zu erwarten ist, sagt allein noch nichts darüber aus, ob auch die Kapitalgrenzproduktivitäten übereinstimmen.[305] Dies werden wir im Rahmen dieses Abschnitts diskutieren.

---

304 Die Frage der Besteuerung des Kapitalverkehrs ist grundsätzlich im Zusammenhang mit der Besteuerung des grenzüberschreitenden Warenverkehrs zu sehen. Dies wurde schon von Kemp (1966), S. 788f, betont. In der vorliegenden Arbeit wird diese Problematik ausgeklammert, indem wir von Verbrauchs– und Mehrwertsteuern abstrahieren.

305 Dieses Problem wurde bereits in Abschnitt III.E dieses Kapitels angedeutet.

Vor der Entwicklung des formalen Modells ist noch knapp auf die für den internationalen Kapitalverkehr potentiell relevanten steuerlichen Regelungen einzugehen, noch ohne deren Wirkungen zu diskutieren. Die Besteuerung des Kapitalbestandes und insbesondere der Unternehmensgewinne ist auf internationaler Ebene äußerst komplex zu erfassen. So hängt es von zahlreichen Einflußfaktoren ab, ob die Erträge von grenzüberschreitenden Investitionen nach den Verhältnissen des Wohnsitzlandes oder des Quellenlandes besteuert werden. Auch ist zu unterscheiden, ob die Investition von einer natürlichen Person oder einer Kapitalgesellschaft durchgeführt wird. Dazu kommen noch zahlreiche weitere Fallkonstellationen, deren Bearbeitung den Rahmen der vorliegenden Arbeit sprengen würden.[306]

An dieser Stelle soll nur die Problematik an einem einfachen Beispiel zu den unterschiedlichen steuerlichen Regelungen für einbehaltene oder ausgeschüttete Gewinne verdeutlicht werden.[307] Hierzu sei ein inländisches Unternehmen (Kapitalgesellschaft) angenommen, das sich in ausländischem Besitz befindet. Bei einbehaltenen Gewinnen und dem Kapitalbestand gilt bei der Besteuerung das Quellenprinzip. Da Kapitalgesellschaften eigene Steuersubjekte sind, ist das Wohnsitzland mit dem Quellenland identisch. Ökonomisch sind die einbehaltenen Gewinne und das Kapital des Unternehmens den ausländischen Anteilseignern zuzurechnen, juristisch wird dies nicht so gesehen. Folglich unterliegen diese Größen ausschließlich der Besteuerung im Inland, die persönlichen Verhältnisse der Kapitaleigner spielen keine Rolle. Bei der Besteuerung der ausgeschütteten Gewinne werden in der Regel verschiedene Mischformen der Besteuerungsprinzipien praktiziert. So werden die Gewinne im In– und Ausland häufig mit mehreren unterschiedlichen Steuern belastet. Erstens fällt im Quellenland Körperschaftsteuer an. Zweitens unterliegen die Gewinne im Wohnsitzland noch weiteren Steuern, wobei zu unterscheiden ist, ob die Ausschüttung an einen Haushalt (oder eine Personengesellschaft) oder an eine Kapitalgesellschaft erfolgt. Im ersten Fall unterliegt die Nettoausschüttung auch noch der veranlagten Einkommensteuer. Die Belastung ist dabei wie in der geschlossenen Volkswirtschaft von dem angewendeten Kapitaleinkommensteuersystem abhängig. Fließt die Ausschüttung an eine Kapitalgesellschaft, so kann dort zusätzlich eine Körperschaftsteuerschuld entstehen.

Insgesamt ist in der Realität ein Durcheinander der bestehenden Regelungen zu konstatieren, die a priori mit einer effizienten Aufteilung des Kapitals auf die einzelnen Länder kaum vereinbar ist.[308] In der Literatur wird daher (in Übereinstimmung mit den bisherigen Ausführungen) die Forderung vertreten,[309] mindestens die ausgeschütteten Unternehmensgewinne nach dem Wohnsitzprinzip zu besteuern. Auf diese Weise würden in einem kapitalexportierenden Land in– und ausländische Gewinneinkünfte gleich behandelt, d.h. Kapitalexportneutralität

---

306 So ist auch die Form der grenzüberschreitenden Investition von Bedeutung, d.h. ob sie über eine rechtlich selbständige Tochtergesellschaft oder aber über eine unselbständige Betriebsstätte getätigt wird. Ausführliche Darstellungen der Besteuerung grenzüberschreitender Unternehmenstätigkeiten finden sich etwa in Scheffler (1994), Schaumburg (1993) oder Jacobs (1999).

307 Zu diesem Beispiel siehe Sinn (1985), S. 172f.

308 Zu diesem Schluß kommt Sinn (1985), S. 174. Dabei analysiert er allerdings noch weitere Steuern und Regelungen, die hier der Einfachheit ausgeblendet bleiben, wie etwa eine zusätzliche Kapitalertragsteuer oder Regelungen, die bei Ausschüttungen über eine ausländische Obergesellschaft zu tragen kommen können (internationales Schachtelprivileg).

309 So etwa Sato/ Bird (1975), S. 406ff.

verwirklicht. Dann könnte mit einer optimalen Aufteilung des Weltkapitalstocks gerechnet werden. Dies wird im Rahmen des formalen Modells zu untersuchen sein.

B. Modellstruktur und internationales Kapitalmarktgleichgewicht

Bei den Ausführungen dieses Abschnitts wird in formaler Hinsicht an die Analyse im 3. Kapitel angeschlossen. Im Rahmen der internationalen Betrachtung wird das Grundmodell auf zwei Länder erweitert, zwischen denen Kapitalbewegungen, aber keine Wanderung des Faktors Arbeit möglich sind. Folglich ist ein geeignetes Analysemodell zu entwickeln, in dem als Referenzpunkt festgelegt werden kann, wie Investitionsentscheidungen zwischen den betrachteten zwei Ländern ohne Besteuerung getroffen werden. Als Ausgangspunkt dienen regelmäßig die Arbeiten von Harberger (1962) und (1966). Sein Zwei–Sektoren–Modell wird zu diesem Zweck im Sinne eines Zwei–Länder–Modells interpretiert.[310]

I. Optimale Kapitalaufteilung in einer Welt ohne Steuern

Ausgangspunkt des Modells ist die Annahme, daß die weltweite Nettoproduktion $f(K,L) - \delta$ beträgt. Diese teilt sich auf das Land X (Inland) und Land Y (Ausland) auf. Produziert wird in jedem Land unter den identischen Produktionsbedingungen ein identisches Gut. In jedem Land werden zwei Typen von Firmen unterschieden:[311]

Typ 1: Kapitalgesellschaft AG^{N1} (mit $N = X,Y$), die von einem repräsentativen Anteilseigner beherrscht wird, der seinen Wohnsitz im Inland hat.

Typ 2: Kapitalgesellschaft AG^{N2} (für $N = X,Y$), deren repräsentativer Anteilseigner seinen Wohnsitz im Ausland hat.

Die Faktoreinsatzmengen betragen für die Firmen K^{Xi} bzw. L^{Xi} im Inland und K^{Yi} bzw. L^{Yi} im Ausland (mit $i = 1,2$). Für die Aufteilung der Produktionsfaktoren und des Outputs gilt dann:

$$f(K,L) - \delta \cdot K = \sum_{i=1}^{2} f(K^{Xi}, L^{Xi}) - \delta \cdot K^{Xi} + \sum_{i=1}^{2} f(K^{Yi}, L^{Yi}) - \delta \cdot K^{Yi} \qquad (17\text{–V})$$

$$K = K^{X1} + K^{X2} + K^{Y1} + K^{Y2} \qquad (18\text{–V})$$

$$L = L^{X1} + L^{X2} + L^{Y1} + L^{Y2} \qquad (19\text{–V})$$

Der Preis für den Faktor Kapital ist wiederum auf Eins normiert, der Lohnsatz wird durch w angegeben. Der Zinssatz r und der Lohnsatz w stellen aus Sicht der Unternehmen exogene Größen dar. Auch in diesem Modellrahmen strebt jede Firma nach der Marktwertmaximie-

310 Vgl. zur Modellbildung die Darstellung in Sinn (1985), S. 175ff, sowie die Ausführungen zum Harberger–Problem auf S. 151ff. Zu den folgenden Ausführungen siehe auch die entsprechende Erläuterung in Schiele (2000) S. 340ff und 368ff.

311 Für eine ähnliche Definition siehe Sinn (1985), S. 175f.

rung ihrer Anteile.[312] Der optimale Kapitaleinsatz einer Firma i in einem Land N hat damit wie in der geschlossenen Volkswirtschaft der folgenden Bedingung zu genügen:

$$\frac{\partial f\left(K^{Ni},L^{Ni}\right)}{\partial K^{Ni}}-\delta=r. \qquad (20\text{–V})$$

Eine optimale Aufteilung des Output auf die zwei Länder ergibt sich in einer Welt ohne Steuern folglich, wenn die Grenzproduktivität des Faktors Kapital in jedem Unternehmen dem einheitlichen Marktzinssatz r entspricht. Im Gleichgewicht muß folglich gelten:[313]

$$\frac{\partial f\left(K^{X1},L^{X1}\right)}{\partial K^{X1}}-\delta=\frac{\partial f\left(K^{X2},L^{X2}\right)}{\partial K^{X2}}-\delta=\frac{\partial f\left(K^{Y1},L^{Y1}\right)}{\partial K^{Y1}}-\delta=\frac{\partial f\left(K^{Y2},L^{Y2}\right)}{\partial K^{Y2}}-\delta=r.$$
(21–V)

Diese Aufteilung läßt sich mit Hilfe der schon bekannten Abbildung 25 graphisch veranschaulichen.[314] Hierbei ergeben sich die Grenzproduktivitätskurven für den Kapitaleinsatz in den Ländern aus der horizontalen Aggregation des Kapitals, das in den Ländern X und Y jeweils in den beiden ansässigen Unternehmen investiert wird. Die Kapitalaufteilung ergibt sich durch den Schnittpunkt C der beiden Kurven. Dieser repräsentiert zugleich eine Pareto–effiziente Situation: Das Sozialprodukt beider Länder wird in der durch den Punkt C beschriebenen Konstellation maximiert.

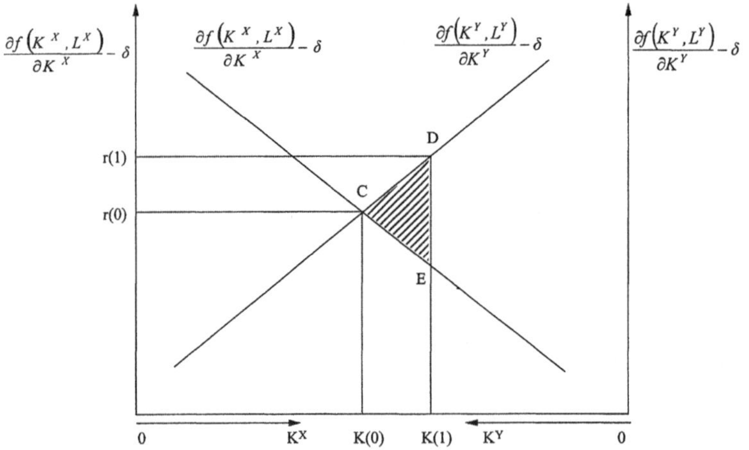

Abbildung 25: Internationale Kapitalstruktur im Zwei–Länder–Modell

Quelle: Eigene Darstellung in Anlehnung an Sinn (1984b), S. 563.

312 Für die Formulierung der Zielfunktionen für jede der betrachteten Firmen siehe Feldhoff (1995), S. 102. Auf die Ableitung der Bedingung für die optimale Investitionsentscheidung über die Hamiltonfunktion wird an dieser Stelle verzichtet.

313 Diese Bedingung entspricht zugleich der Bedingung (7–V), die oben in Abschnitt III.D formal und in Abschnitt I.B. graphisch abgeleitet wurde.

314 Siehe hierzu auch Sinn (1984b), S. 562f.

Überträgt man die Argumentation auf den Begriff der internationalen Investitionsneutralität, so ist jene unter diesen Umständen gesichert, wenn die Aufteilung des Kapitals auf die Länder und innerhalb der Länder auf die verschiedenen Unternehmensformen bei Besteuerung der Allokation im Laissez–Faire–Modell entspricht. Nur wenn die Besteuerung die obige Beziehung (21–V) für die letzte investierte Kapitaleinheit aufrecht erhält, komm es nicht zu Verzerrungen der Kapitalallokation.

2. *Internationale Kapitalstruktur unter Berücksichtigung der Besteuerung*

Im nächsten Schritt gilt es nun, den Einfluß der Besteuerung auf die internationale Kapitalstruktur zu erfassen. Die untersuchungsrelevanten Regelungen der Besteuerung von Kapitalgesellschaften wurden im 3. Kapitel ausführlich dargestellt und erörtert. Dabei wird die Struktur der Kapitaleinkommensbesteuerung durch die Steuerfaktoren Θ_E (einbehaltene Gewinne), Θ_A (ausgeschüttete Gewinne), Θ_Z (Zinseinkünfte des repräsentativen Anteilseigners), Θ_W (Aktienkursgewinne) und Θ_K (Kapitalbestand) charakterisiert. Der Einfachheit halber wird unterstellt, daß nur die effektiven Zinskosten absetzbar sind ($\alpha_2 = \alpha_3 = 0$), aber von der Ertragswertabschreibung abweichende Abschreibungsregeln zulässig sind ($\alpha_1 \geq 0$). Die Finanzplanung des Unternehmens wird wiederum als voll flexibel angenommen. Des weiteren wird eine Besteuerung nach dem Wohnsitzprinzip unterstellt. Dies impliziert eine Angleichung der Bruttomarktzinssätze im Kapitalmarktgleichgewicht. Damit gilt:

$$r \equiv r^X = r^Y \tag{22–V}$$

Um die Aufteilung des Weltkapitalstocks unter Berücksichtigung von Steuern zu analysieren, ist wiederum die optimale Investitions– und Finanzplanung der betrachteten Unternehmen zu analysieren. Dabei stellt sich das Entscheidungsproblem für beide im letzten Abschnitt dargestellten Firmentypen[315] im Prinzip so, wie es bereits im 3. Kapitel charakterisiert wurde. Lediglich die einzelnen Steuerparameter bedürfen einer entsprechenden Interpretation. Der Kapitaleinsatz der Firma vom Typ i aus dem Land N ergibt sich gemäß der Marginalbedingung (64–III) aus:

$$r = \frac{\dfrac{\partial f\left(K^{Ni}, L^{Ni}\right)}{\partial K^{Ni}} - \delta - \tau_K^N}{\dfrac{\Theta_Z^{Ni}\left(1 - \sigma - \alpha_1^N \tau_E^N\right)}{\max\left(\Theta_A^{Ni}, \Theta_E^{*Ni}\right)} + \sigma}, \quad \text{mit } N = X, Y; \qquad i = 1, 2; \tag{23–V}$$

wobei Θ_E^{*Ni} definiert wird als $\Theta_E^{*Ni} = \Theta_E^N \cdot \Theta_W^{Ni}$.[316] Mit dieser Formulierung wird zudem unterstellt, daß die jeweils innerhalb eines Landes ansässigen Firmen den gleichen Steuerregelungen beim Kapitalbestand und den einbehaltenen Gewinnen unterworfen sind und für sie die

---

315 Beide Firmentypen sind als Kapitalgesellschaften charakterisiert, die sich nur darin unterscheiden, wo ihr jeweiliger repräsentativer Anteilseigner seinen Wohnsitz hat. Typ 1 wird von einem Inländer, Typ 2 von einem Ausländer beherrscht.

316 Die Formulierung der Marginalbedingung entspricht nicht der von Sinn (1985). Sinn berücksichtigt in seiner Arbeit verschiedene Finanzierungsschranken, von denen wir durch die Annahme einer vollkommen flexiblen Finanzplanung abstrahieren. Die Betrachtungen kommen jedoch bezüglich der Beurteilung der steuerlichen Regelungen zum gleichen Ergebnis, wenn auch auf anderem Wege.

gleichen Abschreibungsbestimmungen gelten ($\tau_K^{N1} = \tau_K^{N2} = \tau_K^N, \tau_E^{N1} = \tau_E^{N2} = \tau_E^N$, $\alpha_1^{N1} = \alpha_1^{N2} = \alpha_1^N$). Die mit *N* und *i* bezeichneten Parameter sind dabei für das jeweilige Land und den Firmentyp spezifisch. Zusätzlich wird angenommen, daß auf der Haushaltsebene die Individuen im jeweiligen Land der gleichen persönlichen Grenzsteuerbelastung unterliegen. Damit gilt:

$$\Theta_j^{X2} = \Theta_j^{Y1}, \; \Theta_j^{Y2} = \Theta_j^{X1}, \qquad \text{mit } j = Z, W. \qquad (24\text{–V})$$

Die Aufteilung des vorhandenen Kapitalbestandes auf die vier Unternehmen erfolgt durch geeignete Zinsanpassungen so, daß der Kapitalmarkt geräumt ist, d.h.

$$K^{X1} + K^{X2} + K^{Y1} + K^{Y2} = K. \qquad (25\text{–V})$$

Eine optimale Aufteilung der Produktion auf die einzelnen Länder ist dann gegeben, wenn alle vier Kapitalkostengleichungen, die sich aus der Gleichung (23–V) ergeben, dem weltweit einheitlichen Marktzinssatz *r* gleichen. Die resultierende Kapitalstruktur hängt damit wesentlich von den Steuersätzen auf die Einkunftsarten, einer möglichen Kapitalbestandsbesteuerung sowie den steuerrechtlichen Abschreibungsmöglichkeiten ($\alpha_1 \geq 0$) für die jeweiligen Unternehmenstypen ab. Dies verdeutlicht zugleich das bereits erwähnte Problem, daß allein eine Übereinstimmung der Bruttozinssätze noch nichts darüber aussagt, ob die Kapitalgrenzproduktivitäten übereinstimmen. Darauf werden wir in den Abschnitten D und E noch genauer eingehen.

Eine optimale Kapitalallokation und folglich ein maximales Weltprodukt wird dann erreicht, wenn sich (23–V) für alle $N = X, Y$ und $i = 1, 2$ auf die Laissez–Faire–Bedingung $r = \partial f / \partial K^{Ni} - \delta$ reduziert. Im folgenden ist zu untersuchen, welche Wirkungen von einer Besteuerung auf diese Bedingung ausgehen.

C. Allokative Irrelevanz der Doppelbesteuerung grenzüberschreitender Gewinnausschüttungen

Hier wird zunächst ein Steuersystem unterstellt, das in beiden Ländern für die Steuerbilanzen der Unternehmen eine Ertragswertabschreibung vorschreibt ($\alpha_1^N = 0$) und von einer Kapitalbestandsbesteuerung absieht ($\tau_K^N = 0$). In diesem Fall reduziert sich (23–V) auf:

$$r = \frac{\dfrac{\partial f\left(K^{Ni}, L^{Ni}\right)}{\partial K^{Ni}} - \delta}{\dfrac{\Theta_Z^{Ni}(1-\sigma)}{\max\left(\Theta_A^{Ni}, \Theta_E^{*Ni}\right)} + \sigma}; \qquad \text{mit } N = X, Y \qquad i = 1, 2 \qquad (26\text{–V})$$

Um die Laissez–Faire–Gleichung zu erhalten, muß der Nenner von (26–V) Eins entsprechen. Da die Unternehmung hinsichtlich ihrer Finanzierungsentscheidung vollkommen flexibel ist, wird sie stets auf die kostengünstigste Finanzierungsquelle zurückgreifen. In Verbindung mit einer Ertragswertabschreibung kann man von einer vollständigen Fremdfinanzierung der

Marginalbedingung ausgehen, d.h. es gilt $\sigma = 1$.[317] Folglich reduziert sich die Gleichung (26–V) trotz Besteuerung auf

$$r = \frac{\partial f}{\partial K^{Ni}} - \delta, \qquad \text{mit } N = X, Y \qquad i = 1, 2. \qquad (27\text{–V})$$

Damit erhalten wir ungeachtet der Berücksichtigung nach Ländern und Firmen differenzierender Steuersätze die einfache Gleichgewichtsbedingung des Laissez–Faire–Modells, die zugleich die Effizienzbedingung für einen international optimalen Kapitaleinsatz darstellt bzw. die internationale Investitionsneutralität garantiert. Dies bedeutet, daß die unterschiedliche Belastung verschiedener Einkunftsarten wie Zinseinkünfte, Aktienkursgewinne, einbehaltener oder ausgeschütteter Gewinne genauso wenig von Bedeutung sind wie etwaige Doppel– oder Dreifachbelastungen ausgeschütteter Gewinne. Alle diese Regelungen haben im Gleichgewicht keinen Einfluß auf die Allokation des vorhandenen Kapitalstocks.

Dieses Neutralitätsergebnis beruht auf der schon im 3. Kapitel festgestellten allgemeinen Investitionsneutralität der Struktur der Kapitaleinkommensbesteuerung und hängt auch von den selben Voraussetzungen ab.[318] Im internationalen Kontext sind noch als Annahmen zu ergänzen, daß die internationalen Güterströme nach dem Bestimmungslandprinzip und die internationalen Zinsströme nach dem Wohnsitzprinzip besteuert werden.[319]

Letztlich kommt es also nur auf die steuerliche Behandlung der Zinserträge an. Dies läßt sich am besten verstehen, wenn man sich verdeutlicht, wie Ersparnisse international in Investitionen umgesetzt werden. Das neu gebildete Sparkapital der Individuen kann für Investitionen in den verschiedenen Ländern auf den drei Wegen Selbst–, Beteiligungs– und Fremdfinanzierung zur Verfügung gestellt werden. Welche Finanzierungsformen gewählt werden und wie die Ersparnis darauf aufgeteilt wird, hängt von der relativen Steuerbelastung dieser Wege ab. Werden alle Kapitaleinkünfte des Haushalts unabhängig von ihrer Herkunft und Quelle gleichermaßen belastet, so sind alle Finanzierungsformen äquivalent und die Ersparnis verteilt sich so auf die Länder, daß sich im Gleichgewicht die Grenzproduktivitäten entsprechen.

Werden demgegenüber einzelne Finanzierungswege diskriminiert, so werden diese zukünftig nicht mehr gewählt, sofern andere Alternativen bestehen. Dies bedeutet jedoch nicht, daß sich die Aufteilung der Kapitalströme auf die Länder selbst ändert. Dies wäre nur der Fall, wenn *alle* Finanzierungswege, die Ersparnisse in ein Land lenken, gegenüber den steuerlich *günstigsten* Wegen, auf denen sie in andere Länder fließen können, diskriminiert werden. Nachdem unter der Annahme der optimalen Finanzplanung und der Ertragswertabschreibung regelmäßig die Fremdfinanzierung den anderen Finanzierungsarten überlegen ist, ist es für

---

317 Vgl. hierzu Sinn (1985), S. 113.

318 Neben den Annahmen der Ertragswertabschreibung und der ausschließlichen Absetzbarkeit der effektiven Zinskosten sowie eines Verbotes der Kapitalbestandsbesteuerung sind die Voraussetzungen für dieses Ergebnis im wesentlichen: Optimierung der Finanzplanung und die Vorschriften für die Grenzsteuerbelastungen $\Theta_A \leq \Theta_Z$ und $\Theta_E \cdot \Theta_W \leq \Theta_Z$. Auch hier wirkt die Finanzplanung gemäß Sinn (1985), S. 159, als „eine Art *Schutznetz*, das die real existierende Ökonomie von Störeinflüssen durch die Steuersysteme abschirmt." Die Unternehmen meiden diejenigen Finanzierungsformen, die das Steuersystem am stärksten diskriminiert. Auf diese Weise werden allokationsrelevante Verzerrungen abgewendet. Vgl. hierzu auch die Ausführungen im 3. Kapitel, Abschnitt II.5.c.

319 Vgl. hierzu und zu den folgenden Ausführungen Sinn (1985), S. 178f.

eine international effiziente Lenkung der Ersparnisse hinreichend, wenn die Steuersysteme die Verteilung der Mittel zur Fremdfinanzierung von Investitionen unbeeinflußt lassen.[320] Die Anwendung des Wohnsitzprinzips bei der Besteuerung von Zinserträgen stellt diese Neutralität sicher.[321]

In den folgenden zwei Abschnitten wird untersucht, welche Bedeutung die Besteuerung des Kapitalbestandes auf die internationale Struktur des Kapitaleinsatzes hat (Abschnitt D) und welche Rolle die Möglichkeit einer beschleunigten Abschreibung spielt (Abschnitt E). Aufgrund der großen Relevanz der Kapitalbestandsbesteuerung im Rahmen der Theorie des Steuerwettbewerbs werden wir auf den diesen Fall genauer eingehen. Die Implikationen der beschleunigten Abschreibung bleiben in der Literatur zum Steuerwettbewerb regelmäßig ausgeblendet. Wegen der großen Wirkung dieser Regelung auf die Kapitalallokation ist es jedoch unverzichtbar – wenn auch nur im Überblick – sie darzustellen.

D. Steuern auf den Kapitalbestand

In diesem Abschnitt ist zu analysieren, wie Steuern auf den Kapitalstock die internationale Kapitalallokation beeinflussen. Hierzu wird weiterhin Ertragswertabschreibung unterstellt ($\alpha_1^X = \alpha_1^Y = 0$). Die Steuer auf den Kapitalbestand wird bei den Firmen nach dem Quellenprinzip erhoben. Da ein Unternehmen dieser Besteuerung nicht im Rahmen einer optimalen Finanzplanung ausweichen kann, ist im Fall international differierender Steuersätze eine Verzerrung zu erwarten. Dies zeigt sich auch anhand der Marginalbedingungen aus (23–V). Bei $\alpha_1^X = \alpha_1^Y = 0$ ergibt sich (unter Berücksichtigung von $\sigma = 1$):

$$\frac{\partial f}{\partial K^X} - \delta - \tau_K^X = \frac{\partial f}{\partial K^Y} - \delta - \tau_K^Y, \qquad (28\text{–V})$$

mit

$$\frac{\partial f}{\partial K^{N1}} = \frac{\partial f}{\partial K^{N2}} \equiv \frac{\partial f}{\partial K^N}, \qquad \text{mit } N = X, Y. \qquad (29\text{–V})$$

---

320 Unter der Berücksichtigung von Finanzierungsschranken ist diese Argumentation zu modifizieren. Hier gilt, daß, soweit eine Lösung des Entscheidungsproblems einer Firma existiert, die Fremdfinanzierung den anderen Finanzierungsmöglichkeiten nicht unterlegen sein kann. Siehe hierzu die Darstellung der optimalen Finanzplanung unter Finanzierungsschranken in Sinn (1985), Kapitel IV. Das Ergebnis bezüglich der effizienten Lenkung von Ersparnissen durch eine ungestörte Verteilung der Fremdfinanzierung gilt jedoch auch in diesem Fall.

321 Dieses Ergebnis steht im Gegensatz zur in der Literatur vertretenen Auffassung (z.B. Sato/ Bird (1975), P.B. Musgrave (1969)), daß für eine effiziente internationale Kapitalallokation eine Besteuerung der Unternehmensgewinne nach dem Wohnsitzlandprinzip erforderlich ist. Diese Auffassung ist nach Sinn (1985), S. 179, nur dann korrekt, wenn einschränkend angenommen wird, daß alle Kapitaleinkünfte nach dem selben Prinzip besteuert werden. Damit verkennen die oben genannten Autoren, daß es schließlich nur auf die Zinseinkünfte im engeren Sinne ankommt. Für die optimale Allokation ist nur erforderlich, daß einer der drei „Kanäle" der internationalen Kapitalströme frei bleibt. Auf die Weise kommt die Schutzfunktion der optimalen Finanzplanung zum Zuge und verhindert Verzerrungen in der Struktur des internationalen Realkapitaleinsatzes.

Demgemäß ist der Kapitaleinsatz in einem Land umso niedriger, je stärker der Kapitalbestand in diesem Land steuerlich belastet wird.

Dieses Ergebnis läßt sich in Abbildung 26 verdeutlichen, die schon teilweise bekannt ist (vgl. Abbildung 25). In dieser Darstellung wird zusätzlich veranschaulicht, wie die Wirkungen auf den Gesamtmarkt entstehen. Die einzelnen Firmengruppen sind dort in den äußeren Teildiagrammen mit ihren implizit durch die Marginalbedingung (23–V) angegebenen Kapitalnachfragekurven abgebildet. Die rechten Teildiagramme stellen die Firmen im Ausland dar und sind spiegelbildlich zu ihren inländischen Pendants abgebildet. Das mittlere Diagramm beinhaltet die horizontal aggregierten Gesamtkapitalnachfragekurven des In– und Auslands. Der Schnittpunkt kennzeichnet das gleichgewichtige Zinsniveau, anhand dessen abzulesen ist, wieviel Kapital in den jeweiligen Ländern oder Firmengruppen eingesetzt wird. Diese Situation ohne Besteuerung wird in den einzelnen Diagrammen mit 1 gekennzeichnet.

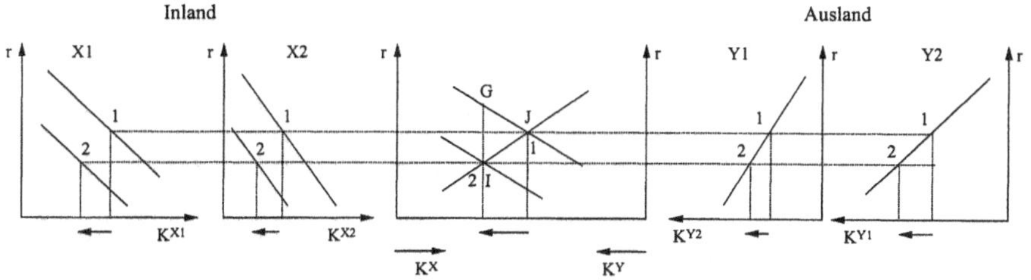

Abbildung 26: Kapitalexporte nach einer Besteuerung des inländischen Kapitalbestandes
Quelle: Eigene Darstellung nach Sinn (1985), S. 186.

Nun wird im Inland eine Steuer auf den Kapitalbestand eingeführt (oder eine bereits vorhandene erhöht). Folglich verschieben sich die Nachfragekurven auf der linken Seite und damit auch die aggregierte Kurve im mittleren Diagramm in Höhe der Steueränderung ($\Delta\lambda_K^X$) nach links. Die neuen Gleichgewichtspunkte (in der Zeichnung mit 2 bezeichnet) zeigen, daß zwar das Zinsniveau sinkt, aber diese Senkung geringer ausfällt als die Steuersatzerhöhung. Damit wird ein Kapitalexport ins Ausland induziert, bei dem die inländischen Firmen beide Kapital an das Ausland verlieren. Steuern auf den Kapitalbestand führen folglich auch unter der Annahme einer Ertragswertabschreibung zu einer Verzerrung der internationalen Kapitalstruktur.

Wegen dieser Möglichkeit der steuerinduzierten Verzerrung sind es die Steuern auf den Kapitalbestand – wie in den Abschnitten IV und V in diesem Kapitel behandelt –, die für eine egoistische Optimierung der nationalen Wohlfahrt eines einzelnen kapitalimportierenden Landes herangezogen werden können. Die anderen, bisher betrachteten Steuern sind für diese Zwecke nicht geeignet, da investitionsneutrale Steuern die internationale Kapitalallokation nicht verändern. Sie können daher nicht für eine Sozialproduktmaximierung auf Kosten des Rests der Welt eingesetzt werden. Im Gegensatz zu unserem Beispiel wird ein politischer Entscheidungsträger zu diesem Zweck die Kapitalbestandsbesteuerung reduzieren und nicht erhöhen, um einen Kapitalimport zu stimulieren.

Grundsätzlich ist zu beachten, daß das kapitalimportierende Land groß genug sein muß, um durch sein Vorgehen einen signifikanten Einfluß auf das Weltzinsniveau ausüben zu können. Ein kleines Land kann keine Monopsonstellung beziehen und deshalb auch keinen Vorzug aus der Besteuerung des Kapitalbestandes ziehen.

Der Wohlfahrtsverlust aus weltwirtschaftlicher Sicht ergibt sich in dieser Darstellung aufgrund der mangelnden Neutralität der Besteuerung des Kapitalbestandes (bei nicht harmonisierten Steuersätzen). Dabei wird die steuerinduzierte Abnahme des Weltproduktionsniveaus in Abbildung 26 durch das Dreieck *GIJ* gemessen.

E. Steuerwirkungen bei beschleunigter Abschreibung

Bisher wurde zur Ableitung der Ergebnisse eine Ertragswertabschreibung unterstellt. Es existieren allerdings – wie im 3. Kapitel abgeleitet – auch investitionsneutrale Steuersysteme, die von einer Sofortabschreibung ausgehen. Im folgenden werden nun die Wirkungen veränderter Abschreibungsregeln im internationalen Kontext analysiert.[322] Wie oben gezeigt, kann die Kapitaleinkommensbesteuerung (sieht man von Kapitalbestandssteuern ab) erst dann einen Einfluß auf die Marginalbedingung für einen optimalen Kapitaleinsatz nehmen, wenn sie von der Ertragswertabschreibung abweicht.

Dazu gehen wir davon aus, daß Land *X* ausgehend von einer Ertragswertabschreibung eine beschleunigte Abschreibung einführt oder eine bereits bestehende Abschreibungsvergünstigung ausbaut. Dies führt dazu, daß in der Marginalbedingung (23–V) der Wert des Parameters α_1 steigt und in den beiden linken Teildiagrammen der Abbildung 27, die das Inland repräsentieren, die Kurven der Kapitalnachfragen sich nach oben verschieben. Folglich fragen bei gegebenem Zins alle inländischen Firmen mehr Kapital nach. Dies zieht auch eine Verschiebung der aggregierten Nachfragekurve in die gleiche Richtung nach sich und über die resultierende Zinserhöhung kommt es zu einem Kapitalimport in das Land *X*. In der Zeichnung werden die ursprünglichen und neu entstehenden Gleichgewichtspunkte wieder durch die Ziffern 1 und 2 gekennzeichnet. Geht man davon aus, daß in der Situation vor der Einführung der Abschreibungsvergünstigung eine Ertragswertabschreibung vorgenommen wurde, so beschreibt die Fläche unter den ursprünglichen Kurven das Weltproduktionsniveau. Die Wohlfahrtsverluste, die aus den abschreibungsbedingten Strukturverzerrungen resultieren, können dann durch das Dreieck *ABC* als Verlust an Produktion angegeben werden.

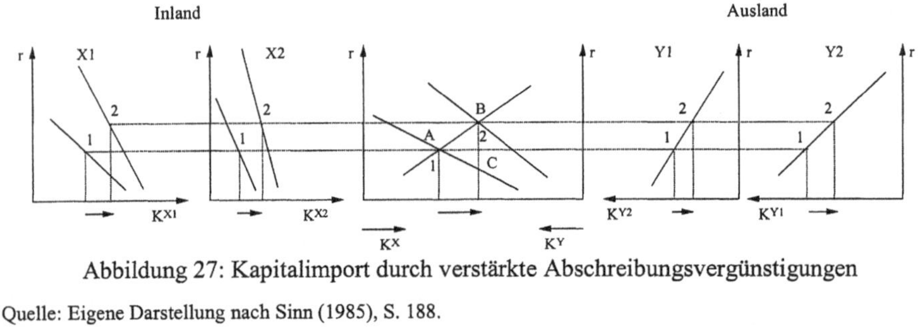

Abbildung 27: Kapitalimport durch verstärkte Abschreibungsvergünstigungen

Quelle: Eigene Darstellung nach Sinn (1985), S. 188.

---

322 In dieser knappen Darstellung beschränken wir uns auf die Implikationen der veränderten Abschreibungsregelungen. Für eine Darstellung, wie unter diesen Voraussetzungen Steuersatzänderungen die internationale Kapitalallokation beeinflussen, siehe Sinn (1985), S. 190ff, oder detaillierter Sinn (1984b).

Dieser Wohlfahrtsverlust zeigt sich auch in der formalen Darstellung. Hierbei geht man davon aus, daß das Land X eine Sofortabschreibung und das Land Y eine Ertragswertabschreibung vornimmt und keine Kapitalbestandsbesteuerung existiert. Zugleich ist zu beachten, daß eine Abschreibungsvergünstigung nicht nur eine zeitliche Verschiebung der Steuerlast bewirkt, sondern das Rentabilitätskalkül der Unternehmen im Inland verändert. So ist bei der Sofortabschreibung zu berücksichtigen, daß im Unterschied zur Ertragswertabschreibung nicht die gesamte Nettoinvestition, sondern nur der nicht durch die Steuerersparnis aus der beschleunigten Abschreibung abgedeckte Anteil $1-\alpha_1 \cdot \tau_E$ finanziert werden muß.[323] Eine Werteinheit zusätzlichen Kapitals, daß unter Berücksichtigung des ökonomischen Verschleißes eine laufende Erlössteigerung der Höhe $f_K - \delta$ bringt, muß folglich nur in der Lage sein, Kapitalkosten vom Umfang $(1-\alpha_1 \cdot \tau_E)\cdot r$ zu tragen. Damit können wir folgern:[324]

$$\frac{\partial f}{\partial K^X} - \delta = r\left(1-\tau_E^X\right) = \left(\frac{\partial f}{\partial K^Y}\right)\cdot\left(1-\tau_E^X\right) \qquad (30\text{–V})$$

mit

$$\frac{\partial f}{\partial K^{N1}} = \frac{\partial f}{\partial K^{N2}} \equiv \frac{\partial f}{\partial K^N} \qquad \text{und } N = X, Y. \qquad (31\text{–V})$$

Nimmt man beispielsweise einen Körperschaftsteuersatz von $\tau_E^X = 0{,}5$ an, so bedeutet dies, daß die Grenzproduktivität des Kapitals in dem Land mit den großzügigeren Abschreibungsregeln um 50 % unter der des Landes mit Ertragswertabschreibung liegt und damit auch um 50 % unter der des Weltzinsniveaus. Eine Sofortabschreibung ist damit mit einer Subvention in Höhe von $\tau_E^X \cdot 100\,\%$ der Nettoinvestition zu vergleichen. Damit wird die große Bedeutung der Abschreibungsproblematik für Verzerrungen der internationalen Kapitalallokation offensichtlich.

Will man wie ein weiser Diktator die beschriebenen Wohlfahrtsverluste vermeiden, so gibt es im Rahmen der bestehenden Systeme der Kapitaleinkommensbesteuerung und unter der Annahme des Wohnsitzprinzips bei der Besteuerung von Zinseinkünften prinzipiell nur zwei Wege. Entweder einigen sich alle Länder auf dem Wege der Kooperation darauf, für alle Kapitalgüter eine strikte Abschreibung nach dem Ertragswertverfahren vorzuschreiben. Oder es wird alternativ eine internationale Harmonisierung der Abschreibungsvergünstigungen, wie sie auch ausgestaltet sein mag, sowie zusätzlich eine Angleichung der Steuertarife vorgenommen.[325]

---

323 Vgl. hierzu die Ausführungen in Kapitel 3.II.5.b.γ.

324 Diese Gleichung läßt sich natürlich auch über die Marginalbedingung (23–V) ableiten – allerdings erheblich aufwendiger.

325 Vgl. Sinn (1985), S. 190. In der Realität ist zu beachten, daß die Optionen der Koordinierung oder Harmonisierung mit unübersehbaren Problemen behaftet sind. So schlägt etwa Müller (1998, 2001) eine weitere Strategie vor – eine internationale Steuerwettbewerbsordnung, die wettbewerbsschädliche Methoden des Steuerwettbewerbs verbietet. Häufig wird auch der Begriff der Koordinierung weit interpretiert und schließt dann auch Harmonisierung mit ein, wie dies etwa in Siebert (2000), S. 44, zu finden ist.

F. Resümee zur Investitionsneutralität

Die umfangreichen Überlegungen zur Kapitalallokation im internationalen Kontext haben vor allem eines verdeutlicht: Obwohl das zugrunde liegende Modell sukzessive erweitert wurde, um weitere Aspekte, wie die Besteuerung in global verflochtenen Kapitalmärkten, abbilden zu können, läßt sich ein investitionsneutrales Steuersystem immer dadurch kennzeichnen, daß die Grenzproduktivität in allen betrachteten Unternehmenssektoren (ob im In– oder Ausland ansässig) identisch ist und dem Bruttozinssatz entspricht. Nur wenn diese Bedingung erfüllt ist, kann man folgern, daß sich die Entscheidungen hinsichtlich des optimalen Kapitaleinsatzes im Unternehmenssektor nicht verändern und auch auf den Weltkapitalmärkten effiziente Kapitalstrukturen erreicht werden.

Bei der Analyse von konkreten Steuersystemen zeigte sich, daß das Theorem der Irrelevanz der Struktur der Kapitaleinkommensbesteuerung auch auf internationaler Ebene gilt. Die entscheidende Voraussetzung hierfür ist die Besteuerung der Zinserträge nach dem Wohnsitzprinzip. Weiterhin wurde deutlich, daß eine Kapitalbestandsbesteuerung unter der Annahme einer Ertragswertabschreibung zu einer Verzerrung der Kapitalallokation führt. Geht man von der Annahme ökonomisch korrekter Abschreibungen ab, so kommt man ebenfalls zu dem Ergebnis einer suboptimalen Kapitalstruktur. Ein wohlmeinender Diktator würde folglich eine Unternehmensteuer implementieren, welche die Bedingungen des Theorems der Irrelevanz der Struktur der Kapitaleinkommensbesteuerung erfüllt. Wesentliche Voraussetzungen hierfür sind eine Ertragswertabschreibung, der Verzicht auf eine Kapitalbestandsbesteuerung sowie eine Besteuerung der Zinseinkünfte nach dem Wohnsitzprinzip.

Nachdem die Rolle der internationalen Besteuerungsprinzipien sowie die Probleme einer effizienten Unternehmensbesteuerung in global verflochtenen Kapitalmärkten beleuchtet wurden – womit nun auch unsere erste Frage nach der Ausgestaltung effizienter Steuersysteme abschließend beantwortet ist –, soll im nächsten Kapitel das Phänomen des Steuerwettbewerbs detaillierter analysiert werden. Hierbei verlassen wir prima facie die normative Sichtweise der effizienten internationalen Besteuerung. Denn eine notwendige Voraussetzung dafür, daß überhaupt ein Steuerwettbewerb zwischen Staaten entstehen kann, ist die Anwendung nicht effizienter Besteuerungsprinzipien, insbesondere des Territorialprinzips.[326] Die Modelle des Steuerwettbewerbs berücksichtigen in der Regel der Einfachheit halber nur eine Quellenbesteuerung des Kapitals. Auf diese Weise entsteht für die Individuen die Möglichkeit, durch Verlagerung von Investitionen in Staaten mit geringeren Steuersätzen Steuern zu „sparen". Umgekehrt löst dies für Staaten einen Anreiz aus, Kapital durch niedrige Steuersätze anzulocken. Wie sich zeigen wird, ist jedoch auch unter diesen Annahmen eine effiziente Allokation des Kapitals möglich. Neu hinzu kommen Überlegungen zu einer optimalen Güterversorgung in den betrachteten Staaten.

---

[326] Auch wenn bei einer Besteuerung von Erträgen aus grenzüberschreitenden Kapitalströmen de jure das Wohnsitzprinzip dominiert, können Steuern zum strategischen Faktor werden und Steuerwettbewerb entstehen. So kann etwa eine Steuer an der Quelle zum Tragen kommen, wenn – wie in der Realität häufig auftretend – bereits im Anlageland gezahlte Steuern nicht vollständig mit der Steuer am Wohnsitz des Sparers verrechnet werden. Auf diese Weise wird das effiziente Wohnsitzprinzip durchbrochen und das Quellenprinzip kommt zur Geltung. Setzen sich ineffiziente Besteuerungsprinzipien durch, so kommt es zu einem steuerlichen Gefälle zwischen Ländern. Steuerpolitik wird zu einem strategischen Standortfaktor und Steuerwettbewerb wird möglich.

6. Kapitel: Theorie des Steuerwettbewerbs

I. Einführung

Die zunehmende Mobilität von Gütern und Faktoren und insbesondere die Einführung des Binnenmarkts in der Europäischen Union hat das Interesse für die ökonomischen Implikationen des Wettbewerbs zwischen Staaten erhöht. Dieser beruht auf der Idee, daß es durch die ökonomische Integration nicht nur zu einer Intensivierung des Wettbewerbs zwischen den Akteuren des privaten Sektors kommt, sondern auch zu einem Wettbewerb zwischen Gebietskörperschaften bzw. Staaten und ihren nationalen Wirtschaftspolitiken.

In der Debatte über die Wohlfahrtswirkungen dieses Standortwettbewerbs lassen sich zwei konträre Auffassungen unterscheiden. Der *optimistische Standpunkt* behauptet, der Bürger profitiert vom Wettbewerb wie ein Kunde im Markt für private Güter. Nach dieser Ansicht erhöht der Wettbewerbsdruck die Effizienz der Politik, begrenzt die Besteuerungsmacht des Staates und schützt die Bürger vor der Ausbeutung durch überhöhte Steuern.[1] Diese Funktion des Wettbewerbs wird zumeist auf die von Brennan und Buchanan (1977, 1980 [1988]) entwickelte konstitutionelle Theorie der Besteuerung zurückgeführt, die wir bereits näher kennengelernt haben. Diese Auffassung vertreten folglich jene Autoren, die nicht von einem wohlmeinenden Diktator ausgehen, sondern von einem Leviathan, d.h. von einer Organisation, die mit Anreizproblemen konfrontiert ist. Der Wettbewerb soll den Leviathan in engere Grenzen weisen und als Ersatz für konstitutionelle Beschränkungen staatlicher Macht wirken können.[2]

Gleichzeitig stehen zahlreiche Ökonomen dem Systemwettbewerb *skeptisch* gegenüber. So sei die Analogie zwischen der wohlfahrtssteigernden Wirkung des Wettbewerbs im privatwirtschaftlichen Bereich einerseits und dem Wettbewerb zwischen Jurisdiktionen andererseits irreführend. Der besondere Charakter öffentlich bereitzustellender Güter liege gerade darin, daß Wettbewerb nicht zur Effizienzsteigerung bei der Versorgung mit diesen Gütern beitragen könne. Im Gegenteil verursache der zwischenstaatliche Wettbewerb in bestimmten Bereichen gesamtwirtschaftliche Effizienzverluste.[3] Die Kritiker sehen die Gefahr, daß die zunehmende Mobilität von Steuerbemessungsgrundlagen (bei der Besteuerung von mobilen Haushalten, Kapital und Unternehmen) zu einem ruinösen Wettbewerb zwischen Staaten führt. Diese wollen mobile Produktionsfaktoren anziehen, indem sie ihre Steuersätze (und Staatsausgaben) senken. Im Gleichgewicht kommt es dann zu einer Unterversorgung mit öffentlichen Gütern und Leistungen sowie einer zu geringen Besteuerung mobiler Faktoren.[4] Zwar wird üblicherweise angenommen, daß Regierungen die Wohlfahrt ihrer Bürger maximieren, jedoch die

---

1 Vgl. etwa Salin (1990), Buchanan/ Lee (1994) und Apolte (1999).

2 Vgl. Brennan/ Buchanan (1980 [1988]), S. 212ff.

3 Statt vieler P.B. Musgrave (1990) und Sinn (1994).

4 Neben einer ineffizienten Versorgung mit öffentlichen Gütern wird dem Wettbewerb auch noch vorgeworfen, er verursache eine suboptimale internationale Kapitalallokation (so beispielsweise Bovenberg/ Tanzi (1990)) und bedrohe die Existenz staatlicher Umverteilungssysteme (so Sinn (1990)).

Auswirkungen ihres Verhaltens auf den Wohlstand der Individuen in konkurrierenden Staaten nicht in ihre Entscheidungen einbeziehen. Dabei vernachlässigen sie, daß Steuersenkungen, mit denen sie mobile Produktionsfaktoren attrahieren wollen, in anderen Ländern zu Einkommensverlusten und Steuerausfällen führen. In dieser Sichtweise führt der Wettbewerb folglich zu ineffizienten Ergebnissen.[5]

Diese negative Auffassung steht im direkten Konflikt zu der These, daß Wettbewerb zu einer optimalen Allokation von Ressourcen führt.[6] Dies läßt sich anhand der Tiebout–Hypothese eindrucksvoll zeigen. Tiebout (1956) zeigt, daß ein Wettbewerb zwischen Gebietskörperschaften um mobile Haushalte wohlfahrtssteigernd ist, da er ein System der Präferenzoffenbarung anbietet, das ein Pareto–optimales Angebot öffentlicher Güter ermöglicht.[7] Demgemäß sollen Politiken unterstützt werden, die freie Faktormobilität ermöglichen und die nationalen Regierungen befähigen, in den meisten Politikbereichen unabhängig voneinander zu agieren, wie es beispielsweise auch im Vertrag von Maastricht zum Ausdruck kommt. Dieses Gedankengebäude steht jedoch wiederum im Gegensatz zu der Literatur, die gerade diese Unabhängigkeit bzw. Nicht–Kooperation als Ursache der negativen Folgen des Steuerwettbewerbs ausmacht. Unsere Aufgabe ist es daher, in diesem Kapitel zu untersuchen, wie die idealisierte Tiebout–Welt zu charakterisieren ist, und darauf aufbauend zu analysieren, wie die Modelle des Steuerwettbewerbs von diesem Ansatz abweichen. Damit legen wir dann auch die Grundlage zur Beurteilung des Steuerwettbewerbs.

Das Tiebout–Modell ist kein wettbewerbstheoretischer sondern ein fiskaltheoretischer Beitrag. Dem eigentlichen Phänomen des Wettbewerbs wird es nicht gerecht. Es wirft wie die neoklassische Wettbewerbstheorie als statischer Gleichgewichtsansatz nur die Frage der optimalen Allokation auf; daher läßt sich das Tiebout–Modell auch in ein neoklassisches Wettbewerbsmodell uminterpretieren.[8] Demzufolge eignet es sich als Ausgangspunkt unserer Analyse, da in der vorliegenden Arbeit nicht die Perspektive der fiskalischen Interaktion staatlicher Entscheidungsträger gewählt wurde, wie sie beispielsweise in der Spieltheorie modelliert wird, sondern die effizienzorientierte Sicht der Theorie optimaler Besteuerung. Es

---

5 So beispielsweise Zodrow/ Mieszkowski (1986), Musgrave/ Musgrave (1990). Der Kern des Problems läßt sich durch ein Zitat von Oates (1972), S. 142f, verdeutlichen: „The result of tax competition may well be a tendency towards less than efficient levels of output of local business services. In an attempt to keep tax rates low to attract business investment, local officials may hold spending below those levels for which marginal benefits equal marginal costs, particularly for those programs that do not offer direct benefits to local business". Allerdings führen nicht alle Modelle, die einen wohlmeinenden Diktator unterstellen, zu diesem Ergebnis. Siehe hierzu beispielsweise Oates/ Schwab (1988) und Myers (1990).

6 Auch nach der neoklassischen Theorie des Steuerwettbewerbs führt die internationale Mobilität des Kapitals und der resultierende Steuerwettbewerb zu einem Anstieg der inländischen Produktion aller Staaten auf das maximal erreichbare Niveau und damit zu einer Maximierung des Welteinkommens. Denn die Steuersätze auf Kapitalerträge sinken weltweit auf Null und erfüllen damit die Bedingung weltweit übereinstimmender Grenzproduktivitäten des Kapitals in sämtlichen Verwendungen. Die Kritik neoklassischer Autoren an den wohlfahrtsinferioren Auswirkungen des Steuerwettbewerbs begründet sich letztlich mit den Verteilungswirkungen des Steuerwettbewerbs. Ausgangspunkt der Kritik ist dabei die Annahme, daß ein Staat in einer Situation, als das Kapital noch nicht mobil war, in der „besten aller möglicher Welten gelebt hat". Gerken/ Märkt/ Schick (2000), S. 185.

7 Die darauf folgende Literatur hat das Konzept in ähnlicher Weise auch auf den Wettbewerb um mobile Firmen übertragen.

8 Vgl. hierzu Gerken (1999), S. 11.

interessieren vorrangig die Ergebnisse, nicht wie sie zustande kommen. Dennoch lassen sich Verbindungen zwischen der Theorie der optimalen Besteuerung und der Literatur ausmachen, die sich mit strategischer Interaktion im Wettbewerb beschäftigt: Steuerwettbewerb bedeutet für jede der involvierten Regierungen die Suche nach einem optimalen Steuersystem in einer Second–Best–Welt, in der zusätzlich noch strategische Interaktionsmöglichkeiten zwischen den Fisci bestehen können. Die binnenorientierten Optimalitätsüberlegungen werden folglich durch strategisches Kalkül überlagert.[9] Dies zeigt sich daran, daß die beste Strategie der nationalen Regierungen bei gegebenem Verhalten anderer Regierungen in der Regel Ramsey–Charakter hat und die optimale Steuerreaktion sich invers zum Mobilitätsgrad der Bemessungsgrundlage verhält.[10]

Wie sich zeigen wird, spielen die jeweiligen Modellannahmen eine hervorragende Rolle für die Ergebnisse des Wettbewerbs. In der Regel wird unterstellt, daß Regierungen auf die Besteuerung mobiler Faktoren angewiesen seien, weil immobile Steuerbasen annahmegemäß nicht ergiebig genug sind, und lediglich eine Besteuerung an der Quelle möglich ist. Gerade dies löst fiskalische Externalitäten aus, weil sich die Steuerbasis durch Abwanderung der Besteuerung entziehen kann, womit der Steuerpreis für die Bereitstellung öffentlicher Güter über den Marktpreis dieser Güter hinaus ansteigt. Daraus resultiert ein ineffizienter Steuerwettbewerb, der sich in einem zu geringen Angebot lokal öffentlicher Güter äußert. Wird das Steuerinstrumentarium ausgedehnt, so daß es dem Fiskus möglich ist, seinen Einnahmebedarf in hinreichendem Maße über immobile Faktoren zu decken, so bleiben auch die abwanderungsbedingten Wohlfahrtsverluste aus.[11]

Ein weiteres Problem der Quellenbesteuerung von Kapital ergibt sich, wenn Regionen unterschiedliche Kapitalsteuersätze wählen, denn dann droht eine ineffiziente Kapitalallokation. Um den Kern des interregionalen Steuerwettbewerbs um den knappen Faktor Kapital möglichst klar aufzuzeigen, werden daher in der Regel identische Regionen unterstellt. In einem symmetrischen Gleichgewicht wählen alle Regionen den gleichen Kapitalsteuersatz. Somit ist die Bedingung für eine effiziente interregionale Kapitalallokation immer erfüllt. Die Annahme identischer Regionen verhindert zudem, daß relativ große Regionen mittels Kapitalsteuer den interregionalen Zinssatz strategisch beeinflussen, um sich eine vorteilhafte interregionale Verteilungsposition zu sichern. Da identische Regionen weder Nettokapitalimporteure noch –kapitalexporteure sind, hat die Veränderung des Zinssatzes im Gleichgewicht keine Verteilungsfolgen. Die Implikationen eines Wettbewerbs von großen Ländern, die die Terms of Trade beeinflussen können, sowie mit unterschiedlich großen Regionen werden wir

---

9 Siehe Wagener (1997), S. 20f.

10 Zu diesem Schluß kommen Mintz/ Tulkens (1996), S. 394f, in ihrer normativen Analyse. In ihrem Beitrag Mintz/ Tulkens (1990) präsentieren sie die positive Analyse mit spieltheoretischem Hintergrund. Zu einem umfassenden Überblick über den Steuerwettbewerb mit Kapitalsteuern in der Spieltheorie siehe auch Wagener (1997).

11 Häufig wird daraus geschlossen, daß die in den traditionellen Modellen abgeleiteten Ineffizienzen des Steuerwettbewerbs allein ein Problem unzureichender steuerpolitischer Instrumente seien. Dies ist jedoch irreführend, da mit einer Ausdehnung des Steuerinstrumentariums nicht nur die Ineffizienzen überwunden werden, sondern der Steuerwettbewerb selbst wieder abgeschafft wird. Vgl. hierzu Apolte (2001). Dies wird sich im 7. Kapitel daran zeigen, welche Steuerquellen ein Leviathan in einer offenen Volkswirtschaft wählen wird, um sein Ziel am besten verfolgen zu können.

im Rahmen eigener Abschnitte näher betrachten bzw. in anderen Zusammenhängen explizit hervorheben.[12]

In den folgenden Betrachtungen ist es unerheblich, ob der Standort– bzw. Steuerwettbewerb im internationalen oder nationalen Rahmen erfolgt. Die Literatur geht allerdings häufig von einem Wettbewerb zwischen Gebietskörperschaften aus, da sie auf Ansätzen des wettbewerblichen Föderalismus aufbaut. Zudem wird angenommen, daß Kapital innerhalb eines Landes besonders mobil ist. Wir wollen uns einer neutralen Sprache bedienen. Wir sprechen von Regionen oder Gebietskörperschaften und subsumieren darunter wahlweise Staaten, Bundesländer oder Kommunen.

Um die Thematik von „Steuerwettbewerb und Effizienz" zu diskutieren, ist dieses Kapitel wie folgt gegliedert. In II wird die Tiebout–Hypothese als Grundlage des Wettbewerbs dargestellt. Darauf aufbauend veranschaulichen wir in III den fiskalischen Wettbewerb um natürliche Personen. Hier werden insbesondere die Typen von Ineffizienzen charakterisiert, die bei einer dezentralen Bereitstellung und Finanzierung öffentlicher Güter auftreten können. Im darauf folgenden Abschnitt IV wird der fiskalische Wettbewerb auf den Fall des Wettbewerbs um den mobilen Faktor Kapital übertragen.[13] Dabei wird zunächst aufgegriffen, welche Überlegungen ein benevolenter Diktator in der Entscheidungssituation des Steuerwettbewerbs anstellt. Anschließend wird zur genaueren Analyse ein explizites Modell des Steuerwettbewerbs betrachtet, das als Standardmodell für die weitere Analyse dient. Hier untersuchen wir insbesondere die Frage, ob der Steuerwettbewerb zu einer Unterversorgung mit öffentlichen Gütern führen *muß* (IV.A). Im Abschnitt IV.B veranschaulichen wir, wie sich die Ergebnisse verändern, wenn Modellerweiterungen vorgenommen werden. So werden etwa wenige große bzw. unterschiedlich große Regionen zugelassen (Unterpunkt 1 bzw. 2). IV.B.3 verdeutlicht, daß beim Angebot öffentlicher Vorleistungen ein interregionaler Steuerwettbewerb nicht zu ineffizienten Ergebnissen führen muß, wenn die Kapitalsteuer die Funktion einer Gebühr für die Inanspruchnahme öffentlicher Leistungen übernimmt. In IV.B.4 gehen wir darauf ein, wie sich die Ergebnisse des Steuerwettbewerbs verändern, wenn der Regierung zusätzliche Steuerinstrumente zur Verfügung stehen und zudem die Annahme immobiler Individuen aufgehoben wird. Abschließend wird der Versuch einer Beurteilung des Steuerwettbewerbs unternommen (Abschnitt IV.C). Abgerundet wird das Kapitel durch eine Zusammenfassung (IV.D).

II. Die Tiebout–Hypothese

Tiebouts (1956) Modell der Bereitstellung öffentlicher Güter liefert den Ausgangspunkt der Analyse fiskalischen Wettbewerbs bzw. der Theorie effizienten Steuerwettbewerbs. In der Literatur wird gemeinhin sein Beitrag als erstmalige Erörterung dieses Phänomens angesehen, allerdings gilt dies nur für die neoklassische Modellwelt. Der Gedanke des Wettbewerbs zwi-

12 Vgl. hierzu Wellisch (1995), S. 73f.

13 In der einschlägigen angelsächsischen Literatur wird gewöhnlich nicht zwischen Kapital– und Unternehmensmobilität unterschieden, vgl. z.B. Wildasin (1986). Dies beruht letztendlich auf der neoklassischen Annahme linear–homogener Produktionsfunktionen.

schen Staaten findet sich schon bei Hayek (1939/1948) oder auch Montesquieu (1748/1956), Steuart (1767/1966) oder Smith (1776/1789/1904).[14]

In Tiebouts (1956) Modell zum dezentralen Wettbewerb zwischen lokalen Regierungen konkurrieren die Gebietskörperschaften um mobile Haushalte, um Steuereinnahmen erzielen zu können. Dabei stellt die fiskalische Autonomie die Vorbedingung für eine Pareto–effiziente Allokation lokaler öffentlicher Güter dar. Die Wanderungsentscheidungen, die als Abstimmung zu Fuß („voting by feet") interpretiert werden, treffen die vollständig informierten Bürger gemäß ihren (heterogenen) Präferenzen in Abhängigkeit vom Angebot an öffentlichen Gütern und den zu zahlenden Steuern, die in der Form effizienter Kopfsteuern erhoben werden.[15] Dabei stellen die lokalen öffentlichen Güter rivalisierende Güter dar, d.h. kommt ein weiterer Nutzer hinzu, entstehen den bereits anwesenden Individuen Überfüllungskosten. Bei der Bereitstellung der öffentlichen Leistungen treten keine (fiskalischen) externen Effekte, Nutzen– oder Kosten–Spillovers zwischen den Gemeinden auf. Die Neugründung von Gemeinden ist kostenlos möglich, die Individuen können kostenlos von einer Gemeinde in die andere ziehen.

In der Tiebout–Welt sorgt die vollkommene Mobilität der Individuen dafür, daß im Optimum eine Vielzahl von Gemeinden existiert, die unterschiedliche Kombinationen öffentlicher Güter und Steuerbelastungen gemäß den Präferenzen der Bürger anbieten. Durch die Anwendung eines dem Markt analogen dezentralen Verfahrens[16] zur Offenbarung der Präferenzen für öffentliche Leistungen entstehen Gleichgewichte, die als effizient klassifiziert werden können: Eine zentrale Autorität kann Güter oder Ressourcen nicht in einer Weise umverteilen, die ein Individuum besserstellt, ohne ein anderes Individuum schlechterzustellen. Die Wanderung der Individuen führt also zu einer Pareto–effizienten Bereitstellung lokaler öffentlicher Güter. Steuerwettbewerb existiert in diesem Ansatz in dem Sinne, daß die Steuern in einer Region niedrig genug gehalten werden müssen, um bei gegebener Versorgung mit öffentlichen Gütern Individuen in der Region anzusiedeln. Die Höhe der Steuern wird so gewählt, daß die (Kopf–) Steuer eines jeden Individuums den Kosten des gewählten Bereitstellungsumfangs an

---

14 Ausführlicher zur Genese der Theorie des Wettbewerbs zwischen Staaten siehe etwa Gerken (1999), S. 2f. Der Begriff des Wettbewerbs der Staaten wird häufig synonym verwendet für Wettbewerb der Standorte, der Systeme oder der Institutionen, siehe hierzu stellvertretend Voigt (2001), S. 59. Dabei bestehen je nach Ansatz durchaus unterschiedliche theoretische Grundlagen der Analyse, wie Apolte (2001), S. 180ff, aufzeigt. Eine weitere Variante des Wettbewerbs zwischen Gebietskörperschaften stellt der sogenannte „competitive federalism" dar (stellvertretend hierzu Breton (1987)). Dabei kann man zwischen einem Wettbewerb zwischen politischen Einheiten derselben Ebene (zwischen Gliedstaaten oder Kommunen), oder zwischen politischen Einheiten verschiedener föderaler Ebenen (meist zwischen Bundes– und Landesebene) unterscheiden. Erstere wird meist als „interjurisdictional competition" (so Oates/ Schwab (1991), S. 127f, Kincaid (1991), S. 89f) oder auch „horizontal competition" (Breton (1987), S. 297) bezeichnet. Letztere wird auch als „intergovernmental competition" (Kincaid (1991), S. 89–91) oder als „vertical competition" (Breton (1987), S. 303) umschrieben. Die Fragestellung des Wettbewerbs zwischen staatlichen Ebenen bleibt im folgenden unberücksichtigt. Vgl. zum vertikalen Steuerwettbewerb Flowers (1988) oder Dahlby (1996). Wrede (1996, 1997) kombiniert horizontalen und vertikalen Systemwettbewerb.

15 Die Umorientierung eines Bürgers fort von einem bisher bevorzugten Land hin zu einem anderen, läßt sich mit Hirshman (1970), S. 15ff, auch als Abwanderung („exit") bezeichnen.

16 In neueren Formulierungen der Theorie wird oft angenommen, daß die lokalen Regierungen von den Landbesitzern kontrolliert werden, die danach trachten, den Wert ihres Landes nach Steuern zu maximieren. Zieht man hier die Analogie zu den Wettbewerbsmodellen für Märkte privater Güter, so entsprechen die Landrenten den Gewinnen und die Güterversorgung und ihre Finanzierung dienen als Preise.

öffentlichen Gütern und Leistungen entspricht. Diese Grenzkosten–Preis–Regel resultiert in effizienten Wanderungsentscheidungen.[17]

Dieser Ansatz wurde in viele Richtungen erweitert. Wie erstmals Fischel (1975) und White (1975) zeigten, kann das Modell einfach um mobile Firmen ergänzt werden, die analog den mobilen Haushalten modelliert werden. Dabei nimmt man an, daß Unternehmen für jede Region in ihrem Angebot unendlich elastisch sind und die Regionen ihnen verschiedene öffentliche Vorleistungen anbieten. Im Gleichgewicht wird jedes Unternehmen entsprechend den marginalen Bereitstellungskosten dieser Vorleistungen besteuert, und das Gleichgewicht ist somit effizient.[18] Das Modell kann jedoch nicht nur um mobile Firmen erweitert werden, sondern es gibt auch Ansätze, in denen auch die dort beschäftigten Produktionsfaktoren als mobil angenommen werden.[19] Mit diesen Arten von Erweiterungen werden wir uns in den zwei folgenden Abschnitten näher beschäftigen.

Die im Modell verankerte Idee von Steuern als Preise für öffentliche Güter wurde in der Anwendung zunächst auf Gemeinden, später auf übergeordnete föderalistische Ebenen wie die Mitgliedstaaten der Europäischen Union angewandt.[20] Der Tiebout–Ansatz mit seinem „Standortwettbewerb" fand somit regen Anklang. Insbesondere in den USA mit ihrer dezentralen fiskalischen Struktur bei hoher Güter– und Faktormobilität scheint die Modellierung lokaler Regierungen mit unternehmerisch denkenden Entscheidungsträgern durchaus realistisch, so daß sich daraus die Theorie des fiskalischen Föderalismus entwickelte.[21]

Das Modell von Tiebout ist bei den Vertretern der etablierten Finanzwissenschaft nicht unumstritten, was sich nicht zuletzt darin äußert, daß die Debatte Dezentralisierung versus Zentralisierung mit sehr widersprüchlichen Aussagen über die Vorzüge und Nachteile dezentraler Finanzpolitik bzw. Steuerpolitik geführt wird.[22] Insbesondere wird Tiebout vorgeworfen, daß seine Aussage auf nur eher vagen Analogien zwischen dem Wettbewerb von Firmen und Regionen beruht.[23] Nicht zuletzt beruht die Kritik an seinem Modell auf den sehr restriktiven Annahmen, die mit der Realität kaum vereinbar sind, so daß Demsetz (1969) Tiebouts Modell als Nirwana–Ansatz bezeichnete. Gerade hier setzen jedoch eine Vielzahl von Modellen an, die die Annahmen in verschiedene Aspekten lockern. Auch die Modellansätze des (Steuer–) Wettbewerbs beruhen auf einigen Abweichungen von den idealisierten Annahmen von Tiebout–Modellen. Es ist daher sinnvoll, im nächsten Schritt diese Modifikationen und ihre Folgen näher zu beleuchten.

---

17 Vgl. hierzu Wilson (1999), S. 271f.

18 Siehe hierzu Richter/ Wellisch (1996) und für weitere Erweiterungen des Modells Wellisch (2000c).

19 Siehe hierzu speziell Wellisch (2000c), S.

20 So beschäftigen sich beispielsweise Begg/ Crémer/ Danthin u.a. (1993) nur mit der Übertragung des Konzepts auf die Europäische Ebene.

21 Maßgeblichen Einfluß auf diesem Gebiet hatte Oates (1972), für einen guten Überblick siehe Oates (1991).

22 Zu dieser Diskussion siehe Blankart (2000) und den Literaturüberblick in Wellisch (1995), S. 4ff. Eine sehr gut strukturierte Analyse des Problems, in der die Pro– und Contra–Argumente feinsäuberlich aufgelistet sind, findet sich auch in Wellisch (2000c), S. 14ff.

23 Die von Tiebout (1956) intuitiv abgeleitete Effizienzaussage ist von Bewley (1981) und Stahl/ Varaiya (1983) kritisch untersucht worden. Eine sehr ausführliche empirische Überprüfung seiner These findet sich in Dowding/ John/ Biggs (1994) und aus jüngster Zeit in Feld (2000).

III. Fiskalischer Wettbewerb um natürliche Personen und Effizienz

Gordon (1983) systematisiert die Typen von Ineffizienzen, die bei der Bereitstellung und Finanzierung öffentlicher Güter auftreten können, folgendermaßen:

(1) Anwohner anderer Gebietskörperschaften übernehmen teilweise Steuern der betrachteten Gebietskörperschaft (Steuerexport, Kosten–Spillovers).

(2) Anwohner anderer Gebietskörperschaften nutzen öffentliche Leistungen der betrachteten Gebietskörperschaft, ohne dafür zur Zahlung herangezogen zu werden (Nutzen–Spillovers).

(3) Überfüllungskosten in anderen Gebietskörperschaften ändern sich.

(4) Ressourcenkosten öffentlicher Leistungen in anderen Gebietskörperschaften ändern sich.

(5) Steuereinnahmen anderer Gebietskörperschaften ändern sich durch ökonomische Aktivitäten in der betrachteten Gebietskörperschaft (Steuerwettbewerb).

(6) Anwohner der betrachteten Gebietskörperschaft erzielen einen Vorteil durch Produkt– und Faktorpreisänderungen gegenüber den Bewohnern anderer Gebietskörperschaften (Terms of Trade–Effekt).

Ineffizienzen sind somit vermeintlich unvermeidbar, wenn fiskalische und räumliche Externalitäten (spillovers) oder Skalenerträge im Konsum eines öffentlichen Gutes auftreten. Für unsere weitere Analyse sind die *fiskalischen* Externalitäten von herausragender Bedeutung, so daß wir diese als erstes näher beleuchten wollen.

A. Fiskalische Externalitäten

Bieten Regionen rein öffentliche Güter an und finanzieren diese durch die Besteuerung mobiler Haushalte nach dem Wohnsitzprinzip, so entlastet die Immigration von Individuen bei gegebener Versorgung mit diesen lokalen öffentlichen Gütern alle lokalen Anwohner. Denn der Zuwanderer übernimmt einen Anteil an den Finanzierungskosten der Bereitstellung der öffentlichen Güter. Umgekehrt belastet die Wanderungsentscheidung die zurückgebliebenen Einwohner in der Herkunftsregion, da deren Finanzierungsanteil an der Bereitstellung öffentlicher Güter steigt. Da die Be– und Entlastungen für andere Einwohner nicht berücksichtigt werden, sind Entscheidungen über das Angebot öffentlicher Güter in den Gebietskörperschaften ineffizient. Dies führt zu fiskalischen externen Effekten. Zudem resultiert eine ineffiziente räumliche Bevölkerungsaufteilung, da in einer Second–Best–Welt die sozialen und privaten Kosten der Wanderungsentscheidung voneinander abweichen. Im einfachsten Fall resultiert daraus eine Unterversorgung mit öffentlichen Gütern. Theoretisch könnten diese Externalitäten durch interregionale Transfers internalisiert werden.[24]

In der Literatur zum Steuerwettbewerb ist die Mobilität des Faktors Kapital für die fiskalische Externalität verantwortlich. Hier beeinflussen politische Entscheidungen einer Regierung die Budgets anderer Regierungen: erhöht eine Region ihre Steuer auf mobiles Kapital, fließt Ka-

---

24 Zu einem Literaturüberblick zu diesem Mechanismus siehe Feld (2000), S. 46ff.

pital in andere Regionen ab. Dies führt dort zu einer Erhöhung der Bemessungsgrundlage und folglich auch der Steuereinnahmen.[25] Diesem Mechanismus liegt zugleich die Annahme zugrunde, daß Regierungen keine unbeschränkte Besteuerungsmacht haben. Im nächsten Abschnitt (IV) werden wir uns ausführlich mit diesem Phänomen beschäftigen.

B. Terms of Trade–Effekt

Ein Terms of Trade–Effekt, der auch als *pekuniäre* Externalität bezeichnet wird, tritt nur dann auf, wenn eine Region groß genug ist, um Produkt– oder Faktorpreise in anderen Regionen beeinflussen zu können. Hier läßt sich zeigen, daß dies im Ergebnis zu ineffizienten Politikunterschieden zwischen Regionen führt und eine ineffiziente Allokation von Ressourcen zur Folge hat. In der Steuerwettbewerbsliteratur umschreibt die Terms of Trade–Externalität die Tatsache, daß eine hinreichend große Gebietskörperschaft durch ihre Steuerpolitik den Preis am Weltkapitalmarkt beeinflußt. So reduziert die Erhöhung einer Steuer in einer großen Region die Nettokapitalrendite auf dem Weltmarkt. Damit beeinflußt die große Gebietskörperschaft auch das Nutzenniveau der Anwohner anderer Gebietskörperschaften, berücksichtigt dies jedoch nicht in ihrem Entscheidungskalkül. So entsteht eine pekuniäre Externalität.[26] Dies bedeutet jedoch nicht grundsätzlich, daß Steuern zu niedrig oder die Versorgung mit öffentlichen Gütern nicht ausreichend ist. Auf die Unterschiede, die sich bei der Analyse großer Regionen im Steuerwettbewerb ergeben, werden wir in Abschnitt IV.C genauer eingehen.[27]

C. Räumliche Externalitäten

Räumliche Externalitäten können in vielfältiger Weise auftreten, beispielsweise wenn Anwohner umliegender Gemeinden Theater in der Kernstadt besuchen (positive Nutzen–Spillovers) oder Luftverschmutzung aus einer Gebietskörperschaft umliegende Gemeinden beeinträchtigt (negative Nutzen–Spillovers). Nutzen–Spillovers sind jedoch vorrangig Thema in der Literatur des fiskalischen Föderalismus.[28] Für die Literatur des Steuerwettbewerbs sind insbesondere Kosten–Spillovers in Form von *Steuerexport* interessant. Von Steuerexport spricht man, wenn die in einer Gebietskörperschaft erhobene Steuer von Individuen in anderen Gebietskörperschaften getragen wird. Im Rahmen des Kapitels zur internationalen effizienten Besteuerung war dies aus Sicht eines Einzelstaates optimal, da dadurch im Inland Einnahmen ohne negative Steuerwirkungen erzielt werden konnten. Empirisch ist dieses Phänomen durchaus relevant. So schätzte schon McLure (1967) in einer frühen Studie, daß in den

---

25 Erschöpfend in Wildasin (1989).

26 Siehe hierzu ausführlich DePater/ Myers (1994).

27 Ausführlich zur Problematik großer Regionen siehe Wilson (1999), S. 278ff sowie die Ausführungen in Abschnitt IV.B.1 dieses Kapitels.

28 Siehe hierzu grundlegend Oates (1972) oder aus jüngster Zeit beispielsweise Wellisch (2000c).

Vereinigten Staaten 25 Prozent der auf der Bundesstaatenebene erhobenen Steuern in anderen Bundesstaaten anfallen.[29]

D. Steigende Skalenerträge im Konsum des öffentlichen Gutes

Steigende Skalenerträge im *Konsum* können ebenfalls in der Tiebout–Welt als Effizienzproblem auftauchen, spielen aber auch in der Literatur zum Steuerwettbewerb eine gewisse Rolle. Üblicherweise treten Probleme mit steigenden Skalenerträgen im Produktionsbereich auf und werden in dieser Weise auch im Rahmen des Tiebout–Modells in der Literatur behandelt.[30] Die Konzepte der Skalenerträge im Konsum und in der Produktion müssen jedoch unterschieden werden. Steigende Skalenerträge in der *Produktion* begründen nicht von vorneherein eine staatliche Produktion öffentlicher Leistungen. Soll eine solche Leistung bereitgestellt werden, kann diese auch im privaten Sektor produziert und vom öffentlichen Sektor erworben werden. Liegen Skalenerträge in der Produktion vor, so zieht das tendenziell eine Zentralisierung der Produktion nach sich, so daß möglicherweise ein natürliches Monopol im privaten Sektor entsteht. Dieses bedarf dann wiederum einer staatlichen Regulierung. Allerdings bedeutet dies nicht notwendigerweise, daß die Bereitstellung der öffentlichen Leistung zentralisiert werden muß.[31]

Im Grundmodell von Tiebout werden rivalisierende öffentliche Güter mit sinkenden Skalenerträge in der Nutzung angenommen. Daraus folgt, daß bei der Nutzung des öffentlichen Gutes Überfüllungsexternalitäten auftreten. Einwanderer können solange aufgenommen werden, bis die Durchschnittskosten der Bereitstellung den Überfüllungsgrenzkosten entsprechen.[32]

Wird jedoch ein rein öffentliches Gut bereitgestellt, das durch Nicht–Rivalität im Konsum charakterisiert wird, so verursacht ein zusätzlicher Nutzer keine Überfüllungskosten für die bereits vorhandenen Konsumenten.[33] In diesem Fall läßt man die Annahme sinkender Skalenerträge fallen und unterstellt statt dessen steigende Skalenerträge im Konsum. Allerdings deckt hier eine Bereitstellung zu Grenzkostenpreisen nicht die Durchschnittskosten. Im Wettbewerb der Gebietskörperschaften müßten diese jedoch den Steuerpreis des öffentlichen Gutes auf dessen Grenzkosten festlegen. Daraus ergibt sich dann eine *ineffiziente* Bereitstellung öffentlicher Güter, wenn nicht ein immobiler Faktor zur Finanzierung herangezogen werden kann. Wegen der Unterdeckung wird dies regelmäßig zu einem zu geringen Niveau öffentlicher Leistungen führen, möglicherweise werden diese (bei Grenzkosten von Null)

---

29 Ein in diesem Zusammenhang prominentes und häufig zitiertes Beispiel stellt die sogenannte Hotelsteuer in Hawaii ein, eine Steuer auf die dortigen Hotelübernachtungen, vgl. hierzu Blankart (2000). In die gleiche Richtung zielt in Europa die Umweltsteuer auf Mallorca.

30 Siehe beispielsweise die Diskussion in Tiebout (1961) und Tullock (1969). Zu den folgenden Ausführungen siehe Feld (2000), S. 53f.

31 So weist insbesondere Tullock (1969) ausdrücklich darauf hin, daß Skalenerträge in der Produktion keinen Grund darstellen, die Bereitstellung öffentlicher Güter zu zentralisieren.

32 Siehe Rubinfeld (1987), S. 575.

33 Grundlegend zur Theorie öffentlicher Güter siehe Blankart (1998).

überhaupt nicht mehr angeboten.[34] Dies wollen wir im nächsten Abschnitt (IV) anhand eines Modells zum Steuerwettbewerbs genauer untersuchen.

Die Aufzählung der obigen Externalitäten ist nicht erschöpfend. Andere interregionale Externalitäten können als Ergebnis von Ineffizienzen in privaten Märkten entstehen, die gleichzeitig mit dem Versagen der Regierung, diese zu korrigieren verbunden sind. Insbesondere trifft dies für Steuerwettbewerb unter imperfekten Wettbewerb zu. Dieser Aspekt soll im Rahmen dieser Arbeit jedoch ausgeblendet bleiben.[35]

E. Zwischenresümee

Im vergangenen Abschnitt haben wir die Bedeutung des Tiebout–Modells und der seiner Tradition folgenden Ansätze für die Diskussion des Steuerwettbewerbs herausgestellt. Voraussetzung für die Funktionsweise des Tiebout–Mechanismus ist eine hinreichende Mobilität der Individuen zwischen den Gebietskörperschaften. Die Wanderung der Individuen mit unterschiedlichen Präferenzen und Einkommen in Gebietskörperschaften mit bestimmten Kombinationen öffentlicher Güter und Steuerbelastungen impliziert einen Auswahlprozeß. Dieser Einfluß fiskalischer Größen auf die Wohnortwahl führt zu einer effizienten Bereitstellung öffentlicher Güter im Sinne Samuelsons: Die Summe der marginalen Zahlungsbereitschaften für die lokalen öffentlichen Güter entspricht den Grenzkosten ihrer Bereitstellung in allen Gemeinden. Die Frage der Effizienz des Tiebout–Gleichgewichts wird dabei in der Analyse der Externalitäten diskutiert.

In den bisherigen Ausführungen wird der *fiskalische* Wettbewerb betont: Im Mittelpunkt stehen öffentliche Leistungen und die aus ihrer Bereitstellung entstehenden Probleme. Steuern werden in der Regel als Kopfsteuern modelliert. Im Gegensatz dazu wird in der Literatur zum fiskalischen Wettbewerb um mobiles Kapital vornehmlich der Einfluß der Besteuerung fokussiert und das Angebot öffentlicher Leistungen meist vernachlässigt. Zudem werden die Bürger regelmäßig als immobil modelliert. Damit fehlen zwei wichtige Verbindungen zur Tiebout–Tradition.[36]

Die bisher erwähnten Ansätze unterstellen alle, daß die regionalen Regierungen ihre Entscheidungen an den Interessen ihrer Bürger ausrichten und sich nicht an eigenen Interessen orientieren wie etwa im Leviathan–Modell. Solch ein Verhalten kann ebenfalls verschiedene interregionale Externalitäten auslösen, die wir im 7. Kapitel zum Leviathan genauer analysieren wollen.

---

34 Diese Argumentation wird insbesondere von Sinn (1990, 1997) vertreten, findet sich aber auch in kritischer Sicht in Fuest (1995). Die empirische Relevanz steigender Skalenerträge im Konsum ist jedoch umstritten, insbesondere auf der lokalen Ebene haben viele öffentliche Güter privaten Charakter. Auch in vielen ökonometrischen Studien für lokale Gebietskörperschaften und für die US–Einzelstaaten wurde die Existenz öffentlicher Güter mit zunehmenden Skalenerträgen in der Nutzung bestritten. Der Überblicksbeitrag von Reiter/ Weichenrieder (1997) kommt ebenfalls nicht zu grundsätzlich anderen Ergebnissen.

35 Als Beispiel für eine Studie mit Steuerwettbewerb unter imperfekten Wettbewerb in privaten Märkten sei hier aus jüngster Zeit nur Auerbach/ Hines (2001) genannt.

36 Vgl. Brueckner (2000), S. 287.

IV. Fiskalischer Wettbewerb um Kapital und Effizienz

Für den Fall der Kapitalmobilität[37] lassen sich ähnliche Schlußfolgerungen ziehen wie für den fiskalischen Wettbewerb um natürliche Personen. Als Konsequenz kann sich auch hier eine ineffizient niedrige Bereitstellung öffentlicher Leistungen ergeben, da Kapital aus Gebietskörperschaften auswandert und dadurch die Steuereinnahmen sinken. Bei mobilem Kapital entspricht es folglich dem rationalen Verhalten eines benevolenten Politikers (wie im 5. Kapitel abgeleitet), auf die Besteuerung von Kapital zu verzichten.

Diese Probleme werden im folgenden Abschnitt diskutiert (A). Hierzu greifen wir zunächst auf die Überlegungen eines benevolenten Diktators einer kleinen offenen Volkswirtschaft zurück und betrachten die Implikationen daraus dann auch aus weltwirtschaftlicher Sicht. Anschließend wird zur genaueren Analyse ein explizites Modell zum Steuerwettbewerb betrachtet. In weiteren Abschnitten wird dann diskutiert, wie sich die Ergebnisse verändern, wenn wir Modellerweiterungen vornehmen (B).

A. Steuerwettbewerb um Kapital – Grundlagen

1. Steuerwettbewerb zwischen kleinen Ländern und Effizienz

a. Partialanalyse

Schon MacDougall (1960) und Richman (1963) haben das Ergebnis abgeleitet, daß eine kleine offene Volkswirtschaft kein Interesse daran haben kann, international mobiles Kapital mit einer Quellensteuer zu belasten, da es dem mobilen Faktor stets gelingen wird, die Steuerlast zu überwälzen. So belastet die Steuer und der Excess Burden stets die immobilen Faktoren.

Ausgangspunkt für die Überlegungen ist das schon bekannte neoklassische Modell einer kleinen offenen Volkswirtschaft in einer Welt, in der alle Staaten identisch sind und alle Regierungen Kapital mit einem positiven Steuersatz belasten. Die Annahmen seien hier nochmals skizziert:[38]

(1) Alle Arten von Kapital sind zwischen den Gebietskörperschaften vollkommen mobil. Alle anderen Produktionsfaktoren sind immobil.

(2) Gebietskörperschaften haben die gleiche Faktorausstattung. Kapital ist homogen und beliebig teilbar. Die zugrundegelegte (neoklassische) Produktionsfunktion verfügt über konstante Skalenerträge.

---

37 In der einschlägigen angelsächsischen Literatur wird gewöhnlich nicht zwischen Kapital– und Unternehmensmobilität unterschieden, vgl. z.B. Wildasin (1986). Dies beruht letztendlich auf der neoklassischen Annahme linear–homogener Produktionsfunktionen. Auf den realistischeren Fall partiell immobiler Unternehmen wird in Kapitel 7 Abschnitt II eingegangen.

38 Zu den Annahmen (und auch der Darstellung eines Grundmodells) siehe Koch/ Schulze (1998).

(3) Regierungen können nur auf ein Steuerinstrument zugreifen. Kapital wird nach dem Quellenlandprinzip besteuert.[39] Aufgrund des vollkommenen Wettbewerbs auf den Gütermärkten entspricht die *„property tax"* als Steuer auf den Kapitaleinsatz, bezüglich ihrer Auswirkungen auf die internationale Kapitalallokation existierenden Unternehmensteuern.[40]

Weiter wird angenommen, daß sich die wirtschaftspolitischen Entscheidungsträger nicht kooperativ verhalten, indem sie die wohlfahrtsökonomischen und fiskalischen Folgen ihrer Steuerpolitik für das Ausland nicht berücksichtigen und die Steuerpolititk der übrigen Investitionsstandorte als gegeben betrachten (Cournot–Nash–Annahme).

Die Entscheidungssituation, in der das Inland im Steuerwettbewerb steht, wird durch Abbildung 28 nochmals verdeutlicht. Sie illustriert die Folgen einer Steuersatzsenkung von $t_1 = AE$ auf $t_2 = FE$:

(1) Die Steuersatzsenkung bewirkt, daß mobiles Kapital im Umfang von *CJ* zufließt und sich das Nettokapitaleinkommen entsprechend von *EDC*0 auf *EIJ*0 erhöht.

(2) Das Einkommen der immobilen Faktoren steigt von *ZBA* auf *ZHF*.

(3) Das Steueraufkommen verändert sich von *ABDE* zu *FHIE*. Ob es insgesamt zu– oder abnimmt, hängt dabei von der Elastizität der Kapitalnachfragekurve ab. Das Steueraufkommen steigt nur dann, wenn das Steueraufkommen als Folge des vermehrten Kapitaleinsatzes stärker zunimmt als es durch die Senkung des Steuersatzes abnimmt, was auch als Laffer–Effekt bezeichnet wird.[41] Dies tritt bei einer hohen Elastizität der Kapitalnachfrage ein, d.h. bei einer sehr flach verlaufenden Grenzproduktkurve.

(4) Die Steuersenkung bewirkt einen Anstieg des Inlandseinkommens von *ZBC*0 auf *ZHJ*0 und das Inländereinkommens von *ZBC0* auf *ZHIDC0*.

Die Senkung der Steuer auf Kapital wirkt sich folglich in jedem Fall im Inland wohlfahrtssteigernd aus, gleichgültig ob die Wohlfahrt über das Inlands– oder das Inländereinkommen definiert wird. Die maximal möglichen Werte erreichen beide Größen mit *ZKL*0 und *ZKDC*0, wenn der Staat vollkommen auf die Kapitalbesteuerung verzichtet und die Verzinsung dem

---

39 Die Erhebung nach dem Quellenprinzip und die Nichtanwendbarkeit des Anrechungsverfahrens ist eine der entscheidenden Annahmen des Steuerwettbewerbsmodells. Denn die Auswirkungen der Kapitalertragsbesteuerung treten nur ein, wenn ein Kapitaleinkommen im Wohnsitzland des Kapitaleigentümers freigestellt wird oder dort ohne Anrechnung nochmals besteuert wird (Doppelbesteuerung). Durch eine Anrechnung der Quellensteuer im Wohnsitzstaat würde die Wirkung einer Quellensteuer neutralisiert, so daß bei einer Steuersatzänderung kein Anreiz bestünde, Kapital zu verlagern. Siehe hierzu Gerken/ Märkt/ Schick (2000), S. 180.

40 Siehe hierzu Feld (2000), S. 59f. Die Betonung auf der „property tax" beruht nicht zuletzt darauf, daß sie die bedeutendste Einnahmequelle auf der Gemeindeebene in den USA darstellt. In der Literatur gibt es zahlreiche Veröffentlichungen, die die ökonomischen Effekte dieser Steuer untersuchen. Einen Überblick darüber bieten Mieszkowski/ Zodrow (1989) und Ladd (1998). Trotzdem wird die Inzidenz dieser Steuer immer noch kontrovers gesehen. Die Literatur des Steuerwettbewerbs folgt dabei der Sichtweise des „new view", die davon ausgeht, daß die „property tax" eine verzerrende Steuer auf den Kapitaleinsatz in einer Gebietskörperschaft darstellt. Zum Überblick über die kontroversen Sichtweisen siehe Zodrow (2001).

41 Darstellungen des Laffer–Effekts finden sich beispielsweise in Buchanan/ Lee (1982), Fullerton (1982) oder Grüske (1991).

Weltmarktzins r^* entspricht.[42] Für den weisen Diktator wird c.p. der Anreiz sehr hoch sein, die Steuerbelastung für Erträge von Investitionen zu senken.

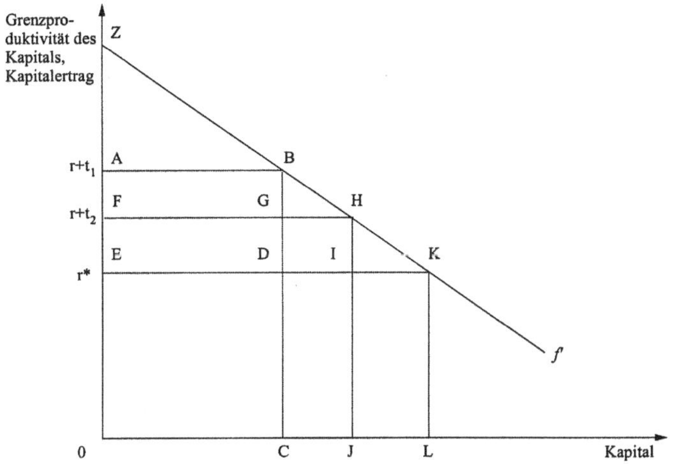

Abbildung 28: Die Erosion der Quellensteuern im Wettbewerb

Quelle: Gerken; Märkt; Schick (2000), S. 182.

b. Totalanalyse

Im einzelstaatlichen Kalkül wird vernachlässigt, daß eine *fiskalische Externalität* entsteht, d.h. die *isolierte* Steuersenkung des Inlands im Ausland zu einem Kapitalabfluß und zu einer Senkung der dortigen Besteuerungsbasis führt.[43] Zugleich führt dies zu einer Verletzung der Marginalbedingung für eine effiziente Allokation der Investitionen. Durch die höhere Nettoverzinsung strömt Kapital ins steuersenkende Land, das im Ausland einer produktiveren Verwendung zugeführt werden könnte. Die sozialen Grenzerträge (Verzinsung vor Steuern) und private Grenzerträge (Verzinsung nach Steuern) stimmen weltweit nicht mehr überein. Dadurch erhöht sich zwar die nationale Wohlfahrt im steuersenkenden Land, aber die weltwirtschaftliche Wohlfahrt insgesamt sinkt. Auch nehmen aufgrund der ineffizienten internationalen Kapitalallokation die Konsummöglichkeiten über die Zeit gesehen ab, wovon vor allem das Ausland betroffen wird. Denn dort verliert nicht nur der Staat Einnahmen, auch die im-

---

42 Für die obige Argumentation ist allerdings die Annahme zentral, daß die Grenzproduktivität privater Investitionen durch die staatliche Ausgabenpolitik nicht beeinflußt wird. Dies setzt voraus, daß sich mit dem Steuersystem nicht die angebotenen Staatsleistungen ändern. Vgl. hierzu Dluhosch (1993), Tz. 25 und 53. Der Einfluß öffentlicher Güter auf die Grenzleistungsfähigkeit des Kapitals und die Implikationen ihrer Bereitstellung wird im Abschnitt IV.E dieses Kapitels analysiert. Ferner unterstellt die obige Darstellung, daß Faktorsteuern, hier die Kapitaleinkommensteuer, nicht auf die Konsumenten überwälzt werden können. Siehe hierzu im Detail Molsberger (1977).

43 Dies erklärt Wildasin (1989).

mobilen Faktoren müssen Realeinkommenseinbußen hinnehmen.[44] Es kommt prima facie zum typischen Fall einer „Beggar–thy–Neighbor–Policy".

Diese Argumentation ist allerdings nur gültig, wenn man davon ausgeht, daß die anderen Staaten *nicht* auf die Steuersenkung der *kleinen* offenen Volkswirtschaft reagieren und diese über ihre strategische Steuerpolitik einen Vorteil realisieren kann. Dies ist beispielsweise der Fall, wenn die betrachtete Volkswirtschaft davon ausgeht, daß ihre Steuerpolitik andernorts nicht zu einer Revision der dortigen Steuerpolitik führt (Cournot–Nash–Annahme).[45] *Klein* bedeutet in diesem Zusammenhang, daß ihr Gewicht für sich genommen im Gegensatz zu größeren Ländern zu gering ist, um andernorts einen Anpassungsdruck auszulösen.

Im Gegensatz dazu nehmen neoklassische Autoren in der totalanalytischen Perspektive an, daß sich alle Staaten bei der Bereitstellung und Finanzierung öffentlicher Güter identisch verhalten werden und folglich die Anziehung von Kapital auch bei einer Steuersenkung auf Null nur vorübergehend sein kann, da die übrigen Länder entsprechend nachziehen und ihre Steuern auf Kapitalerträge auf Null senken werden. Wegen der Identitätsannahme wird die Grenzproduktivität des Kapitals in allen Ländern durch die selbe Funktion beschrieben. Da der Weltkapitalstock als gegeben unterstellt wird, führt der Steuerwettbewerb zu einem Gleichgewicht, in dem in allen Staaten ein Kapitalbestand in Höhe von $0C$ eingesetzt wird. An der internationalen Kapitalallokation hat sich somit nichts geändert. Das Inländer– und das Inlandsprodukt nehmen den Wert $ZBC0$ an, so daß der Wettbewerb auch zu keinem Anstieg des Einkommens geführt hat.[46]

Gleichzeitig hat indes eine Umverteilung stattgefunden, als sich das Gleichgewicht des Steuerwettbewerbs dadurch auszeichnet, daß Kapitaleinkommen nicht länger zur Finanzierung allgemeiner Staatsausgaben herangezogen werden können. Zumindest aber könnte ein einzelnes Land keine Quellensteuern mehr erheben bzw. anheben, ohne fürchten zu müssen, daß daraufhin ein massiver Kapitalabfluß einsetzt.[47] Die Überlegungen zeigen auch, daß im Extremfall im Gleichgewicht mangels Steuereinnahmen keine öffentlichen Güter bereitgestellt werden können bzw. die Steuerlast zu deren Finanzierung von den immobilen Faktoren getragen werden muß, die folglich Einkommensverluste erleiden.[48]

In der Realität kann natürlich nicht davon ausgegangen werden, daß alle Länder sich durch *identische* realwirtschaftliche Verhältnisse auszeichnen. Daher kommt es im Steuerwettbewerb zu internationalen Kapitalverlagerungen. Dies wirft die Frage nach dem *weltweiten* Wohlfahrtsmaximum auf. Das Welteinkommen ist dann maximal, wenn das Kapital so alloziiert wird, daß die Grenzproduktivitäten in allen Ländern übereinstimmen. Bei einem voll-

---

44 Zumindest sinken die Steuereinnahmen im Ausland, ob das Inland höhere Einnahmen hinzugewinnt, ist wie schon erläutert unsicher. Vgl. hierzu Dluhosch (1993), Tz. 38.

45 Zur Bedeutung unterschiedlicher Strategien in spieltheoretischen Steuerwettbewerbsmodellen siehe Wildasin (1988).

46 Auch im Fall kapitalspezifischer öffentlicher Güter kommt es zu keinen Veränderungen dieser Einkommensgrößen.

47 Vgl. zum Beispiel Frenkel/ Razin/ Sadka (1991), S. 208. Die einzelnen Regionen befinden sich so in einem Gefangenendilemma, denn jede Region befürchtet, daß Kapital durch eine zu hohe Besteuerung abwandert. Vgl. hierzu Boadway/ Wildasin (1984), S. 504.

48 In der Regel wird im Rahmen der Theorie optimaler Besteuerung implizit unterstellt, daß die Regierungen frei über Steuern auf den Faktor Arbeit verfügen können. Vgl. hierzu Bovenberg (1994), S. 118.

kommenen Kapitalmarkt und einer einheitlichen Nettoertragsrate wird dies nur dann verwirklicht, wenn die Bruttoerträge überall gleichermaßen besteuert werden. Zwar maximieren die nationalen politischen Entscheidungsträger (ohne Koordinierung) das nationale und nicht das weltweite Einkommen, doch ist dies im neoklassischen Steuerwettbewerb ohne Bedeutung, da der Wettbewerb weltweit zu einem Steuersatz von Null führt („*race to the bottom*"). Auf diese Weise wird die Bedingung weltweit identischer Steuersätze (von Null) erfüllt und der Steuerwettbewerb führt letztlich zur Maximierung des weltweiten Einkommens.

Dennoch kritisieren auch neoklassische Autoren die Auswirkungen des Steuerwettbewerbs als wohlfahrtsinferior.[49] Denn die Kapitalmobilität hat zwar aus globaler Sicht dazu geführt, daß das weltweite Einkommen maximiert wird, aber andererseits kann das zuvor (in der geschlossenen Volkswirtschaft) optimale Niveau der öffentlichen Güter nicht mehr über die Besteuerung von Kapitalerträgen finanziert werden. Dies bedeutet entweder, daß die benevolenten Regierungen nur noch eine suboptimale Menge öffentlicher Güter bereitstellen können oder das optimale Niveau öffentlicher Leistungen von den immobilen Faktoren finanziert werden muß. Das Problem einer möglichen Unterversorgung mit öffentlichen Gütern, das häufig als Argument gegen den Steuerwettbewerb vorgetragen wird, soll im nächsten Schritt im Rahmen eines formalen Modells näher beleuchtet werden.

2. Führt der Steuerwettbewerb zu einer Unterversorgung mit öffentlichen Gütern?

Eine Reihe von Autoren, so auch Oates (1972) und Wilson (1986), haben angesichts der Unmöglichkeit, mobile Faktoren zu besteuern, die Befürchtung geäußert, daß der fiskalische Wettbewerb der Staaten die Finanzierung öffentlicher Güter gefährdet. In ihrem häufig zitierten Beitrag, der zugleich eines der ersten formalen Modelle zum Steuerwettbewerb beinhaltet, begründen Zodrow und Mieszkowski (1986) dies auf recht einfache Art. Dieser Ansatz in seiner einfachsten Ausprägung soll uns als Grundmodell dienen, um die wesentlichen Zusammenhänge und Folgen des Steuerwettbewerbs zu illustrieren.

a. Das Grundmodell von Zodrow und Mieszkowski

Das Modell von Zodrow und Mieszkowski (1986) beruht auf den Annahmen, die bereits im letzten Abschnitt erläutert wurden. Sie betrachten zwei Produktionsfaktoren, Arbeit und Kapital, wobei Arbeit als immobil[50] angenommen und von den immobilen Bewohnern inelastisch angeboten wird. Diese Bewohner besitzen eine gegebene Kapitalausstattung, dabei ergibt die Summe über alle Einwohner das fixe Kapitalangebot in der Weltwirtschaft. Die Annahme der Kapitalmobilität impliziert, daß es überall investiert werden kann.[51]

---

49 Statt vieler Sinn (1990), S. 502, (1997), S. 48–51, (1997b), S. 26.

50 In ihrem Artikel setzen Zodrow/ Mieszkowski (1986) den immobilen Faktor gleich Land und nehmen an, daß nur Einheimische Land besitzen können. Sie räumen auch die Möglichkeit ein, daß einzelne Regionen Marktmacht besitzen, d.h. Faktorpreise beeinflussen können. Diese Erweiterung soll zu einem späteren Zeitpunkt in einem eigenen Abschnitt (IV.B) betrachtet werden.

51 Die Darstellung des Modells entspricht nur in Grundzügen dem Vorgehen in Zodrow/ Mieszkowski (1986). Diese betrachten im Rahmen eines allgemeinen Gleichgewichtsmodells sowohl Kopf– und Kapi-

Die Produktion wird an die Einwohner als Konsumgut und an den Staat als Zwischenprodukt verkauft, der es in ein öffentliches Gut umwandelt. Einkommensverteilungsaspekte werden durch die Annahme, daß die Bewohner der einzelnen Länder identisch sind, ausgeblendet. Dies könnte alternativ auch durch die Annahme erreicht werden, daß anstelle der aggregierten Wohlfahrt aller Bewohner nur die Präferenzen eines repräsentativen Konsumenten abgebildet werden. Diese Präferenzen können indes durch eine „wohlerzogene" Nutzenfunktion $u(C,G)$ dargestellt werden, wobei C den Konsum des privaten, G den Konsum des öffentlichen Gutes darstellt.[52] Der repräsentative Konsument finanziert seinen Konsum aus dem Einkommen, das er mit seiner Arbeit und seinem Kapital erzielt.

In diesem Modell wird das öffentliche Angebot durch eine Kapitaleinkommensteuer finanziert, die nach dem Quellenlandprinzip auf das im Land investierte Kapital erhoben wird. Die Regierung eines repräsentativen Landes muß nun einen einheitlichen Steuersatz t[53] wählen, bei dem der Nutzen $u(C,G)$ des repräsentativen Einwohners maximiert wird. Dabei unterliegt sie der Budgetrestriktion, daß die Steuereinnahmen den Ausgaben für öffentliche Güter entsprechen.

$$t \cdot K(r+t) = G \qquad \text{(1–VI)}$$

wobei r den Kapitalertrag nach Steuern darstellt, der sich auf dem Weltkapitalmarkt durch die Kapitalmobilität zwischen den Ländern bildet und für die einzelne kleine Volkswirtschaft als gegeben angenommen werden muß. $K(r+t)$ gibt die Nachfrage nach Kapital in dem Land in Abhängigkeit von den Kapitalkosten $r + t$ an. Wenn mehr Kapital in dem Land investiert wird, fällt das Grenzprodukt des Faktors Kapital und das Grenzprodukt des Faktors Arbeit steigt. Die Unternehmen fragen so lange Kapital nach, bis die Grenzproduktivität des Kapitals den Kapitalkosten $r + t$ entspricht.

Für die Bestimmung des optimalen Angebots von G gilt folgendes: Um ein zusätzliches Gut G anzubieten, muß die Regierung t erheben. Folglich erhöhen sich die Kapitalkosten und die Nachfrage nach Kapital geht um ΔK zurück. Da r aus Sicht eines Landes jedoch als gegeben anzunehmen ist, verringert die höhere Steuer t nicht die Kapitaleinkommen der einheimischen Bevölkerung. Statt dessen tragen sie die Steuer indirekt durch eine Verringerung der Löhne,

---

talsteuern und analysieren, wie sich die Versorgung mit öffentlichen Gütern ändert, wenn sich die Höhe der Kopfbesteuerung verändert. Die Wilson (1999), S. 273ff, folgende Veranschaulichung ist gewissermaßen als Grenzbetrachtung zu sehen (Höhe der Kopfsteuer gleich Null) und ist zugleich auch weniger formal. Zu Darstellungen von Grundmodellen siehe beispielsweise auch Dixit (1985) und Koch/ Schulze (1998). Zodrow/ Mieszkowski (1986) betrachten neben konsumtiven öffentlichen Gütern auch Güter, die als Vorleistungen in die Produktion der ansässigen Unternehmen eingehen.

52 Zodrow/ Mieszkowski (1986) betrachten lokale öffentliche Güter mit privatem, nur konsumtiven Charakter, aber auch Güter, die als Input in den Produktionsprozeß der angesiedelten Unternehmen eingehen. Bei einer Finanzierung durch die Kapitalsteuer kommen sie jedoch in beiden Fällen zum gleichen Ergebnis.

53 Wie die Analyse in der vorliegenden Arbeit zeigte, werden Kapitalsteuern in der Literatur häufig als Steuern auf den Kapitaleinsatz modelliert. Im vollkommenen Wettbewerb haben Steuern auf den Kapitaleinsatz und das Kapitaleinkommen im Prinzip die gleichen Auswirkungen auf die Kapitalallokation zwischen Regionen, so daß der Unterschied auch in diesem Modell nicht relevant ist. Zwar kann beispielsweise bei der Betrachtung von größeren Gebietskörperschaften, die einen Einfluß auf Faktorpreise haben, das Gleichgewicht von der Art der Besteuerung abhängen, die qualitativen Eigenschaften bleiben jedoch auch in diesem Fall erhalten. Siehe hierzu Wilson (1999), S. 274. Aufgrund des vollkommenen Wettbewerbs auf den Gütermärkten entspricht die Steuer auf den Kapitaleinsatz zudem bezüglich ihren Auswirkungen existierenden Unternehmenssteuern. Siehe hierzu Feld (2000), S. 60.

d.h. die Steuer wird voll auf die Lohnbezieher überwälzt. Macht unter der Prämisse des Budgetausgleichs eine Erhöhung von G um eine Einheit den Anstieg von t um Δt erforderlich, so müssen die Lohneinkommen zum Ausgleich der gestiegenen Kapitalkosten $K \cdot \Delta t$ sinken, um negative Gewinne zu vermeiden. Diese Steuererhöhung muß jedoch nicht nur die „marginalen Ressourcenkosten" von G kompensieren, hier mit MC bezeichnet, sondern auch die negativen Folgen des Kapitalabflusses auf die Steuereinnahmen $t \cdot \Delta K$. Folglich übersteigt die Abnahme des heimischen Lohneinkommens die marginalen Ressourcenkosten MC um den positiven Betrag $-t \cdot \Delta K$. Um die optimale Menge des öffentlichen Gutes zu bestimmen, wird die Summe der marginalen Zahlungsbereitschaften für eine weitere Einheit von G, der „marginale Nutzen" MB, mit dem Verlust an Lohneinkommen gleichgesetzt:

$$MB = MC - t \cdot \Delta K \qquad (2\text{–VI})$$

Diese Gleichung kann alternativ auch über die Abhängigkeit von ΔK von der Elastizität des Kapitals im Hinblick auf die Kapitalkosten formuliert werden:

$$MB = \frac{MC}{1 - \tau\varepsilon} \qquad (3\text{–VI})$$

wobei ε die Nachfrageelastizität darstellt (als positiven Wert) und τ den wertmäßigen (ad valorem) Steuersatz, $\tau = t/(r+t)$.

Beide Regeln zeigen, daß der Grenznutzen von G die marginalen Ressourcenkosten übersteigt, um den steuerinduzierten Kapitalabfluß zu kompensieren. Dies bedeutet, daß hier eine *modifizierte Samuelson–Regel* für die optimale Bereitstellung öffentlicher Güter gilt. Zur Erinnerung: Die Samuelson–Regel für geschlossene Volkswirtschaften fordert die Übereinstimmung von Grenzkosten und Grenznutzen der öffentlichen Leistungen, d.h. $MB = MC$.

Im Ergebnis bedeutet dies: Wägt der Staat ab zwischen dem Nutzen der Haushalte aus der Bereitstellung des öffentlichen Gutes und der Steuerlast einschließlich dem Excess Burden, den die Individuen wegen der vollständigen Überwälzung tragen müssen, so entscheidet er sich für ein zu geringes staatliches Güterangebot. Ein Güterangebot, das jedenfalls kleiner als das Versorgungsniveau ist, das sich im Falle einer Besteuerbarkeit der immobilen Faktoren als optimal erweisen würde.[54] Das Ergebnis beruht letztlich auf der Annahme, daß lokal öffentliche Güter mit einer Steuer auf mobiles Kapital finanziert werden müssen. Wäre eine

---

54 Vgl. Sinn (1997), S. 15f. Das Ergebnis der Unterversorgung durch öffentliche Güter läßt sich auch über die Transformationsrate bzw. die Grenzrate der Substitution zwischen öffentlichen und privaten Gütern ableiten. Da lokale öffentliche Güter durch vollständige Nutzungsrivalität gekennzeichnet sind, kann die Samuelson–Bedingung für eine effiziente Bereitstellung von G folgendermaßen formuliert werden: $\frac{U_G}{U_C} \equiv MRS = 1$, wobei die tiefgestellte Indizes partielle Ableitungen kennzeichnen. Im nicht–kooperativen Besteuerungsgleichgewicht ist die Grenzrate der Substitution zwischen einem öffentlichen und privaten Gut trotz effizienter Produktion des öffentlichen Gutes größer Eins. Der Grund liegt in der annahmegemäß nicht anreizneutralen Besteuerung von Inlandskapital, das eine marginale Zusatzlast erzeugt. Aus der Sicht des einzelnen Landes ist Kapital eine mobile Besteuerungsgrundlage, deren Elastizität mit Bezug auf die Quellensteuer t die Größe der Zusatzlast bestimmt. Enstprechend dieser marginalen Zusatzlast erhöhen sich dann die volkswirtschaftlichen Grenzkosten der Bereitstellung des öffentlichen Gutes. Im Gleichgewicht bieten dann die Regionen im Vergleich zum Allokationsoptimum zu wenig öffentliche Güter an. Vgl. hierzu Windisch (1999), S. 160, oder die ausführliche formale und graphische Ableitung in Wellisch (1995), S. 75ff.

Besteuerung immobiler Haushalte (oder eine Landrentenbesteuerung) möglich, würden Regierungen ausschließlich auf diese Steuerquelle zurückgreifen und die lokal öffentlichen Güter nach der Samuelson–Regel bereitstellen.[55] Eine effiziente Allokation scheitert also letztlich an dem nicht ausreichenden steuerpolitischen Instrumentarium, das den Ländern „institutionell" verwehrt ist.

Die Steuerrate t stellt in diesem Zusammenhang eine interessante Größe dar. Sie kann als Unterschied zwischen dem gesellschaftlichen Wert einer zusätzlichen Einheit Kapital und den gesellschaftlichen Opportunitätskosten dieser Einheit interpretiert werden, gemessen jeweils aus der Sicht einer einzelnen Volkswirtschaft. Dieser gesellschaftliche Wert ist das Grenzprodukt des Kapitals, MP_k, das die Firmen bei der Bestimmung ihres optimalen Investitionsniveaus mit $r + t$ gleichsetzen. Die gesellschaftlichen Opportunitätskosten haben nur eine Höhe von r, da angenommen wird, daß die Steuern Einnahmen für die Regierung und keine soziale Kosten darstellen. Folglich gilt $t = MP_k - r$. Aufgrund dieser Diskrepanz profitiert ein Staat von einem Kapitalzufluß und verliert bei einem Kapitalabfluß.

Dem pessimistischen Ergebnis einer möglichen Unterversorgung mit öffentlichen Gütern wird in der Literatur durchaus widersprochen. So gelte die modifizierte Samuelson–Regel nur unter der implizit getroffenen Annahme, daß attrahiertes Kapital im öffentlichen Sektor keine zusätzlichen Lasten bzw. Ausgaben hervorruft, so z.B. aufgrund einer verstärkten Nachfrage nach Infrastruktur und anderen öffentlichen Diensten. Würde dies berücksichtigt und Kapital entsprechend den Grenzkosten für die öffentlichen Güter und Dienste besteuert, wäre ein Land hinsichtlich eines Kapitalzu– und abflusses indifferent. Die Terme mit t in den Gleichungen (2–VI) und (3–VI) würden verschwinden, ein effizientes öffentliches Güterangebot wäre gesichert.[56]

Wenn Kapital jedoch *nicht* in der beschriebenen Weise effizient besteuert wird und in der Grenzbetrachtung t ganz allgemein als die Differenz zwischen dem gesellschaftlichen Wert und den gesellschaftlichen Opportunitätskosten des Kapitals betrachtet wird, haben die Gleichungen 2 und 3 Bestand.

b. Weltwirtschaftliche Sicht

Nach der Analyse der Bedingungen für eine optimale Bereitstellung öffentlicher Güter auf der Ebene einer einzelnen Volkswirtschaft soll als nächstes betrachtet werden, zu welchem Ergebnis wir für alle Staaten als ganzes, d.h. auf der Weltebene, gelangen. Wie gerade aufgezeigt, ergibt sich aus der Literatur zum Steuerwettbewerb als entscheidende Einsicht, daß der Anstieg der Steuerrate in einem Land die anderen Länder durch einen Zufluß an Kapital begünstigt. Denn unter der Annahme eines fixen Weltkapitalstocks bedeuten steuerinduzierte Kapitalabflüsse aus einem Land Zuflüsse an Kapital für andere Länder. Der jeweilige Zufluß bestimmt sich nach den Steuersätzen, die in diesen Staaten gelten. Der Anstieg des Steuersatzes in einem Staat verursacht einen positiven externen Effekt für die anderen Staaten, die

---

55 Vgl. Zodrow/ Mieszkowski (1986), S.360.

56 Auf das Infrastruktur–Argument und die Rolle der Modellierung öffentlichen Güter und deren Implikationen gehen wir im folgenden Abschnitt B.3 genauer ein.

oben abgeleitete fiskalische Externalität. Bei gegebenen Steuersätzen können diese dann mehr öffentliche Güter anbieten. Die Regierung der steuererhöhenden Volkswirtschaft berücksichtigt diesen Effekt jedoch nicht, da sie nur die Wohlfahrt ihrer eigenen Bewohner betrachtet, und setzt die privaten Kosten zur Finanzierung lokal öffentlicher Güter zu hoch an. Folglich legt sie ihre Steuersätze ineffizient niedrig fest und das Angebot an öffentlichen Gütern ist deshalb – aus gesamtwirtschaftlicher Sicht – wie zu erwarten – suboptimal.[57]

c. Möglichkeiten zur Überwindung der Ineffizienzen

Eine Möglichkeit, die Situation der Haushalte zu verbessern, besteht darin, durch eine Zentralregierung oder durch interregionale Koordination die Steuersätze zu erhöhen. Dabei greifen wir auf die Annahme identischer Staaten zurück, die im symmetrischen Gleichgewicht alle den gleichen Steuersatz wählen. In diesem Fall wird nur die Ineffizienz des Gesamtangebots öffentlicher Güter betrachtet und Fragen der Kapitalallokation und der Verteilung, die bei unterschiedlichen Steuersätzen und Angebotsmengen von öffentlichen Gütern in verschiedenen Ländern auftreten, völlig ausgeklammert.[58] Die Kosten des Kapitalabflusses aus einem Staat werden aus weltwirtschaftlicher Sicht durch den entsprechenden Zufluß von Kapital in andere Staaten kompensiert. Folglich verschwindet der Term ΔK aus Gleichung (2–VI) und wir erhalten die Regel für eine effiziente Bereitstellung öffentlicher Güter $MB = MC$. Ausgehend vom Unterversorgungsgleichgewicht, in dem $MB > MC$ gilt, ist die Effizienzbedingung erfüllt, wenn alle Regionen ihre Steuersätze und ihr Angebot an öffentlichen Gütern im gleichen Ausmaß anheben. Diese Veränderungen erhöhen die Wohlfahrt in allen Staaten bzw. Haushalten. Dies stellt zugleich den Ansatzpunkt für die in der Literatur häufig geforderte Koordination zwischen Regierungen dar.[59]

Eine andere Möglichkeit zur Erfüllung der Effizienzbedingung bieten Mobilitätsbeschränkungen.[60] Wird beispielsweise grenzüberschreitender Kapitalverkehr ausgeschlossen und können heimische Firmen nur das von den Einwohnern der Volkswirtschaft angebotene Kapitalangebot nutzen, so würden auch die interregionalen Externalitäten nicht auftreten. Die Kapitalsteuer wäre einer effizienten Kopfsteuer äquivalent und jedes Land würde ihr Angebot öffentlicher Güter unabhängig gemäß $MB = MC$ festlegen. Bei offenen Grenzen haben die Regierungen wegen der Kosten des auftretenden Kapitalabflusses keinen Anreiz, das Angebot öffentlicher Güter bis zu diesem Punkt auszudehnen.

---

57 Wilson (1986) leitet parallel dazu in einem etwas komplizierteren Modell – so berücksichtigt er noch die Produktion von öffentlichen Leistungen – das gleiche Ergebnis ab. Fox (1978) beispielsweise berücksichtigt keine fiskalische Externalitäten und kommt auf diese Weise zu einem effizienten Ergebnis.

58 Vgl. zum folgenden Wilson (1999), S. 275f.

59 Zur Koordination internationaler Fiskalpolititk siehe etwa Razin/ Sadka (1994), Apolte (2000), Musgrave/ Musgrave (1990), Kanbur/ Keen (1993), Huber (1999) oder Genser/ Haufler (1995).

60 Die Interaktion von Kapitalverkehrskontrollen und Steuern stellt ein sehr umfangreiches Themengebiet dar, auf dessen Implikationen erst im Rahmen des Modells Leviathan eingegangen wird. Für den weisen Diktator sind die Anreize zur Behinderung der Allokation der Ressourcen modellimmanent geringer als für einen Leviathan. Für eine eingehende Untersuchung von Kapitalverkehrskontrollen siehe etwa Schulze (1997) sowie die Ausführungen in Kapitel 7, Abschnitt I.C.

Die Neigung zur Unterversorgung mit öffentlichen Gütern kann durch die Betrachtung weiterer (realistischerer) Faktoren gemildert werden. Man könnte beispielsweise das Modell modifizieren, indem man das Kapitalangebot auf der Weltebene nicht als konstant annimmt, sondern abhängig vom Sparverhalten der Bewohner als variabel betrachtet.[61] Wenn dann in einer Reihe von Staaten die Steuersätze erhöht werden, kann das Sparen und entsprechend auch die Höhe des Kapitals sinken, das in andere Länder geleitet wird. Die interregionale Externalität bleiben zwar bestehen, aber in verringertem Umfang. Folglich vermindert ein variabler Welt–Kapitalstock den Steuerwettbewerb, aber eliminiert ihn nicht.[62]

Erweitert man das Modell um die Möglichkeit, daß Ausländer einen immobilen Faktor erwerben können, in dem man ihn als Boden uminterpretiert, wird Steuerexport in die Analyse eingeführt. So können für ein einzelnes Land durchaus Anreize bestehen, die Besteuerung von Kapital zu erhöhen, um ausländische Steuerzahler zu belasten. Die Kapitalsteuer wird in diesem Fall im Ertrag des Bodens kapitalisiert.[63] Diese Art von Steuerexport konterkariert die Wirkungen des Steuerwettbewerbs und führt letztendlich zu einem höheren Angebot an öffentlichen Gütern. Es scheint jedoch auch bei diesem Beispiel unwahrscheinlich, daß auf diese Weise die Unterversorgung des einfachen Steuerwettbewerbsmodells vollständig eliminiert werden kann.

Das einfache Modell des Steuerwettbewerbs wurde in verschiedene Richtungen weiterentwickelt. Hierzu gehören der Einfluß von Anzahl und Größe der im Wettbewerb stehenden Staaten, die Modellierung öffentlicher Leistungen sowie die Berücksichtigung unvollständiger Kapitalmobilität, von Risikoaspekten und von unvollständigem Wettbewerb auf dem Arbeitsmarkt auf die Effizienz des theoretischen Gleichgewichts. An dieser Stelle ist es nicht möglich, alle Beiträge und Fortschritte in der umfangreichen Literatur zu berücksichtigen, statt dessen sollen nur die wichtigsten Entwicklungen dargestellt werden.[64] Dabei soll zugleich herausgearbeitet werden, in welchem Ausmaß sich die Ergebnisse aufgrund von Modellmodifikationen verändern können.

---

61 Siehe hierzu beispielsweise das Modell von Lorz (1997), S. 7ff, das den statischen Ansatz von McDougall (1960) und Kemp (1962, 1962a) mit dem 2–Perioden–Modell der intertemporalen Kapitalallokation von Fisher (1930) verbindet.

62 Bei der Annahme einer gegebenen Kapitalausstattung wird eine wichtige Eigenschaft des Kapitalmarkts, nämlich die Möglichkeit der Kapitalanleger, einer Veränderung der Investitionsbedingungen auch intertemporal durch eine Veränderung der Ersparnisbildung auszuweichen vernachlässigt. Wird dies nicht berücksichtigt, können die Auswirkungen des Steuerwettbewerbs „übertrieben" erscheinen bzw. bestimmte Ergebnisse der internationalen Kapitalmobilität zugeschrieben werden, die auch in einer geschlossenen Volkswirtschaft mit einem variablen Kapitalbestand auftreten könnten. Vgl. hierzu Lorz (1997), S. 8.

63 Steuerexport ist natürlich auch bei mobilen Faktoren wie Direktinvestitionen möglich. Die Voraussetzung hierfür ist, daß ausländische Direktinvestitionen im Inland marginale Renten erwirtschaften. Siehe hierzu ausführlicher Mintz/ Tulkens (1996). Für die Modellannahme des Steuerexports spricht, daß häufig ausländische Direktinvestitionen steuerlich diskriminiert werden. So z.B. OECD (1991). Zur Theorie lokaler öffentlicher Güter bei der Berücksichtigung des Faktors Boden und Kapitalisierungseffekten siehe Feld (2000), S. 35ff.

64 Insbesondere sollen Modelle, die dem Bereich des „fiscal federalism" zuzurechnen sind, also beispielsweise Probleme unterschiedlicher Steuersätzen auf niedrigeren staatlichen Ebenen behandeln, nicht betrachtet werden. Für einen Überblick hierzu siehe Gordon (1983) und Wilson (1999). Eine sehr umfangreiche Zusammenstellung von Studien zum interregionalen Steuerwettbewerb findet sich in Feld (2000), Tabelle A.1.2., S. 365–371.

B. Erweiterungen des Grundmodells

Der Reihe nach wird in diesem Abschnitt betrachtet, welche Implikationen sich ergeben, wenn große Länder (Abschnitt 1) oder asymmetrische Ländergrößen berücksichtigt werden (2). Danach wird ausführlicher analysiert, wie sich der Steuerwettbewerb verändert, wenn man die Ausgabenseite des Budgets heranzieht und Steuern beispielsweise als Preise von öffentlichen bereitgestellten privaten Gütern betrachtet (3). Abschließend wird das Steuerinstrumentarium der politischen Entscheidungsträger auch auf andere Steuern als Kapitalsteuern ausgedehnt (4).

1. Steuerwettbewerb zwischen großen Ländern

Im folgenden wird angenommen, daß die Länder groß genug sind, den Zinssatz nach Steuern auf dem Weltmarkt zu beeinflussen. In diesem Fall werden häufig spieltheoretische Modelle herangezogen, wobei ein Nash–Gleichgewicht zu erwarten ist. Die Strategie eines jeden Landes besteht darin, ihre Zielfunktion unter Rücksicht auf die von den anderen Ländern verfolgten Strategien zu maximieren.[65] Regelmäßig werden Steuersätze als strategische Variablen betrachtet, während die Höhe des Angebots an öffentlichen Gütern aus der Budgetrestriktion der Regierung nach Festlegung der Steuersätze bestimmt wird.[66] Ein einzelnes Land wählt seinen Steuersatz unter der Annahme, daß die Steuersätze der anderen Staaten gegeben sind.

Im Gleichgewicht bestimmt sich die Kapitalverzinsung nach Steuern in einem Land in Abhängigkeit vom Steuersatz dieses Landes und der Steuersätze aller anderen Länder, d.h. es gilt $r = r(t_1, \dots t_N)$, wobei t_i den in dem Land i gewählten Steuersatz darstellt und N die Zahl der betrachteten Länder.[67] Wenn nun ein Staat i seinen Steuersatz um eine Einheit erhöht, dann steigen die Kapitalkosten $r + t_i$ um $1 + \Delta r$. Diese Größe ist kleiner als eins, da die Veränderung der Kapitalverzinsung Δr negativ sein muß, um den Kapitalmarkt zu räumen. Im Ergebnis ist die Kapitalnachfrage $K\,(r + t_i)$ weniger elastisch als im Falle identischer kleiner Länder, bei dem r als Weltkapitalverzinsung gegeben ist. Eine Erhöhung des Steuersatzes verursacht auch weiterhin einen positiven externen Effekt durch Kapitalabfluß in andere Staaten,

---

65 Als Zielfunktionen des Nash–Verhaltens sind hier sowohl die Maximierung des Sozialprodukts wie in Janeba (1995) oder auch die Steuerertragsmaximierung wie in Brennan/ Buchanan (1988 [1980]) oder in Kanbur/ Keen (1993) denkbar. Der umfassendste und am häufigsten verwendete Ansatz ist jedoch die Maximierung der Nutzenfunktion eines repräsentativen Individuums, die private und öffentliche Güter als Argumente beinhaltet. Vgl. hierzu Koch/ Schulze (1998), S. 284. Einen Überblick über verschiedene Zielfunktionen in der Literatur des Steuerwettbewerbs gibt auch Wagener (1997), S. 31ff.

66 Eine alternative Formulierung, in der das Niveau der öffentlichen Güter als strategische Variable herangezogen werden, findet sich in Wildasin (1988, 1991). Dort werden die Steuersätze so gewählt, daß die Budgetrestriktionen der Staaten eingehalten werden. Die Budgetrestriktion bestimmt entweder für ein gewähltes Niveau des öffentlichen Faktors die zugehörige Kapitalsteuerbelastung oder für einen gewählten Steuersatz die entsprechende Versorgung mit dem öffentlichen Faktor. Die einzelnen Regierungen können also nicht simultan über beide Variablen t und Versorgung mit öffentlichen Gütern entscheiden, sie müssen sich auf eine Strategievariable festlegen. Sie stehen demnach entweder im Preis– oder im Mengenwettbewerb zueinander, vgl. S. Sinn (1989).

67 Zu den folgenden Ausführungen siehe Wilson (1999), S. 278ff.

aber hier ist der Abfluß weniger hoch, da die höheren Steuersätze teilweise in der Verzinsung nach Steuern kapitalisiert werden.[68]

Nimmt man den einfacheren Fall identischer Länder an, bleibt die Gleichung (2–VI) gültig. Lediglich der Kapitalabfluß ΔK ist geringer einzuschätzen. Gleichung (3–VI) ist zu modifizieren, um dem Kapitalisierungseffekt Rechnung zu tragen.

$$MB = \frac{MC}{1 - \tau\varepsilon(1 + \Delta r)} \qquad (4\text{–VI})$$

Aus Sicht der Effizienz ist die Marktmacht im System der Staaten wohlfahrtssteigernd, da die wahrgenommenen marginalen Kosten der Bereitstellung öffentlicher Gütern verringert werden und dadurch eine höheres Angebot angeregt wird.[69] In großen Ländern können folglich höhere Steuersätze durchgesetzt werden als in kleinen Ländern.

2. *Asymmetrische Ländergrößen – Der Vorteil kleiner Länder*

Viele Autoren haben auch die Implikationen asymmetrischer Ländergrößen im Steuerwettbewerb untersucht. Ein wesentliches Resultat– das auch für die Güterbesteuerung gilt – ist, daß das „kleine" Land seinen „großen" Nachbarn unterbietet und so im unkoordinierten Nash–Gleichgewicht eine höhere Wohlfahrt (pro Kopf der Bevölkerung) realisieren kann als der große Nachbar.[70]

Bucovetsky (1991) und Wilson (1991) analysieren den Fall asymmetrischen Steuerwettbewerbs zwischen einem „großen" und einem „kleinen" Land. Dabei differieren die Länder lediglich in der Zahl ihrer Einwohner, die Ausstattung an Arbeit und Kapital pro Einwohner ist jedoch identisch. Da das große Land eine relative große Nachfrage auf dem Kapitalmarkt entfaltet, senkt eine Erhöhung ihres Kapitalsteuersatzes den Nettokapitalertrag r spürbar. Folglich steigen bzw. fallen die Kapitalkosten $r + t$ bei einer Steueränderung in dem großen Land weniger stark als in dem kleinen. Das große Land erhebt einen höheren Steuersatz, da die Erosion seiner Bemessungsgrundlage (pro Kopf der Bevölkerung) durch eine Steuererhöhung geringer ausfällt. Höhere Steuern implizieren eine höhere Einnahme pro Einheit eingesetztes Kapital, aber zugleich eine geringere Bemessungsgrundlage. Der Erosionseffekt wird um so geringer, je höher der Anteil des größeren Landes an der Welt–Faktorausstattung ist. Das große Land wird umgekehrt nicht versuchen, über niedrigere Steuersätze mehr Kapital zu attrahieren, da dies zu einem relativ höheren Zinssatz für Kapital führen, aber nur wenig Kapital aus dem kleinen Land zufließen würde. Im *Ergebnis* führt dies zu einer *weiteren Unterversorgung* mit öffentlichen Gütern. Das Nash–Gleichgewicht ist offensichtlich ineffizient, da es zumindest im großen Land zu einer Unterversorgung mit öffentlichen Gütern führt.

---

68 Hier sei an die graphischen Abbildung des Zwei–Länder–Falls in Kapitel 5, Abschnitt III, C erinnert.

69 Hoyt (1991) zeigt, daß mit sinkender Anzahl von Regionen das Angebot an öffentlichen Gütern und die Steuersätze steigen. Im extremen Fall, daß nur noch eine einzige Region betrachtet wird, kommt es mangels Konkurrenten zu keinem Steuerwettbewerb und keinen Kapitalabflüssen. Eine Steigerung von t_i um eine Einheit wird vollständig durch r kapitalisiert, so daß sich insgesamt die Kapitalkosten $r + t_i$ nicht verändern.

70 Vgl. beispielsweise Kanbur/ Keen (1993).

Insgesamt zeigen sich zugleich die Vorteile eines kleinen Landes. Das kleine Land profitiert von der Externalität: die höheren Steuersätze im großen Land vergrößern seine Bemessungsgrundlage und verringern den Kapitalertrag nach Steuern, wodurch es weiter begünstigt wird, da es Kapitalimporteur ist. Da die Kapitalkosten im Gleichgewicht in dem kleinen Land geringer sind, produzieren die ansässigen Firmen kapitalintensiver und bieten daher höhere Löhne als in dem großen Land.

Wenn der Unterschied zwischen den beiden Staaten ausreichend groß ist, so stellt sich nach Wilson (1991) das kleine Land sogar besser als ohne Steuerwettbewerb, d.h. besser als in einer Situation, in der die Kapitalsteuer durch eine Kopfsteuer ersetzt würde. Hier zeigt sich, daß der Steuerwettbewerb zwar zu ineffizienten Ergebnissen führen kann, einige Länder jedoch von der Wettbewerbskonstellation profitieren.[71] [72]

Fraglich ist allerdings, ob sich ein kleines Land nicht trotzdem bei einer Steuerkoordination besser stellt, wie dies bei identischen Ländern der Fall ist. Hier ist dann zwischen dem Nash–Gleichgewicht und dem Koordinationsgleichgewicht abzuwägen. Aus Sicht des kleinen Landes sind zwei gegenläufige Effekte gegenüberzustellen. Das kleine Land profitiert zwar von dem Verteilungseffekt, der ihm ermöglicht, sich einen Teil der Bemessungsgrundlage des großen Landes „abzuschneiden". Gleichzeitig ist es jedoch auch von dem aggregierten Wohlfahrtsverlust betroffen, der aus dem unkoordinierten Besteuerungsgleichgewicht resultiert. Welcher dieser Effekte letztendlich dominiert, kann nicht allein theoretisch bestimmt werden, sondern ist von den Spezifika des zugrundeliegenden Steuerwettbewerbsmodells abhängig. Mögliche Erweiterungen, die in der Literatur diskutiert werden, umfassen beispielsweise die Einführung von Transaktionskosten bei ausländischen Investitionen (Persson und Tabellini 1992), eine variable Anzahl von betrachteten Staaten (Hoyt 1991) und die Verfügbarkeit anderer Besteuerungsobjekte (Bucovetsky und Wilson 1991). Allerdings beschränken sich diese Untersuchungen entweder auf ein „endowment model" (Persson und Tabellini 1992) oder betrachten nur den Fall identischer Staaten.[73]

---

71 Bucovetsky (1991) und Wilson (1991) arbeiten mit stetigen Reaktionsfunktionen, die für die Existenz eines Nash–Gleichgewichts wesentlich sind. Sie können jedoch nicht ausschließen, daß es mehrere Gleichgewichte gibt, sogar wenn wie bei Bucovetsky (1991) eine quadratische Produktionsfunktion angenommen wird. Die Annahme einer stetigen Reaktionsfunktion impliziert wie im einfachen Steuerwettbewerbsmodell eine friktionslose Reallokation des Kapitals bei Steuersatzveränderungen, d.h. es gilt auch hier, daß der gesamte Kapitalstock homogen, beliebig teilbar und international mobil ist. Vgl. hierzu Koch/ Schulze (1998), S. 287.

72 Die Besserstellung von kleinen Ländern im Steuerwettbewerb läßt sich nicht nur im Kapitalsteuerwettbewerb zeigen. Kanbur/ Keen (1993) erhalten das gleiche Ergebnis in einem partialanalytischen Modell (spatial model) grenzüberschreitenden Konsums für die Güterbesteuerung. Das einfache Steuerwettbewerbsmodell kann den Fall einer Verzerrung des internationalen Handels durch Besteuerung nicht erfassen, da der private Konsum zu einem einzigen Gut aggregiert wird. Siehe hierzu beispielsweise Wilson (1987).

73 Vgl. hierzu Eggert/ Haufler (1996), S. 1f, die in ihrer Studie untersuchen, wie wahrscheinlich es ist, daß ein kleines Land im Steuerwettbewerb von seiner Position profitiert. Auf der Basis numerischer Simulationen stellen sie fest, daß die Wahrscheinlichkeit, daß ein kleines Land den „tax war" gewinnt, im Standard–Steuerwettbewerbsmodell sehr hoch ist, aber bei verschiedenen Modellerweiterungen abnimmt. Sie weisen auch darauf hin, daß ähnliche Überlegungen zu aysymmetrischen Ländergrößen auch in der Literatur zum internationalen Handel angestellt werden. Hier ist es allerdings das große Land, das einen Zollkrieg gewinnen kann, in dem es seine terms of trade verbessert.

Eine andere interessante Implikation des asymmetrischen Steuerwettbewerbs zwischen zwei Staaten ist, daß sich ein Land möglicherweise dafür entscheidet, das öffentliche Gut in größerem Umfang bereitzustellen, als sich dies aus der Regel zur effizienten Bereitstellung ergeben würde.[74] Unterschiede in der Ländergröße, den Produktionstechnologien oder Konsumentenpräferenzen können dazu führen, daß ein Staat Kapital in die andere exportiert. Das kapitalimportierende Land hat einen Anreiz, solche Importe zu beschränken und dadurch die Nettorendite des Kapitals zu senken. Die steuerinduzierte Veränderung in r (mit $\Delta r < 0$) wird nun folgendermaßen in die Regel für das gleichgewichtige Angebot öffentlicher Güter integriert:

$$MB = \frac{MC\left\{\left[1-\left(\bar{k}/k\right)\right]\Delta r + 1\right\}}{1-\tau\varepsilon\left(1+\Delta r\right)} \qquad (5\text{–VI})$$

Wobei $\bar{k}$ die Kapitalausstattung der Einwohner des Landes darstellt und k das von den Firmen eingesetzte Kapital, so daß $k - \bar{k}$ den Kapitalimport kennzeichnet. Vergleicht man diese Regel mit der Regel (5–VI) für den Fall gleich großer Länder, so ist einfach zu erkennen, daß der neue Term, $[1 - (\bar{k} / k)]\Delta r$, die marginalen Kosten für das öffentliche Gut in den kapitalimportierenden Regionen senkt. Mit anderen Worten haben diese Staaten einen besonderen Anreiz, die Steuer zu erhöhen, um erstrebenswerte Terms of Trade–Effekte zu erzielen. Diese werden jedoch zu lasten der kapitalexportierenden Länder realisiert, die durch die Senkung von r unmittelbar geschädigt werden. DePater und Myers (1994) bezeichnen diese Effekte (wie oben erwähnt) als *pekuniäre* Externalitäten und grenzen sie so von den *fiskalischen* Externalitäten ab, die mit der Kapitalelastizität in Gleichung (6–VI) verbunden sind. Die pekuniären Elastizitäten wiederum sind für das Überangebot an öffentlichen Gütern in den kapitalimportierenden Länder verantwortlich. Auf der anderen Seite führt ihr Vorhandensein zu einer gegenläufigen Entwicklung in den kapitalexportierenden Regionen und verstärkt dadurch das Problem der Unterversorgung mit öffentlichen Gütern in diesen Ländern.

3. *Die Rolle von öffentlich bereitgestellten Gütern*

Modelle des Steuerwettbewerbs vernachlässigen meist die Rolle der öffentlich bereitgestellten Güter (und möglicher staatlicher Subventionen) für die Investitions- bzw. Standortentscheidung der Individuen. Insbesondere wird angenommen, daß die Grenzproduktivität privater Investitionen durch die staatliche Ausgabenpolitik nicht oder bei unterschiedlicher Ausgabenpolitik in den Ländern ähnlich beeinflußt wird. Nur unter dieser Einschränkung kommt man zu dem Ergebnis, daß eine benevolente Regierung auf eine Quellenbesteuerung von Kapitaleinkommen verzichtet. Tatsächlich ist jedoch anzunehmen, daß private Investoren bei der Standortwahl bestimmte öffentliche Güter und Subventionen in ihr Kalkül mit einbeziehen.[75] Dadurch ist nicht mehr nur die Besteuerung, sondern das Bündel aus öffentlichen Leistungen und Steuern für die Kapitalallokation der Investoren entscheidend.[76] So ist anzunehmen, daß öffentliche Leistungen, die die Grenzproduktivität privaten Kapitals erhöhen, d.h. als unternehmensspezifische Güter in die Produktionsfunktion der Unternehmen eingehen, nicht ohne

---

74 Siehe hierzu Wilson (1999), S. 279.

75 Vgl. etwa Kitterer (1990), S. 20.

76 Dies betont beispielsweise Dluhosch (1993), Tz. 104ff.

Einfluß auf die Besteuerung bleiben. Sie sind daher von den öffentlichen Konsumgütern bzw. allgemeinen öffentlichen Leistungen zu unterscheiden, wie sie in der Tiebout–Literatur untersucht und auch in einfachen Steuerwettbewerbsmodellen unterstellt werden. Oft wird hier eingeräumt, daß Kapitaleinkommensteuern, die zur Finanzierung von spezifischen öffentlichen Leistungen für den Faktor Kapital herangezogen werden, den Charakter von Äquivalenzsteuern[77] erhalten und auch in einer kleinen offenen Volkswirtschaft erhoben werden könnten.[78] In dem Umfang, in dem Steuern als Preise für öffentliche Güter zu interpretieren seien, würden Steuern von Investoren akzeptiert. In diesem Maße sei es auch aus Sicht eines einzelnen Staates rational, Steuern zu erheben. Demzufolge wäre in diesem Fall ein destruktiver Steuerwettbewerb nicht zu konstatieren.[79]

Es stellt sich nun die Frage, welchen Einfluß der Charakter der durch Kapitalsteuern finanzierten öffentlichen Leistungen hat und welche Wirkungen auf den Steuerwettbewerb von ihnen ausgehen. Die Art und Weise, wie öffentliche Güter modelliert werden, wird in der vorhandenen Literatur intensiv diskutiert.[80] Die folgenden Ausführungen sollen einen Überblick über diese Diskussion geben. Hierzu wollen wir öffentlich bereitgestellte private Güter (1), rein öffentliche Güter (2) und öffentliche Güter mit teilweiser Nutzungsrivalität (3) betrachten.

a. Steuern als Preise von öffentlich bereitgestellten privaten Gütern

Wie bei der Analyse des einfachen Steuerwettbewerbmodells angedeutet, gibt es Argumente dafür, daß der Wettbewerb bei nationalen bzw. lokalen öffentlichen Gütern funktionieren und eine effiziente Versorgung mit öffentlichen Gütern gegeben sein könnte. Regierungen können im Steuerwettbewerb als Anbieter von Standorten betrachtet werden, denen die Eigentümer der mobilen Faktoren gegenüberstehen. Im Idealfall bieten die benevolenten Regierungen ihr „Produkt" zu Grenzkosten an, d.h. sie wählen den Steuersatz entsprechend den Grenzkosten der Bereitstellung von öffentlichen Gütern. Im kompetitiven Gleichgewicht entspricht der Steuerpreis den marginalen Zahlungsbereitschaften der Eigentümer der mobilen Faktoren. Diese werden jedoch nur dann bereit sein, öffentliche Güter zu finanzieren, wenn diese ihnen tatsächlich einen Nutzen stiften.[81] Zugleich ist dies der Grundgedanke des Infrastruktur–Arguments: Ein wohlmeinender Diktator sollte in einem Unterbietungswettbewerb nationaler

---

77 Vgl. Molsberger (1977), S. 382ff. Allerdings wird in der Regel nicht erläutert, was genau unter Äquivalenzsteuern und den mit ihnen finanzierten öffentlichen Leistungen zu verstehen ist. Die Möglichkeit einer äquivalenten Besteuerung bei kapitalspezifischen öffentlichen Gütern haben wir bereits in Kapitel 2, Abschnitt V.A.2 aufgezeigt.

78 Diese Folgerung beinhaltet die implizite Annahme, falls Steuerwettbewerb zu einem Rückgang der Einnahmen aus der Unternehmensbesteuerung führt, die Steuerbelastung im Ausgangspunkt höher ist, als es eine Äquivalenzbesteuerung zulassen würde.

79 So z.B. Oates/ Schwab (1988), Wellisch (1995), S. 83ff.

80 Vgl. beispielsweise Sinn (1994, 1997a) oder Lorz (1997), S. 53ff.

81 Ein Negativbeispiel für eine Unterversorgung mit öffentlichen Gütern, die auf der Annahme einer alleinigen Besteuerung von mobilen Bemessungsgrundlagen beruht, stellt McLure (1986), S. 342, dar: Er schildert die Überlegung, die Schulspeisung in Gloucester, Massachusetts, durch eine Vermögensteuer auf die dort anlegende Fischereiflotte zu finanzieren.

Steuerpolitiker eine sogenannte Äquivalenzlösung wählen, um die Wohlfahrt zu maximieren.[82]

Das Infrastruktur–Argument wird in der Literatur sehr unterschiedlich dargestellt. Sinn (1997, S. 13ff) wählt hierzu die schon bekannte Abbildung zur Erosion der Quellensteuern im Wettbewerb (Abbildung 29), wobei r^* als die vorgegebene Nettorendite des Kapitals in Ländern mit einer funktionierenden Infrastruktur zu interpretieren ist. Er nimmt an, daß pro Einheit Kapital Kosten für die Infrastruktur in Höhe von AE entstehen, so daß die gesamten Kosten für die Infrastruktur bei einem Kapitaleinsatz der Höhe $0L$ der Fläche $ADGE$ entsprechen. Hieraus ergibt sich, daß es für das betrachtete Land nicht sinnvoll ist, auf die Erhebung einer Quellensteuer auf Kapital zu verzichten, auch wenn eine Besteuerung der immobilen Faktoren möglich ist. Denn trägt der immobile Faktor die Steuer, so beträgt sein Einkommen $ZGE - ADGE$ bzw. $ZBA - BDG$. Belastet man hingegen den Faktor Kapital mit den Bereitstellungskosten der Infrastruktur und setzt $t = AE$, so geht der Kapitaleinsatz auf $0C$ zurück, und das Einkommen des immobilen Faktors beläuft sich auf ZBA. Die immobilen Faktoren stellen sich also besser, wenn sie die Kosten der Infrastruktur selbst tragen, da ihr Einkommen um die Fläche BDG größer ausfällt, als wenn der Faktor Kapital die Kosten selbst trägt.[83]

Ein ineffizienter regionaler Steuerwettbewerb mit einer Unterversorgung mit öffentlichen Vorleistungen ist in diesem Fall nicht zu befürchten. Da in dem gewählten Beispiel Infrastruktur als *privates Zwischengut* modelliert wird, das in festem Verhältnis zum Faktor Kapital eingesetzt werden muß, können die Kosten der rivalen öffentlichen Vorleistungen vollständig aus den Einnahmen der Kapitalsteuer gedeckt werden. Die Kapitalsteuer wird zu einer Gebühr, die regionale Regierungen für die Inanspruchnahme öffentlicher Vorleistungen erheben.[84] Sie erfüllt damit zugleich die Funktion der Internalisierung von marginalen Bereitstellungskosten, die durch zusätzlichen Kapitaleinsatz entstehen. So kann die Bereitstellung öffentlicher Güter auch bei einer Besteuerung des mobilen Faktors nach der Samuelson–Regel erfolgen und ist damit effizient.[85] Folglich ist festzuhalten: Werden durch die Kapitalsteuer quasi–private öffentliche Vorleistungen finanziert, um die regionale Kapitaleinheiten konkurrieren, führt ein interregionaler Steuerwettbewerb nicht zu einer Unterversorgung mit öffentlichen Vorleistungen. Das dezentrale Nash–Gleichgewicht ist effizient.

---

82 Das Prinzip der Faktoreinkommensäquivalenz kann als Übertragung des traditionellen Äquivalenzprinzips auf die Faktorebene interpretiert werden. Nach dem traditionellen Äquivalenzprinzip entspricht der Finanzierungsbeitrag eines Haushalt an einer zusätzlichen Einheit eines öffentlichen Gutes oder Faktors dessen marginaler Zahlungsbereitschaft für dieses Gut oder diesen Faktor. Vgl. hierzu Lorz (1997), S. 66. Zum Äquivalenzprinzip bei der Konzeption regionaler Unternehmensteuern siehe etwa Wissenschaftlicher Beirat beim Bundesministerium der Finanzen (1982), S. 32ff.

83 Eine ähnliche Argumentation in formaler Darstellung findet sich auch in Wellisch (1995), S. 83ff.

84 Diese Funktion erfüllt die Kapitalsteuer nur, wenn die Inanspruchnahme öffentlicher Faktoren *proportional* zum eingesetzten Kapital erfolgt.

85 Vgl. hierzu Wellisch (1997), S. 87. Er zeigt dort auch, daß dieses effiziente Ergebnis auch mit dem Fehlen externer Effekte erklärt werden kann: Induziert eine Kapitalsteuererhöhung in einer anderer Region eine Kapitalzuwanderung, so verursacht diese (im Gegensatz zum Standard–Modell) zusätzliche Kosten für die Bereitstellung öffentlicher Faktoren, die in diesem Ansatz durch die Kapitalsteuer in einer effizienten Weise internalisiert werden.

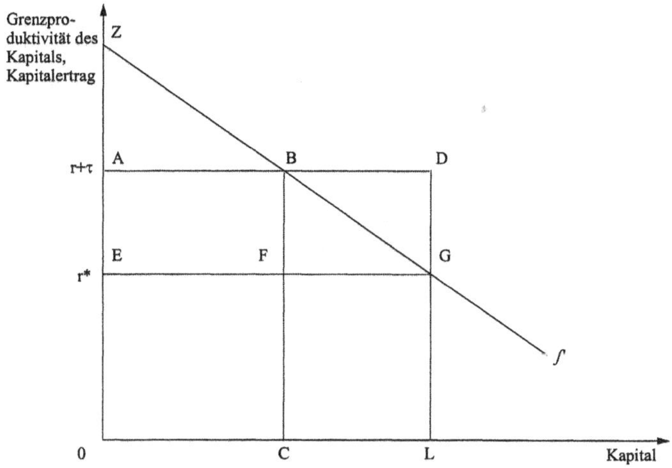

Abbildung 29: Äquivalenzbesteuerung zur Finanzierung von Infrastrukturgütern

Quelle: Ähnliche Darstellung in Sinn (1997a), S. 15.

In der dargestellten Form ist – wie Sinn (1997, S. 16) selbst hervorhebt – das sogenannte Infrastruktur–Argument aufgrund der Modellierung als *privates Zwischengut* indes nicht wirklich überzeugend.

b. Bereitstellung rein öffentlicher Güter

Daher betrachten wir im nächsten Schritt den Fall, in dem sogenannte lokal öffentliche Güter bereitgestellt werden, die die Produktivität der mobilen Faktoren erhöhen.[86] Steigt auf diese Weise die Grenzproduktivität des Faktors Kapital, so verschiebt sich in Abbildung 30 die Kapitalnachfragekurve nach rechts oben, und es besteht ein Anreiz, mehr Kapital zu bilden.[87] Wenn dieses Angebot über eine Kapitalertragsteuer in entsprechender Höhe von $r_b* - r* = AA*$ finanziert wird, so bleibt der Nettoertrag des Investors gleich hoch. Die Ausgabenpolitik gleicht die negativen Effekte der Steuerpolitik genau aus. Die Kapitalallokation bleibt konstant.[88] Eine Veränderung der bereitgestellten Menge des

86 Zur genauen Definition dieses Typs öffentlicher Leistung siehe Fuest (1995), S. 100ff. Grundsätzlich sind zwar auch sogenannte konsumtive öffentliche Güter denkbar, die Darstellung soll sich jedoch auf die „produktive" Variante beschränken. Entscheidend ist hier die Annahme einer räumlichen Beschränkung der Nutzeninzidenz, die mit der geographischen Ausdehnung einer Gebietskörperschaft übereinstimmt. Insofern haben lokale öffentliche Güter Klubgutcharakter. Pfähler/ Lorz (1994), S. 137, zeigen am Beispiel technischen Wissens eine vergleichende Darstellung zwischen standortgebundenen öffentlichen Faktoren und Faktoren, deren Nutzungspotential mobil ist.

87 Eine formale Herleitung der genauen Zusammenhänge findet sich in Lorz (1997), S. 58ff. Grafisch wurde dieser Fall in ähnlicher Form in Kapitel 2, Abschnitt V.A.2, Abbildung 6 dargestellt.

88 Auf diese Weise können auch unterschiedlich hohe nationale Steuerniveaus erklärt werden. Denn wenn einer höheren Steuerbelastung auf Kapitalerträge in einem Land staatliche Leistungen gegenüberstehen, die die Grenzproduktivität privater Investitionen mindestens in dem Umfang heben, in dem die Steuerbe-

öffentlichen Gutes wirkt sich somit nicht auf die internationale Kapitalallokation aus, wenn sich der Kapitalsteuersatz entsprechend dem „Prinzip der Kapitaleinkommensäquivalenz" anpaßt. Dieses verlangt, daß der Finanzierungsbeitrag des Kapitals an einer zusätzlichen Einheit des öffentlichen Gutes dem Zuwachs an Kapitaleinkommen durch die zusätzliche Einheit des öffentlichen Faktors entsprechen muß.[89]

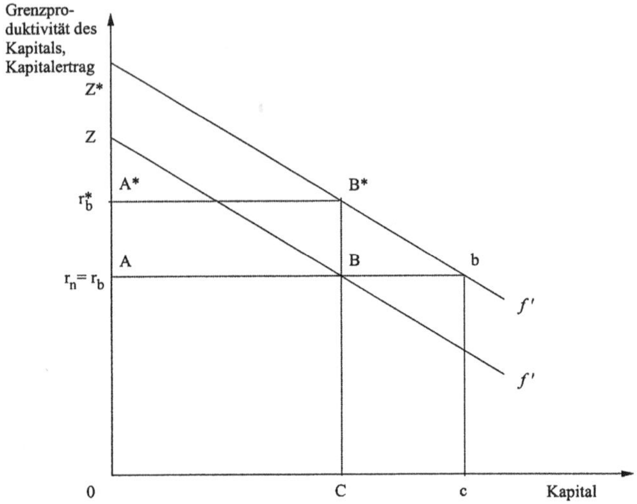

Abbildung 30: Äquivalenzbesteuerung zur Finanzierung kapitalspezifischer öffentlicher Güter

Quelle: Eigene Darstellung nach Gerken; Märkt; Schick (2000), S. 183.

Trotzdem stellen sich die immobilen Faktoren besser, wenn sie die kapitalspezifischen Güter selbst finanzieren und auf eine Quellenbesteuerung verzichten. Im Inland steigen zwar das Inlandsprodukt und das Inländerprodukt auf Z^*B^*C0, aber diese Entwicklung ist nicht wohlfahrtsoptimal. Denn eine Senkung des Steuersatzes von $r_b^* - r_n = A^*A$ auf $r_b^* - r_n = 0$ führt zu einer Zuwanderung mobilen Kapitals im Umfang von *Cc,* wobei sich das Nettokapitaleinkommen von *ABC*0 auf *Abc*0 erhöht. Dies impliziert, daß das Inlandsprodukt auf *Z*bc*0 und das Inländerprodukt auf *Z*bBC*0 ansteigen. Der Verzicht auf eine Besteuerung des Kapitals bewirkt auch in diesem Fall eine Maximierung der gesellschaftlichen Wohlfahrt. Dabei bleibt der Einkommensanstieg der immobilen Faktoren auch dann positiv, wenn sie die produktiven öffentlichen Güter finanzieren müssen.[90] Dieser Zusammenhang wird in der Litera-

lastung die Grenzerträge mindert und umgekehrt, ist auch bei Steuergefällen keine Verzerrung der weltwirtschaftlichen Allokation von Investitionen zu erwarten. Zu diesem Argument ausführlich Dluhosch (1993), Tz. 27. In dieser Situation bleibt also die Kapitaleinkommensäquivalenz gewahrt. Es ist allerdings festzuhalten, daß eine effiziente Allokation von Kapital zwischen Regionen keine hinreichende Bedingung für die Wahl einer effizienten Güterversorgung darstellt. Siehe Gerber/ Hewitt (1987), S. 455.

89 Siehe hierzu Lorz (1997), S. 66.

90 Vgl. hierzu Gerken/ Märkt/ Schick (2000), S. 182f. Dieses Ergebnis stimmt mit den Erkenntnissen aus dem Ansatz von Zodrow/ Mieszkowski (1986) überein, daß das Inland nur bei einem Kapitalzufluß profitiert.

tur auch als indirekter Produktivitätseffekt der öffentlichen Güter bezeichnet.[91] Denn bei einem variablen Kapitalbestand wirken sich die öffentlichen Faktoren einerseits direkt über den Grenzproduktivitätseffekt und auf der anderen Seite indirekt über den Einfluß auf den inländischen Kapitalbestand aus.[92]

Die unterschiedlichen Ergebnisse hinsichtlich der Wohlfahrtswirkungen der Quellenbesteuerung bei Infrastrukturgütern hängen nicht zuletzt mit den modellierten Eigenschaften dieser Güter zusammen. Oft haben Infrastrukturausgaben den Charakter eines echten öffentlichen Gutes, das gemeinsam von allen konsumiert werden kann (Nicht–Rivalität) und nicht teilbar ist. Sind die Grenzkosten, die ein zusätzlicher Investor aus dem Ausland dem Gastland bei der Bereitstellung der Infrastruktur aufbürdet, gleich Null, sollte er aus allokativen Gründen gar nicht zur Finanzierung der Gesamtausgaben herangezogen werden. Bestrebungen, Unternehmen die Kosten öffentlicher Infrastrukturausgaben anzulasten, sind äquivalenztheoretisch gegenstandslos, wenn die Grenzkosten gleich Null sind. Nutzungsgebühren für rein öffentliche Produktionsfaktoren können ex definitione nicht verlangt werden. In diesem Fall wäre es besser, die Staatsausgaben durch eine Steuer auf immobile Faktoren zu finanzieren.[93]

c. Bereitstellung von öffentlichen Gütern mit Nutzungsrivalitäten

Allerdings ist die staatliche Infrastruktur in der Realität ein unreines öffentliches Gut mit einer unterschiedlich stark ausgeprägten Nutzungsrivalität. Wenn sich die Nutzungsrivalitäten mit zunehmenden Kapitalbestand erhöhen, dann löst eine Kapitalzuwanderung eine Überfüllungsexternalität aus, die mit der Überfüllungsexternalität aus dem Tiebout–Modell bei der Wanderung von Personen vergleichbar ist. Steuerpreise kann der Staat dann nur für die Nutzung an sich verlangen, nicht wie im Modell von Sinn (1997) für den Verbrauch bestimmter Mengeneinheiten an Infrastruktur. Dieser Nutzungsakt verursacht allerdings keine Produktionskosten, sondern Ballungskosten in Form einer Behinderung anderer Nutzer.[94] Es gibt eine Reihe von Arbeiten, die das Infrastruktur–Argument auf den Fall von Ballungskosten verallgemeinern.[95] Diese Beiträge kommen zu einer optimistischen Beurteilung des Systemwettbewerbs.

Die Rolle von Ballungskosten soll anhand des folgenden einfachen Modells verdeutlicht werden.[96] Dabei nehmen wir eine Zahl (m) von kleinen offenen Ländern bzw. Gebietskörperschaften an, die jeweils ein öffentliches Gut der Menge (X^i) anbietet, das

---

91 So Conrad/ Seitz (1994).

92 Vgl. hierz Lorz (1997), S. 52 oder auch Anwar (1992).

93 Siehe Weichenrieder (1995), S. 19, oder auch Richter/ Seitz/ Wiegard (1996), S. 25.

94 Zur Rolle von Ballungskosten als negativen externen Effekten in der räumlichen Wirtschaftspolitik siehe grundlegend Klaus/ Schleicher (1983), S. 6ff.

95 Dies umschließt die Literatur zu Klubgütern wie die Arbeiten von Boadway (1980) oder Berglas/ Pines (1981), aber auch Beiträge, die im Gefolge von Wildasin (1986) entstanden, wie Gerber/ Hewitt (1987) oder Richter/ Seitz/ Wiegard (1996). Vgl. Sinn (1997a), S. 16.

96 Die Darstellung des Modells beruht auf Apolte (1999), S. 3ff, für ähnliche Ansätze siehe beispielsweise auch Fuest (1995), Sinn (1996), Wilson (1986) oder Zodrow/ Mieszkowski (1986).

als Input in den Produktionsprozess der jeweiligen Gebietskörperschaften eingeht. Dieser kann durch die folgende Produktionsfunktion Y^i charakterisiert werden:

$$Y^i = f^i(L^i, K^i, n^i \cdot X^i) \text{ mit } i = 1, 2,...,m. \qquad (6\text{–VI})$$

L^i stellt die Menge des immobilen Faktors dar, (z. B. Arbeit), K^i die Menge des mobilen Faktors (z.B. Kapital) und n^i verkörpert die Zahl der Firmen, die den öffentlichen Input X^i nutzen. Zur Vereinfachung betrachten wir nur die repräsentative Gebietskörperschaft *i*, so daß wir den Exponenten vernachlässigen können. In der gleichen Absicht normalisieren wir die Menge der Arbeit und die Zahl der Firmen auf Eins. Dies vereinfacht die Produktionsfunktion auf:

$$Y = f(K, X). \qquad (6a\text{–VI})$$

Die Unternehmen maximieren ihren Gewinn *G* nach Steuern. Für ein repräsentatives Unternehmen lautet die Gewinnfunktion:

$$G = f(K, L) - w \cdot L - r^* \cdot K - t_k \cdot K, \qquad (7\text{–VI})$$

wobei *w* den Lohnsatz, *L* den Arbeitseinsatz, r^* den Zinssatz auf dem Weltmarkt und t_k den Steuersatz auf den Kapitaleinsatz *K* kennzeichnet. Das betrachtete Unternehmen investiert Kapital bis zu dem Punkt, an dem die Grenzproduktivität des Kapitals f_K der Summe aus Zins– und Steuerkosten entspricht:

$$f_K = r^* + t_K. \qquad (8\text{–VI})$$

Die benevolente Regierung verfolgt das Ziel, den Konsum der Bürger zu maximieren. Der Konsum *Z* wird definiert als Gesamtproduktion *Y* minus Kapitalkosten $r^* \cdot K$, den Ballungskosten *C* und den Kosten der Bereitstellung des öffentlichen Gutes $P_X \cdot X$. Der Einfachheit halber nehmen wir an, daß das öffentliche Gut im Ausland zu gegebenen Preisen P_X erworben wird. Die Ballungskosten entstehen durch die Nutzung des öffentlichen Gutes durch die Unternehmen. Sie steigen mit zunehmendem Kapitaleinsatz und fallen, wenn zusätzliche öffentliche Güter bereitgestellt werden.[97] Die Konsummöglichkeitenfunktion lautet dann:

$$Z = f(K, X) - r^* \cdot K - C(K, X) - P_X \cdot X. \qquad (9\text{–VI})$$

Aus den Bedingungen für die Maximierung des Konsums ergeben sich folgende Gleichungen:

$$f_X = P_X \qquad (10\text{–VI})$$

$$f_K = r^* + C_K. \qquad (11\text{–VI})$$

Die Regierung stellt somit die optimale Menge des öffentlichen Gutes bereit, wenn dessen Grenzprodukt mit seinem Preis übereinstimmt (10–VI). Diese Gleichung entspricht im Prinzip der Bedingung für den optimalen Kapitaleinsatz (11–VI). Dessen Preis setzt sich jedoch aus zwei Komponenten zusammen: dem Zinssatz und den Ballungsgrenzkosten. Kombiniert man nun Gleichung (11–VI)) mit (8–VI), so ergibt sich folgendes Resultat:[98]

$$t_K = C_K. \qquad (12\text{–VI})$$

---

97 Für eine ausführliche Darstellung der Theorie von Gütern mit Nutzungsrivalitäten siehe Sandler/ Tschirhart (1980).

98 So auch Sinn (1996), S. 5.

Die Regierung maximiert folglich die Wohlfahrt, wenn sie die Steuern auf den mobilen Faktor gleich den Ballungsgrenzkosten setzt.[99]

Mit dieser einfachen Bedingung kann nun der entscheidende Diskussionspunkt nochmals verdeutlicht werden: Wenn die öffentliche Leistung ein rein öffentliches Gut darstellt, sind die Überfüllungskosten gleich Null, und gleiches gilt entsprechend für den optimalen Steuersatz auf den mobilen Faktor. Allerdings hat dies nur unter der Voraussetzung Bestand, daß die Regierung anstelle der mobilen Faktoren die immobilen Faktoren besteuern kann. Die öffentlichen Güter würden dann nicht wie auf einem Wettbewerbsmarkt angeboten, auf dem die Nutzer einen bestimmten Preis entrichten, der durch die Grenzkosten ihrer Bereitstellung bestimmt wird. Anstelle dessen werden die Kosten der öffentlichen Leistungen auf die immobilen und damit besteuerbaren Faktoren überwälzt.

Stellt dagegen die öffentliche Vorleistung kein rein öffentliches Gut dar, wird der Steuersatz gleich den marginalen Überfüllungskosten gesetzt. Hier stellt sich allerdings die Frage, ob die Steuereinnahmen ausreichen, um die Kosten der Bereitstellung zu tragen. Dies ist abhängig vom Charakter der Überfüllungskostenfunktion: Ist deren Homogenitätsgrad nicht negativ, so können die Steuereinnahmen die Bereitstellungskosten decken.[100] Es scheint plausibel anzunehmen, daß die marginalen Überfüllungskosten bei der Nutzung öffentlich bereitgestellter Güter wie etwa der Infrastruktur steigen.[101] Bei konstanten oder steigenden marginalen Überfüllungskosten entsteht demgemäß keine Last für die immobilen Faktoren.

---

99 Andere Autoren sprechen in diesem Zusammenhang auch von marginalen Überfüllungskosten. Sinn (1994) spricht von Grenzkosten der Beherbergung von Kapital, meint dabei jedoch eigentlich Bereitstellungskosten öffentlicher Güter. In seinem Beitrag unterscheidet Sinn (1997a) dann deutlich zwischen Bereitstellungskosten und Nutzungskosten der Infrastruktur. Der optimale Steuersatz entspricht dort der marginalen „Ballungsexternalität" (S. 19f). Fuest (1995), S. 107ff, modelliert in seinem Ansatz explizit ein öffentliches Gut, das zwischen den beiden Extremen rein öffentliches und rein privates Gut liegt. So kann er auch das Angebot von Infrastruktur erfassen, bei der bis zu einer gewissen Nutzungsintensität keine Rivalität herrscht, irgendwann aber Überfüllungseffekte auftreten. Der Beitrag dieses Gutes h zur gesamtwirtschaftlichen Produktion hängt dann ab von der geschaffenen Kapazität in Form produktiver öffentlich bereitgestellter Leistungen i und der Menge des Kapitals k am jeweils betrachteten Standort: $h = h(i, k)$. Bei Fuest (1995), S. 110, ergibt sich dann folgende Bedingung für die optimale Besteuerung:

$$t_k = -\frac{\partial f}{\partial h} \cdot \frac{\partial h}{\partial k}$$

mit f als gesamtwirtschaftlicher Produktionsfunktion. Dies bedeutet, daß der optimale Steuersatz auf Kapital gleich den marginalen Überfüllungskosten durch den Zustrom privaten Kapitals ist. Der Überfüllungseffekt kann als negative Externalität des Zuflusses privaten Kapitals betrachtet werden. Sein Vorgehen begründet Fuest nicht zuletzt damit, eine direkte Abhängigkeit der Kosten der Bereitstellung öffentlicher Güter vom Kapitaleinsatz zu vermeiden, wie sie beispielsweise Sinn (1994) modelliert. Dabei kann dann angenommen werden, daß nur in der Nutzung des öffentlichen Gutes, nicht aber in der Produktion von I Skalenerträge anfallen. Siehe hierzu ausführlich Fuest (1995), S. 107 sowie für die Kritik am Vorgehen Sinns S. 104ff. Durch die Modellierung der Kostenfunktion als $C(K, X)$ folgen wir also dem Beispiel Fuests, aber auch dem Sinns (1997a).

100 Zur Rolle und Bedeutung des Homogenitätsgrades der Kostenfunktion siehe Sinn (1997a), S. 21f.

101 Diese Auffassung wird in der Literatur zu Klubgütern und lokalen öffentlichen Gütern vorwiegend vertreten, vgl. etwa Bergstrom/ Goodman (1973), S. 287ff, oder auch Hochman (1982). Zu einem anderen Resultat kommt beispielsweise Edwards (1990).

In diesem Fall betont allerdings Sinn,[102] daß sich die Staaten auf die Bereitstellung von öffentlichen Gütern beschränken sollten, die nicht auf diese Weise zu finanzieren sind. Güter, bei denen steigende Grenzkosten auftreten, seien im Steuerwettbewerb nicht relevant, da diese auch in privaten Märkten angeboten werden könnten. Die eigentliche Begründung für die Bereitstellung von öffentliche Gütern, nämlich daß sie von privaten Märkten nicht bereitgestellt werden könnten, kann in diesem Fall nicht mehr vorgebracht werden.[103] Beschränkt sich der Staat demgemäß auf das Angebot rein öffentlicher Güter, d.h. Güter, bei denen der Homogenitätsgrad negativ ist, so reicht die effiziente Ballungsgebühr nicht aus, die Kosten für Infrastruktur zu finanzieren. [104]

In eine ähnliche Richtung zielt das Argument, daß Ballungskosten in der Regel auf der Ebene von Kommunen, Städten und Kreisen auftreten und daher stark von örtlichen Gegebenheiten geprägt sind. Bezogen auf größere Gebietskörperschaften wie ein ganzes Land sind Ballungsgrenzkosten dagegen nur schwer vorstellbar. Natürlich verursacht die infrastrukturelle Erschließung einer größeren Region oder eines Staates durch Bahnstrecken, Flughäfen etc. große finanzielle Aufwendungen. Da diese aber kaum mit der Ansiedlung eines Unternehmens bzw. einer weiteren Kapitaleinheit variieren werden, liegen Ballungsgrenzkosten nicht vor.[105] Daher wird im folgenden, insbesondere auch im 7. Kapitel zum Leviathan–Modell, die Betrachtung auf rein öffentliche Güter beschränkt.

Der Literatur zum Steuerwettbewerb wird vorgeworfen, daß das Ergebnis der Unterversorgung mit öffentlichen Gütern lediglich auf den Annahmen beruht, daß nur der mobile Faktor Kapital nach dem Quellenprinzip besteuert werden dürfe. Das Problem der effizienten Güterversorgung wäre daher kein Problem der Globalisierung oder der zunehmenden Kapitalmobilität, sondern lediglich eines unzureichenden steuerpolitischen Instrumentariums.[106] Im folgenden wird daher untersucht, wie sich die Ineffizienzen des Steuerwettbewerbs entwickeln, wenn neben der Kapitalbesteuerung andere Arten der Besteuerung, wie z.B. eine Lohneinkommensteuer eingeführt werden. Dabei hängen die Ergebnisse entscheidend von den Annahmen zum Charakter der Bemessungsgrundlagen ab: Beruhen sie auf dem Quellen– oder dem Wohnsitzprinzip? Sind sie international mobil? Werden die Bemessungsgrundlagen bzw. Faktoren aus weltwirtschaftlicher Sicht endogen angeboten oder als gegeben angenommen?

---

102 So beispielsweise in Sinn (1994), S. 24, oder auch in Sinn (1997a), S. 24. Allerdings wird dabei vernachlässigt, daß sich Regierungen in der Regel nicht auf die Produktion öffentlicher Güter beschränken, auch wenn dies aus Sicht der gesellschaftlichen Wohlfahrt wünschenswert ist.

103 Dies zeigen beispielsweise auch Berglas (1976, 1981) und Berglas/ Pines (1980). Allerdings beziehen sich diese Studien auf lokale Güter bzw. Klubgüter, nicht auf nationale Güter, um die es ja im Wettbewerb der Staaten geht. Dies impliziert, daß auf nationaler Ebene durchaus mit einer unzureichenden Finanzierung öffentlicher Güter zu rechnen sein könnte. Siehe hierzu auch Sinn (1997), S. 23f.

104 Vgl. Sinn (1997a), S. 23.

105 Siehe hierzu ausführlich Richter/ Seitz/ Wiegard (1996), S. 25.

106 Siehe hierzu Wellisch (1995), S. 6ff.

4. Multiple Steuerinstrumente

Das Problem des Steuerwettbewerbs gäbe es nicht, wenn Regierungen beispielsweise Pausch– bzw. Kopfsteuern einsetzen könnten, da diese verhaltensunabhängig erhoben werden.[107] So entspräche im einfachen Steuerwettbewerbsmodell eine Steuer auf Arbeitseinkommen einer Kopfsteuer, da das Arbeitsangebot als gegeben angenommen wird. Wohlfahrtsökonomisch kommt dies einer Erstbest–Besteuerung gleich und wäre daher immer einer Kapitalbesteuerung vorzuziehen. Pauschsteuern wurden jedoch bereits als verteilungspolitisch problematisch eingestuft und gelten daher als nicht durchführbar. Steuerpolitisch anwendbar sind nur sogenannte Zweitbest–Steuern. Diese führen jedoch immer zu Verzerrungen von Entscheidungen von Konsumenten und Produzenten. Im folgenden liegt daher das Augenmerk darauf, ob die aus dem Steuerwettbewerb resultierenden Ineffizienzen bestehen bleiben, wenn die Kapitalbesteuerung durch andere Steuerinstrumente ergänzt wird, die per se als ineffizient zu bezeichnen sind, da sie die Konsum– oder Produktionsentscheidungen verzerren. In diesem Abschnitt wollen wir einige Ansätze in dieser Richtung diskutieren.

Die bisherigen Ergebnisse wurden unter der Annahme abgeleitet, daß Regierungen nur Kapitalsteuern an der Quelle erheben können. Zudem wurde die Faktorausstattung als gegeben betrachtet und Arbeit war international immobil. Zunächst werden weitere mögliche Steuern anhand von Erweiterungen des Standardmodells untersucht, was natürlich auch dazu beiträgt, die Wirklichkeitsnähe der Analyse zu erhöhen. An dieser Stelle werden zuerst Steuern auf Güter (1) und danach auf das Arbeitseinkommen fokussiert (2). In einem weiteren Schritt wird dann die Annahme der Immobilität des Faktors Arbeit aufgehoben (3). Hierbei wird jeweils untersucht, unter welchen Annahmen öffentliche Güter in zu geringem Umfang angeboten werden. So wird sich zeigen, daß einige dieser Annahmen dazu führen, daß nur noch der Faktor Arbeit besteuert wird. Im Gegensatz dazu erweist sich die Samuelson–Regel in einem Fall als gültig, in dem Kapital besteuert wird. Zusammengefaßt veranschaulichen diese Beispiele, daß die Unterversorgung mit öffentlichen Gütern nicht unbedingt auf der Besteuerung von Kapital beruht, wenn auch andere Steuerinstrumente eingesetzt werden können.

a. Optimale Güterbesteuerung

Die Analyse der alternativen Steuerinstrumente muß sich natürlich mit der wesentlichen Grundlage für die Analyse der Wohlfahrtswirkungen in offenen Volkswirtschaften auseinandersetzen: dem Produktionseffizienztheorem von Diamond und Mirrlees (1971), das – wie

---

107 Steht beispielsweise der Regierung die Möglichkeit zur Verfügung, neben der Quellensteuer auf Kapital noch eine Kopfsteuer zu erheben, würde nach Oates/ Schwab (1988) die gleichgewichtige Kapitalsteuer auf Null zurückgehen, da die Regierungen ihre Kosten der öffentlichen Leistungen vollständig durch die Kopfsteuer decken würden. Dadurch können die Regierungen die öffentlichen Güter auch auf wohlfahrtsoptimalen Niveau anbieten, so daß eine Öffnung dieser Länder keine Auswirkungen auf die Güterversorgung hat. Dies ist nicht überraschend, denn wenn eine allokativ neutrale Steuer unbegrenzt verfügbar ist, wird eine allokationsverzerrende Steuer wie die Kapitalsteuer nicht eingesetzt werden. Dies gilt für geschlossene *und* für offene Volkswirtschaften. Auch Zodrow/ Mieszkowski (1986) berücksichtigen in ihrem Modell Pauschsteuern, betrachten aber denn den Fall, daß die Steuereinnahmen daraus nicht ausreichen, um die Ausgaben für öffentliche Güter zu decken.

bereits aufgezeigt – auch auf den internationalen Zusammenhang erweitert werden kann.[108] Wenn eine Regierung ihr Budget durch eine optimale Güterbesteuerung finanzieren kann (dabei zählen Faktoren wie Arbeit auch zu den Gütern), dann sollte sie keine Steuerinstrumente einsetzen, die den Handel mit Gütern oder Faktoren verzerren. In einer kleinen Region kann der internationale Handel von Gütern und Faktoren als zusätzlicher Produktionssektor betrachtet werden, in dem Exporte dazu dienen, Importe mit Hilfe einer linearen Technologie zu „produzieren". In dieser Sichtweise erfordert dann die Produktionseffizienz, daß die Regierungspolitik den Handel nicht verzerrt.[109] Insbesondere ist dann die Quellenbesteuerung abzulehnen, da diese die internationale Kapitalallokation verzerrt.[110]

Dieses Ergebnis kann auch ganz „intuitiv" aus der Inversen–Elastizitäten–Regel abgeleitet werden. Eine kleine Region sieht sich zum Weltmarktzins einem unendlich elastischen Kapitalangebot gegenüber. Die Bewohner der Region haben demgegenüber Kapital– und Arbeitsangebotskurven mit endlichen Elastizitäten. Folglich minimiert ein Anknüpfen an der Ersparnis und der Arbeit die Zusatzlast der Besteuerung.

Diese Zusammenhänge sind uns hinlänglich bekannt. Trotzdem ist es durchaus lohnend zu betrachten, wie in der Literatur zum Steuerwettbewerb damit umgegangen wird.

Gordon (1986) analysiert den Steuerwettbewerb für kleine Regionen mit endogener Ersparnis und endogenem Arbeitsangebot. Er entwickelt ein Modell einer kleinen offenen Volkswirtschaft mit zwei Zeitperioden, in dem die Bewohner sich in der ersten Periode entscheiden müssen, wieviel Arbeit sie anbieten und wieviel sie für Konsum in der zweiten Periode sparen wollen. Die Steuer auf mobiles Kapital wird nach dem Wohnsitzprinzip erhoben, und auch das Einkommen aus Arbeit unterliegt der Besteuerung. Obwohl beide Steuern die Faktorangebotsentscheidungen verzerren, wird auf diese Weise ein optimales Güterbesteuerungssystem implementiert, wohingegen die Quellenbesteuerung den Handel mit Faktoren verzerrt.[111] Obwohl Gordon von Verteilungsproblemen abstrahiert, läßt sich das für die Güterbesteuerung vorteilhafte Ergebnis auch auf Regionen mit heterogener Bevölkerung übertragen.

Die Verfügbarkeit einer Kapitalbesteuerung nach dem Wohnsitzprinzip hat entscheidende Bedeutung für den Steuerwettbewerb. Auf das Modell von Gordon (1986) aufbauend, zeigen Bucovetsky und Wilson (1991)[112] für *große* Regionen, daß eine Quellensteuer auf Kapital und eine Besteuerung von Arbeitseinkommen zu einer ineffizient niedrigen Besteuerung führen, wenn das Steuerinstrumentarium auf diese Steuern beschränkt ist, d.h. eine Wohnsitzbesteuerung ausgeschlossen wird. Im Falle von vielen *kleinen* Regionen führt ihr Modell gemäß der Inversen–Elastizitäten–Regel der optimalen Besteuerung zu dem Ergebnis, daß bei einer Quellenbesteuerung keine Kapitalsteuer erhoben wird. Zählt jedoch eine Kapitalbesteuerung nach dem Wohnsitzprinzip und eine Steuer auf Arbeitseinkommen zum implementierbaren Steuerinstrumentarium, kann die Unterversorgung mit öffentlichen Gütern verhindert werden.

---

108 Siehe hierzu die Ausführungen in Kapitel 5.III.D.

109 Vgl. hierzu Dixit/ Norman (1980).

110 Diese Ergebnisse gelten für kleine Regionen, die die „terms of trade" nicht beeinflussen können (d.h. insbesondere den Weltmarktzins) und beruhen auf der Annahme, daß keine unbesteuerten Gewinne existieren.

111 Der Konsum in Periode 1 dient in diesem Modell als unbesteuertes Numeraire.

112 Bucovetsky/ Wilson (1991) beschränken ihre Analyse auf symmetrische Gleichgewichte.

Eine wohlfahrtsmaximierende Regierung einer kleinen offenen Volkswirtschaft wird folglich bei Verfügbarkeit eines zweiten Steuerinstruments immer von einer Quellenbesteuerung von Kapital absehen und Wohnsitz–Steuern wählen, d.h. eine Kapitalbesteuerung nach dem Wohnsitzprinzip oder eine Steuer auf immobile Arbeit. Dies gilt auch, wenn die Faktorangebotsmengen endogen bestimmt werden und ihr Angebot durch diese Steuer verzerrt wird. Demzufolge tritt im Steuerwettbewerb keine Unterversorgung mit öffentlichen Gütern auf, wenn eine Kapitalbesteuerung nach dem Wohnsitzprinzip durchgeführt werden kann.[113]

In der Realität ist es allerdings äußerst schwierig, Kapitaleinkommen nach dem Wohnsitzprinzip zu besteuern. Die Probleme, mit denen die Steuererhebung bei ausländischen Einkommen verbunden sind und die damit verbundenen Folgekosten sind wesentlich größer als bei der Besteuerung von inländischen Einkommen.[114] Folglich wurden Modelle entwickelt, in denen die Besteuerung nach dem Wohnsitzprinzip entweder beschränkt oder ausgeklammert wird.[115]

b. Steuern auf Arbeit und Kapital

Steht eine Kapitalbesteuerung nach dem Wohnsitzprinzip nicht zur Verfügung, bedeutet dies wohlfahrtsökonomisch nicht, daß eine Quellenbesteuerung gerechtfertigt wäre. Tatsächlich zeigen Bucovetsky und Wilson (1991), daß ein *kleines* Land seine gesamten Einnahmen über eine Steuer auf Arbeit decken sollte, auch wenn dadurch die Arbeit–Freizeit–Entscheidung verzerrt wird. Die Begründung beruht auch hier auf der Inversen–Elastizitäten–Regel. Sind die Staaten *groß* genug, um auf den gleichgewichtigen Weltmarktzins (nach Steuern) Einfluß nehmen zu können, beinhaltet das optimale Steuersystem eines Landes durchaus eine Quellensteuer auf Kapital. In beiden Fällen kommt es allerdings nach den Autoren im Gleichgewicht zu einer Unterversorgung mit öffentlichen Gütern. Aber die Argumentation beruht hier auf *interregionalen* Externalitäten und weicht damit von der Begründung im einfachen Grundmodell des Steuerwettbewerbs ab. Der Mechanismus soll im folgenden kurz erklärt werden.

---

113 Razin/ Sadka (1991) und Frenkel/ Razin/ Sadka (1991) behaupten demgegenüber, daß Steuerwettbewerb auch ohne das Prinzip der Wohnsitzbesteuerung effizient ist. Razin/ Sadka (1991) fordern, daß ein kleines offenes Land nur immobile Faktoren besteuern sollte, die sich in ihrem Modell aus Arbeit und Boden zusammensetzen. In einem statischen System mit gegebenem Faktorangebot haben diese Steuern dann wie Wohnsitzsteuern Lump–Sum–Charakter und sind folglich effizient. Die zweitgenannte Autorengruppe folgert insbesondere, daß „tax competition leads to a constrained optimum, relative to the set of tax instruments available" in Fällen, in denen die Regionen „cannot effectively tax their residents on their income from capital invested in the rest of the world" (S. 206). Dieser offensichtliche Widerspruch löst sich auf, wenn man berücksichtigt, daß sie nur den Steuerwettbewerb zwischen zwei kleinen Staaten analysieren, wobei der Rest der Welt und damit auch der Weltmarktzins als gegeben betrachtet wird. Bucovetsky/ Wilson (1991) analysieren den Steuerwettbewerb mit symmetrischen Regionen, bei ihnen gibt es keinen „Rest der Welt". Daher kommen sie zum entgegengesetzten Ergebnis einer Unterversorgung mit öffentlichen Gütern.

114 Für Schätzungen der Erhebungs– und Folgekosten bei ausländischen Einkünften siehe Blumenthal/ Slemrod (1995).

115 Gordon/ McKie–Mason (1995) und Gordon/ Bovenberg (1996) zeigen noch weitere Gründe auf, warum eine Regierung Quellensteuern oder Subventionen bevorzugen könnte.

Ein Staat erhöht seine Steuer auf Arbeit, um ein zusätzliches Angebot an öffentlichen Gütern zu finanzieren. Folglich sinkt das Arbeitsangebot und in Reaktion darauf reduzieren die Unternehmen die Nachfrage nach Kapital. Dadurch steht anderen Ländern mehr Kapital zur Verfügung und erhöht dort das Grenzprodukt der Arbeit. Der daraus resultierende Anstieg der Löhne veranlaßt die Individuen dort, mehr Arbeit anzubieten, und kompensiert dadurch zum Teil die Verzerrung, die durch die anfängliche Steuererhöhung auf das Arbeitsangebot ausgelöst wurde. Die Erhöhung der Steuer auf Arbeit in einer Region verursacht demgemäß positive interregionale Externalitäten, aber diese entstehen durch Interaktionen zwischen dem unverzerrten Kapitalmarkt und den verzerrten Arbeitsmärkten. Diese Externalitäten implizieren, daß die Steuersätze und die Versorgung mit öffentlichen Gütern zu niedrig festgesetzt werden. Jeder könnte besser gestellt werden, wenn eine übergeordnete Instanz die Regierung veranlassen würde, Arbeitseinkommen höher zu besteuern, um eine bessere Versorgung mit öffentlichen Gütern zu ermöglichen.[116]

Gegen die herkömmliche Modellierung wird häufig eingewendet, daß es eigentlich keine Begründung dafür gäbe, Lump–Sum–Steuern von vorne herein per Annahme auszuschließen (so beispielsweise Kay (1990) oder Stiglitz (1987)). Aus dieser Kritik heraus wurde von Mirrlees (1971) als alternativer Ansatz das sogenannte „Optimum Income Tax Model" (optimales Einkommensteuermodell) entwickelt und später von Stiglitz (1982) und Stern (1982) weiter verfeinert.[117]

Huber (1999) führt eine neue Variante ein und untersucht die Besteuerung des mobilen Kapitals in einem Modell, das im wesentlichen das Grundmodell des Steuerwettbewerbs mit einer Abwandlung (finite–type) von Mirrlees‘ Modell der optimalen Einkommensbesteuerung verbindet. Dabei geht er von einem System identischer Regionen aus und differenziert nach zwei verschiedenen Gruppen von Bewohnern, die sich nach ihrem Arbeitsangebot unterscheiden, nämlich hoch– und niedrigqualifizierte Arbeiter. Jede Regierung implementiert eine nicht–lineare Einkommensteuer auf Löhne und eine Quellensteuer auf Kapital zur Finanzierung der öffentlichen Güter und zur Umverteilung. Wie im Mirrlees–Modell maximieren die Regierungen eine Zielfunktion, die von der Wohlfahrt aller Bewohner abhängt. Der Unterschied zu Mirrlees liegt darin, daß die zwei verschiedenen Arten von Arbeit als komplementäre Faktoren in die Produktionsfunktion eingehen. Im Ergebnis sollten sie daher als verschiedene Güter betrachtet werden. Hier zeigt sich folglich, daß ein optimales Einkommensteuersystem nicht zu einem optimalen Güterbesteuerungssystem führt. Dieses würde fordern, die zwei Arbeitstypen nach unterschiedlichen Steuertarifen zu besteuern. Die Regierungen können allerdings nur die Arbeitseinkommen (Lohn mal Arbeitsangebot) beobachten und besteuern, nicht jedoch die Fähigkeiten (bzw. Löhne) der Individuen. Der optimale Einsatz von Lump–sum–

---

116 Wilson (1999), S. 283, weist darauf hin, daß die Verfügbarkeit von verschiedenen Steuerinstrumenten zu einer weiteren Ursache von Ineffizienz bei Regierungsentscheidungen führt: der Wahl zwischen den möglichen Steuerinstrumenten. Dazu nimmt er an, daß das endogene Angebot an Ersparnis im Modell von Bucovetksy/ Wilson (1991) durch einen gegebenen Kapitalbestand ersetzt wird, wie er auch im Basismodell angenommen wird. In diesem Fall würden kleine Regionen auch weiterhin nur Arbeitseinkommen besteuern. Die effiziente Steuerpolitik würde angesichts des gegebenen Kapitalangebots jedoch darin bestehen, Kapital zu besteuern. Folglich führt hier die dezentrale Wahl der Besteuerungsinstrumente aus globaler Sicht zu Ineffizienz. Die Erweiterung des Standardmodells kann also auch zu neuen Arten von Ineffizienz führen.

117 Für einen Überblick siehe Guesnerie (1995).

Steuern ist folglich durch Informationsbeschränkungen restringiert. Die Unmöglichkeit einer optimalen Güterbesteuerung bereitet folglich den Weg für eine Quellenbesteuerung des Faktors Kapital. Diese sollte insbesondere eingesetzt werden, um die Investitionsentscheidungen so zu verzerren, daß sie die Schere zwischen den Bruttolöhnen von qualifizierter und unqualifizierter Arbeit reduziert. Dieses Vorgehen kompensiert die Unfähigkeit der Regierung, verschiedene Steuertarife für die unterschiedlichen Arbeitseinkommen zu implementieren. Im Gleichgewicht kann die Kapitalsteuer sowohl negativ als auch positiv ausfallen. Dies hängt davon ab, in welcher Weise eine Erhöhung des Kapitalstocks das relative Grenzprodukt der zwei Arbeitstypen beeinflußt.

In beiden Fällen führt Hubers Analyse zu dem Ergebnis, daß die Kapitalsteuer unter plausiblen Bedingungen ineffizient niedrig ist. Um die interregionale Externalität herauszuarbeiten, soll angenommen werden, daß die Kapitalsteuer in einer Region über ihr Gleichgewichtsniveau angehoben wird. Um den Kapitalmarkt zu räumen, ist zu erwarten, daß der höhere Steuersatz teilweise in der Netto–Kapitalverzinsung kapitalisiert wird, d.h. die Verzinsung sinkt um einen bestimmten Betrag.[118] Betrachtet man den realistischen Fall, daß höherqualifizierte Arbeitnehmer über mehr Kapital verfügen als niedrigqualifizierte, führt das Sinken der Netto–Kapitalrendite zu einer gleichmäßigeren Einkommensverteilung in allen Regionen. Folglich führt auch hier die Kapitalertragssteuer zu einer positiven interregionalen Externalität, in diesem Fall zu Verteilungseffekten. Im Ergebnis läßt sich sagen, daß auch in diesem Modell wie im einfachen Grundmodell der Steuersatz auf Kapital ineffizient niedrig ausfällt. Die Analyse zeigt anschaulich, daß von der Höhe des gleichgewichtigen Kapitalsteuersatzes (egal ob positiv oder negativ) nicht darauf geschlossen werden kann, ob er für das betrachtete System von Regionen als Ganzes zu niedrig ausfällt.

Insgesamt zeigen die Überlegungen in diesem Abschnitt, daß der Wettbewerb um Kapital zu einem ineffizient niedrigen Niveau der Besteuerung führen kann, auch wenn die zur Verfügung stehenden Steuerinstrumente wesentlich über eine Kapitalbesteuerung an der Quelle hinausgehen.

c. Arbeitskräftemobilität

In Relation zur Mobilität des Kapitals ist im Zeitablauf die Mobilität des Faktors Arbeit kaum gestiegen, so daß die bisher betrachteten Modelle mit der Annahme eines immobilen Faktors Arbeit durchaus sinnvoll sind. Dies gilt auch für jene Gruppen von Ländern, die eine hohe Freizügigkeit untereinander ermöglichen, wie sie die Europäische Union repräsentiert.[119]

Man kann jedoch das (in Abschnitt IV.A.1.a dieses Kapitels vorgestellte) Grundmodell des Steuerwettbewerbs erweitern, indem man Arbeitskräftemobilität zuläßt, ohne daß sich das Ergebnis ändert, wenn man zunächst weiterhin nur Kapitalbesteuerung annimmt. Dies führt

---

118 Huber (1999) zeigt nicht, daß die Netto–Kapitalverzinsung in jedem Fall sinken muß. Nimmt man jedoch an, daß sie sinkt, impliziert die Annahme eines kleinen Landes, daß das Kapitaleinkommen der Bewohner nur um einen unerheblichen Betrag sinkt. Addiert man jedoch die Einkommensveränderungen aller Einwohner in den vielen Regionen, erhält man insgesamt eine nicht zu vernachlässigende Veränderung.

119 Im Durchschnitt kommen 3 bis 4 % der Erwerbspersonen in den Ländern der EU aus dem Ausland. Siehe hierzu auch die Ausführungen zur Mobilität von Arbeitskräften in Kapitel 1, Abschnitt III.C.

dazu, daß nicht nur der Faktor Kapital die gleiche Nettoertragsrate in jeder Region erzielt, sondern auch identische Individuen den gleichen Nutzen realisieren. Dies führt grundsätzlich zu einer zweiten Arbitragebedingung.[120] Um dies zu zeigen, werden zwei Modelle näher betrachtet, die zugleich den Boden für die darauf folgende Untersuchung von multiplen Steuerinstrumenten bereiten. Da im Gegensatz zur niedrigen Mobilität zwischen Staaten eine hohe Mobilität von Arbeitskräften zwischen Regionen eines Staates zu verzeichnen ist, erscheint es plausibel, im folgenden von Regionen oder Gebietskörperschaften zu sprechen.

Als erstes Beispiel ziehen wir Brueckner (2000) heran. Er behält das Standardmodell mit zwei Faktoren bei, aber jedes Individuum kann nun nicht nur die Gebietskörperschaft wählen, in der es sein Kapital investiert, sondern auch die Kommune, in der es arbeiten und konsumieren will. Er integriert damit zwei Traditionen: das Steuerwettbewerbsmodell und das Tiebout–Modell mit heterogenen Konsumentenpräferenzen. In seinem Ansatz werden Gebietskörperschaften durch eine große Zahl von im perfekten Wettbewerb stehenden „Entwicklern" gebildet, die das öffentliche Güterangebot und die Steuersätze auf mobiles Kapital so wählen, daß ihre „Gewinne" aus der kommunalen Entwicklung maximal sind. Im Gleichgewicht sind diese Gewinne jedoch Null. Das öffentliche Gut hat die Eigenschaften eines privaten Gutes, insbesondere werden Skalenerträge ausgeschlossen. Die mobilen Individuen unterscheiden sich nur in den Präferenzen für das öffentliche Gut. Im Gleichgewicht realisieren die Kommunen verschiedene öffentliche Güterangebote und Steuersätze und die Individuen verteilen sich entsprechend ihrer Präferenzen auf die Kommunen. Allerdings führt die Kapitalsteuer weiterhin zu positiven Externalitäten, was ineffizient niedrige Steuersätze und öffentliche Güterangebote impliziert. Tatsächlich bleiben die Regeln für das öffentliche Güterangebot, wie sie in Gleichung (1–VI) und (2–VI) definiert wurden, unverändert. Im Ergebnis muß jedoch *nicht jedes* Individuum durch den Steuerwettbewerb schlechter gestellt sein. Individuen, die im Modell durch sehr niedrige Präferenzen für öffentliche Güter charakterisiert werden, können durchaus besser gestellt sein als in einem effizienten Gleichgewicht, in dem Pauschsteuern zur Finanzierung erhoben werden. Diese Individuen profitieren von ihrem Wohnsitz in einer Kommune, in der die Kapitalsteuern niedrig und das Verhältnis zwischen Kapital und Arbeit relativ hoch ist.

Das Modell von Wilson (1995) führt unter dem Ausschluß von Skalenerträgen zu ähnlichen Ergebnissen. Er geht von einer großen Vielzahl von Regionen aus, die über eine gegebene Menge eines dritten Faktors, nämlich Boden, verfügen. Jede Region konkurriert um mobiles Kapital und um identische mobile Arbeitnehmer. Ziel ist dabei, den Wert des Bodens in einer Region zu maximieren. Kapital wird in diesem Modell in Form einer „property tax" besteuert, die einheitlich auf die Werte von Land und Kapital erhoben wird. Unter der Annahme, daß dies die einzige Steuer ist, bleiben die Gleichungen (2–VI) und (3–VI) weiter gültig, jedoch wird der Kapitalabfluß hier durch die Reduktion des Pro–Kopf–Werts des Kapitals und des Bodens einer Region ersetzt, da dieser jetzt als Steuerbemessungsgrundlage für das Individuum dient. Mit dem gleichen Mechanismus wie bisher führt eine Erhöhung der „property tax" zu einer Verlagerung der Bemessungsgrundlage in andere Regionen und verursacht positive Externalitäten.

---

120 Eggert (1995) gibt einen Überblick über die Grundstruktur von Modellen mit mobiler Arbeit.

Würde man im Rahmen des Wilson–Modells eine Pauschbesteuerung zulassen, dann wäre die Reaktion der Regierung ähnlich wie im Grundmodell. Die Regierungen würden die Besitzsteuer abschaffen und nur die Pauschsteuer erheben. Diese könnte hier herangezogen werden, um die Wanderungsbewegungen zu kontrollieren. Jede Regierung würde eine Kopfsteuer erheben, die den marginalen Bereitstellungskosten des öffentlichen Gutes für ein anderes Individuum entspricht. Für den Ausgleich des Budgets wären keine anderen Steuern nötig, da in Abwesenheit von Skalenerträgen die marginalen den Pro–Kopf–Kosten des öffentlichen Güterangebots entsprechen. Aufgrund der effizienten Kopfbesteuerung würden die Regierungen ein effizientes Niveau der Versorgung mit öffentlichen Gütern wählen, das die Samuelson–Regel erfüllt.

Wilson (1995) kommt ebenfalls zu dem Ergebnis, daß die Samuelson–Bedingung auch bei Existenz von Skalenerträgen anwendbar ist. Allerdings erfordert dies die Einführung weiterer Steuern, da in diesem Fall die Kosten der öffentlichen Güter pro Kopf höher sind als die marginalen Kosten. Die Regierungen wählen hierzu die Vermögensteuer (property tax) und erheben die Kopfsteuer auf eine Weise, die die verzerrende Wirkung der Vermögensteuer teilweise kompensiert. So können sie dann weiterhin ein effizientes Niveau an öffentlichen Gütern anbieten. Auch in diesem Modell wird in der Theorie gezeigt, daß die Besteuerung eines mobilen Produktionsfaktors im Gleichgewicht nicht zu einer Unterversorgung mit öffentlichen Gütern und einer zu geringen Steuerbelastung führen muß.

Dieses Ergebnis wird noch deutlicher bzw. überzeugender, wenn die Pauschbesteuerung durch eine verzerrende Steuer auf Arbeit ersetzt wird. Werden Skalenerträge ausgeschlossen, so ähneln die Ergebnisse denen von Bucovetsky und Wilson (1991): Es wird nur Arbeit besteuert und öffentliche Güter werden in zu geringem Umfang angeboten. Werden hingegen Skalenerträge zugelassen, tritt die Vermögensteuer wieder auf den Plan, so daß es zu keiner Unterversorgung mit öffentlichen Gütern kommen muß. Im Falle von rein öffentlichen Gütern (als Extremfall steigender Skalenerträge) gilt sogar die Samuelson–Regel wieder.[121] Auch hier zeigt sich, daß bei einer Besteuerung von Kapital nicht notwendigerweise auf eine Unterversorgung mit öffentlichen Gütern geschlossen werden muß.

Betrachtet man den letzten Abschnitt im Rückblick, so wurden als Modifikation des Grundmodells weitere Steuerinstrumente zugelassen. Als grundlegende Veränderung wurde schließlich berücksichtigt, daß sowohl Kapital als auch Arbeit mobil sein können. Dabei wurden Annahmen identifiziert, die dazu führen, daß öffentliche Güter in zu geringem Umfang angeboten werden. Allerdings führen einige dieser Annahmen dazu, daß lediglich der Faktor Arbeit besteuert wird, nicht jedoch der Faktor Kapital. Im Gegensatz dazu haben wir festgestellt, daß es sogar bei Kapitalbesteuerung einen Fall gibt, in dem die Samuelson–Regel für ein optimales öffentliches Angebot gilt. Im Ergebnis zeigt sich, daß eine Unterversorgung mit

---

121 Allerdings ist dieses Gleichgewicht im Gegensatz zum Fall mit Kopfbesteuerung ineffizient. So zeigt Wilson (1995) Bedingungen auf, unter denen eine Erhöhung des Angebots an öffentlichen Gütern über das Gleichgewichtsniveau hinaus zu einem niedrigeren Wohlfahrtsniveau führt, wenn dies durch eine Arbeitseinkommensbesteuerung finanziert wird. Der gegenteilige Fall, eine Erhöhung der Wohlfahrt, tritt jedoch bei der Finanzierung durch die Vermögensteuer ein (Proposition 4, S. 349). Dieses Ergebnis legt nahe, daß die entscheidende Ineffizienz in diesem Fall in einem ineffizienten Mix der Steuerinstrumente besteht, nicht jedoch in einem ineffizienten Versorgungsniveau öffentlicher Güter.

öffentlichen Gütern nicht notwendigerweise mit der Besteuerung von Kapital verknüpft ist, wenn andere Steuerinstrumente zur Verfügung stehen.

C. *Beurteilung des Internationalen Steuerwettbewerbs*

Nun ist es abschließend unser Ziel zu untersuchen, wie die Ergebnisse des Steuerwettbewerbs auf Grundlage der bisher abgeleiteten Erkenntnisse der Theorie der optimalen Besteuerung zu beurteilen sind. Dabei ist uns aufgrund der Analyse in diesem Kapitel bewußt, daß die geschilderten negativen Folgen des Steuerwettbewerbs auf Modellen beruhen, die von einfachen stilisierten Fakten ausgehen und deren jeweilige Ergebnisse von der Annahme bestimmter Steuerinstrumente bzw. deren Kombination abhängen. Der jeweilige Befund beruht demgemäß sehr stark auf den Modellannahmen. Zentral für die Argumentation der Modelle des Steuerwettbewerbs sind meist drei Annahmen: *Erstens* dürfen sich mit dem Steuersystem nicht die angebotenen Staatsleistungen ändern, d.h. die Grenzproduktivität des Kapitals muß unverändert bleiben. *Zweitens* wird die Möglichkeit einer Rücküberwälzung der Steuerbelastung auf mobile Faktoren übersehen. Denn bei einer vollständigen Rücküberwälzung der Steuerlast würde nicht die reale Nettoverzinsung des mobilen Faktors Kapital gemindert, sondern die Realeinkommen der immobilen Faktoren. Die mobile Ressource könnte auf diese Weise eine Bleibeprämie realisieren, die sie für die Steuer kompensiert. *Drittens* darf die Besteuerung an der Quelle nicht durch andere Steuern, die nach dem Wohnsitzprinzip erhoben werden, überlagert werden. Sonst wäre es möglich, daß die Wirkung der Besteuerung von Kapitalerträgen geringer ausfällt, als allgemein vermutet.[122]

Zudem müssen die beschriebenen Ineffizienzen nicht notwendigerweise durch den Steuerwettbewerb hervorgerufen werden, sondern können beispielsweise auch auf institutionellen Beschränkungen bei der Auswahl von Steuerinstrumenten beruhen. Häufig besteht das Ziel der jeweiligen Studie im Kern darin zu untersuchen, ob es zu effizienten Gleichgewichten kommt (im Sinne einer optimalen Versorgung mit öffentlichen Gütern) oder nicht. Das „race to the bottom" ist in der Regel nicht das Ziel der Analyse. Entscheidend ist, ob ein effizientes Gleichgewicht bzw. ob eine Unterversorgung mit öffentlichen Gütern vorliegt.[123] Auch wurden Umstände dargestellt, die das Ergebnis einer Unterversorgung mit öffentlichen Gütern abschwächen.[124] Folglich sei nochmals betont, daß die theoretische Basis für ein „race to the bottom" und damit die weitere Analyse auf sehr restriktiven Annahmen beruht.

Als erster Schritt werden die zentralen Kritikpunkte am Steuerwettbewerb pointiert zusammengefaßt. Anschließend setzen wir uns ausführlich mit den wohlfahrtsökonomischen Argumenten zur Kapitalbesteuerung auseinander.

---

122 Vgl. hierzu Dluhosch (1993), S. 57f.

123 Häufig ist auch fraglich, ob überhaupt ein Gleichgewicht existiert. Siehe hierzu ausführlich Koch/ Schulze (1998).

124 Theoretisch möglich sind auch Fälle einer übermäßigen Besteuerung, die jedoch in der Analyse ausgeblendet wurden (vertikaler Steuerwettbewerb und Steuerwettbewerb mit Doppelbesteuerungsabkommen, siehe hierzu Wilson (1999), S. 289ff) oder erst im nächsten Kapitel in Abschnitt II betrachtet werden.

1. *Zur Kritik am Steuerwettbewerb aus wohlfahrtsökonomischer Sicht*

Der internationale Steuerwettbewerb wird als Problem gesehen, weil befürchtet wird, daß er in ein Gefangenendilemma führt, in dem kein Staat den mobilen Faktor Kapital besteuern kann. Bei offenen Kapitalmärkten sind die politischen Entscheidungsträger versucht, die Steuerbelastung für die Investoren als strategische Variable einzusetzen, um durch Steuersenkungen Kapital anzulocken. Schließlich sähen sich alle „Mitspieler" gezwungen, die selbe Politik der Steuersenkungen zu betreiben. So käme es zu einem *ruinösen Wettbewerb um die mobilen Faktoren*, der gravierende weltwirtschaftliche Wohlfahrtsverluste zur Folge hätte.[125]

Geht man dagegen davon aus, daß der Steuerwettbewerb nicht zu einer vollkommenen Erosion der Kapitaleinkommensteuer, sondern zu unterschiedlich hohen effektiven Steuerbelastungen führe, so *verzerre* die Besteuerung zudem die *internationale Kapitalallokation*.

Der strategische Einsatz der Steuerpolitik bewirke jedoch nicht nur Wohlfahrtsverluste aus weltwirtschaftlicher, sondern auch aus nationaler Sicht. Denn in der Regel können sich einzelne Staaten nicht dauerhaft auf Kosten anderer besserstellen, sondern alle Beteiligten verlieren. Der internationale Steuerwettbewerb führe für alle „Mitspieler" zu einem Pareto–inferioren Ergebnis, da die Erosion der Kapitaleinkommensteuern sowohl für die Einnahmen– als auch die Ausgabenseite negative Konsequenzen habe.

Auf der *Einnahmenseite* wird argumentiert, daß durch den Verzicht, Einkommen zu besteuern, der Fiskus gezwungen sei, anderweitig Steuern zu erhöhen, wenn nicht auf der Ausgabenseite Leistungen eingeschränkt werden sollen. Dies könne jedoch auch mit Wohlfahrtseinbußen verbunden sein, da höhere Steuern auf die anderen verbleibenden Bemessungsgrundlagen mit höheren Zusatzlasten verbunden sein könnten. Wie abgeleitet, wächst die Zusatzlast quadratisch mit der steigenden Zahllast. Bei einer umfassenden Besteuerung, die auch Kapitaleinkommen einbeziehe, sei die Zusatzlast geringer, natürlich unter der Annahme, daß alle Staaten eine Besteuerung von Kapitaleinkünften durchsetzten. So sieht beispielsweise Wildasin (1986a, S. 354) die Gefahr, daß der Steuerwettbewerb zu einer *gesamtwirtschaftlich ineffizienten Steuerstruktur* führt:

> „... states and localities may individually be loathe to tax capital, for fear of driving it away. They may therefore be induced to use socially less efficient taxes – perhaps taxes on labor, or on specific commodities. In this case the problem with tax competition is ... that it creates avoidable tax distorsions."

Die zweite Sorge betrifft die *Ausgabenseite*: Würden nicht andere Steuern erhöht, könnte (ein Teil der) Staatsaufgaben nicht erfüllt werden und es käme zu einer *Unterversorgung mit öffentlich bereitgestellten Gütern*. Dies sei eine Folge der negativen externen Effekte, die entstehen, wenn ein Land die Steuern senke, ohne die Folgen seiner „Dumping–Politik" in anderen Ländern zu berücksichtigen. Würden alle Staaten ebenso agieren, dann könnten viele öffentliche Güter nicht mehr bereitgestellt werden, obwohl sie von den Individuen gewünscht würden. Auf diese Entwicklung weisen beispielsweise Spahn und Kaiser (1991, S. 23) im Zusammenhang mit der Währungsunion in der EU hin:

---

125 Diese Formulierung des Problems betont die spieltheoretische Sicht. Das Ergebnis entspricht jedoch dem in den bisherigen Ausführungen abgeleiteten. Wie im Laufe der Arbeit schon mehrfach herausgearbeitet, wird lediglich die Interaktion der Beteiligten als Weg zum Gleichgewicht anders modelliert.

„... capital will seek the location of the lowest tax rate where the net–of–tax return ist highest. This will impose a constraint on all other countries which will be inclined to compete for international capital by reducing tax rates. In this case lowering tax rates ... becomes a beggar–thy–neighbour policy, and the equilibrium outcome of the Nash–game is undertaxation of capital – and, hence, an underprovision of public goods in all member countries."

Natürlich gibt es auch viele Vorschläge, wie diese Wohlfahrtsverluste gemindert werden könnten: durch einen Informationsaustausch zwischen den nationalen Fisci, die Durchsetzung des Wohnsitzprinzips durch möglichst viele „Mitspieler"[126] (wobei hier allerdings der Außenseiterwettbewerb die Effektivität dieser Maßnahme in Frage stellt), bis hin zur Koordinierung und Harmonisierung von Steuersätzen und Bemessungsgrundlagen.[127]

Die Forderung nach einer *Harmonisierung* der Kapitaleinkommensbesteuerung als Gegenmaßnahme zum Steuerwettbewerb wird *einmal* damit begründet, daß dadurch die bei national unterschiedlicher Steuerbelastung von Kapitalerträgen auftretende Verzerrung der Kapitalallokation von Investitionen weitgehend vermieden werde.[128] Zugleich wäre damit auch die durch diese Verzerrung entstehende Zusatzlast c.p. geringer. Dieses Ergebnis ist in der Theorie jedoch nur erreichbar, wenn ein Land die Terms of Trade manipulieren kann. In einer Welt mit identischen kleinen Ländern (bei gegebenen Terms of Trade) wird die effiziente Allokation durch den Steuerwettbewerb herbeigeführt, da dieser die Kapitalbesteuerung auf Null reduziert. In diesem Fall ist durch eine Harmonisierung des Steuersystems kein Wohlfahrtsgewinn zu erwarten.

Auf dieses Ergebnis des „vollkommenen" Steuerwettbewerbs stützt sich hingegen die *zweite* Begründung für eine Harmonisierung, die Notwendigkeit, ein bestimmtes Ausgabevolumen auch ohne Kapitalsteuern finanzieren zu müssen. Hier wird auf die steigende Zusatzlast der Steuersysteme in den einzelnen Ländern verwiesen, da die verbleibenden Steuerquellen ohne das Aufkommen aus Kapitalertragssteuern stärker beansprucht werden müßten.

---

126 Dies fordert u.a. Giovannini (1989), S. 370. Zur systematischen Darstellung der wohlfahrtstheoretischen Konsequenzen einer Besteuerung nach dem Wohnsitz– und Quellenprinzip siehe die Ausführungen in Kapitel 5. Wie im Abschnitt VII dieses Kapitels herausgearbeitet, kann jedoch auch bei der Anwendung des Wohnsitzprinzips eine Verzerrung der Kapitalallokation eintreten, wenn die steuerlichen Abschreibungen nicht der ökonomischen Abschreibung entsprechen, eine Substanzbesteuerung stattfindet oder die Unternehmen ihre Kapitalstruktur nicht optimal gestalten. Verzerrungen der internationalen Kapitalallokation werden nur dann vermieden, wenn das Wohnsitzprinzip durch eine Harmonisierung der Bemessungsgrundlagen ergänzt wird. Vgl. hierzu auch Sinn (1990).

127 Siehe hierzu beispielsweise Tanzi/ Bovenberg (1990), S. 184ff. Zu den möglichen Gewinnen durch Harmonisierung und dem Problem des Außenseiterwettbewerbs, wie er sich beispielsweise bei den Ländern der EU stellt, siehe auch Frenkel/ Razin/ Sadka (1991), S. 198ff.

128 Für eine Abstimmung der nationalen Steuerpolitiken spricht sich etwa P. B. Musgrave (1991), S. 285ff, aus. In dieser Hinsicht ist auch der sogenannte „Ruding–Report" bekannt, der zum Schluß kommt, daß zumindest eine Begrenzung des internationalen Steuerwettbewerbs für die (damalige) Europäische Gemeinschaft erstrebenswert ist. Grundsätzlich ist die Forderung nach einer Vermeidung von steuerbedingten Verzerrungen durch Harmonisierung einleuchtend. Diese beruht aber auf einer Argumentation, die suggeriert, daß der Einfluß der Besteuerung losgelöst von weiteren staatlichen Aktivitäten betrachtet werden könne, die ebenso die grenzüberschreitenden Kapitalströme beeinflussen wie etwa das Angebot öffentlicher Güter. Dies betont Dluhosch (1993), Tz. 104ff. Für einen knappen Überblick zur Forderung nach einer Steuerharmonisierung von Quellensteuern siehe Fuest (1995), S. 71ff.

Diese Forderungen setzen implizit voraus, daß die Besteuerung von Kapitaleinkommen aus weltwirtschaftlicher und nationaler Sicht wohlfahrtsökonomisch alternativen Einnahmequellen vorzuziehen ist. Im folgenden wird auf der Basis unserer bisherigen Ausführungen kritisch geprüft, ob die Wohlfahrtsökonomik ein sicheres Fundament hierfür liefern kann.[129] Sollte dieser Argumentation die Grundlage fehlen, so ist auch die obige Kritik am internationalen Steuerwettbewerb neu zu diskutieren.

2. *Das Problem optimaler Einnahmenstrukturen*

Die wohlfahrtsökonomische Kritik an einer Besteuerung geht häufig von partialanalytischen Überlegungen aus. Während eine Besteuerung des Arbeitseinkommens oder des Konsums lediglich die Ressourcenallokation auf dem Arbeitsmarkt stört, d.h. die Arbeit–Freizeit–Entscheidung verzerrt, beeinflußt eine umfassende Einkommensteuer auch die Ressourcenallokation auf dem Kapitalmarkt. So kann auf der Haushaltsebene die Konsum–Spar–Entscheidung verzerrt werden und auf der Unternehmensebene die Investitionsentscheidung.[130] Werden Kapitaleinkommen besteuert, dann stimmt beispielsweise im Gleichgewicht die marginale Substitutionsrate zwischen Gegenwarts– und Zukunftskonsum nicht länger mit der marginalen Transformationsrate zwischen Gegenwarts– und Zukunftsgütern überein.[131] Die Marginalbedingung für eine effiziente intertemporale Ressourcenallokation ist verletzt, da der relative Preis des künftigen Konsums steigt.

Nehmen wir der Einfachheit halber an, der Steuerwettbewerb reduziere die Quellenbesteuerung von Kapitaleinkommen auf Null. Dann kann aus partialanalytischer Sicht ganz einfach gefolgert werden, daß der aus dem Steuerwettbewerb resultierende Verzicht auf die Kapitalbesteuerung die intertemporale Ressourcenallokation verbessert.[132] Zugleich wird damit – wie im Rahmen der Analyse im 5. Kapitel für eine kleine offene Volkswirtschaft abgeleitet – eine optimale internationale Allokation des Kapitals gewährleistet.

Dies ist jedoch wenig hilfreich, wenn die Verringerung der Steuereinnahmen aus Kapitaleinkommen durch eine Erhöhung anderer Steuern kompensiert werden muß. Aus den Überlegungen zur Theorie der optimalen Besteuerung und des Second–Best im 3. Kapitel ist uns schon bekannt, daß der Verzicht auf *eine* Allokationsverzerrung bei gleichem Einnahmenvolumen nicht notwendigerweise auch eine höhere Wohlfahrt nach sich ziehen muß. Denn

---

129 Diese Frage wurde im 3. Kapitel in ähnlicher Form als Wahl zwischen den Bemessungsgrundlagen Konsum und Einkommen diskutiert. An dieser Stelle soll diesem Problem größere Aufmerksamkeit geschenkt werden. Insbesondere werden dynamische Aspekte vertieft, d. h. es werden wachstumstheoretische Modelle zur Beurteilung herangezogen, die im 3. Kapitel in dieser Form nicht berücksichtigt wurden.

130 Die Neutralität der intertemporalen Ressourcenallokation ist auch bei einer alleinigen Besteuerung der Arbeitseinkommen bzw. des Konsums nur dann gewahrt, wenn keine Änderung der Steuersätze erwartet wird. Da die Steuern auf Konsum und auf Arbeitseinkommen im Lebenszyklus in unterschiedlicher Höhe anfallen, kann die individuelle Ersparnis, d.h. die intertemporale Ressourcenallokation in beiden Fällen unterschiedlich ausfallen. Siehe Summers (1981), S. 538.

131 Vgl. zur Partialanalyse und den Marginalbedingungen für eine optimale intertemporale Ressourcenallokation die Darstellung in Kapitel 2.

132 Vgl. etwa die Ausführungen in Dluhosch (1993), Tz. 85f, die anhand eines einfachen formalen Zwei–Perioden–Modells zeigt, daß wenn die Ersparnis relativ elastisch auf eine steuerbedingte Zinsminderung reagiert, die Wohlfahrtsverluste höher als bei einer Besteuerung von Arbeit bzw. Konsum sind.

trotz der Verzerrung auf dem Kapitalmarkt können die aggregierten Wohlfahrtsverluste des Steuersystems bei einer breiten Bemessungsgrundlage geringer sein als bei einer schmalen, die Kapitaleinkommen freistellt. Folglich stellt sich die Frage, wie die Auswirkungen des Steuerwettbewerbs auf die Struktur der öffentlichen Einnahmen zu bewerten sind.

a. Optimale Besteuerung und statische Effizienz

Im folgenden ist daher zu diskutieren, ob Kapitaleinkommen *zusätzlich* zu Arbeitseinkommen besteuert werden sollten.[133] Im Mittelpunkt stehen die jeweiligen statischen Wohlfahrtsverluste durch die Verzerrungen der Entscheidungen der Individuen. Die Konsum– bzw. Arbeitseinkommensteuer diskriminiert lediglich zwischen heutigem Konsum und Freizeit, während die umfassende Einkommensteuer zusätzlich die intertemporale Allokation verzerrt. Wenn andere Steuern nicht verfügbar sind, stellt sich die Frage, welche Steuerstruktur das zu erzielende Aufkommen mit den geringsten Wohlfahrtsverlusten durch Zusatzlasten realisiert.

Die Theorie der Zweitbesten beinhaltet, daß es unzulässig ist, die „Abzählregel" heranzuziehen, welche die Zahl der verzerrten Preisrelationen als Entscheidungskriterium postuliert. Dafür besagt sie, daß in einer Situation, in der wenigstens eine Bedingung für eine Erstbeste Lösung nicht erfüllt ist, die Verletzung weiterer Bedingungen zu Wohlfahrtsverbesserungen führen kann. Dies ist durchaus einleuchtend, wenn man die Alternativen betrachtet. Bezieht man die Kapitaleinkommen in die Bemessungsgrundlage mit ein, um ein exogen gegebenes Steueraufkommen zu generieren, kann aufgrund der breiteren Bemessungsgrundlage der Steuersatz niedriger ausfallen, als wenn man diese auf Arbeitseinkommen beschränken müßte. Folglich ist die intratemporale Verzerrung zwischen Konsum und Freizeit bei der umfassenden Einkommensteuer geringer. Dafür nimmt man eine weitere intertemporale Verzerrung in Kauf. Das Abwägen, ob reine Arbeitseinkommensteuer oder umfassende Einkommensteuer wohlfahrtsökonomisch vorzuziehen ist, führt in erhebliche Schwierigkeiten.

Im Gegensatz zur partialanalytischen Betrachtung, bei der zur Beurteilung der Kapitalbesteuerung nur die Wahl zwischen Konsum heute und morgen betrachtet wird (d.h. zwei Güter, die in substitutiver Beziehung zueinander stehen), sind nun bei endogener Arbeitszeit drei Güter zu betrachten: Freizeit, Gegenwarts– und Zukunftskonsum. Hier können sich unterschiedliche Beziehungen zwischen den Gütern ergeben, d.h. es sind nicht mehr nur substitutive, sondern auch komplementäre Verhältnisse möglich. Theoretisch können jetzt Konsum heute und Konsum morgen in komplementärer Beziehung zueinander stehen, während Freizeit und Arbeitszeit substitutiv nachgefragt werden. Wird dann Zukunftskonsum besteuert, würde Freizeit durch Gegenwartskonsum substituiert und das Arbeitsangebot ausgedehnt.

Wenn nun Arbeitseinkommen besteuert wird und in der Folge weniger Arbeit angeboten und mehr Freizeit nachgefragt wird, dann könnte nach der TOB möglicherweise durch eine ergän-

---

133 Dies entspricht den Überlegungen, die wir bereits bei der Entscheidung zwischen einer Einkommen– versus einer Konsumsteuer im 3. Kapitel anstellten. Dabei kommt (sofern man von einer Anfangsausstattung mit Kapital abstrahiert) die Konsumsteuer einer Steuer nur auf das Arbeitseinkommen gleich, während die Einkommensteuer sowohl Arbeits– als auch Kapitaleinkünfte umfaßt.

zende Kapitaleinkommensbesteuerung die Verzerrung der intratemporalen Allokation zwischen Arbeit und Freizeit gemildert werden.

Zwar läßt sich zeigen, daß es effizient ist, auf eine Besteuerung von Kapitaleinkommen zu verzichten, wenn die Nutzenfunktion für alle Individuen zwischen Freizeit und allen anderen Gütern schwach separabel ist. Dies hat jedoch zur Folge, daß die Grenzrate der Substitution zwischen heutigem und zukünftigem Konsum unabhängig von der jeweiligen Menge an gegenwärtiger und zukünftiger Freizeit ist, d.h. die relative intertemporale Konsumstruktur nicht von der Höhe des Lohnsatzes, der zugleich den Preis der Freizeit darstellt, tangiert wird.[134] Da es jedoch unwahrscheinlich ist, daß diese Separabilitätsbedingung genau zutrifft, ist es unwahrscheinlich, daß die Arbeitseinkommensteuer die effizienteste aller möglichen Steuern ist.[135] Allerdings läßt dies auch nicht den Schluß zu, daß eine Finanzierung des öffentlichen Budgets durch eine Kapitaleinkommensteuer in jedem Fall empfehlenswert sei.

Ist die obige Separabilität nicht gegeben, so ist es gemäß der Corlett–Hague–Regel sinnvoll, diejenigen Güter stärker zu besteuern, die komplementär zur nicht direkt besteuerbaren Freizeit nachgefragt werden.[136] Der unvermeidlichen Verzerrung des Arbeitsangebots soll durch eine indirekte Besteuerung der Freizeit entgegengewirkt werden, in dem man denjenigen Konsum besteuert, der den Grenznutzen der Freizeit erhöht. Die Entscheidung über die optimale Steuerstruktur hängt somit davon ab, ob der Gegenwartskonsum oder der Zukunftskonsum stärker komplementär zu Freizeit ist.[137]

In einem einfachen Zwei–Perioden–Modell, in dem nur in der ersten Periode gearbeitet wird, wird die Komplementarität zwischen Konsum und Freizeit während des Arbeitslebens deutlich ausgeprägter als im Alter sein, da Konsum in der Regel Zeit erfordert. Dies spricht eindeutig für eine steuerliche Belastung des laufenden Konsums, also während der Arbeitsphase, und gegen eine steuerliche Diskriminierung des Zukunftskonsums wie bei einer umfassenden Einkommenssteuer.[138] Bei einer längerfristigen Betrachtung ist diese Vermutung über die intra– und intertemporalen Substitutionselastizitäten zwischen Konsum und Freizeit weniger überzeugend.

Zusammengefaßt läßt sich aufgrund der Literatur nicht entscheiden, ob die Abschaffung der Kapitaleinkommensbesteuerung bei gleichzeitiger aufkommensneutraler Verschärfung der Arbeitseinkommenssteuer die Wohlfahrt der Individuen erhöht.[139] Auch die Empirie liefert hier keinen Erkenntniszuwachs, da die empirische Ermittlung so gut wie unmöglich ist.[140] Eine Fundierung für die These, daß die breitere Bemessungsgrundlage, die auch die Kapital-

---

134 Dies zeigen beispielsweise Atkinson/ Stiglitz (1976) oder auch Feldstein (1978) in einem einfachen Zwei–Perioden–Lebenszyklus–Modell. Zwar wird das Ergebnis noch komplexer, wenn die Individuen nicht nur eine Periode arbeiten, aber die Vorteilhaftigkeit der Arbeitseinkommensbesteuerung bleibt erhalten. Siehe hierzu genauer Feldstein (1978), S. S33.

135 Vgl. Feldstein (1978), S. S34.

136 Vgl. hierzu auch die Darstellung in Kapitel 3.

137 Vgl. hierzu Atkinson/ Stiglitz (1976), S. 69.

138 Vgl. Rose (1991), S. 24ff.

139 Abwägend Feldstein (1978) und Sinn (1985), S. 227f.

140 So äußert sich Deaton (1987).

einkommen umfaßt, einer Besteuerung mit alternativen Steuerbasen vorzuziehen ist, kann die statische Theorie der optimalen Besteuerung nicht liefern.

b. Optimale Besteuerung und wachstumstheoretische Kritik

Die Theorie der optimalen Besteuerung konnte die partialanalytisch begründete Ablehnung der Kapitaleinkommensteuer nicht eindeutig entkräften. Zusätzlich weist die bisherige Argumentation als weitere Schwäche auf, daß sie auf rein statischen Modellen beruhte. Dabei werden gegebene Faktorpreise unterstellt und die Konsequenzen der Reaktion der Besteuerten für das Preisgefüge und die Rückkoppelung auf das individuelle Verhalten bleiben unberücksichtigt. Neuere, dynamische Modelle zur Analyse optimaler Einnahmenstrukturen können die Auswirkungen unterschiedlicher Steuern auf das Wirtschaftswachstum in die Analyse einbeziehen. Dies ist vor allem für die Frage der Besteuerung von Kapital wesentlich, da die Kapitalbildung eine wichtige Rolle v.a. in neoklassischen Wachstumsmodellen spielt.[141]

Wie sich zeigen wird, ist jedoch auch hier je nach gewähltem Modellansatz keine eindeutige Entscheidung für oder gegen eine Kapitalbesteuerung möglich. Homburg (2000, S. 188) folgert sogar, daß der

> „*Wachstumseffekt* ... freilich ohnehin von zweitrangiger Bedeutung ist: jede Effizienzverbesserung erlaubt definitorisch eine Wachstumsbeschleunigung. Umgekehrt bedeutet nicht jede Wachstumszunahme einen Effizienzgewinn; sondern kann auch auf intergenerativer Umverteilung beruhen. Insofern sind Effizienzargumente stärker als die populären Wachstumsargumente."

Trotzdem wollen wir versuchen, einen Eindruck der Zusammenhänge in dynamischen Modellen zu erhalten. Für die Beantwortung unserer Fragestellung ist die Klärung der Wirkungsweise der Besteuerung hinsichtlich des Wirtschaftswachstums die Basis. Je nach Wachstumswirkungen der Besteuerung wird auch die wohlfahrtsökonomische Beurteilung unterschiedlich ausfallen. Im einzelnen hängen auch hier die Steuerwirkungen auf Wachstum und Wohlfahrt sensitiv von der Modellstruktur ab, die den Analyserahmen bildet. Deshalb ist es nicht möglich, aus einem einzigen Modell allgemeingültige wirtschaftspolitische Empfehlungen abzuleiten. Wir geben daher nur einen Überblick über die Literatur und untersuchen anhand einer einzelnen Modellvariante die Wachstums- und Wohlfahrtseffekte von Veränderungen steuerlicher Parameter.

Die *traditionelle* finanzwissenschaftliche Lehrmeinung besteht darin, daß eine Besteuerung von Kapitaleinkünften die Kapitalbildung verlangsamt.[142]

Chamley (1981, 1986) und Judd (1985, 1987, 1987a) waren unter den ersten Autoren, die die Auswirkungen der Kapitaleinkommenbesteuerung auf den Wachstumsprozeß sowie die entstehenden Wohlfahrtswirkungen auf der Grundlage individueller Nutzenmaximierung analysierten. Ihrem zentralen Ergebnis zufolge ist der optimale Steuersatz auf Kapitaleinkommen null. Da eine Kapitalbesteuerung die Erträge aus Kapital reduziert, steigt kurzfristig der Kon-

---

141 Ein Überblick über die neue Wachstumstheorie, in dem auch das neoklassische Modell gewürdigt wird, findet sich in Arnold (1995), Lessat (1994) oder in Greiner/ Hanusch (1998).

142 Vgl. z.B. Timm (1981), S. 199, oder Schmidt (1980), S. 144.

sum, gleichzeitig sinkt jedoch die Ersparnis und infolgedessen die Kapitalausstattung pro Kopf im langfristigen Gleichgewicht. So steht der nutzensteigernden Wirkung der kurzfristigen Konsumerhöhung eine entgegengesetzte Wirkung der geringeren Kapitalintensität im Gleichgewicht gegenüber, da der Konsumstrom langfristig geringer ist. Ohne ausführlich auf den genauen Einfluß der Besteuerung der Kapitalerträge auf den Steady–State oder die Anpassungsdynamik einzugehen sowie die Wohlfahrtseffekte explizit aufzuzeigen, sei hier nur konstatiert, daß im Ergebnis der wohlfahrtsmindernde Effekt des steuerinduzierten langfristigen Konsumrückgangs den positiven Effekt des kurzfristigen Konsumanstiegs eindeutig dominiert.

Diese isolierte Betrachtung der Wirkung der Kapitalertragsbesteuerung gibt jedoch noch keine Antwort auf die Frage der *optimalen Struktur* der öffentlichen Einnahmen, d.h. wie eine Besteuerung von Kapital im Vergleich zur einer Steuer auf das Arbeitseinkommen wirkt. Einen Vergleich unterschiedlicher Steuerpolitiken führen demgegenüber Brock und Turnovsky (1981) und Turnovsky (1982) durch. Allerdings charakterisieren sie lediglich verschiedene Steady–States und untersuchen nicht die Wohlfahrtswirkungen der Besteuerung.

Auf der Basis dieser Modelle entwickelte sich ein Forschungszweig, der sich mit den Wechselwirkungen zwischen verschiedenen Steuerpolitiken und dem jeweils resultierenden Wirtschaftswachstum auseinandersetzte. Hierzu zählen die Beiträge von Feldstein (1978, 1978a), Sinn (1981, 1985), Frenkel und Razin (1987) oder auch Turnovsky (1990) und Greiner und Hanusch (1998). Diamond (1970), Atkinson und Sandmo (1980) sowie Summers (1981) und Auerbach und Kotlikoff (1987) analysieren die Steuerwirkungen bei überlappenden Generationen (OLG–Modelle). Diese Modelle sind nicht unumstritten, da sie zu dem paradox erscheinenden Ergebnis kommen, daß die Kapitalbildung und damit das wirtschaftliche Wachstum zunehmen, wenn Kapital besteuert wird.[143] Dieses Ergebnis beruht vor allem darauf, daß lediglich zwei Generationen angenommen werden und die ältere Generation kein Vererbungsmotiv hat und somit ihr gesamtes Einkommen konsumiert. Die Sparquote der Jüngeren ist folglich größer als die der älteren Generation. Auf Basis dieser Annahmen ist es möglich, daß eine Verlagerung der Steuerlast von Arbeits– zu Kapitaleinkommen zu einer wachsenden Kapitalbildung führt. Haltbar ist diese Hypothese jedoch nicht. Berücksichtigt man, daß die beiden Lebensabschnitte (wie in der Realität) mehrere Jahrzehnte umfassen, so können auch die Elastizität von Konsum und Ersparnis in Bezug auf steuerlich bedingte Zinsänderungen berücksichtigt werden. So kann statt zu steigen, dann Ersparnis und Kapitalstock sinken.[144] Demgemäß sind trotz abweichender Modellstruktur ähnliche Ergebnisse wie bei den erstgenannten wachstumstheoretischen Ansätzen erzielbar.[145]

---

143 Eine ausführliche Kritik der Overlapping–Generations–Modelle findet sich beispielsweise in Sinn (1985), S. 216ff.

144 Zu diesen Überlegungen erschöpfend vgl. Dluhosch (1993), S. 93f.

145 Siehe hierzu Soretz (2000), S. 16. Hier sei noch ergänzend erwähnt, daß die genannten Studien entweder annehmen, daß die Kapitaleinkommensbesteuerung im Rahmen eines voll integrierten Schanz–Haig–Simons–Systems erfolgt, in dem die steuerliche Abschreibung dem ökonomischen Wertverlust entspricht (so bei Chamley (1981) oder Atkinson/ Sandmo (1980)), oder daß die Abschreibungsrate des Kapitalstocks Null beträgt (wie in Greiner/ Hanusch (1998) oder Turnovsky (1992)). Auf diese Weise könnten die durch die Kapitaleinkommensteuer verursachten Verzerrungen falsch eingeschätzt werden, da real existierende Steuersysteme von diesen Annahmen abweichen. Hierauf weist Sinn (1985) hin.

Zur genaueren Analyse der Frage nach der optimalen Struktur öffentlicher Einnahmen in einer wachsenden Wirtschaft ziehen wir das Modell von Turnovsky (1992) heran.[146] Dies ist für unsere Zwecke gut geeignet, da es im Gegensatz zu vielen anderen Studien ein elastisches Arbeitsangebot annimmt und keine zwischen Freizeit und Konsum separable Nutzenfunktion unterstellt.[147] In Turnovskys Ansatz läßt sich zeigen, daß eine Besteuerung von Kapital das Wachstum möglicherweise stärker beeinträchtigt als eine Steuer auf das Arbeitseinkommen. Die Beurteilung der aggregierten Wohlfahrtswirkungen ist aber auch von der Reaktion des Arbeitsangebots auf die unterschiedlichen Steuern abhängig. Je elastischer der Arbeitseinsatz auf die Arbeitseinkommensbesteuerung reagiert, desto größer fällt die entsprechende Wohlfahrtseinbuße aus.

Es zeigt sich jedoch auch in dieser Studie, daß es schwierig ist, allgemeine Aussagen über eine optimale Steuerstruktur zu treffen. Der Vergleich zwischen den zwei verzerrenden Steuern auf Kapital und Arbeit ist sowohl von der Arbeitsangebotselastizität, der Substitutionselastizität in der Produktion als auch vom relativen Ausmaß abhängig, in dem die realisierte Steuerfinanzierung dazu beiträgt, die Verzerrung der anfänglich schon vorhandenen Arbeitseinkommensteuer zu korrigieren. Daher wird die durchaus problematische Prämisse getroffen, daß in einem hypothetischen Ausgangspunkt keine verzerrenden Steuern erhoben werden. Dies schließt aus, daß die durch die Besteuerung von Arbeit verursachte Verzerrung durch die Kapitaleinkommensteuer reduziert wird. Auf dieser Grundlage ist dann zu entscheiden, wie ein gegebenes öffentliches Budget finanziert werden soll. Zwei Ergebnisse über das Zeitprofil der Wohlfahrtswirkungen der Besteuerung lassen sich ableiten:

Erstens wirken eine Kapitaleinkommensteuer und eine Arbeitseinkommensteuer kurzfristig wohlfahrtserhöhend, langfristig sinken die Konsummöglichkeiten bei einer Kapitalbesteuerung aber stärker als bei einer Arbeitseinkommensbesteuerung. Dies ist damit zu begründen, daß die Besteuerung in beiden Fällen zunächst zu einer Reduzierung von Investitionen führt und daher das repräsentative Individuum kurzfristig über mehr Konsummöglichkeiten verfügt. Die entsprechende Abnahme der Kapitalbildung bewirkt jedoch in späteren Perioden sinkende Konsummöglichkeiten. Das Konsumopfer beeinflußt damit den zukünftigen Konsum stärker als den gegenwärtigen. Die größere Abnahme des langfristigen Kapitalstocks unter der Kapitaleinkommensbesteuerung führt jedoch zu einem größeren kurzfristigen Wohlfahrtsgewinn, da hier die Investitionen am stärksten zurückgehen. Langfristig resultiert dies aber in entsprechend größeren Wohlfahrtsverlusten. Die Arbeitseinkommensbesteuerung verlagert demgegenüber das Konsumopfer nicht in gleichem Ausmaß in die Zukunft.[148]

---

146 Turnovsky (1992), S. 236f, geht von der intertemporalen Nutzenfunktion eines repräsentativen Individuums mit unendlichem Zeithorizont und positiver Zeitpräferenzrate aus. Der Nutzen steigt dabei jeweils mit zunehmender Freizeit, Konsum und staatlichen Leistungen. Die folgenden Ausführungen beruhen neben Turnovsky (1992) auch auf Fuest (1995), S. 82ff.

147 Die Annahme eines unelastischen Arbeitsangebots wird häufig getroffen, um die Analyse zu erleichtern und zu normativ gut interpretierbaren Ergebnissen zu gelangen. Inbesondere führt ein elastisches Arbeitsangebot zu potentiellen Problemen hinsichtlich der Existenz der gleichgewichtigen Wachstumsrate. Diese Annahme ist für unsere Fragestellung jedoch ungeeignet, da damit die Verzerrungen, die eine Besteuerung von Arbeit auslöst, vernachlässigt würden. Kurze Diskussionen über die Steuerwirkungen in Modellen mit elastischem Arbeitsangebot finden sich in Rebelo (1991) und Stokey/ Rebelo (1995).

148 Vgl. hierzu Turnovsky (1992), S. 246f.

Zweitens läßt sich ableiten, daß – wird der Rückgang der Konsummöglichkeiten bei der Kapitaleinkommensteuer hinausgezögert – die Entwicklung des Konsums auf eine Veränderung dieser Steuer kurzfristig stärker reagiert als bei einer Änderung der Besteuerung des Arbeitseinkommens. Bei der Kapitaleinkommensteuer wird der zusätzliche öffentliche Konsum zunächst mit einem Rückgang der Investitionen finanziert. Das Aggregat aus privatem und öffentlichen Konsum nimmt deutlich zu. Werden demgegenüber die Einkommen aus Arbeit belastet, wird privater durch öffentlichen Konsum substituiert. Folglich ist die mit der Steuer verknüpfte Einschränkung der Konsummöglichkeiten sofort spürbar und der Zeitpfad des Konsums verläuft stabiler.[149] Dies veranlaßt Turnovsky (1992, S. 250) zu folgendem Fazit:

> „... a definitive comparison between a wage tax and a tax on capital is in general intractable. However, two considerations tend to favour the former: first, taxing capital is less likely to be consistent with a stable growth path; and second, when it is, it will have a more adverse effect on the long–run capital stock, thereyby inhibiting growth and long–term consumption."

Turnovsky bleibt also trotz seines scheinbar eindeutigen Ergebnisses skeptisch.

Generell stimmen neuere Arbeiten, die auch die Bildung von Humankapital berücksichtigen, überein, daß die optimale langfristige Steuer auf Kapitaleinkommen Null betragen sollte, sogar wenn der Kapitalstock weder zu einem Steady–State noch zu einer Steady–State–Wachstumsrate konvergiert.[150] Die Empfehlungen hinsichtlich der Arbeitseinkommensbesteuerung sind jedoch uneinheitlich. So kommt Judd (1999) zu dem Resultat, daß die langfristig optimale Arbeitseinkommensteuer nicht allgemein Null ist. Demgegenüber zeigen Jones, Manuelli und Rossi (1997), daß an der Grenze der Verzicht auf Kapitaleinkommensbesteuerung auch auf das Arbeitseinkommen auszudehnen ist, allerdings unter der Bedingung, daß die Akkumulationstechnologie konstante Skalenerträge aufweist. Diese unterschiedlichen Ergebnisse verdeutlichen nochmals, wie stark die jeweilige Beurteilung von der Modellkalibrierung abhängt und die Skepsis von Turnovsky durchaus berechtigt ist.

Insgesamt führt die Berücksichtigung von dynamischen Effekten gegenüber der statischen Perspektive zu einer noch skeptischeren Einschätzung der Kapitaleinkommensteuer. Dies beruht nicht zuletzt auf dem langfristigen Betrachtungshorizont der Wachstumsmodelle. So merkt auch Wildasin (1986a, S. 354) an:

> „Thus, a case can be made that the existing literature on tax competition (including my own work), by arbitrarily assuming a fixed capital stock for the economy as a whole, has erroneously concluded that tax competition is inefficient."

Wenn wir also zu unserer Ausgangsfrage zurückkehren und uns fragen, ob die Erosion der Kapitalbesteuerung im Steuerwettbewerb positiv oder negativ zu beurteilen ist, so ist es an dieser Stelle naheliegend, die Folgen des Wettbewerbs zu begrüßen. Weder die dynamische noch die statische Theorie der Optimalen Besteuerung liefert auf der Grundlage einer benevolenten und allwissenden Regierung eine Rechtfertigung für eine Aufrechterhaltung der

---

149 Siehe Fuest (1995), S. 84.

150 So Judd (1999).

Kapitaleinkommenbesteuerung.[151] Zwar konnte nicht gezeigt werden, daß aus Effizienzgründen eine ausschließliche Besteuerung des Arbeitseinkommens allgemein zu empfehlen ist, doch scheinen die gewichtigeren Argumente gegen eine Kapitaleinkommenbesteuerung zu sprechen. Der strategische Einsatz der Steuerpolitik mit dem Ziel, durch Steuererleichterungen Kapital zu erzielen, führt aus Sicht der TOB, zumindest was die Folgen für eine optimale Steuerstruktur betrifft, nicht in ein Gefangenendilemma, sondern er erzeugt weltwirtschaftlich gesehen einen Wohlfahrtsgewinn.

D. Zusammenfassung

In unserer Analyse des Steuerwettbewerbs beschäftigten wir uns hauptsächlich mit der Frage, ob fiskalischer Wettbewerb bzw. Steuerwettbewerb effizient sei. In den ersten Abschnitten wurde die Bedeutung des Tiebout–Modells und der seiner Tradition folgenden Ansätze für die Diskussion des Steuerwettbewerbs herausgestellt. Voraussetzung für die Funktionsweise des Tiebout–Mechanismus ist eine hinreichende Mobilität der Individuen zwischen Gebietskörperschaften. Im Tiebout–Wettbewerb, der sich durch die Annahme von Unterschieden im individuellen Einkommen und/oder den individuellen Präferenzen ergibt, wird bei der Bestimmung des optimalen Ausgabenniveaus ein wohlfahrtsoptimales Ergebnis erreicht. Dabei wird die (normative) Frage der Effizienz des Gleichgewichts auch in der Analyse von Externalitäten diskutiert. Im Fall von fiskalischen und räumlichen Externalitäten sowie bei steigenden Skalenerträgen im Konsum öffentlicher Leistungen können Ineffizienzen durch interregionalen fiskalischen Wettbewerb auftreten.

Das Ergebnis des fiskalischen Wettbewerbs um mobiles Kapital hängt jeweils davon ab, wie viele Länder zueinander im Wettbewerb stehen, ob der Wettbewerb asymmetrisch ist oder ob Gebietskörperschaften neben einer Quellensteuer auf Kapitaleinkommen auch auf andere Steuerarten zurückgreifen können. Daneben spielen auch die Auswirkungen öffentlich bereitgestellter Faktoren oder die Mobilität von Arbeitskräften eine Rolle. Ineffizienzen im Kapitalsteuerwettbewerb entstehen aufgrund fiskalischer Externalitäten, Terms of Trade–Effekten oder steigender Skalenerträge in der Nutzung öffentlicher Faktoren. Insbesondere der Einfluß fiskalischer Größen führt zu einer ineffizienten Bereitstellung öffentlicher Güter, da die marginalen Zahlungsbereitschaften für öffentliche Güter nicht den Grenzkosten ihrer Bereitstellung in den Gebietskörperschaften entsprechen. Die Analyse hat dabei gezeigt, daß das ursprüngliche Ergebnis des Standardmodells, daß Steuerwettbewerb zu einer ineffizient niedrigen Kapitalbesteuerung und einem eben solchen Versorgungsniveau an öffentlichen Gütern führt, auch unter verallgemeinerten Rahmenbedingungen gilt. In der Literatur hat sich gezeigt, daß auch andere Ineffizienzen auftreten und im Wettbewerb auch andere Instrumente als Steuern eingesetzt werden können. Der Steuerwettbewerb ist keinesfalls ein so überschaubares und unkompliziertes Phänomen, wie vielleicht ursprünglich zu vermuten war.

---

151 Die häufig angeführten Gerechtigkeitsüberlegungen zur Rechtfertigung der Kapitalbesteuerung spielen im Rahmen dieser Analyse keine Rolle sondern werden vernachlässigt. Eine kritische Analyse der hierzu vorgetragenen Argumente bietet Rose (1991).

In der wohlfahrtstheoretischen Beurteilung ergab sich folglich ein eher negatives Bild. Die Tiebout–Modelle sind zwar von der Sichtweise geprägt, daß der Wettbewerb zwischen unabhängigen Regionen dem Wettbewerb im privaten Sektor ähnelt und daher wünschenswerte Effizienzeigenschaften hervorbringt. Die Steuerwettbewerbsmodelle weichen jedoch von den Annahmen des vollkommenen Wettbewerbs auf eine Weise ab, daß die Effizienzeigenschaften nicht in dem gewünschten Maße auftreten. Auslöser hierfür sind vor allem die (fiskalischen) Externalitäten. Zudem liegt das negative Ergebnis nicht zuletzt an der Natur der Leistungen und Güter, die eine Regierung bereitstellt: Da diese Güter in der Regel nicht auf kompetitiven Märkten bereitgestellt werden können, führt eine Wettbewerbslösung mit großer Wahrscheinlichkeit zu Marktversagen.

Schließlich betrachteten wir das Resultat des Steuerwettbewerbs noch explizit aus Sicht der im 3. Kapitel abgeleiteten Ergebnisse der Theorie der Optimalen Besteuerung. Hier konnten wir feststellen, daß weder die statische noch die dynamische Theorie der optimalen Besteuerung stichhaltige Argumente für eine Besteuerung von Kapitaleinkommen liefert. In *statischer* Sicht ist die individuelle Wohlfahrt durch die Verzerrung der intertemporalen Allokation von Konsummöglichkeiten bei gleichem Arbeitsangebot im Falle der steuerlichen Diskriminierung künftigen Konsums durch die Kapitalbesteuerung geringer als bei einer Konsum– oder einer äquivalenten Arbeitseinkommenbesteuerung. Die Diskriminierung der Kapitalbildung bewirkt bei einer umfassenden Einkommenbesteuerung relativ größere Wohlfahrtseinbußen. In *dynamischer* Sicht führt die steuerliche Belastung der Kapitalbildung zu einer geringeren gesamtwirtschaftlichen Ersparnis und in der Folge zu einem kleineren Kapitalstock. Die Konsummöglichkeiten nehmen insgesamt ab. Eine steuerliche Entlastung der Kapitalbildung läßt umgekehrt Effizienzgewinne erwarten. Damit ist der Forderung nach einer Begrenzung des internationalen Steuerwettbewerbs insoweit die Grundlage entzogen. Auf die TOB können sich die Befürworter einer Koordinierung nationaler Steuerpolitiken also nicht berufen. Allerdings konnte nicht zweifelsfrei gezeigt werden, ob zur Budgetfinanzierung eine ausschließliche Besteuerung von Arbeitseinkommen allgemein zu empfehlen ist. Dennoch scheinen die gewichtigeren Argumente gegen eine Kapitaleinkommensbesteuerung zu sprechen.

In der Literatur existieren weitere Beispiele, in denen der Wettbewerb nicht nur negativ beurteilt wird, sondern ebenfalls wohlfahrtserhöhende Aspekte hat. Hierzu zählen vor allem die sogenannten polit–ökonomischen Modelle, in denen die politischen Entscheider nicht als Wohlfahrtsmaximierer agieren. Zu diesen gehört auch der Leviathan–Ansatz, dem wir das nächste Kapitel widmen.

7. Kapitel:
Der Leviathan im Steuerwettbewerb

Im Rahmen unserer Ausführungen im 4. Kapitel zum Leviathan in einer geschlossenen Volkswirtschaft haben wir die Rolle konstitutioneller Regeln für die Beschränkung des Leviathan behandelt. In einer offenen Volkswirtschaft treten neue mögliche Beschränkungen an die Stelle konstitutioneller Regeln. So behaupten Brennan und Buchanan (1980), daß ein föderaler Staatsaufbau ein geeigneter Ersatz für konstitutionelle Beschränkungen der Macht der Politiker sein könnte, in dem er eine eigennützige Regierung bei der Ausschöpfung ihres Einnahmenspielraums behindert. Sie argumentieren „that the intergovernmental competition that a genuineley federal structure offers may be constitutionally ‚efficient', regardless of the more familiar considerations of interunit spillovers examined in the orthodox theory of fiscal federalism" (S. 185) und folglich „tax competition among separate units ... is an objective to be sought in its own right" (S. 186).

Der Steuerwettbewerb dient demzufolge als Ergänzung für unzureichende konstitutionelle Schranken gegen die Bemühungen des eigennützigen Leviathan, die Steuersätze nach oben zu treiben. Diesem Argument liegt der Gedanke zugrunde, daß sich in einem dezentralisierten föderalen System die Bürger und auch mobiles Kapital hohen Steuern oder einer schlechten Regierungsleistung durch Abwanderung entziehen können. Auf diese Weise können die Abwanderer den auf sich lastenden Steuerdruck verringern, und zugleich wird die Regierung gezwungen, ihre Leistung zu verbessern und ihre Steuerforderungen auf einem angemessenen Niveau zu halten.[1] Fiskalischer Wettbewerb wird somit – c.p. – effizienzsteigernd sein. Die Hypothese, daß der Wettbewerb zwischen Regierungen die Wohlfahrt der Steuerbürger erhöht, beruht wiederum auf Tiebout (1956). Analog zu den Ausführungen im 6. Kapitel kann man bei der Erweiterung des Tiebouts–Ansatzes um eine eigennützige Regierung von politischer Externalitäten oder Verzerrungen sprechen,[2] die durch den fiskalischen Wettbewerb korrigiert werden. In der Analyse sind allerdings den politischen Externalitäten die fiskalischen Externalitäten des Steuerwettbewerbs gegenüberzustellen, so daß kein vorschnelles Urteil möglich ist, da eventuell ein trade–off zwischen zwei Effizienzzielen auftritt.

Im folgenden Abschnitt I ist es unser Ziel, die obigen Aussagen dahingehend zu überprüfen, ob und unter welchen Bedingungen der Leviathan tatsächlich durch den Wettbewerb zwischen Regierungen beschränkt werden kann und wie das erreichte Ergebnis zu beurteilen ist.

---

1 Abwanderung ist dabei als Erweiterung der legalen (oder auch illegalen) Möglichkeiten der Steuervermeidung zu verstehen bzw. als Prinzip, in anonymer Weise Unzufriedenheit mit den angebotenen Leistungen zu artikulieren. Damit ermöglicht die Einführung eines föderalen Staates bzw. die Öffnung einer geschlossenen Volkswirtschaft eine Umorientierung eines Bürgers fort von seinem bisherigen Wohnland bzw. –ort hin zu einem anderen, was auch als "Exit"–Option im Sinne der Exit– und Voice–Konzeption von Hirshman (1970 [1974]) bezeichnet werden kann. Entscheidende Determinanten sind hier jedoch die Kosten der Abwanderung. Sind die Kosten der Abwanderung gering, ist der Zwangscharakter von Maßnahmen, denen man sich durch Abwanderung entziehen kann, nur noch gering. Dadurch wird letztlich die Monopolmacht des Herrschers beschränkt. Siehe hierzu Kirsch (1997), S. 48f, und die Ausführungen in Abschnitt C.

2 So argumentieren etwa Frey (1990) oder Frey/ Eichenberger (1996).

Im zweiten Abschnitt (II) wenden wir uns den Besonderheiten der Unternehmensbesteuerung in offenen Volkswirtschaften zu. Im 5. Kapitel haben wir diese Thematik schon aus effizienzorientierter Perspektive betrachtet. Im Steuerwettbewerb tritt allerdings eine Vielzahl von Aspekten auf, die aus einem anderen Blickwinkel zu betrachten sind. So steht etwa nicht die Frage, ob Transferpreise die global effiziente Allokation knapper Ressourcen verzerren, im Vordergrund der politischen Diskussionen.[3] Hier dominieren eher die nationalen, sprich fiskalischen, Interessen an befriedigenden Steuereinnahmen aus den Gewinnen multinationaler Konzerne. Dies spricht für eine Einordnung der Problematik in die Darstellung des Leviathan in der offenen Volkswirtschaft, wenn auch nicht alle betrachteten Modelle von einem eigennützigen Diktator ausgehen. Ziel unserer Überlegungen in Abschnitt II.A ist es festzustellen, welche Anreize auf Regierungs– und Unternehmensseite bestehen, und wie diese auf das Ergebnis des Steuerwettbewerbs wirken.

Weiterhin wird der Einfluß des Steuerwettbewerbs auf die Zeitinkonsistenzprobleme im Leviathan–Ansatz (II.B) sowie die Rolle unvollkommener Information beleuchtet (II.C).

I. Der Wettbewerb der Staaten als Beschränkung des Leviathan

In diesem Abschnitt (A) werden wir untersuchen, wie sich eine Leviathan–Regierung verhält, wenn sie die Besteuerung ohne konstitutionelle Regeln frei bestimmen kann. In einem weiteren Schritt wird analysiert, wie sich eigennützige Regierungen verhalten, wenn eine konstitutionelle Regel eingeführt wird, die eine Besteuerung des immobilen Faktors verbietet (Abschnitt B). Mit diesem Ziel modellieren wir zunächst einen Föderalstaat[4] mit mehreren Gebietskörperschaften, in dem es einen vollkommen mobilen und einen immobilen Faktor gibt.

A. Leviathan mit freier Wahl der Besteuerung

Wir unterstellen m Gebietskörperschaften, in denen jede Regierung zu klein ist, um die Steuerpreise selbst bestimmen zu können.[5] Jede Gebietskörperschaft bietet ein *rein öffentliches*

---

3 Die allokativen Folgen verschiedener Transferpreisregelungen der Körperschaftsbesteuerung beleuchtet etwa Mintz (1998).

4 In der Literatur wird wie bei Brennan/ Buchanan (1980 [1988]) meist von föderalen Staaten ausgegangen (siehe beispielsweise Hange/ Wellisch (1998)), da man annimmt, daß die Faktoren zwischen Gebietskörperschaften eines Staates mobiler sind als zwischen Staaten. Da wir jedoch von vollkommener Mobilität ohne Kosten ausgehen, spielt die Unterscheidung keine Rolle, zumal wir auch die Manipulation der terms of trade ausschließen.

5 In der Literatur finden sich kaum Quellen, die den Leviathan–Ansatz modellhaft behandeln. Die oft in diesem Zusammenhang zitierten Untersuchungen von Edwards/ Keen (1996) und S. Sinn (1993) sowie die Studien von Hange/ Wellisch (1998), Wrede (1998) und Fuest (1997) gehen allerdings nicht von einem „reinen" Leviathan aus, sondern beispielsweise von einem „demokratisch gezähmten" (Fuest 1997, S. 186) Einnahmenmaximierer, der eine Wiederwahlrestriktion zu beachten hat. Lediglich Apolte (2001a) und auch Dehejia/ Genschel (1998) widmen sich der Aufgabe, einen „reinen" Leviathan im Steuerwettbewerb modellhaft zu diskutieren. Apolte (2001a) berücksichtigt zusätzlich in seinem Ansatz die Bereitstellung öffentlicher Güter, daher stellen wir diesen Ansatz vor.

Gut mit der Menge X^i an, das von den Unternehmen in der jeweiligen Gebietskörperschaft als Produktionsfaktor genutzt werden kann.[6] Die Produktionsfunktion einer Gebietskörperschaft i lautet dann:

$$Y^i = f^i(L^i, K^i, n^i \cdot X^i), \text{ mit } i = 1,2,...,m. \qquad (1\text{–VII})$$

Dabei bezeichnet L^i den immobilen Faktor (z.B. Arbeit), K^i die Menge des mobilen Faktors (z.B. Kapital) und n^i stellt die Zahl der Firmen dar, die den öffentlichen Input X^i in Anspruch nehmen. Um die Produktionsfunktion zu vereinfachen, treffen wir folgende Annahmen: i repräsentiert alle Gebietskörperschaften, daher wird im folgenden auf den Exponenten verzichtet. Zudem normieren wir die Menge des Faktors L und die Zahl der Firmen auf Eins, so daß wir erhalten:

$$Y = f(K, X) \qquad (2\text{–VII})$$

Wir nehmen wieder an, daß die Firmen ihre Gewinne G nach Steuern maximieren. Die zu maximierende Funktion lautet:

$$G = f(K, L) - w \cdot L - r^* \cdot K - t_k \cdot K, \qquad (3\text{–VII})$$

wobei w den Lohnsatz, L die eingesetzte Arbeit und r^* den Marktzinssatz und t_k die (Mengen–)Steuer auf Kapital bezeichnet. Aufgrund des vollkommenen Kapitalmarkts gibt es nur einen einheitlichen Zinssatz r^*. Aus der Ableitung der Gewinnfunktion ergibt sich die Maximierungsbedingung:

$$f_K = r^* + t_k. \qquad (4\text{–VII})$$

Dieses Resultat stellt zugleich die Kapitalarbitrage–Bedingung dieses Modells dar.

In diesem Rahmen wird angenommen, daß die Regierung vom Leviathan–Typ ihre Steuereinnahmen abzüglich der Ausgaben für öffentliche Güter maximiert. Hierzu stehen ihr zwei Steuerarten zur Verfügung: eine Arbeitseinkommensteuer, die von der gegebenen Zahl von Arbeitnehmern in einer repräsentativen Gebietskörperschaft abhängt (L), und vom Lohnsatz der Beschäftigten, der dem Grenzprodukt der Arbeit entspricht (f_L) und vom jeweiligen Steuersatz (t_L). Die zweite Steuer ist eine Steuer auf den Kapitalstock (t_K). Der Einfachheit halber wird angenommen, daß die öffentlichen Güter im Ausland zum Preis P_X bezogen werden. Die Rente des Leviathan entspricht:

$$R = t_K \cdot K + t_L \cdot f_L(K,X) \cdot L - P_X \cdot X. \qquad (5\text{–VII})$$

6 Wie in Kapitel 6 abgeleitet, hängt die Wirkung der Kapitalsteuer entscheidend davon ab, welche staatlichen Leistungen mit dem erzielten Steueraufkommen finanziert werden können. Der Charakter des öffentlichen Gutes ist wesentlich für Finanzierungsmöglichkeiten des Angebots. Wird beispielsweise ein privates Konsumgut angeboten, so ist die Finanzierung wegen der Anwendung des Ausschlußprinzips ohne Probleme möglich. Auch bei einem öffentlichen Gut, bei dessen Nutzung Überfüllungskosten auftreten, kann je nach Form der Kostenfunktion das Angebot vollständig durch die Nachfrager finanziert werden. Diese Zusammenhänge haben wir bereits ausführlich diskutiert und gelten analog auch im Modell des Leviathan. In diesem Kapital wird daher unmittelbar die Charaktereigenschaft des rein öffentlichen Gutes angenommen um zu ergründen, ob eine Leviathan–Regierung gezwungen werden kann, ein öffentliches Gut, das nur durch öffentliche Einnahmen finanziert werden kann, unter dem Druck des Wettbewerbs anzubieten.

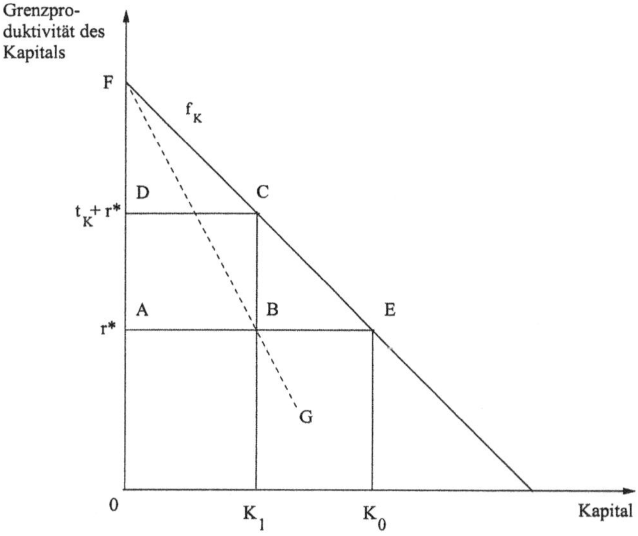

Abbildung 31: Wirkung der Kapitalbesteuerung im Leviathan–Modell

Quelle: Eigene Darstellung nach Apolte (1999), S. 7.

Wenn der Leviathan nun einen positiven Steuersatz erhebt, wird ein Teil des Kapitals das Land verlassen und das abwandernde Kapital induziert einen Anstieg der Grenzproduktivität, d.h. der Fiskus verhält sich bei der Besteuerung wie ein nichtdiskriminierender Monopolist. Die „Nachfragekurve", der er sich gegenübersieht, ist identisch mit der Kurve der Grenzproduktivität des Kapitals zwischen den Punkten *F* und *E*. Im Punkt *E* beträgt die Steuer Null, daher beginnt hier die „Nachfragekurve" der Regierung. *FG* stellt die Grenzeinnahmenkurve dar. Da die marginalen Kosten des Angebots eines öffentlichen Gutes Null betragen, kann ein Maximum an Rente dort realisiert werden, wo die Grenzeinnahmenkurve *FG* die „Null–Steuer–Gerade" r^*E schneidet. Im neuen Gleichgewicht *C* befindet sich noch ein Kapitalstock in Höhe von K_1 in der Gebietskörperschaft, und es wird ein Steueraufkommen in Höhe von *ABCD* realisiert.

Vor der Besteuerung beträgt die Produktion $0K_0EF$, wobei $0K_0EA$ dem Kapitaleinkommen und *AEF* dem Einkommen des immobilen Faktors entspricht. Bei Erhebung der Kapitalsteuer sinkt die Produktion auf $0K_1CF$, wobei ein Anteil von $0K_1BA$ auf Kapital, und *ABCF* auf den immobilen Faktor entfällt. Hierbei ergibt sich ein Wohlfahrtsverlust in Höhe von *BCE*. Sowohl das Steueraufkommen als auch der Wohlfahrtsverlust werden allein vom immobilen Faktor getragen. Zwar besteuert der Leviathan formal den mobilen Faktor, aber ökonomisch trifft er damit wegen der Überwälzung der Steuerlast durch das Kapital den immobilen Faktor, der *AECD* von seinem früheren Einkommen *AEF* abgeben muß.

Dieses Inzidenzergebnis ist uns bereits bekannt: Wenn ein vollkommen mobiler Faktor existiert und der andere Faktor vollkommen immobil ist, werden alle Steuern vom immobilen Faktor getragen. Dies bedeutet gleichzeitig, daß das Einkommen des immobilen Faktors das Maximum an Staatseinnahmen darstellt, das ein Leviathan erzielen kann. In der Realität wird er nicht das ganze Einkommen der in seiner Gebietskörperschaft lebenden Bürger wegbesteuern können. Wieviel er tatsächlich konfiszieren kann, ist abhängig von internen politischen Faktoren wie Verfassungsregeln oder der Gefahr einer Revolte.[7] Im folgenden werden wir uns jedoch nicht darauf konzentrieren, wieviel der Leviathan maximal einziehen kann, sondern darauf, was er den Individuen lassen muß. Denn der Leviathan kann das Einkommen der Individuen nicht nur mittels Steuern verringern, sondern er könnte auch das öffentliche Angebot verringern und auf diese Weise die Grenzproduktivität des immobilen Faktors und dessen Einkommen reduzieren.

Wir werden daher eine Variable α mit $(0 \leq \alpha \leq 1)$ einführen, die erfaßt, wie hoch der maximale Einkommensanteil der Steuerbürger sein muß, den der Leviathan unbesteuert lassen muß, um keine politischen Schwierigkeiten zu riskieren.[8] Das höchstmögliche Einkommen beträgt $f_L^{opt}(K^{opt}, X^{opt}) \cdot L$ und ergibt sich aus einem effizienten Einsatz von Kapital (K^{opt}) und öffentlichem Gut (X^{opt}). Umgekehrt stellt $\alpha \cdot f_L^{opt} \cdot L$ das Minimaleinkommen dar, daß der Leviathan den Individuen belassen muß, um im Amt zu bleiben. Daher wird es immer ein $\alpha \cdot f_L^{opt} = f_L(K,X) - t_L$ geben. So kann die Rente der Regierung als Differenz zwischen der gesamten Produktion und dem Einkommen, das dem immobilen Faktor verbleiben muß, minus dem Nettoeinkommen des Kapitals $(r^* \cdot K)$ und abzüglich der Kosten des Angebots des öffentlichen Guts $(P_X \cdot X)$ ausgedrückt werden:

$$R = f(K,X) - r^* \cdot K - \alpha \cdot f_L^{opt} \cdot L - P_X \cdot X. \qquad (6\text{–VII})$$

Mit Hilfe der Kapitalarbitrage–Bedingung (4–VII) kann diese Gleichung umgeformt werden in:

$$R = f(K,X) - f_K(K,X) \cdot K + t_K \cdot K - \alpha \cdot f_L^{opt} \cdot L - P_X \cdot X. \qquad (6a\text{–VII})$$

Bei der Maximierung der Rente bildet die Kapitalarbitrage–Bedingung (4–VII) die relevante Nebenbedingung des Leviathan. Die Bedingungen erster Ordnung lauten (abgeleitet nach K, X und t_K):

$$f_K - K - f_{KK} \cdot K - f_K + t_K - \lambda \cdot f_{KK} = 0. \qquad (7\text{–VII})$$

$$f_X - f_{KX} \cdot K - P_X - \lambda \cdot f_{KX} = 0. \qquad (8\text{–VII})$$

$$K = -\lambda \qquad (9\text{–VII})$$

Durch Einsetzen von (9–VII) in (7–VII) bzw. (8–VII) erhalten wir:

$$t_K = 0 \text{ und} \qquad (10\text{–VII})$$

$$f_X = P_X. \qquad (11\text{–VII})$$

---

7 In der Literatur werden hier neben konstitutionellen Schranken für Staatsseinnahmen und –ausgaben z.B. auch der Umfang des Wettbewerbs zwischen Parteien, die institutionelle Struktur des politischen Systems, oder die Macht von Interessengruppen angesprochen. Dies ist gleichbedeutend mit einer durchaus sinnvollen Erweiterung des Modells des monolithischen Leviathan in Richtung einer repräsentativen Demokratie. Siehe hierzu beispielsweise Fuest (1995).

8 Die Variable $(1 - \alpha)$ entspricht dem Steuersatz τ auf das Einkommen der Inländer in Kapitel 5, Abschnitt V.B. Damals hatten wir die Obergrenze des Steuersatzes dort vermutet, wo gerade noch ein Steuerprotest vermieden wird.

Der Leviathan stellt eine effiziente Versorgung mit dem öffentlichen Gut sicher (X^{opt}) und sorgt dadurch, daß er sich wie ein wohlwollender Diktator verhält und die Besteuerung des mobilen Faktors vermeidet ($t_K = 0$), auch für einen optimalen Kapitaleinsatz (K^{opt}). Die Begründung für letzteres liegt auf der Hand, da eine Kapitalbesteuerung zu einer Abwanderung von Kapital aus der Gebietskörperschaft führt und dies das Einkommen des immobilen Faktors und damit die Steuerbasis des Leviathan verringert.[9] Aus dem gleichen Grund wird er auch eine effiziente Versorgung mit dem öffentlichen Gut anstreben. Zwar könnte der Leviathan seine Rente dadurch erhöhen, daß er die Ausgaben für das Angebot senkt, dies wiederum würde das Einkommen des immobilen Faktors und damit seine einzige Bemessungsgrundlage verringern. Wenn der Leviathan die Möglichkeit besitzt, den immobilen Faktor mit einer nicht–verzerrenden Steuer zu belasten, wird er keine Kapitalsteuer erheben[10] und eine optimale Menge des öffentlichen Guts bereitstellen. Seine maximale Rente erreicht er dann, in dem er den Steuersatz auf den immobilen Faktor bis zu der Grenze erhöht, an der der interne politische Druck seinen kritischen Wert erreicht. Dieser ist erreicht, wenn der Steuersatz $(1 - \alpha)$ beträgt. Dies ergibt sich, wenn wir die Gleichungen (5–VII) und (6–VII) kombinieren und (10–VII) in die Gleichung einsetzen. Daraus resultiert:

$$t_L \cdot f_L \cdot L = f(K,X) - r^* \cdot K - \alpha \cdot f_L^{opt} \cdot L. \qquad (12\text{–VII})$$

Da im Gleichgewicht der Steuersatz auf Kapital Null beträgt, entspricht der Ausdruck $f(K,X) - r^* \cdot K$ dem Bruttoeinkommen des immobilen Faktors. Folglich können wir $(f_L \cdot L)$ für $f(K,X) - r^* \cdot K$ einsetzen. Zudem sind im Gleichgewicht f_L und f_L^{opt} identisch, da der Leviathan für optimale Inputs sorgt (K^{opt} und X^{opt}). Folglich reduziert sich die Gleichung (12–VII) zu

$$t_L = (1 - \alpha). \qquad (13\text{–VII})$$

Diese Gleichung zeigt, daß der Anteil, den der Leviathan vom Einkommen des immobilen Faktors konfisziert, in diesem Modell *nichts* mit dem institutionellen Wettbewerb oder der Kapitalmobilität zu tun hat.[11] Im Gegenteil führt hier die Mobilität des Kapitals dazu, daß sich die Bemessungsgrundlage verkleinert. Es ist sogar zu erwarten, daß der Leviathan versucht, den potentiellen Verlust an Steuern dadurch zu kompensieren, daß er die Steuersätze auf den immobilen Faktor erhöht. Diese Reaktion wird jedoch von den *internen* politischen und institutionellen Faktoren bestimmt, die durch α repräsentiert werden. Der Wettbewerb um den

---

9 Zu diesem Ergebnis siehe auch Nechyba (1997).

10 Hange/ Wellisch (1998), S. 322, leiten das gleiche Resultat in ihrem Modell eines „gezähmten" Leviathan ab. Demgegenüber kommt Vanberg (2000) zu einem völlig anderen Ergebnis. Er geht allerdings nicht von einem Wettbewerb neoklassischer Prägung aus, sondern von einem Wettbewerb evolutorischer Prägung. In dieser Form des Wettbewerbs, den Hayek (z. B. 1991) postuliert, wird Wettbewerb als wissensgenerierender Prozeß betrachtet. Dabei können die Gebietskörperschaften in einem dynamischen Wettbewerb innovative öffentliche Güter bereitstellen, die den Ertrag der Unternehmen erhöhen und so zu Standortrenten führen. Diese ermöglichen dann die Besteuerung des mobilen Faktors: Im Rahmen des Wettbewerbs sind diese Renten zugleich der Erosion unterworfen, so daß auch hier die Gefahr besteht, daß es zu einer Unterversorgung mit öffentlichen Gütern kommt. Für einen Überblick über den evolutorischen Ansatz zum institutionellen Wettbewerb siehe Vanberg/ Kerber (1994). Einen Vergleich der Wirkungen des Wettbewerbs zwischen Staaten auf die Bereitstellung öffentlicher Güter, wenn man den Systemwettbewerb mit unterschiedlichen theoretischen Ansätzen analysiert, bietet Sideras (2000).

11 Dies steht jedoch im krassen Gegensatz zu vielen anderen Quellen, wie beispielsweise dem Modell von S. Sinn (1992). Bestätigend dagegen Hange/ Wellisch (1998), S. 322.

mobilen Faktor Kapital wird folglich zu keinem Zeitpunkt dazu führen, daß die Steuern für den immobilen Faktor gesenkt werden.

Als Ergebnis läßt sich festhalten, daß aus diesem Grund der Wettbewerb zwischen Regierungen niemals dazu dienen wird, die immobilen Faktoren vor einer übermäßigen Besteuerung durch Leviathanregierungen zu schützen, solange diese die Möglichkeit haben, die Art der Besteuerung zu wählen, die ihren Zielen am besten entspricht. Soweit möglich, werden sie es immer vermeiden, den mobilen Faktor zu besteuern. Die immobilen Faktoren haben wiederum keine Chance, der Besteuerung zu entgehen, wenn nicht konstitutionelle Schranken sie davor schützen. Der Wettbewerb zwischen Regierungen beschränkt lediglich die Besteuerungsmacht des Leviathan gegenüber dem mobilen Faktor. Wenn das Kapital vollkommen mobil ist, kann sich der Einnahmenmaximierer keinen Anteil des Kapitaleinkommens sichern.[12]

Der Leviathan wird jedoch keinesfalls davon abgehalten, das Einkommen des immobilen Faktors zu besteuern. Der maximal mögliche Teil des Einkommens, den sich der Fiskus aneignen kann, hängt nicht von dem Ausmaß des Wettbewerbs um den mobilen Faktor ab. Dieser wird nur von den *internen* politischen und institutionellen Bedingungen bestimmt, d.h. den Faktoren, die in der Variablen α enthalten sind. Darunter können konstitutionelle Schranken für Einnahmen und Ausgaben des Staates fallen, sowie bei einer Erweiterung des Modells der Parteienwettbewerb, der Druck von Interessengruppen oder andere Faktoren, die die Höhe des maximalen Steuersatzes beeinflussen. Der Wettbewerb der Regierungen hat hierauf keinen Einfluß, solange die Fisci frei entscheiden können, welche Faktoren sie besteuern wollen.

Gibt es eine Lösung für dieses unbefriedigende Ergebnis im Wettbewerb der Gebietskörperschaften mit Leviathan–Regierungen? Um diese Frage zu beantworten, kann man den Vergleich zwischen dem Wettbewerb zwischen Regierungen und dem Wettbewerb in Märkten heranziehen. In Gütermärkten haben Anbieter keine Marktmacht gegenüber den „mobilen" Nachfragern. Beim Wettbewerb zwischen Staaten verfügen Regierungen über die Möglichkeit, auf immobile Faktoren zurückzugreifen, wenn andere Faktoren „zu mobil" werden, da sie Zwang ausüben können. Der wesentliche Unterschied zwischen dem Wettbewerb auf einem Markt und zwischen Regierungen besteht also darin, von mobilen zu immobilen Faktoren zu wechseln. Um den Leviathan zu beschränken, sollte diese Möglichkeit ausgeschaltet werden, d.h. der Leviathan sollte durch die Verfassung daran gehindert werden, eine Steuer auf immobile Faktoren zu erheben. Dann würde die Regierung ihre Zwangsgewalt verlieren, die mobilen Faktoren könnten dann der Besteuerung wie unzufriedene Kunden ausweichen. Der Leviathan würde sich in einen Anbieter auf einem Wettbewerbsmarkt verwandeln. Im nächsten Abschnitt werden wir untersuchen, wie sich eine solche institutionelle Regelung auswirkt.

---

12 Diese Aussage ist wie im Modell des weisen Diktators natürlich vom Charakter des öffentlichen Gutes abhängig, das mit den Staatseinnahmen finanziert wird. Der hier gewählte Ansatz geht vom Angebot eines rein öffentlichen Gutes aus, dessen Grenzkosten gleich null sind.

B. Leviathan und die Besteuerung von mobilen Faktoren

Im letzten Abschnitt haben wir abgeleitet, daß es für eine Leviathan–Regierung optimal ist, auf eine Besteuerung des mobilen Faktors zu verzichten, da sie einen Abfluß des produktiven Faktors und eine daraus resultierende Verringerung der Steuerbasis vermeiden will. Dies galt jedoch nur unter der Bedingung, daß sie anstelle dessen einen immobilen Faktor besteuern kann. Wenn die Besteuerung von immobilen Faktoren durch die Verfassung ausgeschlossen ist, kann es nicht mehr optimal sein, einen Steuersatz von Null auf die mobilen Faktoren festzusetzen, da sonst keinerlei Einnahmen erzielt werden könnten. Dies hätte zur Folge, daß der Leviathan keine Rente verwirklichen und auch keine öffentlichen Güter bereitstellen kann. Der Fiskus muß daher einen gewissen Kapitalabfluß in Kauf nehmen, um ein Steueraufkommen zu realisieren. Im folgenden soll zunächst im Rahmen einer einfachen Überlegung untersucht werden, wie die Beschränkung auf mobile Faktoren in einer kleinen offenen Volkswirtschaft wirkt. Dabei bleibt die Versorgung mit öffentlichen Gütern ausgeblendet und wir fokussieren lediglich die konstitutionelle Effizienz einer solchen Regelung. Im nächsten Schritt gehen wir dann von zwei großen, nicht identischen Staaten aus, die im Wettbewerb um den mobilen Faktor Kapital stehen. In diesem Rahmen wird dann auch die Versorgung mit dem öffentlichen Gut beleuchtet.

1. Kleiner offener Leviathanstaat

Betrachten wir im Rahmen der bereits skizzierten kleinen offenen Volkswirtschaft in einer Welt mit identischen Staaten nochmals die Wirkungen der Kapitalsteuer, wie sie in Abbildung 31 veranschaulicht werden. Wie bereits abgeleitet, realisiert bei einer Kapitalbesteuerung der Leviathan die maximale Rente, wenn er das Gleichgewicht in Punkt *C* realisiert. Hier entspricht die „Grenzeinnahme" den „Grenzkosten". Dabei wird ein Steueraufkommen in Höhe des Rechtecks *ABCD* erzielt. Obwohl formal der mobile Faktor Kapital besteuert wird, trägt der immobile Faktor sowohl die Steuerlast als auch die Zusatzlast *BCE*. Diese Inzidenz resultiert trotz des Verbots der direkten Besteuerung des immobilen Faktors, da das Kapital die Steuerlast vollkommen auf den immobilen Faktors überwälzen kann. Für unsere Fragestellung ist nun interessant, ob die maximalen Einnahmen des Leviathan durch die Beschränkung geringer sind als bei einer Besteuerung der immobilen Faktoren.

Kapital entzieht sich seiner Besteuerung durch Abwanderung. Die einsetzende Abwanderung induziert einen Anstieg der Grenzproduktivität und damit der Vorsteuerrendite des verbleibenden Kapitals. Die Abwanderung macht an dem Punkt halt, an dem der Anstieg der Vorsteuer–Rendite groß genug ist, um die Steuerlast zu finanzieren. Gleichzeitig verringert sich die Steuerbasis: das Einkommen des immobilen Faktors sinkt von *AEF* auf *ABCF*. Die höchstmöglichen Einnahmen des Leviathan aus einer Besteuerung des immobilen Faktors würden dann $(1-\alpha) \cdot ABCF$ betragen. Durch die einheitliche Besteuerung des Kapitals ist maximal das Rechteck *ABCD* als Einnahme zu realisieren. Damit verbleibt dem immobilen Faktor das Dreieck *DCF* als unbesteuertes Einkommen. Ohne zusätzliche Kenntnisse über die Größe des Faktors α können keine weiteren Schlüsse gezogen werden, in welchem Fall der immobile Faktor bessergestellt ist, obwohl es durchaus plausibel erscheint, daß das Einkommen *DCF* größer ist, als der Anteil, der bedingt durch den Faktor α im Fall der Besteuerung der immobilen Faktoren bei den Individuen verbleibt.[13]

Dies entspricht dem Ergebnis, das wir in Kapitel 6 im Rahmen des Modells des wohlmeinenden Diktators abgeleitet hatten. Verfügt die Regierung nur über eine Quellensteuer auf mobiles Kapital, so kann sie im Fall eines kleinen offenen Landes im Gleichgewicht nur ein geringeres Steueraufkommen erzielen. Dies ist im skizzierten Rahmen des Leviathan–Modells, in dem nur der mobile Faktor Kapital besteuert werden kann, gleichbedeutend mit dem Verlust von Besteuerungsmacht.

Die konstitutionelle Regel kann somit nicht eindeutig als effizient eingeschätzt werden. Auch bleibt bei dieser einfachen Überlegung offen, wie die Versorgung mit öffentlichen Gütern und Leistungen gewährleistet wird. Beide Fragen stehen im Mittelpunkt des nächsten Abschnitts.

2. *Große Staaten*

Grundsätzlich werden sich alle Leviathan–Regierungen in gleicher Weise verhalten. Bei einem gegebenen (Welt–)Kapitalstock kann jedoch die Kapitalbesteuerung nicht in jedem Staat zu einem (Netto–)Kapitalabfluß führen. Legen alle Regierungen ihren jeweiligen optimalen Steuersatz auf den mobilen Faktor fest, so kommt es zu einem Gleichgewicht, das sich möglicherweise durch eine veränderte Kapitalallokation auszeichnet, aber es ist nicht mit einem Kapitalabfluß aus jedem Land zu rechnen. Gehen wir von einer kleinen offenen Volkswirtschaft aus, die von einer unendlich hohen Elastizität des Kapitalangebots gekennzeichnet ist, so erhalten wir das gleiche Ergebnis wie im Modell des wohlwollenden Diktators. Wenn wir eine endliche Zahl von Staaten (m) annehmen, so wird jede der m Regierungen in gleicher Weise handeln. Geht man davon aus, daß der Weltkapitalstock gegeben ist ($\overline{K} = \sum_i^m K^i$), so kann nicht jedes Land ein Nettokapitalexporteur sein. Es ist vielmehr zu erwarten, daß sich nach Festlegen der Steuersätze die Kapitalallokation zwischen den Ländern oder auch Gebietskörperschaften verändert, aber es wird nicht zu einem Kapitalabfluß aus jedem Land kommen.

Im folgenden werden wir davon ausgehen, daß die Staaten nicht mehr klein sind, sondern groß genug, um zu einer strategischen Interaktion zwischen den Regierungen zu führen. Dies bedeutet, daß nicht mehr nur das Verhalten der Wirtschaftssubjekte zu berücksichtigen ist, sondern auch das Verhalten bzw. mögliche Reaktionen anderer Regierungen. Bezieht man die Möglichkeit strategischer Interaktionsmöglichkeiten anderer Fisci mit ein, so werden die bis-

---

13 Einen interessanten Gedanken wirft Koch (2000), S. 123, auf. Er mutmaßt, daß die relativ höhere Besteuerung des immobilen Faktors den Vorwurf der „sozialen Schieflage" nach sich ziehen könnte, der zu einem Popularitätsverlust der Regierung führen würde. Damit könnte ein Mechanismus eingreifen, der geeignet erscheint, den staatlichen Umverteilungsspielraum in Richtung der Regierung einzuengen. So sei auch zu berücksichtigen, daß bereits marginale Veränderungen in der Belastungsstruktur Signalwirkungen haben können, mit der Folge unvorhergesehener Ausschläge der öffentlichen Meinung. Dieser Popularitätsverlust mag in einer Demokratie bzw. einem demokratisch gezähmten Leviathan institutionell bedingt naheliegender zu sein, könnte aber auch auf die Höhe von α einwirken. In α kann zwar auch der politische Wettbewerb integriert werden, aber im Rahmen des nicht durch politischen Wettbewerbs gezähmten Leviathan könnte auch die „Leidensfähigkeit" der Individuen durch die Steuerungerechtigkeit beeinträchtigt werden.

her eher binnenorientierten Optimalitätsüberlegungen durch strategisches Kalkül überlagert. Auf diese Weise kann es dann zu anderen fiskalischen Entscheidungen kommen als ohne deren Berücksichtigung.

Bisher haben wir in unseren Ausführungen darauf verzichtet, eine positive Analyse des fiskalischen Wettbewerbs in Form von spieltheoretischen Modellen zu präsentieren. Anstelle dessen konzentrierten wir uns auf die Effizienzaspekte. So gingen wir beispielsweise im letzten Kapitel bei der Betrachtung des Steuerwettbewerbs zwischen großen Regionen von jeweils gegebenen Reaktionen der anderen Länder aus und zogen daraus unsere Schlüsse. Um jedoch die Wirkungen der Interaktion besser verstehen zu können, werden wir im folgenden explizit die verschiedenen Gleichgewichte ableiten.

Hierzu gehen wir von zwei unterschiedlichen Gebietskörperschaften (1) und (2) aus. Die Zielfunktionen der Regierungen entsprechen grundsätzlich denen im letzten Abschnitt, wobei eine Besteuerung von immobilen Faktoren ausgeschlossen ist. Die jeweiligen Zielfunktionen lauten dann

$$R^1 = t_K \cdot K^1 - P_X \cdot X^1 \qquad \text{(14a–VII)}$$

für Land 1 sowie

$$R^2 = t_K \cdot K^2 - P_X \cdot X^2 \qquad \text{(14b–VII)}$$

für Land 2. In der Situation ohne Steuern ergibt sich eine effiziente Kapitalallokation, die in der uns bekannten Abbildung 32 durch ($K_0^1; K_0^2$) dargestellt wird.

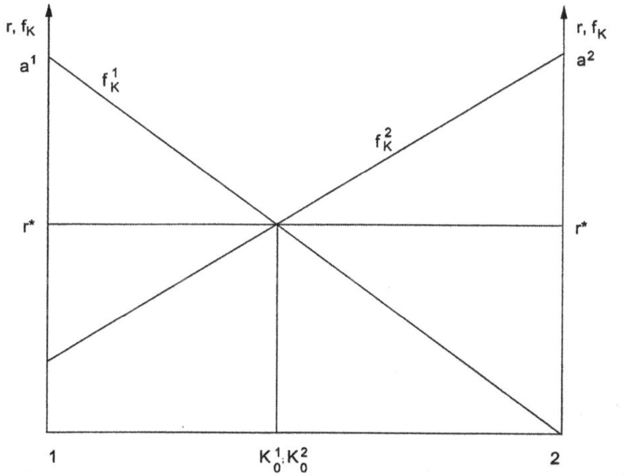

Abbildung 32: Kapitalallokation zwischen zwei Leviathan–Staaten

Quelle: Eigene Darstellung nach Apolte (2001a), S. 360.

Bei Einführung von Kapitalsteuern in beiden Staaten wird sich die Kapitalallokation jedoch ändern. So wird sich der Kapitalstock in Staat 1 um $(\partial K^1 / \partial t_{k^1}) \cdot t_{k^1}$ verringern, wenn Land 1 eine Steuer erhebt. Umgekehrt wird sich der Kapitalstock im Umfang von $(\partial K^1/\partial t_{k^2})\cdot t_{k^2}$ erhöhen, wenn in Staat 2 eine Steuer auf den mobilen Faktor erhoben wird:

$$K^1 = K_0^1 + \frac{\partial K^1}{\partial t_{K^1}}\cdot t_{K^1} + \frac{\partial K^1}{\partial t_{K^2}}\cdot t_{K^2}. \qquad \text{(15a–VII)}$$

Der Kapitalstock von Land 2 ergibt sich entsprechend aus:

$$K^2 = K_0^2 + \frac{\partial K^2}{\partial t_{K^2}}\cdot t_{K^2} + \frac{\partial K^2}{\partial t_{K^1}}\cdot t_{K^1}. \qquad \text{(15b–VII)}$$

Da sich der gesamte Kapitalstock aus dem Kapitaleinsatz in der jeweiligen Jurisdiktion zusammensetzt, so ist der Zuwachs in einem Land identisch mit der Abnahme an Kapital in dem anderen. Folglich können wir beispielsweise in Gleichung (15a–VII) $-\partial K^2/\partial t_{K^2}$ substituieren mit $\partial K^1/\partial t_{K^2}$. Damit erhalten wir schließlich:

$$K^1 = K_0^1 + \frac{\partial K^1}{\partial t_{K^1}}\cdot t_{K^1} - \frac{\partial K^2}{\partial t_{K^2}}\cdot t_{K^2}. \qquad \text{(16a–VII)}$$

Die entsprechende Ersetzung ergibt für Land 2:

$$K^2 = K_0^2 + \frac{\partial K^2}{\partial t_{K^2}}\cdot t_{K^2} - \frac{\partial K^1}{\partial t_{K^1}}\cdot t_{K^1}. \qquad \text{(16b–VII)}$$

Zieht man nun die Kapitalarbitagebedingung (4–VII) aus dem letzten Abschnitt heran ($f_K = r^* + t_k$) und differenziert diese nach dem jeweiligen Steuersatz und setzt das Ergebnis in die Kapitalstockgleichungen (16a–VII) und (16b–VII) ein, so kann man schließlich durch Substituieren in (14a–VII) bzw. (14b–VII) die folgenden modifizierten Zielfunktionen ableiten:

$$R^1 = \mathrm{t}_{K^1}\cdot K_0^1 + \frac{1}{f_{KK^1}}\cdot t_{K^1}^2 - \frac{1}{f_{KK^2}}\cdot t_{K^2}\cdot t_{K^1} - P_X\cdot X^1 \qquad \text{(17a–VII)}$$

$$R^2 = \mathrm{t}_{K^2}\cdot K_0^2 + \frac{1}{f_{KK^2}}\cdot t_{K^2}^2 - \frac{1}{f_{KK^1}}\cdot t_{K^1}\cdot t_{K^2} - P_X\cdot X^2 \qquad \text{(17b–VII)}$$

Wenn wir nun die Bestimmung des optimalen Steuersatzes aus Sicht des Landes 1 betrachten, nehmen wir zunächst den Steuersatz von Staat 2 als gegeben und differenzieren (17a–VII) nach t_{K^1} und setzen das Ergebnis gleich null. Staat 2 verhält sich entsprechend. Die Bedingungen erster Ordnung stellen dann die Reaktionsfunktionen der zwei Regierungen dar:

$$t_{K^1} = -\frac{f_{KK^1}}{2}\cdot K_0^1 + \frac{f_{KK^1}}{2\cdot f_{KK^2}}\cdot t_{K^2} \qquad \text{(18a–VII)}$$

$$t_{K^2} = -\frac{f_{KK^2}}{2}\cdot K_0^2 + \frac{f_{KK^2}}{2\cdot f_{KK^1}}\cdot t_{K^1} \qquad \text{(18b–VII)}$$

Wie zu erwarten war, veranlaßt ein Anheben des Steuersatzes in Staat 1 Staat 2 dazu, seinen Steuersatz ebenfalls zu erhöhen. Das Ausmaß der Reaktion beruht dabei auf dem Verhältnis der Steigungen der Grenzproduktivitätsfunktionen des Kapitals. Um so größer die Steigung der Geraden von Land 1 im Verhältnis zu der von Land 2 ist, desto stärker wird Land 1 auf eine Erhöhung des Steuersatzes bei seinem Mitspieler reagieren. Im Grenzfall identischer Staaten beläuft sich die Steigung der Reaktionenfunktionen auf –0,5.

Der Steuersatz des Nash–Gleichgewichts in Staat 1 ergibt sich nun durch Einsetzen von (18b–VII) in (18a–VII):

$$t_{K^1}^N = -\frac{2 \cdot K_0^1 + K_0^2}{3} \cdot f_{KK^1} \qquad (19a\text{–VII})$$

Der entsprechende Steuersatz von Staat 2 kann auf die gleiche Weise abgeleitet werden:

$$t_{K^2}^N = -\frac{2 \cdot K_0^2 + K_0^1}{3} \cdot f_{KK^2} \qquad (19b\text{–VII})$$

Hier zeigt sich, daß die Steuersätze auf Kapital im Nash–Gleichgewicht größer Null sind, wenn f_{KK^1} und f_{KK^2} kleiner Null sind. Dies ist gegeben, wenn es im jeweiligen Land einen anderen Faktor gibt, der immobil ist. Gäbe es beispielsweise keinen immobilen Faktor, wäre jeder Kapitalabfluß identisch mit einer totalen Faktorvariation: es gäbe keine Veränderung der Kapitalproduktivität (f_K) und f_{KK} wäre gleich Null. Überlicherweise liegt dieser Fall nicht vor und folglich sind die Steuersätze positiv. Eine Aussage, ob das mit den abgeleiteten Steuersätzen erzielte Steueraufkommen ausreicht, um eine optimale Versorgung mit öffentlichen Gütern sicherzustellen, ist nicht möglich. Die Steuersätze sind von den Kosten des öffentlichen Gutes unabhängig.

Zusätzlich ist zu erwarten, daß die Kapitalallokation im Nash–Gleichgewicht ineffizient ist, da das Modell von zwei Staaten ausgeht, die sich in Größe und Produktionstechnologie unterscheiden. Daraus folgt regelmäßig, daß die Steuersätze in beiden Ländern nicht übereinstimmen[14] und Kapitalflüsse ausgelöst werden, so daß die ursprüngliche Kapitalallokation ($K_0^1; K_0^2$) nicht mehr erreicht werden kann. Folglich wird es einen relativ hohen Kapitalstock in dem Staat mit dem niedrigeren Steuersatz geben, während im Hochsteuerland ein relativ kleiner Kapitalstock vorzufinden ist.

Theoretisch interessant ist der Fall identischer Staaten, in dem im Gleichgewicht übereinstimmende Steuersätze vorliegen. Hier kommt es folglich zu keinen steuerinduzierten Kapitalbewegungen. In dieser Situation wäre es möglich, den mobilen Faktor zu besteuern, ohne eine ineffiziente Kapitalallokation hervorzurufen und trotzdem würde ein Konkurrenzdruck auf die betrachteten Staaten bestehen. Zusätzlich wäre es dem mobilen Faktor nicht möglich, die Steuerlast auf den immobilen Faktor überzuwälzen. Vielmehr würde die Steuer direkt zu

---

14 Gleiche Steuersätze sind zu erwarten, wenn beide Staaten identisch sind. Auch für den Fall nicht-identischer Staaten sind zwar Parameterkonstellationen denkbar, die zu übereinstimmenden Steuersätzen in beiden Ländern führen. Am wahrscheinlichsten sind jedoch unterschiedliche Steuersätze und damit eine verzerrte Kapitalallokation. Siehe zum Nachweis Apolte (2001a), S. 380f (Appendix). Eine weitere Möglichkeit, im Falle unterschiedlicher Staaten zu einer effizienten Kapitalallokation zu gelangen, besteht in zwischenstaatlichen Transferzahlungen. Myers (1990) und Wrede (1998) haben unter bestimmten Bedingungen gezeigt, daß Regierungen einen Anreiz besitzen, auf diese Weise für eine effiziente Kapitalallokation zu sorgen. Myers Analyse beruht allerdings auf der Annahme wohlfahrtsmaximierender Regierungen, während Wrede von gezähmten Leviathanen ausgeht, in deren Zielfunktionen der Nutzen von Bürgern eingeht.

einem verringerten Weltmarktzinssatz führen. Dies ist einfach zu erkennen, wenn man Gleichung (4–VII) total differenziert und df_K gleich Null setzt. Dann erhält man das von Zodrow und Mieszkowski (1986, S. 360) bekannte Ergebnis:

$$dt_K = -dr^*. \qquad (20\text{–VII})$$

Sowohl bei identischen als auch bei unterschiedlichen Staaten kommt es zu positiven Steuersätzen im Gleichgewicht. Um zu ergründen, ob das Steueraufkommen, ein effizientes Versorgungsniveau ermöglicht, setzt man die Kapitalarbitrage–Bedingung (4–VII) in Gleichung (14a–VII) ein. Dies ergibt:

$$R^1 = \left(f_K^1\left(K^1, X^1\right) - r^*\right) \cdot K^1 - P_X \cdot X^1. \qquad (21\text{–VII})$$

Der Leviathan leitet die für ihn optimale öffentliche Güterversorgung ab, in dem er (21–VII) nach X^I ableitet und gleich Null setzt. Das rentenmaximierende Ergebnis, das für alle Staaten gilt, lautet:

$$f_{KX} \cdot K = P_X \qquad (22\text{–VII})$$

Unter den üblichen Annahmen zur Produktionsfunktion, insbesondere aufgrund abnehmender Erträge des Kapitaleinsatzes, führt diese Bedingung zu einem ineffizient niedrigen Angebot öffentlicher Güter. Um dies zu veranschaulichen, wird eine Cobb–Douglas–Produktionsfunktion mit den folgenden Eigenschaften betrachtet:

$$f = L^\alpha \cdot K^\beta \cdot n \cdot X^\gamma \qquad \text{mit } n = 1; \alpha + \beta + \gamma = 1. \qquad (23\text{–VII})$$

Weiterhin bildet man folgende erste bzw. zweite Ableitungen:

$$f_X = \gamma \cdot L^\alpha \cdot K^\beta \cdot X^{\gamma-1} \qquad (24\text{–VII})$$

$$f_{KX} = \beta \cdot \gamma \cdot L^\alpha \cdot K^{\beta-1} \cdot X^{\gamma-1} \qquad (25\text{–VII})$$

Gleichung (25–VII) wird mit K multipliziert:

$$f_{KX} \cdot K = \beta \cdot \gamma \cdot L^\alpha \cdot K^\beta \cdot X^{\gamma-1} \qquad (26\text{–VII})$$

Kombiniert man nun Gleichung (24–VII) mit (26–VII) und berücksichtigt die Bedingung (22–VII), so erhalten wir:

$$P_X = \beta \cdot f_X = f_{KX} \cdot K \qquad (27\text{–VII})$$

In Gleichung (11–VII) hatten wir als Bedingung für eine effiziente Versorgung mit dem öffentlichen Gut $P_X = f_X$ abgeleitet. Da für β definitionsgemäß $0 \le \beta \le 1$ gilt, resultiert aus (27–VII) ein zu geringes öffentliches Angebot, wenn nicht im Fall von $\beta = 1$ konstante Skalenerträge des Kapitals vorliegen. Die Begründung für dieses Ergebnis findet sich in Gleichung (22–VII). Diese zeigt, daß die Regierung das öffentliche Angebot so lange ausdehnt, bis der marginale Zuwachs an *Kapital*einkommen dem Preis des öffentlichen Gutes entspricht. Effizient wäre es jedoch, das öffentliche Angebot auszudehnen, bis der marginale Anstieg des *Gesamt*einkommens diesem Preis entspricht. Die Regierung berücksichtigt aber nur den Teil des Einkommens in ihrem Kalkül, den sie verfassungsgemäß besteuern kann. Die Beschränkung der Bemessungsgrundlagen auf mobile Faktoren führt folglich zu einem ineffizienten öffentlichen Angebot. In Abschnitt A haben wir abgeleitet, daß die Leviathan–Regierung eine optimale Menge bereitstellt, wenn sie ihre Bemessungsgrundlagen frei wählen kann. In diesem Fall würde ein zu geringes öffentliches Angebot das Einkommen des immobilen Faktors reduzieren, das die einzige Bemessungsgrundlage für den Leviathan–Staat darstellt. Die optimale Strategie zur Maximierung der Rente besteht folglich darin, den Steuersatz t_L zu erhöhen, bis er $(1 - \alpha)$ erreicht.

Im vorliegenden Abschnitt, in dem der Leviathan nur das mobile Kapital besteuern kann, muß er eine andere Strategie anwenden. Hier erreicht er sein Ziel, indem er das Angebot des öffentlichen Gutes reduziert und gleichzeitig ein geringeres Volkseinkommen in Kauf nimmt. Ersteres erhöht seine Rente, letzeres verringert sie. Auf diese Weise wendet er eine Art zweitbeste Besteuerungsregel für Leviathan–Regierungen an.

Das Verhältnis zwischen dem Versorgungsniveau mit dem öffentlichen Gut und der politischen Rente wird in Abbildung 33 veranschaulicht. X^* sei das Angebot, daß die Regierung wählt, um seine Rente maximieren. Es ergibt sich aus Gleichung (27–VII) als $X^* = X(\beta \cdot F_X)$. K^* (t_K^N) sei der Kapitalstock, der sich im Nash–Gleichgewicht ergibt, wenn die Steuersätze gemäß den Gleichung (19a–VII) und (19b–VII) bestimmt werden. Ein effizientes Güterangebot X^{opt}, das sich aus Gleichung (11–VII) ergibt führt dann zu einer politischen Rente, die kleiner als im Maximum ist. Verringert der Leviathan das öffentliche Angebot auf X^*, so erhöht sich die Rente, bis sie schließlich R^{max} erreicht. Ein weiteres Absenken würde die erzielbare Rente wieder reduzieren.[15]

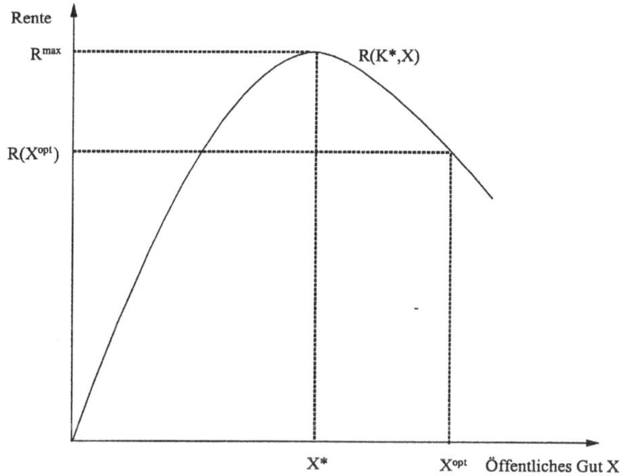

Abbildung 33: Effizientes öffentliches Angebot versus Rentenmaximierung bei Besteuerung mobiler Faktoren

Quelle: Eigene Darstellung nach Apolte (2001a), S. 373.

Hier stellt sich die Frage, die wir kurz schon im letzten Abschnitt angerissen haben. Ist der immobile Faktor im Falle der Beschränkung der Bemessungsgrundlage auf mobile Faktoren

15 Eine ähnliche Darstellung findet sich in Dehejia/ Genschel (1998), S. 12. Diese vernachlässigen in ihrer Studie öffentliche Güter und tragen an der Abszisse die Steuersätze in Land 1 auf. Daher können sie die Kurve direkt als Laffer–Kurve interpretieren. Im Gegensatz zum Fall der geschlossenen Volkswirtschaft, in der die Kurve als Folge von Verzerrungen und anderen Ineffizienzen entsteht, wird die Laffer–Kurve in der offenen Volkswirtschaft allein durch die Kapitalmobilität hervorgebracht.

besser gestellt als bei freier Wahl der Bemessungsgrundlage? Aus einem einfachen Grund wird das Einkommen des immobilen Faktors bei beschränkter Besteuerung immer höher sein: Würde der Leviathan das öffentliche Angebot in einem Ausmaß senken, daß das Einkommen des immobilen Faktors unter sein Mindesteinkommen $(\alpha \cdot f_L^{opt} \cdot L)$ sinkt, würde der Leviathan wegen der in α immanenten Faktoren aus seinem Amt vertrieben werden. Gleichzeitig wird er jedoch immer versuchen, $(1-\alpha) \cdot f_L^{opt} \cdot L$ vom immobilen Faktor zu konfiszieren. Dies ist jedoch durch die Beschränkung auf die Besteuerung des mobilen Faktors nicht immer möglich. Da er den immobilen Faktor nicht direkt besteuern kann, kann er nur finanzielle Mittel von diesem Faktor abziehen, wenn er das öffentliche Angebot von seinem effizienten Niveau X^{opt} auf das rentenmaximierende Niveau X^* reduziert.

Dieses Niveau mag jedoch je nach Parameterkonstellation hoch genug sein, um ein Einkommen in Höhe von $f_L(K^*,X^*) \cdot L$ zu erzielen, das höher ist als das Mindesteinkommen, bei dem der Leviathan gerade noch im Amt verbleiben kann. Ein weiteres Absenken des öffentlichen Angebots unter X^*, würde neben den Kosten des Angebots auch das Einkommen des immobilen Faktors reduzieren. Indes würde auch die politische Rente sinken. Folglich ist zu erwarten, daß das Einkommen des immobilen Faktors bei der Beschränkung der Besteuerung auf mobile Faktoren mindestens so hoch ist, wie das Mindesteinkommen, das politische Revolten vermeidet. Formal ausgedrückt lautet das Ergebnis:

$$f_L(K^*,X^*) \cdot L \geq \alpha \cdot f_L^{opt} \cdot L\,. \qquad \text{(28–VII)}$$

Ob nun der linke Term größer oder gleich dem Mindesteinkommen ist, hängt von dem Angebotsniveau des öffentlichen Gutes ab, das benötigt wird, um das Minimaleinkommen zu erreichen. Bezeichnen wir dieses Niveau mit X^{**}, so können wir schließen, daß $f_L(K^*,X^*) \cdot L = \alpha \cdot f_L^{opt} \cdot L$ für jedes $X^{**} > X^*$. Dies gilt, wenn X^{**} in der Abbildung 33 zwischen X^* und X^{opt} liegt. In diesem Fall würde eine „Lockerung“ des Faktors α zu einer Reduzierung des tatsächlichen Einkommens führen, da der Leviathan auch X reduzieren würde. Im Fall von $X^{**} > X^*$ würde die Beschränkung des Leviathan nicht zu seiner „Zähmung“ beitragen, da wiederum nur der Faktor α allein die Macht des Einnahmenmaximierers begrenzt. Wird α als konstitutionelle Beschränkung betrachtet und abgeschafft, würde der Steuerwettbewerb das Einkommen des immobilen Faktors reduzieren, wenn $X^{**} > X^*$. Der Steuerwettbewerb wäre in diesem Fall kein geeigneter Ersatz für eine verfassungmäßig verankerte Beschränkungsregel.

Ein weiterer plausibler Fall ist $f_L(K^*,X^*) \cdot L > \alpha \cdot f_L^{opt} \cdot L$. Dies bedeutet, daß der Leviathan das Angebot des öffentlichen Gutes nicht so weit senken kann, daß das Mindesteinkommen erreicht wird. In dieser Situation liegt $X^{**} < X^*$ vor, d.h. das öffentliche Angebot, welches das Rentenmaximimum sichert, ist höher als das Niveau, welches das Mindesteinkommen sichert. In diesem Fall ist die Verfassungsregel, die das Mindesteinkommen der Individuen durch α bestimmt, bei einem Verbot der Besteuerung der immobilen Faktoren überflüssig, denn das Mindesteinkommen wird in jedem Fall aufgrund des rentenmaximierenden öffentlichen Angebots X^* übertroffen.

Welche Schlüsse können aus diesen Ergebnissen für die Beschränkung des Leviathan gezogen werden? Ob der Leviathan durch das Verbot der Besteuerung immobiler Faktoren, d.h. durch eine „Wettbewerbsregel“, effektiv beschränkt wird, hängt vom Niveau von X^* und X^{**}, d. h. vom Umfang des Niveaus der öffentlichen Güter ab. Eine völlige Substitution der konstitutionellen Steuerbeschränkungen in der Verfassung, wie sie von Brennan und Buchanan (1980) vorgeschlagen wird (und die im vorliegenden Modell einer umfangreichen Senkung von α entspräche), durch eine Wettbewerbsregel mit $t_L = 0$, könnte sogar zu einem Sinken des Einkommens des immobilen Faktors führen. Wie oben gezeigt, gilt dies für alle $X^{**} > X^{*}$.

Insgesamt betrachtet führt die Beschränkung der Besteuerung auf das mobile Kapital sowohl zu einer ineffizienten Allokation des Kapitals als auch einer ineffizienten Versorgung mit öffentlichen Gütern. Nur in dem für unterschiedliche Staaten seltenen Fall, daß die Steuersätze identisch sind, kommt es nicht zu einer verzerrten Kapitalallokation. Und in allen realistischen Situationen wird die Regierung das öffentliche Gut in einem Umfang anbieten, der nicht der optimalen Versorgung entspricht. Der Steuerwettbewerb zwischen Leviathan–Staaten führt folglich wie im Modell des weisen Diktators zu ineffizienten Ergebnissen. Kann der Leviathan den Steuerwettbewerb umgehen, kommt es dagegen zu effizienten Entscheidungen: Der Leviathan wählt nicht–verzerrende Steuern auf immobile Faktoren und wird zudem eine optimale Güterversorgung realisieren. In diesem Fall besteht die einzige Beschränkung seiner „power to tax" in der konstitutionellen Regel, die der Term α widerspiegelt.

Indes erscheint es trotz der Ineffizienzen, die im Steuerwettbewerb auftreten, rational, die Besteuerung auf mobile Faktoren zu beschränken. Diese Ineffizienzen reduzieren, soweit die konstitutionelle Regel α Gültigkeit hat, nur die Rente der Regierung und nicht das Einkommen der Individuen. Existieren jedoch alternative Instrumente, mit denen man die Besteuerungsmacht des Leviathan reduzieren kann, ohne solche Ineffizienzen auszulösen, könnte man die politischen Renten reduzieren und die Mittel ständen den Individuen zur Verfügung. Solche Beschränkungen haben wir in Kapitel 4 vorgestellt. Im Vergleich zu diesen Regeln ist die in diesem Abschnitt diskutierte Beschränkung $t_L = 0$ ineffizient, da sie zwar die politischen Renten verringert, aber sie verringert auch das erreichbare Einkommen des immobilen Faktors. Daher sind alternative Besteuerungsregeln zur Beschränkung des Leviathan aus allokativen Gründen vorzuziehen.

Zu Beginn dieses Abschnitts hatten wir die Vermutung aufgestellt, daß der Leviathan im Steuerwettbewerb wie ein Unternehmen auf einem Wettbewerbsmarkt agieren muß und so seine Zwangsgewalt verliert. Wie die Analyse zeigt, verliert er diese jedoch nicht. Sein Monopol beruht auf der Tatsache, daß durch den teilweisen Abfluß von Kapital dessen Grenzproduktivität steigt. Diesen Anstieg der Grenzproduktivität kann der Leviathan als einzig mögliche Bemessungsgrundlage besteuern. Die Fähigkeit zu besteuern beruht erneut auf seiner Marktmacht, d.h. eine Leviathan–Regierung wird sich immer anders verhalten als ein Unternehmen unter Wettbewerbsdruck. Es gibt folglich keine realistischen Annahmen, unter denen die Analogie zwischen privaten Wettbewerbsmärkten und institutionellem Wettbewerb gezogen werden könnte. Der Leviathan kann durch den institutionellen Wettbewerb bzw. den Steuerwettbewerb *nicht entscheidend* „gezähmt" werden.

Trotzdem sind wie aufgezeigt, Wohlfahrtsgewinne möglich. Voraussetzung hierfür ist jedoch, daß der Leviathan zur Finanzierung der Staatsausgaben auf eine Steuer auf einen mobilen Faktor wie Kapital beschränkt ist. Denn nur dann kommt es zu Steuerwettbewerb und damit zu möglichen Wohlfahrtsgewinnen.[16] Dieses Resultat steht jedoch in krassem Gegensatz zu

16 Dies heben insbesondere Sinn (1997) und Wellisch (2000c) hervor.

den Ergebnissen, die wir im letzten Kapitel unter der Annahme eines benevolenten Diktators abgeleitet haben. In der wohlfahrtsökonomischen Sicht ist es eine notwendige Bedingung für eine effiziente Allokation, daß der Fiskus eine nicht–verzerrende Steuer erheben kann.[17] Im Leviathan–Modell ist das Verbot von nicht–verzerrenden Steuern eine Bedingung dafür, daß eine Dezentralisierung wohlfahrtssteigernd wirken kann. Diese Wohlfahrtssteigerung beruht auf der Internalisierung von politischen Externalitäten durch den Wettbewerb. Allerdings ist für eine Beurteilung der Wirkungen auch der mögliche negative Effekt einer Unterversorgung mit öffentlichen Gütern zu berücksichtigen, d. h. hier ist ein trade–off zwischen politischen und fiskalischen Externalitäten zu konstatieren.[18] Überwiegen die politischen Externalitäten die fiskalischen, räumlichen oder sonstigen Externalitäten des fiskalischen Wettbewerbs, so ist er folglich positiv zu bewerten. Ob der trade–off zugunsten der politischen Externalitäten ausfällt, ist in der Realität letztlich eine empirische Frage.

C. Die Rolle von Mobilitätskosten

Wie die Analyse der letzten Abschnitte zeigt, hat der Leviathan einen Anreiz, dem Wettbewerb auszuweichen, soweit es ihm die Verfassung zubilligt. Dazu stehen ihm einige Ansatzpunkte zur Verfügung, die wir bisher ausgeblendet haben. Um die Vielfalt der Möglichkeiten einschätzen zu können, betrachten wir noch einmal die Voraussetzung für das Entstehen des Wettbewerbs. Apolte (2000, S. 91) nennt in diesem Zusammenhang

- eine hinreichende Mobilität von Personen und Produktionsfaktoren,
- weitgehende fiskalische Äquivalenz,
- keine Möglichkeit, fiskalische Lasten von mobilen zu immobilen Faktoren zu überwälzen und
- keine internationale Harmonisierungen der Wirtschaftspolitik.

Der letzte und der erste Aspekt bieten interessante Ansatzpunkte, den Wettbewerb um Steuerbasen einzuschränken. Auf dem Wege einer internationalen Harmonisierung von Steuersätzen und Bemessungsgrundlagen können Politiker auf internationaler Ebene Absprachen treffen, die dann Kartellcharakter haben.[19] So kann der Wettbewerb völlig unterbunden werden und dem Leviathan wird es möglich, auch mobile Faktoren wie immobile Faktoren zu besteuern, da diese sich ihrer Steuerlast nicht mehr durch Abwanderung entziehen können.

---

17 So zeigen beispielsweise Zodrow/ Mieszkowski (1986) und Bucovetsky/ Wilson (1991), daß Staaten im Wettbewerb eine effiziente Versorgung mit öffentlichen Gütern gewährleisten, wenn sie die Möglichkeit besitzen, Bodenrenten zu besteuern respektive eine Kapitalsteuer nach dem Wohnsitzprinzip zu erheben.

18 Zu diesem trade–off siehe auch Edwards/ Keen (1996).

19 Vgl. hierzu Vaubel (1994), S. 231. Zur Analogie zu Kartellen privater Anbieter siehe auch Cnossen (1990) oder Salin (1990). Allgemein zu Politikkartellen zur Reduzierung von Wettbewerb in einer globalisierten Welt siehe Donges (1998) und Schäfer (1999). Marlow (1992) und Wohlgemuth/ Adamovich (1999) verweisen explizit auf Kartellisierung als Möglichkeit hin, Exit– und Voice–Optionen der Bürger bzw. Produktionsfaktoren zu reduzieren.

Ohne den ersten Faktor, die Mobilität von Personen und Produktionsfaktoren gibt es keine wettbewerbliche Wirtschaftspolitik. In der Realität entspricht diese Mobilität, wie unsere Betrachtungen im ersten Kapitel gezeigt haben, nicht der modellhaften unendlich großen Mobilität der vollkommenen Konkurrenz. Nur Kapital weist eine so große Mobilität auf, daß Wettbewerbsdruck ausgelöst werden kann. Aber auch hier ist nochmals zwischen physischem (Direktinvestitionen) und finanziellem Kapital (Portfolioinvestitionen) zu unterscheiden. Physisches Kapital entspricht möglicherweise nicht den Annahmen der Homogenität und der beliebigen Teilbarkeit, zudem wird bereits investiertes Kapital immobil. Treten Unteilbarkeiten auf, oder sind Investitionen standortspezifisch, kann der Fiskus standortspezifische Renten möglicherweise konfiskatorisch besteuern.[20] Auch Personen sind (international) so immobil, daß hier kaum ein Wettbewerbsdruck abgeleitet werden kann.[21] Wenn Teile der Bevölkerung und der Produktionsfaktoren immobil sind, so bestehen zwei Ansatzpunkte zur Umgehung des Wettbewerbs:[22] *Erstens* können die politischen Entscheidungsträger die fiskalische Äquivalenz auflösen und für mobile Personen und Faktoren großzügige fiskalische Programme bereitstellen, um sie ins Land zu locken, und die Lasten hierfür den immobilen Faktoren aufbürden.[23] *Zweitens* können die Wanderbewegungen der mobilen Faktoren – wie gesehen – unter bestimmten Voraussetzungen eine Überwälzung der fiskalischen Last induzieren, ohne daß der Wettbewerb bewußt ausgeschaltet wird.

Ein entscheidender Grund für die (teilweise) Immobilität von Personen oder Produktionsfaktoren besteht auch in den bisher vernachlässigten Kosten der Mobilität. Im Rahmen der Neoklassik bzw. konkret in Anlehnung an die Annahmen des Tiebout–Modells gingen die bisher betrachteten Modelle davon aus, daß die Wanderung der mobilen Faktoren keine Migrations– oder Mobilitätskosten[24] verursacht. Diese Kosten reduzieren jedoch in der Realität die Intensität des Wettbewerbs. Während Wohlfahrtsökonomen in diesem Fall die Folgen der teilweisen Immobilität untersuchen,[25] ist es aus institutioneller Perspektive interessant zu beobachten, daß die Mobilitätskosten den monopolistischen Spielraum des Leviathan erhöhen.[26]

---

20 Modelle mit unvollständiger Kapitalmobilität (unter Annahme eines wohlwollenden Diktators) finden sich beispielsweise in Schulze/ Koch (1994), Lee (1997) und Koch/ Schulze (1998), die auch die Modellierung des Faktors Kapital in Modellen des Steuerwettbewerbs kritisch analysieren. In dieser Studie führt die Annahme eines elastischen, aber immobilen nationalen Kapitalstocks, der mit dem gleichen Steuersatz wie neue Investitionen besteuert wird, dazu, daß kein Unterbietungswettbewerb bis zu einem Steuersatz gleich Null zustande kommt.

21 Diese Tatsache wird in den Modellen regelmäßig berücksichtigt, in dem meist nur Kapital als mobiler Faktor angenommen wird.

22 Vgl. hierzu Apolte (2000), S. 91.

23 Werden diese Faktoren dann immobil, können sie zur Besteuerung herangezogen werden, da sie dieser nicht mehr ausweichen können. Dieser Aspekt wird im nächsten Abschnitt unter dem Aspekt der Zeitinkonsistenz näher beleuchtet. Entgegen den bisher betrachteten Modellen wird bei der geschilderten Strategie des Anlockens ausländischer Faktoren neben der Einnahmenseite des Budgets auch die Ausgabenseite des Budgets eingesetzt.

24 Der Term der Mobilitätskosten sei hier umfassend definiert. So sind darunter allgemein die Kosten zu verstehen, die das Wechseln einer Person oder eines Produktionsfaktors von einer Jurisdiktion in eine andere verursacht.

25 Siehe hierzu Wellisch (1995), Kapitel 6.3.

26 Vgl. hierzu Blankart (2000b). Zur Rolle von Mobilitätskosten insbesondere in Föderalstaaten siehe Kerber (1998).

Dabei ist diese Monopolmacht keine exogene Größe: der Leviathan kann die drohende Abwanderung mobiler Ressourcen und den Verlust von Steuerbasen auch bewußt behindern, in dem er die Kosten der Mobilität künstlich erhöht. Ziel unserer Überlegungen in diesem Abschnitt ist es unter anderem aufzuzeigen, ob die drohende Abwanderung mobiler Ressourcen den Leviathan auch dann einer effektiven Beschränkung unterwirft, wenn dieser die Emigration von Personen und/oder den grenzüberschreitenden Kapitalverkehr behindern kann.

Grundsätzlich führen Mobilitätskosten zu einer Rente für den Leviathan, da diese die Mobilität der mobilen Faktoren einschränken. Sie verringern die Auswahlmöglichkeiten der Faktoreninhaber zwischen den Gebietskörperschaften: so lange die Steuerlast des mobilen Faktors kleiner ist als die Kosten der Abwanderung in einen anderen Staat (in dem es keine Besteuerung gibt), wird der Faktor im Land verbleiben. Kann der Leviathan diese Kosten des Exit beeinflussen, so steigt in dem Maße, in dem diese Kosten steigen, auch die Ausbeutungsfähigkeit der mobilen Faktoren, d.h. der Leviathan kann sich dann vermehrt Ressourcen aneignen.

Anhand einer einfachen Gleichung illustriert Cao–Garcia (1983, 129ff) diesen Zusammenhang. Ein Individuum, das im Land i ($i = A,B$) lebt, erzielt ein Einkommen y^i, das durch die Regierungspolitik nicht beeinflußt wird. Die Variable u^i verkörpert den (in Geldeinheiten gemessenen) Nutzen, den das Individuum durch das Angebot an öffentlichen Gütern im Land i erfährt. Die Kosten, die der Leviathan dem Individuum in Form von Steuern auferlegt, werden mit t^i bezeichnet.[27] Die Kosten der Migration von A nach B werden schließlich mit m^A gekennzeichnet. Ein Individuum wird nicht von A nach B auswandern, wenn folgende Gleichung erfüllt ist:

$$y^A + u^A - t^A \geq y^B + u^B - t^B - m^A . \qquad \text{(29–VII)}$$

Durch Umformen ergibt sich:

$$\left(y^A - y^B\right) + m^A \geq \left(t^A - u^A\right) - \left(t^B - u^B\right). \qquad \text{(29a–VII)}$$

Der Term auf der linken Seite gibt die Differenz der Einkommen an, die durch natürliche Unterschiede zwischen den beiden Ländern begründet sind. In den Klammern auf der rechten Seite stehen die „Ausbeutungsgrade“ der beiden Länder, ausgedrückt als Differenz zwischen den Lasten und Nutzen, die dem Individuum aus der staatlichen Aktivität erwachsen. Je höher der Einkommensunterschied, je geringer die Ausbeutung in Land A, je größer jene in Land B und je höher die Migrationskosten, um so weniger wird das Individuum von A nach B auswandern wollen. Diese Überlegungen können natürlich analog für Kapitalströme angestellt werden.[28]

---

27 Diese Kosten können je nach Ausgestaltung des Regimes auch Eingriffe in die Eigentumsrechte und/oder physische Unterdrückung beinhalten.

28 Im Fall der Kapitalausfuhr kann der Term auf der linken Seite als reale Zinsdifferenz betrachtet werden (evtl. bereinigt um Wechselkursänderungen während der Dauer der Anlage im Ausland). Schwierigkeiten bereitet in dieser Sichtweise die Unterscheidung zwischen y und u, da sich die Auswirkungen der Regierungspolitik direkt in den Nominalzinsen niederschlagen können (etwa bei „financial repression“). Vgl. hierzu Pelda (1999), S. 69.

Die Regierung im Land A kann drei Variablen beeinflussen: u^A, t^A und m^A. Je höher die Kosten der Migration, desto besser kann der Staat c.p. die Individuen ausbeuten. Die Migrationskosten können dabei etwa folgende Komponenten umfassen:

$$m^A = c_{tr} + c_{ex} + c_{im} + c_{inf} \,. \qquad (30\text{–VII})$$

Die gesamten Migrationskosten bestehen in diesem Beispiel aus den reinen Transportkosten (c_{tr}), den Kosten, die aus der Behinderung von Exit durch den Staat entstehen (c_{ex}), den Kosten, die das Land B mit seiner Immigrationspolitik verursacht (c_{im}), und den erwarteten Kosten, die das auswanderungswillige Individuum aufwenden muß, um sich über die Situation in Land B zu informieren (c_{inf}).

Während die Transportkosten und die Immigrationskosten[29] aus Sicht des jeweiligen Landes exogen sind, können die Regierungen sowohl die Exit Kosten und auch dic Informationskosten beeinflussen. Die Erhöhung der Exit–Kosten kann durch Emigrationssteuern, Ausreiseverbote in Verbindung mit Grenzkontrollen und eine Bestrafung von zurückgebliebenen Familienangehörigen von illegal ausgereisten Bürgern erreicht werden.[30] Materielle Ressourcen wie Kapital können durch Erschwerungen beim Verkauf von Immobilien, die Besteuerung von Verkaufserlösen oder die Konfiszierung des zurückgelassenen Besitzes der Emigranten an der Abwanderung gehindert werden. Von besonderer Relevanz sind in diesem Zusammenhang Kapitalverkehrsbeschränkungen. Sie werden ebenfalls implementiert, um Kapitaltransaktionen ins Ausland zu verhindern oder zu begrenzen. Sie zielen insbesondere darauf ab, die Zinsdifferenzen zwischen dem In– und dem Ausland zu verringern und so die Kapitalabwanderung einzudämmen.[31]

Die Informationskosten lassen sich durch Zensur, Verbote ausländischer Presseerzeugnisse usw. erhöhen. Durch die Entwicklung der elektronischen Medien in Verbindung mit der zunehmenden Vernetzung haben sich im Rahmen der Globalisierung die Informationskosten bedeutend verringert und gleichzeitig die Möglichkeiten der Staaten reduziert, Informationen von ihrer Bevölkerung fernzuhalten.

Damit wurden einige Möglichkeiten aufgezeigt, mit denen der Leviathan versuchen kann, die Mechanismen des Wettbewerbs einzudämmen, die ihn bei seiner Zielerreichung beschränken. Eine wesentliche Rolle spielt dabei die Mobilität der Ressourcen, da diese bei Abwanderung zu einer Verringerung des Steueraufkommens führen. So wurde deutlich, daß sich der monopolistische Spielraum des Leviathan durch die Existenz der bisher vernachlässigten Mobili-

---

29 Zu den Immigrationskosten gehören beispielsweise Immigrationssteuern. Diese verteuern als versunkene Kosten wiederum die Kosten der Abwanderung, sind aber nicht von der Regierung beeinflußbar und passen folglich nicht zu der gewählten Definition von c_{ex}. Die Probleme von „sunk costs" werden im nächsten Abschnitt behandelt. Eine weitere Kostenkategorie, die nicht in den gewählten Rahmen eingeordnet werden kann, stellen nicht–pekuniäre Mobilitätskosten dar, die so etwas wie die Verbundenheit eines Menschen mit einer Region (etwa aufgrund des sozialen Netzwerks) widerspiegeln. Diese Kosten führen Mansoorian/ Myers (1993) im Rahmen eines Tiebout–Modells ein. Zur Rolle dieser Kosten für die Ausbeutungsmöglichkeit einer eigennützigen Regierung siehe Wildasin/ Wilson (1996).

30 Zu Maßnahmen, mit deren Hilfe der Verbleib in einer Jurisdiktion erzwungen werden kann, siehe Hirshman (1970 [1974]), S. 78ff, sowie Pitlik (1997), S. 231f.

31 Zu den Wirkungen von verschiedenen Kapitalverkehrskontrollen auf Zinsdifferenzen siehe etwa Herrera/ Valdés (2001). Einen sehr guten Überblick über die allgemeinen Wirkungen und Anwendungsziele verschiedener Maßnahmen siehe Neely (1999).

tätskosten erhöht. Zudem ergab die Analyse, daß der Leviathan die Höhe der Mobilitätskosten mitbestimmen kann, in dem er staatliche Mobilitätshemmnisse einführt. Die Exit–Kosten sind folglich nicht exogen.

Noch ist die Frage offen, ob sich der Leviathan den Restriktionen infolge der Abwanderung von Ressourcen wirksam entziehen kann, wenn er Mittel anwendet, um das Abfließen von Kapital oder die Emigration von Personen zu behindern. Pelda (1999, S. 74ff) kommt in seiner Untersuchung zu dem Ergebnis, daß sich ein rationaler einkommensmaximierender Diktator bei einer Abschottung der Grenzen[32] der Exit–Restriktion nicht entziehen kann und eine Verstärkung der Grenzkontrollen als Antwort auf exogen verstärkte Anreize zu Kapitalflucht und Emigration allein nicht effizient ist. So wird der eigennützige Diktator in Reaktion auf eine exogene Änderung immer das Angebot des öffentlichen Gutes erhöhen. Dabei sind die Verbesserungen beim Angebot öffentlicher Güter bei der Errichtung von Mobilitätshemmnissen weniger umfangreich als beim Verzicht auf eine Abschottung. Ähnliches gilt für den Fall, daß die Abschottung durch exogene Veränderungen wie die Erhöhung der Opportunitätskosten kostspieliger wird, dann wird der Leviathan die Mobilitätshemmnisse sogar verringern. Nicht eindeutig ist die Wirkung auf die Steuersätze. Höhere Steuersätze sind als Folge nicht ausgeschlossen, doch werden diese durch die Verbesserung der Versorgung mit dem öffentlichen Gut mehr als aufgewogen, so daß die Bürger besser gestellt werden. Die exogenen Veränderungen führen in jedem Fall zu einer Verringerung der Rente des Leviathan. Der Leviathan kann letztlich trotz der Abschottungspolitik, die die Abwanderungskosten erhöht, nicht den durch die Mobilität der Ressourcen auferlegten Restriktionen entziehen, sondern nur abmildern. Der Exit mobiler Faktoren bleibt ein wichtiger Mechanismus zur Beschränkung des Leviathan.

II. Unternehmen im Steuerwettbewerb

Im Rahmen unserer bisherigen Betrachtungen zum internationalen Steuerwettbewerb im 3. Teil, die (meist) von der Annahme vollkommener Konkurrenz auf allen Güter– und Faktormärkten ausgehen, läßt sich die Existenz multinationaler Unternehmen (und von Direktinvestitionen) ebensowenig erklären wie in der traditionellen Außenhandelstheorie.[33] So haben wir internationale Kapitalbewegungen im Grunde als reine Portfolioinvestitionen aufgefaßt, die auf internationale Renditeunterschiede reagieren. Multinationale Unternehmen sind jedoch eine unübersehbare Realität und stehen aufgrund ihrer Aktivitäten häufig im Vordergrund der Diskussion um internationalen Kapitalsteuerwettbewerb. Im folgenden fokussieren wir in diesem Zusammenhang die Thematik von Transferpreisen. In weiteren Abschnitten wenden wir uns dann Zeitinkonsistenzproblemen (Abschnitt B) und den Implikationen unvollkommener Information zu (C).

---

32 Pelda (1999), S. 85ff, geht dabei von einer Technologie der Grenzabschottung aus, die von einem abnehmenden Grenzprodukt gekennzeichnet ist.

33 Zu einem Überblick über die Rolle multinationaler Unternehmen im Standortwettbewerb aus Sicht neuer Ansätze der Industrieökonomik siehe Klodt (1997).

A. Multinationale Unternehmen und Verrechnungspreise

Weichenrieder (1995, S. 148f) verdeutlicht die Diskussion mit einem Zitat des Finanzchefs von BMW anläßlich der Bilanzpressekonferenz 1993. Dieser erklärte offen: „Wir versuchen die Aufwendungen dort entstehen zu lassen, wo die Steuern am höchsten sind, und das ist im Inland." International tätige Unternehmen haben über geeignete interne Verrechnungspreise (Transferpreise) zwischen Mutter– und Tochterunternehmen die Möglichkeit, Kosten in dem Land mit der relativ höheren Steuerlast anfallen zu lassen. Das bedeutet, daß die Gewinne in das „steuergünstigere" Land umgeleitet werden, was auch mit „profit shifting" bezeichnet wird.[34]

Die Transferpreisliteratur hat sich meist auf die Effekte der Steuerpolitik auf das Transferpreisverhalten und den firmeninternen Handel konzentriert. Sie wird von Modellen dominiert, die aufbauend auf Horst (1971) und Copithorne (1971) zwei Motive für die Bestimmung von unternehmensinternen Transferpreisen untersuchen. Zum einen kann der Gewinn einer multinationalen Unternehmung gesteigert werden, wenn diese Gewinne von einem Hochsteuerland in das Niedrigsteuerland transferiert werden. Zum anderen können Zölle umgangen oder vermindert werden. Weichenrieder (1995, S. 148ff) untersucht die Auswirkungen unterschiedlicher Steuersätze und Steuersysteme (Freistellung, Anrechnung, Abzugsverfahren) sowie von Transferpreisen der Unternehmen auf die Kapitalkosten und die Kapitalnachfrage. Er betrachtet insbesondere die These kritisch, daß die Möglichkeit zur Transferpreissetzung der Vertreibung von Investitionen und Kapital aus einem Hochsteuerland entgegenwirke, da sie die Steuerbelastung ja wieder mindere (und damit letztlich zu einer effizienteren Kapitalallokation beitrage). Da Gewinne keine Produktionsfaktoren sind, könnte trotz hoher Steuern im Inland investiert werden und der Gewinn im Ausland versteuert werden. Länder mit niedrigeren Steuern würden nur Steueraufkommen attrahieren.

Gegen diese These spricht jedoch, daß – werden Abschreibungen nicht ökonomisch neutral gehandhabt – Abschreibungsvergünstigungen bei einer Steuererhöhung ein Land für reale Investitionen durchaus attraktiver machen können. Es tritt dann das von Schneider (1969) und Sinn (1985) dargelegte *Steuerparadoxon* auf: Durch eine Erhöhung des Thesaurierungssteuersatzes steigt die interne Rendite einer Investition und damit ihr Kapitalwert, es besteht also eine inverse Beziehung zwischen dem Steuersatz und den Kapitalkosten.[35] Aber auch bei ökonomisch neutraler Handhabung der Abschreibungen ist diese Aussage der These nicht völlig überzeugend und eindeutig. Wie in Kapitel 3 festgestellt, ist für die Höhe der Investitionen eines (multinationalen) Unternehmens die Steuerbelastung der Grenzinvestition entscheidend. Können Gewinne nur zu einem begrenzten Umfang verlagert werden, so sind möglicherweise Gewinne, die mit einer zusätzlichen marginalen Investition erzielt werden, ganz der hohen Steuerbelastung unterworfen. Die Gewinnverlagerungen betreffen damit nur intramarginale Gewinne und die Kapitalkosten werden durch die Bestimmung der Transferpreise nicht beeinflußt. Die Höhe der Kapitalkosten ist damit insbesondere von Manipulationen der Transferpreise unabhängig, wenn die Auslandstöchter reif sind und nicht die ganzen

---

34 Zu den allgemeinen Grundlagen für die internationale Handhabung von Transferpreisen, d.h. insbesondere zum sogenannten Fremdvergleichsprinzip (Arm's–length–Prinzip), siehe die Übersicht in Weichenrieder (1995), S. 144f, oder ausführlicher Boos/ Rehkugler/ Tucha (2000).

35 Vgl. Feld (2000), S. 70.

Gewinne der hochbesteuerten Einheit manipuliert werden können, sondern teilweise ausgewiesen werden müssen. Wird eine Auslandstochter beispielsweise nur mit Fremdkapital finanziert, so sind die Kapitalkosten von Gewinnverlagerungen völlig unabhängig, auch wenn der gesamte Gewinn verlagert werden kann.[36]

Trotzdem gibt es empirische Evidenz, daß Veränderungen in den Transferpreisanreizen durch Steuerreformen zu Änderungen bei Transferpreisen führen.[37] Auf mögliche Reaktionen auf Seiten der Regierungen weisen beispielsweise Gordon und MacKie–Mason (1994) hin, die vorrangig fiskalischen Interessen zuzuordnen sind. Sie argumentieren, daß Hochsteuerländer durch die Existenz von Transferpreisen einen Anreiz haben, Aktivitäten, die besonders zur Manipulation bei der Nutzung von Verrechnungspreisen einladen, niedriger zu besteuern oder ausländische Einkünfte nur teilweise auf die inländische Steuerschuld anzurechnen.

Elitzur und Mintz (1996) untersuchen schließlich den Einfluß von Transferpreisen auf den Steuerwettbewerb. Diese gehen explizit wie Mansori und Weichenrieder (1999) von einem einnahmenmaximierenden Leviathan aus. Wenn zwei Länder versuchen, die Steuereinnahmen von einem multinationalen Unternehmen zu erhöhen, dann besteht die Möglichkeit, daß eine Doppelbesteuerung auftritt. Während eine Regierung hohe Transferpreise anordnet, um die Gewinne zu erhöhen, die die inländische Geschäftseinheit versteuert, hat die andere Regierung einen Anreiz, einen niedrigen Transferpreis zu fordern, um ihre Gewinnsteuereinnahmen zu erhöhen. Transferpreisregeln führen in diesem Zusammenhang zu einem Rückgang der Produktion des multinationalen Unternehmens, so daß negative fiskalische Externalitäten für das Land mit dem niedrigeren Steuerniveau auftreten. Wenn die Produktivität der ausländischen Tochter steigt oder ihre Produktionskosten sinken, können sowohl das In– als auch das Ausland ihre Steuersätze erhöhen. Beide Regierungen nutzen aus diesem Grunde den unternehmensinternen Anreiz, der durch Transferpreise für Manager ausländischer Tochterunternehmen gesetzt wird, um ihre Steuersätze zu erhöhen. Unternehmensinterne Anreize schwächen die Gefahr eines „Steuerwettlaufs nach unten" aufgrund der Aktivitäten der multinationalen Unternehmen also ab.[38] Aus diesen theoretischen Überlegungen läßt sich folglich kein eindeutiges Ergebnis zur Wirkung der Transferpreise auf den Steuerwettbewerb gewinnen.

Elitzur und Mintz (1996) kommen sogar zu dem Ergebnis, daß Transferpreisregelungen und Steuersätze für den Leviathan perfekte Substitute darstellen. Mansori und Weichenrieder (1999) widersprechen dem jedoch. Sie argumentieren, daß Steuersätze insbesondere in großen und relativ geschlossenen Volkswirtschaften wie den USA eher von inländischen Überlegungen bestimmt sind, während Transferpreisregelungen speziell auf multinationale Unternehmen in ausländischem Besitz ausgerichtet werden können. So nehmen sie an, eine Regierung betreibe Steuermaximierung, in dem sie die Transferpreisregeln unter der Annahme exogen gegebener Steuersätze festlegt. Dies führt dann zu einer Doppelbesteuerung des unternehmensinternen Handels, was letztlich zur Folge hat, daß die Produktion und das Handelsvolumen des multinationalen Unternehmens zurückgeht. Beide Regierungen könnten davon profitieren, sich auf eine gemeinsame Transferpreisregelung zu einigen. Da nicht kooperierende Leviathane auf der falschen Seite der Laffer–Kurve operieren, würde eine Kooperation die

---

36 Siehe Weichenrieder (1995), S. 151.

37 Siehe hierzu die empirische Studie von Swenson (2001).

38 Vgl. hierzu die Darstellung des Modells in Feld (2000), S. 71.

effektiven Steuersätze auf den Handel reduzieren, aber Steuereinnahmen und Handelsvolumen steigen lassen.[39]

Ein weiterer Aspekt des fiskalischen Wettbewerbs tritt auf, wenn Gebietskörperschaften zwischen Unternehmen diskriminieren können. Wie bereits erwähnt verliert bereits an einem Standort investiertes Kapital in der Realität seine Mobilität und könnte dann in höherem Maße zur Besteuerung herangezogen werden, als dies für neue Investitionen der Fall ist. Hier treten somit Zeitkonsistenzprobleme auf, die im nächsten Abschnitt näher betrachtet werden. Insbesondere soll untersucht werden, ob durch den Steuerwettbewerb die Anreize für den Leviathan, zeitinkonsistent zu handeln, reduziert werden.

B. Zeitkonsistenzprobleme im Steuerwettbewerb

Im Standard–Steuerwettbewerbsmodell nimmt man an, daß die Regierungen ein Steuersystem festlegen und die Kapitalbesitzer erst in einem nächsten Schritt entscheiden, wo sie ihr Geld anlegen wollen. In der Realität bzw. im Leviathan–Staat entstehen jedoch Probleme mit der Bindung an das gewählte Steuersystem, da das Kapital bzw. die Unternehmen ihre vollkommene Mobilität verlieren, wenn sie ihre Standortentscheidungen getroffen haben. Sie können dann nicht mehr friktionslos ihre Investitionsentscheidungen revidieren und nicht mehr unendlich schnell auf Steueränderungen reagieren. Der Fiskus könnte daher *ex post* von seinen aufgestellten Regeln abweichen und den bereits gebildeten und damit immobilen Kapitalstock besteuern.

Dieses Problem der Zeit(in)konsistenz haben wir bereits in der geschlossenen Volkswirtschaft analysiert: dort hatten wir festgestellt, daß es für einen wohlwollenden Diktator optimal wäre, einen vorhandenen Kapitalstock zu besteuern, da die Individuen dieser Besteuerung nicht ausweichen können und folglich keine Verzerrung der Konsum–Spar–Entscheidung zu erwarten ist. Aus dieser Sicht wäre eine solche Kapitalbesteuerung im Sinne der Inversen–Elastizitäten–Regel wohlfahrtsoptimal. Wenn die Individuen dies jedoch *ex ante* erwarten, werden sie nicht oder nur in zu niedrigem Ausmaß sparen, da sie die konfiskatorische Besteuerung fürchten. Da der benevolente Diktator dies weiß, so wird er sich immer an die einmal aufgestellten Regeln halten.[40]

Dieses Verhalten wurde auch für den Leviathan mit einem unendlichen Zeithorizont abgeleitet. Nur ein Leviathan mit einem endlichen Zeithorizont wird in der letzten Periode alle Ressourcen konfiskatorisch besteuern. Allerdings hat auch er das Problem, daß die Individuen in Erwartung dieses Verhaltens nicht mehr sparen. Der Leviathan könnte höchstens versuchen, die Individuen erfolgreich über seine Absichten bzw. die Ende seiner Herrschaft zu täuschen, um sie weiterhin zum Sparen zu veranlassen.

---

39 Vgl. Mansori/ Weichenrieder (1999), S. 34.

40 Diese Entscheidung ist jedoch auch vom Zeithorizont abhängig. Denn ist der Zeithorizont begrenzt, wird sich der Diktator (wie ein Leviathan) in der letzten Periode das gesamte Kapital aneignen. Konzeptionell geht das Modell des wohlwollenden Diktators von einem unendlichen Zeithorizont aus. Vgl. hierzu auch die Ausführungen im 4. Kapitel, Abschnitt III.C.3a.

Im Steuerwettbewerb verhält es sich ähnlich, wenn auch der „Bestrafungsmechanismus“ für die Änderung des Steuersystems anders ausfällt. Ändert eine Regierung das Steuersystem nach dem die Individuen ihre Anlageentscheidungen getroffen haben, d.h. versucht ein Land, die Steuer auf Kapital zu erhöhen, wird das Kapital mit unendlich großer Geschwindigkeit realloziiert und es kommt zu einem neuen Gleichgewicht, bei dem je nach betrachtetem Modell geringere oder gar keine Steuereinnahmen in dem betrachteten Land anfallen.

Verliert Kapital seine Mobilität, wenn es an einem Standort investiert wird, ergeben sich neue Handlungsspielräume, *ex post* Steuern anzuheben. Eine Möglichkeit besteht darin, sich auf anfängliche Subventionen oder Steuererleichterungen („tax holidays“)[41] festzulegen (um das Kapital ins Land zu locken) und auf diese Weise den Zeitraum zu verkürzen, in dem man sich an seine Verpflichtung halten muß. Allerdings hat dies den Nachteil, daß sich die Fluktuation der Firmen erhöht (die Mobilität geht ja nicht vollständig verloren), d.h. daß viele Firmen nach Ablauf der Steuererleichterung das Land wieder verlassen, um ähnliche Vergünstigungen in anderen Regionen zu realisieren.[42]

Steuerwettbewerb kann indes beitragen, das Problem der Zeitinkonsistenz zu mildern. Janeba (2000) untersucht ein Zwei–Regionen–Modell mit einem einzigen Unternehmen, in dem die Entscheidungen in drei Stufen getroffen werden. Auf der ersten Stufe nimmt das Unternehmen Investitionen in „Kapazitäten“ (z. B. Ölpipelines) in den beiden Ländern vor. In der nächsten Stufe wählen die Staaten den Steuersatz, mit dem sie das Projekt innerhalb ihrer Grenzen besteuern wollen. Im letzten Schritt wählt das Unternehmen seine Ausbringungsmenge. Das Zeitinkonsistenzproblem entsteht in diesem Rahmen durch die Möglichkeit, die Steuersätze festzulegen, nachdem das Unternehmen bereits seine Investitionen getätigt hat. Im Falle einer einzigen Regierung hätte diese einen Anreiz, alle Gewinne zu konfiszieren bzw. das Problem, glaubhaft zu versichern, daß sie darauf verzichtet. Das Unternehmen würde dies jedoch zum Zeitpunkt seiner Investitionsentscheidung antizipieren und sich entschließen, überhaupt nicht zu investieren. Gibt es jedoch zwei Regierungen, werden diese bei den Steuersätzen miteinander konkurrieren, wenn die Firma überschüssige Kapazitäten aufweist und folglich auf Steuersatzunterschiede reagieren kann, in dem sie Output realloziiert.[43] Unter der Voraussetzung, daß die Investitionskosten gering genug sind, wird das Unternehmen sich dann dafür entscheiden, bei der Durchführung des Projekts in überschüssige Kapazitäten zu investieren, um Steuerwettbewerb hervorzubringen. Auf diese Weise kann Steuerwettbewerb auch dazu beitragen, Zeitkonsistenzprobleme zu lösen und so effizienzverbessernd zu wirken.

---

41 Black/ Hoyt (1989) und King/ McAfee/ Welling (1993) auf Beispiele solcher Subventionen in den USA und Kanada hin.

42 Diese Überlegungen bestätigt Wilson (1996a), in dessen Modell das Gleichgewicht durch überhöhte Firmenfluktuation charakterisiert wird. Bond (1981) liefert hierzu die empirischen Belege.

43 Das Konzept der überschüssigen Kapazität ist in diesem Zusammenhang eindeutig definiert, da das Modell annimmt, daß die Nachfrage nach der Produktion zu Preisen, die unter dem Niveau der Konsumentenbestellungen liegen, völlig unelastisch reagiert. Siehe hierzu auch Wilson (1999), S. 296.

C. Unvollkommene Information: Der Common–Agency–Ansatz

Bisher haben wir Modelle betrachtet, in denen die Besteuerungsmöglichkeiten der Regierungen, seien sie benevolent oder eigennützig, auf bestimmte Arten oder Kombinationen von Steuerinstrumenten beschränkt wurden und haben dann die Implikationen für den Steuerwettbewerb untersucht. Ein alternativer Ansatz besteht darin, Beschränkungen als Ergebnis besonderer Eigenschaften des wirtschaftlichen Umfelds abzuleiten, indem man etwa von der Annahme der vollkommenen Information abgeht. Dies umfaßt den Fall, daß Fisci nur über unvollkommene Informationen über die Firmen verfügen, die sie besteuern. So können Firmen beispielsweise ungleich mobil sein, aber solche Unterschiede sind für die jeweilige Regierung unter der modifizierten Annahme nur schwer zu beobachten. Diese Informationen wären für den Fiskus jedoch interessant, da bei Unteilbarkeiten des Realkapitals oder standortspezifischen Investitionen Renten entstehen. Die Besteuerung von Renten ist für *beide* Modellansätze, den wohlwollenden Diktator und den Leviathan, gleichermaßen relevant bzw. „zielkonform". Diese könnten konfiskatorisch und zugleich effizient besteuert werden.

Bei unvollkommener Information kann eine Firma nicht entsprechend ihrer Mobilitätscharakteristika besteuert werden, sondern nur aufgrund von Beobachtungen, die als Hinweis auf ihre Mobilität zu deuten sind wie die Investitionsentscheidungen des Unternehmens. Dies ist ein typisches *Principal–Agent*–Problem, bei dem die Regierung als Prinzipal und das Unternehmen als Agent handelt.[44] Konkurrieren zwei oder mehr Regierungen um einen Anteil am Gewinn von mobilen Unternehmen, wird dieses Problem zu einem *Common–Agency*–Problem, in dem die Regierungen die Rolle von vielfachen Prinzipalen übernehmen.[45] Die internen Firmeninformationen bezüglich ihrer wahren Charakteristika erlaubt es den Firmen, eine „Informationsvorsprungsrente" zu realisieren. Dies führt eine neue Dimension in der Analyse des Steuerwettbewerbs ein, die in der Literatur regelmäßig nur in der wohlfahrtsökonomischen Perspektive betrachtet wird. So führt beispielsweise in Mezzetti (1997) der Steuerwettbewerb (hier „independent contracting" genannt) dazu, daß Unternehmen eine höhere Informationsrente realisieren können als wenn die Regierungen kooperieren würden. Die Prinzipale erreichen letztendlich eine geringere aggregierte Wohlfahrt. So führt der Steuerwettbewerb – wie regelmäßig in der wohlfahrtsökonomischen Sichtweise – zu einem Wohlfahrtsverlust, wenn auch aus einem neuen Grund.

Auch für die Analyse der Besteuerung von multinationalen Unternehmen ist der Common–Agency–Ansatz besonders geeignet. Versuchen mehrere Länder, das Einkommen von ausländischen Tochtergesellschaften zu besteuern, könnte dies als Common–Agency–Problem gedeutet werden, in dem das Ursprungs– und das Gastland als Prinzipale betrachtet werden. Bond und Gresik (1996) entwickeln etwa ein Modell, in dem das Heimat– und das Gastland ein multinationales Unternehmen unabhängig voneinander mit Handelssteuern belasten bzw. diesem Subventionen anbieten. Dabei zeigen die Autoren, daß durch den Steuerwettbewerb im Vergleich zu einem kooperativen Vorgehen der Länder die Wohlfahrt verringert wird

---

44 Für ein Beispiel eines solchen Modells siehe etwa Osmundsen/ Hagen/ Schjelderup (1998). Zu den folgenden Ausführungen vgl. Wilson (1999), S. 286f. Die Überlegungen gelten grundsätzlich für benevolente wie eigennützige Diktatoren.

45 Zum Überblick über die Common–Agency–Problematik und ihre Anwendung auf Regierungspolitik siehe Dixit/ Grossman/ Helpman (1997).

und zugleich auch das multinationale Unternehmen aufgrund verringerter Gewinne schlechter gestellt wird. Die mit dem Steuerwettbewerb verbundenen Ineffizienzen schaden folglich allen Beteiligten, nicht nur den Prinzipalen.

Die negativen Effekte, die im Standardmodell des Steuerwettbewerbs festzustellen waren, gelten wie aufgezeigt auch für komplexere Common–Agency–Probleme. Wenn immer komplexere Regierungspolitiken betrachtet werden, ist jedoch die Annahme der Wohlfahrtsmaximierung immer mehr in Frage zu stellen. Allerdings findet sich in der Literatur kein Beispiel, das den Leviathan–Ansatz mit Common–Agency–Problemen verknüpft.[46] Hier öffnen sich Ansatzpunkte für weitere Forschungsbemühungen.

III. Zusammenfassung

Die Ausführungen zum Leviathan im Steuerwettbewerb haben gezeigt, daß der Leviathan in einer offenen Volkswirtschaft versucht, den Wettbewerb der Jurisdiktionen um mobile Produktionsfaktoren bzw. Steuerbasen zu umgehen. Wenn ihm die Verfassung eine freie Wahl von Steuern zubilligt, wird er vermeiden, mobile Faktoren zu besteuern. Der Leviathan wählt nicht–verzerrende Steuern auf immobile Faktoren und realisiert zugleich eine optimale Güterversorgung. Kann der Leviathan durch die Besteuerung immobiler Faktoren den Steuerwettbewerb umgehen und seine monopolistische Besteuerungsmacht aufrechterhalten, kommt es folglich zu effizienten Entscheidungen bei der Versorgung mit öffentlichen Gütern. Während der mobile Faktor auf diese Weise vor dem Leviathan geschützt wird, trifft dies auf den immobilen Faktor nicht zu. Hier schränken nur die Variablen, die der Term α widerspiegelt, die „power to tax" des Leviathan ein. Dieser Term umfaßt beispielsweise konstitutionelle Regeln oder die Neigung der Bürger zur Steuerrevolte. Um diesen „Mangel" des fiskalischen Wettbewerbs zu überwinden, wurde im Modell eine konstitutionelle Regel eingeführt, in der die Besteuerung auf das mobile Kapital beschränkt wird. Dies führt in einem Zwei–Länder–Modell zu einem Nash–Gleichgewicht, in dem ein positiver Steuersatz auf Kapital verwirklicht wird und keine Überwälzung der Steuerlast auf einen anderen Faktor möglich ist. Die Höhe des Steuersatzes ist allerdings nicht mit den Kosten der Bereitstellung des öffentlichen Gutes verbunden, so daß nicht eindeutig bestimmt werden kann, ob die Einnahmen ausreichen, um die Kosten zu decken.

Zudem ist ein Nash–Gleichgewicht in der Regel mit einer ineffizienten Allokation des Kapitals und einer ineffizienten Versorgung mit öffentlichen Gütern verbunden. Nur in dem (für heterogene Staaten) seltenen Fall, daß die Steuersätze identisch sind, kommt es nicht zu einer verzerrten Kapitalallokation. Eine Unterversorgung mit dem öffentlichen Gut ist in allen wahrscheinlichen Situationen zu erwarten. Der Steuerwettbewerb zwischen Leviathan–Staaten führt folglich wie im Modell des weisen Diktators zu ineffizienten Ergebnissen.

Die Ergebnisse der Leviathan–Ansätze des Steuerwettbewerbs sind indes eindeutiger als die wohlfahrtstheoretischen Analysen des letzten Kapitels: Trotz der auftretenden Ineffizienzen

---

46 Laussel/ Breton (1998) analysieren beispielsweise die effiziente *private* Produktion öffentlicher Güter in einem Common–Agency–Ansatz. Einen allgemeinen Überblick zu diesem Ansatz und seiner Anwendung auf die Steuerpolitik bieten Dixit/ Grossman/ Helpman (1997).

ist es rational, die Besteuerung auf mobile Faktoren zu beschränken und Wettbewerb zu ermöglichen. Durch die erhöhte Mobilität der Produktionsfaktoren wird die Besteuerungsmacht des Leviathan wirksam beschränkt, die Möglichkeiten der Einnahmenmaximierung reduziert. Der Wettbewerb trägt dazu bei, die politischen Externalitäten zu internalisieren und damit die Effizienz der staatlichen Aktivität zu erhöhen. Trotzdem sind alternative Instrumente, mit denen man die Besteuerungsmacht des Leviathan reduzieren kann, ohne die Ineffizienzen des Steuerwettbewerbs auszulösen, aus allokativen Gründen zu bevorzugen: Die Beschränkung auf mobile Faktoren verringert zwar die Rente des Leviathan, vermindert jedoch auch das Einkommen der immobilen Faktoren.

Geht man von der Annahme ab, die Faktoren könnten sich ohne Transaktions– oder Mobilitätskosten zwischen den Staaten bewegen, so erhält der Leviathan ein neues Instrument, um den Wettbewerb zu umgehen. Durch die Mobilitätskosten kann der Leviathan Lagerenten abschöpfen, zusätzlich kann er die Kosten der Abwanderung künstlich durch eine Abschottungspolitik erhöhen. Wie die Analyse zeigt, kann er sich jedoch auf diese Weise nicht vollständig den vom Wettbewerb induzierten Besteuerungsrestriktionen entziehen, sondern diese nur abmildern.

Der zweite Abschnitt dieses Kapitels widmete sich der Bedeutung von Unternehmen im Steuerwettbewerb. Insbesondere wurde die Rolle von Transferpreisen an der Verteilung von Steueraufkommen zwischen Staaten beleuchtet. Hier werden zwei unterschiedliche Thesen aufgestellt. So wird in der Literatur behauptet, daß die Möglichkeit von Gewinnverlagerungen über Transferpreise zu einer effizienteren Kapitalallokation beitrage, da sie eine unterschiedlich hohe Steuerbelastung kompensiert, ohne reale Kapitalbewegungen auszulösen. Dagegen spricht jedoch das sogenannte Steuerparadoxon, daß eine inverse Beziehung zwischen dem Steuersatz und den Kapitalkosten beinhaltet. Letztlich entscheidend ist jedoch, welches Steuersystem in den betrachteten Ländern implementiert wird, und welche „Reife“ die Töchter im Ausland erreicht haben. Wird eine Tochter beispielsweise nur mit Fremdkapital finanziert, so sind die Kapitalkosten von Gewinnverlagerungen völlig unabhängig. Auch aus den weiteren theoretischen Überlegungen zu den Einflüssen von Transferpreisen auf den Steuerwettbewerb lassen sich keine eindeutigen Ergebnisse ableiten.

Die Überlegungen zum Problem der Zeitkonsistenz zeigen, daß sich durch die Annahme von Rigiditäten im Unternehmenssektor für den Leviathan neue Handlungsspielräume ergeben, ex–post Steuern anzuheben. Es konnte jedoch überzeugend dargelegt werden, daß der Steuerwettbewerb dazu beitragen kann, das Problem des zeitinkonsisten Verhaltens des Leviathan zu mildern. Das Aufheben einer weiteren Annahme, der vollkommenen Information, führt schließlich zu Common–Agency–Problemen im Steuerwettbewerb. Da die Regierungen das Verhalten der Unternehmen nicht beobachten können, können sie die Renten, die durch die teilweise Immobilität des investierten Kapitals entstehen, nicht konfiskatorisch und effizient besteuern. Im Steuerwettbewerb führt die Informationsasymmetrie schließlich dazu, daß sowohl die Regierungen als auch die Unternehmen schlechtergestellt werden.

Resümee

I. Zusammenfassung

In unseren einleitenden Bemerkungen haben wir uns zwei Fragen gestellt, die den Inhalt der vorliegenden Arbeit bestimmt haben und die nun auch den Rahmen für ein knappes Resümee bilden.

(1) Wie sollte eine effiziente Besteuerung ausgestaltet sein?

(2) Ist der Steuerwettbewerb effizient?

Zur Einführung in das Thema wurden im *1. Teil* der Arbeit zunächst die wirtschaftlichen Rahmenbedingungen für einen Steuerwettbewerb positiv analysiert. Dabei konnten wir feststellen, daß die Globalisierung ein beträchtliches Ausmaß erreicht hat, und insbesondere die Güter– und Kapitalmärkte der Industrieländer stark integriert sind.

Als Ausgangspunkt haben wir in der theoretischen Grundlegung unter den Annahmen der paretianischen Wohlfahrtsökonomik die Modellwelt der vollkommenen Konkurrenz als Analyserahmen festgelegt und die allgemeinen Wirkungen von Steuern abgeleitet. Zudem haben wir aufgrund der Annahmen über das Verhalten von steuerpolitischen Entscheidungsträgern zwei normative Staatstheorien identifiziert und die jeweils relevanten Effizienzmaße abgeleitet: allokative Effizienz bzw. das Pareto–Optimum im Modell des weisen Diktators und konstitutionelle Effizienz im Leviathan–Staat.

Darauf aufbauend haben wir im *2. Teil* zunächst im Rahmen einer geschlossenen Volkswirtschaft für beide Staatstheorien effiziente Steuersysteme charakterisiert. Zunächst wurden optimale Steuerregeln für den weisen Diktator erarbeitet, die eine Maximierung der gesellschaftlichen Wohlfahrt ermöglichen. Dabei richtete sich die Struktur des Steuersystems nach jeweils zur Verfügung stehenden steuerlichen Instrumenten. So wurden nacheinander Regeln für Verbrauchs– und Einkommensteuern abgeleitet sowie intensiv über die alternativen Bemessungsgrundlagen Einkommen oder Konsum diskutiert. Abschließend wurde die Einbettung einer Unternehmensbesteuerung in ein rationales Steuersystem erörtert. Dabei wurden fünf Steuersysteme identifiziert, die aus gesamtwirtschaftlicher Sicht intertemporal neutral sind und auf Unternehmensebene Investitionsneutralität sichern. Dabei handelt es sich einmal um vier Systeme, die auf der Haushaltsebene auf eine Zinsbesteuerung verzichten und eine Besteuerung des Konsums vorsehen: (1) eine Cash–Flow–Steuer vom R–Typ und (2) eine vom S–Typ, (3) eine Reingewinnsteuer mit Ertragswertabschreibung und Absetzbarkeit der kalkulatorischen Zinskosten sowie (4) eine zinsbereinigte Gewinnsteuer. Das fünfte System, das sich auf der Haushaltsebene durch eine Einkommens– und damit Zinsbesteuerung auszeichnet, ist das sogenannte Mischsystem von Sinn (5). Allerdings konnte aufgrund des in der Literatur üblichen Modellrahmens mit einem fixen Arbeitsangebot keine endgültige Aussage zur generellen Effizienz der Systeme getroffen werden.

In den Ausführungen zur effizienten Besteuerung im Leviathan–Staat zeigte sich, daß der weise Diktator und der einnahmenmaximierende Leviathan die gleichen Steuerregeln implementieren, um ihre jeweiligen Ziele zu erreichen. Die Regeln, die im wohlfahrtsökonomischen Modell allokative Effizienz sichern, dienen folgerichtig im Leviathan–Staat der Aufkommensmaximierung. Daher wurde unter der Zielsetzung konstitutioneller Effizienz eine Auswahl von Steuerbemessungsgrundlagen und Steuertarifen analysiert, mit denen die Bürger in der Verfassung die Einnahmen des Leviathan auf ein von ihnen gewünschtes Maß begrenzen können. Als effektive Regelungen wurden etwa der Ausschluß von Pausch– und Kapitalsteuern sowie ein Verbot von regressiven Tarifen und der Differenzierung nach Personen oder Gütern identifiziert.

Im *3. Teil* wandte sich die Arbeit offenen Volkswirtschaften zu. Dabei nahmen wir grundsätzlich an, daß der Produktionsfaktor Arbeit immobil und Kapital vollkommen mobil ist, und konzentrierten uns auf direkte Steuern. Folgerichtig wurde zunächst die Frage nach einer effizienten Ausgestaltung der Besteuerung auf der internationalen Ebene beantwortet. Hierzu wurde untersucht, welche Besteuerungsprinzipien aus weltwirtschaftlicher und nationaler Sicht Effizienz bzw. eine effiziente Allokation des Faktors Kapital sichern. Dabei gingen wir davon aus, daß die wohlmeinenden Regierungen ihre Steuerpolitik unter der Annahme bestimmen, daß ihre eigenen Maßnahmen bei anderen Regierungen keine Reaktionen hervorrufen. Im Ergebnis zeigte sich, daß im Modell des benevolenten Diktators das Welteinkommensprinzip sowohl auf weltwirtschaftlicher als auch nationaler Ebene eine effiziente internationale Besteuerung sichert. Auf eine Besteuerung des Kapitals an der Quelle sollte dagegen aus allokativer Sicht verzichtet werden. Im Leviathan–Modell wurden auch die Reaktionen anderer Länder in die Überlegungen mit einbezogen, da der Leviathan eine Verschlechterung der Wohlfahrt sowohl der eigenen Bürger als auch der Wirtschaftssubjekte anderer Staaten bewußt einkalkuliert, um seine Ziele zu verfolgen. Hierbei ergab sich, daß es für den Leviathan optimal sein kann, einen positiven Quellensteuersatz zu erheben. Dessen Höhe ist indes von den Möglichkeiten abhängig, die Einkommen der immobilen Inländer zu besteuern. Vermag er die gesamten Einkommen der Inländer abzuschöpfen, verzichtet er ebenso wie der wohlmeinende Diktator auf eine Quellenbesteuerung.

In einem eigenen Abschnitt widmeten wir uns auch den Aspekten einer internationalen Unternehmensbesteuerung. Dabei erweiterten wir das im Rahmen der geschlossenen Volkswirtschaft entwickelte Modell auf einen Zwei–Länder–Fall. Hier zeigte sich, daß die Investitionsneutralität der Besteuerung auch auf internationaler Ebene von herausragender Bedeutung für eine effiziente Allokation auf dem Weltkapitalmarkt ist. Bei der Analyse der bereits in Teil 2 diskutierten Steuersysteme zeigte sich, daß ein wohlmeinender Diktator eine Unternehmensteuer implementieren würde, in der eine Ertragswertabschreibung vorgenommen, auf eine Besteuerung des Kapitalbestands verzichtet wird und Zinseinkünfte nach dem Wohnsitzprinzip besteuert werden.

Zusammenfassend konnten wir der ersten Frage zur Ausgestaltung des effizienten Steuersystems im Rahmen der beiden normativen Staatstheorien nachgehen. In diesem Zusammenhang haben wir jeweils Regeln ableitet, gemäß denen Einnahmesysteme gestaltet werden müssen, um allokative bzw. konstitutionelle Effizienz zu erreichen.

Der zweiten Frage nach der Effizienz des Steuerwettbewerbs widmeten wir die restlichen Ausführungen. Dabei beschäftigten wir uns zunächst mit der neoklassischen Theorie des Steuerwettbewerbs und betrachteten im folgenden die Implikationen des Steuerwettbewerbs für den eigennützigen Leviathan.

Wie die Analyse zur Theorie des Steuerwettbewerbs zeigte, spielen die jeweiligen Modellannahmen eine entscheidende Rolle für die Ergebnisse des Steuerwettbewerbs. Regelmäßig wird unterstellt, daß Regierungen auf die Besteuerung mobiler Faktoren angewiesen seien, weil immobile Steuerbasen annahmegemäß nicht ergiebig genug sind und lediglich eine Besteuerung an der Quelle möglich ist. Damit wird von dem als nicht effizient identifizierten Territorialprinzip ausgegangen: In den Ausführungen zur internationalen effizienten Besteuerung hatten wir zuvor abgeleitet, daß auf eine Quellenbesteuerung verzichtet werden sollte, wenn die Wohlfahrt der Individuen angestrebt wird. Im Grundmodell des Steuerwettbewerbs löst die Quellenbesteuerung fiskalische Externalitäten aus, was in einer zu niedrigen Kapitalbesteuerung und folglich in einem zu geringen Angebot lokal öffentlicher Güter resultiert, d.h. der Steuerwettbewerb ist als ineffizient einzustufen. Die weitere Analyse zeigte, daß dieses Ergebnis auch unter verallgemeinerten Rahmenbedingungen gilt. In den Modellerweiterungen wurde die Zahl und die Größe der konkurrierenden Länder variiert, asymmetrischer Wettbewerb zugelassen sowie das verfügbare Steuerinstrumentarium erweitert. Auch der Charakter der bereitgestellten öffentlichen Güter sowie die Mobilität des Faktors Arbeit wurde modifiziert. Dabei können zusätzlich Ineffizienzen aufgrund von Terms of Trade–Effekten und steigenden Skalenerträgen in der Nutzung öffentlicher Güter auftreten. Insgesamt ist der Steuerwettbewerb in dieser Sichtweise folglich negativ zu beurteilen. Wesentlicher Grund hierfür ist nicht zuletzt, daß die Steuerwettbewerbsmodelle von den Annahmen des vollkommenen Wettbewerbs in einer Weise abweichen, daß die Effizienzeigenschaften nicht erfüllt werden können. Des weiteren wurde das entscheidende Resultat der Theorie des Steuerwettbewerbs, eine zu niedrige Besteuerung von Kapital, noch explizit aus Sicht der Theorie der Optimalen Besteuerung betrachtet. Hier konnten wir feststellen, daß weder die statische noch die dynamische Theorie der optimalen Besteuerung stichhaltige Argumente für eine Besteuerung von Kapitaleinkommen liefert. Die Ineffizienz des Steuerwettbewerbs gründet sich aus Sicht der TOB nicht zuletzt darauf, daß in der Theorie des Steuerwettbewerbs regelmäßig ein fixer Kapitalstock angenommen wird und der dynamische Aspekt der Kapitalbildung ausgeblendet wird.

Insgesamt zeigen sich aus allokativer Sicht zwei gegenläufige Ergebnisse. Aus Sicht der Theorie der Optimalen Besteuerung findet sich *kein* sicheres wohlfahrtsökonomisches Argument *für* eine Besteuerung von Kapitaleinkommen. Dabei wurden allerdings distributive Erwägungen ausgeschlossen. Demgegenüber wird in der Theorie des Steuerwettbewerbs das grundlegende Ergebnis der Reduktion der Steuerlast des Faktors Kapital als *negativ* beurteilt. Dadurch sei eine ineffiziente Einnahmenstruktur (mit höherer Belastung der verbliebenen Einnahmequellen) sowie ein suboptimales Angebot öffentlicher Leistungen verbunden. Diese Einschätzung beruht nicht zuletzt darauf, daß eine Besteuerung von Kapital durch eine grundsätzliche Entscheidung *von vorneherein* als sinnvoll betrachtet wird. Forderungen nach einer Harmonisierung der Kapitaleinkommensbesteuerung zur Beseitigung der skizzierten Ineffizienzen beruhen daher auf einer völlig verschiedenen Grundlage als die positive Beurteilung des Steuerwettbewerbs in der TOB.

Schließlich haben wir Überlegungen zum Leviathan auch in den internationalen Steuerwettbewerb eingeführt. Dabei haben wir untersucht, ob und unter welchen Bedingungen der fiskalische Wettbewerb der Staaten konstitutionelle Regelungen im Leviathan–Staat ersetzt, d.h. konstitutionelle Effizienz bewirken kann. Zu diesem Zweck modellierten wir einen Föderalstaat mit einem mobilen und einem immobilen Faktor. Hier zeigte sich, daß der Leviathan versucht, den Wettbewerb der Staaten zu umgehen, indem er vermeidet, mobile Produktionsfaktoren zu besteuern. Auf diese Weise kam es im Rahmen des Modells zwar zu einer effizienten Güterversorgung; aber aus Sicht der konstitutionellen Effizienz ist lediglich der mobile Faktor vor dem Zugriff des Leviathan geschützt. Daher wurde in einem weiteren Schritt das Steuerinstrumentarium auf die Besteuerung des mobilen Faktors beschränkt. In diesem Fall ist in allen wahrscheinlichen Situationen eine Unterversorgung mit öffentlichen Gütern und eine verzerrte Kapitalallokation zu erwarten. Der Steuerwettbewerb zwischen Leviathan–Staaten führt folglich wie im Modell des weisen Diktators zu allokativ ineffizienten Ergebnissen. Trotzdem konnte als Ergebnis abgeleitet werden, daß es ungeachtet der auftretenden Ineffizienzen rational ist, die Besteuerung auf mobile Steuerbasen zu beschränken, da auf diese Weise die Besteuerungsmacht des Leviathan effektiv reduziert werden kann. Aus der Perspektive der konstitutionellen Effizienz ist das Ergebnis folglich eindeutiger als in der wohlfahrtstheoretischen Analyse im Modell des weisen Diktators: Steuerwettbewerb trägt dazu bei, die Möglichkeiten der Einnahmenmaximierung des Leviathan wirksam zu beschränken.

II. Weiterführende Überlegungen

Wie soll daher die in der Einführung aufgeworfene Frage „Wettbewerb oder Koordinierung" beantwortet werden, die ja durchaus von aktueller politischer Relevanz ist? Zur Beantwortung dieser Frage gehen wir hierzu noch einmal zu den Staatstheorien und dem Optimierungskalkül der darin beschriebenen Regierungen zurück. Während in der traditionellen ökonomischen Analyse bei einem – wie auch immer begründeten – Wunsch nach Kapitalbesteuerung kaum eine Möglichkeit besteht, die Auswirkungen des Steuerwettbewerbs als wohlfahrtssteigernd zu betrachten, ist dies im konstitutionellen Ansatz anders. Dies liegt vor allem an den Externalitäten, die im Steuerwettbewerb auftreten. Diese werden im ersten Fall negativ und im zweiten Fall positiv beurteilt. Wer also von einem wohlwollenden Staat ausgeht, wird im Steuerwettbewerb letztlich einen Störfaktor sehen, der den Staat bei der Erfüllung seiner Aufgaben behindert.

Da in der Realität kein wohlwollender Staat unterstellt werden kann, sondern davon auszugehen ist, daß staatliches Handeln an den gemeinsamen Interessen der Bürger zu messen ist und staatliche Machtausübung auch gegen diese Interessen gerichtet sein kann, ist auch der politische Entscheidungsprozeß zu untersuchen, in dem über staatliches Handeln entschieden wird. Hier stellt sich die Frage, ob die Beschränkungen, die der Steuerwettbewerb dem Prozeß auferlegt, dazu führen, daß die Interessen der Bürger besser zur Geltung kommen. Da vieles dafür spricht, daß der politische Prozeß eher unvollkommen ist, kann man davon ausgehen, daß die Wirkungen des Steuerwettbewerbs – wie im Modell des Leviathan – in allokativer Hinsicht positiv zu beurteilen sind. Der Steuerwettbewerb dient auch hier als ein Korrektiv, das dazu beiträgt, Schwächen des politischen Wettbewerbs zu kompensieren. Hier kommt zum Ausdruck, daß das Leviathan–Modell als ein analytischer Grenzfall einer Demokratie interpretiert werden kann, d.h. als Ausdruck extremer Fehlentwicklungen. Diese Parallele läßt sich dadurch rechtfertigen, daß das tatsächliche Steueraufkommen unter den realen Restriktionen der Demokratie in einer positiven Korrelation mit dem Resultat des Grenzfalls steht.[1] Somit

1 Vgl. hierzu Brennan/ Buchanan (1991), S. 60.

wird im Leviathan–Ansatz zwar nicht die Realität abgebildet, aber doch die Richtung des realen Staatsverhaltens („modifizierter Leviathan").[2]

Dies läßt sich auch an den aktuellen politischen Diskussionen zeigen. Sie beschäftigen sich in der Europäischen Union (EU) in erster Linie mit der Eindämmung des „unfairen" Steuerwettbewerbs.[3] Vorrangig unter dem Deckmantel einer gleichmäßigen Besteuerung bzw. Steuergerechtigkeit wird versucht, den Rückgang der Besteuerungsmöglichkeiten bzw. die Steuerflucht von Kapital in Niedrigsteuerländer sowie Steuerhinterziehung zu verhindern. Hierzu wird in der EU ein Informationsaustausch bei Kapitalerträgen sowie ein Vorgehen gegen spezifische Steuervergünstigungen und Steueroasen angestrebt.[4] Als zentrale Zielrichtung wird angegeben, die nationale Souveränität bei der Besteuerung von Kapitalerträgen nach dem Wohnsitzprinzip zu gewährleisten und fairen Steuerwettbewerb weiterhin zuzulassen. Hier sind jedoch vorrangig fiskalische Interessen zu unterstellen, da durch eine verbesserte Durchsetzung des Wohnsitzprinzips der Steuerwettbewerb vollkommen ausgehebelt wird. Die gleiche Zielsetzung liegt der politischen Diskussion um die Harmonisierung direkter Steuern zugrunde.

Es ist nicht anzunehmen, daß die Steuerpolitiker als wohlmeinende Diktatoren handeln, die durch eine Harmonisierung oder die Verwirklichung einer effizienten internationalen Besteuerung die Einkommen der immobilen Faktoren verbessern wollen. Vielmehr versuchen sie durch die Eindämmung des Steuerwettbewerbs, die fiskalischen Handlungsspielräume zu erhalten, die durch den Steuerwettbewerb unter Druck stehen. Letztlich zeigen sich hier die Regierungen der einzelnen EU–Staaten als Leviathane im Steuerwettbewerb, die versuchen, mittels Kartellabsprachen ihre Monopolmacht zu verteidigen, die sie bei globalisierenden Kapitalmärkten zu verlieren drohen.

---

2 Vgl. zur Anwendbarkeit auf weitergehende Fragestellungen auch Folkers (2001), S. 129.

3 Zur Definition schädlichen Steuerwettbewerbs siehe Larbig (2001), S. 219f.

4 Ebenso ist eine einheitliche Besteuerung von Zinseinkünften ab 2010 vorgesehen. Vgl. hierzu ausführlich Koch (2001), S. 13.

Literaturverzeichnis

AARON, H. (1972): Shelter and Subsidies. Washington, DC 1972.

ALBERS, W.; BORN, K.E.; DÜRR, E. (Hrsg.) (1988): Handwörterbuch der Wirtschaftswissenschaften (HdWW): Ungekürzte Studienausgabe. Stuttgart, New York, Tübingen u. a. 1980 [1988].

ALDRICH, J.H. (1997): When it is rational to vote? Aus: MUELLER, D.C. (Hrsg.): Perspectives on Public Choice – A Handbook. Cambridge 1997. S. 373–390.

ALTSHULER, R.; GRUBERT, H.; NEWLON, T.S. (1998): Has U.S. Investment Abroad Become More Sensitive to Tax Rates? Cambridge 1998. (NBER Working Paper No. 9383)

ALWORTH, J.S. (1988): The Finance, Investment, and Taxation Decisions of Multinationals. Oxford, New York 1988.

ANDEL, N. (Hrsg.) (1999): Probleme der Besteuerung II. Berlin 1999. (Schriften des Vereins für Socialpolitik. 259/II)

ANDEL, N. (Hrsg.) (2000): Probleme der Besteuerung III. Berlin 2000. (Schriften des Vereins für Socialpolitik. 259/III)

ANDREONI, J.; ERARD, B.; FEINSTEIN, J.S. (1998): Tax Compliance. In: Journal of Economic Literature, 36. Jg. (1998), S. 818–860.

ANWAR, S. (1992): Public Spending on Industries, International Factor Mobility, and Fiscal Coordination. In: International Economic Journal, 6. Jg. (1992), S. 1–15.

APOLTE, T. (2000): Internationale Koordinierung der Wirtschaftspolitik: Beschränkung des politischen Wettbewerbs oder notwendige Konsequenz der Globalisierung? Aus: SCHENK, K.E.; SCHMIDTCHEN, D.; STREIT, M.E. U. A. (Hrsg.): Globalisierung und Weltwirtschaft. Tübingen 2000. (=Jahrbuch für Neue Politische Ökonomie. 19) S. 89–120.

APOLTE, T. (2001): Institutioneller Wettbewerb: Ansätze, Theoriedefizite und Entwicklungsperspektiven. Aus: BERG, H. (Hrsg.): Theorie der Wirtschaftspolitik. Erfahrungen – Probleme – Perspektiven. Berlin 2001. S. 179–210.

APOLTE, T. (2001a): How Tame will Leviathan Become in Institutional Competition? Competition Among Governments in the Provision of Public Goods. In: Public Choice, 107. Jg. (2001), S. 359–381.

APOLTE, T.; CASPERS, R.; WELFENS, P.J.J. (Hrsg.) (1999): Standortwettbewerb, wirtschaftspolitische Rationalität und internationale Ordnungspolitik. Baden–Baden 1999.

ARGIMNON, I.; ROLDAN, J.M. (1994): Saving, Investment and International Capital Mobility in EC Countries. In: European Economic Review, 38. Jg. (1994), S. 59–67.

ARNOLD, L. (1995): Neue Wachstumstheorie: Ein Überblick. In: Ifo–Studien, 41. Jg. (1995), S. 409–444.

ATKINSON, A.B. (1973): How Progressive Should Income Taxes Be? Aus: PARKIN, M.; NOBAY, A.R. (Hrsg.): Essays in Modern Economics. London 1973. S. 90–109.

ATKINSON, A.B.; SANDMO, A. (1980): Welfare Implications of the Taxation of Savings. In: Economic Journal, 90. Jg. (1980), S. 93–105.

ATKINSON, A.B.; STIGLITZ, J.E. (1976): The Design of Tax Structure: Direct versus Indirect Taxation. In: Journal of Public Economics, 6. Jg. (1976), H. 1–2, S. 55–75.

ATKINSON, A.B.; STIGLITZ, J.E. (1980): Lectures on Public Economics. London, New York, St. Louis, u. a. 1980.

AUERBACH, A.J. (1979): The Optimal Taxation of Heterogeneous Capital. In: Quarterly Journal of Economics, 93. Jg. (1979), S. 589–612.

AUERBACH, A.J. (1983): Taxation, Corporate Financial Policy, and the Cost of Capital. In: Journal of Economic Literature, 21. Jg. (1983), S. 905–940.

AUERBACH, A.J. (1985): The Theory of Excess Burden and Optimal Taxation. Aus: AUERBACH, A.J.; FELDSTEIN, M.S. (Hrsg.): Handbook of Public Economics. Volume 1. Amsterdam, New York, Oxford 1985. S. 61–127.

AUERBACH, A.J. (1986): The Dynamic Effects of Tax Law Asymmetries. In: Review of Economic Studies, 53. Jg. (1986), S. 205–225.

AUERBACH, A.J.; FELDSTEIN, M.S. (Hrsg.) (1985): Handbook of Public Economics. Volume 1. Amsterdam, New York, Oxford 1985.

AUERBACH, A.J.; FELDSTEIN, M. (Hrsg.) (1987): Handbook of Public Economics. Volume 2. Amsterdam , New York, Oxford 1987.

AUERBACH, A.J.; HINES, J. R. Jr. (2001): Perfect Taxation with Imperfect Competition. Cambridge, Mass. 2001. (NBER Working Paper No. 8138)

AUERBACH, A.J.; HINES, J.R. Jr. (2001a): Taxation and Economic Efficiency. Cambridge, Mass. 2001. (NBER Working Paper No. 8181)

AUERBACH, A.J..; KOTLIKOFF, L.J. (1987): Dynamic Fiscal Policy. Cambridge 1987.

BACH, S. (1999): Der Cash–Flow als Bemessungsgrundlage der Unternehmensbesteuerung. Aus: SMEKAL, C.; SENDLHOFER, R.; WINNER, H. (Hrsg.): Einkommen versus Konsum. Ansatzpunkte zur Steuerreformdiskussion. Heidelberg 1999. S. 85–122.

BARGEL, M. (1993): Internationale Kapital– und Technologietransfers multinationaler Unternehmen: Wohlfahrtswirkungen im neoklassichen Ansatz. Freiburg 1993.

BARRO, R.J.; SALA–I–MARTIN, X. (1995): Economic Growth. New York 1995.

BATINA, R.G.; IHORI, T. (2000): Consumption Tax Policy and the Taxation of Capital Income. Oxford, New York 2000.

BAYOUMI, T. (1990): Saving–Investment Correlations: Immobile Capital, Government Policy, of Endogenous Behavior? In: IMF Staff Papers, 37. Jg. (1990), S. 360–387.

BECK, U. (Hrsg.) (1998): Politik der Globalisierung. Frankfurt a.M 1998.

BECK, U. (1998a): Wie wird Demokratie im Zeitalter der Globalisierung möglich? Eine Einleitung. Aus: BECK, U. (Hrsg.): Politik der Globalisierung. Frankfurt a.M 1998. S. 7–66.

BECKMANN, K.; LACKNER, E. (1998): Vom Leviathan und von optimalen Steuern. Passau 1998. (Passauer Diskussionsbeiträge. Beitrag Nr. V–6–98)

BEGG, D.; CRÉMER, J.; DANTHINE, J.–P. (Bearb.) (1993): Making Sense of Subsidiarity: How Much Centralization for Europe? London 1993. (Monitoring European Integration. 4)

BEHRENDT, J. (1993): Umsatzbesteuerung im EG–Binnenmarkt: Institutionelle Harmonisierung, Marktharmonisierung oder Verzicht auf Harmonisierung? Aus: PROSI, G.; WATRIN, W. (Hrsg.): Dynamik des Weltmarktes – Schlankheitskur für den Staat? VI. internationaler Kongreß Junge Wissenschaft und Wirtschaft in Innsbruck 1992. Köln 1993. S. 259–265.

BERG, H. (Hrsg.) (1999): Globalisierung der Wirtschaft: Ursachen – Formen – Konsequenzen. Berlin 1999.

BERG, H. (Hrsg.) (2001): Theorie der Wirtschaftspolitik: Erfahrungen – Probleme – Perspektiven. Berlin 2001.

BERGLAS, E. (1976): On the Theory of Clubs. In: American Economic Review, 66. Jg. (1976), S. 116–121.

BERGLAS, E. (1981): The Market Provision of Club Goods Once Again. In: Journal of Public Economics, 15. Jg. (1981), S. 389–393.

BERGLAS, D.; PINES, D. (1981): Clubs, Local Public Goods and Transportation Models. In: Journal of Public Economics, 15. Jg. (1981), S. 141–162.

BERGSTROM, T.C.; GOODMAN, R.P. (1973): Private Demands for Public Goods. In: American Economic Review, 63. Jg. (1973), S. 280–296.

BERNHEIM B.D.; SHOVEN, J.B. (Hrsg.) (1991): National Saving and Economic Performance. Chicago 1991.

BEWLEY, T.F. (1981): A Critique of Tiebout's Theory of Local Public Expenditures. In: Econometrica, 49. Jg. (1981), S. 713–740.

BEYFUß, J.; FUEST, W.; GRÖMLING, M. (1997): Globalisierung im Spiegel von Theorie und Empirie. Köln 1997. (Beiträge zur Wirtschafts– und Sozialpolitik.2/97)

BISKUP, R. (Hrsg.) (1996): Globalisierung und Wettbewerb. 2. unveränd. Aufl. Bern, Stuttgart, Wien 1996.

BLACK, D.A.; HOYT, W.H. (1989): Bidding for Firms. In: American Economic Review, 79. Jg. (1989), S. 1249–1256.

BLACKBURN, K. (1987): Macroeconomic Policy Evaluation and Optimal Control Theory: A Critical Review of Some Recent Developments. In: Journal of Economic Surveys, 1. Jg. (1987), S. 111–148.

BLANKART, C.B. (1998): Öffentliche Finanzen in der Demokratie: Eine Einführung in die Finanzwissenschaft. 3., völlig überarb. Auflage. München 1998.

BLANKART, C.B. (2000): Steuern als Preise: Eine finanzwissenschaftliche Untersuchung mit einer Anwendung auf die EU–Zinsbesteuerung. Berlin 2000.

BLANKART, C.B. (2000a): Intranationaler und internationaler Steuerwettbewerb: Möglichkeiten und Grenzen autonomer Steuerpolitik. Berlin 2000.

BLANKART, C.B. (2000b): Taxes and Choice: Two Views on the Regulation of Tax Competition. Aus: SCHENK, K.E.; SCHMIDTCHEN, D.; STREIT, M.E. U. A. (Hrsg.): Globalisierung und Weltwirtschaft. Tübingen 2000. (=Jahrbuch für Neue Politische Ökonomie. 19) S. 129–143.

BLUMENTHAL, M.; SLEMROD, J.B. (1995): The Compliance Cost of Taxing Foreign-Source Income: Its Magnitude, Determinants, and Policy Implications. In: International Tax and International Finance, 2. Jg. (1995), S. 37–54.

BLUNDELL, R. (1992): Labour Supply: A Survey. In: Fiscal Studies, 13. Jg. (1992), H. 3, S. 15–40.

BOADWAY, R. (1980): A Note on the Market Provision of Club Goods. In: Journal of Public Economics, 13. Jg. (1980), S. 131–137.

BOADWAY, R.M. (1985): The Theory and Measurement of Effective Tax Rates. Aus: MINTZ, J.M.; PURVIS, D. (Hrsg.): The Impact of Taxation on Business Activity. Kingston 1985. S. 60–98.

BOADWAY, R.W.; BRUCE, N. (1979): Depreciation and Interest Deductions and the Effect of Corporation Income Tax on Investment. In: Journal of Public Economics, 11. Jg. (1979), S. 93–105.

BOADWAY, R.W.; BRUCE, N. (1984): A General Proposition on the Design of a Neutral Business Tax. In: Journal of Public Economics, 24. Jg. (1984), S. 231–239.

BOADWAY, R.W.; BRUCE, N. (1984a): Welfare Economics. Oxford, Cambridge, MA 1984.

BOADWAY, R.W.; WILDASIN, D.E. (1984): Public Sector Economics. 2. Aufl. Boston, Toronto 1984.

BOADWAY, R.W.; WILDASIN, D. (1996): Taxation and Savings. Aus: DEVEREUX, M.P. (Hrsg.): The Economics of Tax Policy. Oxford, New York 1996. S. 55–106.

BOND, E.W. (1981): Tax Holidays and Industry Behavior. In: Review of Economics and Statistics, 63. Jg. (1981), S. 88–95.

BOND, E.W.; GRESIK, T.A. (1996): Regulation of Multinational Firms with Two Active Governments: A Common Agency Approach. In: Journal of Public Economics, 59. Jg. (1996), S. 33–53.

BOOS, M.; REHKUGLER, H.; TUCHA. T. (2000): Internationale Verrechnungspreise: Ein Überblick. In: Der Betrieb: Wochenschrift für Betriebswirtschaft, Steuerrecht, Wirtschaftsrecht, Arbeitsrecht, 53. Jg. (2000), H. 48, S. 2389–2393.

BÖS, D.; ROSE, M.; SEIDL, C. (Hrsg.) (1984): Beiträge zur neueren Steuertheorie. Berlin, Heidelberg, New York u. a. 1984.

BOVENBERG, L.A. (1994): Capital Taxation in the World Economy. Aus: VAN DER PLOEG, F. (Hrsg.): The Handbook of International Macroeconomics. Cambridge 1994. S. 116–150.

BOVENBERG, L.A.; ANDERSSON, K.; ARAMAKI, K. (1990): Tax Incentives and International Capital Flows: The Case of the United States and Japan. Aus: RAZIN, A.; SLEMROD, J. (Hrsg.): Taxation in the Global Economy. Chicago 1990. S. 283–324.

BOVENBERG, L.A.; TANZI, V. (1990): Is there a Need for Harmonizing Capital Income Taxes within EC Countries? Aus: SIEBERT, H. (Hrsg.): Reforming Capital Income Taxation. Tübingen 1990. S. 171–197.

BOXBERGER, G.; KLIMENTA, H. (1998): 10 Globalisierungslügen: Alternativen zur Allmacht des Marktes. 3. Aufl. München 1998.

BRADFORD, D.F. (1981): The Incidence and Allocation Effects of a Tax on Corporate Distributions. In: Journal of Public Economics, 15. Jg. (1981), S. 1–22.

BRADFORD, D. (Hrsg.) (1991): Tax Policy and the Economy. Cambridge 1991.

BRAID, R.M. (1996): Symmetric Tax Competition with Multiple Jurisdictions in Each Metropolitan Area. In: American Economic Review, 86. Jg. (1996), S. 1279–1290.

BRENNAN, G. H. (1997): Public Choice and Taxation: Leviathan after Twenty Years. Aus: KREVER, R. (Hrsg.): Tax Conversations. London 1997. S. 87–105.

BRENNAN, G.; BUCHANAN, J.M. (1977): Towards a Tax Constitution for Leviathan. In: Journal of Public Economics, 8. Jg. (1977), S. 255–273.

BRENNAN, G.; BUCHANAN, J.M. (1980): The Power to Tax – Analytical Foundations of a Fiscal Constitution. Cambridge 1980.

BRENNAN, G.; BUCHANAN, J.M. (1980a): The Logic of the Ricardian Equivalenz Theorem. In: Finanzarchiv, 43. Jg. (1980), S. 4–16.

BRENNAN, G.; BUCHANAN, J.M. (1988): Besteuerung und Staatsgewalt. Hamburg 1988. [Deutsche Übersetzung von Brennan/ Buchanan (1980)]

BRENNAN, G.; BUCHANAN, J.M. (1991): Konsumbesteuerung und demokratischer Prozeß. Aus: ROSE, M. (Hrsg.): Konsumorientierte Neuordnung des Steuersystems. Berlin, Heidelberg, New York u. a. 1991. S. 51–84.

BRETON, A. (1987): Towards a Theory of Competitive Federalism. In: European Jounal of Political Economy, 3. Jg. (1987), S. 263–329.

BRETON, A. (1996): Competitive Governments: An Economic Theory of Politics and Public Finance. Cambridge 1996.

BRETON, A.; GALEOTTI, G.; SALMON, P. (Hrsg.) (1991): The Competitive State: Villa Colombella Papers in Competitive Politics. Dordrecht 1991.

BRETON, A.; GALEOTTI, G.; SALMON, P. (Hrsg.) (1997): Understanding Democracy: Economic and Social Perspectives. Cambridge 1997.

BREUSS, F. (1997): Globalisierung der Wirtschaft. In: Wirtschaftspolitische Blätter, 44. Jg. (1997), H. 3–4, S. 212–216.

BROCK, W.A.; TURNOVSKY, S.J. (1981): The Analysis of Macroeconomic Policies in a Perfect Foresight Equilibrium. In: International Economic Review, 22. Jg. (1981), S. 179–209.

BROWN, E.C. (1948): Business–Income Taxation and Investment Incentives. Aus: METZLER, L.A.; DOMAR, E.D. (Hrsg.): Income, Employment, and Public Policy. Essays in Honor of A.H. Hansen. New York 1948.

BROWN, C.V.; JACKSON, P.M. (1990): Public Sector Economics. Fourth Edition. Oxford, Cambridge, MA 1990.

BRUECKNER, J.K. (1981): Congested Public Goods: The Case of Fire Protection. In: Journal of Public Economics, 15. Jg. (1981), S. 45–58.

BRUECKNER, J.K. (2000): A Tiebout/Tax–Competition Model. In: Journal of Public Economics, 77. Jg. (2000), S. 285–306.

BUCHANAN, J.M. (1977): Freedom in Constitutional Contract. College Station 1977.

BUCHANAN, J.M. (1987): Constitutional Economics. Aus: EATWELL, J.; MILGATE, M.; NEWMAN, P. (Hrsg.): The New Palgrave: A Dictionary of Economics. Vol. 1. London, New York, Tokyo 1987. S. 585–588.

BUCHANAN, J.M.; LEE, D.R. (1982): Politics, Time, and the Laffer Curve. In: Journal of Political Economy, 90. Jg. (1982), S. 816–819.

BUCHHOLZ, W.; WIEGARD, W. (1991): Einfache Wahrheiten über intertemporal neutrale Besteuerung. Aus: WAHL, J. (Hrsg.): Steuerpolitik vor neuen Aufgaben. Regensburg 1991. S. 11–48.

BUCHHOLZ, W.; WIEGARD, W. (1997): Zeit(in)konsistente Steuerpolitik. Tübingen 1997. (Wirtschaftswissenschaftliches Seminar der Universität Tübingen, Diskussionsbeitrag Nr. 115)

BUCOVETSKY, S. (1991): Asymmetric Tax Competition. In: Journal of Urban Economics, 58. Jg. (1991), S. 167–181.

BUCEVETRSKY, S.; WILSON, J. D. (1991): Tax Competition with Two Tax Instruments. In: Regional Science and Urban Economics, 24. Jg. (1991), S. 333–350.

BÜLOW, W.v.; HEIN, E.; KÖSTER, K. (Hrsg.) (1998): Globalisierung und Wirtschaftspolitik. Marburg 1998.

BUND, D. (1984): Die ökonomische Theorie der Verfassung. Baden–Baden 1984.

BUSCH, A. (1999): Die Globalisierungsdebatte: Ein einführender Überblick über Ansätze und Daten. Aus: BUSCH, A.; PLÜMPER, T. (Hrsg.): Nationaler Staat und internationale Wirtschaft. Anmerkungen zum Thema Globalisierung. Baden–Baden 1999. S. 13–40.

BUSCH, A.; PLÜMPER, T. (Hrsg.) (1999): Nationaler Staat und internationale Wirtschaft: Anmerkungen zum Thema Globalisierung. Baden–Baden 1999.

BÜTTNER, T. (1999): Nationaler und regionaler Steuerwettbewerb: Problematik und empirische Relevanz. In: Beihefte zur Konjunkturpolitik, 45. Jg. (1999), H. 49, S. 142.

CAO–GARCIA, R.J. (1983): Explorations Toward an Economic Theory of Political Systems. Lanham 1983.

CASPERS, R. (1999): Globalisierung der Wirtschaft und Anpassungsdruck in Deutschland. Aus: APOLTE, T.; CASPERS, R.; WELFENS, P.J.J. (Hrsg.): Standortwettbewerb, wirtschaftspolitische Rationalität und internationale Ordnungspolitik. Baden–Baden 1999. S. 45–84.

CHAMLEY, C. (1981): The Welfare Cost of Capital Income Taxation in a Growing Economy. In: Journal of Political Economy, 89. Jg. (1981), S. 468–496.

CHAMLEY, C. (1986): Optimal Taxation of Capital Income in General Equilibrium with Infinite Lives. In: Econometrica, 54. Jg. (1986), S. 607–622.

CNOSSEN, S. (Hrsg.) (1987): Tax Coordination in the European Community. Deventer 1987.

CNOSSEN, S. (1990): On the Direction of Tax Harmonization in the European Community. Aus: SIEBERT, H. (Hrsg.): Reforming Capital Income Taxation. Tübingen 1990. S. 209–227.

CNOSSEN, S.; SHOUP, C.S. (1987): Coordination of Value Added Taxes. Aus: CNOSSEN, S. (Hrsg.): Tax Coordination in the European Community. Deventer 1987. S. 59–84.

CONRAD, K.; SEITZ, H. (1995): The Economic Benefits of Public Infrastructure. In: Applied Economics, 26. Jg. (1994), S. 303–211.

COPELAND, T. E.; WESTON, J. F. (1988): Financial Theory and Corporate Policy. 3. Auflage. Reading, Menlo Park, New York u. a. 1988.

COPITHORNE, L.W. (1971): Internationale Corporate Transfer Prices and Government Policy. In: Canadian Journal of Economics, 4. Jg. (1971), S. 324–341.

DAHLBY, B. (1996): Fiscal Externalites and the Design of Intergovernmental Grants. In: International Tax and International Finance, 3. Jg. (1996), S. 397–412.

DAUMANN, F. (1995): Faktormobilität, Systemwettbewerb und die Evolution der Rechtsordnung. Aus: OBERENDER, P.; STREIT, M.E. (Hrsg.): Europas Arbeitsmärkte im Integrationsprozeß. Baden–Baden 1995. S. 53–69.

DEATON, A. (1981): Optimal Taxes and the Structure of Preferences. In: Econometrica, 49. Jg. (1981), S. 1245–1260.

DEATON, A. (1987): Econometric Issues for Tax Design in Developing Countries. Aus: NEWBERY, D.M.; STERN, N.H. (Hrsg.): The Theory of Taxation for Developing Countries. New York, Oxford, London u. a. 1987. S. 92–113.

DEHEJIA, V.H.; GENSCHEL, P. (1998): Tax Competition in the European Union. Köln 1998. (MPIfG Discussion Paper. 98/3)

DEMSETZ, H. (1969): Information and Efficiency: Another Viewpoint. In: Journal of Law and Economics, 13. Jg. (1969), S. 1–22.

DENT, C.M. (1997): The European Economy: The Global Context. London, New York 1997.

DEPATER, J.A.; MYERS, G.M. (1994): Strategic Capital Tax Competition: A Pecuniary Externality and a Corrective Device. In: Journal of Urban Economics, 36. Jg. (1994), S. 66–78.

DEVEREUX, M.P. (Hrsg.) (1996): The Economics of Tax Policy. Oxford, New York 1996.

DIAMOND, P.A. (1970): Incidence of Interest Income Tax. In: Journal of Economic Theory, 2. Jg. (1970), S. 211–224.

DIAMOND, P.A. (1975): A Many–Person Ramsey Tax Rule. In: Journal of Public Economics, 4. Jg. (1975), S. 335–342.

DIAMOND, P.A.; MIRRLEES, J.A. (1971): Optimal Taxation and Public Production I: Production Efficiency. In: American Economic Review, 61. Jg. (1971), S. 8–27.

DIERKES, M.; ZIMMERMANN, K. (Hrsg.) (1996): Sozialstaat in der Krise: Hat die soziale Marktwirtschaft noch eine Chance? Wiesbaden 1996.

DIXIT, A. (1985): Tax Policy in Open Economies. Aus: AUERBACH, A.J.; FELDSTEIN, M.S. (Hrsg.): Handbook of Public Economics. Volume 1. Amsterdam, New York, Oxford 1985. S. 314–374.

DIXIT, A.K.; GROSSMAN, G.M.; HELPMAN, E. (1997): Common Agency and Coordination: General Theory and Application to Government Policy Making. In: Journal of Political Economy, 105. Jg. (1997), S. 679–752.

DLUHOSCH, B. (1993): Strategische Fiskalpolitik in offenen Volkswirtschaften. Köln 1993. (Untersuchungen zur Wirtschaftspolitik. 93)

DONGES, J.B. (1998): Globalisierter Wettbewerb: Schicksal und Chance. Bad Homburg 1998.

DONGES, J.B. (1998a): Was heißt Globalisierung? Aus: DONGES, J.B.; FREYTAG, A. (Hrsg.): Die Rolle des Staates in einer globalisierten Wirtschaft. Stuttgart 1998. S. 1–7.

DONGES, J.B.; FREYTAG, A. (Hrsg.) (1998): Die Rolle des Staates in einer globalisierten Wirtschaft. Stuttgart 1998.

DOWDING, K.; JOHN, P.; BIGGS, S. (1994): Tiebout: A Survey of the Empirical Literature. In: Urban Studies, 31. Jg. (1994), H. 4/5, S. 767–797.

DRUKARCZYK, J. (1993): Theorie und Politik der Finanzierung. München 1993.

DRUKARCZYK, J. (1996): Finanzierung: Eine Einführung. 7. Aufl. Stuttgart 1996.

DUWENDAG, D. (Hrsg.) (1998): Finanzmärkte im Spannungsfeld von Globalisierung, Regulierung und Geldpolitik. Berlin 1998.

EATWELL, J.; MILGATE, M.; NEWMAN, P. (Hrsg.) (1987): The New Palgrave: A Dictionary of Economics. Vol. 1. London, New York, Tokyo 1987.

EDWARDS, J.H. (1990): Congestion Function Specification and the "Publicness" of Local Public Goods. In: Journal of Urban Economics, 27. Jg. (1990), S. 80–96.

EDWARDS, J.S.; KEEN, M.J. (1984): Welfare Maximization and the Cost of Capital: A Comment. In: Quarterly Journal of Economics, 99. Jg. (1984), S. 211–214.

EDWARDS, J.; KEEN, M. (1996): Tax Competition and Leviathan. In: European Economic Review, 40. Jg. (1996), S. 113–134.

EGGERT, W. (1995): Capital Tax Competition and Household Mobility. Konstanz 1995. (Sonderforschungsbereich Internationalisierung der Wirtschaft, Diskussionsbeiträge Serie II. 289)

EGGERT, W. (1998): Capital Tax Competition with Three Tax Instruments. In: Zeitschrift für Wirtschafts– u. Sozialwissenschaften (ZWS), 118. Jg. (1998), S. 361–387.

EGGERT, W.; HAUFLER, A. (1996): When Do Small Countries Win Tax Wars? Konstanz 1996. (Sonderforschungsbereich Internationalisierung der Wirtschaft, Diskussionsbeiträge Serie II. 304)

ELITZUR, R.; MINTZ, J. (1996): Transfer Pricing Rules and Corporate Tax Competition. In: Journal of Public Economics, 60. Jg. (1996), S. 401–422.

ELSCHEN, R. (1991): Entscheidungsneutralität, Allokationseffizienz und Besteuerung nach der Leistungsfähigkeit: Gibt es ein gemeinsames Fundament der Steuerwissenschaften? In: StuW, Jg. 1991, S. 99–115.

ELSCHEN, R.; HÜCHTEBROCK, M. (1983): Steuerneutralität in Finanzwissenschaft und Betriebswirtschaftslehre – Diskrepanzen und Konsequenzen. In: Finanzarchiv, N.F., 41. Jg. (1983), S. 253–280.

ELSCHEN, R.; SIEGEL, T.; WAGNER, F.–W. (Hrsg.) (1995): Unternehmenstheorie und Besteuerung: Festschrift zum 60. Geburtstag von Dieter Schneider. Wiesbaden 1995.

ENQUETE–KOMMISSION SCHUTZ DES MENSCHEN UND DER UMWELT DES 13. BUNDESTAGES (Hrsg.) (1998): Nachhaltigkeit und Globalisierung: Herausforderungen und Handlungsansätze. Berlin, Heidelberg 1998.

FEENSTRA, R.C.; GROSSMAN, G.M.; IRWIN, D.A. (Hrsg.) (1996): The Political Economy of Trade Policy: Papers in Honor of Jagdish Bhagwati. Cambridge, MA 1996a.

FEICHTINGER, G. (1982): Anwendungen des Maximumprinzips im Operations Research, Teil I und Teil II. In: Operations–Research–Spektrum, 4. Jg. (1982), S. 171–190, 195–212.

FELD, L. P. (2000): Steuerwettbewerb und seine Auswirkungen auf Allokation und Distribution: Eine empirische Analyse für die Schweiz. Tübingen 2000.

FELD, L.P.; KIRCHGÄSSNER, G. (2001): Vor– und Nachteile des Steuerwettbewerbs. Aus: MÜLLER, W.; FROMM, O.; HANSJÜRGENS, B. (Hrsg.): Regeln für den europäischen Systemwettbewerb. Steuern und soziale Sicherungssysteme. Marburg 2001. S. 21–51.

FELDHOFF, P. (1995): Kapitalallokation, Besteuerung und Unsicherheit. Hamburg 1995.

FELDSTEIN, M.S. (1972): Distributional Equity and the Optimal Structure of Public Prices. In: American Economic Review, 62. Jg. (1972), S. 32–36.

FELDSTEIN, M. (1973): On the Optimal Progressivity of the Income Tax. In: Journal of Public Economics, 2. Jg. (1973), S. 357–376.

FELDSTEIN, M. (1978): The Welfare Cost of Capital Income Taxation. In: Journal of Political Economy, 86. Jg. (1978), S. S29–S51.

FELDSTEIN, M.S. (1978a): Inflation, Tax Rates and Investment: Some Econometric Evidence. In: Econometrica, 50. Jg. (1978), S. 825–862.

FELDSTEIN, M.S. (1990): The Second Best Theory of Differential Capital Taxation. In: Oxford Economic Papers, N.S., 42. Jg. (1990), S. 256–267.

FELDSTEIN, M. (1994): Tax Policy and International Capital Flows: Bernhard Harms Prize Lecture. Kiel 1994. (NBER Working Paper No. 4851)

FELDSTEIN, M.; HARTMAN, D. (1979): The Optimal Taxation of Foreign Source Investment Income. In: Quarterly Journal of Economics, 93. Jg. (1979), S. 613–629.

FELDSTEIN, M.S.; HINES JR, J.R.; HUBBARD, R.G. 1995 (Hrsg.) (1995): The Effect of Taxation on Multinational Corporations. Chicago 1995.

FINDLAY, C. C. (1986): Optimal Taxation of International Income Flows. In: Economic Record, 47. Jg. (1986), S. 208–214.

FISCHEL, W.A. (1975): Fiscal and Environmental Considerations in the Location of Firms in Suburban Communities. Aus: MILLS, E.; OATES, W. (Hrsg.): Fiscal Zoning and Land Use Controls. Lexington 1975. S. 119–174.

FISCHER, A. (2000): Direktinvestitionen: Exportmotor– oder bremse. Bern u. a. 2000.

FISHER, I. (1907): The Rate of Interest: Its Nature, Determination, and Relation to Economic Phenomena. New York 1907.

FISHER, I. (1930): The Theory of Interest. New York 1930 (Wiederauflage New York 1965).

FLOWERS, M.A. (1988): Shared Tax Sources in al Leviathan Model of Federalism. In: Public Finance Quarterly, 16. Jg. (1988), S. 67–77.

FOLKERS, C. (2001): Konstitutionelle Ökonomik und Finanzwissenschaft. Aus: MÜLLER, W.; FROMM, O.; HANSJÜRGENS, B. (Hrsg.): Regeln für den europäischen Systemwettbewerb. Steuern und soziale Sicherungssysteme. Marburg 2001. S. 111–149.

FOLKERS, C.; PECH, G. (1999): Wirkungen der Besteuerung auf Investitionsentscheidungen im finanzwissenschaftlichen Standardmodell (I). In: WISU, 28. Jg. (1999), H. 4, S. 600–610.

FOLKERS, C.; PECH, G. (1999a): Wirkungen der Besteuerung auf Investitionsentscheidungen im finanzwissenschaftlichen Standardmodell (II). In: WISU, 28. Jg. (1999), H. 5, S. 740–746.

FORRESTER, V. (1997): Der Terror der Ökonomie. Wien 1997.

FOX, W.F. (1978): Local Taxes and Industrial Location. In: Public Finance Quarterly, 6. Jg. (1978), S. 93–114.

FRANKEL, J.A. (1992): International Capital Mobility in the 1980s. Aus: BERNHEIM B.D.; SHOVEN, J.B. (Hrsg.): National Saving and Economic Performance. Chicago 1991. S. 227–260.

FRENKEL, J.A.; RAZIN, A. (1987): Fiscal Policies and the World Economy: An Intertemporal Approach. Cambridge, London 1987.

FRENKEL, J.A.; RAZIN, A.; SADKA, E. (Hrsg.) (1991): International Taxation in an Integrated World. Cambridge, MA 1991.

FREY, B.S. (1990): Intergovernmental Tax Competition. Aus: MCLURE, C.E.; SINN, H.–W.; MUSGRAVE, R.B. (Hrsg.): Influence of Tax Differentials on International Tax Competitiveness. Deventer 1990. S. 87–98.

FREY, B.S.; EICHENBERGER, R. (1996): To Harmonize or to Compete? That's not the Question. In: Journal of Public Economics, 60. Jg. (1996), H. 3, S. 335–349.

FREY, B.S.; KIRCHGÄSSNER, G. (1994): Demokratische Wirtschaftspolitik: Theorie und Anwendung München 1994.

FREYTAG, A.; MEIER, C.–P.; WEIß, P. (1998): Befund: Globalisierung in verschiedenen Facetten. Aus: DONGES, J.B.; FREYTAG, A. (Hrsg.): Die Rolle des Staates in einer globalisierten Wirtschaft. Stuttgart 1998. S. 9–36.

FRITSCH, M.; WEIN, T.; EWERS, H.–J. (2001): Marktversagen und Wirtschaftspolitik: Mikroökonomische Grundlagen staatlichen Handelns. 4., verbesserte Auflage. München 2001.

FUEST, C. (1995): Eine Fiskalverfassung für die Europäische Union. Köln 1995. (Institut für Wirtschaftspolitik an der Universität zu Köln, Untersuchungen zur Wirtschaftspolitik. 100)

FUEST, C. (1995a): Interjurisdictional Competition and Public Expenditure: Is Tax Co–Ordination Counterproductive? In: Finanzarchiv, N.F., 52. Jg. (1995), S. 478–496.

FUEST, C. (1997): Internationale Koordination der Fiskalpolitik: Wohlfahrtstheoretische versus Politikökonomische Sicht. In: Jahrbuch für Wirtschaftswissenschaften, 48. Jg. (1997), S. 174–192.

FULLERTON, D. (1982): On the Possiblity of an Inverse Relationship between Tax Rates and Government Revenues. In: Journal of Public Economics, 19. Jg. (1982), S. 3–22.

FULLERTON, D.; HENDERSON, Y. (1989): A Disaggregate Equilibrium Model of the Tax Distortions among Assets, Sectors, and Industries. In: International Economic Review, 30. Jg. (1989), S. 391–413.

GANDENBERGER, O. (1985): Kapitalexportneutralität versus Kapitalimportneutralität. Mainz 1985. (Aufsätze zur Wirtschaftspolitik des Forschungsinstituts für Wirtschaftspolitik an der Universität Mainz. 7)

GENSER, B. (1992): Tax Competition and Harmonisation in Federal Economies. Aus: VOSGERAU, H.–J. (Hrsg.): European Integration in the World Economy. Heidelberg 1992. S. 200–237.

GENSER, B.; HAUFLER, A. (1995): Tax Competition, Tax Coordination and Tax Harmonization: The Effects of EMU. Konstanz 1995. (Sonderforschungsbereich 178 "Internationalisierung der Wirtschaft", Diskussionsbeiträge Serie II. 283)

GERBER, R.F.; HEWITT, D.P. (1987): Decentralized Tax Competition for Business Capital and National Economic Efficiency. In: Journal of Regional Science, 27. Jg. (1987), S. 451–460.

GERKEN, L. (Hrsg.) (1995): Competition among Institutions. Basingstoke u. a. 1995.

GERKEN, L. (1999): Der Wettbewerb der Staaten. Tübingen 1999.

GERKEN, L.; MÄRKT, J.; SCHICK, G. (Hrsg.) (2000): Internationaler Steuerwettbewerb. Tübingen 2000.

GERMANN, H.; RAAB, S.; SETZER, M. (1999): Messung der Globalisierung: ein Paradoxon. Aus: STEGER, U. (Hrsg.): Facetten der Globalisierung. Ökonomische, soziale und politische Aspekte. Berlin, Heidelberg 1999. S. 1–25.

GIERSCH, H. (1997): Das Jahrhundert der Globalisierung. In: Frankfurter Allgemeine Zeitung, Nr. 9 vom 11.01.1997.

GIOVANNINI, A. (1989): National Tax Systems Versus the European Capital Market. In: European Policy, Jg. 1989, H. 9, S. 346–386.

GIOVANNINI, A. (1990a): Reforming Capital Income Taxation in the Open Economy: Theoretical Issues. Aus: SIEBERT, H. (Hrsg.): Reforming Capital Income Taxation. Tübingen 1990. S. 3–18.

GORDON, R.H. (1983): An Optimal Taxation Approach to Fiscal Federalism. In: Quarterly Journal of Economics, 98. Jg. (1983), S. 567–586.

GORDON, R.H. (1986): Taxation of Investment and Savings in a World Economy. In: American Economic Review, 76. Jg. (1986), S. 1086–1102.

GORDON, R.H.; BOVENBERG, A.L. (1996): Why is Capital so Immobile Internationally? Possible Explanations and Implications for Capital Income Taxation. In: American Economic Review, 86. Jg. (1996), S. 1057–1075.

GORDON, R.H.; MACKIE–MASON, J.K. (1995): Why Is There Corporate Taxation in a Small Open Economy? The Role of Transfer Pricing and Income Shifting. Aus: FELDSTEIN, M.S.; HINES JR, J.R.; HUBBARD, R.G. (Hrsg.) 1995: The Effect of Taxation on Multinational Corporations. Chicago 1995. S. 67–94.

GRAVELLE, J.G. (1991): Income, Consumption, and Wage Taxation in a Life–Cycle Model: Separating Efficiency from Redistribution. In: American Economic Review, 81. Jg. (1991), S. 985–995.

GRAVELLE, J.G. (1999): The Corporate Income Tax: Economic Issues and Policy Options. Aus: SLEMROD, J. (Hrsg.): Tax Policy in the Real World. Cambridge 1999. S. 15–25.

GREINER, A.; HANUSCH, H. (1998): Steuerpolitik und endogenes Wachstum. Aus: OBERHAUSER, A. (Hrsg.): Probleme der Besteuerung I. Berlin 1998. S. 57–98.

GRUBERT, H.; MUTTI, J. (1995): Taxing Multinationals in a World with Portfolio Flows and R&D: Is Capital Export Neutrality Obsolete? In: International Tax and Public Finance, 2. Jg. (1995), S. 439–457.

GRÜSKE, K.–D. (1985): Personale Verteilung und Effizienz der Umverteilung – Analyse und Synthese. Göttingen 1985.

GRÜSKE, K.–D. (1991): Die Laffer–Kurve. In: DSWR (Datenverarbeitung – Steuer – Wirtschaft – Recht), Jg. 1991, H. 6, S. 137–138.

GRÜSKE, K.–D. (1991a): Zur Bürokratieverlagerung im Steuerwesen. In: Das öffentliche Haushaltswesen in Österreich, 32. Jg. (1991), H. 1–2, S. 43–62.

GRÜSKE, K.–D. (2000): Globalisierung und Vermögensverteilung: Gilt der "U–turn" auch für Deutschland? Aus: LÜDEKE, R. (Hrsg.): Wirtschaftswissenschaft im Dienste der Verteilungs–, Geld– und Finanzpolitik. Festschrift für Alois Oberhauser zum 70. Geburtstag. Berlin 2000. S. 101–129.

GRÜSKE, K.–D.; RECKTENWALD, H.C. (1995): Wörterbuch der Wirtschaft: 12. Auflage. Stuttgart 1995.

GUESNERIE, R. (1995): A Contribution to the Pure Theory of Taxation. Cambridge 1995.

GUNDLACH, E.; NUNNENKAMP, P. (1994): The European Union in the Era of Globalisation: Competitive Challenges, Structural Unemployment, and Policy Responses. In: Konjunkturpolitik, 40. Jg. (1994), H. 3–4, S. 202–225.

HABISCH, A.; HOMANN, K. (1994): Der Ertrag der Kooperation. Institutionenethische Zugänge zur Nord–Süd–Problematik. Aus: HABISCH, A.; PÖNER, U. (Hrsg.): Signale der Solidarität. Paderborn 1994. S. 113–137.

HABISCH, A.; PÖNER, U. (Hrsg.) (1994): Signale der Solidarität. Paderborn 1994.

HANGE, U.; WELLISCH, D. (1998): The Benefit of Fiscal Decentralization. In: Finanzarchiv, N.F., 55. Jg. (1998), H. 3, S. 315–327.

HARBERGER, A.C. (1962): The Incidence of the Corporation Income Tax. In: Journal of Political Economy, 70. Jg. (1962), S. 215–240.

HARBERGER, A.C. (1966): Efficiency Effects of Taxes on Income from Capital. Aus: KRZYZANIAK, M. (Hrsg.): Effects of Corporate Income Tax. Detroit 1966.

HARBERGER, A.C. (1974): Taxation and Welfare. Boston 1974.

HARBERGER, A.; BAILEY, M. (Hrsg.) (1969): The Taxation of Income from Capital. Washington, DC 1969.

HÄRTEL, H.–H. (1997): Steuerdumping oder Steuerwettbewerb? In: Wirtschaftsdienst, Jg. 1997, H. IX, S. 492.

HAUFLER, A. (1993): Commodity Tax Harmonization in the European Community: A General Equilibrium Analysis of Tax Policy Options in the Internal Market. Heidelberg 1993.

HAUFLER, A. (1996): Factor Taxation, Income Distribution, and Capital Market Integration. In: Diskussionsbeiträge des Volkswirtschaftlichen Instituts der Universität Konstanz, Jg. 1996.

HAUFLER, A. (1997): Tax Policy with Internationally Mobile Tax Bases. Konstanz, Habilitationsschrift. 1997.

HAYEK, F.A. von (Hrsg.) (1948): Individualism and Economic Order. Chicago 1948.

HAYEK, F.A. von (1948): The Economic Conditions of Interstate Federalism. Aus: HAYEK, F.A. VON (Hrsg.): Individualism and Economic Order. Chicago 1948. S. 255–272.

HAYEK, F.A. v. (1991): Die Verfassung der Freiheit. 3. Aufl. Tübingen 1991.

HEAL, G.M.; HUGHES, G.A. (Hrsg.) (1980): Public Policy and the Tax System. London, Boston, Sydney 1980.

HELPMAN, E.; KRUGMAN, P.R. (1985): Market Structure and Foreign Trade: Increasing Returns, Imperfect Competition, and the International Economy. Cambridge, MA 1985.

HELPMAN, E.; SADKA, E. (1978): The Optimal Income Tax: Some Comparative Statics Results. In: Journal of Public Economics, 9. Jg. (1978), S. 383–393.

HERRERA, L.O.; VALDÉS, R.O. (2001): The Effect of Capital Controls on Interest Rate Differentials. In: Journal of International Economics, 53. Jg. (2001), S. 385–398.

HETTICH, W.; WINER, S. (1993): Economic Efficiency, Political Institutions and Policy Analysis. In: Kyklos, 46. Jg. (1993), S. 3–25.

HIRSHLEIFER, J. (1958): On the Theory of Optimal Investment Decisions. In: Journal of Political Economy, 66. Jg. (1958), S. 329–352.

HIRSHLEIFER, J. (1970): Investment, Interest and Capital. Englewood Cliffs, New York 1970.

HIRSHMAN, A.O. (1970): Exit, Voice, and Loyality: Responses to Decline in in Firms, Organizations and States. Cambridge 1970.

HIRSHMAN, A.O. (1974): Abwanderung und Widerspruch: Reaktionen auf den Leistungsabfall bei Unternehmungen, Organisationen und Staaten. Tübingen 1974. ([Deutsche Übersetzung von Hirshman (1970)])

HOCHMAN, O. (1982): Congestable Public Goods in an Urban Setting. In: Journal of Urban Economics, 11. Jg. (1982), S. 290–310.

HOHAUS, B. (1996): Steuerwettbewerb in Europa. Frankfurt u. a. 1996.

HOLLER, M.J; ILLING, G. (2000): Einführung in die Spieltheorie. 4., vollst. überarb. und erw. Aufl. Berlin, Heidelberg, New York u. a. o.J.

HOMBURG, S. (1999): Competition and Co–ordination in International Capital Income Taxation. In: Finanzarchiv, N.F., 56. Jg. (1999), S. 1–17.

HOMBURG, S. (2000): Allgemeine Steuerlehre. 2. Auflage. München 2000.

HOMBURG, S. (2000a): Perspektiven der internationalen Unternehmensbesteuerung. Aus: ANDEL, N. (Hrsg.): Probleme der Besteuerung III. Berlin 2000. (=Schriften des Vereins für Socialpolitik. 259/III) S. 9–61.

HOOVER, Kevin D.; SHEFFRIN, Steven M. (1992): Causation, Spending, and Taxes: Sand in the Sandbox or Tax Collector for the Welfare State? In: American Economic Review, 82. Jg. (1992), S. 225–248.

HORNBACH, H. (1987): Besteuerung, Inflation und Kapitalallokation: Intersektorale und internationale Aspekte. Frankfurt a. M., Bern 1987.

HORST, T. (1971): The Theory of the Multinational Firm: Optimal Behavior Under Different Tariff and Tax Rules. In: Journal of Political Economy, 79. Jg. (1971), S. 1059–1072.

HORST, T. (1980): A Note on the Optimal Taxation of International Investment Income. In: Quarterly Journal of Economics, 94. Jg. (1980), S. 793–798.

HOYT, W.H. (1991): Property Taxation, Nash Equilibrium, and Market Power. In: Journal of Urban Economics, 34. Jg. (1991), S. 123–131.

HUBER, B. (1997): Der Steuerwettbewerb: Gefahr oder Chance? In: List–Forum für Wirtschafts– und Finanzpolitik, 23. Jg. (1997), S. 242–256.

HUBER, B. (1999): Tax Competition and Tax Coordination in an Optimum Income Tax Model. In: Journal of Public Economics, 71. Jg. (1999), S. 441–458.

HÜTHER, M. (1997): Umbau der Sozialen Sicherungssysteme im Zeichen der Globalisierung? In: Zeitschrift für Wirtschaftspolitik, 46. Jg. (1997), H. 2, S. 193–214.

IHA, R. (1998): Modern Public Economics. London, New York 1998.

INTERNATIONAL MONETARY FUND (IMF) (Hrsg.) (1995): World Economic Outlook. Washington DC 1995.

INTERNATIONAL MONETARY FUND (IMF) (Hrsg.) (1993): Staff Studies for the World Economic Outlook. Washington, DC 1993.

INTRILIGATOR, M. (1971): Mathematical Optimization and Economic Theory. Englewood Cliffs 1971.

JACOBS, O.H. (1995): Internationale Unternehmensbesteuerung: Handbuch zur Besteuerung deutscher Unternehmen mit Auslandsbeziehungen. 3. Aufl. München 1995.

JANEBA, E. (1995): Corporate Income Tax Competition, Double Taxation Treaties, and Foreign Direct Investment. In: Journal of Public Economics, 56. Jg. (1995), S. 311–325.

JANEBA, E. (1997): International Tax Competition. Tübingen 1997.

JANEBA, E. (2000): Tax Competition When Governments Lack Commitment: Excess Capacity as a Countervailing Threat. In: American Economic Review, 90. Jg. (2000), H. 5, S. 1508–1519.

JOCHUM, D. (1991): Steuern und Kapitalbildung. Frankfurt a.M. 1991.

JOHANSSON, S.–E. (1961): Skatt–investering–värdering. Stockholm 1961.

JONES, L.E.; MANUELLI, R.; ROSSI, P.E. (1997): On the Optimal Taxation of Capital Income. In: Journal of Economic Theory, 73. Jg. (1997), S. 93–117.

JORGENSON, D.W. (1963): Capital Theory and Investment Behavior. In: American Economic Review, 54. Jg. (1963), S. 247–259.

JUDD, K.L. (1985): Redistributive Taxation in a Simple Perfect Foresight Model. In: Journal of Public Economics, 28. Jg. (1985), S. 59–83.

JUDD, K.L. (1987): Debt and Distortionary Taxation in a Simple Perfect–Foresight Model. In: Journal of Monetary Economy, 20. Jg. (1987), S. 51–72.

JUDD, K.L. (1987a): The Welfare Cost of Factor Taxation in a Perfect–Foresight Model. In: Journal of Political Economy, 95. Jg. (1987), S. 675–709.

JUDD, K.L. (1999): Optimal Taxation and Spending in General Competitive Growth Models. In: Journal of Public Economics, 71. Jg. (1999), S. 1–26.

KAISER, H. (1990): Konsumnachfrage, Arbeitsangebot und optimale Haushaltsbesteuerung: Theoretische Ergebnisse und mikroökonometrische Simulation für die Bundesrepublik Deutschland. Frankfurt a.M. 1990.

KAISER, M. (1992): Konsumorientierte Reform der Unternehmensbesteuerung. Heidelberg 1992.

KALDOR, N. (1955): An Expenditure Tax. London 1955.

KANBUR, R.; KEEN, M. (1993): Jeux sans frontières: Tax Competition and Tax Coordination When Countries Differ in Size. In: American Economic Review, 29. Jg. (1993), S. 877–892.

KAY, J.A. (1990): Tax Policy: A Survey. In: Economic Journal, 100. Jg. (1990), S. 18–75.

KAY, J.A.; KING; M.A. (1990): The British Tax System. Fifth Edition. Oxford 1990.

KEEN, M. (1989): Pareto–Improving Indirect Tax Harmonization. In: European Economic Review, 33. Jg. (1989), S. 1–12.

KEEN, M.; WILDASIN, D.E. (2000): Pareto Efficiency in International Taxation. München 2000. (CESifo Working Paper No. 371)

KEMP, M.C. (1962): Foreign Investment and the National Advantage. In: Economic Record, 38. Jg. (1962), S. 56–61.

KEMP, M.C. (1962a): The Benefits and Costs of Private Investment from Abroad: A Comment. In: Economic Record, 38. Jg. (1962a), S. 108–110.

KENEN, P.B. (Hrsg.) (1995): Understanding Interdependence: The Macroeconomics of the Open Economy. Princeton 1995.

KENYON, D.A.; KINCAID, J. (Hrsg.) (1991): Competition among States and Local Governments: Efficiency and Equity in American Federalism. Washington, D.C. 1991.

KERBER, W. (1998): Zum Problem einer Wettbewerbsordnung für den Systemwettbewerb. Aus: SCHENK, K.E.; SCHMIDTCHEN, D.; STREIT, M.E. U. A. (Hrsg.): Globalisierung, Systemwettbewerb und nationalstaatliche Politik. Tübingen 1998. (=Jahrbuch für Neue Politische Ökonomie. 17) S. 199–230.

KINCAID, J. (1991): The Competitive Challenge to Cooperative Federalism: A Theory of Federal Democracy. Aus: KENYON, D.A.; KINCAID, J. (Hrsg.): Competition among States and Local Governments. Efficiency and Equity in American Federalism. Washington, D.C. 1991. S. 87–114.

KING, M.A. (1974): Taxation and the Cost of Capital. In: Review of Economic Studies, 41. Jg. (1974), S. 21–35.

KING, M.A. (1974a): Dividend Behaviour and the Theory of the Firm. In: Economica, 41. Jg. (1974a), S. 21–35.

KING, M.A. (1977): Public Policy and the Corporation. London, New York 1977.

KING, M.A. (1980): Savings and Taxation. Aus: HEAL, G.M.; HUGHES, G.A. (Hrsg.): Public Policy and the Tax System. London, Boston, Sydney 1980.

KING, M.A.; FULLERTON, D. (Hrsg.) (1984): The Taxation of Income from Capital: A Comparative Study of the United States, the United Kingdom, Sweden and West Germany. Chicago, London 1984.

KING, I.; MCAFEE, R. PRESTON; WELLING, L.A. (1993): Industrial Blackmail: Dynamic Tax Competition and Public Investment. In: Canadian Journal of Economics, 26. Jg. (1993), S. 590–608.

KIRCHGÄSSNER, G. (1998): Globalisierung: Herausforderung für das 21. Jahrhundert. In: Aussenwirtschaft, 53. Jg. (1998), H. 1, S. 29–50.

KIRCHGÄSSNER, G. (2000): Wirtschaftliche Auswirkungen der direkten Demokratie. In: Perspektiven der Wirtschaftspolitik, 1. Jg. (2000), S. 161–180.

KIRCHNER, C. (1998): Kommentar zu H. Weck–Hannemann. Aus: SCHENK, K.E.; SCHMIDTCHEN, D.; STREIT, M.E. U. A. (Hrsg.): Globalisierung, Systemwettbewerb und nationalstaatliche Politik. Tübingen 1998. (=Jahrbuch für Neue Politische Ökonomie. 17), S. 108–112.

KIRSCH, G. (1997): Neue Politische Ökonomie. 4. Aufl. Düsseldorf 1997.

KITTERER, W. (1990): Comment on Alberto Giovannini: Reforming Capital Income Taxation in the Open Economy: Theoretical Issues. Aus: SIEBERT, H. (Hrsg.): Reforming Capital Income Taxation. Tübingen 1990. S. 19–21.

KLAUS, J. (1994): Wandlungen des Umweltdenkens in der Ökonomie. Aus: KLAUS, J. (Hrsg.): Neuorientierungen in der Umweltökonomie: Beiträge wirtschafts– und sozialwissenschaftlicher Disziplinen. Dettelbach 1994. S. 13–25.

KLAUS, J.; SCHLEICHER, H. (1983): Räumliche Wirtschaftspolitik: Grundlagen und strukturpolitische Konzepte. München 1983

KLODT, H. (1997): Die Rolle multinationaler Unternehmen im internationalen Standortwettbewerb. In: Wirtschaftswissenschaftliches Studium (WiSt), 26. Jg. (1997), H. 9, S. 443–448.

KLODT, H. (1998): Globalisierung und empirische Relevanz. Aus: SCHENK, K.E.; SCHMIDTCHEN, D.; STREIT, M.E. U. A. (Hrsg.): Globalisierung, Systemwettbewerb und nationalstaatliche Politik. Tübingen 1998. (=Jahrbuch für Neue Politische Ökonomie. 17) S. 7–34.

KLUGE, V. (1992): Das Deutsche Internationale Steuerrecht. 3. Aufl. München 1992.

KLUMP, Rainer (1989): Einführung in die Wirtschaftspolitik: Theoretische Grundlagen und Anwendungsbeispiele. München 1989.

KNORR, A. (1998): Globalisierung. In: Wirtschaftswissenschaftliches Studium (WiSt), 27. Jg. (1998), H. 5, S. 238–243.

KOCH, L.T. (2000): Kommentar zu Thomas Apolte. Aus: SCHENK, K.E.; SCHMIDTCHEN, D.; STREIT, M.E. U. A. (Hrsg.): Globalisierung und Weltwirtschaft. Tübingen 2000. (=Jahrbuch für Neue Politische Ökonomie. 19) S. 121–124.

KOCH, E. (1997): Internationale Wirtschaftsbeziehungen. Band 1, Internationaler Handel: Chancen und Risiken der Globalisierung. 2. Aufl. München 1997.

KOCH, E. (1998): Internationale Wirtschaftsbeziehungen: Band 2, Internationale Währungs– und Finanzbeziehungen. München 1998.

KOCH, K.–J.; JAEGER, K. (Hrsg.) (1998): Trade, Growth, and Economic Policy in Open Economies. Berlin u. a. 1998.

KOCH, K.–J.; SCHULZE, G.G. (1998): Equilibria in Tax Competition Models. Aus: KOCH, K.–J.; JAEGER, K. (Hrsg.): Trade, Growth, and Economic Policy in Open Economies. Berlin u. a. 1998. S. 281–311.

KOCH, R. (2001): Neue Attacken gegen EU–Quellensteuer: Österreich droht mit Veto ggen EU–Richtlinie, Deutschland kritisiert Brüsseler Herbstprognose als zu pessimistisch. In: Financial Times Deutschland, Ausgabe Nr. 236/49 vom 5.12.2001, S. 13.

KOHLER–KOCH, B. (1996): Politische Unverträglichkeiten von Globalisierung. Aus: STEGER, U. (Hrsg.): Globalisierung der Wirtschaft: Begriff, Bereiche, Indikatoren. Heidelberg 1996. S. 83–114.

KÖNIG, R. (1997): Wirtschaftliche Effizienz und Steuerreformen. Heidelberg 1997.

KONRAD, K.A.; SCHJELDERUP, G. (1999): Fortress Building in Global Tax Competition. Mannheim 1999. (Discussion Paper Series des ZEW. 99–26)

KOOP, M.J. (1993): Zur Gewinnbesteuerung von Körperschaften in der Europäischen Gemeinschaft. Tübingen 1993. (Kieler Studien. 259)

KÖPPEN, M. (1999): Internationalisierung von Unternehmen. Aus: BÜLOW, W.V.; HEIN, E.; KÖSTER, K. U. A. (Hrsg.): Globalisierung und Wirtschaftspolitik. Marburg 1998. S. 77–106.

KOTLIKOFF, L.J. (1984): Taxation and Savings: A Neoclassical Perspective. In: Journal of Economic Literature, 22. Jg. (1984), S. 1576–1629.

KRAUSE–JUNK, G. (Hrsg.) (1998): Steuersysteme der Zukunft. Berlin 1998a.

KRAUSEK–JUNK, G. (1998a): Roses falsche Rechnung – Zins ist Einkommen. In: Welt am Sonntag, Nr. 2 vom 11.01.1998.

KRAUSE–JUNK; OEHSEN, J.H. v. (1982): Besteuerung, optimale. Aus: ALBERS, W.; BORN, K.E.; DÜRR, E. U. A. (Hrsg.): Handwörterbuch der Wirtschaftswissenschaften (HdWW). Ungekürzte Studienausgabe. Stuttgart, New York, Tübingen u. a. 1980 [1988]. S. 706–723.

KREVER, R. (Hrsg.) (1997): Tax Conversations. London 1997.

KRUGMAN, P.R. (1995): Growing World Trade: Causes and Consequences. In: Brookings papers on economic activity, 1995, H. 1, S. 327–377.

KRZYZANIAK, M. (Hrsg.) (1966): Effects of Corporate Income Tax. Detroit 1966.

LACHMANN, W. (1994): Entwicklungspolitik 1: Grundlagen. München, Wien 1994.

LADD, H.F. (1998): Local Government Tax and Land Use Politics in the United States. Northhampton, MA 1998.

LAIDLER, D. (1969): Income Tax Incentives for Owner–occupied Housing. Aus: HARBERGER, A.; BAILEY, M. (Hrsg.): The Taxation of Income from Capital. Washington, DC 1969. S. 50–76.

LAMMERSEN, L. (1999): Die zinsbereinigte Einkommen– und Gewinnsteuer: Ökonomische Analyse eines aktuellen Reformvorschlages. Nürnberg 1999.

LAPP, S. (1996): The Feldstein–Horioka Paradox: A Selective Survey of the Literature. Kiel 1996. (Kiel Working Papers.752)

LARBIG, G. (2001): Der EU–Verhaltenskodex zur Unternehmensbesteuerung: Bisherige Erfahrungen und Ergebnisse der „hochrangigen Arbeitsgruppe". Aus: MÜLLER, W.; FROMM, O.; HANSJÜRGENS, B. (Hrsg.): Regeln für den europäischen Systemwettbewerb: Steuern und soziale Sicherungssysteme. Regensburg 2001. S. 217–233.

LAUSSEL, D.; LEBRETON, M. (1998): Efficient Private Production of Public Goods Under Common Agency. In: Games and Economic Behavior, 25. Jg. (1998), H. 2, S. 194–218.

LEE, K. (1997): Tax Competition with Imperfectly Mobile Capital. In: Journal of Urban Economics, 42. Jg. (1997), S. 222–242.

LEHNER, M. (1998): Wettbewerb der Steuersysteme im Spiegel europäischer und US–amerikanischer Steuerpolitik. In: Steuer und Wirtschaft, 75. Jg. (1998), H. 2, S. 159–173.

LESSAT, V. (1994): Endogenes Wirtschaftswachstum: Theoretische Modelle und wirtschaftspolitische Implikationen. Frankfurt a.M., Berlin, Bern u. a. 1994.

LORZ, J.O. (1997): Standortwettbewerb bei internationaler Kapitalmobilität: Eine modelltheoretische Untersuchung. Tübingen 1997.

LÜDEKE, R. (Hrsg.) (2000): Wirtschaftswissenschaft im Dienste der Verteilungs–, Geld– und Finanzpolitik. Festschrift für Alois Oberhauser zum 70. Geburtstag. Berlin 2000.

LUDWIG, M. (1997): Globalisierung der Märkte: Motor oder Bremse für den Wohlstand hochentwickelter Volkswirtschaften? Frankfurt a.M 1997.

MACDOUGALL, G.D. (1960): The Benefits and Costs of Private Investment From Abroad: A Theoretical Approach. In: Economic Record, 36. Jg. (1960), S. 13–35.

MANN, H. (1987): Theorie und Politik der Steuerreform in der Demokratie. Frankfurt am Main, Bern, New York 1987.

MANS, A. (1996): Steuerpolitik in der Europäischen Union zwischen Wettbewerb und Harmonisierung. In: Vierteljahreshefte zur Wirtschaftsforschung, 65. Jg. (1996), H. 3, S. 331–353.

MANSOORIAN, A.; MYERS, G.M. (1993): Attachment to Home and Efficient Purchases of Population in a Fiscal Externality Economy. In: Journal of Public Economics, 63. Jg. (1993), S. 265–281.

MANSOORIAN, A.; MEYERS, G.M. (1997): On the Consequences of Government Objectives for Economies with Mobile Population. In: Journal of Public Economics, 63. Jg. (1997), H. 2, S. 265–282.

MANSORI, K.S.; WEICHENRIEDER, A.J. (1997): Tax Competition and Transfer Pricing Disputes: Unveröffentlichtes Manuskript. München 1999.

MARLOW, M.L. (1992): Intergovernmental Competition, Voice and Exit Options and the Design of Fiscal Structure. In: Constitutional Political Economy, Jg. 1992, H. 3, S. 73–88.

MARTENSEN, H.–G. (1995): Zur Politischen Ökonomie des Steuersystems und seiner Veränderung: Eine gleichgewichtstheoretische Analyse. Regensburg 1995.

MARTIN, H.–P.; SCHUMANN, H. (1996): Die Globalisierungsfalle. Der Angriff auf Demokratie und Wohlstand. Reinbek 1996.

MAUßNER, A.; KLAUS, J.(1997): Grundzüge der mikro– und makroökonomischen Theorie. 2., völlig neu bearb. Aufl. München 1997.

MAYER, O.G.; SCHARRER, H.–E. (Hrsg.) (1999): Internationale Unternehmensstrategien und nationale Standortpolitik Baden–Baden 1999.

MCKENZIE, R.B.; LEE, D.R. (1991): Quicksilver Capital: How the Rapid Movement of Wealth Has Changed the World. New York 1991.

MCLURE, C. E. (1967): The Interstate Exporting of State and Local Taxes: Estimates for 1962. In: National Tax Journal, 20. Jg. (1967), S. 340–348.

MCLURE, C.E. (1986): Tax Competition: Is what's good for the private goose also good for the public gander? In: National Tax Journal, 39. Jg. (1986), S. 341–348.

MCLURE, C.E.; SINN, H.–W.; MUSGRAVE, R.B. (Hrsg.) (1990): Influence of Tax Differentials on International Tax Competitiveness. Deventer 1990.

MEADE COMMITTEE (1978): The Structure and Reform of Direct Taxation: Report of a Committee Chaired by Professor J.E. Meade. London, Boston, Sydney 1978.

METZLER, L.A.; DOMAR, E.D. (Hrsg.) (1948): Income, Employment, and Public Policy: Essays in Honor of A.H. Hansen. New York 1948.

MEZZETTI, C. (1997): Common Agency with Horizontally Differentiated Principals. In: Rand Journal of Economics, 28. Jg. (1997), S. 325–345.

MIESZKOWSKI, P.; ZODROW, G.R. (1989): Taxation and the Tiebout Model: The Differential Effects of Head Taxes, Taxes on Land Rents, and Property Taxes. In: Journal of Economic Literature, 27. Jg. (1989), S. 1098–1146.

MILLS, E.; OATES, W. (Hrsg.) (1975): Fiscal Zoning and Land Use Controls. Lexington 1975.

MINTZ, J. M. (1992): Is there a Future for Capital Income Taxation? Paris 1992. (Organisation for Economic Co–operation and Development / Economics Department: Working Papers. 108)

MINTZ, J. (1996): The Corporation Tax. Aus: DEVEREUX, M.P. (Hrsg.): The Economics of Tax Policy. Oxford, New York 1996. S. 137–187.

MINTZ, J.M. (1998): The Role of Allocation in a Globalized Corporate Income Tax. Washington, DC 1998. (IMF Working Paper. 98/134)

MINTZ, J.M.; PURVIS, D. (Hrsg.) (1985): The Impact of Taxation on Business Activity. Kingston 1985.

MINTZ, J.M.; TULKENS, H. (1990): Strategic Use of Tax Rates and Credits in a Model of International Corporate Income Tax Competition. Louvain–la–Neuve 1990. (CORE Discussion Paper. 9073)

MINTZ, J.; TULKENS, H. (1996): Optimality Properties of Alternative Systems of Taxation of Foreign Capital Income. In: Journal of Public Economics, 29. Jg. (1996), H. 373–399, S. 373–399.

MIRRLEES, J.A. (1971): An Exploration in the Theory of Optimum Income Taxation. In: Review of Economic Studies, 38. Jg. (1971), S. 175–208.

MIRRLEES, J.A. (1975): Optimal Commodity Taxation in a Two–class Economy. In: Journal of Public Economics, 4. Jg. (1975), S. 27–33.

MODIGLIANI, F.; MILLER, M.H. (1958): The Cost of Capital, Corporation Finance, and the Theory of Investment. In: American Economic Review, 48. Jg. (1958), S. 261–297.

MOLSBERGER, J. (1977): Zahlungsbilanzwirkungen allgemeiner Unternehmensgewinnsteuern. Köln 1977.

MONTESQUIEU, C–.L. DE SECONDAT, BARON DE LA BRÈDE ET DE (1748/1956): De l'esprit de Lois. Tome deuxième. Paris 1748 (Wiederauflage Paris 1956).

MUELLER, D.C. (Hrsg.) (1997): Perspectives on Public Choice – A Handbook. Cambridge 1997.

MÜLLER, W. (1998): Was ist "fairer" Steuerwettbewerb und welche Regeln braucht er? In: Konjunkturpolitik, 4. Jg. (1998), S. 313–352.

MÜLLER, W. (2001): Plädoyer für eine Steuerwettbewerbsordnung. Aus: MÜLLER, W.; FROMM, O.; HANSJÜRGENS, B. (Hrsg.): Regeln für den europäischen Systemwettbewerb. Steuern und soziale Sicherungssysteme. Marburg 2001. S. 153–168.

MÜLLER, W.; FROMM, O.; HANSJÜRGENS, B. (Hrsg.) (2001): Regeln für den europäischen Systemwettbewerb: Steuern und soziale Sicherungssysteme. Marburg 2001.

MUSGRAVE, R.A. (1960): Criteria for Foreign Tax Credit. Aus: TAX INSTITUTE (Hrsg.): Taxation and Opterations Abroad. Princeton 1960. S. 83–93.

MUSGRAVE, P.B. (1969): United States Taxation of Foreign Investment Income. Issues and Arguments. Cambridge, Mass. 1969.

MUSGRAVE, P.B. (1991): Merits and Demerits of Fiscal Competition. Aus: PRUD'HOMME, R. (Hrsg.): Public Finance with Several Levels of Government. Brüssel 1991. S. 281–297.

MUSGRAVE, R.A.; MUSGRAVE, P.B.; KULLMER, L. (1993): Die öffentlichen Finanzen in Theorie und Praxis. Band 2. 5. Aufl. Tübingen 1993.

MUSGRAVE, R.A. (1991): Zur Wahl der "richtigen" Steuerbemessungsgrundlage – eine historische Betrachtung. Aus: ROSE, M. (Hrsg.) (1991a): Konsumorientierte Neuordnung des Steuersystems. Berlin, Heidelberg, New York u. a. 1991. S. 35–49.

MUSGRAVE, P.B.; MUSGRAVE, R.A. (1990): Fiscal Coordination and Competition in an International Setting. The Influence of Tax Differentials on International Competitiveness: Proceedings of the VIIIth Munich Symposium on International Taxation. Deventer 1990.

MUSSLER, W.; WOHLGEMUTH, M. (1995): Institutionen im Wettbewerb: Ordnungstheoretische Anmerkungen zum Systemwettbewerb in Europa. Aus: OBERENDER, P.; STREIT, M.E. (Hrsg.): Europas Arbeitsmärkte im Integrationsprozeß. Baden–Baden 1995. S. 9–45.

MUTÉN, L. (2001): Taxation of Interest in the European Union. Hamburg 2001. (HWWA Discussion Paper. 124)

MYERS, G.M. (1990): Optimality, Free Mobility, and the Regional Authority in a Federation. In: Journal of Public Economics, 43. Jg. (1990), S. 107–121.

MYLES, G.D. (1995): Public Economics. Cambridge 1995.

MYLES, G.D. (1996): Imperfect Competition and the Optimal Combination of Ad Valorem and Specific Taxation. In: International Tax and Public Finance, 3. Jg. (1996), S. 29–44.

NACHTKAMP, H.H. (1986): Allokationswirkungen der Bestandsbesteuerung (unter besonderer Berücksichtigung der Vermögensteuer, der Gewerbekapitalsteuer und der Grundsteuer in der Bundesrepublik Deutschland). In: Finanzarchiv, N.F., 43. Jg. (1986), S. 183–223.

NATIONAL BUREAU OF ECONOMIC RESEARCH (Hrsg.) (1961): Public Finances: Needs, Sources and Utilization. Princeton 1961.

NAUST, H. (1983): Direkte Steuern und intertemporale Allokation. Köln, Berlin, Bonn u. a. 1983.

NECHYBA, T.J. (1997): Local Property and State Income Taxes: The Role of Interjurisdictional Competition and Collusion. In: Journal of Political Economy, 105. Jg. (1997), S. 351–384.

NEELY, C.J. (1996): An Introduction to Capital Controls. In: Review / Federal Reserve Bank of St. Louis, 81. Jg. (1999), S. 13–30.

NEUMANN, M. (1991): Theoretische Volkswirtschaftslehre II: Produktion, Nachfrage und Allokation. 3., überarb. Aufl. München 1991.

NEWBERY, D.M.; STERN, N.H. (Hrsg.) (1987): The Theory of Taxation for Developing Countries. New York, Oxford, London u. a. 1987.

NEWLON, Timothy Scott (1987): Tax Policy and the Multinational Firm's Financial Policy and Investment Decisions Princeton, Diss. 1987.

NORTH, D.C. (1990): Institutions, Institutional Change and Economic Performance Cambridge u. a. 1990.

NORTH, D.C. (1992): Institutionen, institutioneller Wandel und Wirtschaftsleistung Tübingen 1992.

OATES, W.E. (1972): Fiscal Federalism. New York 1972.

OATES, W.E. (1991): Fiscal Federalism: An Overview. Aus: PRUD'HOMME, R. (Hrsg.): Public Finance with Several Levels of Government. Brüssel 1991. S. 1–18.

OATES, W.E.; SCHWAB, R.M. (1988): Economic Competition Among Jurisdictions: Efficiency Enhancing or Distortion Inducing? In: Journal of Public Economics, 35. Jg. (1988), S. 333–354.

OATES, W.E.; SCHWAB, R.M. (1991): The Allocative and Distributive Implications of Local Fiscal Competition. Aus: KENYON, D.A.; KINCAID, J. (Hrsg.): Competition among States and Local Governments. Efficiency and Equity in American Federalism. Washington, D.C. 1991. S. 127–145.

OBERENDER, P.; STREIT, M.E. (Hrsg.) (1995): Europas Arbeitsmärkte im Integrationsprozeß. Baden–Baden 1995.

OBERHAUSER, A. (Hrsg.) (1997): Fiskalföderalismus in Europa. Berlin 1997.

OBERHAUSER, A. (Hrsg.) (1998): Probleme der Besteuerung I. Berlin 1998.

OBSTFELD, M. (1995): International Capital Mobility. Aus: KENEN, P.B. (Hrsg.): Understanding Interdependence. The Macroeconomics of the Open Economy. Princeton 1995. S. 201–261.

OEHSEN, J.H. von (2000): Zur Effizienz von Unternehmenssteuern (I). In: WISU, 29. Jg. (2000), H. 11, S. 1499–1504.

OEHSEN, J.H. von (2000a): Effizienz von Unternehmenssteuern (II). In: WISU, 29. Jg. (2000a), H. 12, S. 1631–1634.

OSMUNDSEN, P.; HAGEN, K.P.; SCHJELDERUP, G. (1998): Internationally Mobile Firms and Tax Policy. In: Journal of International Economics, 45. Jg. (1998), S. 97–113.

OWENS, J. (1993): Globalisation: The Implications for Tax Policies. In: Fiscal Studies, 14. Jg. (1993), H. 3, S. 21–44.

OSMUNDSEN, P.; HAGEN, K.P.; SCHJELDERUP, G. (1998): Internationally Mobile Firms and Tax Policy. In: Journal of International Economics, 45. Jg. (1998), S. 97–113.

PARKIN, M.; NOBAY, A.R. (Hrsg.) (1973): Essays in Modern Economics. London 1973.

PELDA, K. (1999): Offene Grenzen als Schranken für den Staat. Aachen 1999.

PERSSON, T.; TABELLINI, G. (1992): The Politics of 1992: Fiscal Policy and European Integration. In: Review of Economic Studies, 59. Jg. (1992), S. 689–701.

PFÄHLER, W. (1984): Effizienz staatlicher Tätigkeit – was ist das? Betrachtungen zur empirischen Signifikanz der Allokationstheorie. In: Finanzarchiv, N.F., 42. Jg. (1984), S. 86–106.

PIES, I. (1997): Globalisierung und Demokratie: Chancen und Risiken aus ökonomischer Sicht. Bochum 1997. (Diskussionsbeiträge des Instituts für Europäische Wirtschaft an der Fakultät für Wirtschaftswissenschaft der Ruhr–Universität Bochum)

PIGOU, A.C. (1928): An Analysis of Supply. In: Economic Journal, 38. Jg. (1928), S. 238–257.

PITLIK, H. (1997): Politische Ökonomie des Föderalismus: Föderative Kompetenzverteilung im Lichte der konstitutionellen Ökonomik. Frankfurt 1997.

POHMER, D. (Hrsg.) (1983): Zur optimalen Besteuerung. Berlin 1983.

POMMEREHNE, W. (1987): Präferenzen für öffentliche Güter. Tübingen 1987.

POTERBA, J.M. (1998): Public Finance and Public Choice In: National Tax Journal, 51. Jg. (1998), H. 2, S. 391–396.

PRUD'HOMME, R. (Hrsg.) (1991): Public Finance with Several Levels of Government. Brüssel 1991.

RAAB, U.H. (1995): Öffentliche Transaktionskosten und Effizienz des staatlichen Einnahmesystems. Berlin 1995.

RAGNITZ, J. (1989): Der internationale Zinszusammenhang. Köln 1989.

RAHMANN, B.; ROHLOFF, O. (Hrsg.) (1987): Beschäftigungspolitik zwischen Abgabenwiderstand und Ausgabenwachstum. Regensburg 1987.

RAMSEY, F.P. (1927): A Contribution to the Theory of Taxation. In: Economic Journal, 37. Jg. (1927), S. 47–61.

RAUSCHER, M. (1998): Leviathan and Competition among Jurisdictions: The Case of Benefit Taxation. In: Journal of Urban Economics, 44. Jg. (1998), H. 1, S. 59–67.

RAZIN, A.; SADKA, E. (Hrsg.) (1987): Economic Policy in Theory and Practice. Basingstoke u. a. 1987.

RAZIN, A.; SADKA, E. (1990): Integration of International Capital Markets: The Size of Government and Tax Coordination. Aus: RAZIN, A.; SLEMROD, J. (Hrsg.): Taxation in the Global Economy. Chicago 1990. S. 331–356.

RAZIN, A., SADKA, E. (1991): International Tax Competition and Gains from Tax Harmonization. In: Economics Letters, 37. Jg. (1991), S. 69–76.

RAZIN, A.; SADKA, E. (1991a): Vanishing Tax on Capital Income in the Open Economy. Cambridge 1991. (National Bureau of Economic Research, Discussion Paper. 3796)

RAZIN, A.; SADKA, E. (1992): International Interactions between Tax Systems and Capital Flows. Aus: ITO, TAKATOSHI; KRUEGER, ANNE (Hrsg.): The Political Economy of Tax Reform. Chicago u. a. 1992. S. 9–30.

RAZIN, A.; SADKA, E. (1994): International Fiscal Policy Coordination and Competition. Aus: VAN DER PLOEG, F. (Hrsg.): The Handbook of International Macroeconomics. Cambridge 1994. S. 97–115.

RAZIN, A.; SADKA, E. (1995): The Status of Capital Income Taxation in the Open Economy. In: Finanzarchiv, N.F., 52. Jg. (1995), S. 21–32.

RAZIN, A.; SADKA, E.; YUEN, C.–W. (1996): Tax Principles and Capital Inflows: Is it Efficient to Tax Capital Inflows? Cambridge, Mass. 1996. (NBER Working Paper Series No. 5513)

RAZIN, A.; SLEMROD, J. (Hrsg.) (1990): Taxation in the Global Economy. Chicago 1990.

REBELO, S. (1991): Long–Run Policy Analysis and Long–Run Growth. In: Journal of Political Economy, 99. Jg. (1991), S. 500–521.

RECKTENWALD, H.C. (1980): Markt und Staat – Fundamente einer freiheitlichen Ordnung in Wirtschaft und Politik. Ausgewählte Beiträge. Göttingen 1980.

RECKTENWALD, H.C. (1984): Neue Analytik der Steuerwirkungen. In: WiSt – Wirtschaftswissenschaftliches Studium, 13. Jg. (1984), H. 8, S. 393–400.

REDING, K.; MÜLLER, W. (1999): Einführung in die Allgemeine Steuerlehre. München 1999.

REITER, M.; WEICHENRIEDER, A. (1997): Are Public Goods Public? A Critical Survey of the Demand Estimates for Local Public Services. In: Finanzarchiv, N.F., 54. Jg. (1997), S. 374–408.

RICHARDSON, J.D. (1995): Income Inequality and Trade: How to Think, What to Conclude. In: Journal of Economic Perspectives, 9. Jg. (1995), S. 33–55.

RICHMAN, P.B. (1963): Taxation of Foreign Investment Income. Baltimore 1963.

RICHTER, R. (1994): Institutionen ökonomisch analysiert. Tübingen 1994.

RICHTER, R.; BINDSEIL, U. (1995): Neue Institutionenökonomik. In: WiSt – Wirtschaftswissenschaftliches Studium, 24. Jg. (1995), H. 3, S. 132–140.

RICHTER, W.F.; SEITZ, H.; WIEGARD, W. (1996): Steuern und unternehmensbezogene Staatsausgaben als Standortfaktoren. Aus: SIEBERT, H. (Hrsg.): Steuerpolitik und Standortqualität: Expertisen zum Standort Deutschland. Tübingen 1996. S. 13–47.

RICHTER, W.F.; WELLISCH, D. (1996): The Provision of Local Public Goods and Factors in the Presence of Firm and Household Mobility. In: Journal of Public Economics, 60. Jg. (1996), S. 73–93.

RICHTER, W.F.; W. WIEGARD (1993): Zwanzig Jahre "Neue Finanzwissenschaft": Teil II: Steuern und Staatsverschuldung. In: Zeitschrift für Wirtschafts– u. Sozialwissenschaften (ZWS), 113. Jg. (1993), S. 337–400.

RIEDL, C. (1999): Organisatorischer Wandel durch Globalisierung: Optionen für multinationale Unternehmen. Berlin, Heidelberg 1999.

ROSE, G. (1995): Grundzüge des internationalen Steuerrechts. 3. Auflage. Wiesbaden 1995.

ROSE, M. (1991): Plädoyer für ein konsumbasiertes Steuersystem. Aus: ROSE, M. (Hrsg.): Konsumorientierte Neuordnung des Steuersystems. Berlin, Heidelberg, New York u. a. 1991. S. 7–34.

ROSE, M. (Hrsg.) (1991a): Konsumorientierte Neuordnung des Steuersystems. Berlin, Heidelberg, New York u. a. 1991.

ROSE, M. (Hrsg.) (1997): Standpunkte zur aktuellen Steuerreform. Heidelberg 1997. (Schriften des Betriebs–Beraters. 97)

ROSE, M. (1997a): Steuerliche Gleichbelastung alternativer Formen der Altersvorsorge und der Vermögensbildung. Aus: ROSE, M. (1997) (Hrsg.): Standpunkte zur aktuellen Steuerreform. Heidelberg 1997. (=Schriften des Betriebs–Beraters. 97) S. 17–35.

ROSE, M.; WIEGARD, W. (1983): Zur optimalen Struktur öffentlicher Einnahmen unter Effizienz– und Distributionsaspekten. Aus: POHMER, D. (Hrsg.): Zur optimalen Besteuerung. Berlin 1983. S. 11–162.

ROSE, R. (1985): Maximizing Tax Revenue While Minimizing Political Costs In: Journal of Public Policy, 5. Jg. (1985), S. 289–320.

ROßMAYER, K. (1996): Ökonomische Analyse der Körperschaftsteuersysteme in der EU. Frankfurt a.M., Berlin, Bern u. a. 1996.

RUBINFELD, D.L. (1987): The Economics of the Public Sector. Aus: AUERBACH, A.J.; FELDSTEIN, M. (Hrsg.): Handbook of Public Economics. Volume 2. Amsterdam 1987. S. 571–645.

SADKA, E. (1976): On Income Distribution, Incentive Effects and Optimal Income Taxation. In: Review of Economic Studies, 43. Jg. (1976), S. 261–268.

SALIN, P. (1990): Comment on Vito Tanzi and A. Lans Bovenberg: Is There a Need for Harmonizing Capital Income Taxation within EC–Countries? Aus: SIEBERT, H. (Hrsg.): Reforming Capital Income Taxation. Tübingen 1990. S. 198–205.

SALMON, P. (1991): Checks and Balances and International Openness. Aus: BRETON, A.; GALEOTTI, G.; SALMON, P. U. A. (Hrsg.): The Competitive State: Villa Colombella Papers in Competitive Politics. Dordrecht 1991. S. 169–184.

SAMUELSON, P.A. (1964): Tax Deductability of Economic Depreciation to Insure Invariant Valuations. In: Journal of Political Economy, 72. Jg. (1964), S. 604–606.

SANDLER, T.; TSCHIRHART, J.T. (1980): The Economic Theory of Clubs: An Evaluative Survey. In: Journal of Economic Literature, 18. Jg. (1980), S. 1481–1521.

SANDMO, A. (1985): The Effects of Taxation on Savings and Risk Taking. Aus: AUERBACH, A.J.; FELDSTEIN, M.S. (Hrsg.): Handbook of Public Economics. Volume 1. Amsterdam, New York, Oxford 1985. S. 265–311.

SANDMO, A. (1990): Buchanan on Political Economy – A Review Article. In: Journal of Economic Literature, 28. Jg. (1990), H. March, S. 50–65.

SATO, M.; BIRD, R.M. (1975): International Aspects of the Taxation of Corporations and Shareholders. In: International Monetary Fund Staff Papers, 22. Jg. (1975), S. 384–455.

SCHEFFLER, W. (1994): Besteuerung der grenzüberschreitenden Unternehmenstätigkeit. München 1994.

SCHENK, K.E.; SCHMIDTCHEN, D.; STREIT, M.E. (Hrsg.) (1998): Globalisierung, Systemwettbewerb und nationalstaatliche Politik. Tübingen 1998. (Jahrbuch für Neue Politische Ökonomie. 17)

SCHENK, K.E.; SCHMIDTCHEN, D.; STREIT, M.E. (Hrsg.) (1999): Globalisierung und Rechtsordnung. Zur neuen Institutionenökonomik internationaler Transaktionen. Tübingen 1999. (Jahrbuch für neue politische Ökonomie. 18)

SCHENK, K.E.; SCHMIDTCHEN, D.; STREIT, M.E. (Hrsg.) (2000): Globalisierung und Weltwirtschaft. Tübingen 2000. (Jahrbuch für Neue Politische Ökonomie. 19)

SCHIELE, N. (2000): Unternehmensbesteuerung und Handelsbilanz: Eine ökonomische Analyse der Verknüpfung von Handelsbilanz und Steuerbemessungsgrundlage. Berlin 2000.

SCHMIDT, R.H.; TERBERGER, E. (1996): Grundzüge der Investitions– und Finanzierungstheorie. 3., vollst. neu bearb. Auflage. Wiesbaden 1996.

SCHNEIDER, D. (1969): Korrekturen zum Einfluß der Besteuerung auf die Investition. In: Schmalenbachs Zeitschrift für betriebswirtschaftliche Forschung, 21. Jg. (1969), S. 297–325.

SCHNEIDER, D. (1992): Investition, Finanzierung und Besteuerung. 7., vollst. überarb. und erw. Auflage. Wiesbaden 1992.

SCHNEIDER, D. (1995): Betriebswirtschaftslehre Band 1: Grundlagen. 2. verb. u. erg. Aufl. München 1995.

SCHNEIDER, D. (1997): Betriebswirtschaftslehre Band 3: Theorie der Unternehmung. München, Wien 1997.

SCHNEIDER, F.; ENSTE, D.H. (2000): Shadow Economies: Size, Causes, and Consequences. In: Journal of Economic Literature, 38. Jg. (2000), S. 77–114.

SCHULZE, G.G. (1997): The Political Economy of Capital Controls. Cambridge 1997.

SCHULZE, G.G.; KOCH, K.–J. (1994): Tax Competition in a Betrand Model. In: Journal of Economics/ Zeitschrift für Nationalökonomie, 59. Jg. (1994), S. 193–215.

SCHULZE, G.G.; URSPRUNG, H.W. (1999): Globalisierung contra Nationalstaat? Ein Überblick über die empirische Evidenz. Aus: BUSCH, A.; PLÜMPER, T. (Hrsg.): Nationaler Staat und internationale Wirtschaft. Anmerkungen zum Thema Globalisierung. Baden–Baden 1999. S. 41–89.

SCHÜRFELD, A. (1998): Die deutsche Arbeitsmarktordnung auf dem Prüfstand Aus: DONGES, J.B.; FREYTAG, A. (Hrsg.): Die Rolle des Staates in einer globalisierten Wirtschaft. Stuttgart 1998. S. 73–91.

SCHWARZ, G. (1998): Kommentar zu Henning Klodt. In: Jahrbuch für neue politische Ökonomie, 17. Jg. (1998), S. 35–38.

SCHWINGER, R. (1992): Einkommens– und konsumorientierte Steuersysteme: Wirkungen auf Investition, Finanzierung und Rechnungslegung. Heidelberg 1992.

SEIDL, C. (1983): Gerechtigkeit und Besteuerung. Aus: POHMER, D. (Hrsg.): Zur optimalen Besteuerung. Berlin 1983. S. 163–.

SEIDL, C. (1985): Effizienz und Steuerreform: Umfassende Einkommensteuer oder Konsumsteuer? In: Das öffentliche Haushaltswesen in Österreich, 26. Jg. (1985), S. 180–197.

SIDERAS, J. (2000): Systems competition and Public Good Provision. Aus: SCHENK, K.E.; SCHMIDTCHEN, D.; STREIT, M.E. U. A. (Hrsg.): Globalisierung und Weltwirtschaft. Tübingen 2000. (=Jahrbuch für Neue Politische Ökonomie. 19) S. 157–178.

SIEBERT, H. (Hrsg.) (1984): Intertemporale Allokation. Frankfurt a. M., Bern, New York u. a. 1984.

SIEBERT, H. (Hrsg.) (1990): Reforming Capital Income Taxation. Tübingen 1990.

SIEBERT, H. (Hrsg.) (1996): Steuerpolitik und Standortqualität: Expertisen zum Standort Deutschland. Tübingen 1996.

SIEBERT, H. (1984): Intertemporale Interdependenzen wirtschaftlicher Entscheidungen. Aus: SIEBERT, H. (Hrsg.): Intertemporale Allokation. Frankfurt a. M., Bern, New York u. a. 1984. S. 3–44.

SIEBERT, H. (1994): Außenwirtschaft. 6. Aufl. Stuttgart 1994.

SIEBERT, H. (1998): Disziplinierung der nationalen Wirtschaftspolitik durch die internationale Kapitalmobilität. Aus: DUWENDAG, D. (Hrsg.): Finanzmärkte im Spannungsfeld von Globalisierung, Regulierung und Geldpolitik. Berlin 1998. S. 41–67.

SIEBERT (2000): Zum Paradigma des Standortwettbewerbs. Tübingen 2000. (Beiträge zur Ordnungstheorie und Ordnungspolitik. 165)

SINN, H.–W. (1981): Capital Income Taxation, Depreciation Allowances and Economic Growth: A Perfect–Foresight General Equilibrium Model. In: Journal of Economics/ Zeitschrift für Nationalökonomie, 41. Jg. (1981), S. 295–305.

SINN, H.–W. (1984): Systeme der Kapitaleinkommensbesteuerung: Ein allokationstheoretischer Vergleich. Aus: BÖS, D.; ROSE, M.; SEIDL, C. (Hrsg.): Beiträge zur neueren Steuertheorie. Berlin, Heidelberg, New York u. a. 1984. S. 209–238.

SINN, H.–W. (1984a): Wachstums– und beschäftigungsneutrale Kapitaleinkommensbesteuerung. Aus: SIEBERT, H. (Hrsg.): Intertemporale Allokation. Frankfurt a. M., Bern, New York u. a. 1984. S. 259–279.

SINN, H.–W. (1984b): Die Bedeutung des Accelerated Cost Recovery System für den internationalen Kapitalverkehr. In: Kyklos, 37. Jg. (1984), S. 542–576.

SINN, H.–W. (1985): Kapitaleinkommensbesteuerung: Eine Analyse der intertemporalen, internationalen und intersektoralen Allokationswirkungen. Tübingen 1985.

SINN, H.–W. (1987): Capital Income Taxation and Resource Allocation. Amsterdam, New York, Oxford u. a. 1987.

SINN, H.–W. (1990): Tax Harmonization and Tax Competition in Europe. In: European Economic Review, 34. Jg. (1990), S. 489–504.

SINN, H.–W. (1991): Taxation and the Cost of Capital: The "Old" View, the "New" View, and Another View. Aus: BRADFORD, D. (Hrsg.): Tax Policy and the Economy. Cambridge 1991. S. 25–54.

SINN, H.–W. (1993): Do Firms Maximize their Cost of Finance? In: Finanzarchiv, N.F., 50. Jg. (1993), S. 21–36.

SINN, H.–W. (1994): Wieviel Brüssel braucht Europa? Subsidiarität, Zentralisierung und Fiskalwettbewerb im Lichte der ökonomischen Theorie. In: Staatswissenschaften und Staatspraxis, 5. Jg. (1994), S. 155–186.

SINN, H.–W. (1996): The Subsidiarity Principle and Market Failure in Systems Competition. München 1996. (CES Working Paper.103)

SINN, H.–W. (1997): The Selection Principle and Market Failure in Systems Competition. In: Journal of Public Economics, 66. Jg. (1997), S. 247–274.

SINN, H.–W. (1997a): Das Selektionsprinzip und der Systemwettbewerb. Aus: OBERHAUSER, A. (Hrsg.): Fiskalföderalismus in Europa. Berlin 1997. S. 9–60.

SINN, H.–W. (1997b): Deutschland im Steuerwettbewerb. München 1997. (CES Working Paper. 132)

SINN, S. (1989): Internationale Wettbewerbsfähigkeit von immobilen Faktoren im Standortwettbewerb. Kiel 1989. (Kieler Arbeitspapiere. 361)

SINN, S. (1992): The Taming of Leviathan: Competition Among Governments. In: Constitutional Political Economy, 3. Jg. (1992), H. 2, S. 177–196.

SINN, S. (1992a): Saving–Investment Correlations and Capital Mobility: On the Evidenz from Annual Data. In: The Economic Journal, 102. Jg. (1992), S. 1162–1170.

SINN, S. (1993): Competition for Capital. On the Role of Governments in an Integrated World Economy. Tübingen 1993. (Kieler Studien. 253)

SLEMROD, J.B. (1991): Do Taxes Matter? Cambridge 1991.

SLEMROD, J.B. (Hrsg.) (1996a): The Taxation of Multinational Corporations. Boston u. a. 1996.

SLEMROD, J.B. (Hrsg.) (1999): Tax Policy in the Real World. Cambridge 1999.

SMEKAL, C.; SENDLHOFER, R. (1995): Kapitaleinkommensbesteuerung in offenen Volkswirtschaften. In: WISU, 24. Jg. (1995), S. 153–159.

SMEKAL, C.; SENDLHOFER, R.; WINNER, H. (Hrsg.) (1999): Einkommen versus Konsum: Ansatzpunkte zur Steuerreformdiskussion. Heidelberg 1999.

SMITH, A. (1776/1789/1904): An Inquiry into the Nature and Causes of the Wealth of Nations. Volume II. 5. Auflage. Neuauflage. London 1776/1789/1904.

SORETZ, S. (2000): Steuerpolitik und wirtschaftliches Wachstum. Marburg 2000.

SPAHN, P.B.; KAISER, H. (1991): Tax Harmonization and Tax Competition as Means to Integrate Western Europe. In: Konjunkturpolitik, 37. Jg. (1991), S. 1–44.

STAHL, K.; VARAIYA, P. (1983): Local Collective Goods: A Critical Reexamination of the Tibout Model. Aus: STAHL, K.; ZOLLER, H.G. (Hrsg.): Locational Analysis of Public Facilites. Amsterdam 1983. S. 43–53.

STAHL, K.; ZOLLER, H.G. (Hrsg.) (1983): Locational Analysis of Public Facilites. Amsterdam 1983.

STEGER, U. (Hrsg.) (1996): Globalisierung der Wirtschaft Begriff, Bereiche, Indikatoren. Heidelberg 1996.

STEGER, U. (Hrsg.) (1999): Facetten der Globalisierung: Ökonomische, soziale und politische Aspekte Berlin. Heidelberg 1999.

STEIN, H. (Hrsg.) (1988): Tax Policy in the Twenty–First Century. New York u. a. 1988.

STERN, N.H. (1976): On the Specification of Models of Optimum Income Taxation. In: Journal of Public Economics, 6. Jg. (1976), S. 123–162.

STERN, N.H. (1982): Optimum Taxation with Errors in Administration. In: Journal of Public Economics, 17. Jg. (1982), S. 181–211.

STEUART, J. (1767/1966): An Inquiry into the Principles of Political Economy. Volume One: Neuauflage. Edingburgh 1767/1966.

STIGLITZ, J.E. (1973): Taxation, Corporate Financial Policy, and the Cost of Capital. In: Journal of Public Economics, 2. Jg. (1973), S. 1–34.

STIGLITZ, J.E. (1976): The Corporate Income Tax. In: Journal of Public Economics, 5. Jg. (1976), S. 303–311.

STIGLITZ, J.E. (1982): Self–Selection and Pareto Efficient Taxation. In: Journal of Public Economics, 1982. Jg. (1982), S. 213–240.

STIGLITZ, J.E. (1987): Pareto Efficient and Optimal Taxation and the New Welfare Economics. Aus: AUERBACH, A.J.; FELDSTEIN, M. (Hrsg.): Handbook of Public Economics. Volume 2. Amsterdam 1987. S. 991–1042.

STIGLITZ, J.E.; SCHÖNFELDER, B. (1989): Finanzwissenschaft. 2. Auflage (1. deutschsprachige Auflage). München 1989.

STOKEY, N.L.; REBELO, S. (1995): Growth Effects of Flat–Rate Taxes. In: Journal of Political Economy, 103. Jg. (1995), S. 519–550.

STRAUBHAAR, T. (1996): Standortbedingungen im globalen Wettbewerb. Aus: BISKUP, R. (Hrsg.): Globalisierung und Wettbewerb. 2. unveränd. Aufl. Bern, Stuttgart, Wien 1996. S. 217–239.

STRAUBHAAR, T. (1998): Empirische Indikatoren für den Systemwettbewerb: Moderne und historische Befunde. Aus: SCHENK, K.E.; SCHMIDTCHEN, D.; STREIT, M.E. U. A. (Hrsg.): Globalisierung, Systemwettbewerb und nationalstaatliche Politik. Tübingen 1998. (=Jahrbuch für Neue Politische Ökonomie. 17) S. 243–272.

STREIT, M.E. (1995): Dimensionen des Wettbewerbs: Systemwandel aus ordnungsökonomischer Sicht. Jena 1995. (Diskussionsbeitrag 01/95 des Max–Planck–Instituts zur Erforschung von Wirtschaftssystemen)

STREIT, M.E.; KIWIT, D. (1999): Zur Theorie des Systemwettbewerbs. Aus: STREIT, M.E.; WOHLGEMUTH, M. (Hrsg.): Systemwettbewerb als Herausforderung an Politik und Theorie. Baden–Baden 1999. S. 13–48.

STREIT, M.E.; WOHLGEMUTH, M. (Hrsg.): Systemwettbewerb als Herausforderung an Politik und Theorie. Baden–Baden 1999.

SUMMERS, L.H. (1981): Capital Taxation and Accumulation in a Life Cycle Model. In: American Economic Review, 71. Jg. (1981), S. 533–544.

SUMMERS, L.H. (1987): Should Tax Reforms Level the Playing Field? Cambridge 1987. (NBER Working Paper. 2132)

SWENSON, D.L. (2001): Tax Reforms and Evidence of Transfer Pricing. In: National Tax Journal, 54. Jg. (2001), S. 7–25.

TANZI, V. (1995): Taxation in an Integrating World. Washington DC 1995.

TANZI, V. (1996): Globalization, Tax Competition and the Future of Tax Systems. Washington, D.C. 1996. (IMF Working Papers. 96/141)

TANZI, V.; BOVENBERG, A.L. (1990): Is There a Need for Harmonizing Capital Income Taxes within EC Countries? Aus: SIEBERT, H. (Hrsg.): Reforming Capital Income Taxation. Tübingen 1990. S. 171–197.

TAX INSTITUTE (Hrsg.) (1960): Taxation and Opterations Abroad. Princeton 1960.

TIEBOUT, C.M. (1956): A Pure Theory of Local Expenditures. In: Journal of Political Economy, 64. Jg. (1956), S. 416–424.

TIEBOUT, C.M. (1961): An Economic Theory of Fiscal Decentralization. Aus: NATIONAL BUREAU OF ECONOMIC RESEARCH (Hrsg.): Public Finances: Needs, Sources and Utilization. Princeton 1961. S. 412–417.

TUCHTFELDT, E. (1988): Wirtschaftspolitik. Aus: ALBERS, W.; BORN, K.E.; DÜRR, E. U. A. (Hrsg.): Handwörterbuch der Wirtschaftswissenschaften (HdWW). Ungekürzte Studienausgabe. Stuttgart, New York, Tübingen u. a. 1980 [1988]. S. 178–206.

TULLOCK, G. (1969): Federalism: Problems of Scale. In: Public Choice, 6. Jg. (1969), S. 19–29.

TUOMALA, M. (1984): On the Optimal Income Taxation: Some Further Results. In: Journal of Public Economics, 23. Jg. (1984), S. 351–361.

TUOMALA, M. (1990): Optimal Income Tax and Redistribution. Oxford 1990.

TURNOVSKY, S.J. (1982): The Incidence of Taxes: A Dynamic Macroeconomic Analysis. In: Journal of Public Economics, 18. Jg. (1982), S. 161–194.

TURNOVSKY, S.J. (1990): The Effects of Taxes and Dividend Policy on Capital Accumulation and Macroeconomic Behavior. In: Journal of Economic Dynamics, 14. Jg. (1990), S. 491–521.

TURNOVSKY, S.J. (1992): Alternative Forms of Government Expenditure Financing: A Comparative Welfare Analysis. In: Economica, 59. Jg. (1992), S. 235–252.

UNCTAD (1997): World Investment Report 1997. Genf, New York 1997.

VAN DER PLOEG, F. (Hrsg.) (1994): The Handbook of International Macroeconomics. Cambridge 1994.

VANBERG, V. (2000): Globalization, Democracy, and Citizens' Sovereignty: Can Competition Among Governments Enhance Democracy? In: Constitutional Political Economy, 11. Jg. (2000), H. 1, S. 87–112.

VANBERG, V.; KERBER, W. (1994): Institutional Competition among Iurisdictions: An Evolutionary Approach. In: Constitutional Political Economy, 5. Jg. (1994), H. 2, S. 193–219.

VARIAN, H.R. (1994): Mikroökonomie. 3., völlig überarbeitete und stark erweiterte Auflage. München 1994.

VAUBEL, R. (1994): A Public Choice Analysis of European Integration: A Survey. In: European Journal of Political Economy, 10. Jg. (1994), S. 227–249.

VOIGT, S. (1998): Das Forschungsprogramm der Positiven Konstitutionenökonomik Jena 1998. (Diskussionsbeitrag 01–98 des Max–Planck–Instituts zur Erforschung von Wirtschaftssystemen Jena)

VOIGT, S. (2001): Das Konzept der nationalstaatlichen Souveränität und die Theorie der Wirtschaftspolitik. Aus: BERG, H. (Hrsg.): Theorie der Wirtschaftspolitik. Erfahrungen – Probleme – Perspektiven. Berlin 2001. S. 55–78.

VOSGERAU, H.–J. (Hrsg.) (1992): European Integration in the World Economy. Heidelberg 1992.

WAGENER, A. (1997): Internationaler Steuerwettbewerb mit Kapitalsteuern. Hamburg 1997.

WAGNER, H. (1995): Einführung in die Weltwirtschaftspolitik: Internationale Wirtschaftsbeziehungen – Internationale Organisationen – Internationale Politikkoordinierung. 3. Aufl. München 1995.

WAGNER, F.W. (1995): Leitlinien steuerlicher Rechtskritik als Spiegel betriebswirtschaftlicher Theoriegeschichte. Aus: ELSCHEN, R.; SIEGEL, T.; WAGNER, F.–W. (Hrsg.): Unternehmenstheorie und Besteuerung. Festschrift zum 60. Geburtstag von Dieter Schneider. Wiesbaden 1995. S. 723–746.

WAGNER, F.W.; WISSEL, H. (1995): Entscheidungsneutralität der Besteuerung als Leitlinie einer Reform der Einkommensteuer. In: Wirtschaftswissenschaftliches Studium (WiSt), 24. Jg. (1995), S. 65–70.

WAGNER, F.W; DIRRIGL, H. (1980): Die Steuerplanung der Unternehmung. Stuttgart, New York 1980.

WAGNER, F.W.; SCHWINGER, R. (1991): Der Einfluß einer Cash–Flow–Steuer auf Finanzierung und Rechnungslegung. Aus: ROSE, M. (Hrsg.): Konsumorientierte Neuordnung des Steuersystems. Berlin, Heidelberg, New York u. a. 1991. S. 495–521.

WAHL, J. (Hrsg.) (1991): Steuerpolitik vor neuen Aufgaben. Regensburg 1991.

WECK–HANNEMANN, H. (1998): Globalisierung: Herausforderung oder Anwendungsfall der neuen politischen Oekonomie? Aus: SCHENK, K.E.; SCHMIDTCHEN, D.; STREIT, M.E. U. A. (Hrsg.): Globalisierung, Systemwettbewerb und nationalstaatliche Politik. Tübingen 1998. (=Jahrbuch für Neue Politische Ökonomie. 17) S. 84–107.

WEICHENRIEDER, A.J. (1995): Besteuerung und Direktinvestition. Tübingen 1995.

WEIZSÄCKER, C. C. von (1999): Logik der Globalisierung. Göttingen 1999.

WELLISCH, D. (1995): Dezentrale Finanzpolitik bei hoher Mobilität. Tübingen 1995.

WELLISCH, D. (2000a): Finanzwissenschaft I: Rechtfertigung der Staatstätigkeit. München 2000a.

WELLISCH, D. (2000b): Finanzwissenschaft II: Theorie der Besteuerung. München 2000b.

WELLISCH, D. (2000c): Theory of Public Finance in a Federal State. Cambridge, New York, Melbourne u. a. 2000c.

WENGER, E. (1983): Gleichmäßigkeit der Besteuerung von Vermögens– und Arbeitseinkünften. In: Finanzarchiv, N.F., 11. Jg. (1983), S. 207–252.

WENGER, E. (1989): Wirtschaftswachstum, Unternehmensfinanzierung und internationaler Kapitalverkehr unter dem Einfluß der Besteuerung von Vermögenseinkünften. In: Finanzarchiv, N.F., 47. Jg. (1989), S. 181–249.

WENGER, E. (1990): Wirtschaftswachstum, Unternehmensfinanzierung und internationaler Kapitalverkehr unter dem Einfluß der Besteuerung von Vermögenseinkünften. In: Finanzarchiv, N.F., 47. Jg. (1990), S. 181–249.

WHITE, M.J. (1975): Firm Location in a Zoned Metropolitan Area. Aus: MILLS, E.; OATES, W. (Hrsg.): Fiscal Zoning and Land Use Controls. Lexington 1975.

WIEGARD, W. (1987): Was brachte – oder bringt – die Optimalsteuertheorie. Aus: RAHMANN, B.; ROHLOFF, O. (Hrsg.): Beschäftigungspolitik zwischen Abgabenwiderstand und Ausgabenwachstum. Regensburg 1987. S. 99–.

WIEGARD, W. (1988): Wohlfahrtsökonomie des Zweitbesten. In: Finanzarchiv, N.F., 46. Jg. (1988), S. 114–129.

WIEGARD, W. (1993): Die neue Finanztheorie. In: Wirtschaftswissenschaftliches Studium (WiSt), 22. Jg. (1993), H. 10, S. 503–512.

WILDASIN, D.E. (1986): Urban Public Finance. Chur, London, Paris u. a. 1986.

WILDASIN, D.E. (1986a): Interstate Tax Competition: A Comment. In: National Tax Journal, 39. Jg. (1986a), S. 353–356.

WILDASIN, D.E. (1988): Nash Equilibria in Models of Fiscal Competition. In: Journal of Public Economics, 35. Jg. (1988), H. 2, S. 229–240.

WILDASIN, D.E. (1989): Interjurisdictional Capital Mobility: Fiscal Externality and a Corrective Subsidy. In: Journal of Urban Economics, 25. Jg. (1989), S. 393–421.

WILDASIN, D.E. (1991): Some Rudimentary Duopolity Theory. In: Regional Science and Urban Economics, 21. Jg. (1991), S. 393–421.

WILDASIN, D.E. (1999): Factor Mobility and Fiscal Policy in the EU: Policy Issues and Analytical Approaches. Mannheim 1999. (ZEW Discussion Paper No. 99–35)

WILDASIN, D.E.; WILSON, J.D. (1996): Imperfect Mobility and Local Government Behaviour in an Overlapping–Generations Model. In: Journal of Public Economics, 60. Jg. (1996), S. 177–198.

WILSON, G.P. (1993): The Role of Taxes in Location and Sourcing Decisions. Aus: GIOVANNINI, A.; HUBBARD, G.; SLEMROD, J. (Hrsg.): Studies in International Taxation. Chicago 1993. S. 195–231.

WILSON, J.D. (1986): A Theory of Interregional Tax Competition. In: Journal of Urban Economics, 19. Jg. (1986), S. 296–315.

WILSON, J.D. (1987): Trade, Capital Mobility, and Tax Competition. In: Journal of Political Economy, 95. Jg. (1987), S. 835–856.

WILSON, J.D. (1991): Tax Competition with Interregional Differences in Factor Endowments. In: Regional Science and Urban Economics, 38. Jg. (1991), S. 333–356.

WILSON, J.D. (1995): Mobile Labor, Multiple Tax Instruments, and Tax Competition. In: Journal of Urban Economics, 38. Jg. (1995), S. 333–356.

WILSON, J.D. (1996): Capital Mobility and Environmental Standards: Is There a Theoretical Basis for a Race to the Bottom. Aus: Bhagwati, J.N.; Hudec, R.E. (Hrsg.): Fair Trade and Harmonization: Prerequisites for Free Trade? Cambridge, MA 1996. S. 393–427.

WILSON, J.D. (1996a): The Tax Treatment of Imperfectly Mobile Firms: Rent–Seeking, Rent–Protection, and Rent–Destruction. Aus: FEENSTRA, R.C.; GROSSMAN, G.M.; IRWIN, D.A. (Hrsg.): The Political Economy of Trade Policy: Papers in Honor of Jagdish Bhagwati. Cambridge, MA 1996. S. 225–244.

WILSON, J.D. (1999): Theories of Tax Competition. In: National Tax Journal, LII. Jg. (1999), H. 2, S. 269–304.

WINDISCH, R. (1999): Globalisierung, Systemwettbewerb und Steuerpolitik. Aus: ANDEL, N. (Hrsg.): Probleme der Besteuerung II. Berlin 1999. (=Schriften des Vereins für Socialpolitik. 259/II) S. 127–174.

WISSENSCHAFTLICHER BEIRAT BEIM BUNDESMINISTERIUM FÜR FINANZEN (BMF) (1982): Reform der Gemeindesteuern. Bonn 1982. (Schriftenreihe des BMF. 31)

WISSEL, H. (1997): Einkünfteerzielungsabsicht und Einkommensbegriff. Hamburg 1997.

WOHLGEMUTH, M: (1995): Economic and Political Competition in Neoclassical and Evolutionary Perspective. In: Constitutional Political Economy, 6. Jg. (1995), S. 71–96.

WOHLGEMUTH, M. (1999): Systemwettbewerb als Entdeckungsverfahren. Aus: STREIT, M.E.; WOHLGEMUTH, M. (Hrsg.): Systemwettbewerb als Herausforderung an Politik und Theorie. Baden–Baden 1999. S. 49–70.

WOHLGEMUTH, M.; ADAMOVICH, I. (1999): Systemwettbewerb in der Schweiz: Ein Testfall für das Zusammenspiel von "Exit", "Voice" und "Loyality". Jena 1999. (Diskussionsbeitrag Nr. 09–99 des Max–Planck–Instituts zur Erforschung von Wirtschaftssystemen)

WOHLGEMUTH, M. (1995): Institutional Competition – Notes on an Unfinished Agenda. Jena 1995. (Diskussionsbeitrag 06/95 des Max–Planck–Institutes zur Erforschung von Wirtschaftssystemen)

WREDE, M. (1996): Vertical and Horizontal Tax Competition: Will Uncoordinated Leviathans End Up on the Wrong Side of the Laffer Curve? In: Finanzarchiv, N.F., 53. Jg. (1996), S. 461–479.

WREDE, M. (1997): Fiskalische Ausgabenexternalitäten und die Struktur öffentlicher Ausgaben im föderalen Staat. In: Zeitschrift für Wirtschafts– u. Sozialwissenschaften (ZWS), 117. Jg. (1997), H. 4, S. 585–601.

WREDE, M. (1998): Household Mobility and the Moderate Leviathan: Efficiency and Dezentralization. In: Regional Science and Urban Economics, 28. Jg. (1998), S. 423–451.

ZODROW, G.T. (2001): The Property Tax as a Capital Tax: A Room with Three Views. In: National Tax Journal, 54. Jg. (2001), S. 139–156.

ZODROW, G.R.; MIESZKOWSKI, P. (1986): Pigou, Tibout, Property Taxation, and the Under-provision of Local Public Goods. In: Journal of Urban Economics, 19. Jg. (1986), S. 356–370.

Peter Lang · Europäischer Verlag der Wissenschaften

Norbert Wurmsdobler

Steuerreform und effektive Grenzsteuerbelastungen in Deutschland und Österreich

Eine ökonomische Analyse der österreichischen Steuerpolitik aus deutscher Sicht

Frankfurt/M., Berlin, Bern, Bruxelles, New York, Oxford, Wien, 2002.
XXVII, 311 S., zahlr. Graf.
Europäische Hochschulschriften: Reihe 5, Volks- und Betriebswirtschaft. Bd. 2911
ISBN 3-631-39649-X · br. € 50.10*

Traditionell wurden mit dem StSenkG die Steuersätze gesenkt und die Steuerbemessungsgrundlage verbreitert. Bereits das StSenkErgG machte allerdings klar, dass der historische Wildwuchs weiterhin mit Missbrauchsbekämpfungs- und Bereinigungsgesetzen gestützt werden muss. Denn so wie in der Vergangenheit hat der Gesetzgeber auch beim StSenkG die entscheidende Frage ignoriert, welche „Breite" die Steuerbemessungsgrundlage im Idealfall hat. Wurmsdobler nimmt die Steuerreform 2001 in Österreich zum Anlass und entwickelt einen investitionstheoretischen Ansatz zur Berücksichtigung einer standardisierten Eigenkapitalverzinsung im Rahmen der Einkommensermittlung. Das Modell gestattet einen Einblick in die aktuellen Effektivbelastungen und beleuchtet in einer Sensitivitätsanalyse die Wirkungsweise einer zinsbereinigten Gewinnbesteuerung.

Aus dem Inhalt: Modelltheoretische Grundlagen zur Messung von Steuerlast und Steuerwirkung · Effektive Grenzsteuerbelastungen bei nationaler und grenzüberschreitender Bestätigung unter dem Einfluss der Reformen